经以济世

继往开来

贺教育部

人文社科项目

成果出版

季羡林
九十有八

教育部哲学社会科学研究重大课题攻关项目

新时期中非合作关系研究

THE STUDY OF CHINA-AFRICA COOPERATIVE RELATIONS IN NEW ERA

刘鸿武 等著

经济科学出版社
Economic Science Press

图书在版编目（CIP）数据

新时期中非合作关系研究/刘鸿武等著. —北京：
经济科学出版社，2015.5
（教育部哲学社会科学研究重大课题攻关项目）
ISBN 978-7-5141-6749-8

Ⅰ. ①新… Ⅱ. ①刘… Ⅲ. ①中外关系-研究-非洲
Ⅳ. ①D822.34

中国版本图书馆 CIP 数据核字（2016）第 061224 号

责任编辑：解　丹
责任校对：杨晓莹
责任印制：邱　天

新时期中非合作关系研究
刘鸿武　等著

经济科学出版社出版、发行　新华书店经销
社址：北京市海淀区阜成路甲 28 号　邮编：100142
总编部电话：010-88191217　发行部电话：010-88191522
网址：www.esp.com.cn
电子邮件：esp@esp.com.cn
天猫网店：经济科学出版社旗舰店
网址：http://jjkxcbs.tmall.com
北京季蜂印刷有限公司印装
787×1092　16 开　37 印张　710000 字
2016 年 3 月第 1 版　2016 年 3 月第 1 次印刷
ISBN 978-7-5141-6749-8　定价：90.00 元
（图书出现印装问题，本社负责调换。电话：010-88191502）
（版权所有　侵权必究　举报电话：010-88191586
电子邮箱：dbts@esp.com.cn）

课题组主要成员

贺文萍　舒运国　罗建波　刘　云

总　序

哲学社会科学是人们认识世界、改造世界的重要工具，是推动历史发展和社会进步的重要力量。哲学社会科学的研究能力和成果，是综合国力的重要组成部分，哲学社会科学的发展水平，体现着一个国家和民族的思维能力、精神状态和文明素质。一个民族要屹立于世界民族之林，不能没有哲学社会科学的熏陶和滋养；一个国家要在国际综合国力竞争中赢得优势，不能没有包括哲学社会科学在内的"软实力"的强大和支撑。

近年来，党和国家高度重视哲学社会科学的繁荣发展。江泽民同志多次强调哲学社会科学在建设中国特色社会主义事业中的重要作用，提出哲学社会科学与自然科学"四个同样重要"、"五个高度重视"、"两个不可替代"等重要思想论断。自党的十六大以来，以胡锦涛同志为总书记的党中央始终坚持把哲学社会科学放在十分重要的战略位置，就繁荣发展哲学社会科学做出了一系列重大部署，采取了一系列重大举措。2004年，中共中央下发了《关于进一步繁荣发展哲学社会科学的意见》，明确了新世纪繁荣发展哲学社会科学的指导方针、总体目标和主要任务。党的十七大报告明确指出："繁荣发展哲学社会科学，推进学科体系、学术观点、科研方法创新，鼓励哲学社会科学界为党和人民事业发挥思想库作用，推动我国哲学社会科学优秀成果和优秀人才走向世界。"这是党中央在新的历史时期、新的历史阶段为全面建设小康社会，加快推进社会主义现代化建设，实现中华民族伟大复兴提出的重大战略目标和任务，为进一步繁荣发展哲学社会科学指明了方向，提供了根本保证和强大动力。

高校是我国哲学社会科学事业的主力军。改革开放以来，在党中央的坚强领导下，高校哲学社会科学抓住前所未有的发展机遇，紧紧围绕党和国家工作大局，坚持正确的政治方向，贯彻"双百"方针，以发展为主题，以改革为动力，以理论创新为主导，以方法创新为突破口，发扬理论联系实际学风，弘扬求真务实精神，立足创新、提高质量，高校哲学社会科学事业实现了跨越式发展，呈现空前繁荣的发展局面。广大高校哲学社会科学工作者以饱满的热情积极参与马克思主义理论研究和建设工程，大力推进具有中国特色、中国风格、中国气派的哲学社会科学学科体系和教材体系建设，为推进马克思主义中国化，推动理论创新，服务党和国家的政策决策，为弘扬优秀传统文化，培育民族精神，为培养社会主义合格建设者和可靠接班人，做出了不可磨灭的重要贡献。

自 2003 年始，教育部正式启动了哲学社会科学研究重大课题攻关项目计划。这是教育部促进高校哲学社会科学繁荣发展的一项重大举措，也是教育部实施"高校哲学社会科学繁荣计划"的一项重要内容。重大攻关项目采取招投标的组织方式，按照"公平竞争，择优立项，严格管理，铸造精品"的要求进行，每年评审立项约 40 个项目，每个项目资助 30 万 ~ 80 万元。项目研究实行首席专家负责制，鼓励跨学科、跨学校、跨地区的联合研究，鼓励吸收国内外专家共同参加课题组研究工作。几年来，重大攻关项目以解决国家经济建设和社会发展过程中具有前瞻性、战略性、全局性的重大理论和实际问题为主攻方向，以提升为党和政府咨询决策服务能力和推动哲学社会科学发展为战略目标，集合高校优秀研究团队和顶尖人才，团结协作，联合攻关，产出了一批标志性研究成果，壮大了科研人才队伍，有效地提升了高校哲学社会科学整体实力。国务委员刘延东同志为此做出重要批示，指出重大攻关项目有效调动各方面的积极性，产生了一批重要成果，影响广泛，成效显著；要总结经验，再接再厉，紧密服务国家需求，更好地优化资源，突出重点，多出精品，多出人才，为经济社会发展做出新的贡献。这个重要批示，既充分肯定了重大攻关项目取得的优异成绩，又对重大攻关项目提出了明确的指导意见和殷切希望。

作为教育部社科研究项目的重中之重，我们始终秉持以管理创新服务学术创新的理念，坚持科学管理、民主管理、依法管理，切实增强服务意识，不断创新管理模式，健全管理制度，加强对重大攻关项目的选题遴选、评审立项、组织开题、中期检查到最终成果鉴定的全过程管理，逐渐探索并形成一套成熟的、符合学术研究规律的管理办法，努力将重大攻关项目打造成学术精品工程。我们将项目最终成果汇编成"教育部哲学社会科学研究重大课题攻关项目成果文库"统一组织出版。经济科学出版社倾全社之力，精心组织编辑力量，努力铸造出版精品。国学大师季羡林先生欣然题词："经时济世　继往开来——贺教育部重大攻关项目成果出版"；欧阳中石先生题写了"教育部哲学社会科学研究重大课题攻关项目"的书名，充分体现了他们对繁荣发展高校哲学社会科学的深切勉励和由衷期望。

创新是哲学社会科学研究的灵魂，是推动高校哲学社会科学研究不断深化的不竭动力。我们正处在一个伟大的时代，建设有中国特色的哲学社会科学是历史的呼唤，时代的强音，是推进中国特色社会主义事业的迫切要求。我们要不断增强使命感和责任感，立足新实践，适应新要求，始终坚持以马克思主义为指导，深入贯彻落实科学发展观，以构建具有中国特色社会主义哲学社会科学为己任，振奋精神，开拓进取，以改革创新精神，大力推进高校哲学社会科学繁荣发展，为全面建设小康社会，构建社会主义和谐社会，促进社会主义文化大发展大繁荣贡献更大的力量。

教育部社会科学司

前 言

本书是我担任首席专家的教育部哲学社会科学研究重大课题攻关项目《新时期中非合作关系研究》（项目批准号：09JDZ0039）的终结成果，也是2007年9月我到浙江师范大学创建非洲研究院后承担的首个国家级重大攻关项目。

到金华创建非洲研究院是一个颇具挑战性的全新尝试，并无前车可鉴，得自己去探路，自己去行走。非洲问题研究或中非关系研究，涉及领域都极广泛复杂，举凡非洲之政治、经济、历史、文化、内政、外交，乃至天文与地理，皆可包容在研究领域内，而非洲大陆各国、各地区之国情民状可谓千差万别，同时非洲大陆又是一些十分年轻的国家，是一块正在经历着快速变化的发展中的大陆。对于这样一个复杂多样且不断变化着的研究对象，要对其进行认知、把握与理解，理念与方法自然是无一定之规，而应该是坚持实事求是的原则，依据研究对象之多样性与特殊性，采因时而变、因事而变之多样性、变通性之治学路径与方法，边走边看，在实践中探索提升，不断接近真理。不过，我一直以为，作为一个新创立的研究机构，若要走得远、走得高，走出一条自己的路来，在刚开始的时候，还是应该有一番慎思明辨、举高慕远之战略思考，努力设定好自己的宗旨、目标与路径，再以严谨勤奋之躬身力行在实践中探索完善。具体而言，一家新的研究机构，选择发展目标与战略路径，其原则大体上来说，一是应该去做最应该做的事，即所谓"国家急需、时代急需、社会急需"的事情；二是去做可长久做的事，即所谓"可持续发展的"、能为今后长远发展奠定基础的事情；三是去做能将各方有识之士聚集起来、形成志同道合之团队从而既发挥各自优长又能相互支撑借重的事情。

为此，2007年建院之初，我根据二十多年行走非洲、研究非洲的个人经历与感受，而精心制定了非洲研究院的发展规划和治学理念，明确提出"非洲情怀、中国特色、全球视野"的治学理念和"秉承中华学术传统、借鉴国外优秀成果、总结中非合作实践"的学术路径，及"三年创业、八年提升、十年而立"的建院步骤，并首先选定"当代非洲发展问题"与"新时期中非合作关系"作为研究院初创阶段的两大重点方向，以此为实践平台来努力探寻有特色的"中国非洲学"的学理基础、话语形态、知识构架与人才结构。随后的几年，我一直积极鼓励和引导青年教师围绕国家发展战略，密切跟踪国际学术前沿，以"定领域、定区域、定国别、定选题"的"四定"原则，让每一位招聘进入非洲研究院的青年教师，根据研究院的战略规划，选准自己的主攻方向，并提供科研启动基金，派往非洲实地调研。我希望这些来自不同的学科、不同专业的年轻教师与博士，虽然研究领域各有不同，但因有研究院设定的共同精神理念牵引，有共同的方向感与使命感，可以"形散而神聚"，学有专攻又相互借重，共同探讨"当代非洲发展问题之如何解决、中非合作关系如何推动中非双方共同发展并进而影响世界发展变革进程"这两大时代命题。从目前的发展趋势来看，我所设定的发展规划与重点方向大体上是适当的，它总体上符合国家对非战略发展的现实急需，也与国际学术发展的前沿领域相吻合。故而当2009年教育部设立《新时期中非合作关系研究》这一哲学社会科学研究重大课题攻关项目并面向全国招标时，我担任首席专家的这个团队因有较好的前期准备，得以在全国各竞标中胜出，获得了本重大攻关项目。

但项目的完成并不是一件容易的事情。项目立项后，我们组织团队成员以高度负责的精神，全力以赴地投入相关调研与研究工作。经过四年多努力，取得一系列重要成果，主要体现在如下方面：

一是通过项目的扎实开展，形成了一批理论与政策研究成果。本课题是在我主持下有众多科研人员参与合作的成果，项目聚集了国内外多家机构的研究者开展协同攻关。项目实施以来，我们资助和组织团队成员先后赴非洲10多个国家开展了调研和交流，形成系列前期研究成果。到课题申报结题时,已在国内外核心期刊发表论文40多篇,出版专著10余部,向政府部门提交10多份政策咨询报告(其中3篇获中央领导和有关部委领导批示,3篇获教育部优秀报告奖,1篇入选教育部社科司《专家建议》),并在非洲和国内各地主办国际高端学术会议多次。这些学术成果与政策建议,在理论和实践的层面上对新时期中非合作关系的发展起到了积极学术导引与资政作用。

二是通过项目的持续实施,推动了非洲研究院年轻团队的成长。非洲研究院建院之初,招聘而来的年轻教师来自不同学科,之前多无专门的非洲研究学科训练与经历,因而多方向不明,无课题支撑其研究工作。为加快青年教师的成长,我作为首席专家和院长,努力按照教育部重大攻关项目应带动学术团队成长的要求,大胆启用了我院年轻教师,将总计120万元的课题经费(教育部拨款70万元、学校配套50万元)全部投入团队成员的研究与调研工作,除校外专家承担的子课题外,还内设和资助了10多项院内子课题让本院青年教师来主持。我的想法是,虽然他们学术阅历尚浅,但可在参与国家重大课题研究工作的实践中,学会把握国家重大需求与国际学术前沿,赴非调研收集资料,感受非洲社会,积累感性知识,在科研实践过程中提升从事非洲问题研究的能力与素养。这一努力产生了积极成效,经过三四年实践,一些教师较好地完成了各自承担的研究工作,还在子课题基础上孵化出一批新的国家社科基金项目(从2010年到2014年,非洲研究院共获得10项非洲领域的国家社科基金项目,位居全国同类科研机构前列),及一大批外交部、教育部、国家开发银行等国家部委项目,由此逐渐进入了非洲研究前沿地带,有的还在国内外学术舞台上崭露头角。这一过程,充分体现了以教育部重大攻关项目的实施为平台、推进学术团队建设与人才成长的综合功能,受到教育部社科司领导的充分肯定。

三是通过项目实现的国际交流,扩大了中国非洲研究的国际影响。中非合作与中国对非政策是近年来国际社会激烈争论的领域,本项目研究过程中,我十分重视国际间交流合作,既重视汲取非洲和西方学者参与,借鉴参考成果,但也努力提出中国学者自己的理念与思想,提供原创性的知识产品,用自己的眼光来回答中非关系在新时期面临的重大命题。几年来，本团队多次主办召开国际学术研讨会，及时在国际上发表相关成果，对国际社会客观全面了解中非关系起到了积极作用。如在项目立项后的第二年，即2010年10月，我带领中国学者代表团和课题组成员，赴南非约翰内斯堡，与中国驻南非大使馆、南非国际问题研究所合作举办"中非合作论坛成立十周年研讨会"，时任国家副主席习近平出席研讨会并发表重要演讲，这次会议对推进中非学术交流起到了积极作用。课题完成后，2014年3月，我赴英国牛津大学访问交流，还应邀在伦敦英国皇家国际事务研究所面对英国各界人士发表了"中非合作关系对非洲发展的影响"的演讲，随后又应邀进入英国外交部大楼，与英国非洲事务高级咨询官员座谈对话，推荐课题成果。为此，我国外交部致函浙江师范大学，认为"非洲研究院配合对非外交工作大局开展一系列学术研究与交流活动，有效带动了国内对非研究发展和人才队伍建设，加强了中非学术界的相互了解和交流，为促进中非人文交流做出了积极贡献"，表示"我部对贵校及非洲研究院所做的大量工作和取得的突出成绩给予充分肯定"。

  课题的实施得到教育部社科司、国际司，外交部非洲司和国内各重要科研机构的关心支持。2010年2月28日正值元宵佳节，在教育部社科司魏贻恒处长主持下，在浙江师范大学非洲研究院举行了本课题开题报告会，随后还举行了"中国外交战略格局中的中非合作关系"研讨会。国内众多学术名家与部门领导出席了开题报告会和研讨会，他们是时任教育部社会科学司副司长张东刚，教育部国际合作司副司长生建学，外交部非洲司副司长曹忠明，外交学院党委书记秦亚青教授，外交学院非洲研究中心唐晓教授，北京大学国际关系学院院长王缉思教授、副院长王逸舟教授，非洲研究中心主任李安山教授、王锁劳副教授，复旦大学国际关系学院倪世雄教授，上海外国语大学中东研究所所长朱威烈教授，上海华东师范大学国际关系研究院院长冯绍雷教授，上海师范大学非洲研究中心主任舒运国教授，云南大学副校长肖宪教授，云南大学国际关系学院院长吴磊教授，云南大学非洲研究中心副主任张永宏教授，浙江省外事办公室副主任顾建新教授。可谓群贤毕至，名家云集，他们对本课题的研究工作提出的许多很有价值的建议和意见，对课题的顺利开展起到了重要指导作用。会议结束时，复旦大学倪世雄教授还赋诗一首《元宵有感：赠非洲研究院》："元宵佳节聚金华，研讨中非话天下。新月飞出金凤凰，再创辉煌浙师大"。前辈学者的期待勉励之心令人感佩。借此机会，我们表示衷心的感谢。

浙江师范大学原党委书记梅新林教授、现任书记陈德喜教授、校长吴锋民教授、副校长楼世洲教授、社科处处长郑祥福教授、社科处副处长田中初教授，中国政府非洲事务特别代表、前驻南非大使刘贵今，前驻厄里特里亚、卢旺达大使舒展，中国外交部非洲司司长卢沙野、参赞王世廷、贺萌，中国社科院西亚非洲研究所所长杨光研究员、副所长张宏明研究员、杨立华研究员、李智彪研究员，华东师范大学历史系沐涛教授等，都对课题给予了多方面的支持指导，在此表示衷心的感谢。书稿完成后，教育部匿名审稿专家对书稿做了认真审读，提出了一些中肯而富有建设性的修订建议，对成果质量改进帮助很大，在此表示衷心的感谢。还需说明的是，一个重大项目的实施，离不开服务团队的无私奉献与积极配合。课题立项以来这几年，非洲研究院前任总支书记徐今雅、现任书记王珩，副院长陈明昆，办公室主任杨文佳、人事秘书郑如、科研秘书叶引姣、外事秘书沈虹、图资中心秘书余根英等，都为本课题的开展做了大量的支持与服务工作。

本项目的系列前期成果已经通过论文、专著、报告的方式发表出版，或提交给了相关部门采纳使用，目前出版的这部书稿是最终成果，本稿的各章节的执笔作者为（按承担章节的先后顺序排列）：刘鸿武：本课题首席专家，负责本课题的总体策划与设计、核心理念建构、项目组织实施，除撰写本书的前言、导论、第一章、第二章、第三章、第四章、第六章、第七章、第八章外，还对全书各章节进行统一修订完善。周玉渊：浙江师范大学非洲研究院博士，撰写第五章。舒运国：浙江师范大学中非商学院常务副院长，撰写第六章。胡美：浙江师范大学非洲研究院副教授，撰写第六章、第七章。罗建波：中共中央学校国际战略研究所非洲研究室主任，撰写第九章、第二十二章。刘云：浙江师范大学非洲研究院教授，撰写第十章。李鹏涛：浙江师范大学非洲研究院副教授，撰写第十一章。王学军：浙江师范大学非洲研究院副教授，撰写第十二章。贺文萍：中国社会科学院西亚非洲研究所研究员，撰写第十三章、第十四章。安春英：中国社会科学院西亚非洲研究所编审，撰写第十五章。周术情：浙江师范大学非洲研究院博士，撰写第十六章。姜恒昆：浙江师范大学非洲研究院副教授，撰写第十七章。张小峰：浙江师范大学非洲研究院副教授，撰写第十八章。刘青海：浙江师范大学非洲研究院博士，撰写第十九章。张永宏：云南大学非洲研究中心主任教授，撰写第二十章。夏莉萍：外交学院外交学与外事管理系主任教授，撰写第二十一章。赵俊：浙江师范大学非洲研究院副教授，撰写第二十三章。肖玉华：浙江师范大学非洲研究院副教授，撰写第二十四章。牛长松：浙江师范大学非洲研究院副教授，撰写第二十五章。周海金：浙江师范大学非洲研究院副教授，撰写第二十六章。蒋俊：浙江师范大学非洲研究院副教授，撰写第二十七章。我的在读博士研究生王涛、方伟、杨惠、杨广生、武涛、王严，在读硕士研究生李洪香、赵贤、邓文科、沈冰鹤，做了许多资料收集、文稿整理工作，特此一并致谢。

  本课题结项于 2013 年 6 月，报请教育部社科司，顺利通过了教育部组织的专家结题论证，随后根据结题专家提出的成果出版修改意见，对书稿进行了进一步完善补充，2014 年 5 月修订完成报教育部交出版社进入出版程序。因而本书的研究内容及采纳数据，时间的下限基本上是到 2013 年底，部分数据到 2014 年初。自 2000 年中非合作论坛成立以来，中非关系就进入了快车道，近年的发展态势更趋加快，非洲大陆的新情况也不断涌现。对于 2014 年以后的新发展，我们将会在以后其他的研究成果中做进一步的跟踪把握，因而这本书也可当作是"记录"这个伟大时代里中非关系之种种变化、"观察"新时期中非合作关系"苟日新，日日新，又日新"的一项特定历史时段的研究成果。

刘鸿武
2014 年 6 月

摘 要

《新时期中非合作关系研究》是一部系统全面研究中非合作关系的著作，内容包括新时期中非合作关系的历史背景梳理、宏观战略探究、内外环境评估、政策取向辨析、重点问题调研、对策措施建议等层面。

一、本书的基本特点与创新之处

第一，对中非合作关系做出了战略性与前瞻性研究。本书从中国外交总体战略布局的高度上，从未来中国与世界关系结构变革的开阔视野上，对新时期中非合作关系战略目标的确认与优化、战略利益的拓展与维护、战略体制的创新与调整、政策工具的拓展与完善等重大问题，做出了战略性、前瞻性、理论性的攻关研究。

第二，对中非合作关系进行了创新性理论研究与总结。新时期中非合作关系的丰富经历与实践，所提供的原创素材与经验累积，为具有原创性的、有中国特色的非洲学提供基于实践过程并具时代意义的创新源头。本书从理论的高度对当代中非合作实践做出了思考，有助于推进中国非洲研究的理论建构。

第三，对中非合作关系提出了具有操作性的政策路线图。本课题从中国国家战略实施的角度，集中探讨中非合作关系的政策性问题，及解决这些问题的具体政策与手段的中长期发展路线图，这一路线图对新时期中非关系的可持续发展具有参考作用。

二、本书的框架结构与主要内容

本书具有严密的框架结构与内容安排，在内容上由相互关联的六篇二十七章组成。

第一篇：新时期中非合作关系的理论创新与战略取向。从理论上系统总结与反思中非关系的性质与意义。一是新时期中非合作的宏观战略研究，二是新时期中非合作关系的理论总结与理论创新问题研究。

第二篇：新时期中非合作关系的历史基础与时代背景研究。着重考察中非关系之世界史背景与时代动因，以从开阔背景上更深刻地理解中非合作关系的本质与意义。

第三篇：新时期中国对非援助的理念总结与政策创新研究。援助是世界上所有国家对非政策的基本内容与形式。本部分集中探讨新时期中国对非援助的目标调整、效益优化与政策完善问题，探讨中国如何更好地利用对非援助实现中非双方互利共赢。

第四篇：新时期中非政治与安全合作关系研究。分析评估非洲国家对华政策趋势，非洲国家对新时期中国国际地位、对中非关系认识的变化，西方大国对非合作政策新趋势，中非合作论坛的成效与现状及机制体制创新，中非政治安全合作面临的挑战。

第五篇：新时期中非经济与发展合作关系研究。从经济合作层面对中非合作关系进行专门研究，探讨中非经济合作对于非洲国家战胜贫困、实现减贫目标能否发挥特殊作用，非洲国家对我国的期待及我国满足非洲国家期待的范围和限度，中国对非援助的目标调整、效益优化与政策完善。

第六篇：新时期中非人文合作的战略与政策。这一部分从人文合作层面对中非关系进行专题性与个案性研究，中非双方如何开展更广泛的文明对话，如何在治国理政、国家能力建设、实现民族团结等方面交流互鉴。

三、本书的价值与意义

本课题涉及中非合作关系的理论总结与战略研判、历史背景梳理、宏观战略探究、外部环境评估、政策取向辨析、实施措施建议等层面。全书结构严密完整、体系开合有度、内容虚实结合、观点前后呼应，是一项集理论探讨与政策建议为一体的系统研究当代中非合作关系的创新性重大成果，对新时期中非合作关系的持续发展、对新时期中国制定更有效的对非战略与政策，都具有重要的理论参考价值与实践指导意义。

Abstract

This book is a work which takes a systematic and comprehensive study of China-Africa cooperation relations in the new era. The studies include the review of historical background of China-Africa cooperation relations in the new era, the exploration of macro-strategy, internal and external environmental assessment, discrimination of policy directions, key issues investigation, countermeasures, suggestions and etc.

1. The basic characteristics and innovation

First, it conducts a strategic and prospective study on China-Africa cooperative relations. From the perspective of China's diplomatic strategies and the relation changes between China and the world, this book makes strategic, forward-looking and theoretical researches on some major issues, including strategy objective validation and optimization, the expansion and maintenance of strategic interests, the innovation and adjustment of strategy system, the expansion and improvement of policy instruments of the China-Africa cooperative relations.

Second, it conducts innovative theoretic study and thinking on China-Africa cooperative relations. Rich experience and practice of China-Africa cooperation relations in the new era and the original materials and accumulated experience, have provided the practice-based and times-meaningful source of innovation for Africology which is initial and of Chinese Characteristics. This book makes thinking on contemporary China-Africa cooperation practice from theoretical level, which is helpful for promoting the theory construction of China's African studies.

Third, the book puts forward the operational policy road-map for China-Africa cooperative relations. From the perspective of China's strategy implementation, the studies focus on policy issues of the China-Africa cooperative relations, as well as the medium and long term development road-map of the specific policies and measures for solving these problems.

2. Frame structure and main contents

The book has a tight frame structure and content arrangement, and it consists of 6 parts and 27 chapters.

Part Ⅰ: Theory innovations and Strategic Directions of the China-Africa Cooperative Relations in New Era: systematically summarizes and reflects the natures and meanings of China-Africa relations from theoretical perspective. One is the macro-strategy study of the China-Africa cooperation in New Era, the other one is research summary and theoretical innovation study of the China-Africa cooperation in New Era.

Part Ⅱ: The Historical Basis and Background of China-Africa Cooperative Relations in the New Era: focuses on the background of world history and era drivers of China-Africa relations, to have a deeper understanding the nature and meanings of China-Africa cooperation from the wide background.

Part Ⅲ: Ideas and Policy Innovation Research of China's Aid to Africa: aid is the basic content and form of all countries' policies to Africa. This part focuses on discussing objective adjustments, efficiency optimization and policies perfection of China's aid to Africa in the new era, as well as how to make better use of China's aid to Africa to realize mutual benefits and win-win result for both sides.

Part Ⅳ: Study of China-Africa Political and Security Cooperation Relations in the New Era: the analysis and evaluations of Africa's policy trend towards China, the changes in understanding China's international status, China-Africa relations in the new era by African countries, the policy trends of Western powers cooperation with Africa, effects and present situation of FOCAC and institutionalization innovations, and the challenges of China-Africa political and security cooperation.

Part Ⅴ. Study of China-Africa Economic Development Cooperation Relations in the New Era: conducts specialized research on China-Africa cooperative relations from the perspective of economic cooperation, explores if the China-Africa economic cooperation plays a special role in combating poverty and realizing poverty alleviation goals in Africa countries, Africa's expectations on China, the extend to which China can meet Africa's expectations, and the objective adjustments, efficiency optimization and policies perfection of China's aid to Africa.

Part Ⅵ: The Strategies and Policies of China-Africa Culture and Humanities Cooperation in the New Era: this part takes monographic and case studies on China-Africa relations from cultural cooperation perspective, how to develop a broader civilizations dialogue between China and Africa, as well as how to facilitate communication and mutual learning on state governance, capacity building and national unity.

3. Meanings and significance

This study relates to the theoretical summary and strategic analysis, review of historical background, macro strategic exploration, external environment evaluation, policy orientation analysis and implementations of measures and suggestions of China-Africa relations. The parts and chapters of the book are well organized, the contents embodies the combination of empty with reality, the views are consistent throughout the whole book. It is an innovative major achievement of systemic research on contemporary China-Africa cooperative relations, and has an important theoretical reference value and practical significance for the sustainable development of China-Africa cooperative relations and China's making more effective strategies and policies towards Africa in the new era.

目 录

导论：中非发展合作与人类现代性二次建构　1

第一节　中非发展合作与新世界体系的塑造　1
第二节　本项研究的理论指向与战略目标　19
第三节　本项研究相关领域国内外状况　24
第四节　本项研究的框架结构、研究方法与创新努力　33

第一篇

新时期中非合作关系的理论创新与战略取向　41

第一章　非洲发展大趋势的中国判断与战略选择　43

第一节　非洲发展的新趋势与新动力　44
第二节　新时期中非发展合作的挑战与选择　50
第三节　新时期中非合作关系的重大课题及其认知路径　57

第二章　非洲学的学科体系结构及其演进过程　74

第一节　非洲学的学科属性及其变化过程　75
第二节　非洲研究在现代中国的艰难进程　81

第三章　国际思想竞争与非洲研究的"中国学派"　91

第一节　非洲研究的"中国学派"：如何可能　91
第二节　非洲研究国际思想竞逐的中国参与　95
第三节　非洲研究的"中国视角"与推进策略　99
第四节　中国非洲学的精神气度与治学风格　103

第二篇

新时期中非合作关系的历史基础与时代背景研究　111

第四章 ▶ 新中国对非合作五十年历程的回顾与总结　113

　　第一节　当代中非合作关系建立与演变的时代背景　113
　　第二节　新中国成立后中非合作关系的开启与早期进程　117
　　第三节　20世纪70年代末80年代初中非关系面临的
　　　　　　问题与调整　122
　　第四节　20世纪90年代中非关系的调整、发展与面临的挑战　128
　　第五节　2000年中非合作论坛建立与中非合作
　　　　　　新时期的开启　134

第五章 ▶ 中非合作论坛的机制体制及可持续发展问题　140

　　第一节　中非合作论坛的发展动力与机制化取向　141
　　第二节　认同与相互依赖：中非合作论坛的基础　144
　　第三节　中国对非合作与政策的机制化与制度化　151
　　第四节　对中非合作论坛未来发展的几点思考　156

第三篇

新时期中国对非援助的理念总结与政策创新研究　159

第六章 ▶ 新时期中国对非援助的实践创新与理论总结　161

　　第一节　新中国对非援助的历史回顾　161
　　第二节　中国对非援助的文化精神与管理机制　169

第七章 ▶ 后冷战时代中国与西方对非援助战略差异及影响　175

　　第一节　冷战后中国与西方援非战略调整及特点　175
　　第二节　中国与西方援非理念与政策差异的原因　178
　　第三节　改善民生与推进民主需互为支撑　185

第四篇

新时期中非政治与安全合作关系研究　189

第八章　新时期中非政治合作与非洲国家治理问题　191
- 第一节　非洲国家治理难题的中国解读　192
- 第二节　非洲国家成长与主权建构艰难的原因　196
- 第三节　如何破解非洲国家治理困局　201

第九章　非洲国家建构困局与中非治国理政经验交流　207
- 第一节　当代非洲国家面临的政治发展困境　208
- 第二节　中国改革路径选择与非洲国家政治转型比较　211
- 第三节　中国政府管理模式与非洲国家能力建设的经验分享　214
- 第四节　中非比较视野下的非洲政治文化选择　219
- 第五节　中非民族关系形态与国家建构问题　223

第十章　北非国家政治生态变化对中非合作关系的影响　228
- 第一节　北非国家政治发展新趋势　228
- 第二节　北非政治变局对中国与北非国家合作关系的影响　233
- 第三节　中国与北非国家合作关系发展的机遇与政策　236
- 第四节　中国深化与北非国家合作关系的政策措施　238

第十一章　非洲一体化背景下中国与非洲地区组织的合作　242
- 第一节　非洲一体化与地区组织发展的趋势与特点　243
- 第二节　中国与非洲地区组织开展合作的现状　245
- 第三节　个案研究：中国与南部非洲地区的合作机遇与挑战　248
- 第四节　中国加强与非洲地区组织合作的问题与政策　253

第十二章　新时期中国参与非洲安全治理的举措与问题　258
- 第一节　当前非洲大陆安全治理的多维形态　258
- 第二节　中国参与非洲安全事务的基本进程与举措　264
- 第三节　中国参与非洲安全事务的成效与问题　268

第十三章 ▶ 新时期中国不干涉内政原则的创造性发展　274

  第一节　非洲安全形势的变化及其特点　274
  第二节　中国积极介入非洲安全建构：以达尔富尔问题为例　279
  第三节　新时期中国加强对非安全合作的理论思考　289

第五篇

新时期中非经济与发展合作关系研究　295

第十四章 ▶ 新时期中非经济发展合作的战略与政策　297

  第一节　非洲经济发展的现状与特点　297
  第二节　中国对非洲经济发展的贡献率不断提升　302
  第三节　推进新时期中非经济发展合作的政策选择　312

第十五章 ▶ 新时期中非减贫合作的战略与政策　320

  第一节　中非减贫合作的历史基础与现实条件　320
  第二节　中非减贫合作的战略与政策　324
  第三节　中非减贫合作的路径与成效　330
  第四节　中非减贫合作的重大意义　336

第十六章 ▶ 非洲能源开发现状与中非能源合作　340

  第一节　非洲能源储藏与开发总体情况　340
  第二节　阿拉伯非洲的油气资源开发　342
  第三节　撒哈拉以南非洲的油气资源开发　347
  第四节　中非能源合作的机遇与挑战　352
  第五节　新时期推进中非能源合作的建议　355

第十七章 ▶ 中非能源合作在苏丹的实践与挑战　357

  第一节　中国与苏丹石油合作的历史与现状　357
  第二节　中国与苏丹石油合作的优势与特点　360
  第三节　中国与苏丹石油合作面临的问题与对策　364

第十八章 ▶ 新时期中非金融合作的进展、挑战及对策　370

  第一节　中非金融合作的进展　370

第二节　中非金融合作的推进因素、挑战与对策　373

第十九章▶新时期中非投资合作现状、问题与对策　382

　　第一节　中国对非投资合作现状　382
　　第二节　中国在非投资企业的特点　385
　　第三节　推进中非投资合作的对策　391

第二十章▶中非低碳发展领域的合作战略与对策　397

　　第一节　中非低碳发展合作前景广阔　398
　　第二节　中非低碳发展合作面临诸多挑战　403
　　第三节　推进中非低碳发展合作的策略分析　408

第二十一章▶中国在非洲的利益与领事保护　415

　　第一节　概念界定和基本情况　415
　　第二节　中国在非利益所面临的安全风险　417
　　第三节　涉非领事保护机制的现状　423
　　第四节　涉非领事保护机制的不足及改进建议　433

第六篇

新时期中非人文合作的战略与政策　439

第二十二章▶新时期中非人文领域合作的战略与政策　441

　　第一节　人文交流成为推进新时期中非合作的第三大力量　441
　　第二节　新时期中非人文合作的内容与形式　446
　　第三节　新时期中非人文合作的基本原则　448

第二十三章▶新时期推进中国对非公共外交的理念与政策　450

　　第一节　中国语境下的公共外交　450
　　第二节　中国对非公共外交：动因与机制构建　454
　　第三节　案例分析：非洲华侨华人与媒体的公共外交参与　459

第二十四章▶中国在非企业履行社会责任的理论与实践　469

　　第一节　多元话语体系中的企业社会责任解读　470

　　　　第二节　中国在非企业履行社会责任的实践　475
　　　　第三节　推进中国企业积极履行社会责任以塑造良好形象　484

第二十五章 ▶ 新时期推进中非教育交流合作的战略与政策　492

　　　　第一节　中非教育合作的基本进程与特殊意义　493
　　　　第二节　新时期中非教育合作的主要内容　496
　　　　第三节　中非教育合作的成效、问题与建议　502

第二十六章 ▶ 新时期中非文化交流合作的机遇与问题　511

　　　　第一节　当代中非文化交流进程及特点　512
　　　　第二节　中非文化相互影响力及相互认知现状　514
　　　　第三节　推进中非文化交流合作的思路与对策　517

第二十七章 ▶ 中国与非洲少数民族治理问题合作研究　527

　　　　第一节　新时期中非民族治理的交流与合作　527
　　　　第二节　中国与尼日利亚少数民族政策的比较　531
　　　　第三节　推进新时期中非民族治理交流合作的建议　539

参考文献　541

Contents

Introduction: China-Africa Development Cooperation and the
              Secondary Construction of Human Modernity   1

   China-Africa Development Cooperation and the
   Shaping of New World System   1
   Theoretical Directions and Strategic Objectives   19
   China and Foreign Research States   24
   Research Structures, Methods and Innovations   33

Part I

   Theory innovations and Strategic Directions of the
   China-Africa Cooperative Relations in New Era   41

1. Africa's Development Trends and Strategic Choices of China   43

   1.1 Africa's Development Trends and New Impetus   44
   1.2 Challenges and Choices of China-Africa Development
        Cooperation in the New Era   50
   1.3 Major Tasks and Cognitive Approaches of the China-Africa
        Cooperative Relations in New Era   57

2. Discipline Architecture and Development Process of African Studies   74

   2.1 Subject Attribute and Changing Process of African Studies   75

2.2　Difficult Process of African Studies in Modern China　81

3.　International Thoughts Competition and the "Chinese School" of African Studies　91

3.1　"Chinese School" of African Studies: Possibilities　91
3.2　China's Involvement on International Thoughts Competition　95
3.3　Chinese Perspectives and Strategies　99
3.4　The Spirits and Scholastic Style of China's African Studies　103

Part Ⅱ
The Historical Basis and Background of China-Africa Cooperative Relations in the New Era　111

4.　New China Fifty Years of Sino-African Cooperation　113

4.1　Historical Background of the Establishment and Evolution of Contemporary Sino-African Cooperative Relations　113
4.2　The Start-up and Early Process of China-Africa Cooperative Relations after the Founding of New China　117
4.3　Problems and Adjustments of China-Africa Relations from the Late 1970s to Early 1980s　122
4.4　Adjustments and Challenges of China-Africa Relations in the 1990s　128
4.5　The Establishment of FOCAC in 2000 and the Start-up of China-Africa Cooperation in the New Era　134

5.　System and Sustainable Development of FOCAC　140

5.1　Momentum and Institutionalization Directions of FOCAC　141
5.2　Identification and Interdependence: the Basis of FOCAC　144
5.3　Institutionalization of China's Cooperation with Africa and its Policy towards Africa　151
5.4　Some Thinking about the Development of FOCAC　156

Part III

Ideas and Policy Innovation Research of
China's Aid to Africa　159

**6. Practice Innovation and Theoretical Summary of
China's Aid to Africa**　161

　　6.1　The History Review of New China's Aid to Africa　　161

　　6.2　Cultural Spirit and Administration System of
　　　　China's Aid to Africa　　169

**7. Strategic Differences and Influences of China's and
Western Aid to Africa in the Post-cold War Era**　175

　　7.1　Strategic Adjustments and Characteristics of China's and
　　　　Western Aid to Africa after Cold War　　175

　　7.2　The Reasons for the Differences of Concepts and Policies of China's and
　　　　Western Aid to Africa　　178

　　7.3　Mutual-support Required for People's Livelihood Improvement and
　　　　Democracy Promotion　　185

Part IV

Study of China-Africa Political and Security Cooperation
Relations in the New Era　189

**8. China-Africa Political Cooperation and African
State Governance in the New Era**　191

　　8.1　China's Interpretations of African State Governance Issues　　192

　　8.2　The Reasons for the Difficulties of African Countries
　　　　Growth and Sovereign Building　　196

　　8.3　How to Break through African State Governance Dilemma　　201

**9. Dilemma of African State Building and Experience Exchange of
China-Africa State Governance**　207

　　9.1　Political Development Dilemma Facing Contemporary
　　　　African Countries　　208

　　9.2　Comparing Path Choice of China's Reform with African Countries
　　　　Political Transformation　　211

9.3　Experience Sharing of Chinese Government Management Mode and African State Capacity Building　214

9.4　African Political Culture Choices in a China-Africa Comparative Perspective　219

9.5　Sino-African Ethnic Relationship and State Building　223

10. **Political Ecology Change in North Africa and its Impacts on China-Africa Cooperative Relationship**　228

    10.1　Political Development Trends in North Africa　228

    10.2　Political Changes in North Africa and its Impacts on Cooperative Relations between China and North Africa　233

    10.3　Opportunities and Policies of Cooperative Relations Development between China and North Africa　236

    10.4　Policy Measures of China's Deepening Relationship with North African Countries　238

11. **China's Cooperation with Africa's Regional Organizations under the Background of African Integration**　242

    11.1　Trends and Characteristics of African Integration and the Development of Regional Organizations　243

    11.2　The Current Situation of China's Cooperation with Africa's Regional Organizations　245

    11.3　Case Studies: Opportunities and Challenges of China's Cooperation with Southern Africa　248

    11.4　Issues and Policies of Strengthening the Cooperation between China and Africa's Regional Organizations　253

12. **Measures and Problems of China's Involvement in Africa's Security Governance in the New Era**　258

    12.1　The Multi-dimensional Form of Current Africa's Security Governance　258

    12.2　Basic Processes and Measures of China's Involvement in Africa's Security Affairs　264

    12.3　The Effects and Problems of China's Involvement in Africa's Security Affairs　268

13. **The Creative Development of China's Non-interference Principle in the New Era**　274

    13.1　The Changes and Characteristic of African Security Situation　274

13. 2　China's Active Involvement in Africa's Security Construction:
A Case Study of Darfur　279

13. 3　China's Theoretical Thinking on Strengthening Security Cooperation with
Africa in the New Era　289

Part V
Study of China-Africa Economic Development Cooperation Relations in the New Era　295

14. The Strategies and Policies of China-Africa Economic Development Cooperation Relations in the New Era　297

14. 1　The Current Situation and Characteristics of Africa's Economic Development　297

14. 2　The Continuous Increase of China's Contribution Rate toward Africa's Economic Development　302

14. 3　Policy Choices of Promoting China-Africa Economic Development in the New Era　312

15. The Strategies and Policies of China-Africa Poverty Alleviation Cooperation in the New Era　320

15. 1　The Historical Basis and Realistic Conditions of China-Africa Poverty Alleviation Cooperation　320

15. 2　The Strategies and Policies of China-Africa Poverty Alleviation Cooperation　324

15. 3　The Paths and Effects of China-Africa Poverty Alleviation Cooperation　330

15. 4　The Significance of China-Africa Poverty Alleviation Cooperation　336

16. The Present Situation of Energy Development in Africa and Sino-African Energy Cooperation　340

16. 1　Africa's Energy Storage and Development　340

16. 2　Arab African Oil and Gas Resources Development　342

16. 3　The Oil and Gas Resources Development in Sub-Saharan Africa　347

16. 4　Opportunities and Challenges of Sino-African

Energy Cooperation　352

16.5　The Suggestions on Promoting Sino-African Energy Cooperation in the New Era　355

17. **Practice and Challenge of Sino-African Energy Cooperation in Sudan**　357

17.1　The History and Present Situation of China-Sudan Oil Cooperation　357

17.2　The Advantages and Characteristics of China-Sudan Oil Cooperation　360

17.3　The Issues and Countermeasure of China-Sudan Oil Cooperation　364

18. **The Progress, Challenges and Countermeasures of China-Africa Financial Cooperation in the New Era**　370

18.1　The Progress of China-Africa Financial Cooperation　370

18.2　The Factors, Challenges and Countermeasures of China-Africa Financial Cooperation　373

19. **The Present Situation, Issues and Countermeasures of China-Africa Investment Cooperation in the New Era**　382

19.1　The Present Situation of China's Investment Cooperation with Africa　382

19.2　The Characteristic of China's Enterprises Invested in Africa　385

19.3　The Countermeasures of Promoting China-Africa Investment Cooperation　391

20. **The Strategies and Countermeasures of China-Africa Cooperation in Low Carbon Development**　397

20.1　The Broad Prospects of China-Africa Cooperation in Low Carbon Development　398

20.2　Challenges Facing by China-Africa Cooperation in Low Carbon Development　403

20.3　Strategic Analysis of Promoting China-Africa Cooperation in Low Carbon Development　408

21. **China's Interests and Consular Protection in Africa**　415

21.1　Concepts and Basic Situation　415

21.2　Security Risks of China's Interests in Africa　417

21.3　The Present Situation of the Mechanism of Africa-Related Consular Protection　423

21.4　Problems and Suggestion on the Mechanism of Africa-Related Consular Protection　433

Part VI

The Strategies and Policies of China-Africa Culture and Humanities Cooperation in the New Era　439

22. The Strategies and Policies of China-Africa Cooperation in Culture and Humanities Cooperation in the New Era　441

22.1　Cultural and People-to-people Exchange Becomes the 3rd Largest Power for Promoting China-Africa Cooperation in the New Era　441

22.2　The Contents and Form of China-Africa Culture and Humanities Cooperation in the New Era　446

22.3　The Basic Principles of China-Africa Culture and Humanities Cooperation in the New Era　448

23. The Ideas and Policies for Promoting China's Public Diplomacy to Africa in the New Era　450

23.1　The Public Diplomacy in China's Context　450

23.2　China's Public Diplomacy to Africa: Motivation and Mechanism Construction　454

23.3　Case Studies: the Involvement of Overseas Chinese in Africa and Media in Public Diplomacy　459

24. The Theories and Practices of China's Enterprise Social Responsibilities in Africa　469

24.1　The Interpretation of Enterprise Social Responsibilities in Pluralistic Discourse System　470

24.2　The Practices of China's Enterprise Social Responsibilities in Africa　475

24.3 Promoting Chinese Enterprise to Actively Fulfill the Social Responsibilities to Build Good Image　484

25. **The Strategies and Policies for Promoting China-Africa Education Cooperation in the New Era**　492

25.1 The Basic Processes and Special Significance of China-Africa Education Cooperation　493

25.2 The Major Contents of China-Africa Education Cooperation　496

25.3 The Effects, Problems and Suggestions on China-Africa Education Cooperation　502

26. **The Opportunities and Problems of China-Africa Cultural Exchange Cooperation in the New Era**　511

26.1 The Processes and Characteristics of Contemporary China-Africa Cultural Exchange　512

26.2 The Present Situation of China-Africa Cultural Mutual Influences and Mutual Understanding　514

26.3 The Thoughts and Countermeasures for Promoting China-Africa Cultural Exchange Cooperation　517

27. **China-Africa Joint Research on Minorities Governance**　527

27.1 The Exchanges and Cooperation in China-Africa Minorities Governance in the New Era　527

27.2 Comparative Studies on the Policies for China's and Nigerian Minorities　531

27.3 The Suggestions on Promoting the Exchanges and Cooperation of China-Africa Minorities Governance　539

References　541

导论：中非发展合作与人类现代性二次建构

《新时期中非合作关系研究》是一部系统全面研究新时期中非合作关系的著作，内容包括中非合作关系的历史背景梳理、宏观战略探究、理论创新总结、内外环境评估、政策取向辨析、实证案例调研、对策措施建议等，总体上涵盖了新时期中非合作关系所涉及领域的核心问题与重大问题的调研、分析与研究。作为一项系统性、基础性研究成果，我们希望本书可以作为人们理解过去半个世纪尤其是中非合作论坛（FOCAC）成立十多年来的新时期里中非合作关系的背景、进程、动力、性质、意义等问题的一份基础性文献。在研究过程中，我们努力从理论与战略的高度，挖掘中非合作实践所体现出的当代中国外交与对外合作的基本特色、战略视野与创新理念，努力揭示中非合作的历史实践及其经验教训对推进未来全球国际合作进程、建构和谐世界所具有的启示与建设意义。同时，作为一项针对性很强的实证运用研究，我们也希望本项成果可以提供一幅新时期中非合作的中长期路线图，为未来中非关系的可持续发展起到战略性与前瞻性的指导与参考作用。

第一节 中非发展合作与新世界体系的塑造

在过往时代人类文明漫长演进过程中，中华文明与非洲文明曾长期走在世界的前列。无论是在自南而北蜿蜒流淌于非洲大陆的上下尼罗河谷两岸，在撒哈拉以南非洲广袤无边的稀树大草原与埃塞俄比亚高原，还是在自东而西横贯于广阔东亚大陆的大江南北黄河两岸，非洲各民族与中华各民族，皆以自己的方式创造过形态各异的灿烂文明，形成过各有特点的知识体系与思想形态，并在许多时候与许多领域,深刻地影响过人类文明的发展进程与演进走向。

近代以后,部分西方国家一度先行兴起步入现代工业化社会,在一两百年间引领了人类现代性进程。但即便在此期间,中非人民在过往漫长岁月所积淀下来的丰富遗产、独特知识与精神形态,也从来不曾变成毫无意义的过往云烟。事实上,欧美近一两百年的先行发展只是人类历史长河的一个阶段,它开创了现代性成长的某个阶段,但并不是人类现代性发展的全部内容。如果我们放宽历史的视域,深入探究现代性的本质,重估过往时代人类文明的价值及人类现代性起源的更加复杂多元的久远背景与多元动力,我们将看到,中非人民早已参与了人类现代性的塑造过程,而在今日亚非世界的发展复兴进程中,在当代中非双方的发展合作努力中,古老而又现代的中华文明与非洲文明将共同释放出前所未有的新的文明创造力,并因此而拓展与重塑人类文明现代性的新的本质与未来更开阔的发展方向。

新时期中非发展合作的时代价值与未来意义,正是在此开阔的世界舞台上展开和呈现的,我们也需要从这样的全球大视野上来理解和把握。

一、全球体系变革与人类现代性的再次塑造

人类现代性的基本要素孕育于过往时代人类各文明的共同创造与积累,但由于种种原因,从传统农业文明向现代工业文明的历史大变革之最初的突破发生在西欧一隅之地。数百年来,率先兴起的西方在相当大的程度上主导并支配了近代世界的发展进程。毫无疑义,西方首先释放的创造力对现代文明做出了重大贡献。但是,一个以西方为中心的现代世界发展格局,也使包括中国与非洲在内的整个亚非拉世界,在现代性发展的早期阶段,在扩张的资本主义与帝国主义,以及工业化了的西方扩张势力的冲击下,先行经历了一个自身文明瓦解沉沦、社会被动解体、国家民族发展被边缘化的痛苦过程,人类及全球现代性的发展也因此表现出特殊的扭曲、动荡、冲突的形式。

现代性带来了全球历史的大转折,在这个过程中西方世界扮演了十分关键的角色。但是,世界近代历史并未像某些西方学者提出的"世界体系"理论中所指称的那样,是一个完全以西方为中心的存在,也不可能成为一个完全由西方来改造全部人类文明形态的历史进程。在西方开始的现代性进程(包括工业化、城市化、科技成长、技术进步、全球联系)只是整个更为复杂、更为漫长的人类现代性成长大历史的一个部分、一个阶段,而不可能是全部。事实上,自近代以来,在西方保持领先优势的情形下,世界其他地区的人民和民族仍然在捍卫自己的历史与文化的同时,以自己的方式承受着现代性引发的种种变革压力,在交往中寻

求独立与自强,在顽强地探求着与自身相适应的现代发展道路,并以此加入全球现代文明的塑造过程。

今天,经过百年来艰苦卓绝的努力,非西方世界的民族复兴与发展努力已经取得了重大的进展,越来越多地开始拥有了自己的现代性发展道路探索所累积的经验与民族的自尊自信,并由此拓展着人类现代性发展的内涵与外延。长远来看,随着非西方世界不仅在政治上而且在经济上,甚至文化与观念上的崛起,一个各个民族与各种文明平等交往、合作发展的新的世界体系必将逐渐地成长起来。而中非发展合作近年来的快速推进与提升,影响力的日见扩大,正是这一时代变化与新的世界体系的重要推进者、承载者与受益者。

近年来日益强劲的中非合作、中阿合作、中拉合作、金砖国家合作,及至更广泛领域的"南南合作"的广泛推进表明,世界历史的变革动力正日益来自人口更为众多、地域更为辽阔、文化更为多样的非西方世界,西方世界与非西方世界的关系也因此经历着新的调整与安排。总体上,这是一种积极的面向未来的世界体系结构的调整与变化。可以这样说,从历史的层面上看,在人类经历了长达数百年西方主导和支配的那种"单向度的""中心支配边缘"的世界体系演进过程后,亚非复兴背景下的当代中非之间这种相互尊重、平等交往的现代关系的确立与发展,是有特殊的象征意义的,它从一个侧面反映出世界文明交往的总体格局与国际关系的基本形态,正在某种程度上开始向着"多向度的""网状平等型"的多元文明平等交往、自主对话的方向转化。而这一过程的到来,尽管艰难曲折,路途漫漫,但它却昭示出过去数百年间以欧洲或西方国家为中心的现代性的经验与话语过程,终究只会是整个人类现代性发展的一个特殊的阶段。人类历史及其现代性,自然不会终结于西方文明的兴起与完成,它会随着亚非世界复兴与崛起而继续向前推进、拓展和提升。①

不过,相对于西方世界积累了数百年的现代性经历,非西方国家成功的发展在时间上只有最近数十年时间,许多国家还处于现代性发展的早期阶段并面临种种挑战,一些非西方国家相对成功的发展经验及其特殊价值,目前还没有得到普遍的理解和承认,尤其是没有得到西方世界的认可与尊重,西方为中心的世界格局及观念形态仍未根本上被消除。长期以来,西方世界基本上并不承认非西方世界还具有创新现代性新进程的文明要素与制度能力,也不愿意与非西方世界在平等的基础上共同管理、治理这个世界。在思想理念与意识形态领域,西方世界已经享有一两百年的那种不言自明的优越感、独占感依然随处可见。

---

① 刘鸿武:《当代中非关系与亚非文明复兴浪潮——关于当代中非关系特殊性质及意义的若干问题》,载《世界经济与政治》2008年第9期,第29~37页。

总体上看，在过往的殖民主义统治时代，西方世界对非西方世界的影响与控制主要表现在技术、行为与制度等物质层面，今天，除了物质与制度层面的成分外，西方世界对非西方世界新的影响与控制还更多地通过思想、知识与观念等意识层面表现出来。过去一两百年中，通过思想学术与社会科学体系的制度性构建，西方确立了自己的现代性话语体系，其中，既有科学的有着普世价值的思想与理论成分，同时也夹杂着太多的西方特殊的文化与价值观，有许多基于西方国家本土经验而提升出的欧美地方性知识，但这些"欧美的地方性知识"，在过去的年代却因为西方的政治经济强势地位而全部披上了"普世性"的思想光环，或被奉为四海之内皆真理的普遍性知识，并广泛传播流行于世界。

先行发展的西方世界并未穷尽人类现代性的所有知识与经验，只不过，在过往一两百年，因为西方世界政治经济力量强势地位的支撑，因为缺少来自非西方国家的成功经验作为必要的对比、补充与修正，也由于出于盲目的主观偏好与固执的意识形态支配的原因，直至20世纪80年代末冷战结束后西方优势达到巅峰的时候，在相当大程度上西方知识与思想并未完成对关系人类整体命运的现代性的完整解释，迄今为止形成和累积起来的西方知识与思想体系，事实上并没有，也不可能提供一个可以解决世界上所有国家和民族现代化进程的思想框架与知识工具，传统的"西方本土知识"或"欧美的地方性知识"，自然也不足以解释和应对在今天已经开始出现而在未来还将获得更大发展的一个"后西方时代"的人类新的现代性成长过程，包括新的发展道路选择、新的发展经验累积与新的发展难题的挑战。

今天，西方世界主导的传统理论工具与陈旧知识体系已经严重落后于新的时代变革进程和非西方国家的丰富多元的当代发展实践，无法对人类的新变革进程与意义做出完整的理论解释与说明。这是今天人类面临新的知识创新挑战而必须更新变革当代人类思想的重要原因，是西方与非西方世界发生思想碰撞的根源所在，也是中国与西方国家在非洲相遇时往往发生观念冲突的根源所在。西方世界为什么会想当然地、简单地给中国在非洲的所有经济活动都戴上"新殖民主义"的帽子？为什么时常会不加思索地凭本能或有限的传统知识与经验就将中国与非洲的正常贸易活动冠之以"掠夺资源"的罪名？所有这些观念的冲突与矛盾，固然是因为中国与西方国家在非洲有利益上的冲突，一些西方人认为中国侵入了本属于西方的势力，但其中另一个持久产生作用的因素，则是因为西方陈旧的观念、知识的盲区、思想的僵化而使其无法正确理解当代中国的发展及其与非洲国家的新兴合作关系。[①]

---

① Joshua Kurlantzick, *Beijing's Safari: China Move into Africa and Its Implications for Aid, Development, and Governance*, Carnegie Endowment for International Peace, Nov. 2006, pp. 1–3.

正如中国三十多年前改革开放时需要重新认识西方、重新认识世界一样，今日的西方也存在着如何重新认识中国、重新认识世界的课题。事实上，在全球化快速推进的今天，整个世界东西南北之间，都面临着知识更新、思想拓展、观念变革的时代新命题。

当代中非合作的时代价值与思想意义，正需要从这样开阔与长远的背景上来理解与追求，因为这是一个全新的人类发展合作与交往的领域，过去西方的经验与知识并不能准确理解与全面解释这一新的现象。① 长期以来，将西方文明解释为现代普世文明，轻视、忽略甚至贬低其他文明，将近代工业文明与传统农业文明相对立，一味宣扬近代西方文明及其制度的优越性，诸如此类的思想知识表现，使西方思想在很大程度上扭曲着现代性的本质，误导着人们的观念。这种状态及它引起的关于现代性观念冲突与发展理念对抗，在今日事实上已经妨碍着人类现代文明在更广大范畴上的健康发展，及人类在思想与理念上的平等交往与理性合作。在人类的发展进程与发展模式正在多元化推进，人类的现代性蕴含正在快速拓展的当今时代，如果依然还只用西方有限的知识与经验作为唯一解释工具，依然还是将西方智慧作为现代性的唯一尺度的话，人类是远不足以应对今日的复杂挑战和迈向新的世界历史高地的。

正是在这个意义上，我们说，以今日和今后一个更为长久的人类发展需要上看，那些长期支配世界的西方知识体系与经验累积中有大量的内容必须做出新的清理、较正与扬弃，在关于现代文明、关于发展、关于正义与自由、关于民主与人权的普世性观念结构中，应该有来自亚非世界古老历史所累积之丰富智慧与当代发展经验的系统总结和融汇，应该加入更加多元的"亚非知识"（诸如"中国知识""非洲知识""印度知识""阿拉伯知识"等）或任何其他可以丰富完善人类知识与经验体系的智慧成果，并在此基础上做出新的人类知识、思想、经验与情感的全球新综合，唯有这样，人类或许才能真正面对今日与未来的巨大生存与发展挑战。

当今时代我们重新提出"亚非知识"或"中国知识"这样的概念及其现代性意义，乃基于我们对人类文明历史结构的基本理解，基于我们对人类现代性内在结构的重新诠释。从一个开阔的人类文明史角度上看，现代性的孕育无论在时间上还是在空间上，都是一个远远超出西欧一隅过去几百年经验范畴的时空上更为悠远漫长的过程，现代性的起源与核心内容并不仅仅只是黑格尔、马克斯·韦伯、布罗代尔、福山等西方近现代思想家视野所及或兴趣所在的那一部分。从历史的层面上看，人类的现代化进程与现代性获得，虽然在西方率先获得突破，但

---

① Deborah Brautigam, *The Dragon's Gift: the Real Story of China in Africa*, 2009, p. 5.

在漫长的传统农业社会、东方社会演进过程中,早已蕴藏累积了许多直到今日来看依然是支持现代文明根基的一些核心要素,这些核心要素有着更为持久的作用与意义。就中国而言,现代性的许多基本要素,如基于知识的文明成长、思想的特殊作用、国家制度的形成等,早在一两千年前就已初步形成并延续迄今。从这个意义上说,由西方开始获得突破的现代性成长过程,应该是过去数千年整个人类文明漫长积累和发展的一种结果,也只是整个人类现代性发展的一个阶段、一个组成部分,这个阶段、这个部分无论怎样的重要,它并没有也不可能替代现代性成长的全部内容和过程,也不可能是现代性成长的最高形态,而终结现代性在世界其他地区继续成长提升的历史进程。这是我们从一个更开阔的世界史时空范畴上理解今日的中非发展合作必然具有广阔前景和世界性意义的依据所在。

近代以来,率先兴起的西方在逐渐获得观念与意识形态上的世界支配地位的过程中,也制造了一些被认为是不言自明的定理或结论。这些不言自明的核心观念,这些意识形态式的观念,可以归纳为两个互为支持的方面:一个是简单地将现代性理解成一个只是在西方开始的过程,西方文明被解释成了世界史上的一个特殊例子,一个唯一孕育了现代文明的地区。在这种观念的推演下,世界其他文明,无论怎样古老悠久,无论在以往时代怎样的辉煌灿烂,都不具备向现代文明过渡的能力与意识。在许多近代以来的西方思想者看来,现代文明在西方的出现,纯粹是世界史上的一个例外,是一个在任何其他非西方社会中都不可能发生的事情,世界其他文明与社会若要向现代文明过渡,唯有学习西方文明、移植西方制度、模仿西方体制,舍此之外别无他途。[①] 这种"西方中心主义"的理念作为一种思想权力与意识形态,进入 19 世纪以后日益强势,而到 20 世纪 70 年代冷战结束之后的一段时间更达登峰造极甚至偏执独断的顶点。它给西方世界罗织了一道道耀眼的文明与道德合法性的光环,大大有助于西方维持其对世界的持久支配地位。与这一观念相联系的另一个同样偏执的观念,是将现代文明与传统文明截然对立起来,将现代文明理解成是一个全新的、突然出现的新事物,人为地在观念上切断传统农业文明与现代工业文明之间的内在承继关系,将人类在数千年间的文明创造与知识积累,在漫长岁月中成长起来的知识、制度、思想、技术,都视为不足一论的考古学意义上的遗存。同样地,在这种观念的推演下,亚非世界或整个非西方世界在被归入传统文明范畴的同时,其知识与思想也被视为对现代发展无所助益而备受摒弃,也因此而失去了它在现代世界存在合法性与权利。

以这样的历史观察视野,我们认为包括中非合作在内的整个发展中国家今日

---

① E. J. Wilson, *China's Influence in Africa*: *Implications for US Policy*, Testimony before the Sub-Committee on Africa, US House of Representatives, Washington DC, 28 July, 2005.

在新的历史起点上的国际交往与发展合作，其意义除了加强发展中国家的集体的发展力量，促进发展中国家的发展与文明的复兴之外，还包含了格外的要求、格外的时代使命，那就是需要从源头上参与对现代性起源与演进的重新理解与再度诠释，以自身的发展与知识经验，参与全球现代性话语的建构塑造，以此打破以西方为中心的现代性偏狭话语体系。通过全球的全体人类的共同努力，在现代政治制度、经济形态、思想文化、观念道德的标准与原则方面，在种种有关理性、民主、自由、人权等普世性的人类价值体系建构中，相应地加入亚非人民或非西方世界的传统的与当代的知识形态与实践智慧，从而拓展和扩大现代性的内涵与外延，丰富现代文明的结构与基础，唯有这样，人类才能更好地应对现代性引起的种种问题与挑战，促进现代文明在全球的健康发展，中非发展合作的特殊价值与意义也才会得到世人的认可与尊重。

二、中非发展合作的战略价值与时代意义

从上述分析来看，今日快速推进的中非合作关系正呈现出如下多方面的战略价值与时代意义。

首先，中非发展合作关系为中国创造出最具时代意义与历史人文基础的全球发展战略空间，并由此彰显中国作为一个新兴的发展中大国对于世界发展进程的独特推进作用。

对于发展中国家，发展是最大的政治，是国家利益的最高体现。对于中国而言，发展更具有特殊的文明复兴的意义。中国是全球最大的发展中国家，也是世界上统一历史最为悠久的文明。在农业文明时代，位于亚洲东部的中华文明，以自成一体的方式生存发展，生存发展的空间也因此仅限于东亚地区。比较之下，非洲，特别是撒哈拉以南的南部非洲大陆，也因特殊的自然地理环境，而令其文明在发展演化过程中保持着明显的孤立封闭特征。中非两地历史文化虽然各自有别，但两地共同的偏居一隅的文明存在方式，某种程度上影响了现代以前各自文明的对外交往与发展演化。

但是，在数千年的历史中形成的中华文明具有自己独特的文明创造力与历史复兴的潜能。现代文明是开放的、传播的、全球化的文明。中国社会的巨大规模，中华文明的悠久历史，决定了中国今天在对外开放、走向世界的进程中，需要突破以往历史时空的限制，在全球范围内，最大限度地获得并打开文明交往与发展创造的空间而与世界各国各民族平等交往与共赢合作。当代的中国，已不可能像以往的西方那样，以殖民、武力甚至战争的方式，通过争夺土地、争夺霸权来实现自身文明生存发展空间扩展。非和平的发展方式不符合今日的国际社会准

则,更主要的是它们违反中国自古以来的文明传统,违反当代中国和平发展的宗旨。为此,中国需要以新的方式,运用文明的力量,开辟新的国家发展道路,创造新的世界交往发展空间。因此,参与世界的共同发展、合作发展,在参与世界共同发展的过程中获取最大的中华民族复兴机遇,将是符合中国国情与国家根本利益的正确战略选择。

今天,非洲作为发展中国家最多的大陆,其辽阔的土地、丰富的资源、多元而悠久的历史文化以及经济社会特别的贫穷与欠发展状态,使非洲拥有和中国同样的最为巨大而持久的发展需求。因此,中国与非洲通过合作,建立世界最大的发展中国家和世界最大的发展中大陆间长期的战略合作关系,在两大文明体的创造性聚合中相互建构起全球最大的有机发展时空组合,在平等相等、相互支持、合作共赢的原则下,以共同持久的努力,实现两大区域两大文明的共同发展,实现两大文明的合作复兴,这无论对于中非双方还是对于整个世界,无论对于历史还是对于未来,都是有重大意义和深远影响的事情。

中国是一个发展中大国和未来的世界强国。通常情况下,需要在世界主要大国、周边国家、地区和全球4个层次上处理好中国与外部世界的多元多维关系。从上述叙述中看得出,中国关系和中非合作并非一时之计、一时之需,而是处在中国对外关系中的全球层面,且具有特殊的基础性地位与战略性地位。鉴于中非关系的特殊性,不论在政治主导的以往,还是在经济主导的现在,也不论其他层面的关系相比之下可能更加突出紧迫,在过去数十年中,中国历届领导人都始终清楚牢固地把握着中非关系发展的大方向,不会因为某个偶然因素的干扰而轻易动摇或放弃。今天,随着中国文明复兴与强国之路日益清晰,中非关系对于中国发展的长远战略意义正变得更加明确,更加突出。对于非洲,中非合作关系的战略意义同样在变得更加重要。特别是过去十多年来,中非合作发展的成就,不仅为非洲展示了新的最具潜力的对外合作与发展前景,而且因为中国的加入和努力,非洲在全球总的发展竞争中的地位已经有了明显的改善。对事情极而言之,对于需要几代人的共同努力才可以根除贫困,完成经济社会发展任务的中国与非洲来说,双方之间长期的、真诚的、全方位的合作具有的意义,可以说无论怎样的形容都不为过。

其次,中非发展合作关系将为实现中国的和平发展战略目标拓展出重要的外部国际平台,为一个更具政治合法性与道德感召力的当代中国"国家身份"与"国家形象"的建构提供特殊的国际舞台。

今天,作为一个介乎于发达国家与发展中国家之间的具有某种过渡性双重属性的国家,中国在与西方发达国家和发展中国家的交往合作过程中,也许可以扮演一个角色更为多样、作用更加积极、功能更具桥梁与中介作用的全球发展推进者、协调者与整合者。当然，处于这样一个特殊位置上的中国，其国家利益的诉求与内外战略的选择，在具有更大的战略选择空间与发展回旋余地的同时，也可能面临着来自更多方面的挑战与压力，在中国身上，可能会更明显地集中着当代人类发展的一些全球性矛盾与复杂挑战。在此背景下，中国如何处理好与可能具有不同诉求与观念的发达国家、周边国家、新兴国家、发展中国家的多维多元关系，如何建构起一个更稳定的有多个战略支点支撑的外部发展平台，营造一个更有利的民族复兴的外部环境，是一个当代中国人面临着的需有深谋远虑战略思考、缜密周到策略安排与耐心细致说服宣示的战略性重大课题。而中非合作正是这一复杂问题环节上的一个关键性节点，也是一个中国可能可以更主动作为与积极塑造的战略节点。

非洲大陆是中国的一个特殊机会，一个特殊的实现民族复兴的外部舞台。从一个长远的发展进程上说，中国发展的目标当然应该是逐渐成为一个发达国家，或至少成为一个相对发达的国家，一个可以摆脱贫困、落后、弱小状态的比较富强与发达的国家。在这一点上，中国并不需要讳言自己的战略志向，虽然今天中国依然还是自认而且事实上也确实还是一个发展中国家，但客观趋势是中国的身份与角色在变化中，而发展中国家无论是作为一个观念上的符号还是现实中的存在，其本身也在变化中。所以，问题并不在于中国要不要成为一个（相对）发达国家，而在于中国成为一个什么样的（相对）发达的国家，在于中国达到（相对）发达的过程本身是否同时也是一个中国推动整个发展中国家的发展进程，或给整个发展中世界带来新的发展机遇、发展资源、发展平台与发展空间的过程。将自己定位于一个促进人类共同发展、和谐发展、合作发展的崛起中的世界性大国，一个给未来世界特别是给发展中国家带来发展机遇与希望的建设性力量，是中国最终能否在世界上成为一个（相对）发达国家的关键所在。换句话说，成为一个不是以牺牲他国他族利益而是给他国他族以希望和机会的日益崛起的大国，这是中国发展道路的正确选择，也是唯一的选择，否则，中国在发展的过程中会遭受日益巨大的外部阻力与遏制力。

我们需要从这样的战略高度上来理解中非发展合作的战略意义与特殊价值。中非发展合作不仅应该为之，而且是必须为之。对于中国而言，推进与非洲大陆数十个发展中国家的全方位发展合作，既是国家利益所在，也是国际责任所在。况且这种利益与责任合一的战略合作，完全可以给中非双方都带来巨大广阔的机会空间。我们说，正如中美之间在经济技术合作上有高度的互补性一样，中非之间在诸多方面也有高度的互补性。在全球战略中，当与全球最先进的富有（欧美）国家和最多欠发达国家的非洲大陆同时形成经济与发展上的共同利益及战略合作关系时，中国就能够拥有实现和平发展目标的牢固而开阔的国际舞台。

但这并不是一件容易的事情。经过三十多年的成功发展，中国经济总量已经超过日本，成为全球第二大经济体系。未来一二十年中，中国还将继续保持较高的经济增长速度，届时有可能在经济总规模上追平甚至超越美国。中国经济规模的变化，毫无疑义将对全球既存的政治经济格局产生影响。在存在利益冲突的现实国际政治经济环境中，将中国的发展视为一种挑战，在国际上对中国的发展产生某种怀疑，将是不可避免的。而在现实中，针对中国的发展进程与走向，国际上已反复出现了种种围绕"遏制、威胁、冲突、崩溃、防范"等词语编织的刺耳论调。对此，中国需要从实际出发具体地加以理解和对待，审慎把握，从容应对。

对中国和平发展目标与过程的怀疑，多数论调出自习惯于旧的西方为中心的世界秩序的西方国家，对此中国自必须坦然面对，但也有一些，是当人们对于未来新的世界秩序存有不确定感而将焦虑的目光集中在高速发展的中国身上时自然产生，而其中包含的问题，是中国本身也要认真加以考虑的。[①] 此外，中国的地理位置和地区与周边环境，也让中国的和平发展战略面对着来自周边国家和地区内外诸大国的、基于复杂的历史与现实利益的冲突与挑战。日益进入世界政治经济舞台中心，担负的国际责任、产生的国际影响、面对的国际挑战持续增大，所有这些，要求中国跳出以往简单的、分散的、短时的国际问题思考习惯，真正从全球视野和长期战略的高度，构筑出体现中国和平发展战略并能保证其实现的国际战略与对策。

正如之前所言，非洲作为在空间上与中国距离遥远，在政治与经济上与中国有着历史与现实的稳固联系，在全球政治经济文化事务中有自身特殊国际影响力的地区，能够为中国展示并实践和平发展战略，综合运用政治与经济、历史与人文多种手段，主动地多方面地树立中国作为一个文明和负责任的全球大国的积极形象，缓和由全球复杂利益与发展变化引起的压力与冲突，提供一个足够宽广的、能持久地产生全球效应的国际活动平台。联系古代中国政治思想中的传统观念和思维模式，中国当代国际关系理论与策略的思考者不难从中获得启迪，构建出具有中国时代特色、兼具现实主义与建构主义特征，能体现高度创新与实践满足要求的中非合作战略，包括相应的全球发展战略。显然，这样一种国际与外交努力，并非仅仅是中国单方面的愿望与行为，而是一种基于全球发展的内在逻辑而同时与非洲国家和其他利益相关方进行沟通合作，进行全球性制度文化创建的长期过程。总之，非洲为中国提供了一个与美国对应相当的，有全球影响力但却处在利益关系结构另一侧的国际合作与博弈的对象。中国应当启民族与历史之大

---

① Udo W. Froese, "The Chinese Are in Africa—This Time to Stay!", New Era（Windhoek）, March 13, 2006, http：//www1.zimbabwesituation.com/mar14_2006.html#Z21.

智慧，以新时期非凡的战略思维与实践勇气，来理解好处理好这一特殊的"国家—地区"合作结构下国际时空关系中包含的机遇与挑战。

最后，中非发展合作关系及其研究，将会为中国的国际思维和相关理论建设打开广阔的空间，为当代"中国知识""中国思想"的孕育提供特别的理论温床与实践平台，并由此建构起中国知识与思想的信誉基石与话语权源头。

总体上说，中非发展合作既是中国与非洲各个国家的合作，更是中国作为一个世界性大国与一块世界性大陆的合作，因而这种大国与大陆间的以发展为核心命题的合作，具有大型文明体系或大型国际关系结构要素间的合作，以及它可能牵动的其他重要国际力量的介入、干预与互动，其所可能拓展的战略纵深和在时空上的巨大潜力，在当代中国外交的多维向度中都应该是一个具有宏大历史性格的实践领域与思想领域。当代中国学人对此当有清醒的认知，从国家战略的高度和全球变局的层面上，更加重视对非洲大陆本身和中非关系问题的研究。①

中国是古老的东方大国，拥有具有自身历史特色的丰富的国际关系观念及深厚的理论思维传统。在19世纪以前，存在于亚洲大陆广阔之区域，以中华文明为中心的从东亚到南亚再到中亚的这一地区性国际体系，曾是前现代时期世界上最重要的国际体系之一。历史上的中国，既是一个东亚国家，也是一个南亚或中亚国家，甚至与遥远的西亚、中东、非洲和欧洲也有直接间接的复杂交往，这让中国在久远的过往时代也拥有了自己的对外交往的经验与知识。虽然这一经验与知识是有限的、传统形态的，但它也让中国成为一个具有扩展自己现代性国际交往潜质与能力的国家。近代以来，中国先是以被动方式卷入以西方为中心的现代国际体系而成为一个边缘性角色，后又以主动开放的姿态加入其中并逐渐向中心位置靠拢。无论怎样，可以说，在数千年的历史演进过程中，中华民族或开放或封闭，或以自我为中心方式处理对外关系，或卷入或加入或跟随陌生的另类体系，更因有连绵的自古而今的存续历史，其间之种种古代与现代、政治经济与文化、不同民族不同区域的交往过程，还有种种复杂的历史与周边环境，所有这一切，使得中国成为世界上国际关系思维与实践经验最为丰富的国家之一。

然而，以近代和现代的标准衡量，与国家民族生存发展环境以及全球的时代变迁相比，现实中国国际关系理论水平还处于相对落后水平。虽然中国不可能也不必要照搬西方的国际关系理论与知识，但与西方发达国家已经形成自成体系的理论结构与知识框架相比，中国国际关系理论与知识形态的理论化、系统化、民

---

① 近年来，国家已经日益重视非洲研究。2009年中非合作论坛第四届部长级会议启动了"中非联合研究交流计划"。当年，教育部首次在国家层面上设立了关于中非合作关系的哲学社会科学研究重大课题攻关项目。2010年，国家留学基金委正式宣布专门设立"国际区域问题研究"国家公派留学项目，其中非洲研究作为项目之一列入计划。国内的非洲研究机构也开始有了明显的增长与发展。

族化进程是明显地相形落后的。虽然有前现代时期的丰富的民族思想遗产，有过往不同时期引进吸收的西方（包括苏联）的思想学说，有一百多年来在国家民族的亲身经历中积累的无数正反经验，但或者因为历史和时代发生了变化，因此未能完全消化吸收，或者因为仍然缺乏自己的系统原创的理论，今日的中国还没有形成系统化的、能与过往历史与当代经验衔接，能适应国家对外开放和快速发展需要，能适应中国加入国际社会、面对全球化潮流以及现代性的复杂挑战而参与全球变革、参与国际思想竞争与制度建构，能有效促进中国与外部世界之间的理解沟通的当代国际关系理论和相关的人文社会科学理论。

当代中国的非洲学理论与知识体系的建构，与上述中国人文社会科学理论与知识的发展总体格局是相一致的，有中国自身特色的、自主自立的中国非洲学理论与知识结构远没有形成。然而，随着中国的发展，更多地参与国际社会，参与国际事务和全球思想交流，特别是随着中国逐步突破近代以西方为主的社会科学主流话语的限制束缚，中国产生属于自己的原创性理论和全球性思想的条件在日益成熟，有中国精神气度与视野的中国非洲学的建构也逐渐成为必要和可能。而正如奥运会中的竞技比赛，无论是中国还是非洲，知识界打破百多年来西方在整个社会科学理论领域中保持已久的根深蒂固的知识与话语垄断的决心与信念也在持续增强。中国学者与非洲学者都应该深知，发展中国家若在科学与知识话语的建构中缺乏实质的有竞争力的参与能力，就不可能在国际社会与国际交往中实现真正意义上的平等。

概而言之，在今天这个快速变革与发展、人类各种观念与思想依然存在全球碰撞的时代，学术研究与思想创造背后，其实包含着巨大的国家与民族的利益，关乎着国家与民族生存发展的基础力量与核心竞争力，在此方面，中国学者心中应当有"中国知识"或曰"中国思想"及其话语权建构的清晰概念与责任感。而对于有中国特色的国际关系理论、外交学理论、国际合作与国际援助理论，及其他相关领域的社会科学原创理论的形成，中非合作及相关问题的理论研究，则有希望成为一个特别的温床，一个提供知识与思想活力源头的特殊领域，以至为具有时代精神同时又深刻包含着中华古老传统的当代"中国知识""中国思想"的形成、丰富和完善，及其话语权力的获得，奠定开阔的基础。

这里所谓"中国知识"或"中国思想"，并不是一个空穴来风的杜撰或浪漫主义的想象，它其实就是中国源自上古以来的文明成果与精神创造的结晶体，一个体现中华文明精义与核心的传承久远的知识体系与思想传统，它正与当代中国复兴与发展实践进行创造性融汇而推陈出新。正如同过去时代我们常常说到"西方知识""西方思想"这类概念一样，"中国知识"或"中国思想"本是一个真实的存在，因为正是有这个"中国知识"或"中国思想"的千年传承，中国在当代的内政外交，中国在当今世界的生存与发展，才得以呈现出中国自身的个性精神，中国的对非政策，中国的对非合作战略与理念，也才会具有自己的特点。当然，这一久远的知识传统必须面对当代中国社会发展的新的挑战，它必然是一个开放的体系，一个随时代而进步完善的体系。它应该从包括当代中非合作关系在内的当代中国发展与复兴的丰富实践中获取新的养分，做出新的理论总结，在既"崇圣宗经"又"与时推移"的继承与创新过程中，确立自己在当今世界人类知识与思想体系中的地位，及它应有的话语权力与思想力量。①

在当代中国日益融入全球体系、越来越需要从全球的交往中来获得和维护自己的国家利益的时候，在全球交往体系中建构当代中国的国家政治合法性与道德感知力，提升中国知识与思想、中国经验与模式、中国智慧与情感的话语权力，现在已经显得如此的重要。但所有这一切关乎中国未来发展的战略资源与平台的获得，不可能凭空而生，它一定要有自己的建构平台与实践空间，要有自己的创新领域与尝试机会，而中非发展合作及相关领域，正是中国可以主动予以拓展的一个重要领域，是中国需要紧紧把握的一个特殊机会。

在这方面，除了前文谈到的与中非合作有关的中国国际发展空间、中国国际发展战略平台等涉及理论创新的有关问题之外，还有如下几点值得考虑。

第一，作为自成体系的大型文明，中非合作涉及的问题既深且广，许多问题都具有非单方、非孤立、非局部、非短期及非简单的特征。对于这样复杂的问题，既需要特殊学科及专项分类的研究，也需要系统综合及多学科的基础性研究，以学科理论发展状态而言，后一种研究的需求更大，空白也更多，取得突破的可能性也更大。而一旦有所突破，对中国社会科学发展创新将产生明显的推动。

第二，相对于西方以及一些亚洲国家，中国在非洲的探索与研究中虽然属于晚来者，但是晚到的中国却有自身的优势。这些优势包括：其一，三十多年来中非关系迅速发展产生的实践推动与经验支持；其二，作为一个文明大国，中国自身丰富的历史理论与经验累积；其三，有西方及他国之前非洲之学的研究成果可以学习借鉴，而对其中之观念方法之缺失偏废可以有所批评戒除；其四，一个特别之处，是非洲发展及相关国际理论研究，不像其他国际问题与国际关系理论研究那样被西方主流话语所垄断与覆盖，不仅如此，非洲的问题，在许多方面反而还特别能够证明西方知识话语固有的偏见与失效。非洲研究因此可以在更大程度上被视为一片纯净的知识天地，一片能为非西方世界的知识发展产生特殊贡献的

---

① 刘鸿武：《故乡回归之路——大学人文科学教程》，清华大学出版社 2004 年版，第 187 页。

"理论的新边疆"。①

因此,笔者认为,在全球化背景下,以中国的知识方式,结合中国视域与非洲视域,结合历史与未来,形成宽广而深邃的思维新天地,将极有可能帮助中国知识界打破西方知识长期的国际垄断,摆脱自己对西方原创思想的依赖趋随,以原创方式,形成自己新的全球化理论与现代性理论,产生中国自己的跨文化的元知识话语。

三、中非发展合作是撬动中国与西方关系结构的支点

现代世界体系虽然带上了西方主导的色彩,但是从一个长远的历史进程上看,中国与非洲在近代以后的沉沦与边缘化,及它们随后开始的在沉沦中的觉醒与自强,本身也构成了近代以来世界历史结构变化的核心内容,并从世界历史进程的另一个大维度上形塑着现代世界的新的结构与性质,包括中非双方与西方世界的关系结构及其性质。总体上看,当代中非合作关系的持续性推进与提升,会在越来越大的程度上超出中非范畴而涉及当代世界体系变革转型的一些本质性问题,会在越来越深刻的意义上改变中国、非洲与外部世界关系结构的形态与性质。因而中非合作关系在快速推进的进程中,无论是中国还是非洲,都面临着一个如何处理与西方、与世界其他国家和地区关系的复杂问题。

今天,世界历史正以自己新的方式悄然开辟着新的变革与发展之路,而变革的动力越来越多地来自于东方世界,来自有着古老悠久的文明但同时又年轻而富于朝气的众多亚非国家的现代发展努力,及这种发展努力背后日见强劲的亚非文明与精神世界的当代复兴。而这一亚非世界的当代发展进程,将改变数百年来西方主导与支配世界的历史结构,重塑出一个东西南北各大文明更为平衡、更为平等的新的世界体系。而在某种意义上可以说,过去数十年间中非合作关系的发展及它创造出的亚非发展中国家国际交往合作的新模式,正是我们观察这一正在快速变革的新世界的一个景色独特的窗口。

在过去三十多年间,向外部世界逐渐敞开胸怀的中国,在应对外部世界复杂挑战并因此而使自身发生巨大变革的过程中,也以自身的变革影响了外部世界。经过百年来对外部世界特别是对西方国家近代以来形成的知识体系、理论成果、发展模式和科技文化的持续不断的模仿与吸取,通过持久而大规模地学习借鉴西方发展经验与发展模式的努力,中国文明作为一个有着极强的吸收外部世界先进

---

① 刘鸿武:《非洲研究:中国学术风景日新的"新边疆"》,外交部中非合作论坛网站,2009年10月12日,http://www.fmprc.gov.cn/zflt/chn/jlydh/xzhd/t619846.htm。

文化的"学习性文明"的优势也获得了充分的体现。近代以来，中国在许多领域对于西方知识与思想的汲取，及在汲取与吸收过程中做出的本土化努力，那种"取他山之石以琢玉"的强烈的对外开放与融入愿望，乃至为习得外部先进文化而一度"言必称希腊"的对异域欧美文明的倾慕、向往与尊崇，使得中国在数十年间与外部世界特别是与欧美国家的关系结构发生了重大变化。当今的中国，在经济与社会生活方面已经高度地融合于外部世界，甚至呈现出对欧美经济体系的强烈相互依存，这使得今天的中国要比历史上的任何时期都更深刻地与外部世界形成了复杂的互动关系结构。上述这些根本性的变化，给了当代中国的知识精英们重新去认知中国文明的特殊性质及中国文明与外部世界相互关系的新的机会与挑战。中国的知识精英与思想者必须重新考虑这样一些更为宏大的历史与现实命题，即从全球的视野上看，中国文明究竟是一种什么样的文明？它究竟在多大的程度上可以在复兴自己往昔的优秀基础上重新开创自己新的发展前景并进而影响外部世界的未来进程？中国如何在经历了一个长期的"言必称希腊"的跟随、学习、模仿欧美先进文明之后，将自己的对外视野拓展到更开阔、更均衡的全球范围上，在东西南北之间、发达国家与发展中国家之间寻求建立一种更平衡的国际多边发展与合作新体系，以至在今后的岁月里，中国可以在与周边国家、发展中国家、新兴国家、西方国家、国际组织、国际社会的多元多维交往中，获得自己具更开阔的国家发展机遇与战略空间。

  中非双方近年来在政治、外交、贸易、投资、技术与教育等领域的全面合作及日见拓展的成果，已经明显地拓展了人类现代发展事业的合作空间与发展前景，中非合作的实践已经走到了理论研究的前面，我们都需要有新的理论解释工具，需要有知识与观念方面的变革创新。比如，当代中国在发展方面所选择的道路与政策，在减贫发展方面所经历的过程与积累的经验，以及中非发展合作关系的变化推进，在许多方面都具有亚非国家探寻发展与国际合作新路径的创新意义，具有亚非国家面向新世纪的自主发展新趋势。这种新的亚非发展与国际合作实践，其性质与意义，并不能简单地套用旧有的理论与知识来解释与说明。这是因为，在过去时代形成的各种国际关系理论、国际发展理论与知识中，许多内容都是基于西方旧有的经验与视角而形成的。这些旧有的理论、观念与知识，反映的是上两个世纪在西方制度与模式主导下的世界内部政治与经济的冲突，以及当时中国和亚非世界各自的封闭与贫弱。特别是那些在冷战时期形成的由西方主导的国际关系理论，那些在西方体制主导下形成的种种关于不发达国家与社会的发展理论、增长学说和援助理论，其实正是过去时代西方主导的旧时代语境下的产物，带着那个时代的痕迹，并受着那个时代亚非国家极不发达状况的束缚。

  对于这些过往时代或在欧美世界形成的理念与思想、知识与理论，我们可以认真了解并合理汲取与利用，但却不可迷信。近年来，一些西方媒体与学术界人士有关中国发展进程和中国对非政策的议论，往往明显地带有用西方经历和政策来理解中非关系的特点。过往时代西方对非洲的殖民主义统治，过往时代西方对非洲的侵略扩张，是特定时代欧洲历史的产物，在这种历史经历中形成的理论与观念，自有其严重的时代局限。

事实上，在过去一两百年来一直处于世界先进地位并已经习惯于这种状态的西方国家，目前也正面临着自身的变革问题，因为当中国与亚非世界的变革已经真正开始时，西方不可能固守旧有的方式来面对变化中的世界，西方也需要回过头来思考一下自身的变革问题，包括与亚非国家传统关系的变革与调整问题。[1] 就非洲大陆年轻国家来说，20世纪他们面对的发展难题与成长空间，在许多方面都是过去时代人类不曾面对过的。理解与把握当代非洲的发展进程，探寻非洲的发展道路与政策选择，也需要有新的发展思路与知识创新过程发生。这一方面，近年来一些西方学者和非洲学者已经开始着手新的尝试，做出了许多重要而显著的工作，引起了广泛的讨论与争议。[2]

总体上说，在数十年中国与亚非发展与合作关系快速拓展的背后，深刻地隐含着亚非世界复兴进程逐渐加快、全球国际关系之结构与性质亦随之发生重大变革的复杂内容。从全球国际关系演进的角度上看，当代中国与亚非关系的发展，在若干重要的领域必然会突破和超出近代以来由西方主导的传统国际关系体制的范畴，其中必有一种新的世界观念和国际交往关系随之形成。这种关系在理念与原则上会反映出发展中国家自身以往的历史文化，以及在现代发展中既具普世性同时也具各国各地区特色与个性的发展要求与路径选择。毫无疑问，从一个长远的过程来看，建立这样一种新型的全球关系，既需要亚非发展中国家自身的努力，也需要发达国家的理解与尊重，唯其如此，现代国际关系才会成为与今天正在变革中的时代相符的真正意义上的全球关系。

四、中非合作和亚非文明复兴将重塑全球新体系

学术研究和理论活动能否对时代之变革做出及时的回应与战略性前瞻，是一个复杂而困难的命题，然而敏锐把握时代变革之趋向，清晰洞悉时代变革的性质，则是学术研究充满活力、理论创新得以实现的重要前提。就当代中国对外关

---

[1] Sarah Raine, *China's African Challenges*, The International Institute for Strategic Studies (IISS), London, 2009, p. 203.

[2] Deborah Brautigam, *The Dragon's Gift: The Real Story of China in Africa*, Oxford University Press, 2009, p. 2.

系特别是当代中非合作关系之研究来说,近年来已经引起了世人越来越普遍的关注。来自世界各地具有不同背景与目的的研究者,以自己的方式和角度解读着中非合作关系,议论评价中国的对非政策,揣测中国对非战略的真实意图。[①] 然而,总体上说,人们若要能正确理解和判断当代中非合作关系,确定需要有适当的历史视野与战略眼光,需要对当代世界的变革进程有更清晰敏锐的洞悉与把握。

当代中非关系已有半个多世纪的演进过程,它在近年的快速提升既是符合历史逻辑的必然结果,更有其复杂而深刻的时代背景与未来发展指向。

自近代以来,中国国运沉沦衰败,任由外人欺凌鱼肉,全无自主外交空间可言,非洲大陆之情形,亦与中国相仿而尤甚之。但新中国的建立与非洲大陆的解放,使双方改变这一状态的梦想成为可能。当时,中非双方在追求现代复兴与发展的过程中,同时发现了对方,中国发现了非洲,非洲也发现了中国。这两个自近代以来就饱受西方列强欺凌压迫的世界,在初步接触之后便发现,在遥远的异国他乡有平等待我之民族,有真诚助我之国家。从此,以平等相待和相互尊重作为双边关系最基本的原则与出发点,中国与非洲国家在国际事务国际舞台上的合作关系,便以一种全新的方式建立和发展了起来。

中国在对非提供援助的最初年代,就认为援助其实是中国与非洲国家的一种相互的关心与帮助,是中非人民间的一种平等的合作与支持,因而中国更愿意将中国对非援助看作一种合作关系,一种相互支援的国际合作关系,并通过合作共赢的贸易与投资来推进非洲国家的发展进程。[②] 正是因为有着对中非合作关系结构与性质的这一理解,中国自然不会因为提供对非援助就向非洲国家提出各种附加性的干涉条件。非洲内部的事务只能由非洲人民与非洲的政府去解决,中国也相信非洲的问题十分复杂,在解决非洲复杂事务方面,外部世界并不会比非洲人民和非洲的政府有更多的智慧与能力,正如中国相信中国的事务只能由中国人民和中国政府来解决,因而也不需要外部世界对中国的事务指手画脚一样。

中国对非合作的这一历史与现实的战略选择,其实是与中国古老的文化传统相联系,并且与当代中国的追求民族独立与平等地位的当代复兴努力相适应的。因而要理解当代中非合作关系和中国对非政策的性质与意义,只能从中国社会与文化的内部,从中非合作关系的内部基础来把握,而不能用中国和非洲以外的他者的眼光与尺度来度量判定。

当代中非合作关系的建立与发展自有其时代之要求与历史的逻辑,这至少可以从下面几个方面做出进一步的说明。

---

① http://www.pambazuka.org/en/category/features/62386.
② Dambisa Moyo, *Dead Aid: Why Aid Is Not Working and How There Is a Better Way for Africa*, Penguin Group, 2009, p. 103.

第一，从根本上说，中非合作关系之所以具有昭示新时代的特殊意义，在于这一关系建立伊始，它本身就是作为亚非世界追求民族复兴与国家自强事业的一部分而出现的，其中深刻地包含着20世纪以来亚非人民寻求现代发展的持久的努力与希望。因而这一关系必然会随着亚非国家现代复兴事业的发展进程而持续向前推进。而这一合作关系所具有的新的性质和意义，并不能用基于近代时期西方兴起经验及西方列强扩张历史而形成的那些旧有的理论与观念来解释。

第二，中非新型合作关系的建立对世界体系的演进，对当代人类交往与合作方式的变革，都具有特殊的推进作用。自近代以来，随着西方列强的全球扩张，全球范围内形成了西方国家为中心、非西方国家为外围的"中心国家支配与控制外围国家"的世界体系结构，这一体系结构迄今尚未从根本上改变，但是，中国与非洲这种相互尊重、平等交往、互不干涉的现代合作关系的确立与发展，中国在与非洲国家交往过程中提出的各种合作政策与合作原则的付诸实践，却已经从一个侧面显示着这一结构的基础已经开始松动，世界文明的总体格局在某种程度已经开始了向着多元文明平等交往、自主对话、多元合作的更合理、更均衡的方向转化。

第三，尽管当代亚非复兴进程的到来充满艰难曲折且路途漫漫，但它却表明，过去数百年间以欧洲或西方国家为中心的现代性的经验与话语过程，终究只会是整个人类现代性发展的一个特定的阶段、一个过程，而不是终结。事实上，世界历史自然不会"终结"于西方现代文明的兴起与完成，不会因为西方在冷战中的胜出而"终结"了自己的历史，世界历史还会随着亚非世界现代复兴进程的推进而继续开辟自己的道路。毕竟，过往的西方兴起历史只是历史的一个阶段，冷战的结束也只是某一段历史的结束，而不是历史本身的结束。

历史是一个生生不息、变易不止的过程，大浪滔滔，奔腾而不止。对历史的认知与体悟，必得有一种与历史精神可通感的逸怀豪气，一种通古今而观之的开阔胸臆。如今，在经过了百年以来艰难跋涉与曲折探索之后，亚非世界的发展速度已经明显加快，新的重大的变革正在发生。它预示着世界史上一个意义深远的新时代正在悄然到来。作为思想与知识形态的国际关系理论、国际政治理论、发展理论及世界史理论，也应该顺应这一过程而做出自己的理论创新。

进入21世纪以来，非洲大陆正在酝酿新的变革，这一变革趋势既与当下全球体系的重大变革与调整相联系，与中国、亚非国家及整个非西方世界的变革与发展进程加快相联系，又具有非洲大陆自身变革的特点与发展走向。与此同时，自2000年中非合作论坛建立以来，中非合作关系也进入了一个内容快速扩展、影响日益扩大、前景更趋广阔的新时期。在中非合作论坛框架下建构起来的新时期中国对非政策与战略，在中国与外部世界关系结构快速变革与调整背景下建构起来的新时期中非合作关系，正日益成为新时期中国外交彰显个性、建构国家国际发展新空间的战略领域，成为中国在对外关系领域探寻和践行自己所倡导的国际关系新秩序、国际合作新理念、国际安全新思路的战略领域。

从近年来快速发展的中非合作关系及它所引起的中国对外关系诸多方面的复杂联动来看，中国对非政策与中非合作关系的所包含的战略意义与外部影响，都已经超出它自身的范畴而成为撬动新时期中国与整个外部世界关系结构的一个战略性支点，成为彰显中国因改变自我、发展自我而最终影响到外部世界变革进程的一个特殊窗口。正是在此背景下，我们需要对新时期中非合作关系，对新时期中国在非洲的战略目标与战略利益，对中非合作关系在整个中国外交格局中的地位与意义，做出更具全局性、战略性、前瞻性、综合性的研究把握。

在今天这样一个全球化进程不断推进、中国日益成为"世界之中国"的时代，这一内容不断拓展、层次逐渐提升、影响不断扩大的中非合作关系，不仅会对中国发展战略期的延伸与拓展有重大意义，也会对中国与西方世界的关系的变革与调整，对未来全球国际体系的转换进程与变革走向，产生多方面的复杂影响。就此来说，我们对新时期中非合作关系的研究，我们对新时期中国对非外交政策的理解与把握，是不能停留在传统观念与知识结构的有限框架下来就事论事的，我们需要将中非合作关系放置到正快速变化世界体系中，放置到正在快速变化当代中国与整个外部世界关系结构的大背景上，创造性地拓展我们的理论视野与知识工具，引入新的理念、新的思维、新的话语，来对快速变革的中非合作关系进程做出全新的理解与把握。

第二节 本项研究的理论指向与战略目标

一、何为中非合作关系的"新时期"

自 2000 年中非合作论坛建立以来，中非合作关系也进入了一个内容快速扩展、影响日益扩大、前景更趋广阔的新时期。在中非合作论坛框架下建构起来的新时期中国对非政策与战略，在中国与外部世界关系结构快速变革与调整背景下建构起来的新时期中非合作关系，正日益成为新时期中国外交彰显个性、建构国家国际发展新空间的战略领域，成为中国在对外关系领域探寻和践行自己所倡导的国际关系新秩序、国际合作新理念、国际安全新思路的战略领域。

进入 21 世纪以来，非洲大陆正在蕴酿新的变革，这一变革趋势既与当下全球体系的重大变革与调整相联系，与中国、亚非国家及整个非西方世界的变革与发展进程加快相联系，又具有非洲大陆自身变革的特点与发展走向。同时，透过近年来快速发展的中非合作关系及它所引起的中国对外关系诸多方面的复杂联动来看，中国对非政策与中非合作关系的所包含的战略意义与外部影响，都已经超出它自身的范畴而成为撬动新时期中国与整个外部世界关系结构的一个战略性支点，成为彰显中国因改变自我、发展自我而最终会在越来越大的范围与层面上影响到外部世界变革进程的一个特殊窗口。正是在此背景下，我们需要对新时期中非合作关系，对新时期中国在非洲的战略目标与战略利益，对中非合作关系在整个中国外交格局中的地位与意义，做出更具全局性、战略性、前瞻性、综合性的研究把握。

自从 2000 年中非合作论坛建立后，中非关系在承续传统的基础上，已经进入到一个全新的发展时期。2000~2030 年的这 30 年，正是中非合作关系在过去五十多年友好合作的基础上跃上一个历史新高度、获得全面发展与提升的新时期，一个新的中非合作关系提升与发展的战略机遇期。中非双方应该紧紧把握好这一中非合作关系发展的战略机遇期，通过强有力的政策措施与手段将中非合作关系推进到一个历史的新高度。

目前，这一战略机遇期已经过去十多年，这十多年间中非合作关系已经获得重大发展，但中非合作关系中真正重大的发展与变革还有待在未来的二十年中发生，这需要我们有一个更高远、更开阔的战略眼光，有更清晰明确的战略目标与战略手段，建构起一个更全面的展示未来二十年中非合作关系发展进程与走向的纲领性文件及行动机制。

本项目中所理解的"新时期"，就是指从 2000 年中非合作论坛建立起，到 2030 年这三十年期间中非合作关系的新发展时期。可以认为，这三十年正是中非合作关系在过去五十多年友好合作的基础上跃上一个历史新高度、获得全面发展与提升的战略机遇期。这十多年间通过五届中非合作论坛部长级会议与首脑峰会的推进，中非合作关系得以快速跃上了一个历史新高度。

目前，中非合作关系已经成为带动非洲大陆经济发展的最重要外部动力，中国在非洲的存在与作用，也已经成为一个引发全球性关注的时代话题。从一个更长远的进程上看，中非合作关系中真正重大的发展与变革还有待在未来的二十年中发生与发展。然而，不容乐观的是，中非合作关系的可持续性在今天也日益成为一个复杂的理论与实践命题，如果中非合作关系不随着时代变革的步伐而及时提升调整，如果不随着中国与非洲国家情势的变化做出重大的完善，它的发展进程也可能是不可持续的，甚至不排除发生断裂、逆转的可能。为此，需要中非双方的领导人、决策者与参与者,有更高远、更开阔的战略眼光,有更清晰明确的战略目标与战略手段。

二、何为本项研究要解决的"重大问题"

《新时期中非合作关系研究》是一个涉及复杂领域与多边关系的跨学科课题,兼具基础理论研究与应用对策研究双重属性,但更侧重于为解决现实中的重大问题提供战略性与前瞻性的思想智慧、观念启示与政策建议。本课题研究内容的逻辑结构,将大致包括中非合作关系的历史背景梳理、宏观战略探究、内外环境评估、政策取向辨析、重点问题调研、对策措施建议等层面,形成一个框架严谨、目标明确、内容丰富、重点突出,集理论探讨与政策建议为一体的创新性、标志性研究成果。

作为教育部支持下设立的哲学社会科学研究重大课题攻关项目,我们需要对本课题涉及的重大问题或攻关问题有准确的设定与把握。那么,什么是本课题涉及的"重大问题"或"关键问题"?这些重大问题的"关口"在哪里?如何通过联合研究去"攻克"它们?

要准确把握学术研究的关口,并不是一件容易的事情。学术上的重大问题,应该也是现实中的重大问题,国家所急需应对和解决的问题。然而,理论与实践的紧密结合,学者智慧与国家需要的对接,总是需要相当开阔的心胸与足够深邃的眼力。其中一个重要方面,在于我们研究者对于非洲这块大陆的历史与现实的观察角度及相应的知识储备是否适当、是否充分,也在于我们对当下非洲大陆面临的根本问题,对新时期中非合作关系的本质与时代意义是否有清楚的理解与把握。总体上说,我们在本课题中要解决的问题,应该是基于非洲角度、基于中非合作关系角度的"真问题",它的出发点与归属是解决非洲的问题及与此相关的中非合作关系的问题。[①] 也就是说,它不是一个"西方的问题",因而它不能从西方的角度来看,不能跟着西方设置的议题转,更不能套用西方的话语与概念来言说中非合作关系。而要做到这一点,我们需要立足非洲来研究非洲,立足中非关系的实践,将研究基地前移到非洲,直接与非洲学者界、与非洲的人民对话,并特别重视在非洲的田野调查、个人经历、亲身感受。

因此,本课题不是对整个中非关系做全面的研究,而是将重点聚集在"中非合作关系"这一核心问题上,集中探讨新时期中国究竟需要一个什么样的对非合作战略,探讨新时期如何开发中非合作的潜力,提升中非合作的层次,改进中非

---

① 刘鸿武:《中非互视,应摆脱西方》,载《环球时报》2012年7月16日。

合作的成效，深化中非合作的内容，并及时解决中非合作进程中出现的新挑战与新问题。

对此，本课题试图从如下方面做出综合性、系统性的研究努力。

第一，从中国外交总体战略布局的高度上，从未来二十年中国与世界关系结构变革的开阔视野上，汇集国内外优秀的学术力量，对新时期中非合作关系战略目标的确认与优化、战略利益的拓展与维护、战略体制的创新与调整、政策工具的拓展与完善等重大问题，做出战略性、前瞻性、理论性的攻关研究。具体说来，我们的目标，从理论上说，是通过坚苦扎实的理论研究与实证调研，形成一部系统全面探讨新时期中非合作关系的专著，一项具有创新意义的重大成果。从政策与实践上说，是要通过精确深入的赴非洲国家的实证性调研及与非洲学术界的广泛合作与交往，对当前和今后一段时期中非关系所面临的一些具有挑战性的焦点、难点问题，对非洲国家的关切与中国的战略期待及国家之急需，做出及时有效的具有实际运用与参考价值的咨政研究与政策建议。

第二，在理论上对当代中非合作实践做出回应，从中提炼和总结出具有中国特色的对非外交与合作的新理念、新思路、新思想，并努力在研究理论、研究方法方面有所突破，从而使这一重大课题的研究过程及结果，也有助于推进中国非洲研究的理论建构、体系完善、队伍成长与水平提升，从而推进有特色的"中国非洲学"的学科建构与成长。过去五十多年中非合作关系的丰富经历与实践，无论经验或教训，都是有中国特色的外交与国际关系实践的一个重要窗口或平台。这一丰富的历史实践与开阔平台所提供的原创素材与经验累积，正在为具有原创性的、有中国特色的新型非洲学、国际发展与国际合作理论，及相应的中国国际话语形态的提炼与生成，提供了基于实践过程并具时代意义的创新源头。我们需要从理论与话语上对其进行深入的挖掘、提炼与总结。

第三，在具体内容上，本课题将从中国国家战略的高度，集中探讨中非合作关系的一些相互关联的政策性、应用性的焦点与难点问题。这些问题包括：如何从新时期中国与外部世界关系结构发生重大变革的背景上理解中非合作关系的特殊性质与意义？新时期中非合作关系追求的战略目标与战略利益究竟是什么？延续了半个多世纪的中非友好关系在新时期将面对哪些挑战？面对挑战，中非双方在观念和政策上需要怎样的调整完善？如何把握协调中国对非战略在整个中国外交战略总体格局中的地位与作用？如何维护和拓展中国在非洲的战略利益？随着中国经济快速发展，非洲国家对中国、对中非关系有何新的期待与要求？中国能否及如何满足非洲国家这些要求？在当代非洲发展进程中，中国应该或可能扮演什么样的角色？中国是否将长期保持发展中国家的自我定位来寻求与非洲国家的合作？中非关系的传统基础是否正在发生变化？我们是否需要重新定位或提升中非关系的性质与作用并拓展中非关系的基础与平台,并在体制机制方面做出变革创新?如何理解和调适中国在非洲的利益结构及实现方式?中国在非洲追求的国家利益如何与中国在欧美和其他发展中国家追求的国家利益相协调?中非关系与中美关系、中欧关系如何协调互动?中国如何既坚持独立自主的对非外交政策传统,同时又根据变化着的环境而探寻构建以我为主、兼顾各方的对非国际多边合作新机制,从而为中国对非外交构建更好的外部环境?

总之,本课题力求结构严密完整、体系开合有度、内容虚实结合、观点前后呼应,最终可以形成一项具有相当专业水准、系统研究当代中非合作关系的标志性、创新性重大成果。

三、本项研究的理论价值与实践意义

过去五十多年特别是中非合作论坛成立十多年来中非合作关系所累积的丰富经验与智慧,它所显示的巨大活力,已经大大拓展了人类发展的想象空间与合作交往模式,成为彰显新中国外交鲜明个性与特色的窗口,也为建构有中国特色的国际关系学理论提供了来自实践方面的原创素材与理论源头。今天,已经到了对过去五十多年的中非关系做出认真理论总结的时候。我们有必要集中力量,通过更为系统的研究,从理论层面对中非合作关系进行认真的总结思考,努力在这一重大的外交和国际关系领域,以及人类发展领域,做出具有世界意义和中国特色的理论建树。

从全球发展的前景上看,非洲大陆面积达 3 030 万平方公里,比中国、美国、欧洲三部分加起来还要大。无论是从理论的层面上还是从现实的角度上说,非洲大陆在自然资源、劳动力市场、商品消费市场等发展要素方面的规模与结构,它在未来可供拓展的发展潜力、增长空间,都会是具有全球性冲击与影响力的。虽然目前非洲大陆总体上尚比较落后,但这块广阔大陆上那 50 多个有待发展的国家,那 10 亿以上的有待解决温饱、小康到富裕问题的人民,其现代发展进程一旦真正启动并走上快车道,其影响与意义必将超出非洲自身而成为 21 世纪另一个具有全球性影响的人类发展事件。

但与此同时,我们也应看到,近年来,随着中非合作关系快速向纵深拓展,中非合作中的各种新问题新矛盾也日见涌现。一方面,随着中国实力与国际地位的提升,非洲国家对中非关系的理解与期待出现明显变化;另一方面,随着中国国家利益日益具有全球布局的特点,中非关系也日益超出双边关系范畴而具有多边关系的性质与影响,既对西方主导的既有世界体系产生冲击,也影响到中国与西方、中国与其他新兴大国的关系,引发中国—非洲—西方—国际组织多边关系的复杂变动。近年来，欧美日各大国力量，对中国在非洲的战略利益形成越来越大的竞争压力与挤压态势，中国在非洲的国家形象问题、国家责任与管理能力问题，也面临诸多挑战而影响到中国与非洲乃至与整个世界的关系结构。

上述变化说明中非关系的结构与性质正变得日趋复杂，许多新的挑战与问题涉及我们对于中非关系的认知理念、决策机制、管理结构、实施手段等深层次问题，复杂性与解决难度明显加大。为此，我们需要有一个更开阔而长远的视野，从中国外交总体战略布局的高度，从未来二十年中国与世界相互关系变化的多维视野上，对新时期中非合作关系的战略优化、目标提升、体制创新、机制完善、政策调整、手段拓展等问题，做出综合性、前瞻性研究。

目前中国学术界正在探讨建构有中国特色的外交学理论体系与国际关系学理论体系，这是适应未来中国国际地位上升并最终成为一个世界性强国的必然选择与需要。有中国特色的外交学理论体系的建构，应该建立在对有中国特色的外交实践、国际合作实践的理论总结的基础上。过去五十多年的中非合作经历，日益丰富的中非关系实践，无论经验还是教训，都是有中国特色的外交与国际关系实践的一个重要窗口，它所提供的当代中国特色的原创素材与经验累积，不仅可以丰富人类国际合作的经验与理论，提供全球国家间合作的新理念、新模式，也已经为有中国特色的外交理论体系建构与创新提供了基于实践过程并具时代意义的理论创新源头。因此，我们需要在理论上对当代中非关系做出回应，从中提炼和总结出有中国特色的外交理论与国际关系理论的新理念、新思想、新原则。

总之，面对中非合作关系快速发展的实际，我们需要整合国内非洲研究学术力量，同时适当借助国际学术界的智慧，开展重大课题的联合攻关研究。这一研究最终将为新时期的中非合作关系的发展提供一个具有战略指导意义的纲领性文件蓝本，一个可供决策者咨询参考的系统而全面的政策报告，一个可引导人们深入思考未来中非关系发展走向的行动路线图。因而，无论是从理论的角度还是从实践的角度上看，本项研究都具有重要的价值与意义。

第三节　本项研究相关领域国内外状况

从广义的中非关系研究与狭义的中非合作关系上看，国内外研究总体上呈现数量逐渐增长、涉及领域逐渐拓展、涉及问题越来越具体而专业的特点，问题争论与观点分歧也很明显。

一、非洲与欧美学者研究情况述评

近年来中非关系逐渐成为国际学术界关注领域之一,无论在欧美还是在非洲,相关著述、研究报告逐渐出版,有些研究引人注目。

总体上看,国际上研究中国关系的学者有两部分,即非洲本土学者和西方学者,虽然他们总体上都普遍主要关注中国与非洲的贸易与能源资源开发合作、中国在非洲的作用等问题,但二者的立场视角有所不相同。非洲学者主要关注点是中国经济的快速发展及对非洲贸易投资扩大对非洲意味着什么,[1] 而西方学者关注的是中非关系迅速发展和中国在非洲影响力的扩展对西方国家利益的影响。[2] 也有一些学者则是处于两者之间,其观点与视角与较为综合,如长期在南非求学与工作的英国学者伊恩·泰勒(Ian Taylor)近年所发表系列论著:《非洲发展新伙伴计划:指向非洲发展抑或又一错误的开始》(2005)、《中国与非洲:接触与妥协》(2006)、《中国在非洲的新角色》(2009)等。[3] 他曾于2009年5月来浙江师范大学非洲研究院访问,双方就相关问题进行了深入交流,总体上他认为中非关系有积极意义,但中国有统一的非洲政策,而非洲却没有统一的对华政策,因而非洲处于被动地位。克里斯·奥尔登(Chris Alden)的《中国在非洲》一书总体上对中国的非洲角色持积极态度,但也认为中国重在非洲的资源,[4]《中国在非洲:重商主义掠夺者还是发展的伙伴?》一书作者也持相同观点[5],不过认为这客观上可能推进非洲经济增长。也有一些学者的观点比较新颖,如沙伯力(Barry Sautman)和严海蓉(Yan Hairong)都指出,中国同非洲的关系确实与众

---

[1] Ian Taylor, *NEPAD*: *Toward Africa's Development or Another False Start*? Lynne Rienner Publishers, Boulder, 2006.

[2] See Chris Alden, *China in Africa* (Zed Books, London, 2007). See also his "China-Africa relations: the end of the beginning" in Peter Draper and Garth le Pere (eds), Enter the Dragon: Towards a free trade agreement between China and the Southern African Customs Union (Institute for Global Dialogue/South African Institute for International Affairs, Midrand, 2006), pp. 137 – 53. and "China in Africa", Survival 47, 3 (2005), pp. 147 – 64.

[3] Garth le Pere (ed.), *China in Africa*: *Mercantilist predator or partner in development*? le Pere. (Institute for Global Dialogue, Midrand, and South African Institute for International Affairs, Johannesburg, 2007).

[4] Barry Sautman and Yan Hairong, "Friends and Interests: China's Distinctive Links with Africa", *African Studies Review* 50, 3 (December 2007); and "Forest for the Trees: Trade, Investment and the China-in – Africa Discourse", *Pacific Affairs* 81, 1 (Spring 2008).

[5] "China in Africa" special edition of *South African Journal for International Affairs* 13, 1 (2006).

不同，不能用传统眼光来衡量，要有更多样的分析视角。① 还有大量的研究是以论文集和报告的形式出现，在非洲有影响的一些杂志如《南非国际事务研究》等近年刊出不少论文，争论中国在非洲的作用。② 《非洲人论中国在非洲》一书汇集了各方面观点，比较全面地综述了近年来非洲人对于中国对非政策的褒贬不一的态度及原因，是一本有意义的参考文献。③

  目前国外有关中非关系的研究及观点主要集中在如下方面：在中非关系的总体研究方面，一是关于中国对非政策的动机与目标问题，多数学者认为资源开采是中国在非洲的首要动机。④ 二是关于中国对非投资问题，总体上持积极评价，认为中国对非投资增长有助非洲经济发展，但也有学者认为不能笼统地讲对非洲有益，还要关注究竟是哪些非洲人从中国投资中获益，还有一些人特别关注中国在金融危机后是否继续投资非洲。南非学者萨努沙·奈度（Sanusha Naidu）认为中国投资要能促进非洲发展，必须采取"自下而上"的手段，关注非洲民众对社会正义的要求。⑤ 三是对中国在非洲地位上升对非洲及西方的影响。⑥ 这方面争议较大，一些人指责中国破坏当地环境，如中国在非洲多个国家修建的水坝破坏

---

  ① Firoze Manji and Stephen Marks (eds), *African Perspectives on China in Africa* (Fahamu, Oxford, 2007), Henning Melber (ed), *China in Africa* (Nordic Africa Institute, Uppsala, 2007). See also Kinfe Abraham (ed.), *China Comes to Africa: The political economy and diplomatic history of China's relation with Africa* (Ethiopian International Institute for Peace and Development, Addis Ababa, 2005).

  ② Firoze Madatally Manji, Stephen Marks, *African perspectives on China in Africa*. Dorothy Grace M. Guerrero, Firoze Manji, *China's New Role in Africa and the South: A Search for a New Perspective*？；Joshua Eisenman, Eric Heginbotham, Derek Mitchell, Kurt M Campbell, China and the developing world.

  ③ Bates Gill, Chin-hao Huang, J. Stephen Morrison, "China's Expanding Role in Africa: Implications for the United States", CSIS Report, January, 2007.

  ④ Erica S. Downs, "The Chinese energy security debate", *The China Quarterly*, 177 (2004), pp. 21 - 41；Erica S. Downs, "The fact and fiction of Sino-African energy relations", *China Security* 3, 3 (2007), pp. 42 - 68；Linda Jakobson and Zha Daojiong, "China and the worldwide search for oil security", *Asia-Pacific Review* 13, 2 (2006), pp. 60 - 73；Ian Taylor, "China's oil diplomacy in Africa", *International Affairs* 82, 5 (2006), pp. 937 - 59；Michael Klare and Daniel Volman, "The African 'Oil Rush' and US National Security", *Third World Quarterly* 27, 4 (2006), pp. 609 - 28；Jonathan Holslag, "China's new mercantilism in central Africa", *African and Asian Studies* 5, 2 (2006), pp. 133 - 69；Wenran Jiang, "China's booming energy ties with Africa", *Geopolitics of Energy* 28, 7 (2006)；Ricardo Soares de Oliveira, "Making sense of Chinese oil investment in Africa" in Alden, Large and Soares de Oliveira (eds), China Returnsto Africa；Margaret Lee, "The 21st Century Scramble for Africa", *The Journal of Contemporary African Studies*, 24, 3 (2006), pp. 303 - 330.

  ⑤ Sanusha Naidu, Chinese investment：Good for Africa？

  ⑥ Institute for Public Policy Research, *The New Sinosphere：China in Africa* (IPPR, London, 2006)；Elling Tjonneland et al., "China in Africa：implications for Norwegian foreign and development policies" (discussion paper, Chr. Michelsen Institute, 2006)；Bates Gill, Chinhao Huang, and J. Stephen Morrison, "China's expanding role in Africa：implications for the United States" (discussion paper, Center for Strategic and International Studies, Washington, DC, 2007).

当地资源、环境,电力资源开发并未改善当地民生。① 四是关于中国与西方在非洲的关系问题。如艾玛·莫兹利(Emma Mawdsley)分析了西方媒体对中国在非洲形象的宣传,指出不应总是指责中国,中国、西方和非洲三方合作才有利于非洲的发展,但前提是西方国家必须反思自身的立场,考虑到中国和非洲的利益。② 五是一些重要国别的研究,③ 比较多的集中在南非、苏丹、津巴布韦、安哥拉、埃及、赞比亚、尼日利亚。④ 伽斯·靳佩尔(Garth le Pere)和伽斯·谢尔顿(Garth Shelton)新出版的《中国,非洲和南非》是一部比较重要的著作。⑤

关于中国重新进入非洲的中长期影响,存在两种截然对立的观点。奥尔登认为"离开了欧洲的非洲"有可能进行社会变革,而克拉彭(Clapham)强调外部因素对于非洲的限制作用,认为中国的介入不可能从根本上改变非洲。⑥ 还有研究者指出,目前中国有一个统一的对非政策,但非洲四分五裂,没有一个统一的对中国政策。一些研究分析了中非关系发展中存在着的一些具体问题,如非洲各国情况复杂,差异明显,但中国对非洲的了解十分不够,尤其是缺乏实地的最新知识,认为中国政府与民众对于非洲大众对中国及中非关系的期待关注不够,了解不多,也缺乏与非洲非政府组织打交道的经验。另外,目前中国国内参与对非关系的行为体日益复杂多元,它们追求各自的利益,有些方面与中国政府宣示的对非政策相去甚远,中国与西方大国间的利益竞争与冲突趋向激烈。⑦

总体上说,国外学者对中非关系的分析,各方面观点与立场差异较大,需了解其背景与倾向,才能较全面地理解其真实用意与目的。⑧ 不过,国外学者的研

---

① Scudder, The Future of Large Dams: Dealing with Social, Environmental, Institutional and Political Costs.

② Emma Mawdsley, Fu Manchu versus Dr Livingstone in the Dark Continent? Representing China, Africa and the West in British Broadsheet Newspapers.

③ Garth Shelton, "South Africa and China: a strategic partnership?" in Alden, Large and Soares de Oliveira (eds), China Returns to Africa. See also Chris Alden, "Leveraging the Dragon: towards an Africa that can say no", E-Africa, Electronic Journal of Governance and Innovation (February 2005), pp. 6–9.

④ Garth le Pere and Garth Shelton, *China, Africa and South Africa* (Institute for Global Dialogue, Midrand, 2007).

⑤ Gregor Dobler, "Solidarity, xenophobia and the regulation of Chinese business in Namibia"; Manuel Ennes Ferreira, "China in Angola: just a passion for oil?"; Jørgen Carling and Heidi Østbø Haugen, "Mixed fates of a popular minority: Chinese migrants in Cape Verde", all in Alden, Large and Soares de Oliveira (eds), China Returns to Africa. See also Ali Abdalla Ali, The Sudanese-Chinese Relations before and after Oil (Sudan Currency Printing Press, Khartoum, 2006).

⑥ Chris Alden, "Africa without Europeans" and Christopher Clapham, "Fitting China in", both in Alden, Large and Soares de Oliveira (eds), China Returns to Africa.

⑦ Bates Gill, Chin-hao Huang, J. Stephen Morrison, "China's Expanding Role in Africa: Implications for the United States", CSIS Report, January, 2007.

⑧ Deborah Brautigam, *The Dragon's Gift: the Real Story of China in Africa*. 2009. p. 5.

究，一个基本特点是选题比较具体、细致，重视实地调研与考察，材料丰富，提出的问题也比较尖锐，值得我们思考，但普遍的缺陷是眼光比较狭窄且带有或隐或显的文化偏见，或缺乏历史分析眼光与开阔的世界视野，往往不能从当代中国与非洲追求现代复兴与发展这一开阔背景上来理解中非关系持续发展的根本原因。还有一些纯粹只是意识形态式的偏见，观点偏激，不足为论，不过这些观点有时因多在网络上发表流传，我们也需重视其消极影响，针对性地有所回应。

二、国内学术界研究情况述评

近年来，中非关系逐渐成为国内学术界关注的重点，有不少论著面世，还有一些论文集、专题性报告出版，有些刊物还组织了专题论坛。根据初步统计，1990～2009年近20年间，《西亚非洲》共刊出中非关系论文84篇，其中约占80%的65篇发表于2000年以后的9年间。而在这84篇中，专门论及中非合作关系的论文有29篇，约占30%。2000年中非合作论坛建立后，中非关系研究开始引起国内国际关系研究界的重视，《世界经济与政治》《国际问题研究》《亚非纵横》《现代国际关系》《国际观察》《国际论坛》等综合性国际问题研究刊物2000年以来发表中非关系论文共31篇。《世界经济与政治》2008年第9期还推出了由浙江师范大学刘鸿武教授主持的"中非关系专栏"，发表了国内外5位学者论中非合作关系论文5篇（见表0-1）。①

表0-1　1990～2010年国内7种刊物发表有关中非关系论文情况

刊物名称	西亚非洲	亚非纵横	世界经济与政治	国际问题研究	现代国际关系	国际论坛	国际观察	总计
数量（篇）	87	14	10	11	5	4	4	138

这些论文按内容大致分类情况如下：

---

① 参见刘鸿武下述文章：《当代中非关系与亚非文明复兴浪潮——关于当代中非关系特殊性质及世界意义的若干问题》，载《世界经济与政治》2008年第9期；《论中非新型战略伙伴关系的时代价值与世界意义》，载《外交评论》2007年第1期；《中非关系30年：撬动中国与外部世界关系结构的支点》，载《世界经济与政治》2008年第11期；《中非关系30年的经验累积与理论回应》，载《西亚非洲》2008年第11期；《中非交往：文明史的意义》，载《西亚非洲》2007年第1期；《20世纪非洲国际关系理论之研究论纲》，载《世界经济与政治》2007年第1期；《中非新型战略伙伴关系的时代价值与世界意义》，载《外交评论》2007年第1期；《跨越大洋的遥远呼应——中非两大文明的历史认知与现实合作》，载《国际政治研究》2006年第4期；《中非关系30：中国外交进步之窗》，载王逸舟主编《中国对外关系转型三十年》，社科文献出版社2008年版。

内容	宏观论述	政治关系	经济关系	文化关系	教育卫生	其他	总计
数量（篇）	34	28	42	12	10	12	138

1990年以来，国内共有45篇关于中非关系研究领域的硕士博士学位论文，从中可以看出中非关系已经成为中国高等教育学位教育领域国际关系相关专业重要的研究课题。

中非合作关系的专题文献与研究专著在2000年中非合作论坛建立后逐渐增长。2000年以来，正式出版的有关中非关系的著作、工具书约有30部（本），其中，世界知识出版社出版的《中非友好合作五十年》（2000年）、《中非合作论坛：北京2000年部长级会议文件汇编》（2001年）、《中非合作论坛北京峰会文件汇编》（2007年）、《中非合作论坛研究》（2012年）、《中国和世界主要经济体与非洲经贸合作研究》（2012年）、《中非联合研究交流计划2011年课题研究报告选编》（2012年）是直接涉及中非关系的重要文献或研究著作。① 《中非发展合作：理论、战略与政策研究》也本课题组完成的阶段性成果，对相关问题做了较全面的分析研究。②

还有一些未公开出版的研究课题报告，如刘鸿武主持《中非关系全面提升背景下的非洲NGO调研与分析》（中联部，2007年）、《中国非洲民族问题与扶贫开发政策及成效比较》（教育部，2006年）、《外交如何更好地为"走出去"战略服务》（外交部，2009年），李安山主持的《西方国家与非洲开展合作的政策措施、经验教训及对我启示》（外交部，2008年）、贺文萍主持《大国对非洲战略的比较研究及对中国的启示》（中国社科院，2006年）、李伟健主持的《中非合作论坛北京峰会：评估与展望》（2008年）等。

近年来国家社科基金对中非关系研究的重视与资助明显加强，本课题组成员近年承担了多项中非合作关系领域的国家社科基金项目，如刘鸿武的《中非关系全面提升背景下中国如何在非洲与西方化解利益冲突、实现合作多赢问题研究》（2007年）、李安山的《非洲—中国合作的可持续性研究》（2007年）、姜恒昆的《达尔富尔问题及对中国外交的影响研究》（2009年）、罗建波的《非盟与非洲国家发展问题研究》（2006年）、舒运国的《泛非主义史研究》（2005年）等，这几项国家社科基金项目的成果，对推进中非合作关系的研究有重要意义，并为本重大攻关项目的研究提供了前期成果与基础。

---

① 张忠祥：《中非合作论坛研究》，世界知识出版社2012年版；张宏明：《中国和世界主要经济体与非洲经贸合作研究》，世界知识出版社2012年版；中华人民共和国外交部非洲司：《中非联合研究交流计划2011年课题研究报告选编》，世界知识出版社2012年版。
② 刘鸿武、罗建波：《中非发展合作：理论、战略与政策研究》，中国社会科学出版社2011年版。

总体上说，近来国内学者对中非关系的研究成果日益增多，但对新时期中非合作关系做出全面、系统而深入研究成果尚未出现。

一是对中非合作关系发展演变的时代背景、战略意义及影响的研究，这类研究具有较突出的宏观视野与理论色彩，一些文章直接论及了中非合作的核心问题。浙江师范大学非洲研究院刘鸿武一系列论文从不同角度论述了当代中非合作关系快速发展的时代背景与基础，分析了中非合作的战略目标与意义及对中非双方与全球国际关系结构的影响。他认为，当代中非合作关系的建立正是中非双方追求现代复兴与发展事业在外交领域的特殊努力，是当代亚非世界走向复兴、寻求新的国际合作新模式并导致全球国际关系发生结构性变革的一个重要窗口。过去五十多年，中非合作构成了"撬动中国与外部世界的关系结构转变的一个支点"，不仅大大改善了中国外交的国际环境，更促使西方一次次地回过头来重新思考和重视中国和非洲对当代世界的意义。中国社科院西亚非洲所贺文萍的多篇论文集中于对中非合作中的一些复杂问题的思考，如能源开发和"让利予民"的问题、贸易摩擦和经济利益冲突问题、政治和价值观认同差异问题，以及在联合国安理会改革中的相互支持问题，她提出的思路是扩大中非利益交汇点、凝聚新共识。[1] 北京大学非洲研究中心李安山对中非合作关系有具体细致的研究，他的多篇论文将中非关系置于全球化与中国和平发展的语境中进行把握，他认为中国对非政策与合作经历了三重转变，即意识形态从强调到弱化、交流领域从单一到多元、合作性质从援助到合作共赢，他认为中非合作具有首脑外交、平等观念、互利双赢和规范机制四个特点，有优势但也面临多重挑战。[2] 近年来，国内一些学者回应西方对中非合作的指责，针对西方对中非关系是"资源驱动""新殖民主义"等的指责，中国学者指出资源合作开发虽然是中非合作的重要内容，它对非洲与中国都有积极意义，但却不是中非合作的全部内容。[3] 不过，一些中国学者也开始认真思考在中非合作过程中，中国如何更好地理解和追求国家利益，克服企业片面追求自身利益，如何通过各层面的合作来实现中国与非洲国家利益、企业利益、民众利益的共赢与多赢问题。[4]

---

[1] 贺文萍：《关于加强中非全方位合作的若干思考》，载《西亚非洲》2006年第8期；《苏丹达尔富尔问题及中国的作用》，载《西亚非洲》2007年第11期。

[2] 李安山：《论中国对非洲政策的调适与转变》，载《西亚非洲》2006年第8期；《论中国崛起语境中的中非关系——兼评国外的三种观点》，载《世界经济与政治》2006年第11期；《全球化视野中的非洲发展、援助与合作——兼谈中非合作中的几个问题》，载《西亚非洲》2007年第7期；《为中国正名：中国的非洲战略与国家形象》，载《世界经济与政治》2008年第4期。

[3] 贺文萍：《中国对非政策：驱动力与特点》，载《亚非纵横》2007年第5期。

[4] 查道炯：《中国在非洲的石油利益：国际政治课题》，载《国际政治研究》2006年第4期；周术情：《中国在非洲的国家利益及其维护战略》，载《国际观察》2009年第4期。

二是对中非合作关系不断拓展出的新领域新问题的专题性研究。这些研究的议题比较具体，叙述性与描述性居多，诸如中非人力资源开发合作、中非贸易与投资合作、中非能源开发合作、中非教育文化合作、中国软实力与国家形象对中非合作的影响、非洲公民社会与NGO对中非合作的影响、达尔富尔问题对中非合作的影响、西方因素及国际组织对非合作等因素对中非合作关系的影响等。有些论文集中论述了中非合作，如北京大学非洲研究中心出版的《中国与非洲》收入二十多篇讨论中非关系的论文；《同心若金——中非友好关系的辉煌历程》是纪念中非友好五十周年的论文集；《"走非洲，求发展"论文集》涉及中国与非洲在农业、能源、贸易、投资和旅游等方面的合作；中国非洲问题研究会内部编印的《中国与非洲新型战略伙伴关系探索》汇集了国内一批学者的研究成果。这些研究成果的出版，反映出中非关系的研究日益拓展与深化，但专门论述研究中非合作关系的尚比较少。

三是中国对非援助成为国内外学者研究中非合作关系的重点领域之一，研究也比较深入，但对项目个案进行实证性与跟踪性的研究不够。张宏明《中国对非援助政策的沿革及其在中非关系中的作用》一文指出，中国对非援助以改革开放为界限可分为两个时期，两个时期的对非援助既体现了政策的连续性，也有其鲜明的时代特征，对非援助在整个中非关系中一直具有特别重要的作用。① 罗建波与刘鸿武《论中国对非洲援助的阶段性演变及意义》一文比较系统地分析了过去数十年中国对非援助的阶段性变化及原因，认为中国对非援助是变与不变的有机结合，不变的是始终尊重非洲国家主权和平等待人，所变的是根据中非双方发展需要适时调整援助方式与内容。② 刘小云《中国对外援助与援非纵览》一文中将中国的对外援助分为三个阶段，他认为进入20世纪90年代，中国的对非援助无论在数量上还是在结构上都有重大调整。南非学者马丁《中国对非洲的援助政策及评价》一文提出中国对非援助越来越成为一种综合手段，一种有别于西方国家的形式，即援助与经贸合作相结合的新的国际交往模式，他将其称为"合作联姻"方式。③

四是近来一些文章关注中非深化合作所面临的新挑战与新问题。贺文萍分析了中非关系软实力的优势与缺陷，提出应提升中国在非洲的道德高度及影响力。罗建波讨论了中国在非洲的软实力优化战略，认为应重视文化影响力和中国发展

---

① 张宏明：《中国对非援助政策的沿革及其在中非关系中的作用》，载《亚非纵横》2006年第4期。
② 罗建波、刘鸿武：《论中国对非洲援助的阶段性演变及意义》，载《西亚非洲》2007年第11期。
③ 马丁·戴维斯：《中国对非洲的援助政策及评价》，载《世界经济与政治》2008年第9期。

模式的示范作用，优化中非合作的基础。① 姜恒昆结合达尔富尔问题研究讨论了中国对非外交如何塑造国家形象及处理危机的问题。② 李安山思考了中国在非洲的形象问题，他认为中国应有一个国家形象塑造的全方位策略，需要政府和公民共同的努力，行动上要注重援助、投资、多边合作，宣传上注意内容与途径，重视非政府力量和国际性力量。此外，还有一些文章从不同的角度讨论了中非合作的相关问题。③ 欧洲委员会驻华参赞白小川的《欧盟对中国非洲政策的回应——合作谋求可持续发展与共赢》论述了从欧盟对中非合作关系的看法，其中的观点也值得注意。④

五是非洲国家近年来日益活跃的 NGO 对中非合作关系的影响，近来也引起学界关注。非洲公民正义网（法哈姆）刊载的各国学者文章从不同角度分析了中非关系及中国在非洲的角色，评价了非洲非政府组织对中国的态度及原因，有的文章还提出了一些政策建议。浙江师范大学非洲研究院 2007 年承担的中联部课题《非洲非政府组织与中非关系》，对非洲 NGO 对中非关系的影响问题做了系统分析，报告认为，随着中非民间交往快速扩大，中非关系正由官方主导发展到官民并举，对双方社会影响日益明显，非洲 NGO 也成为影响中非关系的重要因素。但目前中非间的 NGO 及民间组织交往还比较少，必须在巩固中非官方关系的基础上，加强中非民间往来与交流，推动中非合作关系走向更加稳定和谐的可持续之路。

三、对国内外研究现状的总体评价

第一，近年来随着中非合作关系的快速扩大，国际与国内对中非关系的研究

---

① 罗建波：《中国对非洲视野中的国家形象塑造》，载《现代国际关系》2007 年第 7 期；《优化中国在非洲的软实力》，载《亚非纵横》2007 年第 6 期。

② 姜恒昆：《达尔富尔问题政治解决进程及对中国外交的启示》，载《西亚非洲》2008 年第 3 期。

③ 李安山：《为中国正名：中国的非洲战略与国家形象》，载《世界经济与政治》2008 年第 4 期；莫里斯：《中非发展合作：关于非洲新受援单位的思考》，载《西亚非洲》2009 年第 5 期；李若谷：《西方对中非合作的歪曲及其证伪》，载《世界经济与政治》2009 年第 4 期；杨立华：《中国与非洲：建设可持续的战略伙伴关系》，载《西亚非洲》2008 年第 9 期；杨宝荣：《试析中非合作关系中的"债务问题"》，载《西亚非洲》2008 年第 3 期；张永蓁：《中非国际合作的历史发展及其特点》，载《西亚非洲》2007 年第 11 期；梅新林：《走特色化的中非教育合作交流之路》，载《西亚非洲》2007 年第 8 期；李慎明：《中非携手：加强第三世界国家的团结与合作》，载《西亚非洲》2007 年第 3 期；金健能：《中国与非洲的人力资源合作》，载《西亚非洲》2007 年第 3 期；夏吉生：《中非合作与非洲脱贫》，载《西亚非洲》2006 年第 5 期；唐正平：《前景广阔的中非农业合作》，载《西亚非洲》2002 年第 6 期；徐伟忠：《携手合作 共迎新世纪——中非关系回顾与展望》，载《现代国际关系》2000 年第 11 期。

④ 白小川：《欧盟对中国非洲政策的回应——合作谋求可持续发展与共赢》，载《世界经济与政治》2009 年第 4 期。

也明显升温，特别是对中非合作关系的研究，受到各方面的重视，成果显明增加，这为本攻关项目的开展提供了一定的基础。不过从总体上看，目前的研究状况与快速发展的中非合作关系及面临众多问题相比，还有不适应之处。

第二，无论是相对于西方学术界的非洲研究来说，还是相对于中国学术界对欧美日的大国研究来说，中国的非洲研究起步较晚，长期以来一直存在队伍比较小、成果不丰富、总体水平不高的问题。此外，过去中国的非洲研究研究与比较封闭，与国内外国际关系学界的交流沟通不够，与政府外交部门及实际工作部门的联系交往也比较少，这都影响了国内非洲研究水平的提升。

第三，目前中非合作关系已经涉及十分广泛的领域，引起中国与外部世界关系结构的复杂联动，认知与把握都变得日见困难，很难以一个简单的定义或概念予以评价把握。而目前的研究，无论是国内的还是国外的，总体上来说还有落后于实践进程的地方，表现在国外学者的研究往往缺乏整体、宏观、历史层面上的把握，研究角度比较狭窄，而国内学者的研究，往往又缺少具体领域的实证研究，实地考察、专题研讨不多。

第四，中非合作关系研究中另一个需要解决的问题是理论研究的相对匮乏，缺乏系统完整的理论总结。半个多世纪的中非合作关系已经积累了丰富实践内容，实践已经走在理论前面，但目前的研究往往不能将中非关系放置到整个中国对外关系的大背景上做出有理论深度与战略高度的整体分析，而多停留在就事论事、描述性为主的层次上，存在研究概念单一、方法雷同、议题过于集中、创新不够的问题。

总之，我们认为本重大攻关课题的内容设置与安排，理论的探寻与政策的分析，都需要一个通盘的考虑与系统的把握，既需要战略性、理论性高层次研究，也需要更全面、系统、专业的具体领域微观与个案的深入研究。这是一项艰巨的任务，本课题将在充分掌握国内外研究的基础上，努力汲取他人之长并有所反思总结，做出自己的课题设计与安排。

第四节　本项研究的框架结构、研究方法与创新努力

一、结构与框架

在总体框架与结构上，本课题划分为相互关联与相互支撑的六篇。

第一篇：新时期中非合作关系的理论创新与战略取向。这一部分主要是从战略与理论的角度，就新时期的中非合作关系做出总体性的分析、评估与展望。这一部分注重的是战略的、宏观的、理论的与中长期问题的研究，它由相互关联的两部分构成：一是新时期中非合作的宏观战略研究，二是新时期中非合作关系的理论总结与理论创新问题研究。这部分的研究，旨在从战略的高度分析评估新时期中非合作关系的战略目标、战略利益，拓展和维护在非洲的战略利益的手段、工具、政策及制约因素、内外部环境、支撑条件，探讨如何通过体制创新与机制完善保持中非合作关系长期稳定发展；探讨中非合作关系与中国其他领域对外合作关系的协调问题。同时，探讨如何从理论上系统总结与反思中非关系的性质与意义，改变目前国内学术界研究非洲问题普遍存在的视野相对狭窄、就事论事、描述性多，内容也比较分散的缺陷，努力做出一些原创性、理论性的探索，为中国非洲学的建构、为将中国非洲问题研究理论层次与水平的提升做出努力。

第二篇：新时期中非合作关系的历史基础与时代背景研究。这一部分着重考察中非关系之世界史背景与时代动因，这将有助于我们更深刻地理解中非合作的关系本质与意义。可以看出，在自20世纪中期新中国建立以来，在新中国外交之总体格局中，中非关系占有一个特殊的战略地位。许多时候，中非关系都是"撬动中国与外部世界关系结构的一个支点"。当代中非关系之所以能在数十年里在不断变革与调整过程中向前发展，从根本上说，在于这一关系本身在其建立伊始就是作为亚非世界追求民族复兴与国家自强事业的一部分而出现的，其中深刻地包含着20世纪以来非西方世界的人民在现代世界体系中寻求民族自强、文明复兴、主权独立、政治平等、经济发展、国际尊严的持久努力与希望。这一努力与希望只要继续向前推进，中非合作关系的空间就依然存在，依然具有强大的时代要求与现实动力。

第三篇：新时期中国对非援助的理念总结与政策创新研究。援助是世界上所有国家对非政策的基本内容与形式，冷战结束后，西方奉行意识形态先行的"民主援非"方式，把经济援助作为在非洲强力推行西式民主的工具。中国则奉行经济优先的援非政策，突出经济援助的主体地位，并通过改革援非方式，形成了以改善民生、追求互利共赢为出发点的"民生援非"方式。不过，中国的对非援助也存在需要改进与完善的巨大空间，特别是近年来西方各国已在认真总结此前援非教训，国际金融危机爆发后上台的美国奥巴马政府，对非援助政策调整的步伐明显加快。西方国家对非政策的此轮调整，对中国的非洲战略形成新的竞争压力，中国必须因时而变，积极应对。本部分将集中探讨新时期中国对非援助的目标调整、效益优化与政策完善问题，探讨中国如何更好地利用对非援助实现中非双方互利共赢，如何结合中国对非援助实践过程创新国际援助理论与政策。

第四篇：新时期中非政治与安全合作关系研究。新时期中非政治合作面临着提升层次、扩大领域、加深内涵的挑战。这一部分集中在如下几个重大问题上：一是分析评估新时期非洲国家对华政策趋势及对中非合作关系的影响，非洲国家对新时期中国国际地位、对中非关系认识期待的变化与分化。特别需要注意的是，新时期的中非关系，总体上还是友好的，但随着中非合作关系的深化，中国与非洲国家在某些领域也可能发生矛盾和冲突，这方面需要早做研究，研判化解对策；二是西方大国对非合作政策新趋势，评估西方对我国的挑战、挤压及我国的对策，我国与西方在非洲进行发展合作的可能与途径，分析评估中国与非洲重要大国、重要地区组织的多边合作及政策调整问题；三是全面分析评估"中非合作论坛"的成效与发展现状、论坛如何保持可持续性发展与机制体制创新，中非如何在政治、安全、外交、军事、反恐等领域扩大合作与优化政策；四是评估中非在政治与安全合作方面面临的主要挑战，评估新时期中非政治与安全合作中的热点、难点或焦点问题，诸如苏丹及达尔富尔问题、企业责任问题、领事保护问题、维和问题、重大危机事件应急处理机制建构问题等。

第五篇：新时期中非经济与发展合作关系研究。经济合作将为新时期中非合作提供新的动力与活力，但所涉及的问题也将日益复杂多样。在这一部分里，我们从经济合作层面对中非合作关系进行专门研究，研究内容涉及如下重点与难点问题：一是探讨在中国崛起成为世界经济大国背景下，中非经济合作对于非洲国家战胜贫困、实现减贫目标能否发挥某种特殊作用？在当代非洲经济发展进程中，中国扮演何种角色，发挥何种功能？中国发展经验对于非洲有何影响？非洲国家对我国的期待及我国满足非洲国家期待的范围和限度是什么？二是探讨新时期中国对非援助的目标调整、效益优化与政策完善问题，探讨中国如何更好地利用对非援助实现中非双方互利共赢，如何结合中国对非援助实践过程创新国际援助理论与政策；三是新时期中非经济合作具体领域的战略规划与政策研究，包括中非在资源、能源、投资、金融、贸易、物流、基础设施等领域的合作战略与政策选择。

第六篇：新时期中非人文合作的战略与政策。人文与社会领域的合作是新时期中非合作的新领域、新亮点，潜力巨大，前景广阔。这一部分将从人文合作层面对中非关系进行专题性与个案性研究，研究重点将涉及如下重大问题：一是作为正在寻求现代复兴与发展的发展中国家，中非双方如何开展更广泛的文明对话，如何在治国理政、国家能力建设、实现民族团结、开发边疆地区、保护传统文化等方面交流互鉴，如何提升中非人力资源开发、培训、互派留学生工作的水平与成效，新时期中非在教育、科技、医疗、卫生、艾滋病防治领域如何加强和扩大合作；二是新时期中非双方如何在公民社会、民间组织、城市与社区、非政府组织等领域开展有效的对话、交流与合作，探讨如何更有效地开展中非公共外交与民间外交，提升中非关系的民众基础与公共参与水平。

总体而言，本课题涉及中非合作关系的理论总结与战略研判、历史背景梳理、宏观战略探究、外部环境评估、政策取向辨析、实施措施建议等层面，在这几个相互关联的层面上，本课题进一步细化成一系列相互关联的子课题或章节，它们既可单独成立，形成专题论文与研究报告，又互有关联，相互响应，构成一个整体。通过各层面系统深入研究，最后融合成一个框架严谨、目标明确、内容丰富、重点突出，集理论探讨与政策建议为一体的创新性重大成果。

二、方法与工具

（一）关于研究方法与视角

本课题集战略研究、理论研究、对策研究为一体，涉及不同的层面与领域，综合运用了多样性的理论、方法及手段，充分发挥攻关团队各学术机构的优势与特色，形成合力，共同完成好本课题研究工作。

第一，战略层面的研究，重在宏观把握与整体分析，主要运用国际关系理论、战略研究理论、发展研究理论等做宏观分析与整体把握，突出战略思想与战略原则的探究与把握。

第二，理论层面的研究，注重理论思考、概念演绎、观念辩诘、体系构建，重视历史过程的梳理、经验教训的总结与理论体系的归纳，努力将中非关系放置到整个中国对外关系的格局上做关联性总体把握，从中提炼出理论建构与创新的基础与平台。

第三，政治合作层面的研究，运用国际政治学、外交学、发展政治学的理论与方法，突出对国家决策与管理体系的观察、分析与评估，同时，走访中国政府涉非事务部门、各国驻华使馆等，深入解读评析各国政府文件、政策宣言、领导人言论与主张。

第四，经济合作层面的研究，主要运用国际经济学、发展经济学、援助理论、减贫理论与方法，并结合中非经济合作的实践，注重对相关公司企业、工程项目及管理部门的调研。

第五，人文合作层面的研究，主要运用国际文化传播理论、文化人类学、民族学的理论与方法，同时注重实证与个案研究，对相关企业、公司、学术文化机构、孔子学院、公民群体及非洲NGO做直接的调研采访。

（二）关于研究程序与路径

第一，首先是本对课题研究工作做出宏观的总体规划与精细的项目设计，在此基础上组成了一个跨地区跨院校的、由国内外非洲研究重要机构及知名专家组成的联合攻关团队。

第二，在课题首席专家主持下，攻关团队重要成员通过讨论、商议，初步拟订课题研究的目标、意义，提出具体的问题，并征询相关部门、专家意见，就课题本身的价值、意义、可行性做咨询论证。

第三，在听取各方意见的基础上进一步完善、修正了子课题结构安排与具体内容，形成完整的研究与写作大纲，做出详细的分工安排，开始分步实施。

第四，研究过程包括文献收集整理、数据采集与分析、理论研究与实地调研，形成了一系列前期、中期调研与研究成果，在中国和非洲国家组织召开了各种形式的学术研讨会，汇聚各方观点与思想，提升了研究水平。

第五，资政研究与成果的及时转换与运用。在研究过程中及时与中央部委、地方政府和企业保持联系，听取各方面意见，完成各类调研课题，并提交相关部门咨询参考。

（三）关于赴非调研与实证经验问题

国内调研：一是学术研究现状调研，全面收集整理国内学术界在课题相关领域的研究现状，评价成效、特点、问题，获得对目前国内研究；二是涉非事务的中央与地方政府、企业公司的调研、走访、咨询与访谈，特别是要认真咨询国家外交部的各相关领导、大使、官员，就课题的设置、议题的安排、调研的内容征求相关部门的意见。

非洲调研：中非关系研究的真正主战场是在非洲大陆，本课题研究不能从书本到书本，从文献到文献，尤其不能只依赖于西方人撰写的文献，而必须建立在课题组成员赴非洲国家做广泛调研所获资料与感受的基础上。同时，调研的非洲国家的选择与调研重点问题的设定也必须有通盘考虑。就目前非洲大陆的区域形态与国家结构及中非合作关系的现状来说，本课题调研的国家达到 20 个，其中一些国家如苏丹、埃塞俄比亚、津巴布韦、安哥拉、赞比亚、肯尼亚、尼日利亚、坦桑尼亚、加纳、南非、埃及、喀麦隆、塞内加尔、刚果（金）等都是进行重点调研的国家。

三、难点与创新

从目前中国的非洲研究水平及我们的研究能力与研究条件来看，我们在完成上述目标过程中，面临一些困难与挑战，概括来说，主要在两个方面。

第一，非洲国家众多，差异巨大，正处于变化转型之中，加之国际因素不断介入，因而中非合作关系的未来走势是一个多方博弈的复杂过程，如何准确把握新时期中国在非洲的战略利益与战略目标，如何准确判断新时期非洲国家对华政策的基本动向，并在此基础上构建中非合作的宏观战略与具体政策，处理好新时期中非合作中"中国愿望与非洲期待""主观意愿与现实可为"之间的复杂关系，是课题难点所在。

第二，如何对研究方案及内容做及时调整与完善。中非关系是一个快速变化着的国际关系领域，虽然有一些根本的战略性问题需要做长期的跟踪调研，保持研究的稳定性，但情况本身的快速变化也要求我们对问题的把握与重点有及时跟进。因而本课题在研究过程中会如何实事求是地、根据变化的情况与调研内容对原定的内容与结构做出及时的完善与调整，是本课题的另一难点。

第三，中非合作合作涉及许多方面，而协调、健康、可持续是关键，具体来说，如何从新时期中国全球战略总体布局的大背景和高度上，协调好新时期中非政治合作、经济合作、人文合作三大领域的关系，协调好新时期中国在非洲的政治利益、经济利益、文化利益的关系，及国家利益与企业利益、眼前利益与长远利益的关系，协调好中国与西方大国、中国与新兴国家、中国与国际组织、中国与其他发展中国家在非洲的利益关系，处理好中非合作中的双边与多边的关系问题，这就要求研究者具有全球的、宏观的、战略的眼光。虽然是研究中非关系，却需要对整个中国外交，对整个世界体系的变化有相当的把握，这也是本课题另一难点。

尽管如此，我们还是试图在如下方面做出我们的创新努力。

第一，《新时期中非合作关系研究》是目前国内第一部全面系统地论述新时期中非合作关系的专著，研究内容涵括了新时期中非合作关系领域中战略性问题与关键性问题，深度挖掘了中非合作实践所体现当代中国外交的特色、视野与理念，展示了中非合作实践与经验对推进未来全球国际合作进程、建构和谐世界所具有的建设性意义，可谓是拓展研究内容与研究领域方面的创新。本项研究通过对中非合作关系的历史背景梳理、宏观战略探究、内外环境评估、政策取向辨析、重点问题调研、对策措施建议方面的系统研究，最终形成一项集理论探讨与政策建议为一体、对未来二十年中非合作关系具有战略启示意义的纲领性文件蓝本，一项对未来中非合作关系的发展具有参考意义的中长期发展路线图，从而将中非合作关系研究乃至整个中国非洲问题研究的水平提升到一个新的高度。

第二，本课题特别突出了非洲问题研究的方法与过程的"非洲性""实践性""开放性"，可谓是研究方法与研究视角方面的创新。一是课题组成员多有丰富的非洲经历，有多次或长期在非洲研究和工作的经历，培养的博士硕士研究生，也是带着课题在非洲实地学习做论文，坚持从非洲的实际情况、从中非合作关系的实际情况来开展学术研究；二是攻关团队与非洲学者界有紧密的合作关系，在研究过程中多次到非洲召开研讨会，通过国际合作，以开放的方式了解非洲的关切，避免关起门来自说自话；三是研究过程紧紧扎根于对实践的梳理，对策研究紧紧围绕国家现实需要，课题组聘请了国家外交部官员和中国驻非大使担任顾问，并多次征询外交部非洲司、政策规划司的意见，努力使研究工作的设计和执行针对实际问题，面对实际问题，从实际问题从发来建构理论，避免空谈泛论。

第三，作为一项国家级层面的重大招标课题，必须在研究理论、研究方法、学科体系建构方面也有相应的追求与突破。本课题将努力超越过去许多年国内学术界研究非洲问题那种较低层次的状态，思考中国非洲学科建构的一些重大问题，探寻有中国特色的非洲学科建设的路径、原则、基础与方法，可谓是研究理论方面的创新。我们特别设定了"基于中非合作关系实践过程与经验累积的理论回应与理论创新"这一议题，并将其贯穿于整个课题的研究过程中，希望能在中非关系研究的理论上有所突破，从理论的高度重新理解反思中非关系的一些基本问题。我们从五十多年中非合作的丰富实践中，提取、总结、概括出一些具有理论创新意义的智慧，将其上升至理论的层面做思考，以为未来构建有中国特色的中国国际关系理论、外交理论提供特殊的原创资源与创新素材。

第一篇 新时期中非合作关系的理论创新与战略取向

中国古人说过:"名不正则言不顺,言不顺则事不成"。总体上看,思想创造与知识优势的获得,发展道路与制度选择的权力与合法性问题,对于今日的西方世界的南方国家、亚非拉国家的复兴和发展,越来越具有关键性的意义。特别是对于后起的发展中国家来说,对自主发展道路与独立模式的自我识别、系统解说及其理论化能力,对自主发展权利与发展道路正当性的阐释能力,将在很大程度上直接影响这些国家后续的发展。而一个新学科的形成与发展,更需要在理论与学科建构方面做出相应的追求与突破。

作为中非关系研究领域的一项重大攻关项目,本书在研究过程中,努力将问题研究与理论思考结合起来,透过对新时期中非合作实践的研究,来系统思考中国非洲学科建构的一些重大问题,探寻有特色的中国非洲学科建设的路径、原则、基础与方法等问题。为此,我们特别设定了"基于中非合作关系实践过程与经验累积的理论回应与理论创新"这一议题,并将其贯穿于整个课题的研究过程中,希望能从五十多年中非合作的丰富实践中,提取、总结、概括出一些具有理论创新意义的智慧,将其上升至理论的层面做思考,以为未来构建有中国特色的中国国际关系理论、外交理论提供特殊的原创资源与创新素材。

从全球角度上看,在经历了西方引领人类发展潮流二三百年后,世界正在进入全球发展的"后西方时代"。这是一个世界体系与全球文明发生重大变革的时代,基于时代大变革而发生的思想转换、知识创新与学术变革的趋势与空间,也正在变得越来越清晰明显。包括中国在内的整个发展中国家在此方面的机会与平台,也在明显的拓展与扩大,在亚非世界产生属于自己的现代性原创理论和全球性思想的条件也在日益成熟。

伴随着全球发展的"后西方时代"的到来,亚非知识与亚非智慧将会逐渐获得新的理解、尊重与认可,那些长期以来占据主导地位的西方知识体系需要做出自己的反思与校正,在涉及文明、发展、自由、民主与人权的人类观念结构中,必须有来自亚非世界古老智慧与当代发展经验的系统总结和融汇,并在此基础上做出新的人类知识与思想的东西南北"全球新综合",形成更具包容性、普遍性的人类现代性新知识,这也是我们研究新时期中非合作关系的特殊意义所在。

第一章

非洲发展大趋势的中国判断与战略选择

中非合作论坛建立后的21世纪第一个十年（2000~2010年），非洲大陆获得了自20世纪60年代相继独立以来少见的持续十年之久的经济相对稳定增长时期，给世人以新的期待与希望。但是，非洲大陆发展的基础依然十分脆弱，进入21世纪的第二个十年，非洲大陆政经局势风云再起，发展走向迷雾重现。自2010年北非局势发生重大变故并波及撒哈拉以南非洲国家以来，这块大陆的历史车轮，似乎又再次来到了前途未卜的十字路口。

在此背景下，中国如何看待非洲的现实与未来，如何判断非洲发展的大趋势，如何准确把握非洲错综复杂的政治经济局势与对外关系变化，并依此制定和实施更具长远意义和实效性的中国对非战略与政策，是一个新的重大命题。而事实上，所谓"非洲发展大趋势的中国判断与战略选择"这一命题，其实是与中国对非洲的观察视野、认知角度、评价尺度等所谓的"中国的非洲观"联系在一起。[①]

非洲是一块政治经济与历史文化高度多样性与差异性的大陆，有其总体的发展趋势与基本走向，但各国各区域的情况又十分不同。从长远来看，非洲五十多个国家不可能同步发展，国家间地区间的发展分化趋势将日见明显，一些国家可能会进一步沉沦衰败甚至瓦解分裂，而另一部分国家，可能成为此轮增长中的先行者与受益者，成为非洲大陆区域或次区域的新兴国家。而这些非洲新兴国家之

---

① 刘鸿武：《中国的"非洲观"引领和带动全球对非合作》，国际在线网：http://gb.cri.cn/42071/2014/05/06/6071s4530619.htm，2014-5-8。

所以获得快速发展的动力可能来自不同的方面，但一个基本的特点是在保持政局稳定的前提下，借助与全球新兴国家日益紧密的经贸合作，特别是与亚洲新兴国家形成的新型"南南合作"关系而逐渐成长起来，并进而带动非洲大陆区域与次区域的整体发展。对此，中国的对非合作中长期战略需要早做谋断，有所选择，有所侧重，这样才能掌握主动，回旋有力。

第一节　非洲发展的新趋势与新动力

一、非洲发展的巨大潜力与未来趋势

进入21世纪以来，非洲大陆发展的积极趋势日趋明显。大体上，自2000年中非论坛成立以来的十余年间，非洲大陆获得了自20世纪60年代以来少见的持续十年之久的经济相对稳定增长时期。在2000~2014年的大部分年份，非洲大陆GDP都保持了4%~5%的稳定增长，非洲大陆经济发展的总体水平高于全球平均水平，还有相当一批非洲国家的发展速度更居世界前列。如以2012年为例，这一年全球经济增长最快的10个国家，有6个集中在非洲大陆，位于西非的加纳，更以13%的增长速度位居全球榜首，而这一年，绝大多数欧洲国家经济增长都不到1%，美国也只勉强超过1%。2013年整个非洲大陆的经济增长速度也超过5%，大体上与亚洲持平，成为全球经济增长最快的区域之一。虽然非洲大陆经济增长较快的一个基本原因是其原有的起点很低，但这种持续的相对快速而稳定的增长，却确实让外部世界的人们对这一块大陆的未来产生了非同寻常的期待与想象。

近年来，非洲大陆经济发展的活力与动力呈现多元化推进的特点。2011年，南非加入"金砖国家"行列，成为非洲大陆第一个迈入全球新兴大国俱乐部的非洲国家。紧随其后的还有若干个"非洲新兴国家"。首先是资源与人口大国尼日利亚，这个曾被称为"跛腿的非洲巨人"的国家，在过去十多年间也似乎开始加快了前进的步伐。按照这个国家过去几年持续保持的7%的经济增长速度，它的领导人和精英们普遍自认为尼日利亚将是非洲下一个新的"金砖国家"。并认为到2030年，尼日利亚可能成为世界第三人口大国，而它的目标是到2030年建设成为世界经济强国。此外，安哥拉、加纳、刚果（金）、刚果（布）、埃塞俄比亚、苏丹、赞比亚、博茨瓦纳、莫桑比克、坦桑尼亚、肯尼亚等国家，都在不同

的程度上逐渐显示出成为"非洲大陆新兴国家"的发展势头。

非洲虽然总体上属于发展中国家，但内部的差异也十分巨大，长远来看，非洲五十多个国家不可能同步发展，国家间地区间的发展分化趋势将日见明显，一部分国家，可能成为此轮增长中的先行者与受益者，成为非洲大陆区域或次区域的新兴国家，而另一些国家可能会进一步沉沦衰败甚至瓦解分裂。那些获得快速发展的非洲新兴国家，其发展的动力可能来自不同的方面，包括内部的与外部的，其中一个基本的特点是在保持政局相对长期稳定和政府治理能力逐渐增加的前提下，借助与全球新兴国家的日见紧密的经贸合作，特别是与亚洲新兴国家形成的新型"南南合作"关系而逐渐成长起来，并进而带动非洲大陆区域与次区域的整体发展。

从全球中长期发展的格局上看，非洲大陆有许多发展的巨大潜力与特殊优势，其中的一些潜力与优势，近年来随着全球新兴国家的拉动而日见明显地呈现出来。

第一，非洲在人口与劳动力方面的发展潜力。非洲五十多个国家共有人口近9亿，其人口结构与发展特点是年轻化与增长快。按照非洲目前的人口增长速度，到2030年，全球新增加的30岁以下的年轻人口中的60%将集中在非洲大陆。到2040年，非洲的劳动力将接近11亿，超过中国、印度这两个世界大国。相对于世界其他地区日益严重的人口老龄化及不断攀升的劳动力成本，若非洲大陆政局保持稳定且提升劳动力素质的基础教育与职业教育的投入不断增加，则非洲大陆未来可用于经济发展的人口红利颇为可观。

第二，非洲农牧业发展前景十分广阔。非洲大陆拥有90多亿亩可开发利用的土地，但实际利用率不到四分之一，目前全球60%的未利用可耕地集中于非洲大陆。仅刚果（金）一国可开发的土地就达18亿亩，与中国必须守护的土地总量的最低红线相当，而其6 700万人口仅为中国人口13亿的5%左右。极度贫穷的南苏丹，其1 000万人口也拥有4亿多亩土地。这样广袤的土地资源如果能开发利用起来，对非洲大陆和世界的粮食安全、民生改善来说，意义都是不言而喻的。

第三，非洲大陆在许多经济发展的战略性资源、能源储备方面也极为有利，虽然非洲投资风险高，但回报率也很高。非洲拥有全球黄金储量40%、石油储量10%、铬和铂金的80%~90%。另外，非洲广袤的草原，清澈的江河湖海，洁净的空气，独特的文化，壮阔的山川，从经济发展的综合角度上看，都有特殊的意义。事实上，过去许多年，虽然往往面临种种政局动荡、战乱不已之风险，但非洲大陆一直是世界上投资回报率相对较高的地区，总体上比中国、印度、越南这些发展较快的亚洲国家都要高。

第四，非洲的市场发展潜力也很巨大。2011年，非洲大陆整体GDP达到1.6亿美元，相当于巴西或俄罗斯。非洲的城市化水平则与中国基本相当，城市人口规模快速提升。目前非洲大陆拥有3亿多购买力相对稳定并不断提升的中等收入群体（或曰"中产阶级"），未来20年进入这一阶层的非洲人的数字可能增长到8亿以上，非洲大陆由此而有望成为世界上最有潜力的新兴世界市场。

第五，唯其相对的落后，非洲经济总体上在未来提升的空间就很大。虽然从全球比较的角度上看，目前非洲大陆经济与社会发展水平尚十分低下，处于全球发展序列的最底层，但正因此，其未来向上提升的空间与规模十分巨大。目前非洲大陆特别是撒哈拉以南非洲大陆，人均GDP尚不足1 000美元，未来20～30年，这一数字即使只提升到3 000～4 000美元这样并不太高的水平上，但作为一块大陆，非洲的发展也必定会给世界带来巨大的变化与影响。

二、非洲发展的内外动力与支撑平台

中国历来对于自我、对于外部世界，对于自我与包括非洲在内的外部世界的关系，有着独特的看法与理解。中国人观察非洲，观察非洲的发展问题及其得失成败，也是有自己的独特角度与眼光的。以中国的观察角度与立场来回顾考察过去百年非洲大陆的艰难历程，我们认为，经过漫长曲折的探索徘徊，进入21世纪后，支持非洲大陆在未来逐渐进入"新发展时期"的一些成长要素的累积，已经攀升到了一个历史的关键阶段上。而推进此轮非洲大陆发展的核心动力，来自非洲内部自身积极因素的长期积累与成长，及这些内部因素与外部拉动力量的有机结合与良性互动。这些历史要素的成长，这些内部因素的积累，大体上可从下述方面进行观察。

第一，从现代国家建构、民族聚合与文化认同的角度上看，经过独立建国以来半个多世纪的曲折发展，"国家"作为一个全新而真实的政治存在与精神观念，逐渐在非洲大陆获得了历史性的建构与成长。[①] 作为现代世界体系中最后一批迈进"现代国家"门槛的后来者，在20世纪60年代后才创立起来的数十个非洲大陆年轻国家，其国家建构与成长有其特殊的时代要求与内在规定性，这使其在过去数十年间经历了太多的战乱、冲突与动荡。但尽管如此，基于对国家主权和民族独立地位的坚定维护，绝大多数非洲国家都还是生存了下来，并保持了国家的统一存在与主权完整。

第二，随着国家统一建构的推进，随着自主性的国家观念的逐渐形成和深入

---

① 刘鸿武：《尼日利亚建国百年史（1914～2016）》，浙江人民出版社2014年版，第15页。

人心，在许多非洲国家中，一些更为内隐的积极变化，一些从长远来看能更有力地推进国家现代发展的基础性力量与结构性要素，都在悄然不觉的历史进程中一点点地积累起来，并在世界格局发生变化的背景下开始呈现出其特殊的积极意义。例如，在一些非洲国家，现代国家政治建构与政府执政能力的提升，现代主权国家观念的形成，国内民众对国家归属感与认为感的增强，在主权国家成长基础上推进的非洲区域一体化进程与地区合作组织的发展，非洲人民的自尊、自信、自立、自主意识，各国知识精英与政治精英的爱国情感与政治责任感等文化与心理方面的现代发展要素，等等，都在过去数十年非洲各国几代人的不懈努力与追求中缓慢但却有力地积累和成长起来。

第三，这一系列源自非洲内部的精神成长与心理变化，从长远来看可能对非洲发展具有更为根本性的意义。而随着这一进程的推进，相当一批非洲国家的国家结构与治理能力逐渐趋于成熟和稳定，政府机构的制度化、专业化水平逐渐改善，地方政府与基层政策的执政能力与管理能力也开始实质性地获得提升，一些具有非洲本土特点的包容性的现代政治制度逐渐在非洲成长起来。[①]

第四，过去十多年，中国、印度、巴西和其他新兴国家，在能源、矿产、农业、金融、电信、基础设施建设方面的对非合作日益扩大，对非洲的资源、市场、劳动力、土地的需求日见强烈，这明显提升了非洲资源国际竞争平台，延长了非洲发展要素的价值链。今天，在亚非世界之间正在形成一种新型的"南南合作"关系，来自亚洲新兴国家的资源需求和投资贸易正日益成为非洲大陆实现经济增长的一个重要的动力源。

第五，从全球发展的良性互动结构上看，如果世界经济体系的演变能更加的包容与开放，在成熟形态的西方发达国家、快速崛起的全球新兴国家、具有巨大潜力非洲国家这"三个世界"之间，如能形成一种良性互动的格局，在合作中寻求多边互利共赢的世界新格局，则非洲大陆将有可能进入一个持续发展的新时期。国际社会越来越倾向于认为在未来的20年或30年中，非洲大陆将成为世界经济的"增长新大陆"，成为未来一个更长时期中全球经济新一轮发展提升的希望所在。

三、非洲发展的不确定因素及主要障碍

不过，在过去十年经济获得相对较快发展的同时，制约和阻碍非洲发展的消极因素依然普遍存在，非洲发展的基础依然十分的脆弱。大致说来，如下方面最

---

① 刘鸿武：《国家主权、思想自立与非洲发展》，载《西亚非洲》2012年第1期。

为突出。

第一，虽然非洲近十多年来获得相对较快的经济发展，但远没有根本改变非洲的最不发达状态。目前，全球最不发达国家有四分之三集中于非洲大陆，贫困与饥饿、战乱与冲突依然是这块大陆普遍存在的状态。虽然经过多方努力，但联合国拟订的千年发展目标在非洲众多国家都远未实现，严重的失业、文盲、疾病、环境恶化等基本民生问题并未有根本的改善。同时，近年来非洲一些国家的经济增长普遍带有靠资源、能源初级产品出口拉动的特点，在此资源主导型增长模式下，不仅发展的外部制约因素很多，而且由粗放型增长体现出来的 GDP 增长对于普通民众生活改善和国家经济结构提升的作用往往并不明显。

第二，非洲经济在总体上依然严重依赖于西方发达国家及其主导的国际市场，发展的基础十分脆弱而不稳定。2008 年开始的欧洲金融危机对非洲的冲击是多方面且持续的。最近几年，西方经济持续低迷，对非投资、贸易、援助持续大幅下降，许多非洲国家外部经济环境趋于恶化。在此背景下，经济上高度从属于欧洲的北非国家首当其冲，内忧外患叠加在一起导致北非政局在 2010 年突变，从马格里布国家到埃及、苏丹再到东非之角的索马里，可谓动乱迭起，兵连祸接。未来一段时间，非洲一些国家的主权统一与政权安全将面临新的挑战。

第三，外部干涉与强权介入让非洲未来充满太多不确定因素，一些非洲国家安全局势十分严重，分裂崩溃危机明显加剧。目前利比亚内乱远未平息，东部分裂倾向加剧，南部沙漠深处的族部各行其是，这个国家在战争过后面临瓦解分裂的命运。利比亚战争造成大量难民和武装分子涌入周边国家，与当地原有的动荡因素结合在一起，造成周边地区安全形势趋于恶化。

第四，非洲团结遭受多方面挑战，一体化进程步履维艰。当代非洲政治格局支离破碎，或国小民穷，资源贫乏，或困于内陆深处，交通不便，几乎没有自立生存之条件。加纳首任总统恩克鲁玛曾说过："非洲要么统一，要么死亡"，但非洲的统一团结与一体化并不容易。由于殖民宗主国的影响长期存在，非洲年轻国家在外部国际关系上各有属主，形成利益的外部拉动格局，并引发非洲发生的"代理人战争"。2010 年以来，在对待利比亚冲突和外部军事干涉问题上，及对待国际刑事法院制裁苏丹总统巴希尔等问题上，非洲国家内部分化加剧，非盟因意见分歧，权威和有效性受到质疑与挑战。在此背景下，非洲的集体安全体制明显受到削弱。

此外，近年来，非洲非传统安全问题上升，粮食危机，干旱肆虐，艾滋病蔓延，环境生态恶化，武器扩散，难民增长，都在一些非洲国家引发严重的社会危机。同时，近年来非洲恐怖主义活动进入新的活跃期，在东非、北非、西非都有明显抬头之势。

四、非洲发展需要源自内部的自主改革开放

从更深层次的制约因素来看,抑制非洲实现可持续的另外一种制度或文化上的障碍,是国家能力与政府执政功能的长期缺失,部分非洲国家日益处于"有社会而无国家"的国家体系消解与政府功能退化状态中。由于国家整合能力与政府执政能力及有效性的长期缺失,一些非洲国家的社会整合与民族融合进程一再被打断,有效的中央政府权力往往无法渗透到基层社会和边远地区,国家统一行动能力十分弱小。在今日非洲的一些国家和地区,政府能力严重缺失,基层政权形同虚设,看不到条块分明、上下联通的功能化的政权网络与管理系统,在"有部族社会而无中央政府"的状态下,虽然许多非洲国家拥有巨大的人力资本,有大量的年轻人口,却因缺乏政权组织者和动员机制将他们组织成建设国家的大军,人口红利远未得到发挥利用。

因此,非洲为实现发展,尚需要在下述方面做出持久努力。

第一,非洲国家在某种意义上需要一场新的思想解放运动,即需要结合非洲实际情况,认真思考属于非洲自己的发展道路,探寻非洲问题的非洲化解决。

第二,非洲必须形成自主思想与独立精神,提升非洲自己本土知识分子独立观察与思考自己国家发展道路的意愿与能力,振兴本国本民族的思想文化,形成独立自主的知识精英阶层。

第三,国家能力建设是非洲发展的根本前提,非洲国家必须高度重视国家能力建设,提升政府的行动与管理能力。今天非洲国家还特别需要培养爱国的精神,为国家与民族奋斗的精神,把国家利益与民族利益放在首位,形成齐心协力的国家团结精神,而不能让国家陷入分裂与破碎化。

第四,非洲国家应该把国家工作的重心转移到经济建设上来,以经济发展为中心来建设国家的能力。创造财富比任何政治理想更富于现实的理性精神,从根本上说,非洲的安全、和平建设只能通过经济发展、社会团结才能最终实现。

第五,非洲国家需要一个长期的国家发展策略,稳定而持续地追求国家发展目标,并且坚持独立自主、艰苦奋斗的精神。非洲的问题不可能一天解决,实实在在的奋斗比任何华丽的口号与演讲都更加重要,非洲需要从经济的角度来理解政治的本质,一心一意谋经济发展,一心一意求国家稳定。

第二节　新时期中非发展合作的挑战与选择

中非关系对当代中国外交进程之意义重大,一个重要原因就在于这一关系在一开始的时候,它就具有超出中非关系范畴的更加广泛的影响。事实上,对于中国而言,中非关系在过去几十年中往往是撬动中国与外部世界关系结构的一个支点,是中国有尊严地走向外部世界的一个平台。

一、西方对中非合作的复杂心态与政策趋势

从 20 世纪 60 年代开始,中国在非洲影响力的扩大和作用的提升,一次次地迫使西方不得不回过头来重新思考中国和非洲对于西方究竟意味着什么。[1] 由此也改变着中国、非洲与外部世界尤其是与西方世界的多边关系的结构及全球利益格局。

东方中华文明与热带非洲文明,是世界文明体系中之两大基本形态,历史上,中非之间一直在克服种种障碍而相互认知与交往,而这种关系在 20 世纪的后半叶的迅速加强与提升,已经对现代人类交往的总体格局与方式产生了意义深远的影响。我们可以这样说,从世界多元文明交往与平等对话的角度上看,在人类经历了长达数百年西方主导和支配的所谓"单向度""中心支配边缘"的世界体系演进过程后,中国与非洲这种平等互利、相互尊重的现代关系的确立与发展,是具有特殊的象征意义的,因为它从一个侧面反映了世界文明交往的总体格局与国际关系的基本形态,正在某种程度上向着"多向度的""网状平等型"的多元文明平等交往、自主对话的方向转化,而这标志着世界史上一个新时代正在悄然到来。[2]

但是世界结构的这一转型必将是一个长期而充满矛盾的过程,原有世界体系中的各种力量和利益结构必须有一个长期的过程来适应这种转变。近年来,一些西方政客和媒体已经意识到中非关系的发展对于未来世界格局变动所可能产生的特殊影响,声称中非合作"将滋生与非洲特权阶层合谋榨取利益的结构,未必会

---

[1] Bruce D. Larkin: *China and Africa*, 1949 – 1970, *The foreign Policy of The People's Republic of China*, University of California Press, 1971, p.83.

[2] 刘鸿武:《中非交往:文明史的意义》,载《西亚非洲》2007 年第 1 期。

使当地老百姓受惠",① 称中国对非援助培植了非洲国家的政治腐败,巩固了某些专制体制国家的政权,② 等等。这些将正常国际贸易做政治化曲解的奇异观点,其实反映了某些西方人根深蒂固的道德优越主义。

几个世纪以来,非洲一直是欧洲的后院、欧洲的后花园,是欧洲富有者度假狩猎的地方,也是欧洲显示优越感的地方。欧洲一些人的心态中,其实潜藏着一种"欧洲版门罗主义"情结。作为欧洲旧时的殖民地,非洲一直受着欧洲的支配和影响,这种状况在非洲独立后并未根本改变。在一些西方人看来,中非关系快速发展,可能使非洲"偏离"了西方的预设框架,会对欧洲在非洲的传统地位造成冲击。事实上,"发展中国家之间开启新的贸易和投资渠道,对于老牌强国来说是个令人沮丧的景象"。③ 因为这种困惑与焦虑,他们对于中国的发展和中非关系始终有一种明显的偏见与傲慢,他们的是非标准常常是双重的。在他们看来,西方企业在非洲投资贸易,是传播自由市场与平等观念,而中国企业在非洲的投资贸易,就被描绘成资源掠夺、破坏环境。④

事实上,指责中非关系的西方人并没有意识到,中非关系的发展,在某些领域已经超出了近代以来完全由西方主导的那个传统体制的范畴,因为一个新的世界结构正在逐渐却是步伐有力地形成之中,对于这个新的世界,不能完全用传统知识与理念来理解。⑤ 非洲与西方的关系已经有几个世纪,这一关系似乎并没有带来非洲的发展,这客观上促使非洲重新考虑另外的发展空间与可能。中国过去三十多年的快速发展及它实现这种发展所选择的道路和采取的政策,给了非洲国家许多启发与联想,非洲开始以自己的方式来思考中国经验对于非洲可能具有的意义。⑥ 面对非洲的这种变革要求,西方应该回过头来重新思考自己与非洲的传统关系。

对于中非关系而言,平等对话与真诚合作,不向非洲受援国提出干涉其内政的附加条件,是过去几十年中非关系的基本精神与原则,也是中非关系得以持久的原因。在2006年中非合作论坛北京峰会记者招待会上,当有记者问中国在非洲有无殖民主义问题时,论坛下届主办国埃及外长盖特(Aboul Gheit)

---

① 福岛香织:《欧美对中国的非洲外交加强戒备》,日本《产经新闻》2006年11月5日。
② Joshua Kurlantzick, *Beijing's Safari*: *China Move into Africa and Its Implications for Aid, Development and Governance*, Carnegie Endowment for International Peace, November, 2006, p. 1.
③ 科纳尔·沃尔什:《中国是非洲新殖民力量吗?》,英国《卫报》网站2006年10月29日。
④ Joshua Kurlantzick, *Beijing's Safari*: *China Move into Africa and Its Implications for Aid, Development and Governance*, Carnegie Endowment for International Peace, November, 2006, p. 3.
⑤ Cigdem Akin and M. Ayhan Kose, *Changing Nature of North-South Linkages: Stylized Facts and Explanations*, IMF, December 2007.
⑥ Wanjohi Kabukuru, "Kenya: Look East My Son", in *New African*, Jul 2006.

有力地回答说:"在非洲完全没有中国的殖民主义,在这50年中,甚至在未来的500年中,我们都会保持这种和平、友好的关系,而绝不是殖民主义的关系。"①

二、非洲对中非合作的多重期待与利益诉求

中国是一个古老的文明大国,有其自身的历史文化背景与文明结构,因而其现代复兴过程与发展之路,虽然会遵循任何一个传统国家走向现代化的某些基本原则,在市场经济与民主政治的构建方面对自身文明做改造,但这一过程当有不完全相同于西方的特点与模式。事实上,"中国的发展模式已经在许多方面挑战了西方在消除贫困、实行善治方面的主流观点。"② 非洲国家是以自己的方式来理解中国对于非洲的意义的,非洲自然不会照搬中国的经验,但他们希望从中国的发展经验中获得有益的东西。

当代亚非国家由传统社会向现代社会转型的现代化变革,比起当年之西方国家来说,是一个更为复杂也更为艰难之进程,没有任何外部力量可以替代亚非国家之自主努力而去简单地左右这一进程,规定它的走向。今日的非洲,需要一个致力于发展并且有能力推行这种发展政策的政府,这是中国模式对于非洲更具吸引力的地方。更重要的是,对于非洲国家来说,中国这种不附加任何政治条件的真诚对话与平等合作,对曾饱经屈辱而今日确实也还十分贫穷弱小的非洲国家来说,更有着另一种精神情感方面的特殊吸引力。③ "中国的模式并非完美无缺,但它已经丰富了整个世界在消除贫困这个问题上的政治探索和智慧,它给世界各国提供了更多的选择机会与政策。而只要美国模式不能产生它所希望的结果,那么中国模式对世界穷国的吸引力只会进一步增加。"④

中国并不主张推行自己的发展模式,但主张各种文明可以沟通学习、交流互鉴。北京峰会提出中非在治国理政和发展经验方面展开交流,在国家能力建设领域开展合作,也体现了中非合作领域有了更具创新性的拓展,有了更加具体而务实的内容。应该说,长期以来,一些非洲国家能力缺失与政府行政绩效低下,一直是一个制约非洲发展的结构性因素,而中国国家能力与政府意志在推动经济发展方面的特殊表现,乃是理解中国当代快速发展的重要视角,也可以说是非洲国

---

① 中非合作论坛网: http://www.focac.org/chn/zyzl/hywj/。

②④ [美]《国际先驱论坛报》2006年11月2日:《中国模式的魅力》,转引自《参考消息》2006年11月6日。

③ 一百年前,中国积贫积弱内忧外患达于极点,当时的孙中山先生也曾这样告诉过自己的同胞,凡世界上一切平等真诚待我之友邦,皆为中华民族可信赖之朋友与兄弟。

家尤为关注之议题。此外，在处理多民族国家之复杂民族关系、宗教关系、边疆地方发展问题方面，中国国家政治传统所包含的智慧，对许多长期深陷内乱冲突之苦的年轻非洲国家来说，也可能有着某种特殊的意义。而另一方面，近年来中国自身也已经从与非洲经济贸易合作的过程中，找到了自己进入世界市场和提升自己国际适应能力的机会。通过与非洲国家的合作而带动中非双方的互利发展与共同繁荣，实际上已成为彰显中国之和平崛起于世界绝非威胁而是机会的生动例证。①

中非关系对于非洲的战略意义也已经体现出来。近年来，随着中非关系快速发展，非洲在当代世界体系中边缘化状态已经有所改变，世界已经看到非洲不是无足轻重的只接受援助的对象，非洲可以给世界带来财富、带来机会。世界范围内已经出现大国力量重返非洲的现象，美、英、法、德、日、印等国相继与非洲建立起各种形式的合作论坛，召开首脑峰会。值得注意的是，与冷战时期大国在非洲的对抗性争夺有所不同，这一次大国重返非洲，更多地会以投资贸易和市场拓展的方式重返非洲。只要秉持相互尊重与信任的态度，中国也愿意与西方合作对话，在共同推动非洲经济发展领域构建起新的利益交汇点，从而拓展出中非欧多边合作与多赢的新空间。②

三、推进非洲发展问题的解决与中国的角色

当代人类面临的根本问题是什么？什么是人类真正意义上的"普世理想"？我们认为，从当下人类面临的发展困境来说，整个发展中国家发展问题之最终解决以及以此为标志的人类现代性发展的"合理收敛与终成正果"，一个富裕而和谐的现代世界的建立，正是当代人类面临的根本问题，是当代世界"真正的普世主义理想"。在这个意义上我们说，历史远没有终结，它将随着亚非国家的现代发展进程而继续向前发展。③

总体上说，近代以来西欧一隅之地的率先兴起并进入现代发展进程，虽然开创了现代世界历史的进程，却并不是世界发展问题的最终解决。从世界史的角度上看，直到20世纪80年代，只有占世界人口20%的西方国家解决了富裕与现代化问题，而占世界人口80%的非西方国家依然贫穷落后。这是一个世界性问题，也是人类各种冲突根源之所在。然而西方国家不可能在一个仅仅自己富裕的世界上

---

① 刘鸿武：《论中非建立新型战略伙伴关系的时代价值与世界意义》，载《外交评论》2007年第1期，第32页。

②③ 刘鸿武：《中非关系：非洲与世界的机会》，载《人民日报》2007年1月15日第7版。

永享和平，富裕与和平应该是世界共享的。发展只有扩展到世界所有地区，惠及于世界所有的人民，才是"世界问题之真正解决"，才是人类希望之所在。

这正是中非合作和中非发展对于世界的意义，尽管中国的发展并非十全十美，尚存在种种发展中的问题，但中国是世界上最大的发展中国家，非洲是发展中国家最多的一个大陆，因而中国的发展、非洲国家的发展，对于人类的未来是一个根本的方向，都具有世界的意义。

最近十年，发展中经济体逐渐成为世界经济中最有活力的部分。2008 年 4 月 11 日世界银行公布的《2008 年世界银行发展报告》显示，发展中经济体正在崛起，其在世界经济中的比重，已经由 2000 年的 36% 上升至 2008 年的 41%。过去 30 年（1978～2007 年），中非年贸易额由 7 亿多美元增长到 730 多亿美元，增长了 100 倍；2000～2007 年，非洲对亚洲的出口占其出口比重由 14% 上升到 28%，亚非间的经济关系正在加强和提升，中国、印度、东南亚的贸易与投资日益成为拉动非洲经济发展的发动机，这是非洲经济的"新曙光"。[1]

这一切或许都预示着一种结构性的世界历史变革正在到来，它必将引起世界格局与国际关系总体特征的深刻变化，这是亚非国家向上提升的希望所在，也是亚非通过自身的发展而对世界的贡献。其实历史进程本身就是这样的，国家和民族的发展总是有先有后、起起落落。历史上的东方国家或亚非国家也曾走在历史的前列，它近代以后落后了并不意味着就永远失去了再次崛起的可能。

近年来，"东方复兴"或"亚非复兴"已经开始成为人们认真议论的话题，出现了一些值得关注的新概念，诸如"金砖四国"（中国、印度、俄罗斯、巴西）、"远景五国"（越南、印度尼西亚、南非、土耳其、阿根廷）、"新钻十一国"（埃及、印度尼西亚、菲律宾、墨西哥、越南、土耳其、巴基斯坦、韩国、孟加拉、尼日利亚、伊朗），[2] 如果加上原有的"东亚五小龙"，事实上在过去 20 年，发展中国家经济已经开始了一个虽然缓慢但是长期的向上提升的过程，而这一趋势在近年明显加快了。即使是非洲大陆近年也已经出现了经济持续增长局面，2007 年撒哈拉以南非洲经济增长达到 6.1%。事实上，非洲虽然落后却也充满商机。美国商务部研究表明，从 1990 年以来，美国跨国公司在海外的平均收益率，在亚洲为 14%，拉美为 12%，而在非洲则高达 33%。[3] 高风险与高回报并存一直是非洲经济环境的特点，也是它的诱人之处。

---

[1] Femi Akomolafe, "No One Is Laughing at the Asians Anymore", *New African*, No. 452, June 2006, pp. 48–50.

[2] 王嵎生：《发展中国家的迅速兴起及其影响》，载《亚非纵横》2008 年第 2 期，第 30 页。

[3] See U. S. Commerce Service: *Business Opportunity Events: Sub-Saharan Africa Trade Mission*, U. S. Department of Commerce, December 2007.

四、在中非发展合作中建构中非命运共同体

2006年10月中非合作论坛北京峰会召开后不久，世界银行非洲地区经济顾问哈里·布罗德曼（Harry G. Broadman）推出一本颇具象征意义的新著《非洲的丝绸之路：中国和印度的经济新边疆》（Africa's Silk Road：China and India's New Economic Frontier）。他在书中提出，一个世界史上的"经济新边疆"正出现在将非洲、印度、中国联结的地方。他认为，中国、印度等这些"新兴国家"正在成为拉动新一轮全球现代性成长的力量。在他看来，在这些新兴国家中消费能力日见扩张的"中产阶级"或中高收入阶层正在不断扩大，他们的购买力越来越强，对非洲这些不发达国家和地区的资源、能源、劳务产品的需求越来越大，它们生产的产品也会更多地在非洲找到市场与利润机会。这种互有所求的新型跨地区经济链条，如同世界历史上将亚非大陆连接起来的"丝绸之路"。它可以绕开或减少对传统的西方发达国家的依赖而形成南方国家间互利合作的新结构。他认为，对于非洲国家来说，"这条新的丝绸之路为非洲撒哈拉以南地区加快国际一体化进程和经济发展提供了绝佳机遇，也是迄今为止很难得的机遇"。

从2006年中非合作论坛北京峰会召开，经过2009年在埃及召开的第四届中非合作论坛部长级会议的推进，到2012年8月在北京召开的中非合作论坛第五届部长级论坛，中非合作关系可以说在短短的六年间实现了"三级跳"，连续跃上历史新高，非洲大陆的总体经济形态及它在世界体系中的地位与随之发生广泛的变化。今天，以中非合作为典型标志的"新型南南合作"已经超越了20世纪六七十年代那种低层次、小规模、穷帮穷的传统形态，它日益具有世界经济现代性发展的新特征。中非合作及中国对非政策所拓展出的全球经济发展这个"经济新边疆"，目前事实上已经不仅限于传统意义上的贸易和投资，它还有更为复杂的引起世界经济结构发生重大变化的力量成长。近年来的各种数据表明，"中国、印度与非洲的商业活动正在为撒哈拉以南非洲大陆打开一条道路，非洲已经成为初级商品的加工者，成为向中国、印度供应劳动力密集型货物及服务的有竞争力的提供者。与非洲和欧洲之间长期不变的经济关系相比，这是非洲的一大飞跃"。"这一南南经济关系前途无量，双方必须通过改革来解决不对称性问题，克服继续发展的障碍。这不仅符合非洲经济发展的利益，也符合中国和印度自身的经济利益"。[①]

[①] See Harry G. Broadman, *Africa's Silk Road：China and India's New Economic Frontier*, World Bank, 18 September 2006.

应该说，目前亚非国家总体上依然远远落后于西方国家，其复兴之路依然任重而道远，但是任何伟大的历史变革都是一个长期的过程。事实上，在过去的20年中，中国、印度、东亚、非洲，整个亚非与东方世界，都在发生着某种意义深远的变化，都正在逐渐地进入新的发展与崛起的过程中，虽然他们发展的程度有所不同，崛起的前景依然艰难，但这一过程终究是会向前推进的。美国科尔尼管理顾问有限公司（A. T. Kearney）的一份报告认为，资金流、投资和贸易的增长正在创造一个横跨印度洋、遍及多个大陆的市场。这份报告把这个市场叫做"Chimea"，它由三部分构成：中国和印度的技术、资金及它们对资源的需求（"Chi"），加上中东的资金和石油（"me"），还有非洲的原材料和机遇（"a"）。[①] 国际货币基金组织（IMF）2007年发布的一项研究也表明，巴西、中国、印度和南非等这样一些"新兴发展中国家"，已经开始"从传统的发展中国家分化出来并在快速成长，而它们的发展动力越来越依靠彼此之间相互关系的加强而不是依赖于发达国家"，他认为"这种状况正好为非洲与中国等东方新兴国家的合作关系不断加强与提升这一现象，提供了一个经济学上的合理解释"。[②]

虽然目前亚非国家发展水平并不平衡，崛起的前景依然艰难甚至不排除还会有反复与挫折，但从长远角度看，这是世界现代化发展史上的另一个"第三次浪潮"，一个新的波及地域更广泛、持续时间更长、影响更加复杂的"全球发展新浪潮"。伴随着这一进程的推进，世界体系结构与整体面貌也将在未来发生更加复杂的改变。而中非合作关系在近十年来的快速发展与影响力的提升，正可以由此得到某种合理的解释。事实上，从未来一个更长远的世界史进程前景上看，这种新型的中非合作关系的当代进程现在才刚刚启动，它所具有的创新与拓展的性质，它对中非双方现实和未来可能产生的复杂影响，目前显现的或且尚只是冰山之一角。21世纪的第一个十年，世界见证了中非合作关系的全新启程与快速推进，在未来的第二个、第三个十年，当发展中经济体的复兴浪潮日益波及于整个非洲大陆的时候，中非合作对于中国的意义，对于非洲的意义，将更充分地显现出来。而这一切，正是我们需要从人类现代性成长的长时段，从中国国家现代复兴的全球大战略的高度，充分理解与把握新时期中非合作关系的特殊时代意义的根本原因。

[①] David Wessel, "The Rise Of South-South Trade", in *The Wall Street Journal*, January 3, 2008.
[②] Cigdem Akin and M. Ayhan Kose, *Changing Nature of North-South Linkages: Stylized Facts and Explanations*, IMF, December 2007.

第三节　新时期中非合作关系的重大课题及其认知路径

从当前和今后相当一段时期来看，中非合作关系的研究应该特别关注一些重大命题的研究，这些重大命题分别涉及新时期中非合作的战略与理论层面、政治合作层面、经济合作层面、人文合作层面，它们应该各有侧重但又相互影响，形成一个联动性的整体格局。

一、新时期中非合作关系面临的重大课题及其内涵解读

（一）新时期中非合作关系的理论总结与理论创新问题

改革开放三十多年来，随着中国外交实践与经验的不断累积，随着中国与外部世界关系结构之重大变革，中国的学术理论界一直在努力做着自己的回应，尝试着理论创新与知识变革，以便为中国的外交实践、为中国与外部世界关系的新发展提供更具解释力和前瞻性的思想智慧与知识工具。[1] 目前，中国学术界正在探讨建构中国特色之外交学、国际关系学、发展理论乃至更为基础性的世界史理论体系，这是适应未来中国国际地位上升，并最终成为一个世界性强国的必然选择与需要。[2] 而有中国特色的外交学、国际关系学、发展理论体系的建构，自当建立在对有中国特色的外交实践、有中国个性的全球交往与国际发展合作实践的理论总结的基础上。[3] 在我们看来，过去五十多年中国与非洲国家所建立的新型合作关系，及其在实践过程中所累积的经验与智慧、显示的巨大活力，在某些领域与某些层面上，已经为建构有中国特色的外交学、国际发展理论提供了重要的来自实践方面的原创素材与理论源头。

今天，已经到了对过去五十多年的中非关系做出系统全面的理论总结的时候了。当此之际，我们有必要集中学术力量，汇集思想智慧，通过更为长期、更为

---

[1] 王逸舟：《中国外交新高地》，中国社会科学出版社 2008 年版，第 3 页；秦亚青：《中国国际关系理论研究的进步与问题》，载《世界经济与政治》2008 年第 11 期，第 13～23 页。

[2] 秦亚青：《关于构建中国特色外交理论的若干思考》，载《外交评论》2008 年第 2 期，第 9～16 页。

[3] 王逸舟：《中国外交十特色——兼论对外研究的启示》，载《世界经济与政治》2008 年第 5 期，第 6～18 页。

扎实、更为系统的创新研究，在理论上对当代中非关系的整个历史进程与丰富实践做出回应，从中提炼和总结出有中国特色的外交理论、国际关系理论、发展理论的新理念、新思想、新原则，努力在这一重大的外交和国际关系领域及人类发展领域做出具有中国特色和世界意义的理论建树，同时也为新时期中非合作关系的可持续性发展提供有意义的思想智慧、战略思考与政策建议。①

近年来随着中非合作关系的快速发展，中非合作关系研究也逐渐成为国际国内学术界关注领域之一，相关著述、研究报告逐渐出版，不少在非洲和西方出版的杂志也刊出专栏探讨中非关系，有些研究引人注目。不过总体而言，目前中非合作关系面临的一个核心问题是理论总结与思考的相对匮乏。虽然过去半个多世纪的中非合作关系已经积累了丰富实践内容，实践已经走在理论前面，但目前人们对中非关系的理解与把握，往往缺乏一个大的理论背景，或做出有理论深度与战略高度的整体分析，还是多停留在就事论事、描述性为主的层次上，研究概念单一、方法雷同、议题过于集中、创新不够。有的则只是为国家政策做诠释，缺乏学术研究的理论自觉与系统思考。总体而言，较之西方世界对非洲之研究，中国的非洲学起步晚，迄今尚未形成自己的学科体系与理论框架，无论是在理论的层面还是在实证的层面，都还有待学界的努力。

目前，中国学术界正在探讨建构有中国特色的国际关系学理论体系与外交学理论体系，这是适应未来中国国际地位上升并最终成为一个世界性大国、强国的必须选择与需要。我们认为，有中国特色的国际关系学理论体系的建构，有中国特色的外交学理论体系的建构，应该建立在对有中国特色的国际关系实践、外交实践的理论总结与研究的基础上。而过去五十多年中非合作的过程，正在快速发展的中非合作实践，正是有中国特色的中国外交与国际关系实践的一个最重要窗口，它所提供的丰富经验累积，已经为并正在为新中国国际关系理论体系的建构与创新提供更具有时代精神与意义的素材，我们需要在理论上对当代中非关系做出回应，从中提炼和总结出有中国特色的国际关系理论的基本原则与核心理念。

在当今这样一个相互依存的全球化时代，发展早已成为人类面临的共同问题，当代非洲发展问题之最终解决，与其说是非洲自身的问题，不如说是世界的全人类的共同问题。对于富于理论探索勇气与实践创新精神的人来说，当代非洲发展问题之理论上的探索与实践上的尝试，无论是从经济学、政治学、社会学的层面上看，还是从人类学、民族学、文化学的层面上说，都会是充满挑战性与刺激性的，其中必然会孕育着人类知识与理论创新的巨大空间与机会。在这个巨大

---

① 刘鸿武：《当代中非关系与亚非文明复兴——当代中非关系特殊性质及意义的若干问题》，载《世界经济与政治》2008 年第 9 期，第 39 页。

的理论、知识、实践的创新空间与机会面前,当代中国学术界、思想界,应该有所作为、有所贡献,应该努力在这个关于当代非洲发展问题研究的国际学术平台上建构中国学术的一席之地。

因此,中国的非洲研究,包括对新时期中非合作关系问题的研究,都需要在研究理论、研究方法、学科体系建构方面做出相应的追求与突破,超越过去许多年相关领域问题的那种低层次状态,努力去思考有中国特色的非洲问题研究中的一些重大理论与现实问题,探寻有中国特色的非洲学科建设的路径、原则、基础与方法。我们需要从过去五十多年中非关系的丰富实践中,提取、总结、概括出一些具有理论创新意义的智慧,并将其上升至理论的层面做思考,以为未来构建有中国特色的中国国际关系理论提供特殊的资源与素材。

长远来看,我们需要设定"基于中非关系实践过程与经验累积的理论回应与理论创新"这样的议题,努力在中非合作关系研究的理论上有所突破,从理论的高度重新理解反思中非关系的一些基本问题。例如,随着中国经济快速发展并逐渐成为一个世界性大国,中国与非洲国家的关系依然还是"南南关系",或者说将逐渐向"南北关系"转变?这种转变对未来中非关系的结构、性质与地位将产生何种影响?中国是否将长期保持发展中国家的自我定位并依此建构与非洲国家的关系?中非合作关系的时代价值与世界意义应该如何来把握?

(二) 新时期西方国家及新兴国家对非政策新趋势对中非关系的影响问题

在全球化时代,中非关系快速发展已超出中非双边范畴而日益具有多边关系的性质与意义,会对西方主导的原有世界体系产生冲击,引发中国—非洲—西方—国际组织多边关系的复杂变动。[1] 在此背景下,中国在非洲追求的国家利益如何与中国在欧美和其他发展中国家追求的国家利益相协调?中非关系与中美关系、中欧关系如何协调互动?中国如何既坚持独立自主对非外交政策传统,同时又根据变化着的环境而探寻构建以我为主、兼顾各方的对非国际多边合作新机制,从而为中国对非外交构建更好的外部环境。

我们认为,对于新时期中非关系的研究,需要有一个开阔的全球视野。我们需要从中国与整个外部世界关系结构变动的角度上来思考这样一些问题:未来10年或20年中国对非政策的基本内容与核心原则是什么?中国对非政策与中国

---

[1] 刘鸿武:《中非关系对非洲发展的影响——在英国皇家国际事务研究所的演讲》(Liu Hongwu, "Impacts of Sino-African Relations on Africa's Development", Chatham House, London), http://www.chathamhouse.org/events/view/198342, 2014-5-3。

对美、对欧、对日政策究竟有何不同？中国对非政策如何与整个国家的外交政策相协调、相配合？中国在非洲追求的国家利益如何与中国在欧美和其他发展中国家追求的国家利益相协调？中非关系与中美关系、中欧关系如何协调互动？

我们需要重点调研评估西方主导的国际多边合作新趋势对我国的影响及我国的对策，分析我国如何既坚持独立自主外交政策传统，同时根据变化着的中非关系环境而探寻构建以我国为主、兼顾各方的对非国际多边合作新机制，从而为中国对非外交构建更好的外部环境，提升中非合作的层次。

此外，近年来中非合作关系面临的一个新问题是中国与新兴国家在非洲的关系问题。这一问题之复杂，在于中国与新兴国家在非洲的关系，既不同于中国与西方的关系，但也有别于传统的与发展国家的关系。而这种不同会随着世界格局的快速变化，随着新兴国家的快速兴起而日益成为未来影响中国对非政策的重要环节与因素。未来，包括印度、巴西、韩国、日本、俄罗斯、伊朗、土耳其、南非的世界新兴国家，其在非洲的存在都会加大，它们都会拓展在非洲大陆的利益与合作领域，因而会从不同的层面上影响到中国与非洲国家的关系。就此来说，中国在非洲与新兴国家的关系如何定位、如何把握，其未来走向如何，期间的矛盾与合作如何演变，各方的利益诉求与政策取向如何发展，都是未确定的变数，在此方面也需要做出专门的研究与思考。

（三）新时期中国和非洲自身变化对未来中非合作关系的影响问题

非洲和中国是世界文明史上两大重要的区域，今天，无论非洲还是中国都正在经历着复杂的变化，其与外部世界的关系结构和性质也正在发生各种变化，因而中非合作关系的研究特别需要有一个动态的、变化与发展的眼光，有一种前瞻性的研究视野，着眼于未来的变化与挑战，并制定实施相应的对策措施。① 在这方面，我们需要着重回答这样一些基本的问题，即随着中国自身的快速发展及非洲自身的变化，中非关系的基础是否相应地会发生变化？目前非洲对于中国及中非关系有了什么新的期待与要求，中国能否及如何满足这些要求？中国在当代非洲发展进程中应该或可能扮演什么样的角色？我们是否需要拓展与调整中非关系的基础与平台？是否需要重新定位中非关系的性质与作用？在整个中国外交战略格局中，中非关系处于一个什么样的位置上，它如何与整个国家的对外战略格局相配合？随着中国经济快速发展并逐渐成为一个世界性大国，中国与非洲国家的关系依然还是南南关系，或者说将逐渐向兼具南南与南北双重属性的过渡性关系

---

① 李琰：《"变化中的非洲与外部世界的关系：趋势与影响"研讨会在浙江师范大学举行》，人民网，http://world.people.com.cn/n/2014/0420/c157278-24917827.html，2014-4-20。

转变？如果这种转变将是一个必须的过程，那这种转变对未来中非关系的结构、性质与地位将产生何种影响？中国是否将长期保持发展中国家的自我定位并依此建构与非洲国家的关系？

中非关系经过五十多年的发展，已经形成了基于平等、互利、合作、共赢原则的坚实而稳固的基础。但我们也应该意识到，中国经过三十多年的经济社会快速发展，各方面的情况已经与中非建立现代友好关系的20世纪六七十年代有了很大不同，而非洲国家经过冷战后的一系列政治经济与社会变革，情况也与过去大不一样。总体上看，目前非洲各国的对中国的看法已经出现变化与分化，各国内部的不同集团与阶层，不同的政党与组织，政治精英与普遍大众，对中国的看法与认识是不一样的。对此，我们需要进行较为具体深入的研究和评估非洲一些重要国家、地区大国对华政策的新动向。我们既需要有一个总体的对非战略与政策，又需要根据非洲国家不同的对华政策与态度而有较为具体的国别政策，我们需要着重关注和具体研究非洲重要国家对华政策的新动向，评估这些变化的原因、背景及对中非关系的影响，并针对不同国家的政策变化及时完善中国的对非政策。

（四）新时期中国如何影响非洲一体化进程并拓展与非洲区域组织、次区域组织的多边合作问题

近年来，非洲国家在对外关系、地区发展与社会经济发展进程中，日益强调地区合作，强调非洲作为一个整体的战略利益与战略目标，集体安全与多边合作也日益成为非洲对外政策的主要形态。虽然较之世界其他地区非洲一体化进程相对落后，但由于非洲国家本身弱小，单一民族国家势单力薄，经济分散落后，因而非洲国家往往更重视集体力量与区域合作的重要性，更重视通过区域一体化进程来克服非洲在国际关系中的边缘化与弱势化困境。因为这些原因，非洲一体化进程启动得早，更为执着，并呈现出许多不同于世界其他地区一体化的特点与个性。今天，主权国家依然还是非洲对外关系的主体，但上至区域组织与次区域组织，下至民间组织与公民社会，非洲的政治生态与外交体系正在发生复杂的变化。因而中国发展对非关系，制定对非合作战略与政策，就不仅要从国家对国家的层面上来考虑，提升中国与单个非洲国家的双边合作关系，同时还要根据变化着的非洲区域组织兴起、区域一体化趋势加强，以及公民社会发展、非政府组织崛起的新变化，在两个层面上加强与非洲区域国际组织和公民社会非政府组织的合作关系。

新时期中国对非合作与政策面临的一个新机遇与新挑战，在于需要根据非洲一体化进程快速推进、非洲区域和次区域组织作用日益增加的新趋势来及时推进

和加强与非洲区域和次区域组织的合作关系，使中非合作关系由以往那种主要是中国与非洲国家合作的双边合作模式，逐渐拓展为更重视中国与非洲区域和次区域组织合作的多边多元合作模式，并使双边合作与多边合作互为推进，良性互动。从研究的角度上说，中国需要思考"非洲一体化进程中的中国的作用"这样的新问题，探讨和评估中国如何在政治、安全、经济、信息技术、基础设施等领域对非洲一体化进程给予支持和帮助，如何通过对非洲区域组织、次区域组织提供适当的资金、技术、管理、培训方面的援助，帮助非洲区域组织解决其发展中面临的实际困难，并且通过这种援助与帮助，深化中国与非洲区域和次区域组织在政治、经济、安全、对外关系等方面的合作，从而逐渐在体制与机制、政策与手段方面介入非洲区域组织的发展进程，影响其对中国的合作政策，以便为中国与非洲区域、次区域组织的长期合作提供坚实有力的基础。这方面的研究，需要将宏观战略研究与专题个案研究结合起来，既从理论与战略的高度探讨非洲一体化的新趋势与新特点，从整体上探讨中国在非洲一体化进程中的地位与作用问题，及中国对待非洲一体化的基本原则、战略目标与政策取向，同时也重视进行具体与微观的个案研究，并选择中国与非洲联盟（AU）、南部非洲发展共同体（SADC）、西非国家经济共同体（ECOWAS）、东部非洲共同体（EAC）、东部和南部非洲共同市场（COMESA，科迈萨）、萨赫勒—撒哈拉国家共同体（CEN-SAD）、中部非洲国家经济共同体（CEEAC）等非洲重要的区域与次区域组织，以个案和专题的形式来具体探讨中国与非洲区域组织的合作关系，并在此基础上探讨具有强针对性与可操作性的政策选择。

（五）新时期中国在非洲利益的演变、拓展与维护问题

随着中非合作关系的快速发展，中国在非洲的利益领域、利益结构、利益形态、利益层次和利益实现方式都在变革与拓展之中。在这方面，我们需要关注这样一些相互关联的问题。

首先，如何认知中国在非洲的利益？什么是中国在非洲的利益？中国在非洲的利益有哪些层次、领域与方面？中国实现和维护在非洲的利益的方式与手段与近代史上哪些老牌殖民主义国家有何根本不同？为什么有根本的不同？为什么说不能将"殖民主义"与"帝国主义"的帽子扣到中国的头上？基于西方近代对非扩张与征服及殖民统治而形成的经验及理论为什么不可能理解和解释当代中非合作关系与中国对非政策？为什么说中非合作关系是一种互利共赢的关系？

其次，中国如何建构一种新的思维与战略眼光来看待中国在非洲的利益及其维护问题。我们认为，总体上说，中国在非洲的利益应该是一种拓展、开创、创造的利益，也就是说，中国与老牌殖民主义国家的不同就在于，中国在非洲不是

要去夺取非洲人民的利益，也不是要去夺取西方或其他国家在非洲的既得利益，中国应该是通过一种面向未来的创造性的对非政策与对非合作，与非洲国家和非洲人民共同开发这块大陆，创造出新的利益，实现中非合作利益的共赢。也就是说，中国在非洲的使命，不是去掠取别人的利益，而是去发展出、拓展出、开发出更广阔的利益空间。因而发展性、合作性、拓展性、共赢性，应该是中国在非洲利益追求、实现、维护所必须具备的特征。这方面，需要进行深入的研究与思考，做出严谨的说明和论证。

再次，中国在非洲的政治利益、经济利益、安全利益、主要利益、发展利益各部分或各方面的关系是什么，它们之间如何协调和统一？如何理解与把握中国在非洲的长期利益与眼前利益、局部利益与整体利益的关系？中国在非洲的国家利益、企业利益、个人利益之间的关系是什么？这三种利益如何协调配合？中国在非洲的利益与中国在全球的利益、与在西方国家和其他新兴国家的利益是什么关系？这些利益间是否会发生冲突，如果发生冲突，各部分之间如何统筹？

最后，中国的领事保护制度如何在上述对非利益认知与研究的基础上来进行说明把握，如何变革完善中国的领事保护制度以更好地维护中国公民与企业在非洲的利益？上面这些问题的研究，既需要进行整体宏观的研究，也需要选择若干非洲国家、选择重点领域、重点问题进行专题与个案的研究。

（六）"中非合作论坛"的成效与影响评估、后续活力与可持续发展问题

2000年10月中非合作论坛建立，十多年来成效显著，成为新时期推进中非合作关系全面发展的有力机制平台，特别是2006年《中国对非洲政策文件》的公布与论坛北京峰会成功召开，胡锦涛在峰会上提出的对非合作八大措施的逐渐落实，大大提升了中非合作的战略地位与影响力，在国际社会引起持久的关注。

但随着中非关系的快速发展，论坛本身也面临机制体制如何创新、具体政策措施如何完善改进，以及如何保持论坛的创新活力与可持续发展的问题。目前国际上一些大国与非洲建立了各种形式的论坛与合作机构，对我国形成竞争态势，客观上也要求我国重视中非合作论坛的如何实现合作机制创新、合作内容拓展与合作层次提升等可持续性发展问题。我们需要从新时期推进中非关系进一步发展的角度，全面总结、分析和评估"中非合作论坛"十多年来所取得的成效、所产生的影响、目前所面临的主要问题与障碍。

同时，还需要从政策选择与调整的角度，通过分析评估非洲国家、西方国家、国际组织对中非合作论坛的态度与反应，比较世界上其他大国对非合作论坛的发展情况，以看出中非合作的优势与弱势，分析说明未来几年中国如何通过

体制完善与机制创新，更充分有效地发挥中非合作论坛的平台作用，保持论坛的可持续性发展并适时扩大合作机制、提升合作平台，使其能更有力地促进中非新型战略合作伙伴关系的发展。

（七）新时期中非关系重大难点与焦点问题及危机应急机制建构问题

近年来，随着中非合作关系的快速发展，中非合作的基础与主体已经发生重大变化转型，涉及的领域与范围正迅速扩大，由此出现了一些复杂的热点、难点与焦点问题，这些问题处理不当不仅直接冲击到中非合作的基础，也会对整个中国外交及国家形象造成危害。由于这些问题往往涉及复杂的多边关系与领域，解决的难度与复杂程度较大，使需对其做出专题而深入的研究，仔细辨析问题的由来、背景、性质与影响，判断可能的解决途径与方法，构建危机处理机制与预案。

为此，我们需要仔细遴选当前和今后一段时期中非关系中存在的若干重大热点、焦点与难点问题，对其做出长期的跟踪研究，提出有针对性的对策建议。

（八）新时期中国参与非洲维和行动及中非安全合作问题

中国参与非洲维和行动及其影响与意义的研究是一个值得关系的问题。长期以来，中国对非政策一直奉行平等相待、尊重非洲国家主权、不干涉非洲国家内政的基本原则，同时，中国也一直以自己的方式积极支持非洲国家的和平与稳定，支持非洲国家追求国家安全和化解地区冲突。这体现了中国对非发展与安全、政治稳定与社会发展相互关系的理解与把握，符合非洲国家的实际与中非合作的原则精神。但是，西方国家往往以自己的标准来批评中国对非政策，包括对中国不干涉内政的曲解与批评。事实上，随着中国与非洲国家关系的发展，随着中国更积极、更有建设性地介入国际发展与和平进程，中国也在积极调整对非的安全与和平合作事务，积极参与和支持非洲的和平与安全建设。近年来中国已经向非洲派遣了多批次维和部队与成建制维和警察防暴队。对此，我们需要进行专门的梳理与研究，评介中国参与非洲维和与安全行动的过程、特点、影响与意义，并探讨未来中国与非洲国家开展安全合作的方式与途径，并把这种参与过程放置到中国对外事务介入方式变化的整体背景下来把握。同时，还需要探讨中国与非洲国家开展安全合作的新理念与新思路，以此践行中国所倡导的国际新安全观、新发展观，并将中国与非洲国家开展的发展合作与安全合作有机地联系起来，探索两者良性互动的可能与途径。这方面，可以选择若干重点国家如苏丹、安哥拉、赞比亚、加纳、尼日利亚为国别研究对象进行调研与实证研究。

（九）中非在发展领域如何开展创新性合作以促进非洲减贫脱贫问题

从根本上说，非洲问题的本质就是发展问题，是一个如何减少贫困、消除贫穷、改善民生的问题。对于非洲来说，中国过去三十多年最大的成功，就是比较好地解决了脱贫与发展问题。尽管目前中国距现代发达国家尚路途漫长，但过去三十多年中国在减少贫困方面所经历的过程，却对今日非洲各国具有特殊的吸引力，这也正是近年来越来越多的非洲国家能排除西方的意识形态干扰，日益重视中国、重视与中国建立务实合作关系的重要原因。

事实上，在帮助非洲国家克服贫困、走向温饱与小康的过程中，中非合作当显现出特殊意义与巨大的空间，中国企业也能在其中寻找到更多的商机、市场与资源，因而合作扶贫是中非双方追求共赢的机遇所在。为此，我们需要有新的战略思维与强有力的政策支持，有结合非洲实际与中国经历的合作项目对接。

因此，我们需要着重探讨在中国成为世界经济大国背景下，中非合作对于非洲国家战胜贫困、实现减贫目标的特殊作用问题，探讨中国在当代非洲经济发展进程中可扮演何种角色、发挥何种功能，中国发展模式与经验对于非洲有何意义，中国与非洲国家的边疆政策、民族政策、扶贫政策有何异同，成效及原因如何。

总体上，中国不能夸大自己的作用，强有所为，也不能无所作为，而需要客观冷静地评估非洲国家对我国的期待及我国满足非洲国家期待的范围及限度问题，审慎而积极地做中国力所能及的事情。

（十）新时期中国对非援助的战略目标调整、效益优化与政策完善问题

援助是世界上所有国家对非政策的基本内容与形式，冷战结束后，西方奉行意识形态先行的"民主援非"方式，把经济援助作为在非洲强力推行西式民主的工具。中国则奉行经济优先的援非政策，突出经济援助的主体地位，并通过改革援非方式，形成了以改善民生、追求互利共赢为出发点的"民生援非"方式。

虽然目前要对这两种援助方式之优劣与得失做出结论性看法并不容易，但总体上看，西方意识形态优先的援助方式并未产生预期的成效，而中国发展优先、民生先行的援助则给中非双方都带来许多实实在在、符合双方需要的利益，因而十多年过去，西方与中国在非洲的影响力此消彼长，总体上看是中国的影响力上升而西方的影响力下降。

不过，中国的对非援助也存在需要改进与完善的巨大空间，特别是近年来西

方各国已在认真总结此前援非教训，国际金融危机爆发后上台的美国奥巴马政府，对非援助政策调整的步伐明显加快。西方国家对非政策的此轮调整，对中国的非洲战略形成新的竞争压力，中国必须因时而变，积极应对。为此，我们需要深入专业性地探讨新时期中国对非援助的目标调整、效益优化与政策完善问题，探讨中国如何更好地利用对非援助实现中非双方互利共赢，并通过对中国援非实践的总结，创新国际援助的观念与政策。

（十一）新时期中非经济合作重点与优先领域评估及政策环境问题

新时期的中非经济合作，除了扶贫与援助领域以外，应该有更广阔的新领域、新空间，但就国家、企业与个人的不同层面来说，需要做出什么样的判断与评估，确定哪些非洲国家、选择哪些非洲行业或领域，来作为新时期中非经济合作、中国企业与公司投资非洲的重点领域或优先行业呢？

我们认为，非洲国家的情况十分复杂，政治局势与经济环境存在巨大差异与变数，投资环境特殊而不稳定，中国企业如何做出既有战略眼光的中长期合作决策，又兼顾当前生存的规避投资风险、控制风险成本以实现企业赢利的基本目标，需要十分专业与具体分析调研。我们需要通过实地的深入调研分析，选择和评估对新时期中非经济合作重点领域，分析中非在投资、金融、贸易、物流、基础设施等领域的合作空间、战略规划与政策调整问题。

在此方面，特别需要注重在研究过程中强调实证方法与调研过程，努力克服以往中非经济合作问题研究大而化之、只做原则阐释的缺陷。通过具体、深入、个案的调研，在非洲重点国家与领域做实地调研，切实搞清楚新时期里中非经济合作真正的机遇有哪些，潜在成长点有哪些，中国企业在非洲面临的根本问题与主要障碍是什么，有没有可能通过努力逐渐克服？

中国与非洲国家在经济领域的合作涉及许多方面，但就非洲国家目前的实际情况和中国对非洲的现实需要来说，在能源与资源领域的合作无疑是最主要也最现实可行的。这既符合中非双方经济在结构与自然禀赋方面的互补性，也符合国际经济合作的一般规律。如何更好地开展这方面的合作以造福于中非双方人民，并真正有效地回应西方媒体与政客的无端指责，需要做出深入的研究。我们需要着重探讨中非在资源、能源、土地、劳动力、市场等领域的合作战略与政策问题，说明中非双方的国家或政府如何制定有效的政策推进中非双方在这些领域的合作，引导和扶持中非企业提升经济合作的层次，由单纯的贸易合作向投资合作、技术合作、金融合作、建立经济开发区、人力资源开发和技术转移等领域提升和拓展，及实现这些提升与拓展所需要而政策支持、国际合作理念、人力培训与法律体制配合等问题。

农业、农村、农民是中非双方实现发展与现代化的核心问题，也是非洲发展的关键与难点问题。就非洲众多国家而言，保障粮食供给与食品安全有着更紧迫的意义，因而中非开展农业合作、推进非洲国家的粮食生产与农业发展并惠及普通非洲民众，对巩固中非友好关系至关重大。中非农业合作有着巨大潜力，中国有优秀的传统农业及优势，过去数十年积累了丰富的现代农业发展经验，而非洲国家农业资源十分丰富，开发空间广阔，如何推进中非农业合作，推进中非粮食安全合作，已经成为当前和今后一段时期中非合作的核心问题。这方面，需要着重研究新时期中非农业合作的战略、重点、领域、政策与途径，总结过去中非农业合作、中国对非农业援助的经历、经验与教训，探索新时期中非农业合作的新途径与新手段，还需要结合对中非农业合作现状，选择若干重点国家与领域进行深入的专题研究，探讨中非农业合作切实可行的具体政策与措施。

（十二）中国在非企业社会责任及与当地民众关系问题

随着中非合作关系的快速发展，企业与民间日益成为中非合作关系的主体，越来越多的中国公民前往非洲国家，生活与居住，经商与贸易，也有越来越多的非洲公民来到中国，长期或短期地居住在中国城乡，这一趋势在今后将会越来越明显。在非洲的中国企业也在快速增长，它们在当地的存在引发了许多复杂的社会学、文化学与人类学意义上的问题，西方一些媒体及非洲当地的非政府组织也时常批评中国企业破坏当地生态环境、损害劳工利益、违背普世道德原则等。这方面，需要针对中非关系越来越向民间、企业与公民层面转移的实际情况，集中研究与调查中国在非洲的企业的存在方式、社会影响与社会反应，分析中国企业在非洲的社会责任及与当地民众的关系问题，比较非洲公民和企业在中国的生存与发展问题，及由此引起的中非双方民众和企业在社会学与文化学层面上的互动与认同、冲突与融合问题。而这样的研究，既需要重视个案与实证研究，选择一些重点领域与国家进行专题考察与调研，又需要运用社会学、人类学、文化学的知识与理论，形成具有跨学科知识意义的研究成果。

（十三）新时期中非人文、教育、科技领域合作的意义及重点难点问题

人文与社会领域的合作是新时期中非合作的新领域、新亮点，潜力巨大，但如何推进中非人文领域的合作，目前既缺乏战略层面的整体研究，又缺乏具体政策与措施的深入调研与探讨。

对于中国与非洲国家开展人文领域的合作，包括推进中国与非洲国家在教

育、文化、科技、艺术等人文领域的合作,目前国内许多人还是有明显的误解与偏见。许多人都凭自己的想象和偏见,认为非洲在教育、科技、文化等都没有值得中国学习之处。但事实上,非洲国家差别很大,一些非洲国家的大学也有十分优秀的专业与学科,特色与优势明显。中非开展实质性的教育科技合作,不仅可以拓展中非合作的空间,提升中国在非洲的软实力,对于推进中国教育的国际化进程,提升中国大学、中国文化、中国科技的国际影响力,也具有不可替代的作用与意义。

  为此,我们需要就新时期人文合作层面的合作进行专题性与个案性研究,重点将涉及如下领域:一是中非在教育、科技、医疗、卫生、艾滋病防治领域如何扩大合作;二是作为正在寻求现代复兴与发展的国家,中非双方如何开展更广泛的文明对话;三是中非双方如何在国家能力建设、实现民族团结、开发边疆地区、保护传统文化等方面进行更积极的交流互鉴;四是中非如何更好地开展人力资源开发、教育培训、互派留学生工作,提升水平与成效,这方面,应该结合中非教育合作和中国对非人力资源开发与培训的实践,分析探讨如何通过对非教育合作提升中国高等学校和中国教育体制在非洲的影响力,如何在非洲扩大中国的教育存在与合作领域;五是需要具体探讨中国高校在非洲发展的途径、领域、方式与政策,通过强有力的对非教育合作增进中国对非洲发展进程的影响力,培育非洲年轻一代的知华派、懂华派和亲华派。

  利用现代科技与知识,推进中非适用技术合作与转移,推进中非在低碳技术、绿色经济与环保节能领域的合作也具有十分重要的意义和广阔的空间。一方面,科技合作对于推进中非发展合作十分重要,作为发展中的经济与社会,如何寻求有助于推进经济与社会进步的合适的科技战略与科技政策,如何建立具有本土适应性的科技体制与发展政策,一直是发展研究领域的核心问题之一,中非双方可以在此领域寻求广泛的沟通合作;另一方面,中国与非洲有丰富而独特的传统科技遗产与知识体系,有不可替代的本土文化与生产技术,这些因素在现代文明中需要保护、利用与开发,以作为国家发展的基础与权力。同时,过去数十年中非科技合作已经累积了丰富的实践内容,在许多领域都有成功与失败的案例,但目前尚缺乏系统的研究与总结。这方面,需要结合对非洲传统技术与文化的研究及对当代非洲科技与经济和社会发展关系的把握,探讨中非科技合作的领域、途径、内容、方式与政策。既要在宏观与整体层面上的中非科技合作的战略研究与思考,又要有具体领域与项目案例方面的实证调研与评估,包括在医疗卫生、疾病防治、传统技术与本土知识保护方面的合作与交流的研究。

(十四) 新时期中非治国理政经验交流及其特殊意义与影响问题

  中国与非洲国家在过去几十年经历了复杂的政治变革过程,形成各有特色的政治制度与政治体制，国家形态与政府治理方式各有不同，政治发展的经验与教训既有相同的地方，也有不同的特点。中非合作论坛北京峰会上，中非双方国家领导为提出中非应该加强在政治领域的交流，开展中非国家治国理政经验的交流与沟通，包括在政党制度、政治体制改革及国家管理体制方面进行比较研究与沟通。

近年来，中国社会经济的快速发展已经引起中国与外部世界关系的重大变化，也改变着中非关系的环境与基础。对于非洲国家来说，中国与非洲同属发展中国家，面临共同的发展任务，中国与非洲是否可以在发展领域进行合作，中国的发展经验在什么样的层面与条件下可能对非洲国家产生影响，并进而影响到非洲国家对中国的认知与对中非合作关系的理解与期待，这是需要认真关注与研究的。过去非洲的发展道路与发展政策往往是由西方国家与西方主导下的国家组织拟定或确定的，随着中非合作关系的推进，中国发展道路与经验日益被非洲国家重视，一些非洲国家提出"向东看""转向亚洲"，中国发展经验在非洲的影响力上升，这会提升中国与非洲发展合作关系的战略平台，中国在非洲的软实力与竞争力，及中国发展道路在非洲国家的道德合法性与感召力，这需要做出客观具体的研究，研究中国如何利用这一战略机遇推进中非合作关系的发展。这方面，我们需要选择一些在中非合作方面取得重要成效的非洲国家进行实际的调研与考察，做出客观的评价与分析。

近年来，在中非合作框架下，中非双方已经开展了多领域的政治交流与对话，中国的一些国家机关部委、高等院校及行政机构，举办了大量的对非人力资源研修班、研讨班，其中不少内容涉及中国政治体制与国家管理体制的介绍与研讨。近年来，中国发展经验中政治体制的特殊作用与国家与政党的关系问题，中国共产党与中国政治发展的关系、中国经验中的政治观察也被非洲所关注。中非政党交流、政治对话与政府间的对话日益活跃，表明中国的政治体制与政治结构及它对经济与社会发展的特殊作用，日益成为中非合作中更具有战略性与整体性的领域。事实上，中非双方在发展经验与教训方面的知识共享，是一个值得充分关注的问题。在这方面，可以从中国政治在非洲影响力如何拓展提升的角度进行深入研究，探讨中国政治制度与管理模式如何在变革的过程中扩大在非洲的影响，提升中非合作的政治基础，分析中国政治体制对非洲影响的途径、方式、内容及具体的政策，就中非双方如何在治国理政、国家能力建设、实现民族团结、开发边疆地区与民族地区、保护传统文化等方面做一些具体案例与国别的实证研究。

（十五）中非公民社会对话、在非中国公民民生问题及中非关系的民众基础问题

从根本上说，中非合作关系之得以持续推进而不断向前发展，最终取决这一合作关系是否有利于中非双方人民的利益，是否可以增进中非双方人民的福祉并因而得到中非双方人民的支持。

近年来，随着中非关系快速发展，大量中非民众进入对方国家，经商、贸易、求学、谋生，民间层面的中非接触面扩大，在非洲的中国普通民众的生存与利益保护问题日见突出，日益增长的中国在非民众与当地居民面临复杂的文化碰撞与社会适应问题。近年来，一些非洲和西方 NGO 对中非关系的批评、对中国的指责呈明显上升之势，中国在非洲的亲和度、正面形象已经受到严重损害或挑战。今日的中非关系，已经不能用过去时代那种主要以高层互访建构的政治友好关系来替代一切，这方面是需要进行深入分析研究，思考妥全之策、应对之道的。为此，我们需要从民间社会的视角上来研究新时期的中非合作关系，探讨中非双方如何在公民社会、民间组织、城市与社区、非政府组织等领域开展有效的对话、交流与合作，探讨如何更有效地开展中非公共外交与民间外交，提升中非关系的民众基础与公共参与水平。

二、新时期中非合作关系的认知视角与把握路径

（一）战略研究、理论研究与政策研究需三位一体

中国古人常说"形势比人强"，也说"英雄造时势"，但事实上，时代环境与战略政策两者是互为基础双向建构的。因而"新时期中非合作关系研究"这一课题，在结构与内容上，大体上应该包含如下三个层面的依次推进的研究内容与领域：一是新时期中非合作关系的战略目标、战略意义与核心利益的前瞻性认知与把握；二是新时期中非合作关系的重点内容、制约因素与实现路径的准确评估与选择；三是新时期中非合作的决策机制、实施体制与政策体系的体制优化与政策完善。而这三个层面或领域的研究，却又是相互环绕、互为支撑的，需形成一个总体性的内在联系性结构。

然而，要准确把握这些问题并不是一件容易的事情，这种困难主要集中在两个方面：一方面，非洲国家众多，差异巨大，正处于变化转型之中，加之国际因素不断介入，因而中非合作关系的未来走势是一个多方博弈的复杂过程，如何准

确把握新时期中国在非洲的战略利益与战略目标,如何准确判断新时期非洲国家对华政策的基本动向,并在此基础上构建中非合作的宏观战略与具体政策,处理好新时期中非合作中"中国愿望与非洲期待""主观意愿与现实可为"之间的复杂关系,是课题难点所在;另一方面的困难在于,新时期中国的对非合作战略与政策,必须从新时期中国全球战略总体布局的大背景和高度上来理解,因而既需要协调好新时期中非政治合作、经济合作、人文合作三大领域的关系,协调好新时期中国在非洲的政治利益、经济利益、文化利益的关系,及国家利益与企业利益、眼前利益与长远利益的关系,又需要协调好中国与西方大国、中国与新兴国家、中国与国际组织、中国与其他发展中国家在非洲的利益关系,处理好中非合作中的双边与多边的关系问题,而这些"时与势""一与多""内与外"之诸多关系的综合把握与统筹协调并不是一件容易的事情。

此外,中国经过三十多年的经济社会快速发展,国内利益出现明显的分化与集团化,各方面对待国家外交的态度与期待,包括对中非关系、对非援助与合作的态度与期待,已经与中非建立现代友好关系的 20 世纪六七十年代有了很大不同,而非洲国家经过冷战后二十多年的一系列政治经济与社会变革,政治生态与文化生态、意识形态与观念信仰也与过去大不一样。目前非洲各国各阶层对中国的看法已经出现明显变化与分化,各国内部的不同集团与阶层,不同的政党与组织,政治精英与普遍大众,执政党与反对党,对中国的看法与认识也是不一样的,这要在中非合作的共同利益上找寻到一个最大的公约数,一个各方各面都认可接受的战略与政策亦非易事。对此,我们需要将宏观研究与微观研究结合起来,特别需要进行较为具体深入的研究和评估非洲一些重要国家、地区大国对华政策的新动向。我们既需要有一个总体的对非战略与理念,又需要根据非洲国家不同的对华政策与态度而有较为具体的国别政策。

(二) 需在多边关系与利益互动的格局下综合把握

近年来,随着全球国际体系调整与变革进程的加快,随着中国与非洲国家各自政治经济局势的变化发展,中非关系的外部环境正在发生意义深远的重大变化。目前,中非合作关系正快速向纵深拓展,中非合作的内容与结构、性质与影响,都正在迅速拓展与变化之中,各种新问题新矛盾不断涌现。随着中国国际地位的提升,国际总体实力的提高,非洲国家对中非关系的理解与期待也在出现明显变化,中非合作的传统基础与优势面临各方面的挑战。同时,随着中国越来越成为一个世界性国家,随着中国国家利益日益具有全球布局的特点,中非关系正在越来越大的程度上超出双边关系范畴而影响到中国与西方、中国与其他新兴大国与发展中国家的关系。近年来,欧、美、日各大国力量,对我国在非洲的战略利益正形成越来越大竞争压力与挤压态势，中国在非洲的国家形象问题、国家责任与管理能力问题，也面临诸多问题而开始影响到中国与非洲、中国与整个世界关系的结构与性质。

这些变化与压力的出现，一方面说明中非关系的地位与影响正在扩大与上升，它已经成为中国整体外交中一个关键性环节，客观上要求我们跳出中非关系的有限框架而从更开阔的战略层面上来认知把握；另一方面，也说明中非关系的结构与性质正变得日趋复杂，许多新的挑战与问题涉及我们对于中非关系的认知理念、决策机制、管理结构、实施手段等深层次问题，复杂性与解决难度明显加大。为此，我们需要有一个更开阔而全面的视野，从中国外交总体战略格局的高度，从中国与世界相互关系的多维视野上，对新时期中非合作关系的战略目标、体制创新、机制完善、政策调整、手段拓展等，做出综合性、前瞻性研究。

因此，中国非洲研究的学术界、理论界，需要从战略的高度，全面而深入地探讨在未来大约20年的一个长时段里，中非合作关系的一些基本的重大的问题。我们需要从理论与实践上回答这样一些相互关系的重大问题：中非关系在新时期中追求的战略目标与战略利益究竟是什么？延续了半个多世纪的中非友好关系如何在新时期面对挑战，因时而变，不断调整完善？如何把握协调中国对非战略在整个中国外交战略总体格局中的地位与作用？随着中国经济快速发展并逐渐成为一个承担更多国际责任的世界性大国，我们应该如何理解新时期中非合作关系的性质与意义？非洲国家对中国、对中非关系有何新的期待与要求？在当代非洲发展进程中，中国应该或可能扮演什么样的角色？中国是否将长期保持发展中国家的自我定位？随着中国自身的快速发展及非洲自身的变化，中非关系的基础是否相应地会发生变化？目前非洲对于中国及中非关系有了哪些新的期待与要求，中国能否及如何满足这些要求？中国在当代非洲发展进程中应该或可能扮演什么样的角色？我们是否需要拓展与调整中非关系的基础与平台？是否需要重新定位中非关系的性质与作用？在整个中国外交战略格局中，中非关系处于一个什么样的位置上，它如何与整个国家的对外战略格局相配合？随着中国经济快速发展并逐渐成为一个世界性大国，中国与非洲国家的关系依然还是"南南关系"，或者说将逐渐向兼具"南南"与"南北"双重属性的过渡性关系转变？如果这种转变将是一个必须的过程，那这种转变对未来中非关系的结构、性质与地位将产生何种影响？中国是否将长期保持发展中国家的自我定位并依此建构与非洲国家的关系？这些问题，都需要从理论与实践互动的层面上进行长期深入的研究。

2006年初，中国政府颁布了《中国对非洲政策文件》，就中非关系确定了基本的指导思想与政策原则。经过几年的实践，中非关系获得了重大发展，各项政策主张得到了较好实践。但与此同时，整个国际局势正在发生重大变化，特别是全球金融危机发生后,中非关系的外部环境已经或正在发生重大变化,中非合作的基础、结构与性质也出现了复杂的变化。在未来二十年或更长一个时期里,中非关系的战略目标应该是一个逐渐提升的过程,中非合作关系在整个中国外交战略中的地位也需要不断做出新的认识。

从长远来看,中非合作关系的传统基础需要因时而拓展,建构面向新世纪的中非合作关系新平台。在当代非洲发展进程中中国可能扮演更为重要的角色,非洲国家对中国、对中非关系会有新的期待与要求。要实现新时期中非关系的战略目标,我们需要一个不断完善的决策机制,一个日见完善的实施体制来推进这一战略。总之,关于新时期中非合作的战略性研究,应该包含对中非合作关系的基础理论探索、历史背景梳理、宏观战略把握、内外环境评估、政策取向辨析、重点问题调研、对策措施建议等层面做出综合与整体的研究。

第二章

非洲学的学科体系结构及其演进过程

中国古人常说:"工欲善其事,必先利其器",也说"磨刀不误砍柴工",都说明了做事做学问的工具与方法之重要。中非关系研究是当代中国非洲问题研究领域重要组成部分之一,或者说,是在全球一体化与相互依赖的当代世界格局下,秉持中国视角、中国立场所开展的非洲问题研究。虽然中非关系之研究重在"双边关系"的研究,但研究中非关系的前提是对非洲自身和中国自身都有足够的了解与掌握。换句话说,一个要研究中非关系的人,一个想涉足中国对非战略与政策研究的人,从知识结构与认知前提上看,首先应该是一个非洲研究专家,或至少应该是一个对非洲有所研究的人,同时,也还应该是一个对中国有所了解、有所研究的人。因为,要把握中非关系,只有对非洲有充分的了解,同时也对中国有足够的认知,既知中国,也懂非洲,所谓"知彼知己",才可研究"彼此之关系",才可对中非彼此之关系何以如此、为何这般做出适当公允之说明。目前国际上一些研究中非关系的人,无论是西方学者还是中国学者,或者是对非洲不了解,或者是对中国不熟悉,其所秉持的研究理念与概念工具,往往对中国与非洲有偏见,因而很难对中非关系做出客观、公正、准确的评判与分析。

在本章中,我们从更好地理解和把握当代中非合作关系之独特性与复杂性的角度出发,对非洲学这一学科在国内外兴起的历史背景、知识源头、思想图景、价值取向、学科结构,对中国学者应该如何认知非洲、认知自我等问题做一梳理说明。

第一节　非洲学的学科属性及其变化过程

一、非洲学的学科属性与特征

"非洲学"也可称为"非洲研究"（英文可表述为：African Studies），是一门专门研究非洲大陆的文明历史进程及其当代政治经济与社会发展问题的专门化学科。非洲学可有广义与狭义两种理解。广义的"非洲学"，包括了一切以非洲为研究对象的知识与思想领域的活动，包括了人文科学、社会科学、自然科学、工程技术各领域所涉及的非洲问题研究，而狭义的"非洲学"，则主要是指以非洲大陆之文明进程及当代政治经济发展问题为核心内容的学科，类似于"非洲文明研究"或"非洲发展研究"。

中国人常说："一方水土养一方人"，文明与制度都是在特定的自然空间与文化形态组合而成的"时空结构"下成长起来的。因而认知他人，与人相处，中国人也时常讲要"入乡随俗"，尊重他人之文化，"到什么山，唱什么歌"，去适应、了解这一方水土和这一方人。如此，才可因时而变，因地制宜，注重人类文明文化的历史结构差异与文化形态多样，这就是"区域研究"。在当代世界的学术体系中，我们可以把"非洲研究"或"非洲学"归入人文社会科学研究领域中的"区域问题研究"范畴。作为当代人文社会科学领域的分支学科，区域问题研究的基本特点主要表现为特定时空下的"区域性""专题性""综合性"这样几个方面。所谓"区域性"指的是这种研究主要以某个特定的自然地理空间为研究之对象范畴，诸如非洲研究、东亚研究、拉美研究、中东研究、南亚研究、西欧研究、中亚研究等。在我们看来，无论是从历史的角度还是从现实的角度上说，人们都可以将某一特定的或大或小的自然地理区域或历史文化区域，作为一个在时空上有内部相对统一或有整体联系性的文明单位与文化单位来进行整体性研究，探究这一自然地理空间上或文化区域空间上的一般性的种种政治、经济、社会与文化问题。所谓的"专题性"则是指在研究的过程中研究者往往会设置某种特定区域内的专门化问题进行专门的研究探讨。如对这一特定区域内的经济发展与环境问题研究，对这个特定区域内的语言与历史问题研究。而所谓的"综合性"则是指这类研究往往具有跨学科、跨领域的综合化特点。但凡对某个特定区域进行研究，往往必须涉及诸多的学科与知识系统，需要从历史与现实、政治与经济、军事与外交、文化与科技等不同学科与知识背景下，对这一区域的专门问题进行综合性的研究。

"非洲学"有自己相对特定的研究对象、研究理论与方法，也有自己存在的价值与意义。"非洲研究"或"非洲学"作为一门相对独立或有自己特定研究对象的学科领域，虽然与一般意义上的"国际政治学""国际关系学""国际经济学"关系最为紧密，但又不能简单地归结到这些学科的门下，更不能用这些学科来替代之。总体上可以说，非洲学是由一系列相互关联的专门探讨非洲文明与非洲社会之历史及其当代发展问题的知识与理论构成的。随着这些有关非洲的专门化研究问题的深化与拓展，非洲学这一学科领域的内涵与外延也在不断的变化与发展。今天，非洲学所涉及的相关或相近之知识与理论，广泛地利用了人文社科诸多领域的知识与理论，诸如政治学、法学、经济学、社会学、民族学、教育学、人类学、历史学、文化艺术学、语言学等。[①] 同时，随着对当代非洲经济与社会发展问题研究的逐步深入与拓展，诸如发展理论、现代化理论、民族国家建构理论、国家治理理论、人口控制与环境发展理论、科技运用与技术开发理论、国际援助与国际合作理论等新兴学科与边缘学科，也先后涉足于非洲研究领域，使得非洲学日益具有自然科学、技术科学、管理科学相综合的知识属性和理论背景。事实上，当今天的学者们涉足于非洲问题研究领域时，往往很难明确地界定自己的学科属性，或简单地划定自己的学科边界与范畴。不过，虽然非洲研究涉及的学科领域广泛而庞杂，但如果我们严格梳理现代意义上的"非洲学"的学科发展历史，还是可以看出这一具有跨学科、跨领域属性的专业化知识形态，始终有自己成长演进的清晰过程与独特结构形态。

非洲大陆在自然地理空间上是一个统一的整体，但在文化形态上却比较复杂，在漫长的文化与文明演进过程中，非洲大陆内部的文化结构与文明形态有过复杂的演变与嬗递，其与外部世界在文化上也有过复杂的融合过程，文化与文明的重叠与交叉一直延续到当代，从而形成了复杂的历史形态与文化地缘结构。不过，过去一段时间，至少在西方学术界，许多学者还是以撒哈拉沙漠为界，将非洲大陆两分为地中海沿岸的北部非洲（阿拉伯非洲）和撒哈拉沙漠以南的南部非洲（黑人非洲）两部分。在他们看来，就非洲研究这一学科来说，虽然其研究对象包括了整个非洲大陆，但习惯上更倾向于认为只是对撒哈拉以南黑人非洲文明的研究。有的学者甚至认为，在西方学术传统中，如果没有特定的说明，那么习惯上的所谓"非洲学"中的"非洲"一词，都是不言自明地专指撒哈拉以南非

---

① E. O. Ayisi, *An Intruction to the Study of African Culture*, Heinemann Educational Books Ltd, Ibadan, Nigeria, 1972, p. 12.

洲大陆，涉及的都是对撒哈拉沙漠以南的非洲黑人文化与社会的研究内容。但是，这一观点在非洲大陆独立以来，已经日益受到非洲本土学者的质疑。在非洲学者看来，虽然非洲大陆南北之间有差异，撒哈拉大沙漠也曾对南北文化交流造成阻隔，但非洲大陆从古到今，一直有着内在的紧密联系，不能将非洲大陆简单地切割成南北两部分，割裂非洲大陆的统一历史进程与文化纽带。在本书中，我们也是总体上将非洲大陆作为一个整体来进行把握与研究的。

二、非洲研究在西方的兴起及其演进

考察西方近代学术发展进程，我们可以看出这样一种对于"非洲研究"概念的理解传统。虽然撒哈拉南北间的非洲大陆一直就有复杂而紧密的联系，但在西方学术传统中，地中海沿岸的非洲研究，一般分属于按不同时期排列的如下几个领域：如"埃及学"（Egyptology，Egypt Studies）、"希腊罗马学"（Greece-Rame Studies）、"东方学"（Oriental Studies）或是"阿拉伯伊斯兰研究"（Arab-Islam Studies）等。在西方学术背景下，"非洲研究"一词一般来说是专指对撒哈拉以南非洲黑人各族群文化的研究。当然，实际的情况可能更加复杂，因为即便是专指撒哈拉以南非洲黑人各族群文明的研究学问，也可以分成若干个不同的领域，如专门研究埃塞俄比亚（包括古时的阿克苏姆文明、中古时期的阿克苏姆东正教文明、近代的阿比尼西亚文明等）的"埃塞俄比亚学"或"埃塞俄比亚研究"（Ethiopia Studies），专门研究南部非洲尼格罗族群之班图族文明的"班图研究"（Bantu Studies），及专门研究东非沿海斯瓦希里族群文明的"斯瓦希里研究"（Swahili Studies），等等。[①]

许多时候，非洲研究被理解为对非洲文明或文化的研究，因而非洲研究也可以称为非洲文明或文化研究。从西方的角度上看，严格意义上对非洲文明或文化研究，是19世纪以后才在欧洲一些国家开始的。也就是在此之后，随着西方对非洲的统治瓜分，随着西方学者对非洲研究的深入及其知识成果的传播与扩散，西方人也就为现代世界建构起一个包含着浓厚西方文化观念与标准的"非洲形象"，直到今天，现代世界在许多方面依然接受了这个欧洲建构的"非洲形象"来认识、理解与评价非洲，其中自然包含着强烈的西方文化中心主义认知偏好与先入为主的武断。

近代以来西方对非洲的看法与认知，经历了一个复杂的演变过程。虽然欧洲从15世纪已开始抵达非洲大陆的海岸地区，但是直到19世纪初，欧洲人对非洲

[①] 刘鸿武：《蔚蓝色的非洲——东非斯瓦希里文化研究》，云南大学出版社2008年版，第5~8页。

的了解仍限于沿海地带，对非洲内陆几乎茫然无知。出现这种情况，一是非洲大陆酷热的气候，沿海地区的热带雨林、蚊虫病菌所构成的自然障碍阻碍了欧洲人进入非洲内陆；二是在西方对非洲扩张的头几个世纪，他们除了在沿海购买黑人作为奴隶外，对非洲内陆尚无太多兴趣；三是欧洲中心论的影响。

然而，就在黑格尔去世不久的19世纪30~40年代，西方对非洲大陆的研究兴趣开始日益增长。也就在黑格尔去世的1831年那一年，完成了工业革命的英国，把先前成立的民间团体"非洲内陆考察协会"合并于由政府直接管辖的"皇家非洲学会"，有组织地开展大规模的非洲考察活动。从1830年到1890年，西方探险考察队先后深入非洲内陆进行考察活动近百次。这些考察活动旨在弄清楚非洲大陆的自然地理、气候生态、矿产资料、人种语言等方面的情况。参与考察的人中有些是受过一定专门训练的研究者，他们的考察积累了非洲大陆在语言、人种、宗教、社会、经济和自然地理方面的大量资料，与早期传教士、冒险者和贩奴者所写的游记大不一样，较为系统全面，有重要的科学价值，是现代非洲学的最初起点。这些考察活动，对19世纪晚期西方现代人类学、语言学、宗教学、民俗学的兴起与发展起到了重要的推动作用。

第二次世界大战后，随着亚非世界民族解放运动的高涨，非洲独立国家相继涌现，西方殖民体系逐渐趋于解体，世界开始了对于非洲大陆的重新认识过程。在西方世界，一些原来的非洲殖民宗主国调整其对非洲的统治与管理政策，更加重视对非洲社会本身的认识，一些学术机构先后出现。1948年荷兰莱顿大学建立了专门化的"非洲研究中心"，非洲研究成为当代社会科学中的一个分支学科，开始了对非洲问题的综合化系统的研究。20世纪60年代之后，非洲研究真正进入蓬勃发展时期。到1970年，在美国西北大学出版社出版的一部非洲研究书目的书中，编者收录的有关非洲研究的重要论著已达4 000多种。曾有编著者把这些论著归纳为100个专题，在每一个专题下都附有长长的参考论著。[①] 这时，非洲学已成为西方学术界一个重要的领域。

三、非洲研究学科演进的动力与背景

第二次世界大战前后非洲研究在西方国家受到重视并逐渐发展起来，受到了各种因素的推动，也是世界体系逐渐发生变化的重要表现。

第一，19世纪80年代非洲大陆进入严格意义上的殖民地时期后，西方国家为了更有效地统治和开发利用其统治下的非洲大陆，需要更多地了解当地的文

---

① John N. Paden, *The African Experience: Bibliography*, Evanston, 1970, p. 25.

化、种族、社会生活和传统政治制度，以制定相应的政策，于是对非洲的研究日益重视。而到第二次世界大战结束以后，当西方从非洲大陆退出直接的殖民统治日益变得不可避免的时候，西方国家更加强了对非洲大陆各个方面的研究，以谋求在殖民时代结束之后，仍然能尽量保持宗主国在独立非洲国家的影响，并使这些国家保持与西方宗主国的特殊关系。如在殖民地时期法国文化和英国文化最发达的塞内加尔和尼日利亚，独立后在文化上都一直保持了浓厚的法国文化和英国文化色彩。英国于1948年在尼日利亚创办的尼日利亚第一所现代西式综合大学伊巴丹大学，它完全移植了英国伦敦大学的办学模式与学科结构，它后来成为非洲大陆最著名的一所高等学府。当代非洲许多有影响的学者、作家、诗人都是在1948~1960年由伊巴丹大学培养的。

第二，20世纪中期以后，随着西方现代社会科学和人文科学的发展，对非洲问题的研究已由征服探险时代的早期资料积累和描述性阶段上升到对相关知识进行系统归纳、理论分析和综合概括阶段。这时，非洲研究已不限于早期人类学、语言学、地理学领域，而且扩展到政治、经济、法律、历史、教育、社会变迁，尤其是城市化、工业化和现代化问题。早期的人类学研究也进一步细分为人种、语言、艺术、文学、口头传说、音乐、舞蹈、宗教和考古学等不同研究领域。① 另外，非洲研究在领域不断扩大、分支学科不断增长的同时，对非洲进行综合整体研究的趋势也在加强，"非洲研究"或"非洲学"渐成一个独立的综合性研究领域。一些大学开始建立专门化的"非洲研究中心"或"非洲研究院"，使得非洲研究日益成为大学体系中一个相对独立的人文社科分支学科。

第三，第二次世界大战之后，非洲研究的学术活动已由西欧扩展到全球，成为国际性的研究活动。特别是美国在西方世界的非洲研究中迅速崛起，已同西欧国家呈平分秋色之势，并呈现自己的研究特色、重点与优势。这一现象是十分值得我们注意的，即便是在东方亚洲国家，对非洲的研究也开始受到重视。随着当代中国与非洲关系的不断发展及中国在全球地位的上升，在未来的年代，中国必然也必须成为非洲研究最重要的参与者和竞争者。这对于中国学术界来说，既是时代的要求，也是时代的挑战。因为出于种种原因，目前中国的学术界对于非洲研究的重视程度还远远不够，相对于非洲在政治经济和外交上对于中国的重要性，目前中国的非洲研究是不相称的。

第四，非洲大陆本身在20世纪60年代独立之后本土民族文化学派独树一帜，很快形成相当规模。目前，非洲本土已是世界非洲研究的另一重心。同时，

---

① E. O. Ayisi, *An Intruction to the Study of African Culture*, Heinemann Educational Books Ltd, Ibadan, Nigeria, 1972, p. 82.

冷战时代的苏联东欧集团为在非洲大陆扩张其势力,基于全球战略考虑对非洲文化尤其是种族、语言、宗教、政治的研究也有相当的关注。

第五,在亚洲地区,日本、印度、土耳其是主要的研究非洲的国家。日本对非洲的研究兴趣,除基于人类学的发展外,更多的是有商业上的考虑,以拓展日本在非洲的市场为目标。近十几年来,日本在非洲大陆的经济与文化影响正悄然上升。印度历来与非洲有紧密的关系。如同中国的侨民集中在东南亚一样,印度侨民相当一部分分布在非洲,是当地一股重要的经贸与金融力量。因而印度对非洲研究有一定基础,印度非洲理事会创办于 1961 年的《非洲季刊》是一份有国际影响的刊物。此外,进入 20 世纪后期以来,随着拉美与非洲国家关系的发展,并基于双方在人种、语言、文化方面的特殊关系,巴西、古巴、墨西哥、阿根廷等拉美国家对非洲的研究也开始获得发展。

第六,驱动当代非洲研究发展的另一个动因,来自当代世界学术潮流由以往的欧洲中心渐向其他非西方世界倾斜的变动。在美国,20 世纪 60 年代非洲大陆独立运动的高涨及几十个非洲国家的涌现,以及西欧诸国无可挽回地丧失其在非洲的支配地位,刺激了美国对非洲大陆的文化、社会及发展趋势的兴趣。美国政府、私人基金会开始提供大量经费资助大学和研究机构的非洲研究工作,包括对研究人员到非洲从事考察和研究的基金;在大学中开设非洲学课程;设立非洲研究基金和研究中心,协调组织各学科领域的学者对非洲进行综合系统研究;出版研究刊物和论著。以 20 世纪 60 年代为标志,美国大学中有关非洲的课程有了迅速增长,涉及的范围和内容更加广泛。一些传统学科也扩展了对非西方世界的关注。如在经济系,开设发展经济学方面的课程,政治系开设政治发展研究、地区政治、现代化问题方面的课程,在社会学、法律学、历史学中,对非洲和其他发展中国家的关注也有了明显的加强。

第七,非洲研究迅速发展的动因,还来自当代非洲发展现实的需要。非洲大陆独立以来,随着各国发展问题的日益突出和现代化进程的坎坷艰难,以及这种发展问题与现代化进程日益显示出具有文化变迁与文化重构的性质,从文化角度关注现实问题成为一种倾向。当代非洲各国在政治、经济、社会等各个方面持续不断的动荡冲突,20 世纪六七十年代以片面追求经济增长和工业化战略的挫折,都在到处显示着非洲各民族的历史文化模式、价值体系、民族心理、宗教观念是怎样强有力地制约着当代非洲各国的经济政治行为并规范着它们的现代化模式。越来越多的观点都在强调当代非洲的发展危机同时也是一种文化危机、文明危机,一种国家治理与制度选择的危机,而从根源与复杂性上看,这种危机亦是一种人类共同的文化与制度危机。国际学术界需要从文化与制度的角度来研究、理解当代非洲各国的经济发展战略和现代化问题,文化研究与发展研究应该更紧密地结合在一起。

在当代，随着非洲独立民族国家建立，非洲成为现代世界体系的一个新兴组成部分，非洲国家的政治、经济发展问题，国际关系与区域政治，目前成为非洲研究的新兴重点，因而非洲研究所涉及的学科，除上述提到的传统领域外，更多地包括了对于当代非洲政治、经济、法律、国际关系、区域发展、和平与安全、区域一体化、教育、法律、社会、心理及自然环境等众多领域的专门化与综合化研究。尤其是从当代非洲的发展和现代化角度来看，非洲研究的现实意义与重要性显得更为突出，涉及的理论与现实问题也更加复杂而多样。

第二节 非洲研究在现代中国的艰难进程

一、近代以来中国"域外研究"的得与失

学术研究与时代环境往往有着十分复杂的对应关系。所谓一时代有一时代之学术，时代条件或社会环境总在某种或隐或显的形态下制约着人们的思想过程，影响着人们的学术活动。学术与时代的复杂关系，在过去百年中国非洲研究学术史的成长过程中，得到了充分的体现。我们考察过去百年中国学术之成长与变革进程，便可看出这其中深深地印刻着这个特定时代的种种痕迹。

从世界历史的现代演进过程看，以现代科技和工具文明为核心的现代性文明的大规模推进，最先是从西欧一隅之所的西方世界开始获得重大突破的。自十五六世纪西欧地区开始的现代化进程深刻变革了人类历史的进程，它也使得西方世界在此过程中长期处于世界的领先位置上，而现代学术与思想的演绎进程也因此是率先从西方开始的。

西方世界在人类现代化进程中的率先兴起，在全球史的书写与现代性的诠释中，"现代性为何起源于西方"是一个大问题。从19世纪到20世纪，众多的西方思想家从不同角度，以不同理论对此做过解释。这些解释有思想史和学说史的价值，其中一些还产生过极大的影响，但总的来说，这些思想理论今天看来只代表某种西方的观念与视角。随着全球现代性的深入，西方观点的科学性必定还要继续经受历史与现实，特别是由非西方世界当代发展所提供的经验事实的检验。但无论如何，西方先于世界其他地区步入现代性门槛这一客观事实，使得在相当长的时期内，整个世界现代化进程都深深打上了西式文明的痕迹，也使现代学术

具有了十分突出的西方形态。一个应该是具有全球普遍发展内容与过程的人类现代文明成长过程，也就长期被框定在西方的历史经验范畴内来理解与解释，或被纳入西方的知识结构与经验中来取舍改造。在这个过程中，西方成为对于"文明""进步""科学"乃至"民主""自由"等话语与权利的不容置疑的独占者与解释者，获得了对于现代学术体系、结构、概念与语言的垄断。在此背景下，近代以后非西方世界各国各民族向现代社会的过渡与发展，就往往被理解成只能或者主动或者被动地追随于西方，去学习、借鉴、引入西方文明，其中当然也包括在思想与观念的领域对西方学术的持续性移植与引入。

这一普遍性的世界趋势也深刻影响了近代以后中国学术的发展进程与走向。自19世纪中期以来，在中国近代兴起的思想与科学话语中，"学习西方"与"追求先进"在许多时候与许多方面几乎都是同义词。中国对于西方学术与思想的了解与研究，基本上被理解成是一个落后者对先进者的"借鉴与汲取"的过程，而不是一个平等对话与双向交流的过程。中国学术的目光始终紧紧盯着西方，盯着那些被认为是先进于中国的欧美国家，包括西方的思想家与学问家。受上述时代条件的制约，更因受中华学术经世致用传统的影响，中国学术过去百年的成长过程，始终紧紧围绕着、服务于中华文明复兴与发展的当下急迫之需。摆脱落后、追求先进的时代使命，使得现代中国学术的目光多紧盯那先进于我国之国家民族，于是，"西洋学术""欧美文化"，及至"东洋维新""苏俄革命"，都曾以不同之方式进入中国学术核心地带，成过去百年中国学人热情关注、努力移植、潜心研究之重心与焦点，各种形式的"言必称希腊"成为百年中国学术普遍现象。应该说，这一现象的出现自有其合理的时代缘由，有其当时不能超越的时代背景的限制，此外，这种学习过程并非消极，向西方学习，引进西方科学知识，启动了中国思想文化变革的现代进程，中国人的文化心理结构也随之由封闭转向开放，由传统步向现代。而且在此过程中，中国也因持续地向西方学习而深刻地变革了自己的文化结构与观念，开启了中国现代化发展的新一轮历史进程。然而，现在回过头去反思这一波澜壮阔的近代中国思想史演进过程，我们不能不说它包含着历史进步过程上的种种缺憾与代价。因为不容忽视的是，这种长期的西方思想压倒一切的局面，也造成了"言必称希腊"，以及"古今中西"这样的二元思维模式后来长期笼罩中国现代思想发展进程的问题。在这个过程中，中国现代发展带上强烈而持久的偏重于学习借鉴西方的色彩，中国人对世界的看法基本上是在"中国与西方""中国文明与西方文明""中学与西学"的"中西二元"认知结构下成长起来的。

"言必称希腊"的结果，是使我们得到了许多，也失去了不少。它让我们在对西方学术、西方思想有了越来越多的了解与掌握的同时，也在不知不觉中让西方建构了我们心目中的世界图景,让西方建构了我们对于世界各种文明乃至对于我们自己的理解与把握。在相当长的时期中,对于中国人来说,"西方"与"世界"或"西方"与"外国"这些概念基本上可以互换,"西方"成为"世界"的同义语,认知西方就是认知世界,学习西方就是学习先进。"中国与西方的关系"基本上是一种落后者"借鉴""学习"先进者的关系。"先进的西方,落后的中国或落后的亚非"成为不证自明的公理。受此"中西二元"观念的影响,受此"西方等同先进"观念的支配,百年来中国学人的目光一直紧盯"西学",而对"西学"以外亚非拉遥远他乡那些看似与中国国家当下之复兴大业、发展命题关涉不大或联系不紧的学问领域,对于"西学"以外的那些与中国一样落后于世甚至尤有过之的亚非拉世界的不发达国家、弱小民族的研究或学问,中国学人长期以来一直就认为是意义不大,价值不显,自然也就关注不多,问津甚少甚至不屑一顾。

在这种强烈的西方偏向认知结构下,当代中国人的学术视野很难有一个开阔、成熟、自信的开球视野,很难有一个全面、均衡的对于世界整体文明与多元文化的客观、公正与完整把握。一些唯西方思想学术马首是瞻的中国学人,往往以西方学术和西方思想的代言人自居,自我贬斥,拾人牙慧,自以为占据了真理的高地,一味充当西方知识的批发商和叫卖者,结果往往缺失了自己的主体意识与民族个性,而不过是对西方学术及其概念工具的持久模仿与全力移植。在相当长的时期,当代中国学术界倡导的所谓"与世界学术接轨",其实就是与西方学术接轨,就是按照西方学术的标准、西方学术的话语形态,来建构我们自己的学术体系,来判定各门学问的价值、意义及其水平的高低。所谓"一流学者研究欧美,二流学者研究周边,三流学者研究亚非"的说法,在过去相当时期中被认为就是中国国际问题研究界的基本形态。据 2005 年中国一家研究机构发布的一项调研资料显示,在中国从事国际问题研究的学者中,研究美国一国的人约占 38%,而研究整个非洲大陆五十多个国家的人则还不到 3%。

事实上,在相当长的时期中,包括新中国成立之后,非洲大陆(或许还可以包括拉美大陆)这个重要的自然地理区域和人类文明世界,一直是中国现代学术世界中一块"遥远边疆",一片"清冷边地"。偶尔,会有探险者、好奇者、过路者进入其间,于其风光景致窥得一角,但终因天遥地远,梁河相隔而舟渡难寻,直至 21 世纪到来的时候,非洲研究这一领域对于中国学术界来说,总体上还是一个具有"化外之地"色彩的知识领域,一块要靠人们发挥想象力去揣想的遥远他乡。

然而,当百年来中国拼命学习西方、研究西方、追随西方的时候,当非洲这样的亚非拉世界被中国学术界视为不值一顾的边远落后地带的时候,西方人自己却早已经开始了他们对于包括非洲在内的全球各区域、各民族的系统研究与认知过程。或许是因为自近代以后西方就逐渐走到了世界的前列，因而西方学术对于世界的研究，往往也表现为一种更先进者对落后者的研究形态，虽然西方世界对亚非文明文化的研究，也包含着殖民者时代宗主国了解治下民众以便于统治管辖的目的，但所谓借鉴、汲取、学习这些看来比较功利比较实用的"经世致用"观念，似乎并未成为西方学术研究外部世界时的基本信念与目标，许多学者们的研究往往具有更多的学术单纯性与自主性。观察近代以来西方学术发展的进程，我们可以发现，在许多时候，西方学术界并未形成学术水平之高低与学术研究对象经济水平之高低直接对等或挂钩的观念，也不曾形成只研究"先进者"而不研究"落后者"的传统。我们长期以西学为马首是瞻，但对西学的移植借鉴其实却总有很大的选择性与功利性。对于西方学术中可能包含的另一些重要的传统，如更多的以我为主的主体意识，学术只以追求、探究、求知世界为目的的单纯观念，只以扩大自己的知识领域、掌握异域文化为目标的学术传统，中国学术界似乎并未有足够的体认与了解。

近代以来，西方学术一直有一种强烈而持久的对遥远文明、异域文化进行关注研究的冲动与爱好，有许多优秀的学者终身致力于对亚非民族与文化的了解与探寻，他们给现代世界贡献了许多一流的学术成果与知识财富，有的成果直到今日对于中国学者来说依然难以超越。事实上，在过去岁月中，当中国学术长期忽视非洲研究的时候，在西方学术界，非洲研究却已经有传承百多年的经营历史了。如果加上早期时代殖民探险者、传教士留下的那些并不甚专业的探险游记、传教回忆录，西方对非洲大陆的认知与研究可以追溯到更久远的三四百年前。在这个过程中，非洲研究在塑造西方现代学术形态、培植西方现代学术气质方面，均扮演过某种特殊的角色。西方现代学术的诸多领域，诸如人类学、民族学、社会学、语言学、考古学、人种学、生态学等，各种流行一时的理论或流派，诸如结构主义、功能主义、传播理论、发展研究、现代化理论、女性主义、后殖民主义、世界体系论等，都曾以不同的方式或形态，与非洲这块大陆有某种直接或间接的关联。直到今日，在非洲大陆各地，依然时常可以见到西方学者潜心考察、调研与研究的踪迹。

二、非洲研究在现代中国的出现及其追求

不过，中国毕竟是一个有古老文明传承历史的国度，中国学术也有自己深厚的历史积累。因而它迟早会突破近代以来在自己积贫积弱时期形成的某些学术框架与藩篱而重建自己的主体形态。20世纪70年代末开始的中国对外开放，开创

了中国人观察世界的新纪元。中国经济发展的日益成功和中国步入世界政治外交舞台中央，极大地增强了中国思想界的自信心，中国学人的心态和观察世界的视角开始变化。而中国与世界关系的变化，更现实地引导甚至迫使中国学人检讨反省自己的问题意识，启动对于中国问题与世界问题的新思考。

自 20 世纪 70 年代末中国改革开放开始，特别是随着近年中国国家发展战略和外交战略的重大变化，中国学术界开始尝试采用更加独立、更加全面也更加长远的眼光来理解把握人类文明的整体结构，及中华民族与世界上一切民族与国家之如何建立更为平衡多元的交往合作关系这样一些重大问题。在这个过程中，人们开始意识到，当代中国的学术研究者的眼光不能再仅仅聚焦于欧美，"言必称希腊"，而是应该逐渐有一个更为开阔、更为多元也更为自主自信的视野。这时，越来越多的研究开始将目光投向了更为遥远的世界，投向曾长期被忽视的亚非国家现代发展进程和它们丰富多彩的历史文化，并在这种研究的过程中开始努力去清除过去年代在西方学术与思想主导下形成的种种或隐或显的"西方中心观"及其认知框架的藩篱。

当然这一变化推进得并不容易，现在也还远未完成。不过，就中国对非洲的认知研究来说，过去五十多年中非合作关系之丰富实践及这一关系所彰显的时代变革意义，特别是近年来中非关系的快速拓展提升，使得非洲在中国学人眼中的地位和重要性逐渐发生了重大转变，非洲研究不仅得到重视和加强，而且研究的兴趣和重点也超出了以往那种浅层与务实、只着眼于为政治与外交服务的局限，而开始向着探究人类文明之多元结构与多维走向、向着探究一切社会科学深切关心的本质性命题的方向拓展延伸。渐渐地，人们发现，非洲研究成为新时期中国学术研究的一片"新边疆"，一块辽阔广大、有无数矿藏和处女地等待新来者开拓的沃土。

我们说，中华民族历来有关注天下、往来四海之开放传统，有"民吾同胞，物吾与也"的天地情怀。在其漫长的文明演进史上，中华民族一直在努力突破地域之限制而与外部世界建立接触与交往，由此扩展着自己的视野，丰富着自身的形态，并从中获得更新发展之动力。这种努力自进入近代以后，尤为强烈与明显。虽然因时代条件之制约，过去相当时期中国学术主要关注于欧、美、日发达国家，但进入 20 世纪中叶以来，在中华民族追求现代复兴并因此而努力与外部世界建立新型关系的过程中，也开始与遥远非洲大陆建立日益紧密的文化对话与交流合作关系。随着这种关系的建立，非洲在中国外交观察与学术思维中的重要性已经大幅上升，尽管在刚开始的年代规模尚小，但从长远来看，它对于中华古老文化在当代之复兴与发展，对于东方形态的中华文化在承续传统的过程中同时转变为日益具有开放性质与全球形态的世界性文化，其实是有某种特殊的指向未来的象征意义的。

从一个更长远的当代中国发展进程来看，在全球化进程快速推进、中国与外部世界日益融为一体而中国也在努力追求自己的大国强国地位的进程中，非洲研究这一"学术新边疆"之探测与开垦，对中国学术现代品质之锻造——诸如全球视野之拓展、普世情怀之建构、主体意识之觉醒、中国特色之形成等，都可能具有某种重要的引领与增益作用。

三、非洲研究与中国学术的当代创新

在当代世界体系中，在当代人类追求现代发展的努力中，非洲大陆面临的问题是极复杂而特殊的。非洲国家向现代社会之过渡与发展，似乎远不只一个一般意义上的经济、政治与社会的发展问题，它同时还是一个内容更为复杂、过程也更加漫长的文明再造或文化重建的问题。

然而正因为如此，在当代非洲数十个年轻国家与民族现代发展这一复杂进程中，正深藏着人类现代发展问题之最终获得解决的希望。可以说，非洲发展问题解决之时，也便是现代人类发展进程历经磨难、千曲百回而终成正果之时，而要实现这一宏大目标，不能不是对人类之智慧、毅力、良知、合作精神与普世情怀的最大挑战与考验。

非洲这块面积比中国、美国、欧洲三部分加起来还要大的大陆，承载着五十多个有待发展的国家，它们的发展与变革问题已经远远超出非洲大陆自身，而必将成为21世纪人类面临的一个世界性问题。在此过程中，中国在其中可能扮演何种之角色？中非合作与交往关系在其中可以发挥何种之作用？中非战略合作的核心利益与战略目标究竟是什么？所有这些问题，无疑应该成为当代中国在思考自己与外部世界关系结构时必须给予特别关注的战略性问题。

近代以来，西方国家一度作为现代世界的主导者，建构起了当今世界的基本秩序，并也是这一秩序的利益最大化者，因而今天对于任何非西方式的变革与发展进程都会心生质疑与排斥。在一些西方人心中，如果非西方世界有任何变化与发展可以被接受的话，那也必须是在西方传统的框架中才可接受的。非西方世界只能将自己变成西方那样的社会，历史不能延伸了，它只能终止在西方已有的框架内。然而，今日的世界似乎并没有照此而行，相反，亚非国家会以自己的方式探寻自己的发展道路，一条虽然向西方开放并也接受和汲取西方现代文明许多基本原则与知识元素而发展自己，但却并没有要将自己变成西方文明下的一个后来者的道路。在此过程中，中国似乎正走在前面，在中国的自觉与不自觉的努力下，中国正以领跑者的角色与亚非国家共同探寻不同于西方的新发展道路。这是近年来中国的发展、中国的进步在所有方面都引起一些西方人批评与质疑的原因所在。近年来，中国外部发展环境随着中国发展进程的加快而变得压力重重，对中国的各种层面上的挤压与批评也有扩大之势，这种状况在今后很长一段时间，伴随着中国的发展进程，还会延续。

但是，中国的发展进程，中国与非洲国家发展合作关系的提升过程，似乎并不会因为一部分西方人的非理性批评而停止（事实上，西方社会对待中非合作关系的态度并不是完全一致的，近年来也有许多西方人持积极评价的态度），因为无论是中国还是非洲都太需要发展了，中国需要发展，非洲更需要发展。这是一个基本的长期的趋势与要求，它很顽强，有内部的动力与要求，中非间存在着巨大的合作共赢的空间与机会，中非合作进程并不会因为西方世界一些人的指责而停滞下来。事实上，过去数十年亚非发展的曲折历史已经表明，中国和非洲乃至整个非西方世界，不可能按照西方当年的发展模式获得发展，西方开具的发展药方也不可能真正解决亚非世界的发展问题，亚非世界必须自主而开放地来探寻自己的发展道路与发展模式。非洲过去数十年经历的经济困境与政治动荡，促使非洲开始探寻新的发展可能，亚非合作与"南南合作"是这种新探寻的一部分，也是中非合作关系会持续向前推进的根本原因。虽然在这个过程中，中非关系也会变得越来越复杂，中非利益结构与期待会有所不同，在某些方面也会发生矛盾，但总体上，中非通过合作而加快自己的现代发展进程，却是一个基本的趋势，其间的机会与空间足以克服双方在某些方面的矛盾。

近年来，非洲国家领导人和知识精英们对于中国的国际地位上升有着强烈的感受与认同，并因此而日益重视中非关系，重视与中国的合作，对中国的期待也随之上升。一些非洲国家领导人开始提出非洲大陆的"第二次解放"这样的概念。他们认为，非洲在20世纪60年代通过民族解放运动获得了政治解放，建立了数十个政治上独立的主权国家，但几十年来，非洲多数国家的经济发展一直比较缓慢，目前还在国际上处于依附与从属的地位。只有实现经济发展，才会有非洲的真正"解放"。当代中国的经济发展及其经验教训与模式，给了非洲新的启发与思考，非洲应该有新的发展思路、新的发展战略与模式。一些非洲国家领导人提出，与中国乃至亚洲新兴国家的合作，或许可以为非洲的"第二次解放"带来新的机会，也可能是非洲再不可错过的机会。

事实上，在当今这样一个相互依存的全球化时代，发展早已成为人类面临的共同问题，当代非洲发展问题之最终解决，与其说是非洲自身的问题，不如说是世界的、全人类的共同问题。对于任何一个有富于理论探索勇气与实践创新精神的人来说，当代非洲发展问题之理论上的探索与实践上的尝试，无论是从经济学、政治学、社会学的层面上看，还是从人类学、民族学、文化学的层面上说，都会是充满挑战性与刺激性的，其中必然会孕育着人类知识与理论创新的巨大空间与机会。

在这个巨大的理论、知识、实践的创新空间与机会面前，当代中国学术界、思想界，能够有所作为、有所贡献吗？能够在这个关于当代非洲发展问题研究的国际学术平台上有一席之地甚至更多的发言权吗？

过去三十多年，中国因自身的艰苦努力，因自身的文明结构中一些积极因素的作用，因此较好地利用了全球化带来的机遇来推进自己的改革与开放，而成为发展最快、受益最多的国家，而相形之下，非洲大陆却似乎成为全球化进程中受负面影响最大的地区，成为发展进程最为缓慢的地区。虽然从一个长远的进程来看，非洲未必就一定是现代发展的失败者，非洲过去三十年也有许多进步，而中国本身也还远未达到可以轻言现代化大功告成而沾沾自喜之界。但是不管怎样，在认知非洲之文化与文明，在探求非洲之现代发展进程这个重大而复杂的命题方面，西方确实一度走在了中国前面，今日的中国，应该在此领域有自己的新的思考与探寻。

我们常说，中国是一个大国，一个文明古国。远在古代，在自身文明的视域以内，中国人就建立了古人称之为"天下"的世界情怀，建立起了具有普世色彩的"大同"理想，其中的宽广与远大，在根本上支持着中华民族的生存与发展。今日，肩负新的历史重任的中国当代学者，更应该有一种中国特色的普世理想，发展起来的中国应该对世界对人类有所贡献。我们想表述的是，中国学术之未来，应该有一个更开阔的全球眼光，一个更完整意义上的全球品格，关注的视野应该更全面一些，胸襟与气度更开阔一些，以此努力来锻造我们作为一个文明古国、世界性大国的现代学术品格与敞朗境界，以一种更具学术单纯性与普世性的情怀，涉足、关怀、问鼎于一切挑战人类思想险滩、智慧攀越险峰的领域，即便它距我们当下之生活、眼前之发展目标似乎相距甚远，也当远涉重洋、努力求之。①

事实上，非洲研究这一学术"新边疆"开阔而遥远，其间可谓群峰耸然，各呈奇境，我们需得放开眼界，敞开胸襟，以一种举高慕远、通而观之的历史大视野来理解，为有特色之中国"非洲学"学科的建构，做出当代学人的思考与探索。这应该是中国学术研究走向现代、走向世界的一个应有选择。我们也希望，在未来的年代，会有越来越多的中国年轻学子向着那"遥远而清冷"之非洲研究学术领域探寻，去拓展出日见广大之中国学术"新边疆"，以中华文明之慧眼识

---

① 据说，一千多年前，创立伊斯兰教的阿拉伯告知穆罕默德曾这样说过："学问虽远在中国，亦当求之。"

得异域之风光，拾回他乡之珍珠，用以丰富现代中国之学术殿堂。非洲研究于当代中国学术之意义，或许正可从此层面上得到更好的理解与把握。

经过百年艰苦卓绝的努力与奋斗，今天，中国的未来已经在越来越大广之领域与世界的前途联结在了一起。为最终完成中华民族的现代复兴，并对人类未来做出新的贡献，21世纪的中国当以更开阔之胸襟去拥抱世界各国各民族之文明，努力推进人类各文明以更为均衡、多元、平等的方式对话与合作。为此，中国需要在更广泛的人类知识、思想、学术与观念领域做出自己的原创性贡献，而建构有特色之"中国非洲学"，正是中华民族在当今国际学术平台与思想高地上追求中国的国家话语权、表达中华民族对于未来世界发展理念与政策主张并进而为21世纪的人类贡献出更有价值的思想智慧与知识产品的必要努力。

建构有特色之中国非洲学，离不开长期艰苦之努力、执着之探索、潜心之研究，更需立足非洲实地做长期深入的田野调整与实证研究。当然，路径之选择及方法与工具之准备也是至关重要的。在此过程中，"非洲情怀、中国特色、全球视野"三个层面的有机结合与互为补充，"承续中国学术传统、借鉴国外研究成果、总结中非关系实践"三个维度的综合融通与推陈出新，或许将为有特色之中国非洲学拓展出某种既秉承传统又融通现代、既有中华个性精神又融通了人类普遍知识的中华学术新品质、新境界与新气度。

所谓"非洲情怀"，是想表述这样一种理念，即但凡我们研究非洲文明，认知非洲文化，理解非洲意义，先得要在心中去除了对非洲之偏见与轻视，懂得这块大陆之人民，数千百年来必有不凡之创造、特殊之贡献，必有值得他人尊重之处。我们应该对非洲人民、对非洲的历史文化，怀有一份"敬意"与"温情"，一份"赏爱之情"与"关爱之意"。或许，有了此般非洲情怀，有了此般对非洲情结，方能在非洲研究这一相对冷寂艰苦的领域有所坚持、有所深入，才愿意一次次地前往非洲，深入非洲大陆，做长期而艰苦的田野调查、实地研究，以自己的切身经历和观察去研究非洲，感悟非洲文明的个性与魅力。而所谓的"中国特色"，在于表明，今日中国对非洲之认知，自当站在中华文明的深厚土壤上，站在当代中非合作关系丰富实践的基础上，秉持中华文明开放、包容、持中之学术传统，以中国独特之视角、立场与眼光，来重新理解、认知非洲文明及当代中非关系。这种立场，一方面需要了解和借鉴外部世界对非洲的相互认知与感受，尊重、借鉴、汲取西方学者过去百年创造的学术成果，但也不是简单地跟在西方的后面，如鹦鹉学说他人言语。毕竟，作为中国人，若要懂得非洲文明，也必得对中国文明个性、对中国学术传统也有一份足够的理解与掌握，知彼知己，并有所比较，看出中国文明与非洲文明之何异何同，共性与个性。而所谓"全球视野"，是说在今日之世界，我们无论是认知非洲文明，还是认知中华文明，自然都不可只限于一隅之所、一孔之见,既不只是西方的视角,也不局限于中国的眼光,而是应有更开阔之全人类之视野,有更多元开放的眼界,在多维互动、多边对话的过程中,寻求人类之共同理想与普遍情感。

具体言之,中国的非洲认识和研究,或者说其"中国特色",可以分为三个不同但相互关联的层次:第一层次是服务于并产生于国家和人民之间了解交往的一般知识,如非洲的自然地理、国家与人民、历史与文化、风土与人情及与中华文明的比较等一般知识;第二层次是为现实的中非合作与交流服务的关于非洲的政治、经济、社会、文化、国际关系等的专门的理论研究与政策研究;第三层次是在"社会科学发展"一般意义上的非洲学术研究。三个层次中,第一层次的知识属于感性的层面,它们是具有普遍性的全球知识的一部分,在这一层面上,中国的非洲认识是全世界的非洲认识的一部分;第二层次则是时代的和专属的,它针对并服务于中国的对外开放和中国的和平发展战略,服务于中非合作发展的战略关系,具有特定的现实意义;第三层次则是纯粹知识和科学层面上的,具有最为一般性、学术性、个体性的纯粹知识与思想形态的研究。加强这三个部分的综合研究,正是当代中国文明及当代中国社会科学获得现代性发展的内在要求。

从长远来看,第三层次的研究是最为基础、最为重要的,而从当下看,这一部分之研究也最为不足和薄弱。之所以提出这个问题,在笔者看来,是因为在这一层面上,不仅国内研究不足,国际上就更少中国学术界的声音。加强和深化第三层面即纯粹学术层面上的研究,不仅是中国的社会科学实现开放并提升至世界先进水平的需要,也是有效克服百多年来引导同时也束缚中国学术思想发展的"中西二元"思维惯性及相应的"古今中西"狭隘框架的现实途径,是中国思想界从根本上建立自己的现代性知识话语体系,实现与他人平等对话交流所必须的知识平台。

第三章

国际思想竞争与非洲研究的"中国学派"

学术与思想是当今时代国家间竞争与合作的特殊舞台,而在国际思想竞争与合作的背后,更包含着巨大的国家发展与安全利益。近年来,非洲发展问题和中非合作关系日益成为中国与西方发生观念碰撞与思想交锋的领域。今天,在非洲研究这一最初由西方开创的国际学术思想领域,中国需以自己立场和方式重新进行思考,开展创新研究,突破西方话语高墙,坚实有力地建立起属于中国的"思想与学派"知识体系与话语形态。并且通过这一进程,重建东西方之间、南北之间的思想与知识关系体系,逐渐在非洲呈现中国思想与智慧的价值,推进有中国胸襟气度的非洲研究事业的进步,从而最终在国际非洲研究领域实现东西方话语优势的主客场转换。

第一节 非洲研究的"中国学派":如何可能

一、非洲研究领域的国际思想竞争

非洲是当今世界最后一块欠开发的大陆,在某种意义上也可能是世界留给中国思想与智慧呈现其特殊之创新能力与济世价值的一个意义非凡的机会。① 总体上看，今日非洲国家向现代社会之过渡，并不只是一个一般意义上的经济、政治与社会的发展问题，它同时还是一个内容更为复杂、过程亦更加漫长的文明再造与国家重建问题。因而非洲发展问题之解决，无论是从实践的层面还是从理论的层面上看，涉及的理论与实践问题都十分复杂、广泛而充满挑战，其中孕育着人类知识与理论创新的巨大空间与机会。在此领域，西方虽然先行了一步，但并未垄断了非洲问题的全部真理，它依然给作为后来者的中国学者留下了许多远未解决的思想挑战与知识难题，及足够广阔的创新空间。

今天，作为"撬动中国与外部世界特别是与西方国家关系结构变化的一个关键性战略支点"，快速推进的当代中非发展合作关系，及中国在非洲大陆各个领域的日益广泛而深入的介入，正在成为与当代中国的国际交往与外交实践密切相关、呈现中国全新的全球思维及其理论与话语建构的广阔舞台。依笔者所识，中国与西方国家在非洲问题上的思想交锋与价值碰撞，目前才刚刚开始，真正的较量与结果尚取决于今后一个更长历史时期的发展走向。而西方思想界与知识界部分人士近年来对中非关系的高度关切及针对中国对非政策的种种尖锐批评，正从另一方面表明这一快速推进的中非发展合作独特实践及其背后包含的新的思想意义与价值追求，正是中国学术界可以主动予以拓展的一个新天地，是中国思想界摆脱对西方原创知识与思想的长期依赖趋随状态而创造出自己的跨文化元话语体系并走向世界的一个特殊机会。考虑到过去年代西方世界总体上并不认为包括中国在内的发展中国家还会有自己的现代性思想创造与历史开拓空间，因而与非洲发展问题相关联的这一国际学术与思想舞台，不仅是一个南北力量发生碰撞与对峙的特殊场所，也可能是一个东西方思想话语优势发生主客场转换的关键领域。

今天，随着中非关系的快速发展，非洲研究在中国日益受到政府和社会各界的广泛重视，学术发展的外部环境与支持条件获得了很大改善。② 在此背景下，影响中国非洲研究事业进步的因素正日益明显地来自学科的内部，即学科本身的主体意识觉醒、知识与思想的原创能力提升，及与之相关联的专门化知识体系建构与工具方法的进步问题。由于有关非洲发展及相关国际理论之研究总体上不像其他国际问题之研究那样多被西方主流话语所垄断与覆盖，相反，在非洲发展问题及其研究的许多方面，往往还特别能证明西方知识话语固有的偏见与失效，因而非洲发展问题之创新研究，非洲发展道路及中国对非政策之理论解读，在更大程度上可以被视为一片纯净的知识天地，一片可作长期深耕的思想沃土，一片能

---

① 刘鸿武：《中国式价值在非洲》，载《社会观察》2011年第8期，第38页；另见上海《观察者网》；http://www.guancha.cc/2047/59321/59314.shtml。

② 相关情况参见中非合作论坛网站有关报道：http://www.focac.org/chn/xsjl/zflhyjjljh/t852795.htm。

为非西方世界的知识发展做出特殊贡献的"理论新边疆"。① 可以期待的是，作为中国思想智慧与民族精神的当代表述，一种既与中国古老学术传统与思想源头相衔接，同时又兼具时代特征与全球眼光的"中国非洲学"事业的推进，将对中国学术现代品质之锻造——诸如主体意识之觉醒、全球视野之拓展、普世情怀之建构、中国学派之形成等，产生特殊的推进作用。

当今之世界，多元文化相互碰撞，各种思潮往来竞逐。中国历来秉持人类思想文化乃应兼容并蓄、平等交往之原则，坚信以和平的方式实现国家民族之复兴大业，乃是最符合国家利益之理性战略选择。但中国能否以和平之方式崛起，中国能否在当今的全球化时代在与他国他族日益紧密的交往背景下实现自己的现代复兴与发展，则很大程度上取决于中国能否在国际思想与价值高地上建构自己富于竞争力的话语平台，很大程度上取决于当代中国的发展道路与发展模式是否能得到国际社会的普遍理解、认可与尊重。

二、非洲研究的中国意识与话语建构

近年来，随着中非关系的快速发展，非洲研究日益受到政府和社会各界的广泛重视，学术发展的外部环境与支持条件获得了很大改善。② 在此基础上，中国学者开始自觉地重视影响非洲研究及中国的非洲学发展的有关学术与基础理论问题，从知识建构、学科发展和原创力提升等方面，提升研究水平以及与世界有关各方的学术与思想对话能力。围绕中非关系这一"撬动中国与外部世界关系结构的关键支点"，非洲研究在政策研究、舆论参与、外交解读、战略规划及针对西方的非难而捍卫中国的国家利益和国际形象等实践层面，正发挥着日益重要、不可或缺的作用。

上述客观情势的变化，推演出一系列重大的时代命题与思想挑战，要求中国的非洲研究不可再零敲碎打，大玉碎敲，在低层次上做"只见树木不见森林"的工作，而应从国家民族复兴大业、中非发展合作与亚非思想重建的时代大背景上来理解自身的目标与宗旨，并加入到当代中国思想创新与知识创造的主流大潮中去。笔者认为，以中国非洲研究事业之长远发展计，离不开对如下这样一些境界上依次推进的本体性命题的追问与思考。

---

① Liu Hongwu, "Reply to the Washington Post' Questions On the Relations of China-Africa", http://www.focac.org/eng/xsjl/xzhd/default_1.htm.

② 关于中国非洲研究近年发展态势及与中非关系发展关联度的相关情况，参见中非合作论坛网站有关报道：http://www.focac.org/chn/xsjl/zflhyjljh/t852795.htm 及其他相关报道：http://ias.zjnu.cn/show.php?id=1303。

第一，在当代中国学术体系中，所谓的"非洲学"是否可以成为一门相对独立的人文社会科学分支学科？如果可以，那如何建构它的理论体系、知识工具及概念术语？其独特之研究对象、研究方法与观察手段又有何特点？形下之实证田野调查与形上之抽象理论创造二者如何互动支撑？

第二，作为一门具有跨学科与多学科综合研究性质的学科，如何融会贯通地从中国传统国学、外来西学及当下中非关系实践等不同领域获取促进自身成长之思想智慧与知识养分，并在借鉴汲收的过程上形成自己的学科个性与学科品质？

第三，从学术研究与社会发展关联互动的角度上看，中国非洲学当下关注的核心问题是什么？如何正确选择研究的主攻方向，从而合理且尽早地构建起具有时代特征、民族个性和国际话语竞争力的中国非洲学的知识体系？

第四，在国家和社会对非洲研究期待日益提升的背景下，中国的非洲研究者如何定位自己的角色及与政府和社会的关系？如何在保持学术独立与主动服务国家之间保持适度的平衡？非洲研究的"经世之学"与"真理之学"如何执两用中、并行不悖？官、学、企之多方关系又如何张弛有度？

第五，如何从国际思想竞争与中国和平崛起的战略背景上来理解中国非洲学可能具有的思想创新潜力？如何从全球发展多元对比的框架上对中非发展合作进程及经验进行系统梳理和理论总结，以为新时期中国人文社会科学的发展提供新的经验与素材，进而推进中国视野下的"新发展经济学""新发展政治学"及"新国际援助与合作理论"诸学科的形成？

第六，如果说中非关系是中国当代对外关系中一个特殊的面向未来的领域，其间充分彰显着中国外交的民族个性的话，那么作为对这一关系进行理论思考与知识提炼的中国非洲学，其发展进步是否会有助于推进当代中国学术全球襟怀的拓展和民族精神的成长？其对中国国际关系学、国际政治学、世界史学诸学科走出长期以来跟随依附西方话语之窘境而获得自主发展是否可以产生某种特殊之增益作用？

此般诸多问题，并无固定之答案与简单之结论，但通过适当之慎思明辨而厘清困惑，树立一种举高慕远之志向，对中国非洲学之长远发展当有特殊之助益。而问题归纳起来，在于学术乃是国家民族精神之象征，中国的非洲学自当体现出中国思想之气度，中国学术之胸襟，在非洲研究这一最初由西方开创且今日西方的学术和话语仍在其中占据主导地位的国际学术思想领域，以中国的立场和方式展开创新研究，突破事实上存在着的西方知识与话语霸权的阻遏，从而坚实有力地建立起属于中国的"思想与学派"的知识体系与话语形态。

第二节　非洲研究国际思想竞逐的中国参与

一、非洲研究领域的思想碰撞与本质含义

从总体上看，相对于发展中国家而言，在今日世界体系中，西方发达国家在精神产品生产与传播上仍拥有相对优势。然而，在 21 世纪里，非西方世界的崛起当是一个不可阻挡的历史潮流。今天，历史的转折正展现出新的希望和前景，同时也激发出更复杂的反应与博弈。面对变动中的局势，近年来，西方国家已经明显地从战略上加强了对非西方国家的观念渗透和文化攻势。作为最大的发展中国家，中国在走向世界而与他者相遇的过程中，面对的不仅仅只是亚非拉各国各地区的本土思想与文化，更面对着在全球范围内拥有文化优势和话语霸权的西方思想与文化。中国的文化传统不支持对外扩张，秉持和平发展目标的中国也不会谋求话语霸权，因而中国不与他国搞文化与意识形态对抗，但是，崛起过程中的中国却不能不意识到国际间思想文化竞争与交往的重要性，不能不对西方的强势和自身的差距，以及在和平发展道路上可能面临的思想与文化挑战有清醒的认识。

从长远的战略高度上看，包括中非合作在内的整个发展中国家今日在新的历史起点上的国际交往与发展合作，其意义除了加强发展中国家的集体的发展力量，促进发展中国家的发展与文明的复兴之外，还包含了格外的要求、格外的时代使命，那就是需以自身的当代发展与知识经验，从源头上参与对全球现代性思想话语的建构塑造，参与对人类文明核心理念之内涵及本质的重新理解与再度诠释，以此打破以西方为中心的现代性偏狭话语体系。在此基础上，通过全球的全体人类的共同努力，在现代政治制度、经济形态、思想文化、观念道德的标准与原则方面，在种种有关理性、民主、自由、人权等普世性的人类价值体系建构中，相应地加入亚非人民或非西方世界的传统与当代的知识形态与实践智慧，从而拓展和扩大现代性的内涵与外延，丰富现代文明的结构与基础。

二、发展中国家的"思想发展权"与"话语发展权"

这是一种全球知识与思想的重新建构进程，一种人类思想体系的全球再塑造

过程。这样一种历史性的重建，将可以拓展出人类思想与智慧的新的广阔空间，让人类得以更好地应对现代性引起的种种问题与挑战，确保文明和全球人类的健康发展。

因而，在当今的国际关系竞争领域，作为全球最大的发展中国家，中国除了需要重视和维护发展中国家的"经济发展权"外，还需要重视和维护发展中国家的"思想发展权"和"话语发展权"。对此，中国应该有十分清晰的立场表达，立足于中国提供全球性的推进和维护发展中国家发展权益的思想框架、知识产品、话语体系。

在这方面，当代中非发展合作丰富的实践经验和理论总结，则有希望成为一个特别的思想温床，一个可资依赖的知识创新的活水源头，能够有力地支持21世纪亚非世界建立新的具有时代创新精神，同时又深刻包含自身古老传统的思想创造和知识创新。而这，正需要中非双方的学术界、思想界加强联合与合作，共同努力建构面向新世纪的具有亚非世界以及全球多边特性的知识生产与思想交流平台。

对于思想文化的力量，西方国家一直有其特殊的理解。过去数十年，西方国家始终高度重视思想优势的保持与学术话语霸权的掌控，并投入相当多的精力与财力。特别是冷战结束后的二十多年，在推进其全球战略的过程中，西方通过持续性地实施对发展中国家的所谓"民主援助"战略，将经济援助与意识形态输出挂钩，以援助为手段在发展中国家持续输出西方的价值理念和意识形态。在此过程中，西方用大量的经费资助发展中国家各类学术机构、民间智库、网络机构，以此介入当地思想界、知识界、学术界和媒体界，影响其价值理念与思想倾向。观察近年来发展中国家此起彼伏的动荡与革命之复杂表现，分析2010年年末以来北非与中东国家政局动荡之前因后果，可以看出经过二十多年推进，西方在发展中国家传播其价值理念和思想体系的"民主援助"战略在某些方面已取得明显成效。

长期以来，发展中国家因经济落后，相关投入不足，其非政府组织、科研机构、民间智库常需接受西方经济援助，由此也与西方形成一种特殊依存关系。西方投入大量的资金支持援助非洲国家的思想学术机构，自然有其长远的战略目标，有其巨大的国家利益的考虑。尽管不可一概而论，但作为一个整体，西方"思想文化援助"的真实目的，仍然是希望通过一种潜在而隐蔽的方式来传播其特殊理念与价值观，以维护西方长期以来的特殊利益。特别是，西方在传播其特殊理念与价值观时，通常将其包装在一整套精心设计且极为复杂的话语体系中，且依照时势需要，转换成诸如"民主""自由""人权"等外表光鲜亮丽、具有不容置疑的道德正当性的概念，并将其广泛渗透于广大发展中国家思想与意识形态各领域，以无形之方式，影响着发展中国家社会精英、知识阶层乃至普通民众的思想意识。

特别值得注意的是，二十多年来通过各种有目的的附加政治条件和意识形态内容的对发展中国家援助，西方强化了自己的思想体系与价值理念在发展中国家的影响力，推动了发展中国家学术机构和思想精英在思想观念上与西方的趋同化。西方也因此在意识形态的竞争中实现了某种"情势逆转"，使自己重返了道德话语的高地。与20世纪五六十年代民族独立与解放运动时期，发展中国家高举反帝、反殖、反霸的话语旗帜因而占据道德高地和话语优势的情势不同，今天，面对西方以强大投入战略和偷梁换柱之技法精心包装的"民主、自由、人权"的意识形态话语攻势，发展中国家往往因缺乏积极有效的回应手段而处于被动受损的弱势地位，许多时候陷于"集体失语"的沉寂状态，或是随波逐流，被动跟随依附于西方之强势主流话语。这种情形的出现，表现出发展中国家的话语体系、知识创新能力、学术研究能力在新的历史条件下跟不上自身发展要求，发展中国家的"思想发展权"受到限制，"话语发展权"受到侵蚀，相对于西方，形成了新的发展差距、思想洼地与知识鸿沟。

西方国家持续的意识形态新攻势，精心建构这一阻遏发展中国家复兴发展的思想高墙，正对全球战略格局之变动趋势产生复杂影响。在此过程中，始终坚持独立自主的发展道路，始终坚持探寻自己的发展模式并因此而日渐获得发展的中国，在许多西方政客和心怀偏见的学者心中，自然就成了一种冲击和挑战西方的威胁。近年来，突显西方话语霸权的针对中国发展道路及国际合作模式的种种贬斥话语在西方一些媒体上频繁出现。尽管这些话语和言论的真实用意在公正者眼里并不难辨别，但它们确实在某种程度上起到了离间中伤中非合作事业、歪曲抹黑中国对非政策的作用。西方持续性的意识形态攻势在一段时期中已经造成一些非洲国家与中国在思想理念、价值观与意识形态方面差异扩大，疏离感加深，对中国发展与崛起的担忧、猜忌甚至排斥与日俱增。这一切在短期内会对非洲国家的自主发展，对中非合作关系造成直接或间接的损害。

三、推进中非智库合作与联合研究

然而，从长远来看，非西方世界在21世纪的发展是一个总体的趋势，而人类追求共同发展并促使国际政治经济秩序走向公平合理亦是历史进步无可逆转的必然。在日益凸显的历史事实面前，西方的道德神话和话语高墙必将是要被打破的。首先，随着时间的推移，一些西方国家带着明显实用主义和双重标准推动的"民主援助"，终将逐渐暴露出它们真实的用意，其虚假的道德面具和单方面的话语优势也将随之消失；其次，随着发展中国家日益成为全球发展的主角，以客观事实和自己的切身利益和经验为基础，发展中国家终究会做出自己的理智判断与选择，外来的别有用心的离间与中伤终会归于徒劳；① 最后，更重要的是，从长远看，西方的话语霸权将提醒并推动非西方世界的人民及其知识精英日益重视国际思想竞争能力与本国本民族思想原创能力的提升，这将促使非西方国家逐渐进入现代人文科学和社会科学的前沿领域，自主探索人类发展与现代性思想理论的本质。通过这样一种思想领域的自觉自信及持久艰苦的努力，非西方世界能够逐渐建立起属于自己的、能反映人类历史发展普遍经验、满足国家民族发展要求和支持对外平等对话的现代知识形态与话语体系，从而在根本上结束在思想和文化上依赖从属于西方的历史，在现代性的元话语体系中生成真正具有全球人类共同属性的知识体系。

如 2010 年 10 月，"纪念中非合作论坛成立十周年学术研讨会"在南非首都约翰内斯堡举行，来自中国 10 家重要学术机构的 40 多名中国学者，与来自非洲大陆的 200 多位学者、企业家、官员直接对话。这是中国学术机构首次在非洲举办如此大规模的学术会议，中国学者不再是以个人身份单独受邀请出席国外学术会议，而是以主办方和学术共同体身份在境外主办大型学术会议。② 2011 年 10 月，由浙江师范大学非洲研究院等中国主要非洲研究机构主办的"中非智库论坛"正式创立，随后四年，在中国杭州、埃塞俄比亚亚的斯亚贝巴、中国北京、南非茨瓦尼先后举办了三届会议，这是中非学术机构间一个常设性机制化的思想交流平台。在此基础上，2013 年 10 月，"中非智库 10 + 10 合作伙伴计划"正式启动，上述活动通过的《中非智库合作宣言》《中非智库 10 + 10 合作伙伴计划倡议书》等文件表明，中非学术交流与思想对话已呈现日益活跃状况。③

近年来，中国的非洲研究在国家有关部门、大学和地方政府的支持和参与下发展显著。短短几年间，在建立专业学术机构、填补研究空白、培养专门人才、出版学术成果、开展国际交流、参与国际合作研究、提升研究水平、发挥智库功能、服务政府、企业和公众等方面均取得了重要的甚至是突破性的进展。其所取得的成果和发挥的影响，已改变了过去非洲研究在中国的国际政治与经济研究、世界历史研究、外交研究和国际关系研究中边缘薄弱的地位。非洲研究的基础性

---

① Deborah Brautigam, *The Dragon's Gift: The Real Story of China in Africa* (Oxford: Oxford University Press, 2009). Ian Taylor, *China's New Role in Africa* (Boulder: Lynne Rienner, 2009).

② "纪念中非合作论坛成立十周年学术研讨会在南非首都约翰内斯堡举行", http://ias.zjnu.cn/show.php?id=1303。

③ "中非思想界的盛会：中非智库论坛第一届会议在中国杭州举行", http://www.zjnu.edu.cn/news/common/article_show.aspx?article_id=13577。

地位，不仅在其本身的成果中得到体现，也在与其他重点研究（如大国、周边、多边及全球性、现代性等研究）的交相互动中体现出来。随着多方资金注入和专业研究力量投入的增加，中国的非洲研究在物质条件改善、学术资源加强、学科建设的国际化水平提升、官学紧密互动各方面不断推进，学术旨趣的中国特色日益鲜明，知识的社会服务功能不断扩大。[①] 可以预言，今后很长一段时间内，非洲研究吸引的人力物力投入还会增加，其研究过程中的开放意识与自主意识、全球眼光与中国立场、非洲情怀与中国个性将在相互激荡中同步提升。我们也期待，以21世纪中非之间直接、主动和日益增强的发展合作为理论创新的基础平台与话语源头，面对非洲大陆追求现代发展的宏大时代命题进行独立而开放的中国思考，在不远的将来，中国非洲研究的力量和规模将逐渐进入国际非洲研究领域的核心与前沿地带。而这种发展，本质上是与非洲在全球发展中的重要性、中非合作的长远战略意义和中国为实现和平发展战略而进行思想、知识与文化的系统建设要求相符合的。

第三节 非洲研究的"中国视角"与推进策略

一、中国非洲研究的民族立场与全球视野

不过，与国际、国内形势的快速发展及现实要求相比，与西方发达国家百年积累的研究成果相比，与前文所提到的中非合作关系所受到的西方话语优势的压力相比，目前中国的非洲研究在学术质量、学科建设、研究方法和社会服务功能等方面，还有大力加强、调整、改善的必要。在一些重大的核心理念与精神形态方面，还需要做出深入思考与精心安排。

从总体上说，中国的非洲研究不能脱离中国和平发展战略和中非双方追求民族复兴的伟大目标的指引，也难以置身于激烈的国际政治和思想文化竞争之外。在这一点上，毋庸讳言，非洲研究中的某些特定领域，是具有高度政治关切性的国际性学术研究。在此背景下，学术与政治、个人与国家、思想与现实之多重关系如何处理，是一个特别需要明晰智慧与开阔心胸来把握的复杂问题，简单地偏执一隅或排斥一方皆有损中国非洲研究事业以及相应的民族精神文化的健康发

---

① 参见http：//www.focac.org/chn/xsjl/xzhd_1/t813131.htm。

展。对中国而言,在国际交往中奉行五项原则,不搞意识形态对抗,不对外输出意识形态,是中国和平独立外交政策的基石和原则。但是,从人类发展普遍追求和国际政治发展的现实出发,从非洲发展要求和中国非洲政策的本意出发,中国可以也应当以合理而善意的方式,努力发挥发展中大国的作用,以创造性的积极方式去帮助非洲国家实现思想自立、政治稳定、经济增长,推进非洲的改革、开放和发展。这样做既符合中国和非洲的根本利益,也符合中国既定的和平外交政策的精神和原则。对在此过程中遭到的来自西方话语霸权的恶意的评论和贬损,中国有必要在政治上加以澄清和批驳。

二、中国非洲研究的主体意识与"道器并用"

中国的非洲研究应从国家民族复兴大业、中非双方战略合作与亚非思想智慧重建的时代背景上来理解自身的目标宗旨,积极主动地为国家民族的复兴与中非发展合作提供精神启示与战略性的思想支持。就此来说,今日中国的非洲学术事业与人才培养,特别需要有一种主体性的思想建构,一种开阔通达的战略眼光,一种整体宏观的发展布局与清晰畅达的路径选择,并由此境界上逐渐形成非洲研究的中国学派与中国气度。进而言之,中国的非洲学,中国对非洲发展问题与中非关系的研究,既要有"形而下"的工具层面、器物层面、操作层面的个案微观研究,也要有"形而上"的价值层面、精神层面、战略层面的整体宏观研究,既要有田野村头的调研考察与微观实证研究,又要有宏观理念与精神境界方面的战略追求,所谓"执两而用中",努力把握好"道与器""体与用""虚与实"之平衡与协同。

必须高度关注和准确把握非洲发展的大势,排除干扰,按照中非发展合作的长远战略谋划学科发展规划,选择关乎中非双方发展核心利益的重大课题进行深入而严谨的国际合作研究。应该立足中非合作关系现实中的紧迫与重大问题,不受西方舆论及话语之左右,以我为主开展中长期的思想创新与知识积累。同时,需要大力加强与非洲学术界、智库、媒体界的交流合作,巩固和扩大中非共同利益与观念共识。这方面,需要对中国的对非援助做出适当的调整变革,增强对非洲国家学术机构与智库的能力建设合作。

近年来,一些非洲国家的思想界和智库组织,开始以自己的方式关注中国发展的经验与得失,寻求与中国学术思想界的交流合作,并在许多场合提出过合作倡议。① 对非洲国家社会思潮与舆情的变化，中国应该给予积极把握并顺势而为，通过检讨以往对非政策体制和理念中存在的不足，消除障碍，使援非事业有新的突破。当前特别需要注意的问题之一，是以往中国对非援助主要是中非政府间的官方关系，非洲民间智库一般无正常渠道获得中国的援助。而西方对非援助却往往直接面对非洲的各类非政府组织、学术机构与智库。

三、增强对非洲思想界和智库的"软援助"

多年来，中国一直恪守"不干涉原则"及不主动输出中国政治思想的原则，这一原则今后乃需坚持，但这并不意味着中国可以不参与国际间的思想竞争与合作，因为国际思想高地是一个不同思想观念激烈竞争的领域。近一二十年来，随着中非合作的快速发展与中国影响力在非洲的提升，来自中国的发展经验和理念促进了非洲社会发展思想和政治发展理念的积极变化，而非洲的稳定发展与中国国家利益之间的联系也日益紧密。在此背景下，如何以更积极主动的合作姿态和创新政策，帮助非洲国家实现政治稳定，推动改革，促进开放，加快发展，提升能力，越来越成为中国对非战略中应予以关注的基本命题。从今后之发展趋势上看，中国应该以积极而稳妥的方式，在相互尊重、平等对话的前提下，更多地关注和介入非洲内部事务的发展，在把握双方共同的利益与合作空间的基础上，通过思想对话与经验交流，帮助非洲尽力消除那些出于各种原因，至今仍明显妨碍其社会持续健康发展的深层障碍，支持非洲国家的改革进程。

在这方面，中国学术界需要更清楚地表达自己的思想理念与知识立场，以自己的方式与非洲国家开展交流，以实质性的举措来支持和帮助非洲思想智库的自主发展与能力建设。中国不需要跟随西方搞意识形态对抗，也不需要对外输出意识形态，但中国可以用自己追求国家民族复兴进程的经历及所累积的经验及教训来关照对比非洲的发展困境与发展难题，可以与非洲国家开展更广泛的治国理政经验的交流，探究非洲国家解决其发展难题所需要的思想智慧与政策方案。通过与非洲思想界、学术界的密切合作，共同来探讨非洲如何获得经济发展、推进改革开放、保持国家稳定，增强能力建设。

---

① 由浙江师范大学主办的"中非智库论坛第一届会议"于2011年10月27~28日在中国杭州和金华举行，有来自中国、非洲27个国家的300多名智库领袖、政府高官、企业高管出席，这是中非智库间一个常设性机制化的思想交流平台，首届论坛通过的"中非智库合作宣言"文件表明，中非学术交流与思想对话已呈现高度活跃和日益拓展状态，见 http：//edu.zjol.com.cn/05edu/system/2011/10/21/017932416.shtml。

四、中国非洲研究的基地必须前移到非洲

中国需要对传统的对外援助方式做出某种程度上的战略性调整,规划一个具有长远性、战略性的"当代中国思想与学术'走出去'战略",推动中国思想界、学术界、教育界走向非洲,走向发展中国家,逐渐扩大"中国知识""中国思想""中国智慧""中国经验"在非洲国家和全球的影响力。在保持以往且行之有效的对非经济发展援助的同时,重视有助于非洲国家思想创造能力与学术研究能力提升的"软援助"。[①] 立足于中国提供全球性的推进和维护发展中国家、非西方世界权益的思想框架与知识产品。国际化与全球化应该成为未来一个时期包括非洲研究在内的中国人文社会科学发展的一个基本战略取向。

中国需要积极支持非洲国家的学术机构、非政府组织、民间智库走进中国,积极支持中国的学术思想机构走进非洲,让中非双方的学者能在国际学术与思想高地上建构紧密互动的话语平台。具体而言,一方面,积极推动中非双方建立研究对方的各类研究机构,如在中国的高校中建立更多的不同学科支撑的非洲研究中心,在一些有条件的大学建立非洲翻译馆以开展中非文献互译工作;[②] 另一方面,也要支持和推动非洲国家的大学、政府机构、NGO 建立各种类型的中国研究中心,推进孔子学院的本土化进程,将汉语教学纳入所在国家的国民教育体制中,同时在非洲建立联合报社与合作出版机构。

通过这样一个日见开阔的平等对话与交流平台,通过推进中国国内发展经验的国际化进程,来汇通整合 21 世纪发展中国家的新的发展理念和发展经验,并逐渐将中国知识与中国智慧转换成一种可被外部世界理解感受的话语形态,让非洲国家的人民有更畅达有效的途径来接触了解中国。[③] 这一切,对于中国的和平崛起战略目标的实施,对于中非的发展合作战略的可持续推进,都有持久而重大的意义。

[①] Liu Hongwu, "China-Africa Development Cooperation and Reshaping of Modern Human Civilization", *China International Studies*, No. 5, 2010, pp. 25 – 32.

[②] 中国高校首个"非洲翻译馆"于 2011 年 10 月 28 日在浙江师范大学正式挂牌建立,将致力于中非文献的互译和相关人才培养工作,http://www.sinoss.net/2011/1101/37726.html。

[③] 近年来,在各方推动下,中国对外援助的理念与政策正发生悄然变化,推动非洲思想能力建设与知识发展的援助与合作工作日益受到重视,参见新华网报道:"商务部中国基础教育援外研修基地落户浙师大", http://www.zj.xinhuanet.com/newscenter/2011 - 06/26/content_23097884.htm。

第四节　中国非洲学的精神气度与治学风格

一、"中国非洲学"的学科定义

作为一门反映中非发展进程的特殊语境、能包容整合各类非洲研究活动并体现中国非洲研究思想内涵与学术个性的专门学科,中国的非洲学在一般概念与定义上可做如下初步的表述。

第一,就学科定义与内涵而言,"中国非洲学"可以这样来表述:一门专门以非洲大陆的人文与自然事象为研究对象、探究非洲文明历史进程及其当代政治经济与社会发展问题的综合性交叉学科。对此定义,还可以作广义与狭义两种理解。广义的"非洲学",包括了一切以非洲为研究对象的知识与思想领域,包括了人文科学、社会科学、自然科学、工程技术各领域所涉及的非洲问题研究。而狭义的"非洲学",则主要是指以非洲大陆之文明进程及当代政治经济发展问题为核心内容的学科,类似于"非洲文明研究"或"非洲发展研究"。

第二,作为一门综合交叉性学科,今天的"中国非洲学",需要以综合的方式,运用多知识工具与理论形态,诸如政治学、经济学、历史学、社会学、民族学、教育学、人类学、艺术学、语言学、地理学等,对非洲大陆文明与文化的各个领域进行综合性与整体性研究。而在当代,随着对当代非洲经济与社会发展问题研究的日见深入与拓展,诸如发展理论、现代化理论、国家建构理论、国家治理理论、人口控制与环境发展理论、科技运用与技术开发理论、国际援助与国际合作理论等新兴学科与边缘学科,也将涉足且包含在内,形成"非洲学"广泛综合的知识和理论背景。

第三,关于"非洲学"与"非洲研究"两个概念之异同及取舍择用。"非洲学"也可称之为"非洲研究",在许多时候这两个概念是可以互换的。应该说,使用"非洲研究"这一概念也有其优长之处,因为这一概念表述的内涵十分清楚,无须特别解释和说明,但凡与非洲有关之学术研究,皆可统称于"非洲研究"门下;但另一方面,如使用"非洲学"这一概念,则更有另一番深意与追求。首先,"非洲学"突出了它作为一门学科的学理性、理论性、学科性,而"非洲研究"却是一个相对中性的概念,主要表述了研究的对象,陈述着一种研究的过程与活动,并无明显的追求自身之学科体系、理论形态、学术境界的主体建构含义。其次,由于这两个概念传递或表达出的学术蕴涵与思想品质有所不同,因而如果长期使用"非洲研究"而避用"非洲学"则可能不利于这一学科的自身理论追求与学科主体意识的自觉,结果可能导致这门学科始终只是一些与非洲有关的具体的研究课题、研究领域、研究内容的聚集。因此,通过"非洲学"概念的更广泛而准确地使用,有助于促使学术界更多关注非洲研究的理论旨趣与学术境界之追求,更多关注非洲研究的学科发展路径与体系建构过程,如此,则"非洲学"更有可能上升成为一门日见成熟且相对独立的新兴学科。①

二、"中国非洲学"的精神气度

非西方世界的知识创新与思想提升过程是一项艰巨的时代任务。总体上看,整个现代人文社会科学的知识形态与理论体系,都是在过去两三百年西方率先兴起的过程中由西方世界建构起来的。这一西方主导的知识与思想体系,虽然在解释非西方世界事象方面局限性日益明显,但它迄今依然占据国际思想与学术界的中心位置。如何打破西方思想与话语垄断,确立中国非洲研究的思想自觉与话语自主,还需要大量的努力。总体上看,一是应该既不迷信西方,但又对其所代表的当今国际流行话语与知识传统有充分的了解,在消化吸收其合理内容的过程中超越其局限;二是应该从亚非世界自身历史与现实经验的系统总结中建构新的知识体系与价值理念。在这个过程中,历来注重整体把握世界、重视对历史大势作通揽宏观把握的中国学术传统,是可以深度挖掘利用的思想宝库与工具来源。

今日的中国非洲研究,需要有一个总体的战略框架与理念建构。从表象上看,非洲研究涉及非洲政治、经济、社会、文化之方方面面,其研究者和对象分散在众多学科领域,具有明显的学科分散性、交叉性。以一门"非洲学",将这些分散而交叉的不同学科统摄在一起,表面上看似乎不太可能。然而如果我们进行一些深入的思考,从非洲大陆的历史与现状,以及当代政治、经济、社会发展复杂问题的分析中,仍然可以找到各种各样的"非洲研究"(诸如非洲政治研究、非洲经济研究、非洲文化研究、非洲教育研究、非洲国别研究、非洲区域研究、非洲专题研究等)的内在的关联性,从而以一种整体和联系之眼光,从中发现那些将各种各样之"非洲研究"统摄起来,将"非洲学"作为一个具有跨学科交叉学科性质的"统一学科"来建设并赋予其鲜明的中国风格与气度的充足理由。

---

① 关于非洲学的建构路径,可参见梅新林著:《构建"非洲学"新兴学科的学术路径》,《中国社会科学报》第232期,2011年10月28日,第8版。

具体言之，则有如下之思考分析。

第一，虽然从古迄今，非洲大陆内部各地区之间、国家之间、民族之间存在许多差异，而与外部世界又有着复杂多样的联系与交往，东西南北之间与外部世界的亲疏状态各有不同，这是我们必须高度重视非洲研究的国别、个案、微观研究的原因；但另一方面，非洲大陆作为一个相对统一的自然地理单位，其历史文化形态与政治经济特征，还是具有某种内在的联系性、整体性与一致性，一些明显有别于外部世界其他文明与文化的共同特征，一些有别于欧美、中东、南亚与东亚文明的属性。这些内在的联系性与整体性，提供了建构一门具有统摄性的"非洲学"的可能性与现实基础，使我们可以也有必要将非洲大陆作为世界文明体系中的一个相对统一的整体来进行把握，来探究和研究非洲大陆共同面临的发展问题。因此，当代中国的非洲研究在注重学习借鉴西方的非洲研究重视微观、个案与田野调查优秀传统的基础上，应该充分发挥中国学术重视追寻"大道"、探究"天人之际""古今之变"的思想传统，透过非洲大陆纷乱复杂的当下迷局，看清这块大陆面临的根本性问题是什么，把握到这块大陆的根本出路在哪里，举其纲要，观其大势，从而对非洲大陆之现状与未来做出更具历史眼光的战略把握。[1]

第二，与欧洲、亚洲、美洲、大洋洲都具有南北关系不同，非洲大陆是一块几乎全是南方国家、发展中国家的大陆，其所有的政治问题、经济问题、国际关系问题，本质上都与发展问题相关联。作为世界上发展中国家最集中的大陆，整个非洲大陆的五十多个国家全部属于第三世界国家或发展中国家，发展问题是这块大陆所有问题的纽结、焦点与源头，都面临着谋求政治经济发展与社会进步的共同的发展任务。今日之非洲大陆，看似纷乱不定、动荡不安，但万变不离其宗，贫穷落后，经济衰退，民生艰辛，实是百恶之首、万乱之源。发展才是硬道理，无论何种理论，何种妙方，其合理性只能从是否适应增进非洲发展这一根本要求来判定。追求"国泰民安"，实现"安居乐业"，实是非洲今日之首务。为此，必须形成一门以发展为核心理念、以发展为核心宗旨的相对统一的学科，来对非洲这块大陆的共同问题、基本问题进行具有战略眼光的整体把握，来开展知识积累、思想创新与工具创造，形成可以解释、促进并适合于非洲大陆现实需要的知识与思想体系。中国的非洲研究学者可以围绕着非洲发展问题和中非发展合作来建构有中国气度、中国胸襟的非洲研究，来统摄整合中国非洲研究的各种资

---

[1] 宋代学者苏轼曾说："天下之事，散在经、子、史中，不可徒得。必有一物以摄之，然后为己用。所谓一物者，'意'是也。"（见葛立方《韵语阳秋》）这"意"，大致应该就是散布于各知识领域背后的统一灵魂与核心精神，统摄各种专门知识与研究活动的相互联系与整体结构。见刘鸿武著：《故乡回归之路——大学人文科学教程》，清华大学出版社2004年版，第79页。

源与力量，追求共同的目标宗旨与内在灵魂。通过这种努力，中国非洲研究的学术理念与知识体系将会获得一种内在的"形上之道"与"精神境界"，将有可能形成自己的学理体系与知识平台，从而在全球的非洲研究领域形成独特的"中国学派"及其话语优势。①

第三，事实上，对中国来说，由于自身正在经历着相同或相似的发展变革，并且今日在总体上依然属于发展中国家，这样共同的国家身份与地位，使得中国可以将心比心、感同身受地体会理解非洲国家面临的种种问题，可以动用自身在过去数十年经历和积累起来的种种追求发展、改革、稳定的正反经验与教训，来理智观察、综合思考与内外比较非洲的发展及与发展相关的种种难题，并从非洲的实际需要来探寻非洲问题之解决方案。中国问题的解决要从中国的实际出发，非洲问题的解决也一样只能从非洲的实际出发。笔者认为，学术研究的最高智慧，本来自心灵的感悟，来自研究者主体的切身追求。中国人因自己的历史传统与文化个性，长期以来一直与那块遥远的非洲大陆有一种情感上的相互尊重，中国也一直对非洲大陆的现实与未来持一种历史主义的期待与信心，因而从不自居思想与道德高地对非洲发号施令，而是主张平等对话，相互学习，交流互鉴。这是中国的对非政策不同于西方对非政策的地方，也应该是中国的非洲研究与西方的非洲研究之所以不同的地方，是中国学术界研究非洲问题之优势所在，同时更是中国非洲研究实现学术创新，摆脱长期以来对西方思想与知识的跟随依附状态的机会所在。

第四，长期以来，非洲大陆一直在努力寻求自己的共同属性并为实现非洲大陆的统一而奋斗，以非洲统一联盟和非洲各次地区性组织为基础的非洲统一运动与一体化也在不断推进。正因为如此，长期以来，虽然非洲大陆内部也有许多地区差异、国别差异、民族差异，但非洲国家和国际社会在许多时候往往还是将非洲大陆作为一个相对统一的整体、一个相对统一的国际关系行为体来认知、交往与对待。如中非合作论坛，就是中国将非洲大陆作为一个整体而建立起来的中国与非洲合作的一种特殊的"国家—地区"关系。②

总之，非洲大陆的这种相对统一的整体性质，使得我们在研究非洲大陆时，确实有必须也有可能建立一门专门以研究非洲大陆整体性问题、一般性问题为基本研究对象的学科，培养专门从事非洲事务和中非关系的高级专门人才。正如我们说"世界历史"并不是国别历史的简单相加一样，这样的非洲知识体系，不是任何一个其他单一的一级学科或二级学科如"国际政治学""国际经济学""世

---

① 关于国际关系理论领域中中国学派创立问题，可参阅秦亚青教授：《国际关系理论中国学派生成的可能与必然》，载《世界经济与政治》2006 年第 3 期。

② Ian Taylor, The Forum on China-Africa Cooperation (FOCAC), Routledge, New York, 2011, p. 94.

界史学"等所能涵盖和支撑的，必须通过跨学科、多学科的创新性综合，将"区域研究""领域研究""问题研究"相结合，形成一门新兴的"非洲学"交叉学科，其在学识视野与思想平台上才能胜任对非洲研究与人才培养的综合需要。

三、"中国非洲学"的发展趋向

在今日中国学术的特定语境下，作为一门有中国特色的非洲学，其在学术旨趣与治学境界方面，应该努力呈现出如下几个趋势与方向。

第一，通过对非洲文明及其相关成长背景做出整体上的研究与综合性的把握，努力揭示出非洲文明的总体轮廓与基本结构，努力把握非洲文明发生、发展的基本历史进程与现实走向。同时，本学科还应该从世界文明体系的开阔视野上，以比较和联系的眼光，深入探究和揭示非洲文明的个性精神与世界意义，它在世界文明体系中所处的位置，它与世界其他文明之相异与相同，以及这些异同之缘由，从而更好地揭示古老而又现代的非洲文明之有别于世界其他文明的个性形态、发展品格与演进特征。由于"非洲学"在研究对象与学术旨趣方面的上述特点，决定了本学科所需要运用的理论形态、知识体系与研究工具必须具有开阔的背景、跨学科的视野、交叉性的特征。

第二，中国特色的非洲学，应该特别关注进入近代特别是当代以后，在整个世界历史宏观环境和非洲大陆历史命运发生重大变迁的时代条件下，非洲文明经历的广泛而深刻的变迁转型过程，这些变迁转型的复杂而矛盾的特点和性质，以及它与当代非洲大陆现实政治经济格局的复杂关系，努力从传统文明特性与民族精神的角度，来理解和把握当代非洲国家复杂的现代政治经济发展问题。透过对非洲文明的深入把握来更好地理解当代非洲大陆的政治经济与社会发展问题，从文明变迁的角度来思考分析当代非洲追求经济增长与现代化发展的新路径，应该重视学科发展的现实运用价值，重视结合当代中非合作关系之实践，关注当代中国与非洲大陆在追求现代复兴与发展进程中所开展的发展合作与文明交流，探讨和比较中非双方当代各自的经济社会发展和文明复兴方面彼此相关的一些共同命题。

第三，"非洲情怀、中国特色、全球视野"三个层面的有机结合与互为补充，"秉承中国学术传统、借鉴国外研究成果、总结中非关系实践"三个维度的综合融通与推陈出新，或许可以作为未来时代中国之非洲学建构过程中努力追求与开拓的某种学术境界与思考维度，某种努力塑造的治学理念与学术品质。①

---

① 此为浙江师范大学非洲研究院追求的治学理念与学术旨趣，见：http：//ias.zjnu.cn/research/show.php？id＝155。

四、"中国非洲学"的建构措施

近年来,国内高校的各类学生对非洲知识的渴望和对非洲研究的兴趣都在不断增加,许多高校为本科生开设的有关非洲方面的课程都受到了普遍的欢迎。毕竟,社会需要的日益增加,会形成持续的动力推动一门学科的形成与发展。但中国的非洲研究事业要获得持续进步发展,还需要在一些基础性工作方面做出努力。

第一,需要在国内各大学建立起一批实体性的、能长期稳定存在并有相应资金支持与政策保障的非洲研究专门机构,并集人才培养、学术研究、政策咨询、国际交流为功能为一体,通过学科积累与资金投入,逐渐积累起相应的科研教学、人才培养和国际交流的成果。

第二,特别需要培养出一大批专门化的、热爱非洲研究事业、长期致力于非洲研究事业的人才队伍,这些人需要来自政治学、历史学、教育学、社会学、人类学、经济学、管理科学甚至自然科学与技术工程等不同的学科背景,具有长期或多次赴非洲国家访问、考察、调研的经历,对非洲文化、文明及生活有切身之感受,熟悉非洲国内民情,既了解中国,也了解非洲,可从不同角度开展跨学科协同研究与人才培养的能力。

第三,需要大力加强中国高校涉及非洲研究领域的各专业研究生的培养,扩大规模,提升层次。涉非专业的研究生能有多种途径赴非洲国家实习考察,或与非洲大学联合培养,在当地学习本土语言,感受当地社会与文化。这方面,可与国家赴非汉语教师、志愿者的选派结合起来,从涉非专业研究生中选派赴非汉语教师,利用赴非汉语教学机会完成硕士论文的调研与写作。

第四,需要逐渐建设好一批非洲专业图书资料中心、专业化的非洲博物馆、非洲图像影视中心、非洲网络数据库。在一些有条件的大学建立非洲翻译馆,以开展系统性的中非文献互译、出版和推介工作。

第五,积极支持非洲国家的大学、政府机构、NGO建立各种类型的中国研究中心,争取在非洲重要国家的名牌大学中建立一批中国非洲研究中心。积极推进孔子学院的本土化进程,让孔子学院转化成当地大学的外语学院,就如同英语、法语在中国大学的外语学院一样。

第六,在中国和非洲建立中非联合报社与合作出版机构、联合电台或电视台,扩大中国和非洲国家在文化、媒体、出版、音像、网络等领域的产业合作,让中国和非洲国家的人民有更多途径相互接触了解。

中国是一个历史悠久的大国,一个奉行和平道路的文明古国。远在古代,在自身文明的视域以内,中国人就建立了古人称之为"天下"的世界情怀,建立起了具有普世色彩的"大同"理想，其中的宽广与远大，在根本上支持着中华民族的生存与发展。在相当长的历史时期中，中国在思想领域一直走在世界的前列，这保证了中国在漫长历史上始终走在世界的前列。近代以来，中国因严重落后于西方而开始了百多年的执着学习西方、跟随西方的过程，在此过程中，中国充分发挥自身文明具有的善于学习、善于吸纳的历史传统，逐渐让自己接近了西方思想的核心领域，缩短了自己与西方思想的差距，这为中国的复兴崛起起到了关键性作用。在未来一个相当长的时期中，全球体系的碰撞与南北关系的调整将引发持续的人类思想与观念的竞逐、交锋与分化。而在此阶段上，发展中国家的思想自立与知识创新显得尤为重要。过去，西方世界总体上是不认为发展中国家会有自己的思想形态的，也不承认发展中国家有自己的思想权利。这是一个南北力量交锋碰撞的领域，也可能是一个东西方思想话语优势发生主客场转换的关键领域。21世纪，中国应在继续追求自身和平发展战略目标的过程中为世界做出新的思想、知识与财富的贡献。对此，世界在观察中，有期待，有疑惑，也有防范，但"路遥知马力，日久见人心"。今日与未来，中国的和平发展也取决于中国在思想创造与知识产生方面在国际上的位置。既充分汲取消化西方的思想智慧与合理内核，同时又跨越西方阻遏发展中国复兴崛起所设置的思想高墙，是中国必须同时完成的双重历史任务。

第二篇　新时期中非合作关系的历史基础与时代背景研究

近代以来形成的以西方为中心、非西方世界为边缘的世界体系，是一种极不平等的国际体系，是一种中心占据主导地位并进而控制与支配边缘的强权政治体系。从世界多元文明交往与平等对话的角度上看，在人类经历了长达数百年西方主导和支配的所谓"单向度的""中心支配边缘"的世界体系演进过程后，中国与非洲这种相互尊重、平等交往的现代关系的确立与发展，是具有特殊的象征意义的，因为它从一个侧面反映了世界文明交往的总体格局与国际关系的基本形态，正在某种程度上开始向着"多向度的""网状平等型"的多元文明平等交往、自主对话的方向转化。虽然这一过程的到来十分艰难曲折，路途漫漫，但它却昭示出过去数百年间以欧洲或西方国家为中心的现代性的经验与话语过程，终究只会是整个人类现代性发展的一个特殊的阶段，而不是全部。

世界历史发展的进程，自然不会终结于西方文明的兴起与完成，它会随着亚非世界的复兴与崛起而继续向前推进。如今，在经过了半个多世纪的艰难跋涉与曲折探索之后，亚非世界的发展速度已经明显加快，新的重大的变革正在发生。而这样一些基础的结构性的变化，标志着世界史上一个意义深远的新时代正在悄然到来。从一个长的历史时段上来看，20世纪百年中国的重新崛起与21世纪非洲大陆的艰难复兴，无疑将是最具世界性意义与影响的时代变革，而中国与非洲国家通过跨越大洋的共同努力建构起来的新型的合作关系，这种关系的逐渐发展与拓展的窗口，是中非双方为追求现代复兴与发展目标而在外交领域与国际合作领域所作努力的一个特殊组成部分。

当代中非合作关系的时代背景与世界意义，正需要放置到当代世界变革与国际体系转型的大背景下才可得到更好的理解与把握。

第四章

新中国对非合作五十年历程的回顾与总结

2000年中非合作论坛成立的时候,新中国与非洲国家的当代交往与合作已有半个多世纪的历史。中国并不是像一些西方媒体所说的那样是因为对非洲的资源与能源感兴趣而"突然出现"在非洲的。事实上,中非合作关系在2000年以来的快速提升既是符合历史逻辑的必然结果,更有其复杂而深刻的时代背景与指向未来的广阔前景与发展空间。我们如要对近年来中非关系快速发展这一事实及意义做出准确的理解与把握,需要有一个历史的眼光与整体的视野。

从一个长的历史时段上来看,20世纪百年中国的重新崛起与21世纪非洲大陆的艰难复兴,无疑将是最具世界性意义与影响的时代变革,而中国与非洲国家通过跨越大洋的共同努力建构起来新型的合作关系,这种关系的逐渐发展与拓展,正是中非双方为追求现代复兴与发展目标而在外交领域与国际合作领域所做努力的一个特殊组成部分。就此来说,当代中非合作关系的时代背景与世界意义,是需要放置到当代世界变革与国际体系转型的大背景下才可得到更好的理解与把握的。

第一节 当代中非合作关系建立与演变的时代背景

在当代世界人类交往史上,中非关系向世人呈现出了一种独特的演进图景。通观过去半个多世纪之世界,全球范围时时狼烟四起,兵连祸接,而国家间关系亦往往变幻不定,友敌难料,然在此纷乱之时代,中非之友好关系自20世纪50

年代一经建立，就从未有过大起大落之变故或反目为仇之逆转。虽然在这半个世纪里中非双方内部各自的政治经济状况也历经种种变化，国家领导人亦已经历两三代人之更替，但中非关系却一直稳固推进。就此来说，在当代人类交往史上，中非关系堪称楷模，实有弥足珍视之价值与意义。

一、当代中非合作关系建立的时代背景

考察中非关系之进程，我们可以看出，在自 20 世纪中期新中国成立以来，在新中国外交之总体格局中，中非关系实占有一个特殊的战略地位。许多时候，中非关系都是"撬动中国与外部世界关系结构的一个支点"，[①] 是一个影响中国与西方国家关系结构、改变中国的国际战略地位的特殊因素。在过去数十年间，被赞比亚前总统卡翁达称之为"全天候朋友"的中非关系，对各个时期中国外交环境之改善与国际地位之提升，都发挥过不可替代之特殊作用。而中国人民与非洲人民也在中非合作关系发展演进的不同阶段上，都从中感受到了它的巨大价值。这一关系所构建的亚非国家真诚相待、平等相处的国际关系新准则，它所提供的极富成效的发展中国家"南南合作"新模式，更为人类在这个动荡不定的世界上重塑美好未来，带来了更多的希望与信心。正如时任非盟轮执主席国主席、埃塞俄比亚总理梅莱斯·泽纳维（Meles Zenawi）在 2006 年 11 月 5 日中非合作论坛北京峰会开幕式上所说，"中国奉行国家间主权平等和互不干涉内政的原则，使非洲有机会与之建立以互信为基础的伙伴关系。50 年前，我们在反抗殖民主义和种族隔离制度、争取充分行使主权的斗争中，开始建立战略伙伴关系；50 年后，我们再次重申中非战略伙伴关系，这是再合适不过的。"他还说，"非洲人民对中非新型伙伴关系抱有很高期望，我们的人民一直关注和支持中国所取得的巨大成就，并从中深受启发。"[②]

埃塞俄比亚总理梅莱斯在中非合作论坛北京峰会上代表非洲国家对当代中非合作性质与意义所做的评价与分析，总体上代表了当代非洲国家政治家们的基本观点。然而，从一个更开阔的现代世界发展进程来看，我们认为，当代中非关系之所以能在数十年里在不断变革与调整过程中向前发展，从根本上说，在于这一关系本身在其建立伊始就是作为亚非世界追求民族复兴与国家自强事业的一部分而出现的，其中深刻地包含着 20 世纪以来非西方世界的人民在现代世界体系中

[①] 刘鸿武：《中非关系三十年：撬动中国与外部世界关系结构的支点》，载《世界政治与经济》2008 年第 11 期。

[②] 梅莱斯：《梅莱斯总理在中非合作论坛北京峰会开幕式上的讲话》，载《人民日报》2006 年 11 月 6 日。

寻求民族自强、文明复兴、主权独立、政治平等、经济发展、国际尊严的持久努力与希望。① 这一努力与希望只要继续向前推进，中非合作关系的空间就依然存在，依然具有强大的时代要求与现实动力。

事实上，当代中非现代合作关系的形成与发展，并非历史的偶然与宿命，它是中非双方在主动探索自身文明复兴与发展过程中逐渐建立起来的一种能动性关系，它的历史基础与时代合理性，需要放置到现代世界体系演进及其他的极不合理的结构性特征与格局中来理解与把握。

20世纪中叶中华人民共和国的成立与随后年代非洲大陆一系列独立国家的建立，为中非双方改变这一状态的梦想带来了新的机会与可能。在20世纪五六十年代中非双方致力于追求现代复兴与发展的过程中，中非双方同时发现了对方。正所谓"嘤其鸣矣，求其友声"②，这两个自近代以来就饱受西方列强欺凌压迫的世界，在初步接触之后便发现，在遥远的异国他乡有平等待我之民族，有真诚助我之国家。③ 在那以后的风云岁月中，中国与非洲国家的现代合作关系便以一种新的方式发展了起来，并在五十多年间经历了复杂的变革与提升过程。而这一过程在进入到21世纪的时候大大加快了。

二、当代中非合作关系是亚非文明复兴的窗口

我们将中非合作关系称之为一种新型的国家间关系，是从这一关系本身的形态及现代世界国际体系的比较背景上来分析的。近代以来形成的以西方为核心、非西方世界为边缘的世界体系，是一种极不平等的国际体系，是一种中心占据主导地位并进而控制与支配边缘的强权政治体系。因而，从世界多元文明交往与平等对话的角度上看，在人类经历了长达数百年西方主导和支配的所谓"单向度的""中心支配边缘"的世界体系演进过程后，中国与非洲这种相互尊重、平等交往的现代关系的确立与发展，是具有特殊的象征意义的，因为它从一个侧面反映了世界文明交往的总体格局与国际关系的基本形态，正在某种程度上开始向着"多向度的""网状平等型"的多元文明平等交往、自主对话的方向转化。虽然这一过程的到来十分艰难曲折，路途漫漫，但它却昭示出过去数百年间以欧洲或西方国家为中心的现代性的经验与话语过程，终究只会是整个人类现代性发展的一个特殊的阶段而不是全部。世界历史发展的进程，自然不会终结于西方文明的

---

① 刘鸿武：《中非关系：文明史的意义》，载《西亚非洲》2007年第1期，第16页。
② 《诗经·小雅·鹿鸣》。
③ 刘鸿武：《跨越大洋的遥远呼应——中非两大文明的历史认知与现实合作》，载《国际政治研究》2006年第4期（总第102期），第32页。

兴起与完成，它会随着亚非世界复兴与崛起而继续向前推进。如今，在经过了半个多世纪的艰难跋涉与曲折探索之后，亚非世界的发展速度已经明显加快，新的重大的变革正在发生。而这样一些基础的结构性的变化，标志着世界史上一个意义深远的新时代正在悄然到来。[1]

中国与非洲国家合作关系的发展，经历了一个逐渐推进的过程。在中国实现改革开放以后的30年间（1978~2008年），中国与非洲国家间的年贸易额已经由7亿多美元增长到1 068亿美元，增长100多倍；2008年，在非洲投资的中国企业已接近一千家，它们来自中国大江南北各个省市，分布在非洲广袤大陆的数十个国家的各行各业。仅2009年1~6月，在中国和非洲召开的各种类型的中非商贸合作与投资招商会、投资论坛会、项目发布会、学术研讨会就达到了50多场。有关中国与非洲经贸关系的研究，有关中国在非洲的角色与战略的研究，已经成为近年来国际学术界的一大热点。在本课题立项后的近三年来（2009~2011年），中非合作关系再次跃上历史新高，2011年，中非贸易额超过1 600亿美元，短短几年间，中国成为非洲的第一大贸易伙伴，中非合作也因此而快速成为推进非洲经济发展的最重要外部力量。

事实上，中非关系快速变化这一现象，不过是过去数十年间整个非西方世界或亚非世界之间的关系逐渐变化的一个窗口，一个风景更为亮丽抢眼的窗口。亚非世界与发展中国家的关系在发生重大的变化。从2000年到2007年，非洲对亚洲的出口占非洲全部出口的比重增长一倍，由14%上升到28%。从全球角度来看，自2000年以来，来自中国、印度、东南亚的贸易与投资日益成为拉动非洲经济发展的发动机。亚非各国各地区间的经济关系正在变得日益紧密，而由于这些变化，从全球结构上看，发展中国家与发达国家的关系也在发生历史性的变革。从2000年到2006年，发展中经济体占世界经济的比重，也由36%上升到41%，而到2012年，传统意义上的发展中国家在世界经济总量中的比重也已经超过发达国家（或西方国家）。

三、中非发展合作推进世界历史新进程

所有这一切，都预示着世界体系的一种意义深远的结构性变动，一种随着非西方国家的复兴与发展而带来的全球政治经济结构与世界体系的深刻变动。虽然亚非国家、南方国家或整个非西方世界的现代复兴与发展依然还任重而道远，但

---

[1] 刘鸿武：《中非建立新型战略伙伴关系的时代价值与世界意义》，载《外交评论》2007年第1期，第12页。

这一过程在近年已经在加速了，随着亚洲与非洲间经济关系的迅速加强和提升，在中国与非洲、印度与非洲、非洲与中东之间，在东亚与东南亚、南亚、中东与非洲这一更广阔的亚非世界之间，正在出现一块不断向外延伸且充满活力的推动世界经济增长的"新边疆"，一条新的通向未来世界的"现代丝绸之路"，而我们认为，当代中非关系，正是这一"新边疆"，这一新的"现代丝绸之路"的最有力的拓荒者、建设者。

冷战终结之时，西方曾一度流行所谓的"历史终结论"，自认人类的文明不可能再有超越西方或有别于西方的变化与发展。然而，历史却是一个变易不止的过程，它总在人们悄然不觉中变换着时空。过去数十年，在中国社会巨大变革背景下发展起来的中非关系，特别是双方在贸易投资及其他经济领域的有效合作及成果，已经大大拓展了人类现代发展事业的想象空间与选择机会，它所累积的丰富经验与发展成果，正生动地昭示着世界历史进程远未"终结"，它还会随着亚非世界的现代复兴进程而开辟自己新的道路。在过去的三十多年间，向世界敞开胸怀的中国，在接受外部世界的种种馈赠，应对外部世界复杂挑战并因此而使自身发生巨大变革的过程中，也以自身的变革深刻地影响了外部世界。今天，中国要比历史上的任何时期都更深刻地与外部世界形成了复杂的互动关系结构，而这一变化目前还在快速的推进之中。对于已经有漫长岁月积累的中国文明来说，这三十多年的历史进程与变革，及与遥远的非洲大陆的交往与合作，也可谓是另一种"千古未有之变局"，[①] 它给了中国的知识精英们重新去认知中国文明的特殊性质及中国文明与外部世界相互关系的新的机会与挑战。我们对当代中非关系的理解与把握，对新时期中非合作关系的价值与意义的理解，也需要从这样一个背景上来努力。

第二节　新中国成立后中非合作关系的开启与早期进程

一、中国并非近年突然出现在非洲

近年来，一些西方媒体指责中国对非政策，说中国是因为要获取非洲的资源而"突然"出现在非洲的。也有的说，中国虽然在20世纪五六十年代关注过非

[①] 1895年中日甲午战争，中国败于日本后被迫签下《马关条约》，梁启超喟然而叹，称此乃中华"千古未有之变局"。百年之后，中国经不懈努力重新让自己在世界格局中的地位再次发生了根本性变革，而这是一次让自己在世界格局中地位上升而非沉沦的变革。

洲，但20世纪80年代以后就放弃非洲了，只是因为近年因需要非洲的石油和资源才"重返"非洲的。然而，中国并不是只为获取非洲的资源而在近年"突然"出现或"重返"非洲的。在当代，中国与非洲国家的合作交往关系自50年代开启，已经有半个多世纪的历史进程了，自那时起，虽然中非关系经历了阶段性的变化，但中国也从未离开过非洲，只不过中非关系在近年确实获得了快速的提升与拓展，这种合作是全方位的，资源、能源合作只是中非互利合作中的一部分而不是全部。

对中非合作关系的性质与独特进程，西方人往往缺乏设身处地的感受与理解，因而总是用自己的早年扩张历史与征服经历及在这种历史经历中形成的种种"帝国主义原则""殖民主义理论"来给中非关系定调，结果往往都不能很好解释和预测中非关系的现状与未来。

为了更好地理解过去60年中国与非洲国家现代合作关系建立及演变的特殊性质与战略意义，我们需要对中非现代合作关系建立的历史背景与早期进程略作回顾，以便理解中非合作关系何以在这数十年间复杂多变的国际局势下始终保持了持续发展之势头，并在不断调整的过程中与时俱进，在21世纪到来的时候开创出了更广阔的新天地。

新中国与非洲国家的现代外交与合作关系开始于20世纪50年代，它是中非双方在20世纪为追求国家复兴与民族自强而在外交领域所做努力的一部分。

自近代以来，中国国运沉沦衰败，任由外人欺凌鱼肉，已无自主外交空间可言，非洲大陆之情形，亦与中国相仿而尤甚之。但新中国的成立与非洲大陆的解放，使双方改变这一状态的梦想成为可能。当时，中非双方在追求现代复兴与发展的过程中，同时发现了对方。[1] 所谓"嘤其鸣矣，求其友声"，[2] 这两个自近代以来就饱受西方列强欺凌压迫的世界，在初步接触之后便发现，在遥远的异国他乡有平等待我之民族，有真诚助我之国家。[3]

二、万隆会议与新中国对非交往的开启

新中国成立之初，中国已开始关注非洲民族解放事业。[4] 1955年4月的万隆

---

[1] Bruce D. Larkin：*China and Africa*，1949–1970，*The foreign Policy of The People's Republic of China*，University of California Press，1971，p. 1.

[2] 《诗经·小雅·鹿鸣》。

[3] 刘鸿武：《跨越大洋的遥远呼应——中非两大文明的历史认知与现实合作》，北京大学主办《国际政治研究》（*International Politics Quarterly*）2006年第4期（总第102期），第32页。

[4] Bruce D. Larkin：*China and Africa*，1949–1970，*The foreign Policy of The People's Republic of China*，University of California Press，1971，p. 4.

亚非会议，为中非直接外交接触提供了机会。会议期间，中国总理周恩来、副总理兼外长陈毅宴请了埃及总理纳赛尔（Gamal Abdel Nasser），并与加纳、利比亚、苏丹、利比里亚、埃塞俄比亚等国代表进行了沟通对话。这一努力很快产生了成效，一年后的1956年5月30日，埃及成为第一个与中国建交的国家，中非现代外交关系由此开启。1959年10月，几内亚成为撒哈拉以南第一个与中国建交的非洲国家。此后20年，中非关系获得快速发展。至1979年，与中国建立外交关系的非洲国家已达44个。

与数十个非洲国家友好关系的建立，大大改变了中国外交的总体环境。这期间，来自40多个非洲国家的120多位国家元首或政府首脑访问了中国，210多位部长级以上官员到中国访问达300多次。中国也有多位国家领导人、10多位部长级以上官员访问了40多个非洲国家。同期，中非双方派出大批的经贸、文化、体育、教育、军事代表团互访，非洲来华留学生、进修生近1 000人次，中方有数十支医疗队活跃在非洲广袤大地上，坦赞铁路建设时期，先后有5万多名中国技术施工人员奋战在热带丛林，此外，还有一批中国留学生到非洲学习斯瓦希里语、豪萨语。一时间，中非这两个遥远世界友好往来之盛，于中国对外关系史而言，亦有盛唐之气象矣。

从当代人类交往史之角度看，中非关系之独特，在于这一关系本身在其创建伊始就是作为中非双方追求现代复兴事业的一部分而出现的。[①] 对于这一关系的性质、意义与作用，中非领导人都曾做过自己独特的思考。坦桑尼亚总统尼雷尔是当代非洲影响甚大的民族主义国家领导人，曾先后14次访问中国，他曾说过，当代非洲小国林立，国穷民弱，无一国为西方所重，非洲唯有结为一体，在世界上才有说话的力量，但非洲仅有内部之统一是不够的，非洲还需与中国这样平等待我的国家建立友好关系，相互援助，在国际上才有力量。[②] 而在中国看来，通过支持非洲民族解放事业以扩大和增强世界上反对西方帝国主义的力量，将可以迅速打破西方国家对中国的外交封锁，改善中国外交的国际环境，显示中国作为一个迅速复兴中的东方大国对于亚非国家的特殊战略意义。[③]

[①] 刘鸿武：《中非交往：文明史的意义》，载《西亚非洲》2007年第1期。

[②] J. K. Nyerere, "South-South Dialogue and Development in Africa", Uhuru (Dar es Salaam), 23, May, 1979.

[③] 1963年底至1964年初，中国总理周恩来访问非洲十国时，首次对中国与非洲国家关系的战略与政策做了明确宣示：1. 支持非洲国家反对帝国主义和新老殖民主义、争取和维护民族独立的斗争；2. 支持非洲国家奉行和平中立的不结盟政策；3. 支持非洲国家用自己选择的方式实现统一和团结的愿望；4. 支持非洲国家通过和平协商解决彼此的争端；5. 主张非洲国家的主权应当得到一切其他国家的尊重，反对来自任何方面的侵犯和干涉。

三、20世纪六七十年代的交往与对非援助八原则

事实上，中非关系建立之初，"对外援助"这一概念已成为中国与非洲国家关系的核心内容。不过，对于援非的性质与意义，中国始终有自己独特的理解。中国领导人一再对非洲友人讲，不仅是中国在援助非洲，非洲也在援助中国，中非的援助是相互的、平等的、真诚的。在1963年底至1964年初访问非洲十国期间，中国总理周恩来首次向世人宣示了中国"对外援助八项原则"：1. 中国政府以平等互利之原则向非洲国家提供援助，认为援助是相互的，非洲国家也在援助中国。2. 中国的援助不附加任何条件，严格尊重受援国的主权和尊严。3. 中国政府以优惠条件提供援助，尽量不增加受援国的负担。4. 中国政府的援助不是造成受援国对中国的依赖，而是帮助受援国提升自主发展的能力。5. 中国政府帮助受援国建设的项目，力求投资少、见效快，使受援国政府能够增加收入，积累资金。6. 中国政府提供自己所能生产的、质量好的设备和物资，并且根据国际市场的价格议价，并保证设备和物资的质量。7. 中国政府保证受援国的人员能掌握所提供技术援助的相关技术。8. 中国所派专家只能享受与受援国专家一样的待遇，不能有任何特殊要求。

这八项原则的提出及实施，表明中国政府一开始就试图与非洲国家建立一种基于自身文明特性与现实战略需要的关系，这种关系建立在相互尊重、平等、互利的基础上，特别是互不干涉内政这一原则，在中非关系建立之初便成为双方关系的一个重要基石。中国领导人多次强调，中国援非不是施舍，不是恩赐，而是朋友间的相互支援，中国决不会借援助之名而干涉非洲国家内部事务，谋取政治特权。

1956年，埃及成为第一个接受中国援助的非洲国家。到20世纪70年代末，中国对非援助已达到一定规模，并形成自己的特色与影响力。70年代前半期，中国外援占同期国家财政支出的5.88%，1973年为最高年份，达到6.92%。① 到1978年，中国共向36个非洲国家提供了超过24亿美元的经济援助，这相当于中国对非共产党集团国家外援总额的50%和中国对50多个第三世界发展中国家援助总额的70%。② 中国在非洲援助项目达200多个，涉及农业、气象、卫生、体育、教育等众多领域，其中以坦赞铁路建设项目为最。为建设这条全长

---

① 石林主编：《当代中国的对外经济合作》，中国社会科学出版社1989年版，第69页。
② 于子桥著，沈浦娜译：《坦桑尼亚—赞比亚铁路——中国对非经济援助个案研究》，载北京大学非洲研究中心编辑《中国与非洲》，北京大学出版社2000年版，第274页。

1 860 公里、穿过热带密林峡谷，由东非沿海抵达赞比亚铜矿产地的铁路，中国政府投入的资金达 4.55 亿美元的资金，可谓举全国之力为之。① 这一被非洲朋友称为"自由与友谊之路"的铁路，为中非关系奠定了一个长期发挥作用的基石，它所具有的"诗史般象征意义"，预示着在现代世界国际关系史上，一条非西方世界间的"南南合作"之路已开始启动了。②

到 20 世纪 70 年代末，中国对非洲的经济援助不仅达到一定的规模，并形成了自己的特色与影响力。在当时特殊的时代条件下，中国所倡导的这种新型关系，对于那些长期遭受西方殖民统治而处于屈辱状态的非洲国家来说，是有特别吸引力的。③ 唯其如此，大多数非洲国家在得到独立后不久，便纷纷与中国建立了友好关系。这些弱小非洲国家曾为恢复中国在联合国的合法席位而一次次奋力疾呼，而当它们最终将中国"抬进联合国"时，它们也就自然地把这视为自己的胜利而欢呼庆贺。

至 1978 年中国改革之时，虽然中国经济已陷入严重困境，但对非经济援助依然是双边关系的重要内容。仅以 1978 年来看，4 月 1 日，中国与乍得、喀麦隆两国在乍得首都恩贾梅纳签署了一个三方合作建设沙里河公路桥的会谈纪要，按照这个会谈纪要，中国政府将在未来五年中向乍得政府提供资金，帮助乍得政府修建一条连接乍得边境到喀麦隆西北边境的公路。除中国政府将向乍得和喀麦隆派遣工程技术人员、提供物资设备外，这一合作意向涉及的援助资金约 200 万元人民币。同年 7 月 31 日，中国政府代表团在坦桑尼亚首都达累斯萨拉姆与坦桑尼亚、赞比亚两国代表团举行了坦赞铁路三方会谈，在经过三天的复杂谈判之后，三国代表团团长签署了三国政府关于坦赞铁路第二阶段技术合作议定书、关于坦赞铁路训练学校技术合作的协定书和坦赞铁路技术合作纪要。按照协议，中国政府将继续为坦赞铁路的运行提供资金和技术支持，同时在坦桑建立一所铁路职业训练学校，为两国培训管理干部与技术人员，这一协议每两年签署一次。9 月 14 日，由喀麦隆、中非、加蓬、上沃尔特、马里、尼日尔、乍得 7 个非洲法语国家组织的世界卫生组织非洲公共卫生考察组到达北京，就中国与非洲国家的卫生合作进行商谈。9 月 16 日，由联合国开发署和世界气象组织举办"气象为农业服务"考察团到达中国，这个考察团成员由非洲 9 个国家的气象官员组成，在中国考察学习了一个月。

---

① 中国政府公布的数字是耗资 9 亿元人民币（当时人民币兑美元汇率约 1.5∶1），刘贵今大使在南非安全研究所上的演讲，中非合作论坛网：http://www.focac.org/chn/zyzl/hywj/t280368.htm。
② J. K. Nyerere, "South-South Dialogue and Development in Africa", Uhuru, 23, May, 1979, Dar es Salaam.
③ 近年一些西方媒体将中国与非洲国家交往时奉行"不干涉原则"称作是唯利是图的重商主义政策，显然是对中非关系的历史背景缺乏了解。

可以看出，20世纪70年代末中非在各领域的合作与交往是很紧密的。仅在70年代10年间，共有24个非洲国家与中国建立了外交关系。考虑到当时中国正处于"文革"动荡时期，与这样一大批非洲国家外交关系的建立，对于当时的中国来说无疑有着重大的意义。在一些西方研究者看来，当时的中国，已经将非洲视为自己的"国际统一战线"的组成部分，并从这一战线中获得重大利益。

第三节　20世纪70年代末80年代初中非关系面临的问题与调整

从20世纪50年代开始建立起来中非关系，对于中国与非洲来说，都是一份巨大的政治财富。然而，无论是对于中国还是对于非洲，其现代复兴过程必将是一个漫长的过程。对于非洲大陆来说，它进入现代文明时相对较低的历史起点，它在传统社会框架内所达到的经济社会发展程度尚处在一个较低的形态上，而现代中国却因近代以后的历史延宕而积累了太多需要跨越的障碍，因而在中非建立现代双方关系之早期阶段的20世纪六七十年代，作为极不发达国家和地区间的那种"南南合作"的特征，便在中非关系领域表现得十分的突出，它使得当时中非双方交往合作的内容、规模与形式，都打上了那个时代的鲜明烙印。

一、20世纪80年代后中国对非政策的调整及原因

正因为如此，中非关系在20世纪六七十年代虽然获得了快速发展，双方亦都从这种关系中获得了巨大的利益，但是，中非关系因时代的限制而始终存在着一些隐忧，存在着一些使双方关系陷入困境的结构性因素。事实上，到70年代末，中非关系曾有的那种激情似乎正在消退，维持这种关系的物质基础与政治条件已经显明削弱，这使得双方都不得不回过头来重新思考各自的发展道路及双方关系的某些缺陷。

从大的国际背景上看，20世纪70年代末80年代初，西方国家已经开始新一轮的科学技术革命和新经济发展进程。虽然亚非国家经济在过去20年中有相当发展，但与西方国家的经济差距却越来越大，中非都面临着政治经济变革的巨大压力。不过，就中非双方而言，中国面临的困境与变革压力似乎更大些。1978年，中国经历了"文革"动荡之后，国家经济尚处于百废待兴的缓慢恢复时期，中国不得不将自己关注的重点放在国内，放在国内政治经济变革的问题上，并因

此而调整中国包括对非政策在内的对外政策。

这种调整在刚开始的时候，并没有一个明确的方向和目标，因而也经历了一个较长的探索、适应的过程。

首先，在中非合作的政治层面，中国需要根据时代的变化调整原有的对非政策。这种调整，在于中国对于国际格局的认知与判断已经开始发生变化，战争与革命的思维方式，正逐渐让位于对于和平与发展的追求。在和平与发展成为中国对世界局势的基本看法后，过去主要是服务于民族解放运动的中非关系，也开始向着服务于中国所追求的和平与发展的主题转换。

事实上，进入20世纪80年代后，中国开始更积极地奉行和平外交的政策，试图与世界上所有国家建立正常的外交关系。这一变化的结果，是在对非政策方面，中国逐渐地摆脱了过去以意识形态和政治制度决定外交的束缚，努力与更多的非洲国家建立交往关系。非洲国家独立后，在政治制度和经济政策上形成不同的发展模式，有的比较倾向社会主义，与中国、苏联和东欧国家关系紧密，有的比较倾向资本主义，与西方欧美国家关系紧密。长期以来，作为第三世界与发展中国家的共同成员，中国与非洲大多数国家都有良好的关系，但是受特定时代条件的制约与影响，六七十年代中国与非洲国家的交往存在着某种程度的意识形态挂帅或以东西方阵营划线的做法，另外，在政党交往方面，受当时意识形态观念的影响，中国共产党基本上不与那些主张议会选举、赞成市场经济的非洲国家民族主义政党和组织接触往来，政党交往范围仅限于那些主张社会主义或马列主义的政党。

其次，在与非洲国家的经济政策方面，也需要进行相应的调整。新中国成立后，由于奉行计划经济的政策，对外贸易一直是在国家控制下，加之当时西方国家对中国实施各种封锁制裁，中国与外部世界的贸易经济关系受到严重限制，因而对外贸易在整个中国经济生活中一直占着很小的比重。在这种大背景下，新中国与非洲国家的经贸关系不可能有太大的发展。虽然自20世纪50年代起，中国与非洲国家的经济贸易往来已经开始建立，双方贸易额逐渐增长，但双方经济关系总体上是从属于政治与外交关系的。除有限的通过国际市场发生的正常贸易往来外，当时中国与非洲国家的经济关系更多的是一种援助关系，援助对象的选择与援助规模的确定，基本上不遵循正常国际贸易的利益优先原则，而是以对方国家与中国政治上的亲疏或政治意识形态之异同来确定。多数援助项目都是作为不计经济成本的政治任务来执行的。经济关系从属于政治关系，是那个时代中国与非洲国家经济关系的一个显著特点。

应该说，在当时的时代条件下，中国与非洲国家建立的这种具有较强政治色彩的经济援助关系，并非完全是中国随意的选择，而是与当时世界处于冷战状态、全球关系本身就具有强烈政治色彩这一大背景相联系的。当时西方国家的外交政策也具有强烈的意识形态色彩,其在亚非国家的经济援助与开发计划也有明显的政治动机和冷战背景。不过由于西方国家总体上已经过渡到较成熟的市场经济体制下,政经关系相对分离,众多私营企业与公司所从事的国际贸易与政府主导的经济援助有所不同,更倾向于遵循市场的原则、经济利益的原则。而当时的中国经济本身处于国家计划体制之下,政治经济高度一体,不存在独立于政治体制之外的经济主体,在计划经济与政治权力主导的经济体制下,中国的对外经济关系必然依照政治要求而运作,也更易于推行和维持。从这个大背景来看,中国与非洲国家建立这种政治主导型的经济关系,中国对非洲国家提供经济援助与支持,既是时代的产物,也符合当时中国与非洲国家对中非关系的期待与要求。需要说明的是,中国在援助非洲时,一开始就遵循了相互平等和不干涉的原则,中国并没有借用这种援助而将自己的政治意愿简单地强加于非洲,中国始终充分尊重和考虑非洲国家的意愿,这在20世纪60年代初提出的对外援助八项原则中有充分的体现,而这种不干涉内政、尊重非洲国家的做法,要比援助本身更有助于中国与非洲国家建立紧密的友好关系。

不过,到20世纪70年代末80年代初,随着和平与发展逐渐成为中国政府对世界局势与国际格局的基本判断,发展经济和实现现代化日益成为中国政府追求的首要目标,经济本身逐渐获得了自主的地位而不再仅仅只是服务于政治目标的工具。在这种背景下,中国政府开始考虑调整对非洲经济援助的政策与方式。一方面是对经济援助所追求的目标进行调整;二是需要考虑提高经济援助的效益;三是需要改革经济援助的方式;四是需要把经济援助与中非双方的经济发展结合起来,中国政府开始考虑如何结合中国自身的实际能力和非洲国家的真实需要来重新制定援助非洲的政策与内容。

二、对非合作四原则的提出及其影响

新的对非合作四原则"平等互利、讲究实效、形式多样、共同发展"符合当时中国国内的改革开放大背景及国家发展变革的客观要求。这一新的对非援助与合作四原则的提出,具有特殊的时代转换的意义,总体上看,它是在20世纪60年代提出的对外援助与合作八项原则基础上的完善与拓展,它继承了中非友好关系的基本传统与核心精神,又具有面向未来的更加理性、开放、务实的新特点,从中我们也可以看出中非关系在过去五十多年中是一个既连续而又有变化的过程。

值得关注的是,从20世纪80年代以后,中国在表达与非洲国家的经济关系时,就已经越来越多地使用"合作"而不是"援助"一词,强调双方互利合作而不仅仅只是中国对非洲的单方面援助，之所以如此，一方面是因为中国始终认为中国与非洲国家的关系是平等互利的，援助也是相互的；另一方面也表明了中国作为一个发展中国家，对于开展与非洲国家经济技术合作的目标与意义有了自己新的认知与期待。

第一，与20世纪60年代初中国总理访问非洲时提出的对外经济援助的八项原则相比，80年代初中国政府的对非政策，在保持了中国对非政策连续性的同时，更突出了双方在经济技术领域开展实际性合作时应该更加理性、务实，而不是仅仅基于相同的意识形态信念或理想主义的激情。

第二，中国政府特别强调，中国开展与非洲国家的经济技术合作的过程与内容是双向的、是互利的，最终目标在于促进双方的经济与社会发展，提升双方的发展能力。因为中国和非洲都是发展中国家，发展是第一要义，中国对非洲的援助，中非双方开展经济技术合作，都应该有助于推进双方的发展。

第三，中国更强调了对非援助必须基于可操作性的形式与内容，项目的实施要量力而行，合作的内容、规模和形式要充分考虑双方的实际需要和条件，使援助项目取得较明显的经济实效。因为只有这样，双方的经济合作才有可持续发展的可能。

第四，中国对非援助的方式应该是多种多样的，除由政府主导的多年实施的无偿援助、现金赠款外，应该拓展更多的形式。中国政府开始鼓励中国企业到非洲开展形式多样的经济活动，包括工程承包、劳务合作、技术服务、业务培训、科技交流、合作办厂、合资经营企业等，因为这些新的合作方式，可以收到更好的援助效益。这四项原则中最后的一项原则"共同发展"，就集中表达了中国方面对于未来中非关系进程和走向的基本看法与期待。

事实上，这样一种对中非经济关系的理解与期待，其实是与当时中国国内正在进行的政治经济改革与调整的基本方向一致的。进入20世纪80年代以来，中国对外关系的调整与对外政策的制定，就越来越明显地与国内的政治经济改革进程联系到了一起。将中非关系的重点由政治转向经济，将不计成本效益的无私援助调整为关注效益、互利共赢的经济技术合作，正是当时正在变化中的中国国内政治经济形态在对非关系领域的一个表现。正如埃及《消息报》发表评论所称："中国现在情况稳定了，翻开了历史的新的一页。新中国向整个世界张开了手臂，敞开了胸怀。"

三、对非劳务承包合作与中国企业开始走进非洲

按照20世纪80年代中国政府提出的对非政策四原则，中国与非洲国家的关

系在其后逐渐得到调整，并在许多领域取得明显的进步与发展。

对非援助在调整与改革中继续推进，成效明显提升。从规模上看，整个 20 世纪 80 年代，中国对非援助提供的成套设备与项目援助有一百多个，有近 30 多个非洲国家从中受益，项目涉及农业、水利、电力、交通、通信等领域，以及公用与民用建筑、体育与文化设施建造等。为提升援助效益，中方与非洲国家以协商的方式对援助方式进行了改革尝试，援助方式趋于多样化。中非双方总结以往的经验教训，更注重援助项目建成后的管理与维持。按照中方提出的原则，中方适当减少了对非赠款与现金援助，而是提倡将直接贷款援助转变为经济技术合作的项目，以建设项目替代原来的无息贷款与赠款。同时，为提升项目的效益，中方与非洲国家通过商议对建成投产后的项目进行管理体制的改革，由中方派遣专业技术人员与管理人员参与项目的经营与管理，或由中方人员代管经营、租赁承包，在有些国家，还尝试着将中国的援助转化为受援国的投资，与中方企业建立合资企业共同经营管理。这些改革措施是与当时中国国内正在进行的企业经营体制的改革相一致的。这改革措施在一些非洲国家取得了积极的成效，有些项目产生了很好的经济效益，如坦赞铁路、卢旺达水泥厂、布隆迪纺织厂、贝宁纺织厂等，都实现了盈利，成为这些国家政府税收的重要来源。另外一些长期经营不善、亏损严重的企业也出现了转机，许多非洲国家对此给予积极评价，把这些企业视为新时期中非合作的典范。

与援非工作改革相伴随，20 世纪 80 年代中国与非洲国家的经贸关系也有较大的发展。从 80 年代初开始，中国一些国有企业在改制过程中，开始进入国际市场寻求发展的机会，涉及非洲的劳务合作和工程承包是其中发展较快的领域。这些劳务合作与工程承包工程，有的是中国政府提供贷款或赠款兴建的建设项目，有的是中国企业通过国际招标获得项目承包的世界银行和西方国家提供贷款的工程。到 80 年代末，中国企业在 40 多个非洲国家承包的工程和劳务合同达 1 000 多个，向非洲派遣了数千名工程技术和劳务人员。应该说，中国企业走进非洲首先是从这种较低层次的工程承包和劳务合作开始的，然而这一过程对未来中非经贸关系的发展却有着特殊的意义。因为在这个过程中，中国企业和公司较早地熟悉了非洲国家的经济与投资环境，先于西方国家占据了非洲国家基础设施与工程项目的很大份额，并在非洲国家赢得了市场和声誉。事实上，当时西方国家普遍轻视非洲，企业和资金纷纷抽离非洲，而中国企业却从非洲大陆开始了它们进入国际市场的历史进程。对于许多后来在国际上取得成功的中国跨国公司，非洲往往是它们通往世界的第一站，是它们最终得以适应国际经济激烈竞争环境的第一步。中国企业对非承包工程和劳务合作，不仅带动了中国机械设备、运输产品的对非出口，而且还使中国企业锻炼了队伍和管理干部，为 21 世纪里中国企业在非洲的贸易投资的快速崛起奠定了重要基础。

除工程承包与劳务合同外，20世纪80年代中国与非洲国家的贸易也了有较快发展。中国政府先后与多哥、津巴布韦、安哥拉、科特迪瓦、吉布提等8个国家签订了政府间贸易协定。到80年代末，中国已经和几乎所有非洲国家和地区建立了贸易关系，其中有40个国家还与中国签订了政府间贸易协定。中国与非洲国家的贸易总量，由1979年的8.17亿美元，增加到1988年的10.22亿美元，10年间增长25.1%。当时，中非贸易的商品结构主要还是以初级产品、工农业原材料和机械设备为主，但制成品和半制成品的比重已经逐渐上升到贸易总值的一半左右。非洲从中国进口的主要商品有农业机械、手工工具、机械成套设备、化工原料、服装、布料、大米、茶叶和其他日用百货。中国从非洲进口的主要是棉花、可可豆、咖啡豆、阿拉伯胶、砂糖、化肥、钢材、船舶和船舶设备等。

20世纪80年代，中国与非洲国家的政治与外交关系也有很大发展。首先，中国同一些传统友好的非洲国家，如坦桑尼亚、赞比亚、埃及、扎伊尔、贝宁、加纳、几内亚、马里、加蓬等国家的关系有了进一步的加强，双方在国际舞台上的合作不断加深，政治交往更加频繁。几内亚总统杜尔在事隔20年后再次访问了中国，坦桑尼亚总统尼雷尔在80年代两度访问中国，加纳新任总统罗林斯、加蓬总统奥马尔·邦戈等相继访问中国，他们作为非洲独立之初的第一代领导人对中国的再次访问，显示出开创于60年代的中国与非洲国家的友好关系在新时期里依然延续了下来。特别是加纳国家元首罗林斯的访问，使中国与加纳两国在毛泽东与恩克鲁玛时代开启的友好关系得以恢复和发展，对改革开放后的中国对非外交具有重要象征意义。其次，80年代中国与非洲国家关系发展的另一突出表现是中国通过调整对非政策，淡化意识形态因素而与一些亲西方或亲苏联的非洲国家建立、恢复或改善了正常的国家关系，如埃塞俄比亚、肯尼亚、塞内加尔、马达加斯加、安哥拉、莱索托、科特迪瓦等，这些国家在非洲多具有重要的地位和影响力，中国与这些国家外交关系的修复与发展，表明中国的对非政策日益走向成熟和理智。到80年代末，中国与非洲国家的外交关系达到了一个新的高度，在当时非洲的51个国家中，同中国建交的国家达到47个。

此外，20世纪80年代中国与非洲国家在科教文卫等领域的交往、合作也较为频繁，10年间有80多个非洲国家的文化艺术代表团访问了中国，10多个非洲国家艺术演出团体到中国演出，中国也派出了20多个艺术代表团或演出团到非洲访问演出，并在毛里求斯、贝宁修建了中国政府资助的中国文化中心。这期间非洲国家来中国留学生达到2 000多人，学科领域包括医学、农业、建设、纺织、电机、交通、采矿、语言等，同时有一百多名中国专家和教师到非洲十多个国家的大学和中学教授汉语、数学、物理、化学课程,还有一些中国留学生与访问学者到非洲大学学习非洲语言及人文社科。中非医疗合作在80年代继续保持了相当的规模,中国向非洲20多个国家派遣了数十支医疗队,他们深入非洲广大乡村和边远地区,给缺医少药的非洲人民带去了基本的医疗保健服务,救治了许多病人,在非洲国家赢得了很高的声誉,被称为"'南南合作'的典范"。

第四节 20世纪90年代中非关系的调整、发展与面临的挑战

20世纪80年代末90年代初,随着苏东剧变与冷战结束,国际格局发生了重大变化,中非关系的外部环境有了很大的不同。在改革开放道路上已行进了十年的中国,面临着前功尽弃、重返旧状的危险。在这个独特的时候,与20年前相类似,中国为打破西方封锁、恢复国际形象和重返国际社会,再次从非洲友好国家那里得到了宝贵的帮助。

一、西方漠视非洲与中非关系发展的新契机

事实上,进入20世纪90年代后,随着中国社会经济的发展与国际局势的变动,中非关系的战略性质与意义已经在悄然变化之中。

一方面,冷战结束后,西方改变了以往对非洲的政治态度,将在非洲推行议会多党制及价值观作为对非政策的重点,推动非洲国家向多党制过渡,并将这一战略与对非援助挂钩。20世纪90年代初,非洲出现了多党制浪潮,一些国家纷纷发生政权更迭,由军人政权和一党制转向多党制,在这个过程中,不少非洲国家政局出现动荡。同时,大多数非洲国家还面临来自西方对其人权问题的指责与压力。面临经济困境的非洲国家为获得西方国家的经济援助,被迫在内政与外交方面做出让步,但非洲国家接受世界银行或国际货币基金组织提供的私有化改革方案,及实施多党制、议会选举制及按照西方价值观推行的人权政策,并未给非洲带来相应的政局稳定和经济增长,90年代,大多数非洲国家都陷于经济衰退、政治动荡的困境之中,只是因为一时又找不到更好的办法来解决自己的问题,非洲在世人眼中的地位进一步边缘化,发展前景似乎愈加暗淡了。

然而,国际局势的这一变化,却给中国与非洲国家的关系发展提供了另一种

契机。因为在非洲国家日益陷于政治经济困境的时候，中国也面临西方国家日益明显的政治压力与意识形态挑战。自1990年起，以美国为首的西方国家每年都在联合国人权会议上集体提出谴责中国的提案，要求联合国人权会议专门审议中国的人权问题。如果这样的提案获得通过，会给中国外交造成严重困境。与此同时，20世纪90年代以后，随着中国台湾岛内分裂势力坐大，维护国家的统一格局，也成为中国外交工作的一个重要内容。中国十分需要得到非洲国家的支持，非洲对中国外交的战略地位更加凸显。

从1990年起，中国连续多年都挫败了西方国家在联合国提出的反华人权提案，其中非洲国家的支持是十分有力而关键的。例如，1997年，联合国人权会议召开后，针对西方国家再次提出的反华提案，中国向联大提出"不采取行动"动议，投票结果，以27票赞成、17票反对的结果，中国的动议获得通过。在27票赞成票中，仅非洲国家就有14票，超过半数，可见非洲国家的支持对中国的重要性。而17票反对票则多来自西方国家，由此也可以看出在人权问题上发达国家与发展中国家的对立，人权问题其实已经逐渐转变为西方国家压制中国和其他发展中国家的一个操控工具。

值得关注的是，20世纪90年代中国经济在非洲的影响力已经悄然上升。进入90年代，非洲国家因政局动荡，经济萧条，西方国家纷纷减小在非洲的投资，非洲在世界经济和政治中的地位进一步下降和边缘化，国际社会盛行看衰非洲的悲观论调。但中国却因为与非洲国家有着共同的政治经济诉求而努力与非洲国家保持着传统的友谊，并且通过改革援非方式而日益与非洲国家建立和拓展越来越紧密和多样性的经济商贸关系。应该说，2000年以后中国企业大规模地走进非洲、中非经贸的快速发展，并非突然出现的现象，它其实是从90年代就开始的中国与非洲国家经济技术合作起步的。

二、援助与合作的务实结合与中国企业加快走进非洲

1995年，中国加快了援非方式的改革力度，增加双方的经济技术合作的新形式与新途径，以求进一步提升援外项目的经济实效。中国政府与一些非洲国家经过商议，将中国政府提供的援助分为政府财政提供的无息优惠贷款（包括无偿赠款或无息贷款）和由金融机构提供贴息贷款两部分，并以项目援助的方式加以实施，以提升援助效益，增强受援国利益共享、风险共担的合作意识。同时，对于一部分给非洲国家的贴息贷款与赠款，中方与非洲国家通过商议，转化为非洲国家用于双边贸易与投资项目的进出口信贷，用于非洲国家从中国进口急需的设备、商品、公用和民用设施，以及扩大对中国的商品出口。中国政府希望通过这

种方式，鼓励中非双边贸易与投资的增长，推动非洲国家经济的发展。

20世纪90年代中期以后，中国政府积极推进中国企业的"走出去"战略，鼓励中国企业到非洲从事商业贸易和投资非洲。作为这一战略的一部分，90年代后期，中国相继在非洲国家建立了11个投资贸易中心，分设于非洲各有代表性的地区，为中非企业提供资讯、管理、政策与金融方面的帮助，以扩大中国与非洲国家的投资与贸易。中国政府采取多种措施鼓励中国企业走进非洲，向从事中非贸易与投资的中非企业提供政府贴息优惠贷款，用于开办合资企业或购买设备的启动资金，还为中国企业和中非合资企业提供优惠税收方面的支持，努力改善企业的经营环境与风险抗御能力。中国银行在非洲建立了金融机构，为从事中非贸易和投资的公司企业提供金融业务方面的帮助，以帮助企业克服非洲国家金融风险大、金融服务缺失的困难。

这些努力产生了积极的效果，20世纪90年代中非投资贸易合作取得了重大进步，贸易总量增长明显。中非双边贸易额由1988年的10.22亿美元，增长到1995年的39.2亿美元，1997年增长到56.7亿美元，随后几年，中非贸易开始以年平均25%以上的速度增长，成为当时中国对外贸易增长最快的部分，到2000年中非贸易首次突破了100亿美元。这期间，中国企业已经开始较明显地走进非洲，到1999年，已经有近一千家中国企业和公司在非洲40多个国家从事贸易和投资活动，直接在非洲开办的投资贸易公司也达到了近400家。90年代末，中国援助非洲四十多个国家共建成成套项目600多个，这些项目涉及非洲基础设施、农业、城乡建设、民用与公用设施等许多领域，对于改善非洲国家的经济发展基础和民生，起到了重要作用。

20世纪90年代后期，中国与非洲国家的经济技术合作已经出现一些投资规模大、建设长、技术含量高的大型项目，大型设备的出口与工程项目也跃上一个新台阶。例如，用于支线飞行的中国民用航空飞机开始批量出口非洲国家，到1999年出口达300多架，涉及金额达十多亿美元。一些非洲国家开始重视中国的发展经验，埃及政府与中国达成协议，在苏伊士运河北面建立中埃合作经济技术特区，两国还签署了在高科技和扶贫领域进行合作的"星火计划"和"曙光计划"。90年代末，中国与阿尔及利亚政府达成开展核能技术合作的谈判，双方决定开发核能技术用于民用事业。1997年中国与苏丹政府达成协议，由中国与苏丹两国企业合作承建由苏丹首都喀土穆到苏丹港的石油管道工程，项目金额达2.15亿美元。这一工程为今后中国与苏丹政府开展石油开发与能源合作奠定了基础。同年，中国与埃及政府签订了一项金额达1.45亿美元、年产130万吨和60万吨水泥的成套设备合同。同时，中国土木建筑工程集团在国际招标中拿下了尼日利亚铁路修复改造项目，项目金融总计达5.29亿美元。这些都是中国企业当时在海外获得的规模较大、影响面广的建设工程，它标志着中非经济技术合作正在进入一个新的时期。

三、中国与南非建交及其意义

20世纪90年代中国与非洲国家关系发展的重要内容之一，是中国与南非于1997年12月建交及双方关系的快速发展。南非是非洲经济与科技最为发达的国家，由于其白人政权的种族隔离政策并长期与台湾保持"外交"关系，中国与南非一直没有建立外交关系。长期以来，中国积极支持南非黑人反对种族隔离制度的运动，与非国大和其他黑人政党关系紧密，非国大领导人坦博、曼德拉、黑人大主教图图等都访问过中国。90年代以来，中国与南非的关系首先在经济贸易领域发展起来，并开始了政治与外交领域的接触。1992年初，中南双方在对方首都设立了"中国南非研究中心"和"南非中国研究中心"，作为双方官方接触的桥梁，就建立外交关系进行接触。1994年南非新政权成立后，中国与南非就建立外交关系进行了多方面的努力。但是由于南非与中国台湾地区在历史上形成了紧密的经贸关系，在新南非成立之初的90年代中期，中国台湾地区与南非的经贸关系也达到鼎盛，1995年，与南非进出口贸达到18.7亿美元的历史新高，成为南非第七大贸易伙伴。1995年，中国台湾地区在南非投资达到15亿美元，有约300家台湾的公司和企业在南非经营。而当年中国大陆与南非的贸易额还只有13亿美元。巨大的经济利益加上中国台湾当局的诱惑，使得南非国内对于是否与中国台湾地区断交而与中国大陆建交的争议持续了几年。但是，随着中国大陆国力的增强，国际地位的显著提高，与南非在经贸方面的往来与也日益紧密，1997年，中国大陆与南非的贸易额达到18亿美元，首次超过中国台湾地区与南非贸易额的17.8亿美元，并且呈现出快速增长势头，未来发展前景更加广阔。

南非试图成为非洲有影响力的地区大国的政治抱负，使其不得不认真考虑与中国建立正常的外交关系的重要性。1996年11月，南非总统曼德拉在一项对华政策的宣言中说，继续长久地给予中国台湾当局以"外交"承认"同南非在国际事务中的作用不相符合"，南非最终将与中国台湾地区断交而承认中华人民共和国。1997年12月30日，中国与南非政府签署联合公报，宣布两国在一个中国原则基础上建立全面外交关系。南非作为非洲大陆最为发达的国家，其一国之国民生产总值超过了所有非洲国家之和，在当代非洲经济社会复兴发展过程中有着领头羊之地位。因而中南建交对于中国与非洲国家关系的发展、对于随后几年中国与非洲国家政治经济合作关系的全面扩展与层次提升，起到了重大推进作用。

四、非洲多党制浪潮与台湾当局"银弹外交"对中非关系的冲击

不过，20世纪90年代中国与非洲关系的发展并不一帆风顺，这期间中非关系也面临一些重大挑战。

20世纪90年代中国对非政策面临的挑战来自许多方面，并且与当时特殊的国际环境的变化有很大的关系。首先，80年代初期，非洲发生多党制浪潮，多数国家都发生了政党轮替，一党制政权转变为多党制政府，进而多数国家都建立了议会选举制度。在这个过程中，独立建国之初的非洲国家第一代领导人相继退出政治舞台，上台执政的新一代非洲国家领导人，虽然多数继续与中国保持了友好关系，但他们大多没有建国之初领导人那样的与中国交往的个人情谊，而他们多是通过选举获胜而上台，对西方选举制度多有偏好，因而在中非关系方面有时易受西方影响。当90年代初西方国家对中国实施意识形态高压政治并用人权问题压制中国时，少数非洲国家在西方压力下，采取了冷淡或疏远中国的政策。一些非洲国家的反对党在选举过程中，回应西方国家对中国的制裁呼声，批评政府以往执行的与中国友好的政策，将对华关系作为批评政府、选举造势和获得选票的工具。非洲国家政治格局的这些变化，在一定程度影响到90年代初中国与一些非洲国家的关系。但是，非洲国家领导人总体上是从非洲民族主义的立场上来追求自己的国家利益的，西方主导的意识形态外交并不能从根本上影响非洲国家的政策选择，加之随着多党制浪潮带来的政治动荡和整个90年代非洲国家的经济衰退，使得非洲国家重新思考非洲的道路选择与对外政策。而90年代中国经济的持续增长却让越来越多的非洲国家领导人看到了与中国发展关系的特殊意义。因而中非关系在经历非洲多党制变革与第二代领导人更替前后短暂的波动之后，在90年代总体上还是保持了进一步发展的趋势。

其次，20世纪70年代末80年代初，中国因忙于国内的经济建设，对外援助的政策与方式有所变化，援助总量减少，援助方式也进行了调整。对于当时中国政府提出的将援助方式由以往那种直接提供赠款或无偿援助改变为双方开展经济技术合作、注重经济实效的援助方式，多数非洲国家给予了积极配合与响应，但也有一些非洲国家不太适应这种变化，认为中国只考虑经济利益，已经放弃与非洲国家的传统友谊。进入80年代后非洲国家经济普遍陷入困境，许多国家发生持续性干旱，经济增长速度缓慢，有的甚至一路下滑跌入负增长，各国政府收支情况普遍恶化，对外援依赖更加严重，因而对中国政府减少援助或改变援助方式的做法产生不满。陷于经济困境的一些非洲国家，对于中

国在经济上给予援助提出更多期待，在中国一时不能满足的情况下，就容易动摇双方关系的基础。此外，中非经贸关系从80年代起就存在不平衡问题，整个80年代，由于中国对非政策的调整，对非援助总体规模相对减少，中非贸易增长速度相对于70年代也明显放慢。这与当时整个世界对非洲关注的下降有联系，但也与中国对非政策的调整有关。进入90年代，虽然中非贸易总体规模增长加速，但非洲对中国的出口增长却增长缓慢，中非双方贸易不平衡现象严重。出口减少导致非洲国家的外汇收入状况难以改善，国际收支减少，对外债务逐渐增加，这种状况，使一些非洲国家与中国的传统关系渐行冷淡疏远。

最后，正是在这种背景下，中非关系在20世纪90年代受到台湾当局推行的"银弹外交"或"经援外交"冲击而一度受到很大破坏，反对台湾当局的分裂国家活动、遏制台湾当局在非洲推行的"银弹外交"，成为这一时期中国对非工作的重要内容之一。1988年李登辉上台后，逐渐向分裂国家的"台独"路线发展，并加紧在国际舞台上寻求支持力量，一些经济落后的非洲中小国家，成为台湾当局重点拉拢的对象。台湾当局在非洲推行的"银弹外交"的外交攻势，给当时的中国外交与国家利益造成相当的冲击与损害。

五、中国领导人重新认识非洲的特殊战略意义

也是在这种过程中，非洲在中国外交战略中的特殊地位、中非关系对于维护中国国家利益所具有的战略性意义，再次凸显出来而引起中国国家领导人的高度警觉。

不过，中非关系面临的上述挑战与问题，并未从根本上动摇中非关系的基础。事实上，从20世纪90年代中期起，中国就明显加强了对非工作的力度，增加了对非援助，积极推动中国企业在非洲的投资贸易活动，国家领导人对非洲的访问也明显增加，同时积极邀请非洲国家领导人来华访问。通过上述努力，莱索托、尼日尔、南非、几内亚比绍、中非、塞内加尔、利亚里亚等国终止了与台湾地区的"外交"关系而与中国建交，加上1997年南非与中国建交的推动，20世纪90年代后期以来，中非关系总体上又逐渐调整到较好的状态，并且在这种不断调整和完善对非政策的过程中，中国最终形成了自己成熟的对非政策理念和政策体系。

第五节　2000年中非合作论坛建立与中非合作新时期的开启

一、中非合作论坛建立的背景与动因

进入21世纪，包括中非合作关系在内的中国对外关系的变革都在加速。2000年，中国加入了国际贸易组织，这是中国改变与外部世界关系结构的一个重大成果，同时也是新的更为重大变革的开始。正是在这一年的11月，中国与非洲国家建立了"中非合作论坛"这一全新的战略合作平台与合作机制。从之后的发展进程来看，中非合作论坛的建立，开启了当代中非合作关系的新纪元，中非合作关系由此进入了一个面向新世纪的新时期。自那以后的近十年间，中非新型合作关系的战略意义日见显现，中国发展经验在非洲的影响也日见扩大，由此推进中非合作关系向着新的领域快速推进拓展。

这一新的中非发展合作进程，其内容与性质都具有面向21世纪的亚非国家自主变革的新气象。总体上看，过去数十年间中非合作关系的独特实践内容，其在促进中非双方之发展进步方面所累积的丰富经验与鲜活感受，已经为相关理论及知识的创新提供了基础条件。伴随着当代中非合作关系的发展，及更为广阔的亚非发展进程的推进，各种有别于当年西方发展经历的新的实践过程，正以更复杂的方式向前推进着，人类发展的经验、发展道路或发展模式也正在被改写。过去几个世纪沿袭下来的由西方主导的传统国际关系体制逐渐被超越，各种指向未来的人类新的发展道路、人类合作模式及国际交往方式也在拓展之中。

当代中非关系发展的一个突出特点，是它在持续推进过程中同时呈现出明显的阶段性提升特性。在经过半个世纪演进后，中非关系在2000年以后进入了一个内容全面拓展、层次迅速提升、影响急速扩大的新阶段，中国也最终形成了自己成熟完整的对非政策理念和政策体系。

进入21世纪后，随着中国经济高速发展与综合国力快速提升，非洲国家扩大对华关系的愿望日益明显。经一些非洲国家提议，中国政府提出建立中非合作论坛以构建中非全面合作新机制的倡议，得到非洲国家的积极响应。2000年10月，中非合作论坛宣告成立并在北京召开了首届部长级会议。

二、中非合作论坛与中非合作关系的制度化发展

中非合作论坛最初建构是一个部长级（外交部长和商务部长双部长）会议机制，每3年召开一次，在中国和非洲轮流举行。2003年在埃塞俄比亚召开了第二次部长级会议。由于中非关系发展快速且这一机制成效显著，2006年的第三届论坛升格为中非首脑峰会，共有43个非洲国家的国家元首到北京出席峰会，此次会议盛况空前，它把中非关系所具有的巨大活力和前景充分地展示于世人面前，并由此引起了国际舆论对于中非关系的持久关注。2009年，中非合作论坛在埃及首都开罗召开了第四次部长级会议。2012年在北京召开了第五届部长级会议。

中非合作论坛的建立为中非关系构建了一种新的机制与平台，其有力提升中非关系全面发展的战略性意义，在随后几年间日益显现出来。

首先，它为新世纪里中非关系的长远发展提供了一个有效的制度平台。20世纪90年代以来，国际关系中的各种区域性组织发展迅速，一体化趋势出现在国际关系的许多领域。早在1993年，日本成立了日本"东京非洲发展国际会议"，其他西方国家与非洲也有形式不同的各种对话机制与平台。中非合作论坛的建立，顺应了中非关系发展的需要，它所形成的包括首脑峰会、部长会议、高官会议，及后续行动委员会等多个层面的运行结构，使得中非关系既承继了中非友好的传统，又具有意义深远的制度创新与体制构建。

其次，这一合作机制一开始就有着完整的发展理念、战略规划与政策主张。在2000年首届部长级会议上，中非双方通过了《中非合作论坛北京宣言》和《中非经济和社会发展合作纲领》。这两个纲领性文件对于中非合作论坛的目标、结构、功能、政策与措施，做出了完备的说明与规划。2003年亚的斯亚贝巴（Addis Ababa）第二届论坛，通过了《中非合作论坛亚的斯亚贝巴行动计划》，对过去三年合作论坛的发展成就做了总结和完善。2006年11月北京峰会又通过了《中非合作论坛北京峰会宣言》和《中非合作论坛北京行动计划（2007～2009）》。至此，面向21世纪的中非新型战略合作伙伴关系基本格局大体成形。[①]

最后，中非关系已经成为当代中国外交最为成熟的领域。中非合作论坛是按照现代国际关系的基本准则建立起来的，具有公开、透明、非排斥性的特点，它表明中非关系的结构形态是与时代发展相适应的。2006年1月16日，中国政府

---

① 见中非合作论坛网：http://www.focac.org/chn/zyzl/hywj/t280368.htm。

正式公布《中国对非洲政策文件》，这是新中国外交史上首次正式颁布的外交政策文件。这份文件公开表明了中国对非政策的基本目标、政策与措施，中国发展对非关系的利益追求与行动方式。中国正式公布对非政策文件这一事件本身，对于中国外交具有特殊的象征意义，它反映了中国外交日趋走向成熟，体现出了中国大国外交的自信和理性。

中非合作论坛建立以后，中非关系进入快速发展时期，双方政治关系更趋紧密。2000~2008年，中非领导人和外长互访二百多人次，其中中国领导人访问非洲达五十多人次。

三、中非合作关系的快速提升及其新特点

2000年以来中非关系提升不仅体现在政治与外交层面，经贸合作更成为新世纪里中非关系发展的核心动力，中非经贸关系正逐渐由单纯援助向全方位合作发展的阶段推进。[①]

新时期的中非经贸关系的快速发展体现在许多方面。

首先，贸易往来发展迅速，贸易总额跳跃性增长。2000年，中非贸易额突破100亿美元大关，2004年达到294.62亿美元，2005年达到397.47亿美元，2006年达到555亿美元，2007年达到735亿美元，这期间中非贸易年平均增长速度多在30%左右，明显超过同期中国外贸总额增幅。2006年中国超过英国成为位居美国、法国之后非洲第三大贸易伙伴。

其次，中非经济技术合作领域拓展、合作层次提升，合作方式及途径日趋与国际惯例接轨，由贸易而投资的结构转型明显推进。近年来，为改善中非贸易中存在的贸易不平衡现象，中国政府积极支持中国企业投资非洲，中国企业投资非洲的领域与规模得到较快发展，以投资带动贸易成为中非经济合作的新特点。截至2006年底，中国累计对非各类投资达到117亿美元，其中企业直接投资累计达到66.4亿美元，比1999年增长14倍多。据初步统计，中方投资项目分布在49个非洲国家，涉及能源与资源开发、基础设施建设、贸易与生产加工、交通运输、农业及农产品综合开发等多个领域。2006年，华为集团在非洲的销售收达到20.8亿美元，其产品和服务进入40个非洲国家。中方投资的苏丹喀土穆（Khartoum）炼油厂、中赞（比亚）友谊农场、毛里求斯天利纺纱厂、海信南非有限公司、莫桑比克信达水产公司、多哥同美药厂、坦桑尼亚中华纸业公司、重庆华立控股有限公司等企业，不仅已在非洲安家落户，而且开始实施企业的本土

---

① 罗建波、刘鸿武：《论中国援非的阶段性演进及特殊意义》，载《西亚非洲》2007年第11期。

化战略。

考察近年中非合作关系的快速发展,它呈现出如下几个显著的特点。

第一,2000年中非合作论坛成立以来,中非合作进入全方位、多层次、宽领域的快速发展阶段,中非双方的经济贸易与技术合作领域不断扩展,合作领域日益向纵深发展。除政治、安全、国际关系的合作以外,中非在经贸领域的合作已经涉及农业、电信、能源、加工制造、基础设施、社会公益项目等众多领域。许多项目已经产生了十分明显的经济效益与社会效益。

第二,中非经济技术合作的制度建设与环境改善有明显进步。截至2006年,中国与28个非洲国家签署了《双边促进和保护投资协定》,与8个非洲国家签订了《避免双重征税和防止偷漏税协定》,这些政府间协定对中非经济技术合作的长期发展具有重要的意义。

第三,中非经贸合作的发展速度明显加快,规模扩大,投资与贸易主体多元化,民营企业投资非洲增长明显。2006年非洲成为中国第二大原油来源地、第二大承包工程市场和第三大投资目的地。中国的家电、汽车、飞机、卫星等产品都已进入非洲市场;埃及的大理石、科特迪瓦的咖啡、南非的汽车零配件、突尼斯的电子产品、津巴布韦的烟草、塞内加尔的花生油、马里的棉花等产品大量进入中国市场。2006年底,已经有800多家中国企业在非洲投资经营,其中700多家是民营企业。[①] 2006年中国企业在非洲新签承包劳务合同额达到289.7亿美元,占当年中国对外承包工程营业额的31%。2000~2007年,中国企业在非洲承包建设公路6 000多公里、铁路3 400多公里、大中型电站8座,此外还有大量的公用、民用设施建设项目。

第四,中非经济技术合作逐渐具有大型项目主导、科技层次提升、科工贸一体化的发展特征。2001~2006年,中国在非洲签订的1亿美元以上的大型承包项目有41个。2005年签约的尼日利亚铁路现代化项目和阿尔及利亚东西高速公路项目,合同额分别达到83亿美元和63亿美元,是迄今为止中国企业在海外最大的两个工程承包项目。近年来,中国还与一些非洲国家合作开办经济开发区、投资贸易加工区、科技创新园区,如赞比亚—中国经济贸易合作区、尼日利亚拉各斯(Lagos)自由贸易区,它们已成为提升中非经济技术合作的新动力。[②] 这些意义深远的变化,使得中非经济技术合作日益具有现代国际经济技术合作的特点,成为"南南合作"的新趋向。

[①] 刘鸿武、王涛:《中国私营企业投资非洲现状与趋势分析》,载《浙江师范大学学报》2008年第5期,第6页。

[②] Alden, Chris. *China in Africa*, Gutenberg Press Ltd, London, 2007. p. 68.

四、2006年北京峰会与中国对合作八项举措

2006年11月4日，来自非洲大陆43个国家的国家元首和政府首脑聚会于北京，出席中非合作论坛北京峰会，与中国领导人共商中非合作大计。这个被称作有着"小联合国气象"会议的召开及它对中非关系所做之规划与展望，不仅清楚地表明了改革开放三十多年来中国与非洲国家关系所取得的巨大进展，而且在某种程度上也标志着当代中国外交也已走上了大国外交的成熟之路，其意义重大而深远。时任联合国秘书长的安南发表声明称，"中非建立的这种合作机制将给非洲发展带来历史性的机遇"。法国《解放报》11月4日发表评论称："如果说有一个大陆可以在中国经济增长的影响下翻天覆地，那将是非洲"。①

在北京峰会上，时任中国国家主席胡锦涛宣布中国政府将通过采取八个方面的重大政策举措，承诺到2009年将中国对非援助规模比2006年增加1倍。② 具体内容包括向非洲国家提供30亿美元的优惠贷款和20亿美元的优惠出口买方信贷，设立总额达50亿美元的中非发展基金，免除同中国有外交关系的所有非洲重债穷国和最不发达国家截至2005年底到期的政府无息贷款债务，进一步向非洲开放市场，把同中国有外交关系的非洲最不发达国家输华商品零关税待遇受惠商品由190个税目扩大到440多个，今后3年内在非洲国家建立3~5个境外经济贸易合作区，为非洲培训培养15 000名各类人才；向非洲派遣100名高级农业技术专家；在非洲建立10个有特色的农业技术示范中心；为非洲援助30所医院，并提供3亿元人民币无偿援款帮助非洲防治疟疾，设立30个抗疟中心，向非洲派遣300名青年志愿者，为非洲援助100所农村学校；在2009年之前，向非洲留学生提供中国政府奖学金名额由目前的每年2 000人次增加到4 000人次；等等。③

北京峰会后，中国政府还成立了后续行动委员会以加紧上述各项措施的落实。应该说，今日的中非合作，已不只是一些原则性的宣言，而是一种充满理性色彩和务实精神的行动方案与项目，它们是具体的、可操作的，这表明中国在对非政策越来越具有现代政府的管理与效益精神。④ 事实上，当西方一些政客还在

---

① 见《外国媒体积极评价中非合作论坛北京峰会》，载《人民日报》2000年11月7日。
② 见中非合作论坛网：http：//www.focac.org/chn/zyzl/hywj/。
③ 截至2008年3月，中国与非洲国家合作，在非洲建有12所孔子学院，其中埃及2所、尼日利亚2所、肯尼亚2所、津巴布韦1所、卢旺达1所、马达加斯加1所、南非2所、喀麦隆1所。参见《孔子学院》，载国家汉语国际推广领导小组办公室网：http：//www.hanban.org/cn_hanban/content.php? id=3258。
④ Drew Thompson, "China's Soft Power in Africa: From the 'Beijing Consensus' to Health Diplomacy", in *China Brief*, Volume V, Issue 21, October 13, 2005.

偏执的意识形态世界里谈论种种空洞的原则时，中国已经与非洲国家行动起来，在埋头工作了。

这些重大而具体的对非经济技术合作举措的逐渐实施，对非洲各国经济与社会的发展和民生改善产生了积极作用。近年来，中国市场对非洲的商品需求旺盛，中国已经成为拉动非洲经济增长的一个重要因素。① 而从中国进口的物美价廉的商品，为那些即使是最边远地区的非洲贫困居民也提供了有能力消费的商品。在一些国家，中国的投资已经成为带动其经济发展的重要动力。② 例如，在中国的投资和技术援助下，苏丹石油经济开始起飞，由石油进口国变为石油出口国，并带动了相关产业的发展，2005 年苏丹经济增长率达到 8%，2006 年和 2007 年更超过了两位数，成为近年非洲经济发展最快国家之一。③ 一些研究成果显示，近年中非经济合作对非洲经济增长的贡献至少达到 5%，与此伴随的还有中国投资贸易对非洲经济内在结构的提升与发展潜力的挖掘所产生的复杂影响。④

---

① Alden, Chris. *China in Africa*, Gutenberg Press Ltd, London, 2007. p. 38.
② Guerrero, Dorothy-Grace and Firoze Manji, Edited, "China's New Role in Africa and the South: A search for a new perspective", http://www.fahamu.org/pzbook.php#chinabook_2.
③ 刘鸿武、姜恒昆：《列国志·苏丹》，社会科学文献出版社 2008 年版，第 319 页。
④ Peluola Adewale, "China: A new partner for Africa's development?" Pambazuka News, March 21, 2007.

第五章

中非合作论坛的机制体制及可持续发展问题

冷战结束了美苏两大阵营在全球范围内的对抗,促使大量国家从"代理人"角色迅速回归其本来角色,发展成为国家面临的首要问题,合作取代对抗成为国家实现发展的重要选择。这一转变的突出反映正是以发展为目标的国际合作制度或形式日益丰富和多元,相对于冷战时期各式各样的安全和政治抗衡机制,新时期国际合作机制的又一次高潮反映了世界不同国家寻求发展的迫切愿望。非洲国家在经历漫长的独立斗争和痛苦的发展失败之后,迫切需要寻找一条适合其发展和振兴的国际合作方式。改革开放使中国取得了快速发展,同时也深刻地认识到,良好的国际环境和国际合作在推动国家发展上发挥着至关重要的作用。中非合作论坛正是在这一背景下产生的。2000年成立的中非合作论坛不仅是中非关系快速发展的结果,更是中非双方致力于建立可持续战略合作关系的重要制度工具选择。十几年来,中非合作论坛的举措和倡议在推动非洲发展、中非关系发展乃至国际社会与非洲合作关系上发挥着重要作用,同时中非关系的深入发展也推动着中非合作论坛的机构和制度不断完善。发展要求制度同步,制度完善反过来促进发展。总体而言,当前的中非合作论坛与中非合作关系的发展之间已经形成了良性的循环互动关系。然而,在新时期新形势下,中非关系快速发展所带来的制度需求对中非合作论坛的机制化建设提出了新的要求乃至挑战,这也考验着中国对非外交的一贯理念和原则,也考验着中国与国际社会的互动关系。

第一节　中非合作论坛的发展动力与机制化取向

一、中非合作论坛推动中非合作关系走向机制化新阶段

为进一步加强中国与非洲国家在新形势下的友好合作，共同应对经济全球化挑战，谋求共同发展，根据部分非洲国家的建议，中国政府倡议于2000年10月10~12日在北京召开中非合作论坛——北京2000年部长级会议，中非合作论坛正式成立。成员国包括中国以及与中国建交的49个非洲国家，论坛的宗旨是平等磋商、扩大共识、增进了解、加强友谊、促进合作。①

2000年10月10~12日，中非合作论坛第一届部长级会议在北京举行，中国和44个非洲国家的80余名部长、17个国际和地区组织的代表，及部分中非企业界人士出席会议。会议议题是"面向21世纪应如何推动建立国际政治经济新秩序，如何在新形势下进一步加强中非在经贸领域的合作"。会议通过了《中非合作论坛北京宣言》和《中非经济和社会发展合作纲领》，为中国与非洲国家发展长期稳定、平等互利的新型伙伴关系确定了方向。根据《中非经济和社会发展合作纲领》，中国与非洲国家确立了涉及政府间合作、贸易、投资、金融合作、债务减免、旅游业、移民、农业合作、自然资源和能源开发利用、科技与文化、医疗卫生、教育、环境管理和生物多样性等领域的较为系统的合作框架。具体的措施有：中国政府宣布未来两年内减免非洲重债穷国和最不发达国家100亿元人民币债务；成立"中国非洲—工商联合会"，设立"中国—非洲产品展示展销中心"，提供专项资金，支持和鼓励有实力、有信誉的中国企业到非洲投资，开展互利合作；设立"非洲人力资源开发基金"，帮助非洲国家培训专业人才等。

虽然第一届中非合作论坛部长级会议出台的举措力度并不是很大，但其最重要的意义是开启了中非多边合作的机制化道路。这次会议也提出在各个级别上建立中非合作论坛后续行动委员会，并相应建立联合后续行动机制。2001年7月，中非合作论坛部长级磋商会在赞比亚首都卢萨卡举行，讨论通过了《中非合作论坛后续机制程序》，2004年4月，后续机制程序正式生效。

---

① 《中非合作论坛年鉴》，2009年9月16日，http://www.focac.org/chn/ltda/ltjj/t584467.htm，2012年3月12日。

二、部长级会议、外交磋商会、高官会及后续行动委员会

2003年12月15~16日，中非合作论坛第二届部长级会议在埃塞俄比亚首都亚的斯亚贝巴举行，中国和44个非洲国家的70多名部长及部分国际和地区组织的代表参加会议。时任中国国务院总理温家宝出席开幕式并发表讲话。会议主题为"务实合作、面向行动"。会议回顾了第一届部长级会议后续行动落实情况，通过了《中非合作论坛——亚的斯亚贝巴行动计划（2004~2006年）》。根据这一行动计划，中国将在中非合作论坛框架下继续增加对非援助；加强中非人力资源开发合作，3年内为非洲培养、培训1万名各类人才；开放市场，给予非洲部分最不发达国家部分输华商品免关税待遇；扩大旅游合作，给予埃塞俄比亚、肯尼亚、坦桑尼亚、赞比亚、毛里求斯、塞舌尔、津巴布韦、突尼斯8国为"中国公民自费出国旅游目的地"地位；加强文化和民间交流，于2004年举办中非青年联欢节、以非洲为主宾洲的"相约北京"国际艺术节和"中华文化非洲行"活动。会议期间举办了第一届中非企业家大会和中非友好合作成果展。第二届部长级会议开始加强对非洲和平与安全问题、非传统安全、恐怖主义等重要问题上的关注，同时，也开始意识到非盟、非洲发展新伙伴计划以及非洲次区域组织在非洲发展上的重要性。

2006年11月3日，中非合作论坛第三届部长级会议在北京召开，中国和48个非洲国家的外交部长、负责国际经济合作事务的部长和代表出席了会议，24个国际和地区组织的代表作为观察员列席了会议开幕式。会议审议了中方关于论坛第二届部长级会议后续行动落实情况的报告，通过了《中非合作论坛北京峰会宣言》草案和《中非合作论坛——北京行动计划（2007~2009年）》草案。11月4~5日，中非合作论坛北京峰会隆重举行，会议主题为"友谊、和平、合作、发展"。时任中国国家主席胡锦涛和非洲35位国家元首、6位政府首脑、1位副总统、6位高级代表以及非洲联盟委员会主席出席。时任中国国务院总理温家宝与33位非洲国家领导人共同出席了与中非工商界代表高层对话会。24个国际和地区组织派观察员列席峰会有关活动。会议通过了《中非合作论坛北京峰会宣言》和《中非合作论坛——北京行动计划（2007~2009年）》，决定建立和发展政治上平等互信、经济上合作共赢、文化上交流互鉴的中非新型战略伙伴关系。胡锦涛主席代表中国政府宣布了旨在加强中非务实合作、支持非洲国家发展的8项政策措施：(1)扩大对非洲援助规模，到2009年使对非洲国家的援助规模比2006年增加1倍。(2)今后3年内向非洲国家提供30亿美元的优惠贷款和20亿美元的优惠出口买方信贷。(3)为鼓励

和支持中国企业到非洲投资,设立中非发展基金,基金总额逐步达到50亿美元。(4)为支持非洲国家联合自强和一体化进程,援助建设非洲联盟会议中心。(5)免除同中国有外交关系的所有非洲重债穷国和最不发达国家截至2005年底到期的政府无息贷款债务。(6)进一步向非洲开放市场,把同中国有外交关系的30个非洲最不发达国家输华商品零关税待遇受惠商品由190个税目扩大到440多个。(7)今后3年内在非洲国家建立3~5个境外经济贸易合作区。(8)今后3年内为非洲培训培养15 000名各类人才;向非洲派遣100名高级农业技术专家;在非洲建立10个有特色的农业技术示范中心;为非洲援助30所医院,并提供3亿元人民币无偿援款帮助非洲防治疟疾,用于提供青蒿素药品及设立30个抗疟中心;向非洲派遣300名青年志愿者;为非洲援助100所农村学校;在2009年之前,向非洲留学生提供中国政府奖学金名额由目前的每年2 000人次增加到4 000人次。[①] 中非合作论坛北京峰会的召开产生了重大的国际影响,中非合作论坛也在真正意义上引起了国际社会尤其是西方国家和媒体的关注。西方大国也开始意识到中非关系对其在非洲传统影响力的挑战,"随着2007年5月上海非洲开发银行会议的召开,中国又宣布为非洲基础设施建设及贸易提供200亿美元融资。这笔金额非同小可,因为它向传统的援助国提出了挑战。"[②] 如果说前两届部长级会议是在中非多边合作探讨合作模式的话,北京峰会则标志着中非合作论坛在推动中非合作关系上取得了实质性的进展。

2009年11月8~9日,中非合作论坛第四届部长级会议在埃及沙姆沙伊赫召开。来自中国和49个非洲国家(以下简称"双方")的外交部长和负责经济合作事务的部长出席了会议。会议通过了《中非合作论坛沙姆沙伊赫宣言》和《中非合作论坛——沙姆沙伊赫行动计划(2010~2012年)》。在这一会议上,时任总理温家宝提出了中国推进中非合作的新八项举措:(1)倡议建立中非应对气候变化伙伴关系,不定期举行高官磋商,在卫星气象监测、新能源开发利用、沙漠化防治、城市环境保护等领域加强合作。中方决定为非洲援建太阳能、沼气、小水电等100个清洁能源项目。(2)加强科技合作,倡议启动"中非科技伙伴计划",实施100个中非联合科技研究示范项目,接收100名非洲博士后来中国进行科研工作,并为其回国服务提供资助。(3)增加非洲融资能力,向非洲国家提供100亿美元优惠性质贷款;支持中国金融机构设立非洲

[①] 《中非合作论坛年鉴》,2009年9月16日。http://www.focac.org/chn/ltda/ltjj/t584467.htm,2012年3月12日。

[②] 转引自马丁·戴维斯:《中国对非洲的援助政策及评价》,载《世界经济与政治》2008年第12期,第40页。

中小企业发展专项贷款,金额10亿美元。对非洲与中国建交的重债穷国和最不发达国家,免除截至2009年底对中国到期未还的政府无息贷款债务。(4)扩大对非产品开放市场,逐步给予非洲与中国建交的最不发达国家95%的产品免关税待遇,2010年年内首先对60%的产品实施免关税。(5)进一步加强农业合作,为非洲国家援建的农业示范中心增加到20个,向非洲派遣50个农业技术组,为非洲国家培训2 000名农业技术人员,提高非洲实现粮食安全的能力。(6)深化医疗卫生合作,为援非30所医院和30个疟疾防治中心提供价值5亿元人民币的医疗设备和抗疟物资,为非洲培训3 000名医护人员。(7)加强人力资源开发和教育合作,为非洲国家援助50所中非友好学校,培训1 500名校长和教师;到2012年,向非洲提供的中国政府奖学金名额将增至5 500名;今后3年为非洲培训各类人才总计2万名。(8)扩大人文交流,倡议实施"中非联合研究交流计划",促进学者、智库交往合作,交流发展经验,并为双方出台更好合作政策提供智力支持。[①] 这次会议的一个亮点是在会前发布了《中非合作论坛北京峰会后续行动落实情况》,根据这一报告,中国基本实现了北京峰会上的承诺,其中包括,中国对非援助规模较之北京峰会上的承诺比2006年增加一倍,中方在北京峰会后向非洲国家提供26.47亿美元优惠贷款用于支持28国54个项目,20亿美元优惠出口买方信贷用于支持10国11个项目。中国已与同中国有外交关系的33个非洲重债穷国和最不发达国家签署了免债议定书,以及教育、卫生等领域的承诺。[②]

第二节 认同与相互依赖:中非合作论坛的基础

一、中非合作论坛与中非相互认同

中非合作关系具有深厚的认同基础,经过60年的发展,中国与非洲国家相互认同的本质在逐步扩大和强化,从历史认同到机制认同是中非相互认同发展的

[①] 温家宝:《全面推进中非新型战略伙伴关系——在中非合作论坛第四届部长级会议开幕式上的讲话》,沙姆沙伊赫,2009年11月8日。http://www.focac.org/chn/ltda/dsjbzjhy/bzhyzyjh/t627094.htm,2012年3月12日。

[②] 《中非合作论坛北京峰会后续行动落实情况》,2009年11月10日。http://www.focac.org/chn/ltda/dsjbzjhy/bzhyhywj/t627503.htm,2012年3月12日。

一个重要特征,中非合作论坛在这一转变过程中发生着关键性的作用。

(一) 历史认同

历史认同在中非关系发展中发挥着重要的作用,而且也构成了当前中国对非政策的认知基础,有非洲学者比较全面地总结了中非历史认同的内涵:独立解放的历史联系(历史合法性);冷战时期作为第三世界国家的思想遗产(思想合法性);建立在不干涉和中立立场上的伙伴关系(政治合法性)。[①] 中非关系的发展经历了三个阶段:政治导向时期(新中国成立~20世纪80年代初);经济导向时期(20世纪80年代初~21世纪初);战略导向时期(21世纪初至今)。[②] 在前两个阶段,基于三个合法性基础上的情感认同发挥着重要的作用,或者称之为"情感投资"(大部分时间内,情感投资发挥着加深中非关系的作用,在小段时间内,则需要用情感去修复被破坏了的关系),这也被外界认为是中国虽然在非洲的援助规模并不大,但是却能收到良好效果的重要原因。[③]

(二) 机制认同

机制认同是21世纪开始中非相互认同发展的一个显著特征。非洲形势和国际对非合作趋势的变化,为中非关系的发展带来了新的变化。中非合作论坛的成立为中非关系的可持续发展提供了一个重要机制,许多非洲国家也将论坛的建立看作是"标志着中非友好合作关系新的黎明"。[④] 通过这一平台,中国与非洲国家逐渐明确合作的理念、原则、规范和模式。2006年中国对非政策文件将中非交往与合作的原则提炼为:真诚友好、平等互利、团结合作、共同发展。同时,明确了中非加强全方位合作的战略,并提出了全面的合作框架。文件指出:"中非合作论坛已成为中非进行集体对话与多边合作的有效机制,构筑了中非间长期稳定、平等互利新型伙伴关系的重要框架和平台。"[⑤] 同年的中非合作论坛北京峰会上,中非确定建立新型战略伙伴关系。然而,中非合作论坛以及中非关系的快速发展也引起了不仅仅是西方国家而且还包括一些非洲国家的担心,其中一个重要问题是"非洲——作为一个大陆还是单个国家——如何

---

① 转引自 Kwesi Aning, Delphine Lecoutre, "China's ventures in Africa", *African Security Review*, 17.1, 2007, p. 40。

②③ 笔者与一名中国前驻喀麦隆等非洲多国大使的座谈。

④ Osita C. Eze, "Africa's Perspectives on China-Africa Relations and Forum on China-Africa Cooperation (FOCAC)", *Global Review*, Vol. 2, No. 2, 2009, p. 55。

⑤ 《中国对非洲政策文件》,2006年1月。

影响中国的对非政策，从而获取更大收益？"[①]那么，非洲国家是否认同这一新的多边合作平台？

（三）机遇认同

非洲国家总体上对中非合作论坛持积极肯定的态度，它们将中非合作论坛视为是非洲与中国合作的一个重要平台，称"非洲的未来在中国"。[②] 在第三届中非合作论坛期间，非洲国家领导人通过不同场合表达了对中非合作论坛机制的认同。坦桑尼亚外交部长、博茨瓦纳总统等将中非合作论坛视为是目前促进中非合作最好最理想的方式，"双方可以交流意见、平等参与决策，并制定共同发展计划。"毛里求斯总理纳文·拉姆古兰认为，"中非合作论坛作为一个机制，通过定期评估中非关系，在促进双方良性互动上发挥了重要作用，而且这种互动是建立在互信、相互依赖和尊重彼此主权和领土完整基础之上的。"乌干达总统认为中非合作论坛具有的意义，为中非提供了巨大的合作空间，具体表现在：中国经济的巨大成功可以作为其他发展中国家的榜样来学习；中国的经济成功为其他发展中国家的发展带来了新的机遇；统一的中国也能为巴尔干化的非洲大陆提供重要的经验；中国在非洲的基础设施建设上发挥了重要的作用；中国通过向非洲最不发达国家开放市场，显示了其"真正的团结"，崛起的中国为当今"不健康的单极世界"提供了一个选择；中非合作论坛也为"南南合作"的发展提供了可以参照的框架。[③]

（四）认同差异及原因

然而，与非洲国家的政府对中非合作论坛的认识相比，非洲国家民众在对中非关系和中非合作论坛的认识也存在着很大的差异。笔者曾通过问卷调查和媒体话语分析的途径对这一问题进行了相关研究，有以下几点发现。

第一，虽然民众对中非合作论坛的认识程度较低，但是总体上非洲国家对中非合作论坛的认同程度较高。从访谈和问卷调查的结果以及媒体报道的分析来看，非洲国家民众对中国和中非关系具有较高程度的关注，以南非为例，中国和中非关系已经成为当地媒体报道的重要内容，媒体对中国的报道和关注已经超过

---

① 参见相关论述：the Economist, "Wrong Model, Right Continent", the Economist, Oct 26, 2006; Osita C. Eze, "Africa's Perspectives on China-Africa Relations and Forum on China-Africa Cooperation (FOCAC)", *Global Review*, Vol. 2, No. 2, 2009。

② 汤加总统在 2006 年中非合作论坛北京峰会期间的发言。

③ "Evaluating China's FOCAC commitments to Africa and mapping the way ahead", a report by the Centre for Chinese Studies, Prepared for the Rockefeller Foundation, January 2010, pp. 13 – 14.

德国和法国，仅次于美国和英国。在涉及中国在非洲的报道中，非洲国家民众的网络评论和推送量比较大。相比而言，媒体对中非合作论坛的报道仅限于重要会议时的新闻报道，跟踪报道非常少。通过在东开普高校的访谈和调研，绝大多数普通民众并不了解中非合作论坛，知道中非合作论坛的人群主要集中于专门从事相关工作的职能部门和研究人员。但是通过政府层面的反应，非洲国家对中非合作论坛认同程度较高。这从中非合作论坛部长级会议、高官会、使节会等机制平台上非洲国家的反馈可以得到验证，世界银行和国际货币基金组织的报告也充分肯定中国在推动非洲发展上发挥着重要的作用。

第二，非洲国家的需求与中非合作论坛的供给能力是不平衡的，这需要中国在双边与多边外交中采取更加平衡的策略。非洲国家众多，发展道路和对外部需求差异比较明显，中非合作论坛很难也不可能应对所有需求，因此中非合作论坛的发展不可避免地存在问题。非洲国家对中非合作论坛的疑虑大致可归纳为：（1）非洲国家与中国实力是不对称的，中非合作论坛主要是由中国主导的，非洲的回应和协调能力很弱；（2）中非合作论坛主要关注政府层面的交往，很大程度上忽视了非洲普通民众；（3）中非合作论坛没有充分考虑到非洲国家间经济实力的悬殊，这将导致弱小国家更加被边缘化；（4）中非合作论坛强化了非洲一些非民主政权的合法性，这反而会加剧对中国的负面认识；（5）中非合作论坛和非洲地区组织的机制化联系不强，尤其是对"新经济伙伴计划"不够重视；（6）中国的国内政治经济变化和对非需求变化是决定中非合作论坛未来发展的一个重要因素。①

第三，非洲国家在预期中非合作论坛的未来发展和机制化程度上存在较大的差异。当前非洲国家对中非合作论坛的机制进程态度分化明显，据一项研究报告，非洲国家对中非合作论坛的未来发展大概有七种看法：其一，非常赞赏中非合作论坛，主张维持现状，即主要由中国来推动；其二，希望扩大非洲国家的参与，提高共同制定行动计划的能力；其三，出于对新殖民主义的担心，认为应该限制与中国及所有外来势力的交往；其四，主张提出非洲自身的发展方案，进而能够有效地借助中非合作论坛促进非洲发展；其五，主张加强非盟的主导作用，建立非盟—中非合作论坛机制，发展和管理中非合作；其六，将中非合作论坛与非洲发展新伙伴计划合并；其七，平衡外部大国，加强大国之间的竞争，从而使非洲最大限度获益。②

---

① 可参见 Sanusha Naidu, "The Forum on China-Africa Cooperation: What Does the Future Hold?" *China Report*, Vol. 43, No. 3, 2007, pp. 283 – 296。

② 可参见斯坦陵布什大学中国研究中心报告：《评估中非合作论坛承诺在非洲的实施并规划未来》，2010年。

第四，科学合理的孔子学院运作在促进非洲国家对中国正确认识上发挥着重要的作用。通过与南非罗德斯大学孔子学院外方和中方院长的访谈，以及对罗德斯大学学生的交流和问卷调查发现，孔子学院在促进民众认识中国上发挥着非常明显的作用，而且认识更趋于正面。通过对"您参与孔子学院活动的次数""孔子学院是否有助于更好地了解中国"两个问题的调查分析，发现参加过孔子学院活动的学生与没有参加过活动的学生的态度和看法差别比较明显。孔子学院之所以能够发挥积极的作用，一个重要的原因是因地制宜，将孔子学院与所在高校进行有效的融合。主要体现在以当地学生的兴趣和需求为前提，将孔子学院的汉语教学纳入其学分课程，成为外国语言教学的一部分，这种融入式做法使孔子学院更有吸引力，更重要的是，这种融合降低了孔子学院汉语教学的运作成本，从而使其能够更好地发挥文化传播和交流的功能。

第五，非洲国家媒体对中非关系的负面报道有增多趋势，在报道风格上与西方口吻趋于一致。中国政府和学界长期专注于与西方的话语抗争，很大程度上忽视了非洲媒体对中国和中非关系的报道。笔者选取了非洲国家六家主要报纸或网络媒体：《南非邮卫报》（Mail & Guardian）、《尼日利亚冲击报》（the Punch）、《next 日报》肯尼亚广播公司（KBC）、赞比亚博客（ZambiaBlog）、《东非报》（the East Africa）。通过这六家媒体 2006 年以来对中非关系和中非合作论坛的报道发现，非洲媒体对中非关系的负面报道占相当大比例，而且报道关注的内容和风格与西方口吻趋于一致。按领域划分，援助和发展的报道以正面为主，贸易和投资的报道正面和负面报道基本相当，而在政治民主和人权，以及企业社会责任领域基本以负面为主。

第六，非洲国家民众对中国的负面认识有增强趋势，甚至有演化为仇华的倾向。通过与南非当地民众的交谈，当地人更关注中国带来的负面影响，例如，对中国商品，他们更关注其对当地产业和就业的冲击，这种负面认识在其他国家也得到了验证。通过对媒体相关报道的网络评论发现，非洲民众对中国的负面认识相当深刻，主要集中于政治与人权价值观分歧、中国商品对当地经济的冲击、投资并没有为当地创造就业、雇用中国劳工、工作环境和条件差等。通过对南非和尼日利亚的案例发现，尼日利亚民众对中国的负面认识更强烈，甚至出现了极度负面的情绪。相比于南非民众对民主价值观的关注，尼日利亚民众的负面情绪更值得密切关注。

第七，非政府组织在影响非洲民众对中国认识上发挥着重要的作用。非政府组织在提供信息来源、提出倡议、组织群体性活动过程中，有意或无意地影响到了民众对中国的认识。例如，尼日利亚出现的多起针对在尼中国建筑工人的示威抗议活动是由名为 Shelter Watch Initiative 的非政府组织策划的，这也得到了媒体的广泛报道。媒体报道中所援引的数字,包括中国工人数量以及薪资标准等,都是由该组织提供的,这些数字远远高于真实的情况,即使是尼日利亚当地人也提出了质疑。但是由于缺乏有效的应对和获取信息渠道,这在当地还是引起了强烈的反应。

总体而言,非洲国家对中国和中非关系的认同存在着较大的差异,不仅是不同国家间,而且在政府与民众层面的认识也有较大差异。当前非洲国家对中非合作论坛的认同主要归因于对中国经济发展、国际地位、对非政策以及务实合作的认同。中非之间已经从当初的"兄弟"感情发展成为互相尊重、互利共赢、共同发展的"伙伴关系",从这个意义上,中非关系的良性发展不仅需要中国外交的"情感投资",更需要有效的"机制投资",这需要不断完善中非合作论坛的建设。

二、中非合作论坛与中非相互依赖

改革开放后的中国开始迅速发展,中国不仅逐步开放自己的市场,也开始走向更宽广的国际市场。非洲国家在经历了结构调整计划带来的阵痛后,开始审视自身的发展模式和外部选择。中国与非洲同处于复兴阶段,存在着相互需求,而且从目前来看,双方能够提供有效的供给,这也已经成为彼此相互依赖的基础。

中非贸易、投资、援助规模较 20 世纪 90 年代获得了巨大的提高,对此,很多国家政府和学界将其视为是中国在非洲取得了主导性的影响力。[①] 在贸易领域,自 2000 年中非合作论坛成立以来,中非贸易额由 100 亿美元增长到 2007 年的 733 亿美元,年增率为 32.2%,到 2008 年,则突破了 1 000 亿美元,年增长率达到 45.1%。[②] 受全球金融危机的影响,2009 年中非贸易额有所下降,然而,到 2010 年又增长到 1 150 亿美元,中国已经成为非洲最大的贸易伙伴。[③] 相应地,中国也成为南非等非洲重要经济大国的最大或主要出口市场,这反映了非洲对中国贸易的依赖程度越来越大。与中非之间贸易逐渐增加的趋势相反,欧盟与非洲的贸易则呈下降趋势(见图 5-1 和图 5-2)。

[①] "Evaluating China's FOCAC Commitments to Africa and Mapping the Way Ahead", a report by the Centre for Chinese Studies, Prepared for the Rockefeller Foundation, January 2010, pp.1 – 20.

[②] Berna Namata, "China-Africa Trade Hits MYM91 Billion in 2009", http://allafrica.com/stories/201005130116.html,最后浏览时间:2011 – 3 – 16。

[③] Shirong Chen, "China Defends Africa Economy and Trade Role", http://www.bbc.co.uk/news/world-asia-pacific – 12069624,最后浏览时间:2011 – 3 – 16。

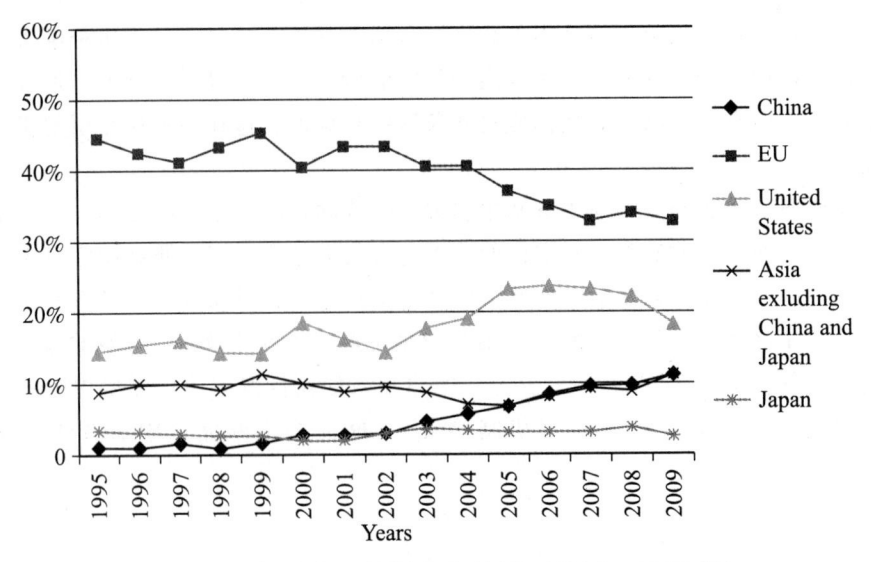

图 5-1　非洲出口的国家和地区（1994~2009 年）

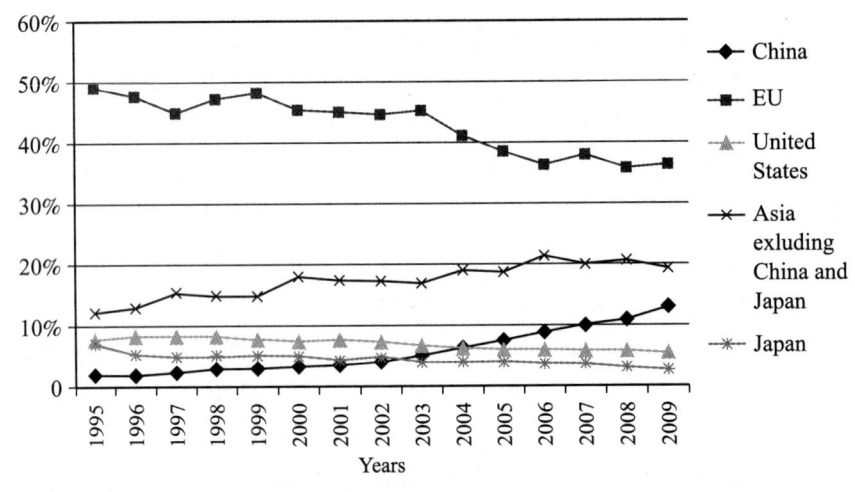

图 5-2　非洲国家进口的国家和地区（1994~2009 年）

资料来源：The African Development Bank,"Chinese Trade and Investment Activities in Africa", *Policy Brief*, Vol. 1, Issue. 4, 2010, pp. 2-3。

在投资领域，相对于欧美国家而言，中国的对非投资所占比重并不大，然而，纵向来看，中国的对非投资规模则在不断扩大。2004 年，中国对非投资只有 1.35 亿美元左右，到 2009 年则达到了 90 亿美元。[①] 在过去的 10 年，中国对

---

① "Chinese Investment in Africa Cements Friendly Ties", http://english.peopledaily.com.cn/90001/90780/91421/7288802.html, 最后浏览时间：2011-3-16。

非直接投资年增长率达到了46%，在2009年则达到了78.6%。[1] 同时，中国在非贸易和投资的增加也带动了的中非之间深层次的交流，包括跨国公司、中小企业，乃至对非移民的增加，这反过来又推动了中非关系的发展。中国企业不仅在促进当地宏观经济发展上，而且在促进当地就业、环境改善等具体领域也开始发挥积极的作用。根据赞比亚官方的统计数据，中国在当地的投资已经为本国创造了1.5万个工作岗位。中国目前是乌干达最大的投资国，2010年，中国在乌干达的32个投资项目就为当地提供了5 500个工作岗位。[2] 同时，由于中国在非的大多数企业更多的是劳动密集型企业，而且多集中于道路桥梁、医院、场馆等基础设施，因此在提供就业和改善民生上能够发挥更大的作用。当然，中国企业在非洲的活动的确存在不少问题，如环境问题、当地就业问题。然而中国正在积极地学习和研究，从而找到更好的解决途径。[3]

在对非援助上，中国坚持合作而不是单纯援助的理念，具体体现在：坚持帮助受援国提高自主发展能力；坚持不附带任何政治条件；坚持平等互利、共同发展。[4] 非洲是中国援助的最主要地区，2009年，中国向非洲提供了100亿美元的贷款。根据《中国的对外援助》，2009年，非洲占中国对外援助的比重最高，达到45.7%，截至同年底，中国政府共减免非洲国家的债务189.6亿元人民币。[5] 尽管中国的对非援助长期以来被指责不透明，但是中国的援助国家更容易被非洲国家所接受，而且相比于西方国家更有效。

第三节　中国对非合作与政策的机制化与制度化

一、中非合作的机制化平台建设及成效

2000年中非合作论坛的成立标志着中非关系开始向制度化的方向发展。经

---

[1] The African Development Bank, "Chinese Trade and Investment Activities in Africa", *Policy Brief*, Vol. 1, Issue. 4, 2010, p. 7.
[2] "Chinese Investment in Africa Cements Friendly Ties", http://english.peopledaily.com.cn/90001/90780/91421/7288802.html, 最后浏览时间：2011-3-16。
[3] 克里斯特·奥尔登（Christ Olden）通过研究也发现了中国在实践学习和政策调适上的能力，在2010年南非举办的学术研讨会上，他就谈到，随着中国"学习"能力的提高，很多问题都能够得到合理的解决。
[4] 中国国务院新闻办公室：《中国的对外援助》，2011年4月，第2页。
[5] 同上，第7~8页。

过十几年的发展，中非双方已经发展建立起囊括政治、经济、文化、安全和国际合作的新型战略伙伴关系，中非合作论坛在推动双方关系发展和不断深化上发挥着重要的作用。然而，与欧盟等国际对非合作机制相比，中非合作论坛从形式、内容和成效上都体现了其特殊性。非合作论坛具有弱机制化、非强制性、自愿合作、协商共识的特征。中非合作论坛的经验正在为国际社会和非洲提供一个值得研究和借鉴的替代选择。中非合作论坛采用的是论坛的形式，或者松散、没有法律约束力的条约和国际机制。然而，在这一形式背后，事实上存在着强有力的支撑：务实密切的双边关系、互利共赢的合作预期、共同利益基础上的相互依赖、合作原则与规范的认同、强烈的合作意愿。①

中非合作论坛成立的目的是为中非合作与发展提供一个协商和倡议的平台，经过十多年的发展，论坛的机制逐渐完善。2002年4月的中非合作论坛后续机制正式生效，据此，论坛后续机制建立在三个级别上：部长级会议每三年举行一届；高官级后续会议及为部长级会议做准备的高官预备会分别在部长级会议前一年及前数日各举行一次；非洲驻华使节与中方后续行动委员会秘书处每年至少举行两次会议。② 中非合作论坛是一个发展中国家与非洲建立的政府间机制联系。从成员国的数量、国家间经济、政治、文化和社会上的差异、不同的对外政策体制和外部环境来看，中非合作论坛自身就是一个突破。论坛虽然具有大多数发展中国家弱机制化的特点，但是中国对非政策中的举国体制无疑是中国区别与其他国家的最大特点。中非合作论坛中方后续行动委员会的成员单位几乎囊括了中国政府的各部委，涉及经济贸易、金融、政治安全、文化社会、发展援助、国际事务合作等全面的合作领域。在中央层面外，中国各省份也在积极地执行对非合作援助的举措。中国与非洲正在形成一套宏大的、全面而深入的合作体系，中国政府在这体系中的政府意志、实力、魄力和主导作用发挥着最核心的作用。

中非合作论坛还为中非双方建立外交、议会、经济等领域的定期对话机制创造了条件。2006年，中非领导人在中非合作论坛北京峰会暨第三届部长级会议上一致同意建立中非外长级定期政治对话机制，2007年和2010年，中非外长在联大会议期间已经先后举行了两次政治磋商。在议会交往上，北京峰会后，中国全国人大共有20个代表团访非，非洲国家21个议会代表团访华。目前，中国全国人大与埃及人民议会和南非国民议会建立了定期交流机制并开展了活动，中国

---

① 郑先武将中非合作论坛的特征总结为：政府主导，多行为体参与；发展导向，多领域推进；协商一致，弱制度运行；开放性，与全球机制一致；恪守主权，尊重多样性。参见郑先武：《构建区域间合作"中国模式"》，载《社会科学》2010年第6期，第21~22页。

② 中非合作论坛官网，http://www.focac.org/chn/ltda/ltjj/t584467.htm。

已与18个非洲国家建立了双边议会友好小组。在经济领域,中国与塞内加尔、马里、佛得角、几内亚比绍、马拉维建立了双边经贸联(混)委会机制,与苏丹、阿尔及利亚、赤道几内亚、刚果(金)、刚果(布)、莫桑比克等22个非洲国家召开了双边经贸联(混)委会。在中非合作论坛框架下,商务部、农业部、中联部、科技部等部委与非洲国家的制度化联系进一步加强,目前中非农业合作论坛和中非科技合作论坛为中非双方在具体领域的深化合作提供了平台。总体上,中国对非经济合作主要是以项目为导向,主要是中国单方的承诺和援助,具体表现在:其一,在贸易合作上,中国承诺进一步向非洲开放市场、减免关税,建立产品展销中心、物流中心等;其二,在金融合作上,设立非洲中小企业发展专项贷款,帮助非洲中小企业发展;其三,在农业和粮食安全合作上,派遣农业技术组合和技术人员、建立农业技术示范中心等;其四,在基础设施建设上,中国主要通过优惠贷款等形式支持非洲的基础设施建设。由此发现,中非合作论坛正在通过多边合作的形式积极地促进中国与非洲国家在不同领域和问题上的双边合作,而双边合作的深化反过来又能积极促进多边关系的发展。

在安全领域,中国对非安全合作主要依赖联合国以及非盟和非洲地区组织等国际多边框架,积极支持并参与联合国在非洲维和行动。截至2010年12月,中国人民解放军有1 955名官兵在9个联合国任务区执行维和任务,中国是联合国安理会常任理事国派遣维和人员最多的国家。其中,军事观察员和参谋军官94人;赴联合国刚果(金)稳定特派团工兵分队175人,医疗分队43人;赴联合国利比里亚特派团工兵分队275人,运输分队240人,医疗分队43人;赴联合国黎巴嫩临时部队工兵分队275人,医疗分队60人;赴联合国苏丹特派团工兵分队275人,运输分队100人,医疗分队60人;赴联合国/非盟达尔富尔混合行动工兵分队315人。根据联合国决议,中国政府于2008年12月26日开始派遣军舰艇编队赴亚丁湾、索马里海域实施护航,截至2010年12月,海军已派出7批18艘舰艇、16架直升机、490名特战队员执行护航任务。[①] 随着非盟等地区组织在解决地区冲突和促进和平与安全上作用的提升,中国政府开始积极支持"由非洲人解决非洲问题"的理念与实践,并通过人员培训、维和能力建设等形式加强与非盟等的安全合作。中国政府还设立非洲事务特别代表,加强与非洲国家就有关和平与安全事务的沟通与对话,积极参与非洲不稳定和不安全问题的解决。在一些学者看来,非洲事务特别代表的设立

---

① 国防部:《2010年中国国防白皮书》,2011年。

反映了中国外交新的取向。①

中非合作论坛是中国完善非洲政策,非洲国家协调中国政策的良好平台。长期以来,中国的非洲政策被批评为用一种政策来处理与非洲所有国家的关系,忽略了非洲国家间的巨大差异。而非洲国家则缺乏应对大国,尤其是新兴大国的经验,非洲没有形成一套协调一致的对外政策。② 在非洲国家与中国、印度等新兴大国的关系上,一些学者就建议,非洲国家应该对新兴国家的贸易、援助和投资活动进行监督,分析他们的战略目标和带来的机遇和威胁,同时,加强与非洲其他国家、非盟、非洲发展银行以及地区组织的关系,增强对外讨价还价的权力。③ 在这种背景下,中非合作论坛以及其三个级别的会晤机制为中非政策的相互认知和构建提供了协调的平台,对于中非之间加强了解和协商共识具有重要的作用。目前来看,最引人注目的是三年一届的部长级会议,其他两个级别的会议似乎很少被重视,实际上这两个会议恰恰发挥着重要的作用。高官会是部长级会议前的筹备会,它扮演着为部长级会议设置议程、确定会晤内容、形成一致意见、避免出现分歧争吵的角色。这种会晤机制设置在大多数国际合作机制,尤其是发展中国家的会晤机制中非常普遍,如东盟峰会前的高官会。因此,从这个意义上理解,高官会在中非合作论坛的发展过程中发挥着关键性的作用,中非高官间的协商、协调甚至争吵在很大程度上应该能反映双方目前关注的焦点和重点,然而,从目前来看,高官会的作用和核心功能并没有被充分重视。第三个级别,非洲驻华使节与中方后续行动委员会秘书处每年至少举行两次会议(以下简称"使节会"),使节会扮演着对中非合作论坛提出的合作举措和承诺进行评估和交流意见的作用,从目前来看,非洲国家对中非合作论坛的进展比较满意。

二、中非合作机制化的弹性特色及其有效性

中非合作论坛强调中国与非洲共同发展、互利共赢、去政治条件、援助与发展相结合,这不同于目前西方国家推动的对非援助理念和模式。在合作的形式上,西方国家更强调其援助国地位,因此在合作模式、受援国发展政策制定、援助资金的使用上西方国家处于主导地位,西方国家往往采取向非洲国家政府或非

---

① 王逸舟:《从利比亚危机看中国外交新取向》,载《东方早报》2011 年 8 月 25 日。
② Sanusha Naidu, "The Forum on China-Africa Cooperation (FOCAC): What Does the Future Hold?" *China Report*, Vol. 43, No. 3, 2007, pp. 283–296.
③ Raphael Kaplinsky and Dirk Messner, "The Impact of Asian Drivers on the Developing World", *World Development*, Vol. 36, No. 2, 2008, pp. 197–209.

政府组织直接提供资金支持的方式,这也是导致非洲国家腐败的一个重要原因。在合作的目的上,西方的对非援助政策最后往往变成不同利益集团博弈的产物,并没有真正发挥促进非洲发展的作用。①

中国的对非政策尽管遭受西方国家的批评,而且的确存在着许多问题,但是不能因此否定中国在国际对非合作进程中所发挥的作用。有国外学者总结了中国与西方在推进与非洲国家合作上的不同:中国是作为一个发展中国家帮助其他发展中国家,中国并不愿意被视为是捐赠国,相反更愿意被认为是穷朋友帮助另外的穷朋友;相互受益而不是单边援助;致力于贸易和经济合作共赢,而不是仅致力于减贫;将援助和基础设施建设与发展相结合。②

如果说 21 世纪前后中国的对非政策更侧重于资源等经济利益考虑的话,中非合作论坛的成立以及实践则是中非关系发展的一个重要转折。论坛化的中非合作关系虽然在机制上看尚缺少类似欧非地区间合作的强制度设计,但这恰恰避免了强制度可能带来的一方主导一方被动的结构失衡局面,其一个重要的原则是在维护各自利益的基础上,通过双向的互动,寻求共同利益。虽然中非合作论坛的形式相对比较松散而且对双方并没有"硬约束力",然而在具有弹性的、动态变化与调整性的"弱机制化"合作形式的背后,却存在着巨大的共同利益认知与合作的空间和条件。

目前来看,一个以经济相互依赖、政治上认同与合作、国际上能够相互支持的中非合作隐形体系正在构建之中。第一,双边关系构成了中非关系格局的有力支撑。这不同于欧盟的多边主义偏好,目前来看,稳定的双边关系比过分依赖地区组织的策略更有效。第二,相互依赖程度的加深使中非关系的基础更加坚实,这也是未来中非关系发展的决定性因素。第三,共同规范和原则共识的形成构成了体系的思想基础。尽管中非合作论坛的原则主要是对《联合国宪章》的内化,但是至少在目前,其认同力要比欧盟或西方的标准更大。第四,举国体制反映了中国在发展对非关系的强烈政治意愿,中央部委、各省份以及不同组织和行为体的参与丰富了中非合作的体系,是中国与非洲关系最强有力的工具和保障。当然,在任何的国际合作中必然存在着合作的难题,中非合作中的问题只能通过双方之间的深层互动和政策细化来解决。

---

① 关于援助的动机和目的可参见周弘主编:《对外援助与国际关系》,中国社会科学出版社 2002 年版;周玉渊:《从东南亚到非洲:日本对外援助的政治经济学》,载《当代亚太》2010 年第 3 期。

② Kenneth King, "China's Aid to Africa: a View from China and Japan", http://www.jica.go.jp/jica-ri/topics/archives/jica/2007/docs/070129_03.pdf, 最后浏览时间: 2011 - 3 - 16。

第四节 对中非合作论坛未来发展的几点思考

一、中国与西方对非合作的本质差异

据上,中国与欧盟的对非合作制度存在着很大的差异,可归纳为:其一,欧盟偏好强机制化的制度设计,而中国倾向于弱机制化或论坛化的合作。[①] 其二,欧盟主要以非盟和次地区组织为合作伙伴,如重视非盟和非洲发展新伙伴计划(NEPAD)的主导作用,而中国主要以非洲国家为合作对象。其三,欧盟对非洲的制度框架相对完善,基本在每个具体的合作领域,欧盟都有相应的制度工具。虽然中国通过中非合作论坛建立了非洲的合作体系,但是相对松散和宽泛。其四,欧盟建立了多层次的伙伴关系体系,包括洲际、地区、国家层面,以及企业、公民社会组织,而中国目前的伙伴对象显得比较单一。其五,欧盟更重视非洲私有企业的发展,中国对这方面还需要加强。现在国际社会对非洲经济腾飞的预期非常强烈,非洲私有企业在未来经济发展的发动机作用将逐渐显现,中国政府和商界应该给予积极关注。

国际对非合作制度的评价标准根本上并不取决于制度化程度的高低,而是其在促进合作和发展上的适用性。虽然在对非合作制度设计上,中国看似没有欧盟的理想和完美,但是其与非洲当下的发展现状和需求更为吻合。例如,当今越来越多的欧洲学者批评欧盟所谓的制度性和规范性权力,"欧盟认为通过制度和规范合作可以提高欧盟的影响力和权力的想法是一个非常危险的错误,欧盟应该抛弃作为规范领导者的幻想,进而像中国的对非政策一样,采取更加现实的做法"。[②]

然而,不容否认的是,欧盟的制度设计在促进欧非合作以及非洲经济发展上发挥了重要的作用,中国应该借鉴欧盟的成功经验和失败教训,通过完善对非合作制度推动中非关系积极向前发展。

---

① 关于制度化与论坛化的界定和解释,可参见周玉渊:《地区间主义的两种形式:基于欧盟与中国对非地区间合作经验的分析》,载《世界经济与政治》2011 年第 7 期。

② Peter Van Ham, "China's Rise and Europe's Fall: Time to Start Worrying", *European View*, Centre for European Studies, 4 June 2011.

二、中非合作论坛机制化取向的若干原则

笔者认为，未来的中非合作制度化取向应该注意以下几点。

（一）高度重视中非合作论坛的战略价值，增强中非合作论坛的协调管理能力

中非合作论坛已经成为国际对非合作的重要品牌，然而论坛的战略价值并没有受到足够的重视。主要表现在：其一，中非双方在论坛框架下缺乏有效的互动；其二，论坛后续行动委员会在协调和管理各部门的能力还有待提高；其三，中非合作项目的长效管理机制尚不明确，这很大程度上归因于第二点。中国可考虑在非洲国家建立中非合作论坛联合秘书处，并鼓励非洲国家建立国家秘书处，专门处理和解决中非合作论坛事务，从而建立中非合作论坛与非洲国家的有效沟通机制。同时，提升中非合作论坛中方后续行动委员会秘书处的地位，监督、协调、评估和管理论坛框架下各部门的对非合作，使项目能够实现利益最大化。

（二）提高中非合作论坛机制的有效性

部长级会议、高官会和使节会构成了中非合作论坛的现有机制，然而目前高官会很大程度上是例会性质，其价值没有被充分利用。事实上，高官会扮演着为次年的部长级会议设置议程和议题的重要作用，因此必须给予充分重视。中国应更好地利用高官会的专业性和针对性特点，根据政治安全、经贸投资和社会文化等领域的合作建立相应的专家组，就彼此关切的问题进行充分协商，达成共识，使其在推动中非双方务实合作上发挥更大的作用。

（三）拓展中非合作论坛的关联性

非洲国家众多且彼此存在很大差异，这构成了对中非合作论坛相关性的潜在挑战。以南非为例，南非学者就认为中非合作论坛对南非的相关性很小。然而，通过与地区组织的合作很大程度上能够增强中非合作论坛的相关性。中国应重点加强与非盟以及非洲次地区组织的机制联系。在充分调研和可行性分析的基础上，加强与非洲国家在地区性合作项目上的合作。其一，建立 NEPAD-FOCAC 联系机制；其二，建立与西非国家经济共同体、南部非洲发展共同体、东部非洲共同体等次区域组织的联系机制。

（四）扩大中非合作论坛的开放性

中国在非洲影响力的扩大引起了中非双方商界、学术界以及非政府组织等公民社会的关注，但总体而言，各行业关注的问题是分散的，而且立场是分化的，因此，整合和借鉴各方的观点和建议对于提高中非合作论坛的决策水平具有积极的意义。中非智库论坛第一次会议是一个很好的开始，但是如何在中非智库论坛以及其他专业性论坛与中非合作论坛之间建立有效的机制联系还需要进一步研究。

（五）制定更加统一灵活的制度和政策工具

当前中非关系持续深化，领域和行业间的合作导致更多不确定性问题的增多，这要求中国的对策必须具有更高的针对性。中国应根据不同的领域和行业，如农业、金融、能源、科技、基础设施、发展援助等分别制定统一灵活的制度工具，一方面能够提高国内各部门之间的协调能力，另一方面则可降低与非洲国家合作时的成本，提高中非合作的效率和收益。

（六）加强对中非合作论坛的理论研究与知识提炼

中非合作论坛自2000年成立以来已经走过十多年的历史，三年一度的部长级会议也经历了五届，形成了较为系列完整的运行机制、合作伙伴与支撑平台，所通过的各届会议的政治宣言、行动计划、后续行动等都形成了较成熟的模式与经验。但理论上的总结与知识的提炼归纳尚远远不够，在许多时候还是因应环境变化与当下问题做出应急性的调整。为此，中非双方应该加强理论研究与人才储备，可考虑组建中非合作论坛框架下的联合研究院，启动相关课题，汇集中非思想智慧，以提升中非合作的理论自觉性。

第三篇　新时期中国对非援助的理念总结与政策创新研究

援助是世界上所有国家对非合作的基本内容与形式，冷战结束后，西方奉行意识形态先行的"民主援非"方式，把经济援助作为在非洲强力推行西式民主的工具。中国则奉行经济优先的援非政策，突出经济援助的主体地位，并通过改革援非方式，形成了以改善民生、追求互利共赢为出发点的"民生援非"方式。虽然目前要对这两种援助方式之优劣与得失做出结论性看法并不容易，但总体上看，西方意识形态优先的援助方式并未产生预期的成效，而中国发展优先、民生先行的援助则给中非双方都带来许多实实在在、符合双方需要的利益，因而十多年过去，西方与中国在非洲的影响力此消彼长，总体上看是中国的影响力上升而西方的影响力下降。

不过，中国的对非援助也存在需要改进与完善的巨大空间，特别是近年来西方各国已在认真总结此前援非教训，国际金融危机爆发后上台的美国奥巴马政府，对非援助政策调整的步伐明显加快。西方国家对非政策的此轮调整，对中国的非洲战略形成新的竞争压力，中国必须因时而变，积极应对。为此，我们需要开展深入而专业性的调研，来探讨新时期中国对非援助的目标调整、效益优化与政策完善问题，探讨中国如何更好地利用对非援助实现中非双方互利共赢，并通过对中国援非实践的总结，创新国际援助的观念与政策。

本篇各章集中探讨新时期中国对非援助的目标调整、效益优化与政策完善问题，探讨中国如何更好地利用对非援助实现中非双方互利共赢，并通过中国援非实践的总结，创新国际援助的观念与政策。

第六章

新时期中国对非援助的实践创新与理论总结

1956年,中国与埃及建交,开启了新中国与非洲国家外交关系的进程。随后不久,中国也开始了对非洲国家的援助。五十多年来,中国对非洲国家的援助大体上经历了三个依次更替和推进的历史发展阶段。

第一节 新中国对非援助的历史回顾

一、中国对非援助开创时期(1956~1976年)

新中国成立之初,雅尔塔体制和冷战格局主宰世界,社会制度和意识形态成为东、西方阵营的分水岭。以美国为首的西方阵营对新中国采取敌视态度,在政治、经济和军事上包围和孤立中国,迫使中国一边倒向苏联。20世纪50年代末,由于苏联大国沙文主义而引发的中苏战略利益的矛盾,导致了中苏关系的破裂。中国面临美、苏两个大国军事威胁和经济封锁,在国际社会处于十分孤立的境地。为此,中国急需打破美苏的封锁,拓展新的外交空间。在这一时期,非洲大陆掀起民族解放运动高潮,前西方殖民地纷纷摆脱殖民统治,走上了民族独立之路。独立后,非洲国家面临着巩固国家政权和发展经济的艰巨任务,它们急需国际社会的援助。由于中国和非洲国家存在相似的历史遭遇和相仿的奋斗目标,因此，中国将非洲国家视为国际统一战线阵营的重要盟友。1963年，毛泽东主席在北京接见一批来华访问的非洲朋友时指出："所有非洲的朋友，都受到中国人民的欢迎。我们同所有非洲国家人民的关系都是好的，不管是独立的或没有独立正在斗争中的人民。"① 因此，发展和加强与非洲国家的团结与合作，成为打开中国外交新局面的一个基本立足点。

这一时期中国对非援助的政策主要体现为"五项原则"和"对外援助八项原则"。周恩来总理1963年底至1964年初访问非洲十国途中，根据万隆会议精神和和平共处五项原则，宣布了中国处理非洲和阿拉伯国家关系的五项原则：(1) 支持非洲和阿拉伯各国人民反对帝国主义和新老殖民主义、争取和维护民族独立的斗争；(2) 支持非洲和阿拉伯各国政府奉行和平中立的不结盟政策；(3) 支持非洲和阿拉伯各国人民用自己选择的方式实现统一和团结的愿望；(4) 支持非洲和阿拉伯国家通过和平协商解决彼此之间的争端；(5) 主张支持非洲国家和阿拉伯国家的主权应当得到一切其他国家的尊重，反对来自任何方面的侵略和干涉。在同加纳总统恩克鲁玛会谈时，周恩来又首次提出了中国"对外援助八项原则"：(1) 中国政府一贯根据平等互利的原则对外提供援助，从来不把这种援助看作是单方面的赐予，而认为援助是相互的；(2) 中国政府在对外提供援助的时候，严格尊重受援国的主权，绝不附带任何条件，绝不要求任何特权；(3) 中国政府以无息贷款或低息贷款的方式提供经济援助，在需要的时候延长还款期限，以尽量减少受援国的负担；(4) 中国政府对外提供援助的目的，不是造成受援国对中国的依赖，而是帮助受援国走上自力更生、独立发展的道路；(5) 中国政府帮助受援国建设的项目，力求投资少、收效快，使受援国政府能够增加收入，积累资金；(6) 中国政府提供自己能够生产的、质量好的设备和物资，并根据国际市场的价格；如果中国政府所提供的设备和物资不合乎商定的规格和质量，中国政府保证退换；(7) 中国政府对外提供任何一种技术援助的时候，保证使受援国的人员充分掌握这种技术；(8) 中国政府派到受援国帮助进行建设的专家，同受援国自己的专家享受同样的物资待遇，不容许有任何的特殊要求和享受。

为了支持非洲国家的经济建设，中国在自己的经济比较困难的情况下，仍尽力对非洲国家提供援助。至1967年，中国先后同几内亚、马里、阿尔及利亚、索马里、刚果、阿联（埃及）、肯尼亚、乌干达、坦桑尼亚、赞比亚、毛里塔尼亚等12个国家签订了援助协定。除提供一般物资（包括提供粮食援助）和现汇外，主要是承担成套项目。据统计，从1956~1966年，中国对上述12国总共提

---

① 《难忘中非老一代领导人》，http://www.ce.cn/xwzx/xwrwzhk/peoplemore/200610/30/t20061030_9194220.shtml。

供了 4.28 亿美元的援助。① 进入 20 世纪 70 年代，中国对非援助进一步增强。中国又同新建交的 31 个国家签订了援助协定。加上 60 年代的 12 个国家，共有 43 个国家同中国签订了援助协定。据统计，从 1970～1977 年，中国对非援助总额为 18.25 亿美元②。在这一时期，中国援助非洲国家的项目包括中小型工业和农场，帮助非洲国家找水打井，同时也给予非洲国家粮食援助。此外，中国还帮助非洲进行一些急需发展的项目，如水电、能源的开发等，向非洲国家派遣了医疗合作队、援建了一些体育文化设施等。坦赞铁路是这一阶段最重要的对非援助项目，也是充分体现这一阶段援外特色的项目之一，对促进中非关系的发展起到了积极的作用，奠定了中非关系进一步发展的基础。坦桑尼亚前总统尼雷尔高度评价说，坦赞铁路是中国"对非洲人民的伟大贡献"；赞比亚前总统卡翁达说，"患难知真情"。坦赞两国人民乃至整个非洲把坦赞铁路誉为"自由之路"。③ 2011 年 9 月，坦桑尼亚举行盛大庆典，纪念坦赞铁路正式移交运营 35 周年。坦桑尼亚副总统穆罕默德·加里卜·比拉勒在庆典上致辞说，在过去的 35 年中，坦赞铁路促进了包括农业、矿业、基础设施、商业等各经济领域的发展，是两个国家经济发展的关键推动力，并取得了能为两国人民所切身感受与分享的成果。前来参加庆典的赞比亚交通部常秘多米尼克·西钦加说，坦赞铁路是中国、坦桑尼亚与赞比亚长期亲密友好关系的一个重要象征、一个里程碑式的工程。据统计，在过去 35 年间，坦赞铁路累计运送货物 2 746 万吨，旅客 4 450 万人次。④

这一时期的中国对非援助，凸显了中国力图以援助为手段，建立和发展与非洲国家的友好关系，以此打破美国，或者美苏的封锁，拓宽外交活动空间。这种社会历史条件决定了这一时期中国对非援助的特点。

第一，援助完全在政治和意识形态的指导下进行，即援助为政治目的服务。中国对非援助的政治目的非常明显，主要是支持非洲国家的民族独立和民族解放运动、反对种族隔离制度，同时中国也在政治上寻求非洲国家的支持作为外交政策的重要组成部分。因此，援助的政治功能压倒了经济功能，援助很少考虑经济效益。

第二，当时中国的国力尚不强大，但仍克服重重困难，满足了多数非洲国家的要求。上述坦赞铁路就是一个最能说明问题的例子。当然，从总体上看，援助的规模还十分有限。

---

① David E Alaright, *Communism in Africa*, London, 1986, pp.170-171.
② 湘潭大学：《非洲问题参考资料》，1979 年第 1 期，第 84 页。
③ 《难忘中非老一代领导人》，http://www.ce.cn/xwzx/xwrwzhk/peoplemore/200610/30/t20061030_9194220.shtml.
④ 新华网达累斯萨拉姆 2011 年 9 月 14 日电。

第三，为了表示中国方面的真诚，援助几乎表现为单一的无偿援助。值得指出的是，在对非援助中，中国对自身规定了苛刻的要求，而对于非洲受援国，几乎没有任何要求。这个特点在中国对外援助的八项原则中，得到了完全的反映。

二、中国对非援助的调整时期（1976~2000 年）

20 世纪 70 年代末 80 年代初，中国和非洲国家的形势都发生了重大变化。1978 年中国政府确立了以经济建设为中心、实行改革开放的基本路线，一方面向国际社会打开大门，欢迎不同社会制度的国家来华投资经商；另一方面则在国内开始了大规模的经济建设。在非洲，独立之初，一部分国家仿效西方国家，实行市场经济；另一部分国家则提出走"非资本主义道路"，学习苏联模式，实行计划经济。70 年代末非洲大陆出现的经济危机，宣告无论是西方模式或者是东方模式，都不适宜非洲国家。80 年代，非洲国家为了摆脱经济危机，被迫接受世界银行和国际货币基金组织的统一改革方案——"结构调整"。由于这个方案以西方经济运作为样本，因此在非洲表现出严重的"水土不服"。80 年代非洲经济止步不前，因此被非洲经济学家称为"失去的十年"。非洲国家痛定思痛，提出了联合自强、自主发展的战略方针，决心走自力更生的发展道路。十分明显，无论是中国或者非洲，在总结了独立之后政治、经济发展进程中的经验和教训后，开始了新的改革和探索。值得一提的是，80 年代末和 90 年代初，东欧剧变和苏联解体使世界进入了后冷战时代，和平与发展成为时代的主旋律。包括中国和非洲国家在内的发展中国家希望发展经济、摆脱落后的要求更加强烈。中国领导人正确把握了时代的变化，在处理中非关系时，把推动经济发展作为发展双方关系的重点。1989 年 3 月，邓小平同志会见来访的乌干达总统穆塞韦尼时说："我们非常关注非洲的发展与繁荣。我们高兴地看到，第二次世界大战后，许多非洲国家都独立了，这为发展获得了最好的条件。经过多年奋斗，现在国际形势趋向缓和，世界大战可以避免，非洲国家要利用这一有利的和平国际环境来发展自己。要根据本国的条件制定发展战略和政策，搞好民族团结，通过全体人民的共同努力，使经济得到发展。"①

形势的变化对中非关系提出了新的要求。1983 年，中国政府提出了中国对非洲经济技术合作的"平等互利、讲求实效、形式多样、共同发展"四项原则。十分明显，"四项原则"同时成为这一时期中国对非洲援助工作的基本原则。中国政府领导人对此做了具体解释，即：中国同非洲国家进行经济技术合作，其

---

① 《中国领导人关于中非关系的论述》，http://www.china.com.cn/chinese/zhuanti/zf/442107.htm。

一，遵循团结友好、平等互利的原则，尊重对方的主权，不干涉对方的内政，不附带任何政治条件，不要求任何特权；其二，从双方的实际需要和可能条件出发，发挥各自的长处和潜力，力求投资少、工期短、收效快，且能取得良好的经济效益；其三，合作的方式可以多种多样，因地制宜，包括提供技术服务、培训技术和管理人员、进行科学技术交流、承建工程、合作生产、合资经营等，中国方面对所参与承担的合作项目负责守约、保质、重义，中国方面派出的专家和技术人员，不要求特殊的待遇；其四，双方合作的目的在于取长补短、相互帮助，以利于增强双方自力更生的能力和促进各自民族经济的发展。1995年，朱镕基访问非洲，他提出了更加具体的目标：为扩大中国同非洲国家间的经济合作规模，提高援助项目的经济效益和社会效益，今后中国希望把援助重点放在受援国有需要，又有资源的中、小型生产项目和社会福利项目上；政府积极鼓励和推动双方企业通过合资、合作经营，在两国经贸合作中发挥更大的作用；采取由政府贷款，银行提供优惠贷款等方式，尽可能调动和利用多种渠道的资金发展经贸合作；以承包、劳务等多种办法，进一步扩大合作领域的合作，以期谋求共同发展。1996年，江泽民宣布："中国坚定不移地支持非洲国家发展经济的努力，继续提供力所能及、不附加任何政治条件的政府援助；双方积极配合，通过合资、合作等方式振兴中国提供的传统援助项目；鼓励双方企业间的合作，特别要推动有一定实力的中国企业、公司到非洲开展不同规模、领域广泛、形式多样的互利合作，在合作中坚持守约、保质、重义等原则；拓宽贸易渠道，增加从非洲的进口，以促进中非贸易均衡、迅速发展。"[①]

对非援助在调整中前进。援助更加注重非洲受援国的社会经济发展需要。在这一阶段，中国帮助非洲国家建设了一批效果好、影响大的项目，其中包括突尼斯麦热尔德—崩角水渠、毛里塔尼亚友谊港、尼日尔打井工程、喀麦隆格拉都水电站、刚果（布）布昂扎水电站、肯尼亚莫伊国际体育中心、多哥人民联盟之家、卢旺达水泥厂、马达加斯加糖厂等。1995年，中国开始通过进出口银行提供援外优惠贷款。非洲国家是"援外合资合作基金"和优惠贷款的主要受益国。苏丹石油项目是中国第一个援外优惠贷款项目。通过该项目的实施，苏丹从石油进口国变为石油净出口国，并在中国的帮助下建立了技术先进、规模配套的石油工业体系，为苏丹经济的发展提供了强劲动力。

这一时期，为了适应形势的变化，中国援非的形式和手段出现了新的变化。

其一，援助的出发点开始由政治领域转向经济领域，政治和意识形态的色彩

[①] 《中国与非洲关系大事记》，http://www.china.com.cn/international/txt/2003-11/20/content_5445819.htm。

逐步淡化，而发展经济成为关注的重心；

其二，援助更加务实，通过对非援助，一方面促进受援国的经济发展和社会进步，另一方面也推动中国和非洲国家之间的经济技术合作，以达到共同发展、共同繁荣的目的；

其三，援助形式由单向无偿援助转向双方合作，包括合作生产、合资经营等。

三、新时期中国对非援助的新变化（2000年以来）

进入21世纪，国际格局发生了重大而深刻的变化，"一超多强"格局加快向多极格局转变，新兴国家力量壮大，这对于中非关系的发展带来了新的机遇。

首先，中非双方在主观上强烈希望进一步加强合作。在经济全球化的冲击下，发展中国家既面临机遇，也面临挑战。中国是最大的发展中国家，非洲是发展中国家最集中的大陆。面对新的国际形势，中非都有着进一步加强磋商与合作，共同应对新世纪挑战的强烈愿望。中非建立更加密切的友好合作关系，符合双方的利益，顺应世界和平与发展潮流。

其次，国际格局的变化和中非的发展，在客观上具备了扩大合作的条件。进入新时期，国际社会的变革和调整加速进行。美、日、欧等传统大国力量下滑，而中国和非洲经济发展加速，自身实力得到较大提升，在这种形势下，中非探索合作的空间更加广阔，双方合作的基础进一步拓宽。

最后，国际社会面临的新挑战，如金融危机、气候变化与能源安全、核扩散等相互之间高度关联，不但加深了国际社会的相互依赖，也对中非合作提出新的要求。

在这种形势下，中非双方决定设立中非合作论坛，通过这种多边磋商形式，就面临的重大问题交换看法，协调立场，共同勾画中非双方在新世纪的合作方向与蓝图。十分明显，举办论坛是时代发展的要求，是中非关系发展的必然结果。2000年，中非举办了首届中非合作论坛。

中非合作论坛的建立，标志着中非关系进入了一个新的历史发展时期。首先，中非合作论坛为中非合作的可持续发展奠定了机制基础。中非合作论坛建立了一系列的机构和制度，保证中非双方定期就双方关系进行磋商和交流。其次，中非合作论坛把中非关系提升到一个全新的高度。2006年，中国政府发布的《中国对非政策文件》，提出建立"政治上平等互信、经济上互利共赢、文化上交流互鉴"的新型战略伙伴关系，标志着中非关系的发展已经进入了新的历史时期。

中非合作论坛建立后,在推动中国援非方面发挥了积极的推动作用。在经济援助方面,中国政府根据形势发展的需要,提出内容更加广泛的援非政策:"中国政府将根据自身财力和经济发展状况,继续向非洲国家提供并逐步增加力所能及和不附加政治条件的援助";在减免债务方面,"中国政府愿继续通过友好协商帮助有关非洲国家解决和减轻对华债务。继续呼吁国际社会,特别是发达国家在减免非洲国家债务问题上采取更多实质性行动";此外,中国政府在人力资源开发和教育方面,"充分发挥中国政府设立的'非洲人力资源开发基金'在培训非洲人才方面的作用,根据非洲国家的实际需要,确定重点,拓展领域,加大投入,提高实效。继续与非洲互派留学生。中国将适当增加政府奖学金名额。继续派遣援非教师。帮助非洲国家开展汉语教学。实施教育援助项目,促进非洲有关薄弱学科的发展。加强在职业技术教育和远程教育等方面的合作";在科技方面,"继续为非洲国家举办实用技术培训班,开展技术援助示范项目。积极推动中国科技成果和先进适用技术在非洲的推广和应用";在医疗卫生方面,"中国将继续向非洲国家派遣医疗队,提供药品和医疗物资援助,帮助非洲国家建立和改善医疗设施、培训医疗人员";在减灾、救灾和人道主义援助方面,"积极开展在减灾、救灾领域的人员交流、培训和技术合作。中国将积极回应非洲国家的紧急人道主义援助要求,鼓励并支持中国红十字会等非政府组织与非洲国家相关团体开展交流与合作"。①

为了落实新时期的中国援非政策,在 2006 年的第三届中非合作论坛上,中国政府提出了"八项援非措施":(1) 扩大对非洲援助规模,到 2009 年使中国对非洲国家的援助规模比 2006 年增加 1 倍;(2) 今后 3 年内向非洲国家提供 30 亿美元的优惠贷款和 20 亿美元的优惠出口买方信贷;(3) 为鼓励和支持中国企业到非洲投资,设立中非发展基金,基金总额逐步达到 50 亿美元;(4) 为支持非洲国家联合自强和一体化进程,援助建设非洲联盟会议中心;(5) 免除同中国有外交关系的所有非洲重债穷国和最不发达国家截至 2005 年底到期的政府无息贷款债务;(6) 进一步向非洲开放市场,把同中国有外交关系的非洲最不发达国家输华商品零关税待遇受惠商品由 190 个税目扩大到 440 多个;(7) 今后 3 年内在非洲国家建立 3~5 个境外经济贸易合作区;(8) 今后 3 年内为非洲培训培养 15 000 名各类人才;向非洲派遣 100 名高级农业技术专家;在非洲建立 10 个有特色的农业技术示范中心;为非洲援助 30 所医院,并提供 3 亿元人民币无偿援款帮助非洲防治疟疾,用于提供青蒿素药品及设立 30 个抗疟中心;向非洲派遣 300 名青年志愿者;为非洲援助 100 所农村学校;在 2009 年之前,向非洲提供中

---

① 《中国对非洲政策文件》,http://www.focac.org/chn/zfgx/zfgxdfzc/t481253.htm。

国政府奖学金名额由目前的每年2 000人次增加到4 000人次。[①]

2009年,在第四届中非合作论坛上,中国政府提出了新的八项举措:(1)倡议建立中非应对气候变化伙伴关系,不定期举行高官磋商,在卫星气象监测、新能源开发利用、沙漠化防治、城市环境保护等领域加强合作。中方决定为非洲援建太阳能、沼气、小水电等100个清洁能源项目。(2)加强科技合作,倡议启动"中非科技伙伴计划",实施100个中非联合科技研究示范项目,接收100名非洲博士后来华进行科研工作,并为其回国服务提供资助。(3)增加非洲融资能力,向非洲国家提供100亿美元优惠性质贷款;支持中国金融机构设立非洲中小企业发展专项贷款。对非洲与中国建交的重债穷国和最不发达国家,免除截至2009年底对华到期未还的政府无息贷款债务。(4)扩大对非产品开放市场,逐步给予非洲与中国建交的最不发达国家95%的产品零关税待遇,2010年年内首先对60%的产品实施免关税。(5)进一步加强农业合作,把中国在非洲国家援建的农业示范中心增至20个,向非洲派遣50个农业技术组,为非洲国家培训2 000名农业技术人才,提高非洲实现粮食安全的能力。(6)深化医疗卫生合作,为援非30所医院和30个疟疾防治中心提供价值5亿元人民币的医疗设备和抗疟物资,为非洲培训3 000名医护人员。(7)加强人力资源开发和教育合作,为非洲国家援助50所中非友好学校,培训1 500名校长和教师;到2012年,向非洲提供的中国政府奖学金名额将增至5 500名;今后3年为非洲培训各类人才总计达2万名。(8)扩大人文交流,倡议实施"中非联合研究交流计划",促进学者、智库交往与合作,交流发展经验,并为双方出台更好合作政策提供智力支持。[②] 十分明显,两个八项举措涉及的援助领域不断扩大,包括农业和粮食生产,医疗卫生和重大疾病防治,教育、培训和学者交流,清洁能源和卫生用水,以及贷款、贸易、减免债务和扩大投资等内容,为中国援非增添新的活力与生机。

进入21世纪后,中国对非援助得到迅速发展,其标志为:

第一,援助工作机制化。通过中非合作论坛,中国对非援助逐步形成了比较完备的工作机构和工作机制,如三年一次的部长级会议、每年一次的高官会议及随时召开的后续行动委员会会议等。

第二,援非领域不断扩展,除了传统的经济援助外,在教育、卫生、文化和科学技术等相关民生领域的各种援助有了明显的增加。涉及农业、卫生、教育、人力资源开发合作、清洁能源、债务减免等诸多领域。

---

① 《胡锦涛提出促进中非合作八项尝试》,http://www.chinadaily.com.cn/hqkx/2006 - 11/05/content_724832.htm。

② 《温家宝提出八项举措推进中非合作》,http://news.xinhuanet.com/world/2009 - 11/08/content_12411492_1.htm。

第三，对非援助规模快速增长，形式更加丰富多样。2000~2009年，中国向非洲提供的无偿援助和无息贷款总额增长了463%，优惠贷款增加了22倍。2009年，中国对非援助资金占比达到45.7%。[①]

第四，援非更加注重实际效益，更加关注提升非洲国家的建设和管理能力。有人形容中国援非逐步从"输血"转向"造血"，就是一个十分形象的比喻。

第五，援助不再是单向的，援助的目的是实现互利共赢、共同发展。

总体上看，新中国成立以来，中国的对非援助经历了三个时期。在开创时期，中国的对非援助受到意识形态的严格支配，对非援助为了支持非洲国家的反帝、反霸、支持民族解放运动，因此援助带有浓重的政治色彩，而且援助是单向的。进入调整时期后，对非援助突破了意识形态的范畴，其经济意义超越了对政治利益的诉求。通过对非援助，一方面促进受援国的经济发展和社会进步，另一方面也推动中国和非洲国家之间的经济技术合作，以达到共同发展、共同繁荣的目的。进入新时期，中国对非援助的内容和方式呈现多样化。中国对非援助进入了多领域、多形式和多渠道的时期。援助的内容大大扩展，援助的效果明显提高，援助有力促进了中非双方的共同发展。

第二节 中国对非援助的文化精神与管理机制

中国援非经历了半个多世纪，在三个世界理论、和平与发展战略思想和和谐世界理念的指导下，虽然在不同时期表现出不同的政策，但是中国援非政策始终坚持其本质特性，而进入新时期后，援助政策更是创新不断，呈现出新的内容和特点。

一、中国对非援助的民族精神与文化个性

（一）待人当将心比心，援助不是恩赐而是相互支持

中国的对非援助坚持一个基本理念，即认为对非援助不是中国对非洲的一种单方面恩赐，而是一种中非双方的相互支持与合作。

根据三个世界的理论，中国和非洲同属第三世界，因此，中国和非洲的利益是

---

① 《为友谊不为资源，中国对非援助之路》，http://www.xj71.com/2012/0129/658188.shtml。

紧密相连的。毛泽东主席对此解释说："我们需要支持，……谁来支持我们？还不是亚洲、非洲、拉丁美洲的民族解放运动，这是支持我们的最主要的力量。……中国可以当作你们的一个朋友。我们能牵制帝国主义，使它力量分散，不能集中力量去压迫非洲。"他又指出："我们的斗争支持你们，你们的斗争支持我们。"①由此可见，由于中国和非洲存在共同的利益，因此，其中一方的强大，必然形成对另一方的支持。所以，从表面上看，中国对非进行援助，但是非洲一旦发展起来，使世界反帝反霸的力量壮大了，又反过来支援了中国。早在周恩来总理提出的对外援助八项原则中，就明确指出：中国"从来不把这种援助看作是单方面的赐予，而认为援助是相互的"。在《中国对非洲政策文件》中也指出："中国向非洲国家提供了力所能及的援助，非洲国家也给予中国诸多有力的支持。"中非关系的历史已经证实了这一辩证关系。一方面，中国援助了非洲，非洲国家获益，经济得到发展，人民生活水平得到提高；另一方面，中国也会从中获益，政治得到非洲国家的支持，经济得到非洲资源的支援。例如，在恢复中国在联合国的合法席位的问题上，非洲国家坚决支持中国，在赞成票中占1/3；在击退西方国家在人权问题上对中国的无理指责，十次否决反华提案的斗争中，非洲国家更是功不可没。

（二）君子当成人之美：不以援助相讹并附带政治条件

中国早在八项原则中明确指出：中国政府在对外提供援助的时候，严格尊重受援国的主权，绝不附带任何条件，绝不要求任何特权。在半个多世纪里，中国政府始终严格遵守这个原则。中国对非援助充分尊重受援国意愿，不附加任何政治条件，不干涉受援国内政，也不损害受援国利益，这不仅有利于发展中国家团结合作，也有利于世界和平与发展。

进入新时期，中国援非的原则不变。第一届中非合作论坛的《中非合作论坛北京宣言》指出："强调减免或重新安排非洲债务不应附加政治条件，不能以减少官方发展援助为代价；强烈呼吁有关国际金融机构和有关发达债权国在减免非洲最不发达国家和中等收入国家债务问题上迈出更大步伐；欢迎中国作为发展中国家为减免非洲国家债务将采取的切实措施和做出的贡献"。②

相比之下，西方国家在援助的同时，却附带许多损害非洲国家主权的政治条件。根据英国广播公司的报道，世界银行、国际货币基金组织等给予非洲的贷款

---

① 中国外交部、中共中央文献研究室编：《毛泽东外交文献》，中央文献出版社、世界知识出版社1994年版，第467页。

② 《中非合作论坛北京宣言》，http：//www.focac.org/chn/ltda/dyjbzjhy/hywj12009/t155560.htm。

和赠款往往带有大量附加条件，要求接受国遵循特殊的政策。部分附加条款具有不小的争议性，尤其是在私有化和贸易自由化问题上，似乎都对西方大国有利，引起了一些非洲国家的不满。尼日利亚伊格比奈丁大学政治学教授奥鲁方米拉迪在接受记者采访时表示，非洲国家和人民都认识到，中国的援助不仅不附加任何政治条件，而且援助也从不因外部环境的改变而中断。他说："中国（提供的援助）不像国际货币基金组织和世界银行那样，附加那么多的政治条件。另外，从很早的时候，中国就开始无偿援助非洲的发展，即使在中国相对贫穷的时候，也是如此。我们都知道连接坦桑尼亚和赞比亚的铁路线，这条铁路就是中国在自己发展遇到巨大困难的时候，捐建给非洲人民的。现在中国强大了，他们给非洲的捐助，有的甚至价值数亿美元。"[①]

（三）君子当一诺千金：援助必须信守承诺

在对外援助中，由于援助方占据了主动和优势地位，因此它们往往会根据形势的变化而改变原先承诺的援助数量或者时间。这种例子在西方国家对非援助中常常出现。比如西方曾多次承诺援助发展中国家，但由于没有约束机制和强制性，即使是在其经济发展良好的时候，承诺也并非总能得以实现。

相比之下，中国援非始终信守承诺。无论是中国遭遇了困难，还是世界经济出现了不景气，中国对于允诺的援非项目历来信守承诺，按质按量按时完成。最能说明问题的例子是2008年世界金融危机。尽管危机给中国经济发展带来了前所未有的挑战，但是中国政府多次表示中国不会因为金融危机而减少对非洲的援助，中国将与非洲共克时艰，继续扩大对非贸易和投资，2009年2月，胡锦涛主席在访问非洲期间郑重承诺：中方将认真落实中非合作论坛北京峰会确定的各项援非举措，在力所能及范围内继续增加对非援助、减免非洲国家债务。扩大对非贸易和投资、加强中非务实合作。中国对外援助一直信守承诺，因而也备受受援国的好评。

二、中国对非援助体制机制的变革与创新

进入21世纪以来，随着中非合作新时期的开启，中国援非政策与实践也出现了许多创新。

---

① 《授人以渔 中国对非援助注重切合非洲实际》，http://gb.cri.cn/27824/2009/12/16/110s2705654.htm。

（一）援助工作机制化

通过中非合作论坛，中国对非援助逐步形成了比较完备的工作机构和工作机制。《中非经济和社会发展合作纲领》规定：双方同意在各个级别上建立联合后续机制，在这一机制下，三年后举行部长级会议，评估纲领的实施情况；两年后举行高官会议；定期举行驻华使节会议。高官级会议和部长级会议将在中非合作论坛的框架内，在中国和非洲轮流举行。此外，还设立了后续工作委员会。中非合作论坛中方后续行动委员会目前包括 27 家成员单位。分别是：外交部、商务部、财政部、中共中央对外联络部、国家发展改革委员会、教育部、科学技术部、工业和信息化部、国土资源部、环境保护部、交通运输部（含中国民用航空局）、农业部、文化部、卫生部、中国人民银行、海关总署、国家税务总局、国家质量监督检验检疫总局、国家广播电影电视总局、国家旅游局、国务院新闻办公室、共青团中央、中国国际贸易促进委员会、国家开发银行、中国进出口银行、中国银行、北京市人民政府。非洲国家也建立了相应的机构和后续机制。

上述制度和机构的建立，使中国援非工作获得了可靠的制度保证。定期的会晤和磋商，不但可以检查、总结过去三年中国援非的进展，而且设计未来三年的发展蓝图。毫无疑问，它成为中国援非的可持续发展的重要基础。

（二）援助领域不断扩大，日益注重民生

中国援非的领域不断扩展，除了传统的经济援助外，在第三届中非合作论坛上，中国政府已经侧重在农业生产、医疗和教育等民生领域加大了对于非洲国家的援助；三年后，中国政府在第四届中非合作论坛上，进一步扩大了有关民生领域的援助，包括在教育、卫生、文化和科学技术、环境保护、清洁能源等领域，而且此类的援助有了明显的增加。温家宝总理在 2011 夏季达沃斯年会上表示，对非援助的最重要目的就是要把这种援助的基础建立在增强非洲人民自我发展的能力上，要把对非援助的重点放在改善民生上，使非洲人民能够从援助当中得到实实在在的利益。[①] 以非洲的农业生产为例，非洲幅员辽阔，有许多未开发利用的土地，发展空间很大。然而，非洲农业生产的这些优势，由于长期缺乏资金和技术而得不到发挥，使得一些非洲国家虽然农业生产的自然条件较为优越，但实际的生产水平仍然十分低下，对抗自然灾害的能力较弱。因此，非洲国家在保障自身粮食安全、提高农业发展能力方面仍存在迫切的现实需求。时任商务部部长

---

① 《温家宝：对非援助重点放在改善民生》，http://money.163.com/11/0914/16/7DU6E89V0025404O.html。

陈德铭在 2011 厦门投洽会中非投资合作高级别研讨会上表示，农业成为对非援助战略重点，中国可以帮助解决困扰非洲的粮食问题、加工工业落后以及投资环境欠佳问题等。非洲国家仅需提供土地维持示范中心运营，中国无偿提供种子、机械设备等。中国希望能够通过示范中心将技术推广到更广泛地区。此外，结合非洲国家提高本国信息化水平、发展经济、改善民生等要求，中国进一步加大了对非洲供电供水、信息网络等基础设施项目援助的倾斜。如 2003 年完工的坦桑尼亚查林兹供水项目，覆盖 18 个村庄，惠及近 10 万人，从根本上解决了当地居民的生活用水问题。[①]

（三）援助形式更加多样多元

进入新时期，中国援非已经摆脱了单一的无偿援助模式，进入一个形式多样的阶段。原先中国对非援助的主要形式包括项目建设、提供实物以及派遣专家等。进入新时期后，根据中非双方各自情况出现的新变化，中国援助方式和项目形式开始出现多样化，内容更加丰富。无偿赠送、无息贷款、贴息贷款、技术援助、项目建设、直接建厂、专家指导、劳务服务、人员培养、技术培训、技术管理指导、优惠贷款提供、投资贸易促进中心建设、重债穷国债务减免、经贸官员培训、自然灾害紧急救助等逐渐成为援助和合作的方式。对此，时任商务部部长陈德铭指出：社会文化体系不同，发展路径与政治体系各异，不存在唯一道路。随着相关经验的积累，中国对非洲的援助政策也在逐渐演变。陈德铭称，加强援助与培训、提供债务减免、对穷国出口商品实施零关税政策等是中国的主要承诺。[②]

（四）更加注重通过援助推进非洲国家发展

中国援助非洲的目标，并不仅仅为了帮助非洲国家解决暂时遇到的困难，更加重要的是，中国通过援助，帮助非洲国家提升经济发展的能力，有人形象比喻为"不仅仅是输血，而应该是造血"。温家宝总理则运用老子的一句话："授人以鱼不如授人以渔"。他在参观位于埃及首都开罗智能村的华为中东北非培训中心大楼时对大家说："希望我们的企业在当地，要遵守当地的法律，诚信，搞好管理，同时要无私地培训当地的职工。这就是我们常讲的，授人以鱼，不如授人以渔。"他又指出："中国援非的目的是增强非洲自主发展能力。中国不仅仅是授

[①] 武芳：《中国对非援助：日益关注民生改善与能力提升》，http://waas.cass.cn/news/143199.htm。
[②] 陈德铭：《中国对非援助政策不断演化》，http://cn.reuters.com/article/chinaNews/idCNCHINA-3061920100925。

人以鱼，更要授人以渔。"①

"授人以鱼，不如授人以渔"，是中国援非的本质特征，也是与西方援非的根本区别。中国在援非项目过程中，积极培养当地的员工，传授技术和管理知识。于是，完成了一个工程，同时也培养了一批建设、技术和管理人才。例如，在中国与津巴布韦农业机械设备合作项目中，中国政府不仅提供了优惠贷款用于购置农机设备，还派出中方技术人员提供为期一年的售后服务，同时选派津巴布韦技术人员赴中国学习深造。参与该项目的津巴布韦农夫世界公司常务董事马修拉拉扎先生说，中国在像兄弟一样全心全意帮助津巴布韦实现经济发展。"中国政府所做的，不是给我们几条鱼，而是给我们鱼竿，教我们如何自己钓到鱼。这样，明天我们就不需要再去中国寻求帮助，而是自己学会了如何照顾自己。我认为中国到津巴布韦是来帮助我们的，而不是要控制我们的经济，他们的最终目的是让我们获得经济上的独立。"② 中国援非经过半个多世纪的风风雨雨，已经趋于成熟。与时俱进、不断创新是中国援非理论与政策的灵魂；发展中国家的共同属性是中国援非理论与政策的基础，平等互利、共同发展是中国援非理论与政策的目标。中国对非援助已经取得了丰硕成果，它有力推动了中非双方的经济发展，并且成为世界上新型的国际经济关系和"南南合作"的典范。

---

① 《授人以鱼，不如授人以渔》，http://politics.people.com.cn/GB/1024/10336352.html。
② 《授人以渔　中国对非援助注重切合非洲实际》，http://gb.cri.cn/27824/2009/12/16/110s2705654.htm。

第七章

后冷战时代中国与西方对非援助战略差异及影响

自20世纪80年代末90年代初冷战结束,一直到21世纪初期的二十多年间,在对非战略与援助政策方面,西方和中国均做出了许多调整,但双方政策调整的战略取向与实践却又大相迥异。而这种差异的出现,是与当时西方与中国对世界格局变化趋势以及对时代特征认知上的差异相联系的,同时也与中国和西方国家对外战略的诉诸与文化理念上的差异有关联。20年间,双方的这种差异及其实践产生了多方面的结果与影响。目前,随着中非合作关系的快速推进及中国影响力在非洲的提升,西方国家又开始了新一轮的对非援助战略与政策的调整,中国也必须做出与时代变革相适应的新的理念与政策创新。

第一节 冷战后中国与西方援非战略调整及特点

一、以推进西式民主为目标的西方对非援助政策

冷战时期,西方国家运用援助手段在非洲扶植亲西方的政权,至于这些政权是民主的还是独裁的在西方看来并不重要,这种做法与当时西方国家的全球战略是相一致的。冷战结束后,在西方与非洲之间,以冷战安全为纽带建立的援助关

系不复存在了。在西方看来，非洲国家只有奉行自由民主制度，才能解决其经济发展的难题，也才符合西方的价值观与政治利益。为此，西方国家将非洲国家进行西式政治变革（如选举制、多党制等）作为向其提供援助的前提或目标，从而形成了冷战后西方援非战略的新形态，即所谓的"民主援助"。作为一种新的外交手段，民主援助曾广受推崇，西方各国及西方主导下的世界银行、国际货币基金组织等国际金融机构都先后推出了民主援助的计划。

随着民主援助的铺开，西式民主政治及意识形态在非洲取得了一些成绩。在民主援助的利诱与压力下，大部分非洲国家按照西方国家的要求进行了政治变革，建立起了西式的民主制度。但这一政治变革进程并不顺利，更引起诸多复杂问题。许多研究者认为，西方在非洲推行的民主援助效果有限，[①] 其主要表现是：其一，在民主援助鼓励下，一些非洲国家在确立民主制度后，国内政局出现了严重不稳定状态。从 1994 年下半年开始，非洲发生了多起持续的军事政变和军队哗变，许多国家返回到一党专政和军事独裁的道路（如马拉维、中非和马达加斯加等国），并由军事政变而走向内乱。其二，虽然拥有民主援助，非洲的民主援助受援国其民主化程度却未必优于非民主援助受援国。研究显示，接受民主援助的受援国，其民主化的实现率偏低，相反，非洲许多非民主受援国却实施了民主援助所期待的改革。[②] 有研究显示，在非洲，受援国与非受援国的政治民主化程度之间的关系很小。[③] 由此可见，民主援助虽然在某些国家的某个时期获得了成效，却未能在整体上持续有效地提升非洲的民主。20 世纪 90 年代后期，大多数非洲国家都深陷经济衰退和政治动荡困境，于是，西方国家纷纷实行"唱衰非洲"政策，大量减少在非投资，非洲在西方的世界体系中日趋边缘化，20 世纪 90 年代成为非洲国家"失去的十年"。

二、以追求经济发展为目标的中国对非援助政策

国际局势的这种变化给中国与非洲国家关系的发展提供了特殊的战略性

[①] P. Collier, "The Failure of Conditionality," in C. Gwin and J. M. Nelson eds., *Perspectives on Aid and Development*, Washington, D. C.: Overseas Development Council, 1997, pp. 52 – 77; G. Crawford, "Foreign Aid and Political Conditionality: Issues of Effectiveness and Consistency" *Democratization*, Vol. 4, pp. 69 – 108; D. Dollar & L. Pritchett, *Assessing Aid: What Works, What Doesn't, and Why*, New York: Oxford University Press, 1998.

[②] Michael Bratton and Niclos van de Walle, *Democratic Experiments in Africa: Regime Transition in Comparative Perspective*, New York: Cambridge University Press, 1997, p. 219.

[③] Stephen Knack, "Does Foreign Aid Promote Democracy," *International Studies Quarterly*, Vol. 48, No. 1, 2004, pp. 261 – 262.

契机。

与西方国家悲观地看待非洲的态度不同，20 世纪 90 年代以来，中国一方面由于与非洲国家有着共同的政治与经济诉求而重视非洲；另一方面，中国基于自己的历史智慧与文明特性，对非洲的现实与未来前景秉持了"一种历史发展的眼光"。[1] 此后，中国在努力与非洲国家保持传统友谊的同时，开始把扩大与非洲的经贸合作作为对非战略调整的目标，形成了一种援助与经贸结合、以援助带动经贸合作的对非新政策。对于中国的这一对非援助新政策，我们可以将其称为"民生援非"政策，即以务实理性的理念为原则，以追求中非经济发展、民生改善为目标的援助与合作政策。

1995 年，中国加快了援非的改革步伐，在援非中增加了经济技术合作的内容，并开始鼓励中国企业投资非洲。随着中国援非方式的改革，中非合作领域也不断得到拓展。特别是 2000 年中非合作论坛机制建立后，中非关系由单纯的单向援助向全方位的战略性合作转变，合作方式由单纯的贸易提升为贸易、投资、经济技术合作的互动，中非经济关系得到快速提升与拓展。从 2000 年到 2007 年，中非贸易额由 100 亿美元快速增至 1 068 亿美元，中国快速上升为非洲第三大贸易伙伴。[2] 有研究表明，中非经贸关系对中非有双赢之效，中国旺盛的购买力成为拉动非洲经济增长的一个重要因素，[3] 而中非经济技术合作增强了非洲国家经济的自主发展能力，成为非洲经济技术进步的重要动力，在一些国家，中国投资已成为带动其经济发展的重要动力。

虽然中国无意破坏西方在非洲推行的民主进程，但中非经贸关系的快速拓展还是引起了西方国家的普遍焦虑。中国在对外关系上奉行和平共处、不干涉他国内政的原则，并不反对非洲国家选择西式政治制度，中国愿与非洲国家在平等互利的基础上发展彼此间的经贸关系，因此，一些在冷战时期与中国有紧密政治关系的国家（如坦桑尼亚、马里、赞比亚、贝宁等）虽然在 20 世纪 80 年代以后纷纷转向多党制与议会制，但中国与这些国家的经贸关系同样获得了较大发展。中国这种理性的对非政策同时也获得了多数非洲国家的欢迎，中非利益的交叉区域日渐扩大。中国不附加政治条件的援助也得到了非洲国家的政治支持，在涉及中国核心利益的问题上（如台湾问题、西藏问题、人权问题等），非洲国家都给中国以支持，可谓"有意栽花花不发，无心插柳柳成荫"。中国以非洲为支点撬动了中国外交的外部结构，给中国外交开拓了一片全新的广阔天地。由此反衬出西

---

[1] 刘鸿武：《非洲某些文化研究》，华东师范大学出版社 1997 年版，第 305 页。
[2] 《中国成为非洲第三大贸易伙伴》，http：//paper.people.com.cn/rmrbhwb/html/2007-08/29/content_18176430.htm。
[3] Chris Alden, *China in Africa*, London：Gutenberg Press Ltd., 2007, p. 38.

方意识形态优先强力推行西式民主的援非模式不合时宜,这也是西方国家对中国在非洲的影响力上升心生疑虑的原因。

第二节 中国与西方援非理念与政策差异的原因

西方的"民主援助"与中国的"民生援助"之所以在非洲产生不同的效应,情况比较复杂,大致说来,有以下几个方面的因素共同发挥了作用。

一、"万能钥匙"与"一把钥匙开一把锁"

虽然从理论上说,民主政治是现代人类普遍追求的政治理想与发展目标,但民主政治在各国各民族间的表形形式、实现途径与完成步骤,却因受各国各民族历史文化传统与现实国情之制约而各有不同,不可能只是某一种固定模式。但西方一些人却往往在这一点上失之偏颇,将本国之制度等同于民主政治本身,己之所欲强施于人,结果适得其反。

冷战结束后的非洲并非不需要民主,最需要的是适合非洲各国国情、有助于推进非洲民生改善、经济增长的发展制度。对于大多数非洲国家来说,民生之改善、经济之发展尤为紧迫,尤为非洲国家所需,这是中国的援非政策更易于产生成效并为非洲国家接受的首要原因。

20世纪90年代以后,西方国家在战略观念与思维方式上并没有完全走出冷战框架和阴影,特别是美国,它依持霸权优势反而强化了其外交战略与对外政策的意识形态色彩。在此背景下,西方国家对民主政治存有一种非理性的迷思与偏执,在非洲推行西式民主成为其对非战略与政策的重要内容。为此,西方国家强化了对非援助的政治意图,把经济援助改造成其在非洲输出意识形态的工具,旨在以经济援助促进非洲国家的政治变革。

西方在冷战中的胜出使西方国家对其政治形态有了一种几乎迷信的心态,西式民主被当作一把"万能钥匙",可以随时随地解决非洲的所有问题。[1] 西方以一己之愿开出了解决非洲问题的"政治偏方",声称"没有彻底的民主化,就不

---

[1] David A. Lake, "Powerful Pacifist: Democratic States and War," *American Political Science Review*, Vol. 86. No. 1, 1992, pp. 28-29.

会有国内市场的发展",① 或者干脆宣扬"没有民主就没有发展"。② 世界银行在1989 年的一份报告中指出,"除非非洲首先朝着建立包括政治参与、政治稳定的良治迈进,否则根本没有获得经济增长和发展的机会"。③

  当然,西方的民主援助一时间在非洲也取得了一些成效,如许多非洲国家在短期内进行了西方所期待的政治变革,建立了西式的民主制度。但是,在非洲民主化过程中,西方国家完全将非洲传统社会的各种因素视做政治现代化的障碍,试图用西方的民主概念来规范非洲的历史和现实,剥离受援助者自身的复杂性,否定非洲政治发展的内在逻辑。这一系列外部推进且方式简单的做法在一定程度上还打乱了非洲民族国家建构的进程。唯其如此,一些匆忙接受了西方政治要求和价值观实施政治变革的非洲国家,此后不久便出现了各种形态的"民主不适应症"。20 世纪 90 年代后,大多数非洲国家经济衰退,政治动荡尤甚于前,民主援非之路似乎前景越走越黯淡。

  与西方不同,中国因为有自主探索现代化道路的经历,不把传统性与现代性视为相互否定的因素,而是相信每个社会的传统内部都存在发展出现代性的可能。因此,在非洲发展道路的选择上,中国不把任何一个国家的现代化道路当作唯一范本,而是始终充分尊重非洲国家对发展模式的自主选择。在这一思想的指导下,20 世纪 90 年代,当西方国家纷纷减少在非洲的投资时,中国正视非洲国家在发展过程中的经济困境,将援非的重点放在非洲最为迫切的民生改善上,重视非洲经济发展水平的提高和人民生活的改善。为提高援非的效率,中国改革了原有的援非方式,成功地与诸多非洲国家建立并拓展了越来越紧密和多样化的经济合作关系。

  随着援非方式的改革,中国的援非额度也稳步增长。从 2000 年开始,中国对非发展援助加速增长。例如,2002 年中国对非援助和经济支持总额到达 18 亿美元;到 2006 年 5 月,中国在非洲大陆援助的 800 多个项目的投资额已达到 57 亿美元。④ 根据世界银行公布的数据,到 2006 年中期,通过中国进出口银行向撒哈拉以南非洲提供的资金已经超过 125 亿美元。在 2007 年 6 月的世界经济论坛峰会上,中国进出口银行宣布向非洲 300 多个项目提供了融资,所提供贷款占该

---

① M. Mamdani, *Citizen and Subjects: Contemporary Africa and the Theory of Late Colonialism*, Oxford: James Curry, 1996, p. 288.
② A. B. Zack-Williams, "No Democracy, No Development: Reflections in Democracy & Development in Africa," *Review of African Political Economy*, Vol. 28, No. 88, 2001, p. 221.
③ The World Bank, *Sub-Saharan Africa: From Crisis to Sustainable Growth*, Washington, D. C., 1989, p. 34.
④ Wenping He, "China-Africa Relations Moving into an Era of Rapid Development," in *Bimonthly Newsletter of the Africa Institute of South Africa*, No. 3/4, 2006, pp. 3 – 6.

行总贷款业务的 40%。① 在 2006 年中非合作论坛北京峰会上，中国承诺在未来三年时间内将中国的援非规模提升一倍。中国的援非工作步入了快速增长的快车道，有力地推动了非洲经济的发展。这种援助合作方式也受到世界银行的充分肯定，该行负责非洲地区的副行长古宾得·南卡尼说，"中国对非洲的贸易与投资正成为非洲国家经济增长的主要推动力"。②

二、捐赠者的道德优越感与合作者的平等意识

在援助理念上，西方国家视援助为高人一等的馈赠，自居道德高地，颐指气使，为非洲民族主义情绪不容。而中国始终坚持援助是平等的、相互的，中国援非资金虽少，但因人情达理，在非洲得民心、受欢迎，产生了放大效应。

当西方对非洲指手划脚之时，中国却秉承过去数十年间形成的对非政策与原则，强调对非援助的平等、互利互惠。中华文化历来强调将心比心，为人着想。自毛泽东时代至今，中国始终奉行平等援助的外交政策。中国的援外原则不用来制约受援国，而是用来约束和规范中国的援非行动。无论是 1964 年提出的对外援助八项原则，还是 2006 年 1 月发表的《中国对非政策文件》"八项原则"③，其原则的针对者都不是受援者非洲，而是援助者中国。事实上，五十多年来，中国援非政策虽然进行了不断调整，但所恪守的平等原则却始终未变。2007 年 2 月，胡锦涛主席在南非比勒陀利亚的演讲中强调，"过去，现在，将来，中国人民都是非洲人民平等互信、真诚相待的好朋友，互利互惠、合作共赢的好伙伴，患难与共、情同手足的好兄弟。"④ 这段话充分表现了中国在与非洲国家交往中一贯的低姿态和平常心。这些一以贯之的原则已成为中非领导人对中非关系的共识，成为中非关系的基本准则。

在这种原则之下，中国认为援非不是单方面的赐予，而是双方的相互援助。毛泽东同志在 1959 年接见非洲朋友时就指出："你们需要支持，我们也需要支持"。⑤ 正是这种平等的、相互的援助维护了非洲国家的政治尊严，中国由此也

---

① Harry G Broadman, *Africa's Silk Road：China and India's New Economic Frontier*, Washington, D. C.：The World Bank, 2007.

② 《中国对非贸易与投资成为非洲经济增长"主要推动力"》，新华社北京 2006 年 11 月 3 日电，http：//www. smxdaily. com. cn/xhnews/20061103/WestKing_9539_20061103213854. html。

③ 参见《中国对非政策文件》，http：//news. xinhuanet. com/world/2006 - 01/12/content_4042333. htm。

④ 《胡锦涛在南非比勒陀利亚大学发表重要演讲》，http：//www. china. com. cn/education/txt/2007 - 02/08/content_7779022. htm。

⑤ 中国外交部、中共中央文献研究室编：《毛泽东外交文选》，中央文献出版社/世界知识出版社 1994 年版，第 370 页。

获得非洲国家的尊重和拥护，当中国遭遇政治困难之时，非洲国家都会主动报以坚定的支持。例如，1971 年，非洲国家将中国"抬进了联合国"；20 世纪 90 年代，非洲国家帮助中国连续十次挫败了西方主导的反华人权提案；在 1989 年中国与西方外交遭受冷遇和 1999 年北约轰炸中国驻南使馆的事件中，中国也都得到非洲国家的支持。中国所奉行的相互援助原则没有附加任何政治条件，却获得了最大的政治效果。这些都与非洲在中非多年交往中逐渐形成的对中国在政治上的认同不无关系，用津巴布韦总统罗伯特·穆加贝的话来说，"比起西方，中非之间的牢固关系将更有益于非洲"。[①]

三、"普世主义"的偏执与"入乡随俗"的变通

西方在非洲推行西式政治及其自由主义的经济制度，具有很强的理想主义冲动。他们总是将自己的制度与文化，看作是适用于全世界的最完善的东西，是一种具有"普世主义"价值的人类共同精神。在这种理念支配下，西方往往忽视非洲复杂的实际情况，也不考虑如何将西方政治制度与经济制度进行本土化改造以适应非洲需要。而中国立足非洲现实，秉持中华文化入乡随俗、因地制宜的文化传统，不强求于人，充分尊重非洲国家的意愿，在重大问题上通过与非洲国家协商，努力在非洲国家自身发展战略的框架内，量身定做援助方案。

从中国的角度看，要在非洲实现西式现代民主是十分困难的，至少这中间必须经历一个十分复杂与艰难的"本土化"变通与改造过程，从西方历史经验中形成的新自由主义政治制度及市场经济模式，并不能简单化地推行到非洲。当代非洲多数国家尚处于民族国家早期成长阶段，部族政治与基本贫困问题还有待解决，民族国家统一建构、国家认同文化尚待推进，中央政府的统一能力与地方行政体制建构也有待完善提升，这些都是现阶段非洲更紧迫的发展命题。[②] 但是，为了让民主化快速见效，西方不顾非洲国家的实际情况，将非洲政治发展全然归结于是否建立西式多党制与选举制上。然而，在现实生活中，多党选举并不是民主本身，更不是解决一切社会问题的灵丹妙药。事实上，在部族制度盛行的非洲，多党民主反而可能激活狭隘的部族主义，导致国家政治和军队体制趋向部族化，进而引发严重的部族冲突，给社会带来灾难。因此，有学者认为，一些获得

---

① Joseph Ngwawi, "Africa: Economic, Political and Cultural Cooperation to Dominate Africa-China Summit," *Southern Africa News Features*, October 31, 2006, http://allafrica.com/stories/200610310706.html.

② 刘鸿武：《从部族政治到民族国家》，云南大学出版社 2000 年版，第 15 页。

西方民主援助的非洲国家，失去的要比获得的多得多。① 这种情况在非洲并不少见，在实行民主化多年后，"撒哈拉以南非洲大陆的民主化命运依然掌握在握枪者手中"。② 一些西方学者因此怀疑"强行施加的西方式民主是否会在非洲扎下根"。③

与西方不同，中国立足非洲的现实情况，量体裁衣，针对非洲经济问题对症下药，寻求一种适合非洲的援助模式。20世纪90年代以后，中国提出援非要"授人以鱼"与"授人以渔"相结合，改善非洲自主发展的能力，提升其"造血"机能。首先，中国重点援助了对非洲经济发展极为关键的、而西方不愿援助的基础设施建设。中国大量援建的道路、铁路、港口和机场为非洲发展奠定了基础。一组数据显示，1979~2000年，美国在非洲直接投资额的3/4用于石油领域，而同期中国在非直接投资的64%用于基础设施建设。2005年，中国公司在非签订的建筑合同总额达63亿美元，成为非洲基础设施建设的重要力量。④ 对此，非洲国家领导人对中国的援助给予高度评价，尼日利亚总统卢塞贡·奥巴桑乔表示，中国在非洲对所有领域的投资给非洲尤其是给尼日利亚带来了更大的竞争力。⑤ 其次，为增强非洲经济自主发展的能力，中国注重对非技术援助，为非洲国家提供经济发展所需要的技术援助。技术援助以定期派遣专业技术教师、医务工作人员、农业专家赴非实地指导为主，他们为非洲当地的教育、医疗、农业、军事以及加工业等领域提供较为先进的核心技术。这种"交钥匙"式的技术援助不仅帮助非洲国家建立起先进技术的经济体系，而且让非洲国家自己的技术人员掌握了这些技术，具备了自主发展经济的能力。在中国的技术援助下，苏丹由一个石油进口国变为石油出口国，而且拥有了一套集勘探、生产、炼制、运输、销售于一体的现代化石油工业体系，经济面貌焕然一新。与之相对的是，虽然英荷壳牌石油公司在尼日利亚开采了50多年的石油，但尼日利亚至今仍没有建立起自己的石油生产和加工体系。正如一位非洲官员指出的，西方的技术虽然

---

① Arthur Goldsmith, "Foreign Aid and Statehood in Africa", *International Organization*, Vol. 55, No. 1, 2001, pp. 123–148.

② Michael Bratton and Nicolas Van de Walle, *Democratic Experiments in Africa: Regime Transitions in Comparative Perspective*, Cambridge: Cambridge University Press, 1997, p. 217.

③ ［美］霍华德·威亚尔达主编，董正华等译：《非西方发展理论——地区模式与全球趋势》，北京大学出版社2006年版，第90页。

④ World Bank Group Africa Region, *Patterns of Asia-Africa Trade & Investment: Potential for Ownership and Partnership*, Tokyo, 2004, p. 63.

⑤ ［意］阿尔贝托·麦克里尼著，李福胜译：《非洲的民主与发展面临的挑战——尼日利亚总统奥卢塞贡·奥巴桑乔访谈录》，中国人民大学出版社2007年版，第72页。

先进，却"从未打算转让技术……但中国却愿意转让"。①

这种量体裁衣式的援非方式，对饱经屈辱的非洲国家来说，更有着另一种精神情感方面的吸引力。塞内加尔总统阿卜杜拉耶·瓦德高度赞许这一方式，"与欧洲投资者、捐助机构和非政府组织缓慢的、有时'居高临下'的后殖民主义方式相比，中国的方式更适应我们的需求。事实上，中国刺激经济快速增长的模式很值得非洲借鉴。"他同时建议西方在这些方面多向中国学习。②

四、"政治正确性"与发展有效性的争论

非洲国家在现实中感到，西方在民主援助中关心其自身的国家利益甚于关心非洲国家的真正民主，这就降低了西方民主援助的道德合法性，而中国在援非实践中不断寻找新的利益切合点，寻求双方互利双赢和对援非的可持续发展。

西方在非洲推行民主援助时，起初都有道德的光环，但在实施过程中，非洲国家却发现西方关心其在非洲的利益甚于关心非洲的民主，民主援助只不过是西方实现其非政治目标的手段。在 2001 年举行的减贫战略论坛上，西方国家甚至还在强调，要在非洲国家各级政治改革方面发挥积极作用。通过推行民主援助政策，西方政府及其非政府组织得以更为顺利和广泛地参与到了非洲政治进程，监管非洲政府行为，受援国因此深受西方的影响和干涉。

事实上，过去二十多年的经历表明，由于西方援助者处于绝对支配地位，一旦在非洲推行民主的做法与它们的国家利益发生冲突时，或者发现有更重要的国家利益时，民主便成为可随时牺牲的选项。通过研究美国的对非政策，人们发现美国一直倾向于根据是否符合其安全利益来决定是否促进非洲民主。③ 这样，西方援助国成为了非洲民主的实际控制者。在已建立多党制民主国家的多党选举中，不为西方支持的政党永远无法在竞选中获胜。因此，非洲政治存在着这样一种普遍的民主表象，即执政党允许反对党竞争，但反对党永远无法获胜。阿尔及利亚 1992 年 1 月的选举就是一个典型的例子。在伊斯兰反对势力极有取胜希望的情况下，阿尔及利亚政府取消了大选。此举得到了西方援助者的默许，原因在于伊斯兰反对势力"极有可能推翻民主的进程和制度"。④

---

① Udo W. Froese, "The Chinese are in Africa—This Time to Stay!", *New Era* (*Windhoek*), 13 Mar 2006, http://www1.zimbabwesituation.com/mar14_2006.html#Z21.

② 《塞内加尔总统：西方应该多向中国学习》，http://news.sohu.com/20080415/n256305858.shtml.

③ Mark Peceny, *Democracy at the Point of Bayonets*, University Park, PA: Pennsylvania State University Press, 1999.

④ Joan M. Nelson & Stephanie J. Eglinton, *Encouraging Democracy: What Role for Conditioned aid? Policy Essay No.4*, Washington, D.C.: Overseas Development Council, 1992, p.45.

在整个20世纪90年代，人们发现出现了这样一种现象，即它与西方民主援助所宣扬的相反，经济和政治自由化并不意味着一定会得到西方国家的援助。①实证研究表明，援助国并没有向民主化程度较高或者腐败较少的国家提供更多的援助。大量的援助资金主要流向那些符合西方国家利益需要的政治家和腐败官员的手中，这大大增加了这些国家的腐败并降低了民主。② 因此有人将民主援助视为一种具有强烈功利主义色彩的外交手段。"在哪些国家或地区实施民主援助，并不取决于该国家或地区是否有发展民主的需要，而是取决于援助国外交战略和国家利益的需要。"③ 这种牺牲了非洲国家利益的民主援助之所以能够推行，恰恰是援助者利用了非洲国家政府的弱点。对于非洲国家的一部分领导人来说，虽然民主改革"是为了继续把持权力而很不情愿采取的权宜之策"④，但也确属一举两得之举：一则可获得西方支持，继续维持自己的统治；二则可获得数额相当可观的外援资金。

与西方通过援助干涉非洲国家内政不同，20世纪90年代以来，为了找到一种中非双方互利双赢的援助方式，中国政府积极地改革援非方式，不断地寻找中非之间新的利益结合点，因而使得对非援助具有了持续发展的可能性。

冷战结束后，单纯的无偿援助已经不能满足非洲国家经济发展的需要，中国的企业也正在实践"走出去"的战略，开始主动打开国际市场。经过改革和调试，中国逐渐将单一的无偿援助发展成为政府贴息优惠贷款、援外项目合作合资以及无偿援助等多种方式。为了确保非洲国家在新的援助模式中获得利益，实现中非双方的互利互惠，中国政府增加了对非经济技术合作内容，将经济援助与技术援助相结合，促进非洲国家技术的发展。自2000年中非合作论坛机制建立以来，中非关系进一步得到了提升，中非间单纯的双边援助日益发展为全方位的合作，中国形成了一种新的、有别于西方国家的、甚至是非洲人都未曾采用过的国际援助方式，即经济援助与经贸合作相结合的方式，这种方式被非洲人称作"合作联姻"。⑤

为了保持这一互利双赢的援助模式的持久性，中国政府不断探索新的、适合

---

① Craig Burnside & David Dollar, "Aid, Policies and Growth," *American Economic Review*, Vol. 90, No. 4, 2000, pp. 847–868.

② Alberto Alesina & Beatrice Weder, "Do Corrupt Governments Receive Less Foreign Aid?" *American Economic Review*, Vol. 92, No. 4, 2002, pp. 1126–1537.

③ 赵绪生：《试析民主援助》，载《现代国际关系》2008年第3期，第31页。

④ 霍华德·威亚尔达：《非西方发展理论——地区模式与全球趋势》，北京大学出版社2006年版，第90页。

⑤ ［南非］马丁·戴维斯：《中国对非洲的援助政策及评价》，载《世界经济与政治》2008年第9期。

中非双方的援助与合作新模式。2006年6月，温家宝总理在访问埃及时重申了中国对非经贸的三个着力点："第一，要积极扩大进口非洲的商品，中国将采取有力措施为非洲推介商品创造条件；第二，要把技术援助同经济援助与合作紧密结合起来，重在增强非洲自我发展能力；第三，大力帮助非洲培训技术人员和管理人员。"[①] 这表明，中国政府秉承互利双赢的和谐哲学，希望充分调动中非双方合作的积极性，将中非合作建立在中非双方发展能力的持续增长上，保证双方合作具有持久的活力。近年来，中非合作延伸到了更宽阔的领域和更深广的层次，中非经济技术合作日益具有现代国际经济技术合作的特点，成为"南南合作"中最具特色和优势的领域。中非经济技术合作不仅推动了中非经济合作向更高层次推进，也提高了非洲国家的经济成长能力，促进了当地经济发展、增加了就业机会。

第三节　改善民生与推进民主需互为支撑

一、发展民生与发展民主同样重要

在当今这样一个相互依存的全球化时代，基于民生改善发展，或者说能促进民生进步的民主制度的建立，都已成为人类面临的共同问题，而当代非洲发展问题之最终解决，与其说是非洲自身的问题，毋宁说是全人类面临的共同问题。无论是在非洲，还是在中国，推进政治民主化和促进经济发展都是解决双方发展问题的必由之路与当务之急。从理论上看，两者之价值很难说孰重孰轻，两者之关系其实是互为动因各为前提的。但就具体国家而言，因其历史传统、发展现实不同而必有不同之追求方式或轻重缓急之选择，有不同之追求路径与实现方式，并需要在实施过程中根据实际情况不断调整。

从今日世界发展进程来看，世界各国国情不同，文化相异，发展水平也很不一致，因而某种成功的政治形态（无论其多么完善）并不能等同于民主本身，更不可以此作为统一标准在各国推广。西方推行的民主援助或许可以成为解决非洲发展问题的一种重要工具或资源，然而事实上，西式民主援助虽然在一定程度上带来了非洲政治上的自由开放，但对于经济困难重重的非洲而言，经济发展应成

[①] 《温家宝在埃及举行记者招待会》，载《人民日报》2006年6月19日。

为民主发展的前提和重要基石。正如第 26 届非洲统一组织国家首脑会议宣言所呼吁的，民主与经济的发展应"齐头并进""相辅相成"，"非洲国家有权根据自己的社会文化价值观，考虑到各国国内实际情况，保障发展和满足人民基本要求，来决定自己的民主制度"。[1] 与西方不同，中国摆脱了西方国家在提供援助时高人一等的姿态，始终倡导援助国与受援国之间互相尊重、平等交往的原则，"民生援非"直接触及非洲社会最突出的民生和经济发展问题，因此中国的援非政策既获得了非洲人民的心理认同，也符合当前非洲社会的需要，并成为"南南合作"的成功典范。

毫无疑义，随着中国"民生援非"在非洲的广泛开展，中非合作与中非关系迅速发展，已经并且将继续给人类现代发展事业带来属于 21 世纪的新的、强有力的经验与感受。当然，在这种经验与感受日渐丰富的时候，理论本身的创新就显得尤为重要和迫切。在现有的国际援助理论和发展理论中，许多内容反映的是西方主导的世界援助理念和发展模式，完全将中国对非洲援助的现实和对发展的理解排除在外。实际上，在对非援助的格局中，中国作为一支新兴的重要力量挑战了西方原有的援助理论，在此情形下，援助实践的发展给理论的创新提出了更高的要求。

事实上，虽然中国和西方都在积极通过援助非洲实现非洲的发展，但就目前情况来说，无论是中国还是西方（也包括非洲自身，其学术界、理论界和媒体）似乎都没有做好足够的知识与理论准备，从而更具前瞻性地理解和把握非洲对发展究竟需要何种模式的外援这一核心议题。虽然在民主援助的鼓励下，非洲的民主有所推进，但西方在推进西方式民主道路上所遇到的问题已证实，西方式民主并非医治所有问题的灵丹妙药。尽管中国在西方援助理论占绝对主导的基础上，在援非的实践层面上走出了自己的一条道路，积累了相当丰富的经验，但也面临日渐复杂的问题与挑战。中非的"合作联姻"广受好评，但"民生援非"却也因这样或那样的问题而受到西方世界的非议。在当前援助实践和非洲需要基础之上，对当前的援助理论进行新的思考和提炼，已成为对外援助与实现非洲发展的一个重要问题。

二、从非洲国家实际来推进民主和改善民生

推进经济发展，实现政治稳定是当代非洲各国普遍追求的目标。在此过程中，国际社会持续而有效的援助对于非洲的发展始终具有特殊作用。应该说，无

---

[1] 《第 26 届非洲统一组织国家首脑会议发表宣言》，载《人民日报》1990 年 7 月 13 日。

论是西方的"民主援非",还是中国的"民生援非",只要切合非洲的实际,都有可能成为帮助非洲实现发展的手段和方式。但是,从根本上说,非洲的发展道路最终只能由非洲人民自己来选择,外部世界之援助,无论如何完善都不能、也无法替代非洲国家的自主选择与自主努力。从长远来看,援助方案在非洲要取得成效,它终究必须基于非洲社会之本土实际,它必须经由非洲人民自己的努力而转化成一种本土性发展(indigenous development)与内源性发展(endogenous development)之动力。非洲任何成功和可持续的发展只能是"内源的"而非"外推的"。对此,一些非洲国家领导人已经有日益清晰的认识,并"已经开始在本土的制度而非舶来的制度中寻求解决本国纷繁复杂的问题的方法了"。[1]

从这个意义上说,非洲未来的变革与发展之路,虽然需要有国际之援助,需要学习借鉴东西方经验,也会受到外部因素的影响,但总体上看,非洲发展之路既不会是西方道路的生硬翻版,也不可能是中国模式的简单移植。国际社会应该帮助非洲增长自己的发展能力,鼓励非洲国家发掘自己的内在资源,增加非洲国家自主发展的平台,但不是代替或取消非洲国家的自主发展权利、机会与责任。

---

[1] 霍华德·威亚尔达:《非西方发展理论——地区模式与全球趋势》,北京大学出版社2006年版,第91页。

第四篇　新时期中非政治与安全合作关系研究

　　新时期中非在政治与安全合作方面面临着提升层次、扩大领域、加深内涵的机遇与挑战。本篇各章主要集中讨论如下方面的重大问题：一是分析评估新时期非洲国家对华政策趋势及对中非合作关系的影响，非洲国家对新时期中国国际地位、对中非关系认识期待的变化与分化。特别需要注意的是，新时期的中非关系，总体上还是友好的，但随着中非合作关系的深化，中国与非洲国家在某些领域也可能发生矛盾和冲突，这方面需要早做研究，研判适当的化解对策；二是西方大国对非合作政策新趋势，评估西方对我国的挑战、挤压及我国的对策，我国与西方在非洲进行发展合作的可能与途径，分析评估中国与非洲重要大国、重要地区组织的多边合作及政策调整问题。三是全面分析评估中非合作论坛的成效与发展现状，论坛如何保持可持续性发展与机制体制创新，中非如何在政治、安全、外交、军事、反恐等领域扩大合作与优化政策。四是评估中非在政治与安全合作方面面临的主要挑战，评估新时期中非政治与安全合作中的热点、难点或焦点问题，诸如苏丹及达尔富尔问题、企业责任问题、领事保护问题、维和问题、重大危机事件应急处理机制建构问题等。

第八章

新时期中非政治合作与非洲国家治理问题

随着中非合作的快速发展,非洲国家的主权安全、政治稳定和经济发展,与中国国家利益之间的关联日益紧密。为此,中国应该在相互尊重、平等对话的前提下,更多地关注非洲内部事务的发展,在把握双方共同的利益与合作空间的基础上,通过思想对话与经验交流,帮助非洲尽力消除那些明显妨碍其社会持续健康发展的深层障碍,支持非洲国家的改革进程。中国可以用自己的经历及所累积的经验和教训,来关照对比非洲的发展困境与发展难题,与非洲国家开展更广泛的治国理政经验的交流,探究非洲国家解决其发展难题所需要的思想智慧与政策方案,与非洲思想界、学术界共同来探讨非洲如何获得经济发展,推进改革开放,保持国家稳定,增强能力建设。

一方面,全球治理必须放置在平等相待、相互尊重的"南南合作"精神与框架下来理解和推进,赋予其新的时代内容;另一方面,在"南南合作""南北对话"领域,中国不仅需要重视和维护发展中国家的"经济发展权",也需要重视和维护发展中国家的"思想发展权""话语发展权",需要加强与非洲国家的思想智库的合作,提供创造维护发展中国家权益的思想智慧与知识产品。这种"南南合作"背景下的中非政治与安全合作,才是面向新世纪的人类交往与合作的前景所在。

第一节 非洲国家治理难题的中国解读

一、中非合作与全球治理新模式的建构

非洲大陆的发展与治理,是今日世界发展与治理领域的难点,其中包含着复杂而重大的可供理论创新与实践探讨的空间。在此领域,不同的国际关系主体与意识形态持有者,观念与思想的争议十分明显。而在理解与解决非洲的发展难题与国家治理困境方面,中国的视角、中国经验、中国的作用可能都十分特殊而开阔。总体上看,自2000年中非合作论坛成立后逐渐建立起来的中国与非洲国家间的新型战略合作关系,是一种以追求各自经济与社会发展为核心内容并循此路径去解决发展中国家的种种复杂难题的新型"南南合作"关系。这一新型"南南合作"关系在实践过程中所遵循的国家民族间平等交往、互利合作与共同发展的基本原则,以及其中逐渐呈现出的以实现发展为基本路径来推进国家治理能力建设,它所倡导和实践的通过经济发展合作而不是经济制裁封锁或军事征服来解决国家间矛盾冲突,以经济成长和民生改善为核心动力来逐渐推进发展中国家的政治改革和治理能力建设等"南南合作"新理念与新精神,正日益在当今国际关系及全球治理领域彰显出特殊的功能有效性和道德建构性意义。

今天,这一以共同发展、互利互惠、实用有效为基本理念和核心内容的中非新型合作关系的快速拓展与提升,不仅深刻地改变着中非双方在国际体系中的身份与地位,也对西方国家主导下的传统世界体系中西方国家、发达国家"治人"而南方国家、发展中国家"治于人"的旧式"干涉性北南治理关系"造成种种挑战与冲击,并因此而形塑着一种新的趋向平等、合作、共赢的国际关系与全球治理新理念、新模式。就此而言,中国的对非政策必须长期坚持共同发展、互利互惠、相互尊重、平等相待的基本原则,无论这些原则的推进在现实进程中面临怎样的困难、挑战与怀疑,但"路遥知马力,日久见人心",中国必须坚守自己国家和民族千百年来的一些基本信念与原则。

今日中国的对非战略与全球战略,在某种意义上应该比美国和西方国家站得更高一些,更远一些,更有胸襟气度一些。而从具体的政策层面上看,在解决非洲地区冲突和提升非洲国家治理能力建设方面,中国坚持奉行灵活而有创意的不干涉原则并寻求更有效的国际发展合作新模式,更积极地去推进非洲经济发展事

务，更积极地介入非洲国家主权与安全建设，帮助非洲国家提升管理与治理能力，对于探寻更具建设性的国际治理、国际合作、国际交往模式，都有着特殊的理论与实践意义。

非洲大陆数十个年轻国家的国家成长与政治发展问题，一直是国际非洲研究界广为关注的核心问题。无论是从理论层面还是从实践层面上看，在过去数十年间非洲国家在政治发展领域所经历的曲折过程，在此期间各国之政体模式与政治形态所呈现的种种混杂与矛盾的现象，以及迄今为止许多国家依然并不稳定也不明朗的政治发展前景，使得当代非洲国家的政治发展问题一直是一个具有巨大学术挑战性与现实关切性的研究命题。

关于非洲国家的当代政治发展问题，迄今为止世界各国研究者的观念与看法依然各不相同。相关的争论集中在如下一些复杂的问题上：第一，当代非洲国家政治发展的首要任务或核心问题是什么，在非洲国家独立之初或国家创立伊始的政治发展早期阶段上，什么样的国家制度与政府体制才是可行的、有用的、能稳定存在的？第二，对于非洲年轻国家来说，衡量其国家政治制度是否合理、国家政权体制是否正义的标准应该如何确立和判定，是由实践需要和有效性来判定还是由某种先定的理念或意识形态来判定？第三，独立后的非洲国家是建立一种适应非洲国家社会经济发展需要的内生型的、本土化政治体制与政治结构，形成一种有助于推进国家经济发展、社会稳定、民生改善的有统一行动能力的集权化强势政府，还是按照西方的政治理念移植一种在西方文化背景下看来更具有所谓道德合法性的议会政体与选举制度？第四，什么样的制度安排是有助于促成国家在包容、并存的基础上探寻本国的一体化进程与民族认同，而不是简单移植某种排他性冲突性的竞选制度而强化各族群间的矛盾并最终导致国家的分裂瓦解？第五，是建立一种可以集中国家资源以便举国一致地努力去为国家的长远发展目标奋斗的强势政府，还是建立一种仅追求本族群眼前利益或局部利益并导致持续的相互排斥恶性竞争的弱势政府？这些问题，在过去数十年非洲国家的政治发展进程中一直没有得到很好的理解与解决。而在这种理论与观念混乱的背后，现实的非洲政治更呈现出长期的动荡与混乱局面。

二、当代非洲政治发展的几个核心问题

从全球比较与中国经历的多维视角上看，今日非洲国家治理的根本难题，实现发展的主要障碍，总体上集中在以下几个相互关联的问题上。

（一）当代非洲国家成长进程中面临的第一个大的问题，是国家主权日趋弱化甚至消解，一些国家的政府管辖与统一能力严重不足，国家体系与政府功能日益陷入瓦解与退化的状态中

如何克服部族部落社会的分裂性与离散性，推进现代主权国家的统一建构与民族一体化融合，是20世纪中期独立后的非洲绝大多数国家面临的最大政治发展挑战，也是实现国家稳定、经济增长、社会安全的基本前提。但是，在一些国家，这一进程从一开始就受到内外因素的干扰而进展缓慢。今天，一些非洲国家甚至日益处于国家体系消解与政府功能瓦解的无政府状态中。而在当下，对非洲国家统一建构进程形成阻遏障碍、消解国家存在基础的内外因素更变得十分复杂而多样，大体上看，如下几个方面的挑战是最明显的：第一个消解力量，是西方发达国家主导下的全球性的经济全球化和政治自由化进程。对于贫困落后的弱小非洲国家来说，这一外部主导的进程，作为一种巨大的强制性政治经济与文化力量，明显地从外部消解着非洲国家的主权，侵蚀非洲国家的政治权威与行动能力。总体上看，非洲国家是在国内一体进程远没有完成，统一国家的主权建构与民族认同问题远未解决的背景下，被动地卷进全球化洪流中来的。作为小国寡民的弱势国家，非洲国家常常面临着国家主权丧失与被肢解的压力。第二个消解力量，是在国家一体化建构与民族融合远未完成的情况下，一些非洲国家在内外压力下被迫移植和照搬西方竞争性的多党制与选举政治，结果往往引发持续的群族冲突、宗教冲突、文化冲突，这又从内部侵蚀着非洲国家主权的统一性与政府执政能力。第三个消解力量，是近二十多年来急速涌现的大量非政府组织及其这些组织间广泛发生的对抗性政治诉求，这些非政府组织往往具有境外力量支持与操控的复杂背景，也在一定程度上从内部消解了非洲国家的内在包容性、凝聚力、国家权威与行动能力。

事实上，在今日世界，没有一个国家可以在无国家主权保护与缺失政府管理的情况下还能获得发展所必需的社会稳定、国家安全与经济增长。今天，在非洲一些国家和地区，政府能力严重缺失，基层政权形同虚设，看不到条块分明、上下联通的功能化的政权网络与管理系统，在政府机构和行政体制瓦解、"有社会而无政府"的状态下，千千万万的百姓苍生在广阔无边的大草原和大荒漠中陷入一种无助的、自生自灭般的艰难处境。国家统一体制的消解和政府管理能力的丧失导致了巨大的灾难。虽然今日非洲国家拥有巨大的人力资本，有大量的年轻人口，却因缺乏组织者和动员机制将他们组织成国家的建设大军，庞大的人口资源无法转化为服务国家建设的人力资源与生产要素，人们只能无所事事，四处游荡生存，巨大的人口红利远没有利用起来。

（二）当代非洲国家成长进程中面临的第二个大的问题，是许多国家在过去数十年中始终不能从经济的角度来理解政治的本质，始终没能将国家工作的重心转移到经济建设上来，长期忽略经济发展这一根本目标而深陷无谓的空头政治纷争之中

贫困与落后是一切动荡、冲突甚至恐怖主义的源头。不集中精力发展经济，不努力改善民生，不保持一个稳定有效的国家体制，一切都无从谈起，政府也迟早要垮台。过去几十年，无论是威权主义的强势政府还是议会政体的民主政府，许多非洲国家的执政者都没有将经济发展、民生改善放置在工作的首要位置上，而是就政治谈政治，缺乏推进经济增长的意愿与能力。多年来西方在非洲推进的政治变革，往往过度迷信选举政治和投票功能，以为只要有了选举，有了多党制，一切问题就会获得解决。但劣质选举政治与无序政党竞争使国家的任何长期规划与发展都无从落实，政治许诺盛行，短期行为泛滥。多年来，非洲大陆空头政治充斥，政治挂帅盛行，选举迷信左右一切，这是非洲国家面临的一个根本性困境。[1] 对于今日的非洲国家来说，经济建设与社会发展才是最大的政治，非洲国家需要进行政治改革，但政治改革的出发点和归属点应该是如何促进非洲的经济发展与民生改进，应该是围绕着经济建设能力的提升来进行政治变革，而不是如何将自己的政治变得与西方一样。同样，今日的非洲国家需要保持稳定，但稳定不是为了稳定而稳定，稳定的目标是为了更好地促进经济发展、民生改善。过去十多年，一些西方国家为了反恐而支持一些非洲国家的强势政府，只求其保持政权稳定以配合西方的反恐战略，但却忽视了支持和敦促这些国家的强权人物或威权政府致力于本国的经济发展与民生改进。事实上，如果反恐与稳定牺牲了经济发展与民生，或无助于发展的推进，稳定最终难以维系，反恐也最终难获成效。

（三）当代非洲面临的第三个大的问题，是如何确立长期而稳定的发展战略与目标，教育全体人民如何通过长期努力、自力更生、艰苦奋斗、长期努力的决心与意志，而不是指望通过外部援助迅速解决所有问题

目前，许多非洲国家还十分落后，与西方国家甚至新兴国家的差距很大，不

---

[1] Liu Hongwu, "China-Africa Development Cooperation and Reshaping of Modern Human Civilization", *China International Studies*, No. 5, 2010.

能指望在短期内解决所有的问题。为此，国际社会应该从积极的方面鼓励非洲国家的政府和人民树立长期艰苦奋斗的信念与决心，并对非洲国家的任何进步都要给予充分的肯定。非洲国家需要努力保持政局和政策的稳定与连续，只有政策的连续性与长期性才能使非洲面临的一些根本性难题逐渐获得解决。研究非洲发展障碍问题的美国学者约翰·伽思维尼恩也认为，中国发展的重要原因，是中国有采取长期策略的能力和埋头苦干、坚忍不拔的精神。因此，中国在援助非洲的过程中，往往更注重非洲基础设施的配套建设，更重视维护非洲国家的政治稳定与国家主权。

（四）当代非洲面临的另一个大的问题，是如何更有效地培植国家认同感与归属感，培养政党领袖与普通民众的爱国情感及为国家利益而奋斗的精神

国家观念与国家认同是支撑一个国家生存、发展和稳定的基础，也是一种持久发挥作用的国家文化体系。国家意味着在此版图内生活的人们，对于自己的国家有基本的归属感，对于本国的历史、传统、文化、国家利益有源自内心的体认、尊重和维护意识，对国家兴亡有所担当。但长期的政治动荡与族群分裂，往往造成非洲国家缺乏坚实有力的国家核心理念与核心价值体系，维系和动员全体国人的国家整体利益观念也往往难以建构起来。在国家认同感薄弱的情况下，国内各竞争性的政治团体与对抗性的族群政党往往不能共同来制定和持续地追求国家的长期战略与发展目标，这也是非洲国家必须努力克服的一个结构性与观念性障碍。

第二节　非洲国家成长与主权建构艰难的原因

非洲国家当代政治发展进程的艰巨性，是由非洲国家建构的特殊历史背景与基础条件决定的。总体上说，现代国家的政治演进有其内有规定性与制约性，必须通过一个漫长的自然历史进程才能逐渐解决其发展进程中的各项复杂命题，而这一进程之推进顺利与否，还取决于政治进程与发展道路的选择是否得当与适中。

一、非洲传统部族社会的历史包袱

20世纪60年代以后，在热带非洲大陆先后涌现出了数十个年轻的国家。这些国家总体上是由原来西方建立的殖民地演变而来的。这些在殖民地基础上获得独立而建立起来的年轻国家,继承了一份十分不合理的外部强加的欧洲殖民统治的政治遗产,在极不合理的殖民地政治基础和边界范围上开始建设自己的现代国家,开始追求国家的统一与稳定,追求国家的一体化与民族融合,这其间所包含的艰难与复杂,远远超出建国时非洲民族主义者的想象。非洲国家独立后首先必须在政治发展与国家政权建设领域做出巨大努力,形成国家统治能力与管理能力,而这种现代统治能力或管理能力的形成,却必得有一个长期的成长与建设过程,必得经历几代人的艰苦努力,仅靠简单地移植某种欧式的现代议会制度、竞争性选举制度是解决不了这些复杂的发展问题的。这正是当代非洲数十个国家独立后国家政治发展进程一波三折、历经种种战祸、内乱、冲突的深层原因。

如何由传统的部族氏族社会转变成长为现代国家,是独立后非洲国家政治与社会发展进程中的最大挑战与核心问题,而这一进程一开始就因为外部世界特别是西方国家的介入与干预而走上了一条曲折的道路。20世纪60年代独立后建立的大多数非洲年轻国家,最初基本上是按照西方殖民者设计的模式建立的。许多国家都照搬或模仿了原殖民宗主国家的政治政制,包括形式上的议会政体、选举制度、政党制度。但是,这一套制度在非洲的移植与推广往往不过是西方人的一厢情愿,在当时并不符合非洲大陆的现实需要,也缺乏稳定存在的基础和发挥功能的条件。因而许多非洲国家在独立之后数年间,多因管理无能、权力纷争与部族矛盾激化而陷入政治混乱,在西式议会政体无力维持统治的情况下,国家陷于混乱,唯有靠军人集团来替代。于是在许多国家,军人集团随之冲到政治前台,通过各种形式的政变或战争,变成了国家的实际统治者。20世纪70年代后,非洲大陆普遍建立了军人独裁或威权主义的政治制度。

冷战时期的20世纪七八十年代,东西方大国在非洲相互争夺,西方国家考虑的主要是如何维护其全球冷战优势。对于西方世界来说,非洲只有放置在其全球战略中才具有意义,西方虽然也期待非洲实行西式政体与制度,但实际的情况是,只要这些非洲国家奉行亲西方的内政外交政策,西方就对非洲国家建立军人政权或集权政治并不太在意。冷战结束后,西方失去了战略对手,开始在非洲大陆鼓吹西式议会体制和竞争性的政党制度与选举制度,在非洲强力推行、仿行西方的政治变革。20世纪80年代末期至90年代初期,在国外因素压力下,绝大多数非洲国家发生政治变革,再度建立了类似西方现代政体的议会制度与多党竞争体制。进入20世纪90年代后,很多国家的领导人不再是通过军事政变或非宪法方式夺取政权,而是通过公开的选举上台执政。那时,很多西方人相信西式政体及其观念已经在非洲大陆获得确定无疑的正当性身份,必将完全统治这片大陆。

然而,非洲的政治发展现实却并没有这么简单,20世纪90年代后的非洲大陆，政治发展依然面临种种挑战。事实上在 20 世纪 90 年代的民主化变革进程中，非洲国家又经历了一段长期的程度不同的动荡与混乱，经济衰退与社会冲突普遍发生，而且由于缺乏坚实的基础，一些名义上建立了西式民主政体的非洲国家，依然还保持着类似军人政权的内核。为了进一步推进西式政体及其意识形态在非洲大陆进一步发展，西方国家在 90 年代后通过各种方式，包括提供带有种种政治附加条款的援助，持续地向非洲国家施加各种压力，要求非洲国家继续推进西式政治变革，并把非洲国家经济落后、贫困严重的原因简单化地归结为没有实现西式的民主、人权与自由，以为只要一实现自由选举、一实行民主制度，非洲的问题就可以通通解决。于是，西方国家在冷战后普遍地奉行对非洲政治进程的"干涉主义"政策，将援助与干预结合起来，并给非洲开出了许多政治变革的"灵丹妙药"。

二、外强介入与代理人战争的祸害

过去数十年，非洲国家也试图探索自己的政治发展道路，寻求建立适合国家发展需要的政治模式，但因国小民弱，这个过程往往受外部力量干预而一次次中断。20 世纪 90 年代以后，虽然多党制成为非洲国家的主流政体，但这并不意味着非洲国家都踏上了民主的坦途。现实的情势却是，20 世纪 90 年代后许多非洲国家虽然拥有了一个多党制的民主国家外壳，但实际情况往往是一党独大或强人政治。在一些非洲国家，一些执政者还发现了只要举起"民主"的旗帜，就不但可以维护其权利基础，还能获得西方援助机构的大力支持。而西方国家及其主导的国际援助机构，则又认为这些国家人权记录尚有污点、民主政治远不到位，因而继续以附有政治条件的援助手段向这些国家施压，使这些非洲国家始终处于被动变革政治体制的状态中。

持续不断的选举与政治竞争不仅消耗着国家十分有限的人力物力，而且在部族政治影响下畸形发展的竞争性政党政治，政治选举往往都带上了部族政治冲突的色彩。在国家建构远未完成，只有部族意识而无国家观念的状态下，以部族政治为背景形成的对抗性政党，无论是执政党还是反对党，都往往只从本部族的角度考虑问题，部族标准就是政治标准。在此情形下，政党利益与国家利益往往并无统一之交集。而在选举过程中以部族为界的非此即彼式的零和博弈，使参与政治的各政治集团与政党往往都既没有长远的国家发展目标与战略谋划，也缺乏承担国家长远发展责任的远见卓识，只是一味地为了选举而选举。在这种情势下，非洲国家成长的空间日益狭小，政治自主能力的建设更无从谈起。一些在西方民主援助下维持着生存的"民主政府"，很难摆脱对西方的政治与经济依附。对援助的依赖瓦解了非洲国家自力更生发展的意愿与可能,形成了援助与依赖两者间的恶性循环的怪圈。最终,西方主导的国际援助也走进了绝路。

各种形式的外部干预严重影响了当代非洲弱小国家的发展进程。总体上看,过去数十年,内外因素作用下的非洲国家政治发展进程往往一波三折,经历种种磨难。缺乏内在自主能力的非洲国家,往往难于保持国家的稳定局面,也难于去追求国家的长久发展战略。迄今,非洲在政治上依然还是一块有待探寻自己发展道路的大陆。

三、非洲现代国家创造的先天性缺陷

就政治与国家形态的发展来看,世界各国各地区在前现代社会所达到的发展水平与表现形式十分不一样,因而进入当代社会后各国所首先要解决的政治发展问题与应该追求的政治发展目标也很不一样,不可能将一种单一的政治发展模式与理念照搬到世界任何国家去,即便这种政治模式与理念在它的原生国或母国已经运行得很好很有效,它也未必就可以不做修正和变通地适用于另外一个不同的社会与环境。

当代非洲大陆各年轻新生国家创建、形成、产生的动因和模式,不同于近代西方那样是经过近代两三百年的早期王权发展、市场经济成长与社会文化的一体化而导致现代民族与国家的产生,非洲的模式是先宣布组成国家、建立政府,然后依靠政府人为的力量,借助于国家机构的有组织的政治权力来推进民族和国家的一体化,来为这个新国家的生存发展寻求必要的文化纽带、国民意识和社会经济基础。同样,它也不同于东方那些文明古国是经过非殖民地化的完成而重建自己往昔的古老国家。非洲非殖民地化之后建立的一系列国家,绝大多数并非是"重建",而是"新建",是"创建",因为这些国家历史上并不曾出现过。可以说,无论是与西方国家相比还是与东方国家相比,当代非洲多数国家更多的是缺乏作为统一国家而存在的一种历史经历、国民意识、国家观念,缺乏使国家持久团结稳固的国内各民族共享的文化联系、精神纽带和历史遗产。脆弱的国家结构和松散的国民纽带使这些国家很容易受外部因素影响而引发国内动荡。因此,如何由传统部族社会发展成现代民族国家,是非洲各国建立后面临的一个严峻的历史性挑战。[1] 在这个意义上我们可以说,在当代第三世界或发展中国家群体中,非洲各新生国家面临的发展任务更加艰巨,面临的发展命题更加复杂。非洲国家

---

[1] 刘鸿武等著:《从部族社会到民族国家——尼日利亚国家发展史纲》,云南大学出版社2002年版,第8页。

不仅面临艰巨的经济发展任务,更面临着复杂的政治发展、民族发展和文化发展的任务。许多东方国家在历史上已经取得的发展成就,比如社会的整合与民族聚合一体化,国家政治体制的初步形成与统一而又集权的政府官僚机构的建立及其功能职能的分化与专门化,统一的国家文化共识体系与语言、宗教、价值观方面的某种同质结构的出现等,这一切对于一个民族或国家能否进入现代经济起飞阶段,能否使国家的经济发展战略得到有效的实施,能否进行广泛的社会动员并使广大民众普遍参与到国家发展事业中来而共同努力走向现代社会,都是不可或缺的历史前提。独立后的非洲大陆各国,部族冲突、部族矛盾、部族战争此起彼伏,军事政变和内乱分离接连不断,一个重要原因是各个年轻的国家还未形成一种强有力的统一国民意识,缺乏举国一致全民共识的核心价值体系。[①]

这种独特的历史文化背景与新国家创建模式,使得20世纪60年代后的非洲各国,政治发展的主要目标不在于是否要建立现代议会体制,也不在于是实行多党制还是一党制,而在于如何加速新国家的统一建构进程。这一进程大体上包括三方面的内容,一是政治与主权上的统一国家构建;二是民族共同体与观念文化上的统一国家建构;三是经济生活领域的统一,国民经济统一结构与国内统一市场及由此推进而成的国家共同经济发展利益的形成。通过这三方面的互为因果、互为前提的推进过程,逐渐使年轻的非洲新生国家形成内在的凝聚力和持续生存的能力,形成一个全民拥戴认可,有着合法性和治理国家能力的权威政府。为新生国家创建一种举国一致、全民共识的国民文化体系,一种能为新兴国家之团结、稳定和持续发展提供支持的统一国家观念和国民意识,一种来自观念上、文化上、心理上和情感上的国内各民族命运共担、前途共有的文化纽带,使国内高度异质性和封闭性的部族文化得以整合,逐渐实现"建构一个统一的国家、塑造一个现代的国族、养成一种爱国的观念"的发展目标。

对于这些非洲新生来说,政治发展如同一个复杂的国家建构系统工作,需要有很高的战略智慧来精心把握,细心推进,并非一夜之间建立多党制和通过一场大选替换一个政府就能解决。这些复杂的历史任务包括非洲国家需要逐渐打破传统部族社会间的分割与封闭状态,推进国家内部的政治、经济、文化的一体化进程,需要建立现代统一的国民经济体系,形成国内统一的市场体系与流通渠道,努力发展国内交通与运输体系,建立统一的国家语言文化与教育制度,需要培育国家全体民众的国家观念与国家意识,将各国国内分割破碎的传统部族社会整合成具有内在凝聚力的现代社会。所有这些内容,都是独立后的非洲年轻国家首先

---

① 关于非洲国家成长进程分析中所涉及的部族社会概念及其理论问题,可参阅[美]菲利克斯·格罗斯著,王建娥等译:《公民与国家——民族、部族和族属身份》,新华出版社2003年版,第30~39页。

要解决的紧迫而现实的发展问题。而这些问题的解决采用什么样的政治体制与制度安排，究竟是以一党制的方式还是多党制的方式来推进，是搞分权的三权分立制或议会制，还是搞集权的中央单一行政体制，其实并不是最重要的。关键是看这个国家的历史文化传统与现实发展状态如何，看什么样的制度安排更有助于这个国家解决这些紧迫的发展问题。

直到今日，对于绝大多数非洲国家来说，如何进一步消除化解国内各地区、各部族间的相互隔膜、封闭，如何加快塑造出一种富于认同感与向心力且有助于国家稳定发展的新型国民文化体系，依然是非洲各国面临的发展核心命题，一个尚待解决的发展前提问题，也是国际学术界在研究当代非洲国家成长问题时必须面对的理论与现实问题。

第三节　如何破解非洲国家治理困局

一、培植国家情感、国民意识与国民文化

国家观念与国家认同是支撑一个国家生存、发展和稳定的基础，也是一种持久发挥作用的国家文化体系。从最一般意义上的政治学角度来看，所谓"国家"或"国民"，并不只意味着国际法层面上的国家边界或疆域。国家意味着在此版图内生活的人们，对于自己的国家有基本的归属感，对于本国的历史、传统、文化、国家利益有源自内心的体认、尊重和维护意识。因为国之为国，不仅是地理概念上的，更是观念上的、精神文化上的。从古今中外各国之兴废成败经验来看，一国之民生于斯长于斯，他们的内心世界里是否意识到自己与这个国家、与这个国家中的其他人有一份共同的命运与前途，并在国家发生灾难之时有一份"位卑未敢忘忧国"的情怀，对国家兴亡有所牵念、有所担当，这一切观念与文化上的传统与精神，对一个国家的生存与发展始终是至关重要的。如果一国之民缺失了这样一种"国民情怀"和"国家意识"，人们各怀私利，各行其是，仅仅追求局部的、集团的、地方的利益，置国家民族之大义于不顾，这样的国家与民族一旦大难临头便会四分五裂，万劫而不复。

国家观念与国家情感的成长毕竟是一个漫长过程。中华文明已经有上下数千年之演进历史，统一的中央政府的存在亦有两千年之久，故而国之化险克坚的潜力，国之于逆境中坚持、逆境中重新崛起的民族力量，总体上是相当顽强

而持久的。

而较之于中国这样的古老的国家，非洲大陆当代50多个年轻国家确实面临着复杂的挑战与艰巨的发展任务。其中一个长期发生作用的因素，是当代非洲国家都十分年轻，立国不久，文化根基多有先天之不足与后天之缺失。克服这一困境，必有一个漫长的过程。这有一个很大的历史文化背景，是我们理解当代非洲国家发展进程为何如此曲折艰难、其政治经济为何长期处于世界体系相对落后状态之问题时必须充分考虑到的。事实上，认清人类文明的多样性，承认现代性展开过程的复杂性与曲折性，是理解文明发展存在差异的根本。

从世界各国现代化的一般历史来看，传统社会在向现代社会过渡的早期阶段，需要在政治和文化方面都逐渐同时具备两个基本条件。从政治方面的两个条件来说，一是需要形成一个拥有足够权威和政策创制能力、能有效克服国家混乱冲突和分裂倾向的中央集权政治体制，即形成现代民族国家和统一的中央政府；二是这个形成中的体制必须具有某种现代意识并致力于运用这个体制力量去推进国家的现代化发展，也即国家领导集团现代精神与现代观念的逐渐形成。如果只有后者而无前者，现代化只是奢望而无以为凭，因为没有达致现代化的手段；如果有了前者而缺乏后者，现代化进程反而会障碍重重，因为这个集权体制和强有力的国家政权成了抑制变革发展的严重阻碍。从文化方面的两个条件来说，一是需要形成一种全民共识、举国一致的统一国民文化体系，也即国家文化的整合与一体化或同质化，它可以提供一种强有力的国家意识和国民情感，作为国家统一和团结的文化纽带；二是需要在国家的政治体制、政策和思想中引入现代科学文化、理性精神，以及从事现代发展所必需的知识、技术、理论。

在这方面，世界各国在其现代化之初，具备的状况是各不一样的。有的东方古老大国，总的来说在政治和文化方面都是前一个条件已有相当的基础而后一个条件不足，而一旦这些国家通过某种适合于其自身历史文化传统与社会结构并与现代世界发展趋势大体相吻合的变革，使得它们在两方面都具备相应条件，那么这些国家的现代化进程就有可能获得快速的推进。东方世界的土耳其、中国、日本、伊朗，它们作为有久远历史的文明古国，在历史上就已经形成了较为成熟完备的统一国家结构和中央集权的政治体制，也较早形成了较有凝聚力的国家观念，有同质一体化程度较高的国家文化体系。相对于热带非洲在20世纪60年代才获得独立的年轻国家来说，这些东方亚洲国家的统一行动能力、政府的权威和社会动员水平都是较强的。这无疑是这些东方亚洲追求现代化和现代经济发展的有利的历史条件或优势。如果这些国家同时又形成了一个具有现代意识并致力于推进国家现代经济发展的领导阶层，如果这些国家形成了具有现代理性、科学观念的现代化领导集团，并且在富于凝聚和动员能力的国民文化体系与传统中又注入了现代思想，诸如科学精神、理性主义的观念，从事现代化和现代经济增长的知识、理论、技术，那么这些国家的现代化将会有巨大的行动能力，将会进入一个很快的现代发展时期。当代一些亚洲国家发展较快，大体上与这些背景条件有关。反之，如果这些国家的领导集团还是受着传统的非理性的观念支配，国民文化体系中还没有注入现代科学观念和意识的话，那么这些有统一集权国家政体、有强有力的中央集权政府的国家，现代发展可能反而会受到严重抑制。因为在这种情况下，这种强有力的同质一体化程度很高的中央集权政府反而可能成了阻碍现代发展的巨大障碍。而这同质一体化程度很高的国民意识、国家意识和民族情感，也可能被引导成一种非理性的危险的力量。

对于在20世纪60年代后涌现出来的非洲新兴国家来说，在其现代化变革的最初年代，无论是在政治条件还是文化条件方面，普遍表现为第一个条件最为不足的特征。它们最缺乏的是统一稳定的民族国家政治结构，缺乏有合法性并得到全体国内民众认可的中央政府，缺乏富于凝聚力的一体化的国民文化体系和统一的民族情感。这些新兴非洲国家在独立前大多缺乏统一的历史文化传统与政治发展经历，内部的联系与融合程度很低，因而构建有内部凝聚力现代民族国家文化，培养有统一情感与共同观念的国民意识，并创造年轻国家的政治观念与意识形态，培养年轻一代对于国家的归属认同情感，自然应该成为当代非洲国家成长与文化发展所追求的核心目标。

二、探寻非洲问题的非洲化解决之路

从上述分析上看，非洲国家要克服国家发展的障碍、提升治理能力并最终实现国泰民安、经济繁荣，我们认为今日的非洲国家，需要在如下方面做出新的努力。

第一，今日的非洲国家，在某种意义上需要一场新的思想解放运动，结合非洲实际情况，认真思考属于非洲自己的发展道路，探寻非洲问题的非洲化解决。非洲需要形成自主思想与独立精神，独立思考和观察自己的政治发展道路，寻求非洲问题的非洲化解决方案，提升本土知识分子独立观察与思考自己国家发展道路的意愿与能力，振兴本国本民族的思想文化，形成独立自主的知识精英阶层。

第二，国家能力建设是非洲发展的根本前提，非洲国家必须高度重视国家能力建设，提升政府的行动与管理能力。今天的非洲国家还特别需要培养爱国的精神，及为国家与民族奋斗的精神，大力弘扬将国家利益与民族利益放在首位的国家文化理念与精神，努力在全国范围内形成齐心协力、命运共担的民族团结精神，努力避免国家陷入分裂与破碎化的深渊。

第三，从根本上说，非洲的安全、和平建设只能通过经济发展、社会团结才能最终实现。知识精英们应该更加懂得，对于今日的非洲国家来说，全国共同努力，通过科技进步、教育发展推进国家逐渐走向富强更具道德的合法性，创造财富比任何政治理想更富于现实的理性精神。

第四，非洲国家需要一个长期的国家发展策略，稳定而持续地追求国家发展目标，并且坚持独立自主、艰苦奋斗的精神。非洲的问题不可能一天解决，任何政治家和政治方案都需要通过实践来推进，实实在在的奋斗比任何华丽的口号与演讲都更加重要。非洲国家需要走出政治迷信的误区，不是就政治谈政治，而是从经济的角度来谈政治，一心一意谋经济发展，一心一意求国家稳定。

第五，非洲国家需要进行政治改革，但政治改革的出发点和归属点应该是如何促进非洲的经济发展与民生改进，应该是围绕着经济建设能力的提升来进行政治变革，而不是如何将自己的政治变得与西方一样。今日的非洲国家，无论何种政治信仰，无论什么政治派别，执政党还是反对党，都应该推动国家工作的重心转移到经济建设上来，以经济发展、民生改善为中心来建设国家的能力，来判断政治理念与政策主张的合法性和正义性。

三、中国对非洲国家治理进程当有所作为

多年来，中国一直恪守"不干涉原则"及不主动输出中国政治思想的原则，这一原则今后乃需坚持，但这并不意味着中国可以不参与国际间的思想竞争与合作，因为国际思想高地是一个不同思想观念激烈竞争的领域。近一二十年来，随着中非合作的快速发展与中国影响力在非洲的提升，来自中国的发展经验和理念促进了非洲社会发展思想和政治发展理念的积极变化，而非洲的稳定发展与中国国家利益之间的联系也日益紧密。在此背景下，如何以更积极主动的合作姿态和创新政策，帮助非洲国家实现政治稳定，推动改革，促进开放，加快发展，提升能力，越来越成为中国对非战略中应予以关注的基本命题。

随着中非合作关系的快速发展，非洲国家的主权安全、政治稳定和经济发展，与中国国家利益之间的关联日益紧密。从今后之发展趋势上看，中国应该以积极而稳妥的方式，在相互尊重、平等对话的前提下，更多地关注和介入非洲内部事务的发展，在把握双方共同的利益与合作空间的基础上，通过思想对话与经验交流，帮助非洲尽力消除那些出于各种原因，至今仍明显妨碍其社会持续健康

发展的深层障碍,支持非洲国家的改革进程。①

在这方面,中国学术界需要更清楚地表达自己的思想理念与知识立场,以自己的方式与非洲国家开展交流,以实质性的举措来支持和帮助非洲思想智库的自主发展与能力建设。中国不需要跟随西方搞意识形态对抗,也不需要对外输出意识形态,但中国可以用自己的经历及所累积的经验和教训,来关照对比非洲的发展困境与发展难题,与非洲国家开展更广泛的治国理政经验的交流,探究非洲国家解决其发展难题所需要的思想智慧与政策方案,与非洲思想界学术界共同来探讨非洲如何获得经济发展、推进改革开放、保持国家稳定、增强能力建设。在"南南合作"与"南北对话"领域,中国不仅需要重视和维护发展中国家的"经济发展权",也需要重视和维护发展中国家的"思想发展权"和"话语发展权",需要加强与非洲国家的思想智库的合作,提供推进和维护发展中国家权益的思想智慧与知识产品。

2000年中非合作论坛成立后逐渐建立起来的中国与非洲国家的新型战略合作关系,是一种以追求各自经济与社会发展为核心内容的新型"南南合作"关系。今天,这一以"合作发展"为核心内容的新型国际合作关系的快速拓展与提升,不仅深刻地改变着中非双方在国际体系中的身份与地位,也对西方发达国家主导世界、西方发达国家"治人"而南方发展中国家"治于人"的传统"北南治理关系"造成越来越大的冲击,并因此而形塑着一种新的趋向平等、合作、共赢、共治的国际关系新理念、新模式。

总体上看,自2000年以来开启的全方位的新型中非发展合作关系,给中国与非洲在国际体系中的地位与身份的变革,都带来某种战略性的变化。这种变化,可以归纳到如下三个突出的方面。

第一,中非务实合作关系的深入发展,正在推进非洲大陆由"全球发展的负担"转变为"全球发展的机遇";十分明显,21世纪,非洲大陆将成为经济增长的新大陆,全球人口红利、新兴市场、城市化动力,都日益来自非洲,唯其如此,非洲应该成为21世纪中国经济得以持续发展的新的战略性伙伴。

第二,中非务实合作关系的深入发展,正在推进中国的国家身份由"追求自身发展"转变为"引领亚非发展"的变化。毫无疑问,这一变化的彰显与推进,对于提升和改进中国的全球形象与国家软实力,为中国的长远发展营造一个良好的外部国际环境,具有重大的意义。中国必须做好与非洲战略互惠合作这篇大文章。

第三,以实现发展为最高目标来推进国家治理能力建设,通过经济合作而不

---

① 刘鸿武:《国际思想竞争与非洲研究的中国学派》,载《国际政治研究》2011年第4期,第69页。

是军事征服来治理人类面临的矛盾冲突，以经济和社会的发展为首要目标来推进国家政治改革和治理能力建设，也日益在当今国际交往领域彰显出特殊的道德建构意义。在解决非洲地区冲突方面，中国坚持灵活而有创意的不干涉原则并寻求更有效的国际合作新模式，具有长远的国际治理模式建构意义。

第四，只有和平建设而不是战争征服，只有发展合作而不武力冲突，才能从根本上解决今日非洲国家面临的复杂问题。中国的对非政策必须坚持发展合作、相互尊重、平等相待的基本原则，无论这些原则的推进在现实进程中面临怎样的挑战，但"路遥知马力，日久见人心"，中国的对非战略与全球战略，在某种意义上讲，应该比美国和西方国家站得更高一些，更远一些，更有胸襟气度一些。毕竟，美国和西方可能是旧秩序的维护者，而中国则应该是新世界的追求者。

第五，进而言之，中非发展合作实践正在赋予国际交往关系以新的内容与形态，并给人类现代性品质带来新的时代内容。国家和民族间通过平等相待的发展合作关系来建构和谐世界的新理念，将日益成为具有全球意义的人类新的"普世价值"。而中非务实合作关系的深入发展，也开始推进人类现代性"普世价值"的核心内涵，由传统的"西方语境"转变为"全球语境"，在这些全球语境中，来自亚非的智慧、亚非的知识、亚非的话语，将逐渐得到重视与张扬。

总之，人类现代文明的演进历史远没有终结，它正在开辟新的道路，拓展新的现代性品质，面对变革着的新的世界历史进程，理解和解释历史的现代性理论与知识工具也必须跟上时代步伐而图谋创新。中非发展合作的丰富实践正成为一个特殊的理论创新温床，一个建构中国现代性话语体系的理论活水源头。站在正在展开的 21 世纪更为长远的全球发展进程上来看，对中非合作关系和中国对非政策进行一种战略性的、前瞻性的把握与论述，从中提炼有中国特色的国际合作与国际交往理论，已显得十分有意义和必要。

第九章

非洲国家建构困局与中非治国理政经验交流

  当前多数非洲国家均面临不同程度的政治发展困境。一些国家的治理能力低下、社会管理不善、党际关系和族群关系紧张,甚至出现严重的政治动荡与国内军事冲突,成为当前世界政治不稳定的主要来源。如何更有力地推动这些国家的国家建构,在此基础上实现政治稳定和社会发展,就成为研究当代非洲国家政治发展的重要命题。[1] 长期以来,西方国家及其学者多从自身的民主经历和政治观念出发,强调非洲国家的民主架构、良治建设和某些发展政策上的调整,然而这些"药方"至今未能解决非洲国家的发展困境与国家建构问题。[2]

  本章主要立足于当代中国政治发展实践,着眼于非洲国家独立后的政治发展历程,从国家基本制度建设、现代国家成长的角度来探讨它们的政治发展问题,这包括如何认识非洲国家政治转型的路径选择,如何提高非洲国家的治理能力,

---

[1] 近期的主要成果有:Shahar Hameiri, *Regulating Statehood: State Building and the Transformation of the Global Order*, New York: Palgrave Macmillan, 2010; Santosh C. Saha, *Ethnicity and Sociopolitical Change in Africa and Other Developing Countries: a Constructive Discourse in State Building*, Lanham, Md.: Lexington Books, 2008; Deborah Brautigam, Odd-Helge Fjeldstad & Mick Moore (eds), *Taxation and State Building in Developing Countries*, Cambridge Universtiy Press, 2008; Max Everest-Phillips, "Business Tax as State-building in Developing Countries: Applying Governance Principles in Private Sector Development", in *International Journal of Regulation and Governance*, 8 (2), 2008, pp. 123 – 154。

[2] 国内外一些研究成果对美国主导的民主输出及其阻碍发展中国家的国家构建进程有过批判,参见:Kidane Mengisteab & Cyril Daddieh, "Why State Building is still Relevant in Africa and How it Relates to Democratization", in Kidane Mengisteab & Cyril Daddieh (eds), *State Building and Democratization in Africa*, Westport: Praeger Publishers, 1999, pp. 1 – 18;黄琪轩:《另一个世界史可能的——后危机时代的中国与世界发展》,载《世界经济与政治》2011年第1期,第25~45页。

如何巩固和完善非洲国家的政党政治,以及如何推动非洲国家内部族群关系的改善和民族一体化建设? 在现有的西方强势话语难以有效解决发展中国家面临的发展问题时,中国与非洲国家基于自主而平等的基础上开展治国理政经验交流,势必有助于在西方话语体系之外探索出一条更具本土意义的发展道路,共同探索解决现代化进程面临的发展难题。而从国际关系的角度,这种人文领域的交流互鉴也有助于拓展新时期"南南合作"的内涵与形式,巩固新时期中非关系的战略合作平台,进而推动发展中世界的整体复兴。

第一节 当代非洲国家面临的政治发展困境

一、非洲近代历史与非洲一体化背景

以一种"大历史"的视野观之,20世纪百余年来的世界历史是亚非拉各国人民实现民族独立、终结西方殖民体系的政治结构,并在此基础上开始追求经济发展与民族复兴的世纪。回溯独立以来几十年的经济发展进程,除东亚部分国家以外,多数发展中国家的现代化进程都出现了不同程度的发展困境。受20世纪70年代世界性经济危机的影响,非洲、拉美及部分亚洲的新生独立国家纷纷出现经济社会发展的缓慢、停滞甚至是严重倒退,国际社会甚至把20世纪80年代称为非洲国家"失去的十年"。部分非洲国家治理状况是典型的所谓"劣治"(bad governance),体现为吏治腐败、社会管理不善、经济效益低下以及社会环境日益恶化,成为政治学研究中的"掠夺型国家"(predatory state)。[1] 虽然近年来非洲经济增长率总体保持在5%左右,但多数非洲国家有增长而无发展,部分非洲国家的贫困化仍在加剧。据世界银行估计,撒哈拉以南非洲的贫困人口从1981年的1.68亿人增加到2004年的2.98亿人。[2] 由于人口的快速增加,非洲的贫困人口到2015年将达到3.4亿人。联合国贸发会议2007年的报告称,当前全

---

[1] Anjali Thomas Bohlken, "Coups, Elections and the Predatory State", *New York University*, August 10, 2009, https://files.nyu.edu/at697/public/JoTP_08072009_identified.pdf; Avinash Dixit, "Predatory States and Failing States: An Agency Perspective", *Princeton University*, June 20, 2006, http://www.princeton.edu/~dixitak/home/PredFail.pdf; Boaz Moselle & Ben Polak, "A Model of a Predatory State", *Journal of Law, Economics, and Organization*, Vol. 17, pp. 1–33, 2001.

[2] 世界银行:《2007年世界发展指标》,中国财政经济出版社2008年版,第63页。

球50个最不发达国家中，35个在非洲。① 如果国家治理水平得不到实质性提升，非洲与外部世界特别是与发达国家的差距还将进一步扩大。

非洲国家的发展困境最为极端的表现形式便是国家的政治动乱与冲突。特别是20世纪80年代后期以来，部分非洲国家因急剧的政治民主化和经济私有化诱发了大规模的政治危机甚至是流血冲突，国家的衰败、弱化及至分裂引发了骇人听闻的人道主义危机和人权灾难。仅在20世纪90年代的10年间，程度不同地出现战争、冲突或骚乱的非洲国家就达30多个，占了非洲国家的半数以上。尽管近年来非洲大陆爆发的重大武装冲突的数量渐趋减少，从1998年的11起降至2010年的4起，但非洲安全形势仍未得到根本扭转。② 自2008年初以来，除一直久拖不决的索马里、苏丹、刚果（金）的国内冲突外，肯尼亚、毛里塔尼亚、几内亚比绍、几内亚、津巴布韦、科特迪瓦、马达加斯加等国均不同程度地出现了族际政治紧张甚至流血冲突。

二、国家整合与一体化成效影响着非洲发展进程

上述国家的现代化进程何以出现严重的国家衰败甚至社会动荡呢？原因固然很多，但其中一个很关键的原因在于，这些国家的国家建构的缺失，特别是国家制度建设和国家一体化建设的滞后，以及由此导致的国家治理能力的相对低下。多数处于现代化进程的非洲国家，不仅缺乏经济和社会发展，更缺乏有权威的合法政府、富有效能的国家制度以及民众对新生民族国家的政治忠诚，而后者往往更是决定国家政治稳定和经济发展的关键。一些非洲国家的政权因缺乏足够政治合法性而频频出现非正常更迭，有效社会管理的缺失伴之以民众的普遍贫困，诱发了形形色色的跨国犯罪、恐怖主义以及外部势力的乘机介入。正如美国学者福山所言，国家构建是当今国际社会最重要的命题之一，因为软弱无能国家或失败国家已成为当今世界许多严重问题的根源。"如何改善弱国家的治理能力、增进这些国家的民主合法性并强化其可自我维持的制度能力成为当代国际政治的第一要务"。③

无论是从理论层面还是从实践的层面上看，在过去数十年间非洲国家在政治

---

① UNCTAD: *The Least Developed Countries Report* 2007: *Knowledge, Technology Learning and Innovation for Development*, New York & Geneva, 2007, P. ⅲ.

② Stockholm International Peace Research Institute, *SIPRI Yearbook* 2011: *Armaments, Disarmament and International Security*, Oxford University Press, http://www.sipri.org/yearbook/2011/02/02A。

③ ［美］弗朗西斯·福山：《国家构建：21世纪的国家治理与世界秩序》，黄胜强等译，中国社会科学出版社2007年版，第96页。

发展领域所经历的曲折过程，在此期间各国之政体模式与政治形态所呈现出的种种混杂与矛盾现象，以及迄今为止许多国家依然并不稳定也不明朗的政治发展前景，使得当代非洲国家的政治发展问题一直是一个具有巨大学术挑战性与现实关切性的研究命题。虽然世人可以从不同的学科背景对此进行研究，但从国家制度的角度来探究非洲国家的国家建构，无疑涉及了问题的本质。对于现代国家发展而言，为什么制度如此重要？因为作为国家和社会最重要的规矩和约束，制度不仅框定着国家的基本政治生活，保障着经济社会秩序的正常运行，而且为国家统治提供了合法性基础，为政府治理提供了必要的机制与能力，因而基于完备的制度建设，国家才能为民众提供必要的公共服务并有效维护国家和社会的基本秩序。制度对现代国家成长和国家治理的决定作用，使得制度的建设与发展成为现代国家成长的关键，制度的成熟与完善也因此成为现代国家成熟的基本标志。现代国家的功能是多方面的，但其最根本的功能正在于通过制定和实施制度，不断推进制度的变迁，以维护社会稳定和促进发展。[①]

中国过去三十余年的发展成就主要体现在经济发展和制度建设两大方面，其中后者对于国家的发展与稳定更具基础性、决定性的作用。如果与多数非洲国家做一横向比较，中国政治制度体现出两大突出优势：一是它在复杂的国内外环境中基本实现了中国这样一个超大型国家的政治稳定；二是中国的党和政府实现了较长时期的经济和社会的快速发展。由此，中国发展进程中政治体制的特殊作用、中国经验总结中的政府模式与政党关系等议题日益被非洲国家所关注，成为它们热议中国模式与中国经验的重要内容。近年来，在中国与非洲国家的双边与多边交往中，政治对话日益活跃，政党间经验交流也更趋频繁。[②] 中国的一些党政机关、高等院校及科研机构，陆续举办了大量的对非洲国家的人力资源研修班、研讨班，其中不少内容涉及中国政治体制与国家管理体制的介绍与研讨。虽然非洲国家的政治变革进程十分复杂，各国的政治形态与政府治理方式各有不同，但由于中国与非洲国家面临类似的发展问题并处于相同的国际体系背景之下，双方完全可以基于平等、自主的基础上开展治国理政的经验交流，以此推动

[①] 古今中外的历史表明，国家的发展与强盛无法靠某个贤明君主或政治强人得以长期维持，其关键在于建立完备且与时俱进的国家制度。实际上人们发现，"除了一些非常典型的特例外，一个国家的繁荣不仅仅是物质或自然的丰富。更重要的是，繁荣是制度性的。"参见胡联合、胡鞍钢：《国家制度何以特别重要？》，载《中国社会科学报》2009年7月30日；胡鞍钢、王绍光、周建明主编：《第二次转型：国家制度建设》，清华大学出版社2003年版，"前言"，第10~12页。

[②] 中国与越南、老挝、伊朗、沙特等亚洲国家以及几乎所有非洲国家的双边交流都涉及了治国理政经验交流。中非合作论坛北京峰会郑重宣布，"加强治国理政和发展经验的交流和借鉴，取长补短，共同提高，增强各自自我发展能力。"《中非合作论坛北京峰会宣言》，载《人民日报》2006年11月6日，第4版。

"南南合作"与发展中国家的共同发展。

第二节 中国改革路径选择与非洲国家政治转型比较

一、如何把握当代非洲国家政治发展的核心目标

当代非洲国家的政治发展面临一些基本问题,比如,对于这些尚待进行民族国家建构的新生国家而言,国家政治发展的历史主题是什么?其政治发展领域最需要解决的核心问题是什么?如何实现这些目标选择,是通过来自外部力量的强力推动,还是基于非洲国家内部的社会需求与实践?如何评判这些政治领域的发展绩效,是依靠某种先定的意识形态或近乎统一的外来标准,还是由非洲国家的人们根据自己的历史经验与现实感受来做出判定?这些问题涉及当代非洲国家政治发展的目标与路径选择,关系到非洲国家的政治稳定与发展前景。而所有这些问题在过去数十年非洲国家独立后的政治发展进程中一直没有得到很好的理解和解决。

人类政治发展的目标无疑是社会的公平、正义与民主,非洲国家也不例外。不过,从民主政治的生成与发展进程来看,民主并非是国家与生俱来的,它是在现代国家建立后才逐步发展起来的。以民主政治较为成熟的西方发达国家而言,现代国家制度建设远早于现代民主政治的发展,是先有现代国家,而后才有现代的民主政治形式。近代主要西欧国家先是有了专制王权,并在国家强力推动下实现了国家领土与市场的统一,建立了一整套强有力的国家制度,然后才在新兴力量的推动下逐步实现了民主转型。美国虽然在建国之初便确立了权力制衡的政治制度,但诸如妇女和种族的平等权益等许多现代民主内容也是后来才逐步发展起来的。虽然政治民主化本身也是制度转型与制度重建的过程,但一些基本的国家制度却与民主并无直接关联,如统一的国内市场秩序、有效的财政税收与金融制度、完备的国防与外交体系。这些制度是一个国家维持其存在与发展的最基本的制度基础,它们在政治民主化开启之前就应当具备,否则国家将难以在民主化所带来的社会快速变迁中维持基本的政治秩序。许多发展中国家在经济现代化进程中普遍出现了亨廷顿称之为"政治衰朽"的现象,在全面引入西方民主形式后出现了不同程度的"水土不服",其主要原因正在于其急速、大规模地推动体制转变,而国家由于缺乏一套健全的制度设置及有效的政治权威,尚无法协调多元社

会不断增加的利益分歧并消化因改革而迅速激化的政治矛盾。正是出于这一认识，哈佛大学教授亨廷顿认为，发展中国家面临的"首要问题是政治制度化的发展落后于社会和经济变革"。① 作为西方民主的最忠诚的拥护者，亨廷顿曾断言对于现代化进程中的发展中国家，政治秩序较之经济发展和民主化更为首要。②

二、中国政治变革路径及与非洲之比较

与多数非洲国家不同，中国采取了一条渐进的改革之路。作为一个人口众多、地区差异甚大的超大型发展中国家，中国的经济现代化和社会转型必然涉及复杂的制度变迁、观念转变、结构调整和利益上的重新分配，大规模的"激进变革"或"宏观革命"容易导致无法预料、难以应对的政治社会危机，从而给现代化进程带来严重甚至是灾难性后果。出于这一认识，中国继承了历史上的中庸传统，吸取了新中国历史上曾经有过的激进革命教训，在原有的并不完善的体制基础上循序渐进地推动改革进程，从而有效避免了重大的政治与社会危机的出现。中国的改革进程大致体现为经济改革、社会改革和政治改革三个相互关联并依次推进的阶段，经济改革及伴随而来的社会改革搭建起了基本的现代国家制度，如财政金融、法治建设、社会保障、外交国防等，这是国家全面推行政治改革并有效维护社会稳定的重要制度保障。中国政治发展的目标无疑也是实现社会的公平、正义与民主，但从制度变迁的路径依赖角度来看，中国民主政治发展将继续沿着"增量民主"的发展道路演进，扩大政治参与的层次和水平需要根据市场经济和公民社会发育成熟程度循序渐进地加以推进。概言之，民主政治发展既不能滞后于经济发展和经济改革，也不能超前于经济发展和经济改革。③

由于选择了渐进性的改革与发展路径，中国便能够相对从容地去思考和借鉴某些国外成功发展经验，并为自己消化、吸收和融合这些经验赢得了比较宽裕的时间和空间。中国没有像西方现代化理论和"华盛顿共识"所要求的那样，采取全盘西化和激进变革的方式，而是根据中国改革所能承受的限度和实际需要，在

---

① 塞缪尔·P·亨廷顿：《变化社会中的政治秩序》，王冠华等译，三联书店1989年版，第4页。

② 亨廷顿所称政治秩序较之经济发展与民主化更为首要，是针对当时发展中国家普遍存在的政治不稳定而言，并不说明他本人对民主政治有任何的贬抑。事实上，他后来在《第三波》一书中开篇就明确指出："我写这本书是因为我相信民主自身是件好东西。"参见〔美〕塞缪尔·亨廷顿：《第三波——20世纪后期民主化浪潮》，刘军宁译，上海三联书店1998年版，"前言"，第3页。

③ 作者认为，无论是激进变革，还是渐进改革，只是对改革路径选择的一种形象描述，二者在目标上应无根本差别，只是在改革所费时间长短、改革内容的轻重缓急上有所不同。尽管渐进改革在最初很长一段时期里不会触及体制的核心，但从长远来看，制度转型将事关改革与发展的未来。而且，发展中国家究竟应当采取何种方式推进改革，也应视具体的情况而定。

保证国家经济政治安全的前提下,逐渐推进改革进程并扩大对外开放的领域,在改革与发展中增强国民经济抵御风险的能力和参与世界经济竞争的能力。一方面,中国借鉴了西方发达国家市场经济的某些合理成分,比如强调市场的基础性作用,激发发展活力的企业精神,保护与扩大私有产权,以及接受自由的国际贸易规则;另一方面,中国仍继续强调坚持社会主义基本制度、社会管理及生产方式中的核心原则,继续保持了国家对社会的宏观调控能力和对资源的配置能力,努力把社会主义基本制度与市场经济的有利因素有机结合起来,在社会与国家、市场与政府、私有制与公有制之间找到合理的平衡。与一些发展中发国家被动地、全盘地"移植"西方制度与经验不同,中国根据自身改革开放的实际需要主动地、有选择地把西方的某些经济制度与理念嵌入自身政治与社会体制之中,旨在探索出一条适合自身国情的发展道路。正由于这种选择性的学习和借鉴,中国才得以成功避免1997年的东亚金融危机,才得以成功应对2008年的世界金融危机。正如瑞士日内瓦大学亚洲研究中心高级研究员张维为所言,正是经济改革"理性激进"和政治改革"理性保守"的非对称组合,确保了中国的长期稳定,从而促成了中国改革开放取得了巨大的成功。[1]

三、从非洲区情国情出发选择政治发展道路

对于当前面临严重治理问题的非洲国家而言,政治发展的主题不仅只是民主化,也包括更为重要的国家建构、基本制度建设和政治稳定问题。正如新加坡国立大学东亚研究所所长郑永年所言,民主转型的顺利推进首先需要存在最低限度的国家制度、政治秩序和政府对领土和社会的有效控制。[2] 强行要求那些条件尚不成熟的国家实行西方式的自由民主模式,往往不是催生"民主主义",而是诱发"族群主义"或"分裂主义",其结果不是导致政治民主而是国家的衰败和弱化,甚至是大规模的国内动乱与流血冲突。诚如亨廷顿所提醒的那样,在发展中国家开启现代化进程的初始时期,社会改革和经济发展往往不是促进政治稳定,反而成为政治动荡的诱因,成为革命的"催化剂"而非"替代物"。[3] 苏丹的最终分裂以及当前正处于动荡中的索马里、刚果(金)、利比亚表明,一旦失去基本的政治社会秩序,不仅原有的经济发展成果会付诸东流,而且国家本身也面临分裂的巨大危险。非洲国家面临的最大问题,往往不是经济增长的缓慢,而是快

---

[1] 张维为:《关于中国模式的思考》,载《学习时报》2008年1月21日,第421期。
[2] 郑永年:《中国模式——经验与困局》,浙江人民出版社2010年版,第45页。
[3] 塞缪尔·P·亨廷顿:《变化社会中的政治秩序》,王冠华等译,三联书店1989年版,第6页。

速社会变迁带来的社会矛盾的急剧恶化和政治不稳定,从而形成许多非洲国家在现代化进程中难以解决的发展悖论。其最大的教训在于,非洲国家并非不需要民主政治,而是需要在国家制度建设基础上稳步推进政治转型,那种试图在短期内完成西方国家在过去很长时期内才得以完成的政治发展成就,无疑会打乱自身政治发展进程而导致社会秩序的紊乱。

所以,理解非洲国家政治发展主题,就不能只是单纯基于西方现代民主标准的横向比较,还应当从非洲国家自身历史发展进程特别是现代国家成长的角度进行历史分析,去探讨西方人在看待非西方世界时往往轻视甚至忽视的基本国家制度建设和政治稳定问题。评判非洲国家政治发展的成就与绩效,自然也就主要着眼于这些国家自身的历史发展进步,着眼于其民众自身的现实感受。非洲国家追求的政治现代化,就应当是基于国家基本制度不断完善、政治秩序逐步巩固基础上的现代化。

第三节 中国政府管理模式与非洲国家能力建设的经验分享

一、西方的正统主义政治"普世性"及缺陷

20世纪80年代,美国及其主导的国际经济组织推动部分非洲国家实施了"经济结构调整计划"。其理念核心是基于新自由主义之上的"华盛顿共识",它要求各国实行经济上的自由化(liberalization)、私有化(privatization)并放松政府管制(deregulation)[1]。其中心思想是尽量减少政府在经济中扮演的角色,让市

---

[1] "华盛顿共识"由世界银行经济学家约翰·威廉姆森(John Williamson)在1989年提出,用以概括当时世界银行、国际货币基金组织和美国政府向其他国家推销的经济改革和应对金融危机的举措。其内容主要有十条:(1)加强财政纪律,压缩财政赤字,降低通货膨胀率,稳定宏观经济形势;(2)把政府开支的重点转向经济效益高的领域和有利于改善收入分配的领域;(3)开展税制改革,降低边际税率,扩大税基;(4)实施利率市场化;(5)采用一种具有竞争力的汇率制度;(6)实施贸易自由化,开放市场;(7)放松对外资的限制;(8)对国有企业实施私有化;(9)放松政府的管制;(10)保护私人财产权。参见约翰·威廉姆森:《华盛顿共识简史》,载黄平、崔之元主编:《中国与全球化:华盛顿共识还是北京共识》,社会科学文献出版社2005年版,第63~85页。Also see John Williamson, "What Washington Means by policy reform", in *Latin American adjustment: How much has happened?*, Institute for international economics, Washington, D.C., 1990; Council on Hemispheric Affairs, *the IMF and the Washington Consensus: A misunderstood and poorly implemented development strategy*, July 19, 2005, http://www.globalexchange.org/campaigns/wbimf/3493.html。

场在经济生活发展中全面发挥主导作用。

虽然这些新自由主义的政治经济改革在理论上建构得非常完美,并在部分国家、部分领域取得了一定的成效,但对于绝大多数非洲国家而言,放松政府管制并削弱政府开支无疑进一步弱化了本需强化的国家治理能力,损害了原本投入不足的公共服务及基础设施建设。例如,撒哈拉以南非洲国家不仅没能因为经济结构调整而缓解它们面临的经济困境,其外债在1982~1990年期间反而翻了一番多,达到1 640亿美元。① 这些国家的债务占其国内总产值的比重由1980年的21%上升到1988年的88%。② 联合国贸易与发展会议估计,非洲的经济结构调整至少使非洲的发展速度降低了10%,世界银行和国际货币基金组织也不得不承认这些发展计划并没有达到预期的效果。③

由于国家制度建设滞后、治理能力低下,这些国家难以有效整合社会资源用于经济社会发展,如失业、饥荒、贫困、疾病等问题更趋恶化。体现在政治领域,则是国家建构的缺失导致国家难以有效推动民族国家的一体化建设以减少国家的认同危机,难以平衡并化解各族际间、地区间、政党间、宗教间的利益矛盾以维护国家统一,不少非洲国家因此陷入无休止的内战甚至导致国家分裂。

从奥地利经济学家哈耶克开始,新自由主义逐步成为西方政治经济思想的主流理论之一。他们主张"市场决定论",认为政府只需扮演"守夜人"的角色,因而反对政府过多干预市场和社会。从政治学理论上讲,"小政府"有其合理性,但是,"小政府"绝不等于"弱政府",这一点尤为关键。即便是美国、欧洲等西方国家,它们的政府规模可能不大,但是国家能力却很强。

而从亚洲的菲律宾,到南亚的印度,再到众多的非洲国家,国家政府规模或许也不大,但这些国家的治理能力却不强。对于这些后发国家而言,国家权威的缺失导致国家无法有效动员和整合各种资源,集全国之力推进国家的经济建设以主动缩小与发达国家的差距,并在这一进程中化解社会急剧变革所产生的各种矛盾。对于许多贫弱的非洲国家,国家权威由于内外因素的挑战而面临普遍的弱化和衰败。在内部,各种形式的族群主义、宗教势力和地区集团普遍存在,这些力量伴随现代民主政治的发展特别是多党竞争的展开而得到进一步发展,从而对国家权威甚至是国家统一形成严重挑战。

---

① 亚历克斯·E·费尔南德斯·希尔贝尔托、安德烈·莫门:《发展中国家的自由化——亚洲、拉丁美洲和非洲的制度和经济变迁》,陈江生译,经济科学出版社2000年版,第8页。

② Yash Tandon, Reclaiming Africa's Agenda: "Good Governance and the Role of the NGOs in the African Contest", *Australian Journal of International Affairs*, Vol. 50, No. 3, 1996, pp. 293–303.

③ Timothy Murithi, *The African Union: Pan-Africanism, Peacebuilding and Development*, Ashgate Publishing Limited, 2005, p. 4.

在国际上,全球化所带来的跨国犯罪、金融风险和恐怖主义渗透从另一方面影响到国家的稳定,而不平等的国际政治经济秩序更是直接威胁到这些国家的长远发展。不仅如此,国家的衰败还伴之以普遍的、深度的政治腐败和权力异化,部分后发国家的政治体制具有典型的"新世袭制"(neopatrimonialism)特征,即政治权力被国家领导人及其政治集团所垄断和支配,国家利益被用以满足某个特殊的集团、阶层、地区或族群的个别利益,政权竞争因此演化为利益争夺,国家政治蜕变为谋取私利的场所。① 法国波尔多大学知名非洲专家丹尼尔·巴赫(Daniel Bach)认为,"新世袭制"虽然采取了现代体制和政府程序,但其实质却是权力垄断甚至是个人专制,统治者对国家的掠夺使国家成为"反发展"的典型。② 所以,如何在民主的程序下强化非洲国家的政府权威并在此基础上提高其治理能力,就成为这些国家制度建设的重要内容。

目睹了"华盛顿共识"给发展中国家带来的灾难性后果,国际社会逐步形成了所谓的"后华盛顿共识",针对"华盛顿共识"过分依赖市场而忽略政府作用和社会均衡的弊端,增加了诸如治理、政府调控和制度建设等新内容。2001年诺贝尔经济学奖得主、前世界银行首席经济学家斯蒂格利茨曾撰写《后华盛顿共识的共识》,对所谓的"华盛顿共识"给予过批判:"共识根本不存在,除了华盛顿共识没有给出答案。"他解释道:"华盛顿共识在一定程度上就是对政府失灵的一个回应。但是,它对政府的失灵矫枉过正了。"③"后华盛顿共识"在强调市场重要性的同时,也认为"发展需要有效的政府","历史反复表明,好的政府不是多余的,而是关键的必需品"。④ 其实,亨廷顿早在几十年前就指出,处于现代化初期的发展中国家"必须先存在权威,而后才谈得上限制权威"。⑤ 他因此批评那些信奉洛克哲学的美国人,说他们骨子里便抱有如此强烈的反政府倾向,以至于将政府本身与对政府的限制混为一谈,因而看不到处于现代化之中的国家需要奠定有效权威的问题。对大多数非洲国家,美国人的民主经历及其政治观念或许无法提供现成答案。

---

① Nicolas Van de Walle, *African Economies and the Politics of Permanent Crisis*, 1979 – 1999, Cambridge: Cambridge University Press, 2001, pp. 113 – 151.

② Daniel Bach, "The African Neo-patrimonial State as a Global Prototype", April 2011, http://sciencespo-globalgovernance.net/zh-hans/webfm_send/109.

③ 约瑟夫·E·斯蒂格利茨:《后华盛顿共识的共识》,载黄平、崔之元主编《中国与全球化:华盛顿共识还是北京共识》,社会科学文献出版社2005年版,第86~102页。

④ World Bank, *World Development Report: The State in a Changing World*, New York: Oxford University Press, 1997, p. iii.

⑤ 塞缪尔·P·亨廷顿:《变化社会中的政治秩序》,王冠华等译,三联书店1989年版,第7页。

二、中非政治改革经历和知识的相互分享与借鉴

在过去三十余年里,中国政府管理模式创新给出了另一种不同的思考。一方面,伴随体制改革的推进,中国政府管理模式较此前有了较大调整。改革开放以前,中国实施的是一种被学者称为"全能主义"(totalism)政治体制①,其特点在于中央实施高度集权的计划管理体制,国家权力无限扩张而社会权力萎缩,结果一度造成了国家政治生活的严重混乱。

改革开放后,随着市场化取向的经济改革的深入推进,政府权力从中央高度集权转向中央与地方的行政性分权,国家和社会的关系从高度一体化转向适度分离,经济社会领域享有的自主权在逐步扩大,社会的多元化趋势也日益明显。另一方面,中国政治改革的边界仍十分清楚,即不能动摇中国的根本政治制度,也不能影响中央政府的政治权威。所以,中国在推进政治改革的同时保持了适度的中央集权,在实现权力分享与放权于民的同时仍然强调中央对地方的有效管理。着眼于未来,中国政府治理转型的趋向将是从政府主导的一元垄断社会治理向政府、市场和社会相互补充、相互制衡的多元共同社会治理转型,这就需要进一步清晰界定政府与经济、国家与社会的关系,建立起适合市场经济体制的政府职能与干预内容。

相比之下,中国政府管理模式在发展的早期阶段上具有非洲不具备的两大优势。

第一,它能够较好地保持国家政策的稳定性和延续性。中国政府在某些方面具有"发展型政府"(developmental state)的特点②,它有能力凝聚全民对于实现现代化的共识,有能力捍卫适合的长远利益、整体利益而非某些集团或阶层的短期利益和特殊利益,通过广泛的利益代表和相对自主的发展眼光保证政治和宏观经济的稳定,并在这种环境中稳步推进国内改革和对外开放。③ 与此相对照的是,部分非洲和亚洲后发展国家的政治体制则具有"新世袭制"的特征,即政治

---

① 邹谠:《中国廿世纪政治与西方政治学》,载《国际政治学》1986 年第 3 期,第 3~7 页; Robert Jay Lifton, *Thought Reform and the Psychology of Totalism: a Study of "Brainwashing" in China*, Chapel Hill: University of North Carolina Press, 1989, pp. 3-7。

② 有关发展型政府的论述,可参见 Victor Nee, Sonja Opper &Sonia M. L. Wong, "Developmental State and Corporate Governance in China", *Management and Organization Review*, Vol. 3, No. 1, March 2007, pp. 19-53; Linda Weiss, "Development States in Transition: Adapting, Dismantling, Innovating, not 'Normalizing'", *Pacific Review*, 2000, Vol. 13, Issue 1, pp. 21-55。

③ 北京大学姚洋教授把中国政府概括为"中性政府",认为该政权的特点在于具有广泛的代表性,不偏향社会的任一组织群体,而能够将社会的长远利益作为政府的自主利益,从而抵制民众对于短期分配的要求。尽管来自地方和行业的利益集团也试图影响国家决策,但是中国的"国家被俘"程度在转型国家中是较低的。姚洋:《中国经济成就的根源与前景》,载《文化纵横》2010 年第 4 期,第 16~23 页;贺大兴、姚洋:《社会平等、中性政府与中国经济增长》,载《经济研究》2011 年第 1 期,第 4~17 页。

权力服务于国家领导人及其支持者们的关系网,国家利益被用以满足某个家庭、部落、地区或种族集团的个别利益,政权竞争因此演化为利益争夺,政治蜕变为谋取私利的场所。①

第二,在充分激发社会发展与创新活力的同时,能够确保国家行动的有效性和高效率。在某种意义上讲,中国市场化改革在实质上是国家不断放权于市场、放权于社会的过程,国家权力逐步退出某些经济和社会领域。但在政府职权范围有所收缩的同时,国家仍享有对地方政府及社会的有效管理,仍然享有对经济战略部门及核心产业(如土地、金融、税收、矿藏)的宏观调控。体现在国家基本职能上,则是国家有能力对社会资源进行汲取、整合与再分配,从而为社会提供基本的公共物品和公共服务。正是由于中国政府对社会和经济的选择性控制,中国政府才能够在经济变革中保持政治稳定,才能在全球化进程中有效化解国内外政治经济难题。面对2008年以来的国际金融危机的冲击,中国可以在短期内出台一系列应对危机的经济刺激方案,动员全国资源确保增长和民生,充分体现出强大国家制度能力的优势。正如美国丹佛大学国际关系学院赵穗生教授提出的那样,其实中国的国家机器已经在国内经济方面采用了华盛顿共识中绝大多数宏观经济的基本原则,但它拒绝或修正了那些会大幅度降低政府作用的新自由主义经济政策。② 改革开放三十余年成就中国奇迹的原因很多,但其中关键之一就在于中国拥有较为完善的国家制度及强大的国家能力。

在某种程度上,中国政府模式的发展方向是一种"强政府"而非"大政府"模式。③ "大政府"意在强调政府涉足领域的宽泛性,而"强政府"则表示政府能力的有效性,而其涉足的领域却可能是有限的。需要特别指出的是,本书强调非洲国家的制度与权威建设,绝不意味着为某些非洲国家仍然存在的集权政府或威权体制张目,而是想说明,在非洲国家开启现代化进程之时,必须重视更为基础的国家制度建设。本书强调中国政府的政治权威与治理能力,也不意味着赞同那种认为威权体制是成就中国经济奇迹的主要原因的论点。

事实上,中国过去几十年经济发展的成功恰恰得益于市场经济改革,得益于

---

① Nicolas Van de Walle, *African Economies and the Politics of Permanent Crisis*, 1979 – 1999, Cambridge: Cambridge University Press, 2001, pp. 113 – 151。另外,法国波尔多大学知名非洲专家丹尼尔·巴赫(Daniel Bach)教授于2011年4月29日在清华大学公共管理学院发表学术演讲,题为"The African Neopatrimonial State",对非洲的新世袭制进行了较为全面的分析,http://www.sppm.tsinghua.edu.cn/xxdt/26efe4892f8f9e46012f8fc260b80001.html。

② 赵穗生:《中国模式探讨:能否取代西方的现代化模式?》,载《绿叶》2009年第3期,第20~40页。

③ 未来一段时期内,中国社会结构的发展方向,将是从目前的"强国家—弱社会"的二元结构逐步向"强国家—强社会"的平行结构方向发展。赵虎吉:《后发展国家政治合法性二元化与政治发展逻辑》,载谢庆奎、佟福玲《政治改革与政府转型》,社会科学文献出版社2009年版,第97页。

对新自由主义思想与"华盛顿共识"的某种选择性借鉴。而中国政治体制的成就则在于，它在充分激发社会发展活力的同时，能够成功化解不断增多的社会矛盾，并通过有效的社会控制维护国家的基本稳定，从而破解了其他发展中国家出现的"经济发展—政治动荡"的政治难题。中国的国家权能范围调整并非国家消极退出的过程，而是在调整权能范围的同时，注重培育国家的有效制度供给与秩序治理能力。真正的问题，不在于国家权力的无所不在、无所不能，而在于国家能否有选择性地强化或弱化自身的管理权。诚如福山所言："真正的问题在于国家在某些领域必须弱化，但在其他领域却需要强化。"因此，"有必要将国家活动的范围和国家权力的强度区别开来，前者主要指政府所承担的各种职能和追求的目标，后者指国家制定并实施政策和执法的能力特别是干净的、透明的执法能力——现在通常指国家能力或制度能力"。"贫困国家之所以无法发展经济，关键是它们的制度发展水平不适当。它们不需要什么都管的国家，但它们确实需要在有限范围之内具有必要功能的、强有力并且有效的国家"。[①] 中国经济发展较多数非洲国家更快更好，其重要原因似乎不在于各国政府在职能范围上存在巨大差别，而在于中国的国家制度更为完善以及政府治理能力相对更高。

第四节　中非比较视野下的非洲政治文化选择

一、克服部族政治，强化国家政治

20世纪80年代后期以来受冷战结束民主化浪潮的影响，除厄立特里亚、斯威士兰、索马里的绝大多数非洲国家在短期内采取了竞争性的多党民主选举。由于这些国家国内市场一体化和民族一体化的发展程度较低，传统的族属认同仍然存在并在某些社会危机中一再显现。由于不同族群的人们往往倾向于强调各自的族群身份、族群利益并由此决定其政治忠诚，因此在短时期内涌现出的政党往往从部族或特定地区寻求政治支持，从而使政党政治蜕变为族群政治。不成熟、不完善的多党政治制度伴之以各族群共同体广泛的政治参与，导致许多非洲国家的政局出现不稳定，甚至陷入"逢选必乱"的政治怪圈。由于非洲大陆的冲突大多可以看到不同族群（ethnic groups）的身影，这些冲突因此被世人贴上了"族群

[①] ［美］弗朗西斯·福山：《国家构建：21世纪的国家治理与世界秩序》，中国社会科学出版社2007年版，第115页。

冲突"（*ethnic conflicts*）的标签。①

民主政治是当代政治发展的基本方向，竞争性的多党政治则是其主要表现形式。对于许多已有20余年民主经历的非洲国家而言，民主政治虽然发展缓慢且依然问题重重，但民主政治的基本框架已大体成型；虽然民众的民主观念和国家观念仍需强化，但现代民主精神而非专制主义正在成为社会的主流政治思想且在继续成长；虽然部分国家常因政变或内乱而出现民主政治的"倒退"（retreat），但从总体上看非洲的民主政体较之十年前更为稳定。从民主的发展趋向看，继续巩固和完善多党民主将是这些国家政治发展的主要方向。② 不过，对于一些民族一体化建设滞后、民主政治文化尚不成熟的国家，如何有效地抑制多党竞争中的非理性因素，发展出一套健全的民主制度和成熟的民主文化，则是当前阶段面临的重要政治议题。

一是从制度上规范多党政治。考虑到不加规范的多党选举极易诱发族群关系的政治化（politicization of ethnicity），从而危及国家统一和政治民主化的顺利推进，多数非洲国家均从法律上禁止那些以特定的族群、地区或宗教为诉求的特殊主义（particularistic）政党的建立或禁止它们参与政治活动。③ 例如，尼日利亚阿布巴卡尔军政府为防止政党的族群化，于1998年开放党禁的同时又规定了组建政党的硬性条件：（1）政党组建必须面向全国所有公民，而不论其族群身份、宗教信仰和出生地区；（2）政党必须接受权力共享和政府关键职位"轮流坐庄"的原则；（3）政党必须在全国36个州中的24个州设立分部，活动不能局限于一个区域；（4）参加地方政府选举的政党必须至少在24个州的地方选举中获得总有效票数的10%（后降为5%）才有资格进行最后登记；（5）政党组建采取两次登记的批准程序。④ 这些规定有利于从程序上制约地方性、族群性政党的发展，鼓励政党活动的跨族群化和跨地区化，从而为1999年政治选举的成功和第三共和国的建立奠定了政治基础，在某种程度上也有助于尼日利亚民族及统一国家意识的形成与巩固。

二是建构成熟的政治文化。过去几十年非洲历史上频繁上演过不同形式的家

---

① Alexander Keese, "Introduction", in Alexander Keese (ed.), *Ethnicity and the Long-term Perspective: the African Experience*, Bern: Peter Lang AG., 2010, pp. 9 – 10.

② 不少国外学者对非洲民主发展的态度也是乐观而积极的（positive）。Larry Diamond, "Introduction", in Larry Diamond & Mare F. Plattner, *Democratization in Africa: Progress and Retreat*, Baltimore: the Johns Hopkins University Press, 2010, xii.

③ Anika Becher & Matthias Basedau, *Promoting Peace and Democracy through Party Regulation? Ethnic Party Bans in Africa*, Hamburg: GIGA German Institute of Global and Area Studies, 2008, pp. 6 – 24.

④ 贺文萍：《非洲国家民主化进程研究》，时事出版社2005年版，第278～279页；刘鸿武等：《从部族社会到民族国家——尼日利亚国家发展史纲》，云南大学出版社2000年版，第277～182页。

族统治、独裁统治和军人政治,政治文化遗产中多有政治的集权(centralization)、集中(concentration)和个人化(personalization),而缺乏现代民主政治所需的理性和包容精神。[1] 有学者粗略统计,非洲国家自独立以来已经历了80起成功政变(coups)和108起未遂政变,其总数占到全球政变总数的40%。[2] 因此,在引入现代多党民主竞争机制的同时,及时培育更具理性与包容精神的现代民主观念是当前非洲国家政治文化建设的首要命题。在此方面,中国政治制度所体现出的"包容"精神或许具有一些启示意义。

二、中国政治的国家性及其对非洲的意义

从古迄今,中国政治制度与政治文化总体上都是以国家为出发点与归属地,它所具有的对于一国之内各种族群集团、地方力量的政治聚合力与文化统摄力,正是当代非洲国家所欠缺的。

当代中国的政治体制与政治文化,具有两大鲜明特点:一是在政权组织上实行以人民代表大会为基础的政治制度,而非西方的三权分立;二是在政党制度上实行以共产党领导的多党合作,而非一党制或西方国家所倡导的两党制和多党制。虽然这种独特的政治架构仍需在理论上做出更为精致的解释,在实践中也面临不少尚待解决的问题,但在过去几十年里一再显示了其巨大的政治效能,也因此为自身赢得了某种历史合法性。如果把民主制度大致分为选举民主和协商民主,那么中国的政治制度安排更接近于协商民主的实质。与选举民主旨在通过选举以决定权力归属不同,协商民主是指公民通过自由而平等的对话、讨论、审议等方式,参与公共决策和政治生活。它突破把民主限定在选举环节的理念,试图让各党派、各阶层的民众参与到决策过程中,使政府政策的制定更加符合人民的利益。[3] 中国政治制度体现了一种内嵌的"合作""协商"精神,这与西方的"竞争""冲突"理念存在很大区别。对于现代化进程中的国家来说,制度内嵌的"合作"精神,有助于形成比较普遍的对现代化发展方向的共识,不至于因为对现代化道路理解的歧义而出现现代化进程频繁被打断的现象。[4] 对于那些正在

---

[1] Ademola Azeez, "Ethnicity, Party Politics and Democracy in Nigeria: Peoples Democratic Party (PDP) as Agent of Consolidation?", *Stud Tribes Tribals*, 7 (1), 2009, p. 8.

[2] Clarence J. Bouchat, *Security and Stability in Africa: A development Approach*, Carlisle PA: Strategic Studies Institute, U. S. Army War College, 2010, pp. 9–10.

[3] 协商民主是否可以作为竞争性民主的替代,这在政治学领域仍是一个有巨大争议的话题。在社会结构日益多元化的前提下,继续在理论、程序与实践中完善协商民主,同时不断容纳某些自由民主的基本要素,满足民众不断增强的民主诉求,当是当前阶段中国政治发展的基本方向。

[4] 苏长河:《中国模式与世界秩序》,载《外交评论》2009年第4期,第21~31页。

实践多党竞争民主的非洲国家而言，积极培育某种富有竞争而又更具理性与包容的现代民主精神，或许能有效减少多党竞争引发的无序纷争，实现多党政治与国家统一的良性互动。

三、提升非洲国家统合能力与行动能力

政党政治的目标是什么？从现代国家建构的角度来看，不管政党制度是在什么情况下、以什么样的形式确立，其内在倾向都是共同的：就是最大限度地创造国家整合，减少党派的无序纷争所可能带来的社会分散和国家分离。[①]

在实践中，政党作为社会部分成员的代表，既可以作为社会利益的调节器，也可以成为国家和社会的分裂力量。政党扮演何种角色，政党政治发挥何种功能，关键取决于国家制度是否能把政党的竞争纳入一定的秩序范围之内。要达到这种良性状态，社会和国家就必须创造一个良性的政治文化并在此基础上创建一套适宜的政党制度。一个社会要形成多党极为容易，但要在多个政党的基础上建立一个适宜的政党制度却是相当困难的。

大部分非洲国家都是多元的民族国家，国内族群众多，由于现代民主条件发育不成熟，多党民主极可能激活狭隘的部族主义，使政党政治烙上鲜明的部族色彩，从而扭曲这些国家的现代民主发展进程。这就需要在完善民主制度设计（比如从法律上禁止政党以特定的族群或地区为基础）的同时，辅之以"合作""协商"的政治精神，在激发公民政治热情的同时，又能使政党间的竞争走向理性化，从而减少社会冲突的对抗性。

换言之，非洲国家在引入并实践竞争性多党制度的同时，也应积极培育国家内部的民主要素，这包括市场经济的成长，中产阶级的壮大，以及现代民主政治精神的培育。后发国家的民主化进程多是内外因素共同作用的结果，来自外部力量的推动促成了现代民主形式的建立，而国家内生的民主因素的不断发展才是民主得以巩固的关键。考虑到许多非洲国家的传统文化并不缺乏合作与协商精神，如非洲黑人传统文化具有认同宇宙和谐统一和群体主义至上的精神

---

① 民主的本质不仅是竞争，还有妥协，政党政治的目的是为了通过竞争达到相互妥协与认同，共同维护国家的统一和发展，而非通过斗争来谋取权力，从而导致国家的分裂和衰败。参见林尚立：《政党、政党制度与现代国家——对中国政党制度的理论反思》，载《中国延安干部学院学报》2009年第9期，第5～14页。

特质①，这就需要根据现代民主的需要来挖掘传统政治文化中的合理成分，实现传统政治文化的自我更新与扬弃，以有助于建立一种兼具竞争性与包容性的现代政治文化。

第五节 中非民族关系形态与国家建构问题

一、中非民族问题的特殊性及政治发展意义

冷战结束以来，世界民族问题呈现新的发展态势：一是因民族问题而导致的国内冲突成为世界冲突的主要形式；二是民族问题主要发生于发展中国家和地区。从非洲、中东，到南亚、东南亚，再到高加索和中亚地区，国家内部的民族冲突以前所未有的声势爆发出来。在非洲地区，仅在1997～2006年的10年间，非洲大陆共计发生14起重大武装冲突，除埃塞俄比亚同厄立特里亚的边界冲突属国家间冲突以外，其余的13起冲突均为与族际关系相联的国内冲突。②非洲国家大多是多族群国家，不同族群间的社会文化差异甚大且彼此的认同感不强。

再以尼日利亚为例，该国有不同的族群374个，虽然国家已经独立50余年，但社会结构的异质性仍未有根本改变，民众的家庭和族群意识仍远甚于统一的"民族"（nation）或"国家"（nation-state）观念，民族国家的统一构建仍待完成。③尼日利亚民族独立运动领导人、约鲁巴人（Yorubas）著名酋长奥巴费米·阿沃洛沃（Obafemi Awolowo，1909～1987）曾这样评价尼日利亚民族一体化

---

① 非洲黑人传统文化强调社会秩序的和谐稳定和集体利益的至高无上，讲求个人意志服从群体利益的社会一致原则，因而非洲传统社会就被描绘成"意见一致的社会"，非洲的传统政治生活就被描绘成"意见一致的民主"。这种在部落和氏族生活中形成的简单而持久的民主形式常被赞誉为"大树下的民主"。坦桑尼亚国父尼雷尔将这种"大树下的民主"形象地描绘为"先人围坐在一棵大树下，就共同体（氏族、部族或村庄）的事务展开讨论，这种讨论没有时间限制，需要多久就持续多久，直至各方达成一致意见为止。"参见张宏明：《多维视野中的非洲政治发展》，社会科学文献出版社1999年版，第108页。

② 斯德哥尔摩国际和平研究所编：《SIPRI年鉴2007：军备、裁军和国际安全》，中国军控与裁军协会译，世界知识出版社2008年版，第98～100页。

③ B. Salawu & A. O. Hassan, "Ethnic Politics and its Implications for the Survival of Democracy in Nigeria", *Journal of Public Administration and Policy Research*, Vol. 3 (2), February 2011, pp. 28-33.

的艰难:"尼日利亚不是一个国家。它仅仅只是一个地理表达。"① 美国学者格罗斯(Feliks Gross)认为,非洲地区的社会纽带仍主要是社会学意义上(sociological)的"血亲关系"(lineages)和"亲缘关系"(linkages),而非意识形态意义上的民族主义或其他政治观念,这决定了人们的政治忠诚主要归依于部族或部落集团而非现代意义上的国家。②

中国也是一个多民族国家,也面临许多历史和现实的民族问题。但面对冷战后兴起的民族主义浪潮,中国有效捍卫了民族国家的统一,并在国家经济不断快速发展的基础上推动了少数民族地区的经济发展,增进了各民族间的共同繁荣,其中的经验值得认真总结。

其一,在法律和政策层面确立并维护民族平等原则。"民族平等"是《中华人民共和国宪法》之一基本原则,长期以来一直是中国民族政策的基石。鉴于少数民族地区发展的相对滞后,为避免民族平等流于形式,中国长期实施对少数民族的政策优惠,以对主体民族的不平等来切实保障少数民族的平等权利。在政治上,少数民族在全国人民代表大会中的代表比例大致为15%左右,远远高于少数民族人口在全国总人口的比例;选举各级人民代表大会代表的时候,1名少数民族代表所代表的人口数可以少于1名汉族代表所代表的人口数的一半甚至更多。再如,中国在文化教育上鼓励和推行"双语教学",在宪法中规定少数民族有使用本民族语言进行诉讼的权利。与中国不同的是,一些多族群的非洲国家长期推行针对异己族群的歧视政策,导致族群矛盾长期积累并最终激化。布隆迪于1993年爆发了大规模的族群冲突和仇杀,主要原因在于两大族体间存在长期的不平等和相互敌视,仅占布隆迪人口16%的图西族长期控制着国家的军政大权,而人口占83%的胡图族却长期处于无权地位。

其二,在国家制度安排上实现少数民族自治与国家统一的有机结合。历史证明,苏联和南斯拉夫的邦联体制难以有效维护国家统一,而一些发展中国家无视国内民族差异、不承认少数民族自治权利的做法也无助于民族间的和谐相处。新中国成立以来,中央政府根据"小聚居、大杂居"的民族分布状况,把民族区域自治确定为国家的一项基本政治制度。所谓民族区域自治,是指在国家的统一领导下,各少数民族聚居地方实行区域自治,设立自治机关,行使自治权。截至2008年底,全国共建立了155个民族自治地方,包括5个自治区、30个自治州、

---

① "Nigeria is not a nation. It is were geographic expression." See Alem Hailu, "the State in Historical and Comparative Perspective: State Weakness and the Specter of Terrorism in Africa", in John Davis (ed.), Terrorism in Africa: the Evolving Front in the War on Terror, Lanham & New York: Lexington Books, 2010, p. 39.

② [美]菲利克斯·格罗斯:《公民与国家——民族、部族和族属身份》,王建娥等译,新华出版社2003年版,第133~170页。

120 个自治县（旗）。民族区域自治制度不同于西方的民族政治区划，它不是脱离民族大家庭的"独立自治"和"自治邦"，而是国家不可分离的组成部分，少数民族自治机关只是中央人民政府领导下的一级地方政权。由于世界各国的民族关系千差万别，民族区域自治制度未必适合其他国家，但这一制度既保证了少数民族的平等权利和当家做主管理本民族内部地方性事务，又有效维护了中央政府的权威和国家的统一，其对于许多仍面临民族治理问题的多民族国家探索自身民族政治制度无疑具有重要的启示意义。

其三，在经济层面注重维护少数民族的经济权益。当前世界的民族冲突多与各民族间围绕资源分配而产生的矛盾有关。苏丹达尔富尔危机产生的一个主要原因是南北双方在土地、水和石油资源的分配上出现分歧，南方的黑人族体认为中央政府长期偏袒北方的阿拉伯人族体，因而诉诸于武力以维护其声称的合法权益。例如，在南方黑人族体看来，苏丹中央政府为解决南北冲突而对土地和权力资源所做的重新分配明显有失公允，导致黑人族体对政府强烈不满。如 1995 年 3 月，西达尔富尔州决定将黑人部落马萨利特人的传统领地划分为 13 个区，将其中 5 个区划分给阿拉伯人部落，引起马萨利特人的强烈不满，直接导致 1996 ~ 1998 年马萨利特人与阿拉伯人的冲突。冲突中双方都有数百人被打死，马萨利特人有 10 万人逃到乍得境内，沦为难民。① 中国的经验完全不同，1994 年国家将中央与民族自治区对矿产资源补偿费的分成比例调整为 4∶6，而其他省市为 5∶5。中央政府还不断加大财政支持力度，除按规定拨付一般性转移支付和专项转移支付外，还专门设立了民族地区转移支付。据统计，1978 ~ 2008 年，中央财政向民族地区的财政转移支付累计达 20 889.40 亿元，年均增长 15.6% 。其中，2008 年为 4 253 亿元，占全国转移支付总额的 23.8% 。②

其四，注重在文化和观念层面推动民族一体化建设。对于多民族国家而言，民族一词至少包含两个层面的意义：一是国家内部的各族体，如中国境内的汉族、苗族、壮族；二是与国家相联系的民族，如中华民族、美利坚民族、尼日利亚民族。为有效维护国家统一，中国在承认国内各民族文化个性的同时，不断培育民族国家观念，使各民族形成统一的"中华民族"和"中国人"的观念。中国之所以历经千年而不分裂，当前中国之所以能不断走向复兴，都与中华民族所承载的强烈的民族观念和民族精神分不开。

---

① 余文胜：《苏丹达尔富尔危机的由来》，载《国际资料信息》2004 年第 9 期，第 39 ~ 41 页。
② 国务院新闻办公室：《中国的民族政策与各民族共同繁荣发展》，2009 年 9 月，中华人民共和国中央人民政府网，http：//www.gov.cn/zwgk/2009 - 09/27/content_1427930.htm。

二、促进非洲民族聚合与国家建构的双方互动

与此不同的是,由于历史上各族体间的交往与融合程度较低,加之后来西方殖民主义者人为划分殖民地的政治边界,导致许多非洲国家缺乏"国族"这一物质载体,民众对自身族体的认同远远超过对新生民族国家的政治认同,成为这些国家民族冲突的重要隐患。

事实上,当前对非洲国家政治统一的最大威胁不是来自外部强权的侵略或者国家间冲突,而是内部族群主义的膨胀及由此带来的族群关系紧张。[1] 因此,非洲国家面临的一个普遍而艰巨的历史性发展主题,是如何及时地实现由传统社会向现代民族国家的过渡转型,即如何把这些新创立的年轻非洲国家内部严重分割、破碎、封闭性的众多族群共同体甚至部落集团加以整合改造,使其重构成富有凝聚力和一体化的现代统一民族。体现在文化方面,则是需要相应地将那种高度异质性的各民族享有的传统文化改造成为同质性的、具有高度认同感的现代国民文化。通过这种富于凝聚力的现代民族和国民文化的成长,为各个年轻国家提供一种举国一致、全民共识的国民文化价值体系或精神纽带,一种能维系年轻国家之团结、稳定、统一的国民观念和国民情感,并以此消弭和克服国内各族体各地区间的隔膜和封闭,消除由于这种隔膜封闭引发的民族矛盾或地区冲突,使非洲国家由沙聚之邦,转变成为内聚向心之国,实现"一个国家(nation state)、一个民族(state nation)、一种文化"的发展目标。[2]

总体上看,处于现代化初期的非洲国家并非不要民主政治,而是需要在国家制度建设基础上稳步推进政治转型,激进的政治变革很可能会打乱自身政治发展进程而导致社会秩序的紊乱。体现在国家治理能力上,非洲国家在调整国家职能范围的同时,需要注重培育国家的有效制度供给与秩序治理能力。体现在政党政治上,在引入西方现代多党民主政治之时,也需不断培育国家内生的民主要素,在自身民主文化不断成长的基础上建构起一套适宜的现代民主制度。作为世界最大的发展中国家,中国过去 30 余年的改革与发展探索完全可以与非洲国家共同分享,这种在本质上属于人文与文化交流的"南南合作"新议程,必将有助于世界发展问题的解决,有助于发展中国家的整体复兴。

不过,当代中国政治发展本身也面临自身的困境与难题,它的经验与教训对

---

[1] Marina Ottaway, "Nation Building and State Disintegration", in Kidane Mengisteab & Cyril Daddieh (eds), *State Building and Democratization in Africa*, Westport: Praeger Publishers, 1999, p. 83.

[2] 刘鸿武等:《从部族社会到民族国家——尼日利亚国家发展史纲》,云南大学出版社 2000 年版,第 3 页。

于非洲来说只能是一种外在参照与比较，绝不可能也不应该照搬到非洲去。非洲需要探讨适合于自己的政治发展道路，以及民族国家建构与文化发展的道路。这不仅因为中国政治发展本身还处于不断探索与发展之中，而且事实上，非洲国家为数众多且国情各自不同，它们的政治发展进程又包含着许多复杂的命题与特殊的挑战，几乎没有任何现成的外部政治发展模式或某种现成的政治理论可以简单地用以解释和指导这些国家的现实政治发展。

我们的基本结论性观点是，中国和非洲国家面临许多共同的发展命题，且处于大致相同的国际话语体系之中，因此双方在治国理政方面的交流，或许有助于共同探讨解决问题的办法，共同寻求一种更为本土的发展道路。过去的历史表明，非洲国家的政治现代化，应当遵从现代民族国家成长规律，在不断完善基本国家制度建设和民族一体化基础上稳步推进政治经济转型，在内生民主条件培育和外来民主经验借鉴相互作用下实现本土政治的现代变迁。

第十章

北非国家政治生态变化对中非合作关系的影响

2010~2011年,北非国家的政治生态随着大规模的群众运动而发生了重大变化,使北非国家经济形势、政治模式、对外关系都表现出了新的特点与趋势。北非政局剧变明显改变了北非国家的政治生态,对中国在北非地区的利益产生了多方面影响。本章以北非政治变局的分析为视角,就新形势下,中国如何根据变化着的非洲国家政治生态与政局变动趋势,及时有效地调适中国的对非合作战略与政策做出分析说明。

第一节 北非国家政治发展新趋势

一、变局之前北非国家政治特点

北非国家的威权统治有其历史根源。许多叱咤风云的民族英雄领导北非的民族解放斗争取得了最终胜利,北非民族国家体系得以建立。独立之后,民族解放运动领导人高举民族主义的大旗,反对新殖民主义,捍卫了民族独立和国家主权,又领导了推翻君主制的斗争。由于他们在民族主义斗争和推翻君主制的斗争中的突出地位和作用,加上北非君主制传统政治文化的影响,这些领导人长期得到本国人民的广泛拥护,终身执政现象随之产生且成为常态。埃及的纳赛尔、突尼斯的布尔吉巴、阿尔及利亚的布迈丁都是终身执政。虽然北非国家独立后的第二代领导人没有第一代领导人那样的个人魅力,但他们同样热衷于终身执政。利比亚的卡扎菲执掌国家权力达 40 多年之久,穆巴拉克担任埃及总统 30 年,本·阿里担任突尼斯总统 23 年。卡扎菲、穆巴拉克等人都想把国家领导人的职位交给自己的儿子,实行家族统治。这种现象的形成同样与这些政党在民族解放斗争中的领导地位有关。埃及的民族民主党、阿尔及利亚的民族解放阵线、突尼斯的宪政民主联盟都是长期执政。

北非国家政治制度的僵化及其相伴而生的腐败问题,瓦解了政权的合法性基础。[1] 个人长期执政使"总统家族"垄断了北非国家的政治权力和经济利益,下层民众很难得到经济发展带来的实惠。如突尼斯的本·阿里靠着贪腐和裙带维持统治,总统家族掌控着酒店、媒体、房地产、金融、旅游等行业,并将赚得的利润转移到了海外。在当政的 30 年里,穆巴拉克及其家人,以及围绕他们形成的利益集团都通过埃及的大公司赚得盆满钵满。

北非的独裁和腐败政权激化了社会矛盾,又不能有效地解决社会经济发展中出现的各种问题,民众与政府的对立日益严重,政府只好靠高压政策和镇压措施来维持统治。穆巴拉克还以打击恐怖主义为由,长期实行紧急状态法,民众的基本权利遭到极大的破坏。卡扎菲上台后禁止成立任何政党与社会组织。1975 年 8 月 17 日,利比亚颁布法律规定,凡是企图以暴力或其他被禁止的手段改变现存秩序者、在国内传播旨在改变宪法的基本原则或社会组织的基本结构的思想观念者,均判处死刑。1980 年,卡扎菲向世界各地派出暗杀小组,残害利比亚流亡海外的反对派人士,仅在意大利就杀死了五名利比亚流亡者。

二、变局之后的北非政治发展趋势

2010～2011 年的北非变局肇始于突尼斯,之后波及埃及、阿尔及利亚、摩洛哥、利比亚等国。其主要表现为大规模的群众示威游行和社会骚乱。结果,统治突尼斯达 23 年之久的阿里政权宣告终结;统治埃及 30 年的穆巴拉克被迫辞职;统治利比亚 42 年的卡扎菲政权被推翻,卡扎菲本人被反对派武装打死。除埃及和利比亚之外,突尼斯的政治抗议风暴还漫延到阿尔及利亚和摩洛哥。

此次北非国家群众抗议运动的一个重要特征就是政治民主化的诉求非常明

---

[1] George Friedman, "Revolution and the Muslim World", February 22, 2011, http://www.stratfor.com/weekly/20110221-revolution-and-muslim-world.

显。失业与贫困等经济原因并不是此次北非政局动荡的主要驱动力，群众运动的矛头实际上直接指向了独裁政体和独裁者。① 政治变局之后，北非政治呈现出许多新特征，主要表现在：通过修订宪法限制了国家元首和政府首脑的任期与权力；许多新的政党走上政治舞台，北非政治开始呈现多党轮流执政或联合执政的景象；外交上表现出更多的自主性与独立性。

通过新宪法限制国家元首与政府首脑任期是变局之后北非各国政治的普遍特点。不但突尼斯和埃及制定了新宪法，甚至摩洛哥也修改了宪法。2011年2月26日，埃及宪法修改委员会公布宪法修改草案，主要内容包括限制总统任期和放宽总统候选人条件。根据修改内容，今后埃及总统每届任期缩短至4年且只能连任一届；总统和议会选举今后应接受司法监督；新当选总统应在就职后60天内任命副总统；限制使用紧急状态法。② 2011年3月19日，埃及就宪法修正案举行全民公决。宪法修正草案获得77.2%的投票者支持，修正案获得通过。③ 2011年6月17日，摩洛哥国王穆罕默德六世发表全国电视讲话，宣布了由修宪委员会提交的新宪法草案修改条款。根据新宪法草案，首相将由在议会选举中领先的政党产生，首相作为"政府首脑"拥有解散议会，提名和罢免大臣、政府行政和公共部门负责人等多项重要权力。而原宪法中这些权力均为国王所有，且首相也由国王任命。新宪法还将议会的权限扩大，加强两院中众议院的主导地位。在新宪法草案中，摩洛哥国王仍为国家元首、武装部队最高统帅和宗教领袖，并担任新设立的"国家最高安全委员会"主席一职。7月1日，摩洛哥就新宪法草案举行全民公投，结果以98.49%的赞成票获得通过。④ 2014年1月26日，突尼斯制宪议会投票通过了新宪法，规定总统任期5年，只能连任两届。⑤

埃及的民族民主党、突尼斯的宪政民主联盟被解散，退出历史舞台，北非国家一党独大的现象消失，多党轮流执政的局面出现。另外，值得关注的是，在多党制的条件下，伊斯兰主义政治势力在北非兴起，将在以后的北非政治生活中发挥重要作用。2012年1月，埃及议会选举结果揭晓，穆斯林兄弟会的自由与正义

---

① Michele Penner Angrist, "Morning in Tunisia: The Frustrations of the Arab World Boil Over", January 16, 2011, http://www.foreignaffairs.com/articles/67321/michele-penner-angrist/morning-in-tunisia? Page = show.

② Constitutional Declaration 2011, http://www.egypt.gov.eg/english/laws/constitution/default.aspx.

③ Egyptian constitutional referendum, 2011, http://en.wikipedia.org/wiki/Egyptian_constitutional_referendum,_2011.

④ Marina Ottaway, "The New Moroccan Constitution: Real Change or More of the Same?" http://carnegieendowment.org/2011/06/20/new-moroccan-constitution-real-change-or-more-of-same/5l.

⑤ "Tunisia's Draft Constitution: An English Translation", http://www.tunisia-live.net/2014/01/21/tunisias-draft-constitution-an-english-translation/.

党独占鳌头，其总书记穆罕默德·萨阿德·卡塔特尼当选为人民议会议长。2012年5~6月，埃及举行革命后的第一次总统选举，伊斯兰主义政党自由与正义党主席穆罕默德·穆尔西成功当选埃及总统。2011年10月23日突尼斯制宪议会选举举行，伊斯兰复兴运动在217个议会席位中获89席，成为得票最多的政党。虽然伊斯兰主义政治势力并没有在利比亚革命战争中发挥主导作用，但战争结束后，利比亚的伊斯兰主义势力的政治作用日益明显。2012年7月7日，利比亚举行了国民议会的首次选举，结果伊斯兰主义政党公正与建设党成为第二大党。伊斯兰主义政党在北非国家得势的原因，主要是民众对以前世俗派当政者的表现失望，转而寄希望于伊斯兰势力。

三、北非国家对外关系新趋势

在北非国家变局之前的对外关系中，与美国及欧洲国家的关系居于主导地位。长期以来，埃及因其在阿拉伯世界与非洲的特殊地位，与美国形成了相互借重的密切关系，埃及需要美国的经济和军事援助，美国则通过埃及来推动其中东战略，双方发展了非常密切的合作关系。阿尔及利亚、摩洛哥、突尼斯曾是法国的殖民地，独立以后仍然与法国保持着密切的经济与政治关系，特别是近二十年来，这些国家与法国在政治、经济、军事、安全、国际事务等方面的合作获得了全方位的发展。北非国家经济上对欧洲严重依附，对外贸易的主要伙伴是欧洲国家，外商投资也主要来自欧洲，旅游业更是以欧洲游客为主。通过各种协定、援助、贷款等，北非国家已经与欧洲、美国建立了非常密切的关系。例如，2010年，突尼斯与欧盟的贸易额占其外贸总额的60%以上。[①]

北非国家变局的发生，虽然对北非国家的对外关系产生了冲击，但并没有改变非洲与阿拉伯世界的国际关系格局，美国与欧洲国家仍然是变局之后北非地区的主要外来角色，北非国家对欧美的经济依附和政治合作依然会长期存在。摩洛哥正义与发展党在竞选纲领中明确表示，要发展与美国、欧盟持久和更为平衡的双边关系，同时注重发展与其他非洲国家和阿拉伯国家的关系。埃及穆斯林兄弟会承诺遵守既定的国际条约包括与以色列签订的条约。兄弟会的领导人经常公开表示埃及与美国建立平等的合作关系的愿望。2012年1月21日埃及议会选举结果揭晓后，奥巴马政府与兄弟会举行了几次高层会晤，这是美国对新的政治现实的承认。突尼斯伊斯兰运动领导人表

---

① Alexis Arieff, "Political Transition in Tunisia", *Congressional Research Service*, December 16, 2011, p. 18.

示要保持突尼斯外交关系的连续性，承认本·阿里时期签订的各项国际条约，宣布要保护和扩大外国直接投资和对外贸易，其中包括西方国家的投资与贸易。[①]

尽管北非国家与欧美关系的格局不会突破，但北非变局给北非国家的对外关系带来了巨大的冲击也是不争的事实。北非变局完全出乎美国与西方国家预料，埃及总统穆巴拉克、突尼斯总统本·阿里都是美国与西方在本地区的忠实盟友。卡扎菲虽然长期与美国作对，但近几年来却积极向西方靠近，与美国等西方国家的关系正在正常化。北非地区这些与美国为盟的独裁者现在全部倒台，极大地冲击了美国与西方在本地区的利益。总体而言，阿拉伯国家的变革和伊斯兰势力的崛起，将会使美国、欧洲、以色列面临更大的压力。由于意识形态的差异，北非伊斯兰政权与美国的关系发展不可能一帆风顺。突尼斯新的执政集团已经多次表示，坚决反对外国势力干涉，特别是军事干涉阿拉伯世界的内部事务。时任突尼斯总统马祖吉指出，突尼斯将重新审视国家的外交政策，将对外交进行"决定性"的改革。埃及穆斯林兄弟会的一位领导人莫哈迈德·卡塔尼表示："我们欢迎与美国建立关系。但是这种关系不包括也不应建立在对埃及内政的干涉之上。"[②] 毫无疑问，穆斯林兄弟会对美国的霸权主义存在着强烈质疑。

穆巴拉克下台后，埃及与以色列关系波折不断。在议会选举中领先的自由和正义党与光明党均主张修改埃以和平条约。伊斯兰政党在多个阿拉伯国家上台可能会助长阿以冲突。目前，阿拉伯民众推动政府进行民主改革，未来他们可以同样向政府施压采取措施反对以色列。阿拉伯国家将会更加公开、坚定地支持巴勒斯坦建立独立的国家。伊斯兰主义将在北非国家长期存在。可以预见，北非局势的新发展给阿以冲突带来越来越多的不确定性，阿拉伯国家伊斯兰政党上台让以色列越来越感到不安。

另外，在西亚北非上台执政的伊斯兰政党将会奉行对外开放的政策并奉行多方位外交。他们将与中国、美国、俄罗斯以及其他国家同时展开经贸合作，因为它们想吸引这些国家的资金和技术来发展国内经济，希望与这些国家维持稳定的关系。

---

① Alexis Arieff, "Political Transition in Tunisia", *Congressional Research Service*, December 16, 2011, p. 21.

② Mary Beth Sheridan, "U. S. to expand contacts with Muslim Brotherhood", *Washington Post*, July 1, 2011.

第二节 北非政治变局对中国与北非国家合作关系的影响

一、北非国家政权更替对中国与北非国家合作关系的挑战

改革开放之前,中国与北非国家关系中的意识形态或政治因素非常突出。北非国家在民族解放运动与反对西方霸权主义的斗争中,中国为其提供了大量经济援助和政治支持,为北非国家的民族独立和经济建设起到了巨大的帮助作用;北非国家则在事关中国核心利益的问题上始终给予中国宝贵的支持。另一方面,北非国家独立之后都提出了社会主义的发展道路,在意识形态上认同中国。当时,意识形态问题对中国与北非国家来说,都是各自的核心利益所在,在国家核心利益上的相互支持奠定了双方友好合作的坚实基础,从而使这些国家在独立后能与中国保持政治上的互信,并发展了较为良好的合作关系。[①] 改革开放以来,中国将中非关系的主题更多地转向与非洲国家开展互利互惠的经济合作关系,摆脱了过去以意识形态为原则来决定与非洲国家关系的做法,[②] 新时期中国与北非国家关系更多地强调经济因素,加上北非国家大多在20世纪80年代以来纷纷实行政治民主化改革,在意识形态方面对中国的认同不断削弱,政治合作逐渐居于次要地位。

另一方面,冷战后,西方大国调整了对北非的政策,利用军援和经援,对北非推行西方民主价值观和自由经济,极力推行多党制和私有化。而欧盟各国也利用与北非的传统联系和自身的经济优势,积极插手北非事务。"9·11"事件以后,中东已成为美国全球战略的重点,欧洲大国尤其是法国凭借其在殖民时期与北非各国建立的千丝万缕的联系,力图将北非作为在伊斯兰世界推行"民主"的突破口,以达到控制这一战略要地的目的,这无疑又增加了我国与北非合作的难度。[③]

---

① 李安山:《论中国对非洲政策的调适与转变》,载《西亚非洲》2006年第8期,第12~13页。
② 刘鸿武:《中非关系30年:撬动中国与外部世界关系结构的支点》,载《世界经济与政治》2008年第11期,第83页。
③ 贺鉴、肖洋:《论21世纪中国与北非经济合作》,载《阿拉伯世界研究》2006年第3期。

北非变局给中国与北非国家的关系带来了巨大的冲击,首先是与中国关系密切的本·阿里、胡斯尼·穆巴拉克等北非国家领导人被推翻,与中国共产党有着密切合作关系的埃及民族民主党、突尼斯宪政民主联盟已经丧失执政地位。政治变局之后,多党民主制成为北非国家今后政治发展的方向,这种变化会使中国与北非国家关系复杂化。西方话语主导的民主化浪潮冲击着中国在北非国家的政治信任度。如何在多党制条件下开展与北非国家各政党的党际交流与合作,如何在与北非国家合作中应对美国为首的西方国家对中国意识形态的挑战,成为今后中国对北非国家外交面临的重要问题。在北非政治变局中顺势而为,调适与这些国家的政治关系,对中国未来与北非国家的全面战略关系的发展,对中国在北非的经济利益与能源利益都十分重要。

二、中国与北非国家贸易结构性矛盾及其影响

近年来,由于中非合作论坛与中阿合作论坛的推动,中国与北非国家的贸易取得了突飞猛进的发展。中国和摩洛哥、阿尔及利亚、突尼斯、利比亚、埃及的双边贸易额在2005年为70亿美元,2006年为100亿美元,2007年为139亿美元,2008年为186亿美元。① 近年以来,中国对北非国家的出口每年都快速增长,中国已经成为北非国家的主要进口国。2010年,中国成为埃及最大的进口国;2013年,成为阿尔及利亚最大进口国;中国近年来也是摩洛哥、利比亚、突尼斯的主要进口国。② 但中国与北非国家的贸易结构多年来一直存在着不平衡现象,中国虽然是这些国家的主要进口国,但却不是主要出口国,中国对北非贸易一直处在巨额顺差,这不利于双方经济合作的长远发展。中国对北非国家逐渐扩大的贸易顺差,已经成为双方必须重点解决的问题。胡锦涛指出,要"通过发展来解决当前两国贸易中存在的不平衡问题",③ 这不仅体现出中国对该问题的重视,而且指出了解决该问题的基本原则和努力方向。2007年以来,中国加大了从北非国家的进口,双方贸易不平衡问题有所缓解,但其程度远远不足以解决问题。埃及纺织和服装等产业不得不迎接来自中国纺织服装等产业的挑战。中国产品进入埃及市场,与埃及产业同行抢夺国际市场开发投资机遇。中国产品质量、价格、服务和灵活经营的强劲市场竞争方式常常迫使埃及产业同行退居二

---

① 商务部网站数据库,2011年4月27日,http://xyf.mofcom.gov.cn/date/date.html。
② 商务部网站,西亚非国家(地区)贸易统计,2011年4月27日。http://www.mofcom.gov.cn/static/column/tongjiziliao/fuwzn/swfalv.html/1。
③ 《胡锦涛同穆巴拉克会谈 提出发展中埃关系四建议》,http://news.xinhuanet.com/world/2004-01/30/content_1292276.htm。

线，埃及的国营纺织服装企业，因为资金不足而有不少濒临破产。从埃及当地某些媒体的日常报道中可以看出，有的甚至把埃及国内失业率居高不下与中国纺织服装出口到与埃及经济密切相关的市场联系在一起。

三、北非国家依然严重依赖于西方世界

北非国家依附西方的局面短时间内难以改变。由于经济现状的制约，我国尚无法大幅度扩大与北非的全方位合作。所以，北非各国主要从西方获得需要的资金、技术、人才和设备，不得不加强同西方的关系，在外交上倾向于西方，普遍接受西方的民主制，在与我国交往中存在疑虑。此外，北非各国现领导人大多接受西方教育，与我国接触较少，缺乏了解，在一定程度上也影响了双方的合作。此外，北非各国的外债负担沉重，资金短缺直接限制了自然资源的开发和经济的可持续发展。而西方国家利用一些国际金融组织向非洲施压，要求其开放市场和实施产业私有化，力促北非乃至整个非洲民族工业再次"西方化"，最终将其纳入自己的势力范围。从某种意义上讲，这就等于变相地控制了北非国家的经济主权，强化了不平等的经济依附，从而加强了西方国家在北非的政治影响力和控制力。[1]

中国与北非国家的关系近十年有了很大的发展，并保持良好的发展势头，各层次的交往不断，但这种关系还未达到令人满意的水平。北非国家领导层对发展与中国关系不够了解，也不够重视。冷战时期，北非国家主要依靠两个超级大国来解决与阿拉伯世界有关问题，如今则主要依靠美国和欧盟，如巴勒斯坦问题和阿以问题、海湾问题，甚至利比亚问题等。这说明阿拉伯领导层在解决上述问题时，把欧洲国家与美国的作用放在首位，他们对中国在处理这些问题上的作用不够了解。[2] 领导层作为决策者和发展对华关系的执行者，他们对中国的了解最为重要，中国与北非国家的关系取决于北非国家领导层对中国的认知。另外，北非国家对中国缺少研究。关注北非国家的中国学者都会发现，北非国家对中国的研究并不多，研究中国事务的专门机构或院所也甚少，中国与北非国家之间的学术交流与共同研究则更少。西方的宣传和传媒在各个方面对北非国家学术影响与舆论影响很大。北非国家的报纸杂志、电视、广播中大部分的国际新闻和有关世界各国的介绍关注有关中国的内容并不多，而且其报导大都引自西方的通讯社、电视台和电台，许多有关中国的报道是不客观和不现实的。这些报道

---

[1] 贺鉴、肖洋:《论 21 世纪中国与北非经济合作》，载《阿拉伯世界研究》2006 年第 3 期。
[2] 张宏:《阿拉伯对华政策与中阿关系》，载《阿拉伯世界研究》2000 年第 1 期。

和信息使得北非国家的精英与大众都不能正确地认知中国,从而减弱了他们发展与中国关系、开展与中国合作的热情与愿望。尽管最近几年有关中国的积极的报道和信息越来越多地传递给了北非人民,但还远远不够,还应加大这方面的努力。

第三节 中国与北非国家合作关系发展的机遇与政策

一、中国与北非的共同历史命运与传统友谊支撑双方合作基础

新中国建立后,中国曾在道义上和物质上力所能及地支持了北非地区的民族解放斗争和反对西方霸权主义的斗争。独立后的北非国家与中国在国际舞台上相互支持,共同为对方国际地位的提高提供了外部支持力量。中国与北非国家都积极参加了1955年4月的万隆会议。[①] 中国还坚定地支持埃及等国发起的世界不结盟运动。在阿以斗争中,中国坚定地站在阿拉伯国家和巴勒斯坦一边,支持它们的合法权利。北非国家在中国恢复联合国席位问题上全部投了赞成票。在建立国际新秩序的斗争中,几十年的传统友谊为新的友好合作奠定了坚实的基础。新时期以来,中国与北非国家的经济联系日益密切,双边贸易额以及中国对北非国家的投资逐年上升。进入21世纪,我国政府提出在新世纪愿同北非以及整个非洲大陆国家发展稳定、平等的全面合作的主张,已得到北非各国领导人的赞许和认同,双方在政治领域的合作也日趋广泛。北非各国积极参加与推进中非合作论坛与中阿合作论坛,为双方关系的新发展起了重要作用。展望未来,中国与北非国家共同面临着发展经济、改善民生,并在国际事务中共同应对西方强权的历史任务。

二、中国与北非国家合作的动力依然强劲

正是北非国家在对外经济关系中片面依附西方,使这些国家的经济在国际经

---

① 其时正在进行民族解放斗争的阿尔及利亚民族解放阵线、突尼斯新宪政党、摩洛哥独立党派出代表,以观察员身份列席了会议。中国、埃及、利比亚都是正式与会国。

济危机的冲击下显示出了其脆弱性。全球金融危机爆发后，北非国家外向型经济面临着欧美市场需求大幅减少的窘境，欧美投资萎缩，贸易逆差攀升，制造业和加工业遭受重大打击。金融危机又使国际石油价格下跌，北非产油国石油收入锐减，严重影响了这些国家的政府财政与人民生活。在全球金融危机造成的后遗症持续发酵之时，2010年的欧元区主权债务危机又令北非国家经济形势雪上加霜，直接打击了北非的出口经济和支柱产业，导致物价上涨、失业增加、人民生活水平下降，加剧了民众的不满情绪。与欧美国家相比，中国成为世界上受经济危机影响最小的国家，危机期间中国经济仍然保持了高速增长。依附西方的对外经济结构使北非国家深受国际经济危机的危害。对外经济联系多元化与国内经济结构多样化是变局后北非国家的必然要求。如果之后西方国家不能为北非国家提供大规模的经济援助，那对中国来说必然是一种机会。北非各国十分看重中国经济建设所取得的巨大成就，重视中国的大国地位和安理会常任理事国的作用，愿意进一步发展对华友好关系，开展全方位的合作，谋求更多的援助和支持。

三、北非国家与西方的结构性矛盾并未消除

北非各国不甘忍受外来压力而盲目追随西方，它们奉行独立自主的外交政策，发挥地区大国优势，自主处理本地区事务。如重新崛起的"马格里布联盟"，就是一个完全建立在地区力量基础上、由地区国家自主控制的区域性组织，其经济一体化已成为世界经济发展的主流，推动了发展中国家与发达国家在经济领域中的合作伙伴关系，增强了发展中国家的力量。虽然西方国家对利比亚战争进行了强烈干预，也试图控制利比亚政治与经济重建，美国也在北非变局之后顺势而为，抛弃了穆巴拉克、本·阿里等独裁者，转而支持新兴政治势力，但是北非国家变局之后，伊斯兰主义政治势力上台执政已经成为大势所趋。而北非国家的伊斯兰政治势力上台之后，虽然大多数伊斯兰主义政党会采取务实的姿态，但其内外政策的改革也是不争的事实。对外政策方面，北非以及中东的伊斯兰主义组织长期以来都具有反美倾向，北非国家会加强外交独立性与自主性，会更加旗帜鲜明地反对西方霸权主义与干涉政策；同时，北非国家会更加注重发展与伊斯兰世界的关系，而与西方国家的关系会有某种程度的疏远。中国长期以来奉行的和平外交理念和不干涉内政原则，支持北非国家维护自己独立与主权的斗争，与北非国家建立了政治上平等互信的关系，这都有利于中国与北非国家在"求同存异"基础上的进一步深化战略合作关系。

四、发展经济是中国与北非国家合作的共同诉求

2011年1月19日,阿拉伯联盟在埃及的沙姆·沙伊克召开的经济会议提出,阿拉伯世界目前正面临着严重的贫困、失业、经济衰退。会议要求与会领导人集中解决阿拉伯社会中普遍存在的社会与经济问题。[①] 政局动荡使北非国家的经济遭受重大打击,政局平稳之后北非国家面临恢复与发展经济的艰巨任务,而经济的恢复除继续发展油气产业外,还需要利用石油收入推动经济多元化的发展。而美国和欧洲国家目前在应对金融危机的后果中自顾不暇,不可能通过大规模的援助帮助北非国家走出经济困境。变局之后的北非国家政府之后会加大引进外资、鼓励私营企业发展等振兴经济的措施,这些国家也会同时出台政策解决失业问题。所以,对中国投资者来说,变局后的北非存在着巨大的投资机遇。有分析认为,这次地区动荡之后,部分阿拉伯国家的金融服务、电信、旅游等行业私有化进程将加速。据统计,阿拉伯国家政府在公开上市企业里,拥有的股份达到3 200亿美元,例如,突尼斯政府表示,本·阿里家族控制的矿业和旅游业将直接出售或上市来吸引外部资金。这些领域包括金融服务、电信、旅游,这些都是我们对阿拉伯国家合作中的短板,如果我们企业能够借投资私有化进入,对于拓展商业利益,为"走出去"的企业提供商机和服务,都会有很大帮助。利比亚未来的稳定和发展离不开外部势力的支持。中国高效、优质、廉价的人员与工作符合利比亚重建的需要,所以,利比亚重建离不开中国。尤其是在建筑工程承包领域,中国企业在利比亚重建中将是不可或缺的。但中国公司若想进入利比亚的资源开发领域,尚需一个长期曲折的过程。

第四节　中国深化与北非国家合作关系的政策措施

一、北非变局凸显出中国海外利益保护能力急需提高

利比亚动乱发生后,中国政府组织了规模空前的撤侨行动,说明了中国海外

[①] Michael Slackman and Mona Naggar, "Tunisia Casts Shadow Over Arab Summit Meeting", *New York Times*, January 19, 2011.

领事保护机制日益形成。但是,撤侨行动耗费了大量的人力和物力,人员虽然能够安全撤出,但中国公司在北非的财产安全却无法保障。利比亚内战爆发后,共有13家央企在利比亚的项目全部暂停,这些投资主要集中在基建、电信领域,累计停工的合同金额达到410.35亿元人民币。中国铁建未完成合同额达233.95亿元人民币,占一半多。[①] 在利比亚动荡中,有多家中国公司的工地遭到抢劫。

利比亚动乱发生后,原本在亚丁湾水域的"徐州"号导弹护卫舰穿越苏伊士运河进入了地中海,为运送自利比亚撤离的中国公民的中外籍商船提供护航。这次非战斗军事任务之所以能够得到实施,是由于中国海军的反海盗护航舰队在距离地中海不远的亚丁湾执行任务。否则,如果从湛江出发,七天能到印度洋的入口,再过七天才能经印度洋的出口进入红海。中国在印度洋上或者在任何一个远离中国本土的地方还没有一个海军的锚地,没有全球性的军事存在,也就无法有效地保护我国的海外利益。有大量中国海外利益的地方,在现代技术条件下可快捷到达的范围内,必须保持中国军事力量的有效存在。随着非洲工业化进程的持续,撒哈拉沙漠以南非洲国家也可能出现动荡,而我国在撒哈拉以南非洲国家有大量的侨民和大量的投资,将来如何保卫这些海外利益?这是一个很现实的问题。北非变局使我们认识到自己海外利益维护能力的不足。

二、加强中国与北非国家政治互信与共同话语权建设

中国与非洲阿拉伯国家的合作,应根据新形势,赋予新内涵,探索合作新领域和新途径。要在相互尊重的基础上,进一步加强双方的政治关系。要理解、照顾、支持对方的核心利益与重大关切。非洲阿拉伯地区目前正经历着重大历史变革,埃及、突尼斯、利比亚相继发生革命,阿以争端旷日持久,苏丹南北分离。谋求地区冲突公正解决,缓解持续动荡的地区形势,在政治动荡过程中维护国家主权,是北非和其他阿拉伯国家人民的强烈愿望。当前形势下,中国应进一步加大对包括北非在内的阿拉伯和非洲热点问题的参与力度,增大自己在非洲事务和阿拉伯事务中的声音。北非方面应加大加强对中国的支持力度,特别是支持中国在台湾、西藏、新疆等问题上的立场。通过相互支持,共同建立一个多极化国际新秩序。中国对涉及西方大国侵犯北非国家主权、干预北非国家内政的重大原则问题,应主持公道,仗义执言,积极发挥安理会常任理事国的作用。[②]

---

① 《利比亚战事升级:中国铁建等4央企410亿项目搁浅》,2011年3月23日,http://finance.people.com.cn/GB/14211957.html。

② 姚匡乙:《阿拉伯国家的变革与中阿关系的发展》,载《国际问题研究》2005年第3期。

在意识形态领域，中国应该在对北非国家的交往与合作中提出自己的民主话语。美国与西欧在北非变局之初一直保持沉默，后来看到局势已经无法挽回、独裁政权下台不可避免之时，又扯起了民主的大旗，对北非国家进行"民主"干预，试图控制事态发展的方向，从而得到突尼斯、埃及等国新政权对美国的政治信任，或希望通过干预促进亲美和亲西方的政权上台。[①] 另外，政治民主化进程可能会使北非国家在意识形态上认同美国与西方国家，而中国则面临着意识形态话语权缺失。中国在对北非国家的关系中，应本着求同存异的原则，提出自己的民主话语，对突尼斯与埃及的群众运动给予充分肯定和赞扬，并对这些国家的过渡政府和将来的新政府提供尽可能帮助，给予政治上的支持。这样才能保证这些国家在政治互信的基础上继续加强与中国的全方位合作。中国在发展对埃及等北非国家的关系时，应该建立起自己的民主话语，向北非各国政府与人民宣传中国在政治民主化方面取得的成就与追求，从而消除北非国家人民在意识形态方面对中国的误解，加强非洲国家对中国的政治信任度，应对西方在意识形态方面的挑战。

随着北非政治民主化进程的推进，中国需要扩大与这些国家各种政治势力与群体的全方位交往关系。首先，高层互访、党际交流、议会交流等多层次的合作在中埃关系发展中起到了非常重要的作用，要继续加强和保持这些方面的合作。其次，改变党际交往中只与执政党建立合作关系的做法，与北非各政党展开广泛合作，其中包括与在野党进行经常性的合作与交流；不但要与世俗性政党建立关系，而且要发展与伊斯兰主义政党的关系。加强我国人民代表大会与北非国家议会之间的交流与合作。伊斯兰主义在今后北非的民主化政治中必定是一种重要的政治力量，甚至有可能通过选举上台执政。中国应该肯定伊斯兰主义组织和政党在北非政治进步中的作用，严格区分伊斯兰主义和恐怖主义。另外，应加强对北非国家的公共外交，积极发展与北非国家非政府组织的关系。

三、提升贸易与投资合作结构与质量并多惠及民生

北非国家希望缩小同中国的贸易逆差，希望中国积极开放农产品和原材料市场，相关部门应出台措施缩小中国与北非国家贸易进出口差距，加大对北非国家产品的进口。双方应建立经常性对话机制来解决双方贸易不平衡问题。同时，可加速推进中国企业到北非国家投资，不但能够推动北非国家经济的发展，而且有

---

① George Friedman, "Revolution and the Muslim World", February 22, 2011, http://www.stratfor.com/weekly/20110221-revolution-and-muslim-world.

利于平衡贸易结构，为北非社会创造更多的就业岗位，同时也为中国企业向欧洲出口产品提供便利。

为了使中国在北非国家的投资在推动当地经济发展的同时，起到缓解北非国家社会矛盾的作用，也为了从长远加强与巩固中国和这些国家的合作关系，中国在北非国家投资的企业尤其是大型国营企业在关注经济效益的同时，应该承担相应的社会责任，扩大雇用当地人的比例，开办技工培训学校，加大对当地员工的培训。当地人在劳工标准方面与中国有差异，中国企业应该学会适应。

四、加强文明对话与交流并提高中国的软实力

中国与包括北非国家在内的阿拉伯世界可以以多种方式和途径加强文明对话与文化交流，从而加深相互理解与尊重，并使这种对话与交流对双方的文化繁荣与发展做出贡献。

2007年，中国和俄罗斯的文化年举办得非常成功，中国与阿拉伯国家之间的文化交流也可借鉴这种方式，在北非等阿拉伯国家相互举办文化年。比如，中国与埃及、中国与阿尔及利亚等。[①] 这种活动可以由中央政府负责，也可以由新疆、宁夏等穆斯林聚居地区的地方政府负责。这种文化年活动可以以政府主导、民间文化与文艺团体参与的形式展开。

中国是一个多元文化和谐共存的国家，伊斯兰文化是中国文化的重要组成部分，北非国家都是伊斯兰国家，发挥中国伊斯兰教协会等非政府组织和相关学会的独特作用，积极开展民间文化交流和学术交流活动，将对双方文化交流起到积极作用。如中国伊斯兰教协会副会长阿地里江于2009年3月出席了在埃及首都开罗召开的伊斯兰事务最高理事会第二十一届大会，此外，中非友协、中阿友协、中国中东学会等民间组织也应积极展开与北非阿拉伯国家的交流活动。

在北非国家设立更多孔子学院，并使孔子学院在两国文化交流与合作中发挥重要作用。目前中国在北非国家只有三所孔子学院，分别是埃及的开罗大学孔子学院、苏伊士运河大学孔子学院和摩洛哥的穆罕默德五世大学孔子学院，在阿尔及利亚、突尼斯、利比亚还没有建立孔子学院。这种情况与双方文化交流的迫切需要严重不符，建议在所有北非国家建立孔子学院，同时，不但将孔子学院建成汉语教学中心，而且成为传播中国文化的中心，孔子学院的课程设置方面应增加中国历史、中国文化、中国国情等课程。

---

① 马明良：《当今中国同伊斯兰国家的文化交流和文明对话》，载《西亚非洲》2009年第4期。

第十一章

非洲一体化背景下中国与非洲地区组织的合作

进入 21 世纪以来,随着非洲大陆经济发展加快,非洲的一体化获得了更大程度的发展,与早期的地区一体化相比,当前的一体化具有一些值得我国高度关注的新趋势、新特征。一些非洲政治精英、媒体领袖与非政府组织认为,非洲国家国小民穷,势单力薄,在与中国合作中往往处于不利地位,非洲也没有一个统一的对华交往合作的战略与政策,因而往往丧失主动性与对话优势,他们因而纷纷呼吁强化非洲作为一个共同体与利益关联体来重新调整与中国的合作关系,增强与中国对话的筹码。有些非洲的意见领袖甚至提出应该将中非合作关系放置到非洲联盟的统一管辖下,由非洲联盟代表非洲来与中国建构新的合作体制。在此背景下,中非关系也面临着新的机遇与挑战,中国必须逐渐适应这一新的形势,学会如何处理与非洲地区性组织的关系问题,因势利导,完善政策,利用非洲一体化与地区组织发展带来的新机遇,拓展和提升中非合作。

本章在简要梳理非洲一体化演变的历史背景、动力和基本过程的基础上,分析其对非洲政治、经济、社会、安全、对外政策特别是对中非合作关系的影响,以及中国的应对战略与政策选择。

第一节 非洲一体化与地区组织发展的趋势与特点

一、地区组织作为地区一体化领导者的地位日益凸显

自成立以来，非盟的机制不断完善，已经建立了以非盟峰会为领导，包含非盟委员会、非洲议会、正义法庭、安全理事会，以及国家间评议机制等较为完善的"超国家"组织形式。非盟改变了传统的不干涉政策，"从不干涉到不冷漠"是非盟的一个重要进步，有研究显示，非盟的政策对于减少非洲大陆军事政变的发生起到了重要的作用。[①] 非盟在地区合作上的独立决策和倡议越来越多，"新经济伙伴计划"（NEPAD）已经成为非盟开始自主治理非洲的重要标志，也得到了国际社会的广泛认可。非盟联合联合国非洲经济事务委员会、非洲开发银行和次地区组织积极推动非洲的地区和次地区一体化进程，制定了最小一体化项目（Developing Minimum Integration Programmes），建立了非洲中央银行、非洲货币基金组织和非洲投资银行等重要的泛非机制，正逐步推行"经济伙伴协定"（Economic Partnership Agreements，EPA）计划，"非洲人治理非洲"正在变为现实。

二、非洲地区组织的发展举措越来越具体和务实

在 2008 年举行的第十届非洲伙伴论坛（APF）上，非洲国家建议对《非盟行动计划》进行修订，从而使其更加具体和明确。2009 年，修订后的行动计划确定了未来 5 年（2010~2015 年）优先发展的重要领域，这些领域对于实现非洲的经济社会转型有着战略意义，修订后的行动计划对这九大领域的投资准备情况、资源和能力建设进行了详细的评估和界定。2012 年的第 18 届非盟首脑会议进一步重申了 2009 年非盟所提出的发展目标。会议发表《非洲基础设施发展计划宣言（Declaration on the Programme for Infrastructure Development in Africa）》。在宣言中，各国充分认识到基础设施建设在非洲贸易、政治社会发展、非洲大陆一体化进程以及实现联合国"千年发展目标"中的作用至关重要，也意识到巨大的

[①] Issaka K. Souaré, "The African Union as a norm entrepreneur on military coups d'état in Africa (1952 – 2012): an empirical assessment", *Journal of Modern African Studies*, 52, (2014). pp. 69 – 94.

基础设施鸿沟，高成本低质量的运输、能源、水和信息通信服务严重影响到非洲竞争力的现实状况，承诺建立合适的机制框架来执行主要的一体化项目，促进基础设施建设的公共融资，引入私人资本加快基础设施建设。2014年，第七届非盟经济部长与财政部长会议举行，会议通过了"非洲货币基金章程"，这更是标志着非洲国家在设立"非洲货币基金"道路上迈出了重要一步。

三、非洲地区组织发展的阶段和目标越来越明确

1991年的《阿布贾条约》明确提出，非洲一体化的目标是建立非洲经济共同体，2000年的《非盟宪法草案》再次明确了这一目标。为此，以非盟为核心，包含非盟委员会、非洲开发银行、联合国非洲经济委员会以及次地区组织的泛非机制间的联系开始不断加强。首先着手建立自由贸易区，进而建立关税同盟，并最终发展到共同市场阶段已经明确成为非洲一体化的阶段性目标。2012年的第十八届非盟首脑会议进一步明确了非洲一体化的步骤，会议颁布了《加快非洲内部贸易、建立大陆自由贸易区宣言（Declaration on Boosting Intra-African Trade and the Establishment of A Continental Free Trade Area）》，与会各国领导人意识到非洲是世界范围内区域内部贸易水平最低的地区，容易受到外部世界贸易和金融局势的影响，会议签署了《促进非洲内部贸易行动计划（the Action Plan for Boosting Intra-African Trade）》。此次会议明确宣布将于2017年建立非洲自由贸易区（Continental Free Trade Area，CFTA）。①

四、非洲地区组织的开放性也逐渐增强

为了完善非盟的机制和功能，提高非洲国家集体行动的能力，非洲国家于2000年通过了《市民社会参与、透明化、行动原则的备忘录》，确定了非洲国家合作原则：其一，集体安全；其二，在国家稳定上，实行法治、良好治理，重视人权和民主；其三，在发展上，重点推动国家间的经济合作和一体化进程；其四，在合作上，成员国应该更好地采取集体行动。非盟越来越重视市民社会或第二三轨道外交在推动一体化上的作用，相应地，企业、非政府组织、学术共同体等参与非盟决策上的积极性也逐渐高涨，例如，非洲的私有企业成立了私有企业论坛（African Private Sector Forum），在非盟召开非盟峰会前通过召开会议、制定

---

① African Union, "Declaration on Boosting Intra-African Trade and the Establishment of a Continental Free Trade Area（CFTA）", 29-30 January 2012.

建议报告等形式向非盟反映市民社会的意见。总体而言，市民社会在非洲一体化进程中的作用越来越大。

第二节 中国与非洲地区组织开展合作的现状

一、非洲地区组织影响力的提升

（一）主要大国和国际组织日益重视与非洲主要地区组织的关系，并将其视作开展对非援助与合作的主要对象之一

欧盟尤其重视发展与非洲地区组织的关系。在非洲大陆层面，它将"欧盟-非盟"关系视作欧非伙伴关系的核心，期望将非盟塑造成一个平行的对话伙伴，发挥其制度能力上的优势，对非洲一体化进程发挥影响，推动其对非整体战略的实施，欧盟与非盟合作逐渐实现机制化。欧盟通过与非盟的合作以及对非盟的支持，不仅充分发挥了其机制优势，而且有助于其在对非政策上占据道德制高点。[①]同时，欧盟也加强与次地区组织的合作，将其视作非洲大陆一体化的重要基石，与它们积极商定"经济伙伴协定"。

英、法等前殖民宗主国也加大了对非洲事务投入力度，并积极推动非洲地区组织的能力建设。法国将西非国家经济共同体、中非国家经济共同体视作确保自身在非洲影响和利益的有效途径，并以支持非洲地区合作为名，加强在非洲的军事存在，分别在达喀尔（西非）、利伯维尔（中非）、吉布提（东非）和留尼旺群岛（南部非洲）有千名左右的驻军，对于保护法国国家利益和侨民安全起着重要作用。[②]

日本、印度等国与非盟、南部非洲发展共同体等非洲地区组织的关系也趋于密切。日本在2005年"争常"失利后开始将非盟视作拉拢对象，一方面加大对非盟维和行动和机制建设的支持力度；另一方面利用各种场合争取非盟在联合国安理会改革问题上的支持。印度近年也加强与非洲地区组织关系，自2008年以来已举办了三次印非峰会，并在2011年第三次印非论坛峰会上宣布与非盟、南

[①] 金玲：《欧盟对非洲制度机制调整及其对中国的影响》，载《欧洲研究》2010年第5期。
[②] Tony Chafer, "The AU: a new arena for Anglo-French cooperation in Africa?" *Journal of Modern African Studies*, Vol. 49, No. 1, 2011, p. 56, 75.

共体加强反恐、经贸合作。

联合国、世界银行等国际组织与非洲地区组织的合作交流日趋机制化。联合国安理会、联合国非洲经济委员会分别与非盟和平与安全理事会、非盟委员会建立定期磋商机制，并与南共体、西共体等加强在安全领域合作。世界银行在地区一体化、政治治理、冲突后国家重建、艾滋病防治等领域与非盟、南共体和西共体等有着密切合作关系。

（二）非洲地区组织在地区事务上的立场和态度日益得到国际社会的关注与尊重

尽管非洲地区组织执行力普遍较弱，但由于它们代表着众多非洲国家，因此其在国际事务，特别是本地区事务上的态度日益引起国际社会关注。非盟、南共体、西共体等就地区热点问题所发表的声明和决议，往往成为各方做出反应时的重要参考。例如，在苏丹达尔富尔问题上，中国政府一直支持非盟在化解危机中的主导作用，支持非盟的调解努力，希望达尔富尔问题早日在非盟框架内得到妥善解决。虽然非盟、南共体等非洲地区组织在非洲地区安全与和平方面力量有限，仍需联合国、世界大国及国际组织的支持，但另一方面，联合国和世界大国在解决非洲地区冲突中也越来越借重非洲地区组织的影响与作用。

（三）非洲各国对于地区组织的认同感渐趋强烈

对于众多非洲国家而言，推进地区一体化进程，建立和完善地区组织，总体上有助于提升非洲国家适应全球化的能力。阿尔及利亚、埃及、利比亚、尼日利亚和南非等国，是非盟的积极推动者，它们承担着非盟常规预算的75%。[1] 非洲地区组织成员国还对地区组织重要职位展开激烈争夺。[2] 非洲地区组织影响力还体现在成员国普遍支持非盟的各项决议。例如，2004年非盟敦促苏丹政府同意在达尔富尔地区部署维和部队，并于2006年说服苏丹原则上同意在达尔富尔地区部署联合国和非盟混合维和部队。津巴布韦危机爆发以来，南共体一直居间调解，呼吁各方保持克制，主张通过政治谈判化解危机，促成了津各方达成《权力分享协议》。

---

[1] African Union, "Assembly/AU/Draft/Decl 88（V）: Decision on the Scale of Assessment", Decisions, Declarations and Resolution, the Assembly of the African Union, 5th Ordinary Session, 4-5 July 2005, Sirte, Libya.

[2] Iden Wetherell, "SADC Security Split Threatens", *Mail & Guardian*, 17-23 July 1998.

二、中国与非洲地区组织合作的现状

非洲地区组织作为非洲一体化的主要推动力量,在地区事务上发挥着越来越重要的作用,也日益得到国际社会重视。它们已经成为了国际社会加强与非洲联系的重要窗口,也为深化中非关系提供了宝贵机遇。

(一) 中国与非洲地区组织合作活跃,高层交往增多

中国与非盟已成功举行三轮战略对话,援建的非盟会议中心建设顺利,在次地区组织层面,中国政府相继任命了派驻西共体、东南非共同市场和南共体的代表,双边高层交流不断拓展。此外,中国还向非洲地区组织提供了一定资金援助,以支持其制度建设和维和行动。不过,中国对非洲地区组织的资金援助多是临时性的,并未像欧盟、美国等是在非洲和平基金、全球和平行动倡议等专门基金项目下执行的。而且,中国对非洲地区组织援助金额较为有限。中国对非盟在达尔富尔维和行动的支持,是中国对非洲地区组织最大的一笔资金援助,截至2008年非盟-联合国混合部队控制达尔富尔前,中国共向非盟苏丹特派团(AMIS)提供了180万美元,但这只占非盟苏丹特派团年度预算(2006年度是4.66亿美元)的极小部分,绝大部分由美国和欧盟承担。[①] 2009年,中国向非盟索马里特派团(AU Mission in Somalia)提供了70万美元,而非盟索马里特派团每天花费约200万美元。相比之下,欧盟支持力度较大,自2008年3月以来共从其"非洲和平基金"中提供了3550万欧元。[②]

(二) 中国日益重视与非洲地区组织在和平与安全领域的合作

中国积极支持推动非洲地区组织在维和方面发挥更大作用,在2006年中国对非政策文件中,中国明确表示,"支持非洲联盟等地区组织及相关国家为解决地区冲突所做的积极努力,并提供力所能及的援助……中国赞赏并支持非洲次地区组织在推动各自地区政治稳定、经济发展和一体化进程中的积极作用,愿意加强与各组织的友好合作。"中国在非洲重大事件上尊重和参照非洲地区组织的立场和态度,例如,2004年,由于非盟的明确支持,中国赞成对科特迪瓦实施禁运;2009年,非盟以厄立特里亚支持索马里的伊斯兰主义力量为由,要求联合

[①] He Wenping, "China's Unceasing Efforts to Resolve Darfur Issue", *China Daily*, 3 January 2008.

[②] Benedikt Franke, "Support to AMIS and AMISOM (Sudan and Somalia)", in Giovanni Grevi, Daniel Keohane & Damien Helly (eds.) *European Security and Defense Policy: The First 10 Years (1999-2009)*, Paris: European Union Institute for Security Studies, 2009, p. 261.

国对于成员国厄立特里亚实施制裁,中国起初对于制裁持反对态度,但最终在针对厄立特里亚的武器禁运问题上投了弃权票。

(三) 中国在国际舞台上不断加强与非洲地区组织的合作

非盟在涉及中方核心和重大利益问题上一贯给予中方坚定支持,并注重与中国在国际事务中的磋商与合作。在中国的主权与领土完整问题上仍面临诸多不确定因素的挑战,在西方世界对中国的和平发展充满疑虑、恐惧乃至敌对情绪的国际环境下,发展中国家集团对中国道义支持的重要性是不容忽视的。① 同时,中国作为联合国安理会常任理事国中发展中国家的代表,越来越重视非盟等非洲地区组织在地区和国际事务中的影响与作用,中国一直在国际舞台上对非洲地区组织在非洲重大事件上的立场给予坚定支持。

(四) 经济民生领域是中国与非洲地区组织合作的重要领域

这一点既契合非洲国家发展需要,同时也充分体现了中国对非合作优势。非洲委员会报告明确指出,公路、铁路、港口、航空、通信等基础设施落后是制约非洲地区一体化和经济增长的主要瓶颈。② 尽管有西方国家四十多年的援助,基础设施落后仍然困扰着非洲国家发展,而中国正逐渐成为非洲在这一领域的重要发展伙伴。过去十多年里,中国在众多非洲国家开展基础设施建设,极大改善了非洲基础设施落后局面,有利于非洲地区一体化进程。相比之下,欧盟与非盟的合作主要是在和平安全领域展开的,尽管《非洲—欧盟战略伙伴关系》行动计划中也提及贸易、"千年发展目标"、能源和气候变化等领域,但这些合作领域都不可避免地被忽视了,从而使得非欧战略合作看起来更似乎是出于对欧洲安全考虑而推出的,而非为了非洲人以及非洲安全。③

第三节 个案研究:中国与南部非洲地区的合作机遇与挑战

南部非洲发展共同体(Southern African Development Community,SADC),简

---

① 李智彪:《非盟影响力与中国——非盟关系分析》,载《西亚非洲》2010年第3期,第17页。
② Commission for Africa, *Our Common Interest*, London: Penguin, 2005, p. 90.
③ Benedikt Franke, *Security Cooperation in Africa*. Boulder, CO: Lynne Rienner, 2009, p. 260.

称"南共体",是当代非洲次区域组织中发展程度较高、功能作用也较突出的组织之一。南部非洲发展共同体共有 15 个成员国:南非、安哥拉、博茨瓦纳、津巴布韦、莱索托、马拉维、莫桑比克、纳米比亚、斯威士兰、坦桑尼亚、赞比亚、毛里求斯、刚果(金)、塞舌尔(马达加斯加于 2009 年 4 月退出南共体)。总面积 987 万平方公里,约占全非面积的 33%,涵盖 2.47 亿人口,发展潜力巨大。南共体总部设在博茨瓦纳首都哈博罗内。

一、南部非洲地区一体化的趋势

(一)近年来南共体经济一体化进程加快,地区经济呈现连动性增长良好势头

"南共体"的前身是 1980 年成立的"南部非洲发展协调会议"(SADCC),最初是作为减轻"前线国家"对南非种族隔离政权的经济依赖而成立的地区组织。自成立以来,南共体在加强成员国团结与合作、促进区域经济和社会发展及推动地区经济一体化进程等方面发挥了重要作用。南共体为实现地区经济一体化设定的目标是:2008 年创立自由贸易区,2010 年实现关税同盟,2015 年建立共同市场,2016 年成立地区中央银行和实现货币联盟,2018 年实行统一货币。2008 年 10 月 22 日,南共体、东南非共同市场和东非共同体三个非洲区域组织在乌干达首都坎帕拉举行三方首脑会议,讨论非洲经济一体化问题。三方联合首脑会议发表公报,决心立即开始创建一个地区经济共同体的工作。

(二)南共体自由贸易区带动地区经济发展一体化进程加快

2008 年 8 月,以"促进经济增长、社会发展和创造财富"为目标的南部非洲发展共同体自由贸易区正式启动。作为南部非洲应对全球化挑战的有力举措,南共体自由贸易区的建立标志着南共体经济一体化进程获得了重大进展。数据显示,目前南共体成员国间贸易额还不到南共体总贸易额的 1/4,而南共体各国的主要出口产品均为附加值极低的原材料。因此,南共体各国迫切希望自由贸易区能够进一步挖掘自身经济潜力。随着关税逐渐废除,南部非洲国家间商品贸易将自由往来,南部非洲地区将形成广阔的统一市场,它将大幅促进成员国间贸易,增加就业,推动经济发展。根据协议,85% 的商品在南共体自由贸易区内免征关税,纺织、化工和汽车制造等行业的相关产品将在 2012 年前实现零关税。稀有金属等战略性资源以及二手商品不适用零关税政策。此外,自由贸易区内推行标准化的通关程序,使用统一的通关文件。南共体各成员国还将建设更多的"一站

式"边境口岸,以进一步简化通关过程,提高商品流通速度。

(三) 面对南部非洲国内冲突"外溢"的挑战,积极推进地区和平进程

近年来,国内冲突及其"外溢"成为南部非洲面临的主要威胁。冷战结束后,尤其是南非种族隔离制度废除后,南部非洲所面临的主要威胁更多是内部问题,国家内部威胁要比国家间的威胁更危险,弱小政府的国内动荡可能导致严重的地区动荡。例如,近年在安哥拉、莫桑比克和刚果(金)发生的暴力冲突,而赞比亚、津巴布韦、莱索托和斯威士兰的国内政治也具有潜在的爆炸性。这些国内冲突不仅危及本国稳定,而且还会以不同方式外溢到其他国家,造成地区动荡。近年来,南共体积极调解刚果(金)冲突、莱索托、津巴布韦、马达加斯加国内危机,促进成员国的团结与合作。南共体积极制定地区自主维和机制和成员国民主选举原则与指南,推进地区和平和民主建设。2009年4月,南共体和东南非共同市场部分成员国元首在赞比亚首都卢萨卡举行会议,讨论南部和东部非洲地区20年"北—南走廊"基础设施建设计划,并筹集15亿美元资金用于地区道路、铁路和港口更新。同月,南共体执行秘书萨洛芒在博茨瓦纳首都哈博罗内宣布成立南共体评审认证机构(SADC Accreditation Service,SADCAS)。近年来,南共体为维护南部非洲的和平稳定发挥了重要作用,受到国际社会普遍关注。

(四) 推进地区内各领域合作,通过一体化进程应对各种发展挑战

近年来,南共体通过种种努力,积极推进本地区的经济增长,推进共同的政治理念和体制,促进并保卫和平与安全。南共体明确提出将"团结、和平和安全"作为其基本原则,以"促进、捍卫和平和安全"作为主要目标,将政治、外交、国际关系、和平和安全领域的合作作为成员国的基本义务。近年来,南部非洲多数国家所面临的主要威胁是政治、社会、经济和环境方面的,军事领域的冲突相对较少。同时,许多冲突的原因更多是源自国家内部因素,而非国家外部因素。此外,本地区一体化进程中还面临的一系列新问题,例如人口增速过快、环境破坏、稀缺自然资源争夺、人口大规模流动、粮食危机、毒品、疾病、轻型武器扩散、地方民族主义、地区经济边缘化等。近年来,南部非洲非政府组织发展快速,推进地区一体化的力量趋于多元化。南部非洲地区出现了诸多的非国家行为主体所主导的地区一体化新现象,例如,非法贸易网络、贸易走廊、地区性公民社会组织等。在此背景下,南部非洲地区一体化的动力既有来自国家和政府层面的,也有来自民间的,一体化涉及内容不仅包括经济领域,而且包括生态、

安全、人权、文化、社会生活等领域。①

二、南共体发展的成就与问题

（一）成就

面对着后冷战时代地区安全所面临的一系列困难，南部非洲地区各国日益意识到地区一体化是维持地区安全，促进经济发展，应对全球化浪潮的有效手段。近年来南共体在地区事务中的重要性日益凸显，它所取得的成就主要包括以下几方面。

首先，南共体制度建设的逐步推进。目前南共体主要机构包括：首脑峰会、南共体主席国"三驾马车"、南共体政治/防务/安全特设机构、部长委员会（通常指外交部部长或财政部部长）、南共体法庭（政策解释和争议解决）、南共体国家委员会（在成员国层面提出建议和意见，支持并监督本国南共体发展计划的实施）、高级官员常务委员会以及秘书处。秘书处是南共体的首要执行机构，位于博茨瓦纳首都哈博罗内。

其次，南共体在维护地区稳定、推进区域经济一体化方面取得了重要成就。在维护地区稳定方面，尽管此前南共体在刚果（金）和津巴布韦局势问题上的立场受到批评，西方国家指责南共体未能积极有效介入这些国家内部冲突的化解。然而，值得注意的是，近年来南共体对维持地区稳定方面的重要性日益凸显，这表现在它在化解马达加斯加危机过程中扮演着重要角色。南共体在马达加斯加政变后不久，立即强烈谴责导致马达加斯加民选政府被非法驱逐的违宪行为，要求立即恢复宪法。这是南共体历史上首次警告篡位者下台，否则将要面临南共体的制裁。

最后，主要国际组织和各大国日益重视通过南共体来推行发展援助。目前与南共体有国际合作项目的国家有13个，国际组织有2个，其中主要集中在欧洲，主要集中在自然资源（特别是水资源）、能力建设、贸易、基础设施等领域。此外，日本近年来也加大了对南共体的高度关注，与其在基础设施领域展开合作。近年来，国际社会高度重视南共体在地区问题上的态度和立场。尽管南共体执行效力较弱，但由于南共体是作为地区各国的代表，其在国际事务，特别是地区事务上的态度日益引起国际社会的高度关注。例如，在近年来的津巴布韦局势问题上，南共体呼吁津巴布韦各方保持克制，主张通过政治协商谈判方式化解危机，多次派遣协调人从中斡旋。包括中国在内的各国纷纷对南共体在津巴布韦问题上

---

① 李鹏涛：《论南部非洲地区合作中的"南共体方式"》，载《国际论坛》201年第5期。

的立场表示支持。南共体的态度和立场成为了国际社会在处理南部非洲地区事务上的重要参照。

(二) 问题

就南共体自身而言，尽管南共体影响力逐年提升，但它仍是一个不成熟的国际组织。南共体自身发展将是它在未来一段时间所面临的主要问题，同时也将是中国与南共体关系发展中的重要制约因素。

首先，地区经济发展的严重不平衡问题。南非与地区各国之间在经济规模、贸易额、对外直接投资方面存在严重不平衡。地区各国一些政治和商界精英甚至认为，南非对地区各国的投资并未真正促进地区产业发展。他们将这种由南非市场经济力量主导的地区经济一体化视作是南非对地区小国经济发展的"重新殖民化"。而姆贝基所提出的"非洲复兴"概念，则在很大程度上被视作实现南非战略空间的最大化，南非政府同欧盟缔结的自由贸易协定也被看作是有害于南共体整体协调发展目标的实现。

其次，南非领导作用的有限性问题。区域一体化和区域组织的发展需要地区大国力量的推动。然而，尽管南非在非洲大陆具有经济实力优势，它的地位仍然受到质疑与挑战，这就导致南非在非洲大陆寻求领导地位受到严重限制。南非政府同时需要顾及南共体团结、国内政治及与西方关系，这使得它的活动空间极其狭小，南非在津巴布韦问题上的态度立场充分证明了这一点。

最后，区域内共同观念的缺失问题。南部非洲各国在政治观念和体制上的巨大差异，对地区合作和一体化造成了严重挑战，这也明显表现在地区组织混乱驳杂。在南部非洲地区同时存在着多个地区组织，很多非洲国家同时是其中两个或者三个地区组织的成员国，这种同质性地区组织严重重叠的现象阻碍了其健康发展。

与此同时，我们也必须认识到中国外交自身存在的不足。中国传统上习惯于非洲国家的双边外交，对于区域组织关注程度略显不足，这一状况显然不利于中非关系的全面提升与健康发展。特别是在世界主要大国和地区组织日益重视与南共体等区域组织展开合作的情况下，中国在对非外交中应特别注意这一问题的重要性与紧迫性。

三、中国与南共体的合作领域与空间

目前，中国与南共体已经有良好的合作关系，并由中国驻博茨瓦纳大使兼任驻南共体代表。中国曾邀请南共体以观察员身份出席中非合作论坛历次部长会和

高官会。南共体人口达 2.7 亿，面积与中国相当，未来发展潜力巨大。随着南共体一体化进程加快，在地区事务中的作用上升，中国应采取积极措施，加大与其全方位的合作关系。

（一）充分认识南部次地区组织发展的巨大潜力，积极支持南共体一体化

南共体的一体化发展为中国与其合作提供了广阔空间，在投资、贸易、科技合作、基础设施建设、通信网络和教育培训方面也有巨大潜力。比如，电力供应严重不足一直是长期制约南部非洲经济发展和一体化进程的障碍。南共体各国已就加强地区发电能力问题达成基本共识，认为南共体需要在 2010~2025 年投资 240 亿美元以加强发电能力。对此，中国可与南共体积极合作，支持中国企业与地区国家开展发电能力。

（二）积极支持南共体在解决地区危机与冲突方面的努力

中国可尝试与南共体合作，或通过南共体而积极支持南部地区发展事务，逐渐而适度地介入南部非洲在地区安全合作、打击跨境犯罪、制止武器走私方面的合作行动。目前南共体面临一些地区发展复杂挑战，一些国家政治局势前景不甚明朗，而南共体日益强调地区冲突的集体调解与解决，有选择地积极调停甚至干预成员国内部的政治危机。南共体对津巴布韦、马达加斯加局势的处置总体上得到国际社会认可，因此，中国可加大在此方面的合作，在坚持不干涉非洲国家内政的前提下，积极支持南共体发挥地区安全与发展的领导与组织角色。

（三）提供培训、管理与技术援助，帮助南共体提升一体化行动能力

积极推进中国与南共体的人力资源合作，大力投资南共体跨地区的环境、教育、卫生领域能力建设与发展。一体化能力弱化、人力资源匮乏，是制约非洲地区合作的一大瓶颈。中国可优先考虑与南共体国家在地区组织的能力建设方面开展合作，加大对地区内基础设施、能源、人力资源等领域的合作力度。

第四节 中国加强与非洲地区组织合作的问题与政策

中国与非洲地区组织合作的深化仍然面临着诸多制约因素，其中既有非洲地

区组织自身发展问题,也有中国对非政策亟待调整完善之处,同时也有西方国家的竞争压力因素。

一、非洲地区组织自身发展问题

(一) 非洲地区组织严重依赖外部支持

非洲一体化进程仍然存在众多短期难以解决的问题:很多国家仍然处于国家建设和发展阶段,国内发展是头等重要问题,成员之间政策缺乏有效协调,基础设施发展滞后严重制约着地区各国间贸易发展,所有这些问题都使非洲地区组织发展动力严重不足,尽管非洲地区组织显示出作为地区一体化领导者的信心和决心,但不得不依赖外部力量的援助与支持。以非盟为例,其年度预算约为1.5亿美元,其中1/3是由国际社会捐助的,而耗资巨大的维和行动费用也主要依靠国际社会捐助。因此,倘若欧盟或者某个捐助国在某些问题上不予合作,那么非盟的政策就很难执行下去。[①]

(二) 非洲地区组织之间的竞争关系

非盟与次地区组织之间存在一定竞争关系。非盟成员国往往同时是一个或数个次地区组织成员国。对于这些国家来说,它们需要协调与不同层级地区组织的关系,更要分担数额不等的会费。对于捐助国而言,它们在提供援助时也要考虑非盟、次地区组织和具体国家的三方需求。与此同时,非洲次地区组织之间也存在严重的"组织重叠"现象,同一国家同时是数个功能相似或相同地区组织的成员国。

(三) 非洲地区组织执行力较弱

非洲地区组织签署文件较多,但多无法有效执行,这是非洲地区组织普遍存在的问题。以西共体为例,它先后在利比里亚、塞拉利昂、几内亚比绍和科特迪瓦等国和平进程中发挥了积极作用,是地区和平与安全方面发挥作用较大的非洲地区组织之一。然而,尽管其相关法律文件完备,但在后勤保障、成员国关系协

---

① Benedikt Franke, *Security Cooperation in Africa*, Boulder, CO: Lynne Rienner, 2009. p. 261.

调、内部组织管理等方面存在严重缺陷，这些构成了西共体发展所面临的重大挑战。①

二、中国对非区域合作政策的调整

目前中国对非政策，其内容与形式均以双边关系为主，主要是通过中非合作论坛这样的多边组织。中国与非洲地区组织的联系主要是在非盟层面，而且中国与非盟的实质性合作仍然相对缺乏，在次地区层面合作也较少。这种情况与中国对外援助模式有关，它从一开始就是双边援助模式，直到 1971 年加入联合国后才开始参与多边援助。②

（一）中国对非区域组织合作的基本原则

近年来，中非关系所带动的国际"非洲热"改善了非洲发展外部环境，并为非洲发展提供了更多机会。非洲决策者和学者们强烈意识到与中国开展合作的重要性，强调非洲不能错失这一历史机遇，应积极提升非洲在发展合作中的主动性。非洲地区组织一再强调中非合作应兼顾多边合作，希望在中非合作论坛中扮演重要的组织者、协调者甚至领导者角色。负责处理与中非合作论坛关系的非盟官员范塔洪（Fantahun H. Michael）大使建议加强非盟与中非合作论坛的合作关系，他认为加强非盟在中非合作论坛中的关键作用，与中国通过中非合作论坛与单个非洲国家继续发展友好双边关系，这二者之间不仅并不冲突，而且可以相互补充。中非合作论坛的发展需要不断调整完善，在继续保持并加强与非洲国家的双边关系的同时，推进论坛与非洲次地区和整个大陆层面的多边合作机制的合作。③ 非洲学者也呼吁非洲地区组织加强同中国的机制化合作，包括中国与非洲地区组织互派外交官，与中方加强信息沟通，加强东共体和南共体秘书处同中国智库及相关部门的合作。④

---

① Cyril I. Obi, "Economic Community of West African States on the Ground", Comparing Peacekeeping in Liberia, Sierra Leone, Guinean Bissau, and Côte D'Ivoire, *African Security*, Vol. 2, No. 2, 2009, pp. 119 – 135.
② 贺文萍：《中国援助非洲：发展特点、作用及面临的挑战》，载《西亚非洲》2010 年第 7 期，第 16 页。
③ 2009 年 10 月，刘鸿武访问非盟总部访谈记录。
④ Garth Shelton, "China: the transport network partner for African Regional Integration?", *China Monitor*, March 2010, pp. 4 – 9.

（二）中国对非区域组织合作的空间与意义

第一，非盟等地区组织的兴起为中国与非洲国家关系发展提供了崭新平台，客观上有利于中国对非政策的推行。非洲国家众多，各种矛盾错综复杂，在这种情况下，中国"重双边"的传统外交方式的局限性很容易被放大，双边关系的推进可能被误解为有排他性、针对性而引发第三方不安。而通过非盟、南共体等组织开展多边外交，则为中国对非外交提供了崭新平台，同时也意味着中国与非盟、南共体等地区组织的成员国之间有更多的沟通交流机会和更多问题解决渠道，这反过来也将强化中国与非洲国家间的双边关系。将涉及中国在非利益的问题纳入稳定的非洲地区组织渠道去解决，将大大有利于中国在非利益的维护以及中非关系的发展。①

第二，与非盟、南共体等组织的多边合作有助于消除"中国威胁论"，树立并强化中国在非洲的"负责任大国"形象。随着中国在非洲影响力的增强，中国对非政策屡遭西方国家及媒体的误读、曲解甚至是攻击，使得一些非洲国家被蒙蔽。通过与非盟、南共体等的积极互动，并主动利用这些场合宣传中国的对非政策，有助于消除非洲国家对中国的疑惧，有效回应西方针对中国对非政策的曲解与攻击，树立中国在非洲的"负责任大国"形象。

第三，与非洲地区组织的合作能够拓展中国的外交空间。中国和非洲各国同属发展中国家，在经济社会发展、全球气候变化、国际贸易体系等方面的立场具有较大的一致性，通过加强与非洲地区组织的合作，能够更好地争取非洲各国对中国的外交支持，夯实中非关系的基础，拓展中国的外交空间。

三、国际环境是中国重视对非地区合作的重要背景

随着国际社会重新重视非洲，纷纷调整对非政策，强化与非洲的联系，中国对非战略面临的竞争压力日益增强。特别是欧盟利用与非洲的传统联系，制定新的机制规范，加强与非盟、南共体、西共体等的合作，投入力度较大、合作范围较广，试图重振对非洲国家内外政策的影响力，左右非洲对我国合作政策的选择。有学者注意到，欧盟批评中国对非政策重视双边而忽视非盟等非洲地区组织，无视非洲国家在和平与安全、一体化以及民主与良政领域内的自主努力，因

---

① 周玉渊、刘鸿武：《论国际多边对非合作框架下的中国对非战略》，载《太平洋学报》2010年第7期。

而不断对中国施压。[①] 欧盟等西方国家的竞争压力为中国开展与非洲地区组织合作带来一定挑战，随着欧盟国家与非洲地区组织合作所产生的制度性影响力的增强，以及非洲地区组织影响力的日益提升，非洲地区组织将对中非合作关系提出更高层次要求。中国需要充分意识到中非合作关系的多边意义和全球影响，不断加强与非洲地区组织的沟通，寻求多边合作的新空间与新领域。

四、新时期中国对非洲地区组织合作的政策建议

在非洲地区组织影响力日益提升的背景下，中国对非战略中应更加重视非洲地区组织的作用。中非关系在保持以往"国家对国家"的双边合作传统优势的前提下，应更加重视与非洲地区"国家对地区"的多边合作，并使这两种合作关系形成互为推进、良性互动的格局，以双边合作支撑多边合作，以多边合作完善双边合作，从而开创出新时期中非合作新局面。

第一，中国应继续支持非盟等非洲地区组织在地区合作中的领导地位，并加大与它们的合作力度。非盟、南共体和西共体等非洲地区组织将越来越多地要求成为援助与发展合作的实施主体，成为受援过程的组织者与领导者，因而要求中国重视它们在中非关系中的作用。中国应加强与非盟等非洲地区组织在非洲事务领域的合作，在联合国等国际平台上加强与非洲地区组织的相互支持。

第二，积极拓展中非合作论坛的参与主体，提升非盟在论坛中的地位与作用，并积极探寻与次地区组织合作的方式与途径。

第三，以地区大国为基点，由点及面地稳步推进与非洲地区组织的合作。南非、尼日利亚等国是非洲地区一体化的主要推动力量，因此也是中国加强与非洲地区组织合作的关键国家，应以这些国家为突破口，深化双边合作，以双边合作积极推动多边合作。

第四，在对非战略和投资政策上应有整体考虑，可积极引导有资质的中资企业投资于非洲基础设施、农业、旅游业等领域，积极推进非洲地区一体化进程，奠定中国与非洲国家经济上长期互利共赢的基础。

第五，加强与非洲地区组织在地区和平与安全领域的合作，提供必要支持。非洲国家局势总体稳定，但局部动荡冲突不断。随着赴非中资企业及中国公民日渐增多，在和平安全方面与非洲地区组织合作，是保护中资企业和中国公民、维护中国在非利益的有效手段。

---

① 金玲：《欧盟对非洲制度机制调整及其对中国的影响》，载《欧洲研究》2010年第5期，第66页。

第十二章

新时期中国参与非洲安全治理的举措与问题

非洲安全问题是长期困扰非洲发展的关键问题之一，而对非洲的安全治理大致形成了一种包括全球体系、非洲大陆、非洲次地区、非洲国家、非洲公民社会、私人行为体六个层次的多层治理体系。在此背景下，随着中国各项利益在非洲大陆的不断拓展，中国通过联合国、非盟等全球与地区性机制，逐步加入到国际社会为实现非洲和平与安全的各种努力之中，并日益成为非洲和平与安全建设的重要力量。通过参与非洲维和、反海盗、防止武器扩散、参与战后重建等行动，中国不仅切实为创造非洲经济社会所需的和平环境做出了贡献，赢得了较高的国际声誉，而且拓展了中国新安全观及不干涉内政原则的内涵，中国对非安全政策更趋成熟务实。与此同时，中国也面临一些问题与挑战，包括发展—安全关联及政策协调问题、合作层次单一化问题、非传统安全问题、与西方维和模式的冲突等。这些问题的出现反映了中非关系已经发展到必须从战略的高度来考虑中国对非安全政策的新阶段。

第一节 当前非洲大陆安全治理的多维形态

自非洲国家独立以来，安全问题一直是困扰其发展繁荣的关键问题之一。进入21世纪之后，非洲面临的安全挑战似乎有增无减。内部冲突、统治危机、军事叛乱等传统威胁看似有所降低但其实依然持续存在,[①] 与此同时,恐怖主义、粮食安全、小武器扩散、难民,以及疾病传播、气候变化等非传统安全威胁不断涌现。传统安全威胁与非传统安全威胁相互交织,使非洲成为世界上最不安全的大陆。这不仅是非洲大陆自身的问题,还是一个全球性问题。国际社会与非洲是如何应对非洲面临的种种安全挑战?目前非洲大陆事实上形成了什么样的安全治理体系?本节力图从安全治理的理论视角来探讨非洲的安全管理现状与特点。

尽管自冷战结束以来,"非洲问题由非洲自己解决"的理念在非洲与国际社会日益普及,但由于非洲问题不仅仅是非洲人的问题以及非洲自身解决问题能力的局限性,非洲的安全治理一直是从非洲到全球体系、从政府间公共机构到公民社会组织等各类行为体共同参与的一项事业。具体而言,非洲安全治理大致可以分为全球体系、非洲大陆、非洲次地区、非洲国家、非洲公民社会、私人行为体六个层次。每个层次在非洲安全治理中发挥着独特的、不可或缺的作用,但每个层次都无法单独应对非洲面临的安全挑战。

一、非洲安全治理参与主体多元,层次多样

在全球体系层面参与非洲安全治理的主体包括联合国、国际红十字会、无国界医生等全球性国际组织,以及如美国、欧盟、经济与发展合作组织、新兴大国等国际捐赠共同体。其中联合国是非洲安全治理最重要的行为体,在非洲安全治理中具有最大的合法性并发挥着至关重要的作用。非洲问题是困扰世界实现共同和平、繁荣与发展的根本问题。[②] 联合国日益重视非洲的不安全形势,将非洲问题列为其重要的议事日程。它不仅专门成立了非洲经济事务委员会来管理非洲事务,而且还提出了联合国"千年发展目标"来激励、鼓舞和帮助非洲实现繁荣与发展。维持非洲的和平与安全是联合国的一项重要任务,目前联合国在非洲的维和行动达到 8 个,包括在中非共和国和乍得、非盟与联合国在达尔富尔的联合行动,在苏丹、科特迪瓦、利比亚、刚果(金)、布隆迪,以及西撒哈拉全民公投

---

① 从 1989 年到 2009 年全球 131 场武装冲突中,非洲占了 41 场,为全球武装冲突发生最多的地区,见 UCDP/PRIO Armed Conflict Dataset, Harbom, Lotta & Peter Wallensteen, 2010. "Armed Conflict, 1946 – 2009." *Journal of Peace Research* 47 (4), p. 502. 但近年来正如世界其他地区一样,非洲的暴力冲突有所下降。2006 年 7 个国家发生冲突,相比而言,20 世纪 90 年代末则是 14 个国家,可以说当前非洲总体安全形势趋向稳定,和平与发展成为非洲大陆的主流。但在局部地区与国家如索马里、达尔富尔、大湖地区形势依然严峻,见 The African Development Report 2008/2009, by African development bank, 2008, p. vi.

② 卡普兰指出,资源匮乏、犯罪、人口过剩、部族主义与疾病正在迅速摧毁全球的社会结构,使世界陷入混乱与无政府中。See Robert D. Kaplan, "The Coming Anarchy," *Atlantic Monthly*, February, 1994, 273 (2), pp. 44–76。

中的行动。联合国还积极致力于解决威胁非洲安全的艾滋病、粮食短缺、气候变化等非传统安全问题。例如，为推进非洲的粮食安全和农村发展问题的解决，联合国粮农署联合国际农业发展基金、世界银行和非洲发展银行，推出了一系列发展援助项目，包括旨在推进非洲农业发展的"非洲农业综合发展项目"。这一项目涉及众多农业地区合作与技术共享计划，并在非洲多个国家获得推进。国际援助共同体也是非洲安全治理的重要参与者，其主要在制度建设、财政支持、人员培训等方面支持非洲自身安全维护能力与机制建设，参与非洲安全建设进程。像欧盟及一些欧洲国家如法国还直接介入非洲的安全事务，比如在 2008 年 1 月到 2009 年 3 月，欧盟在乍得东部和中非共和国东北部部署了军事部队以保护处境危险的民众，推进人道主义援助的物质发放，保护联合国工作人员和设施。① 此外，国际红十字会、无国界医生等国际非政府组织也直接参与非洲国家的流行病防治、救死扶伤等涉及民生的工作。

二、非盟是非洲大陆层面安全治理的核心

自 2002 年非盟正式成立以来，安全考虑一直在非盟议程中占据着压倒性地位。在 2000 年创建非盟的《非盟宪章》草案第 3 款中明确规定，"促进非洲大陆的和平、安全和稳定"是非盟的重要目标之一。为了促进非洲和平与安全目标的实现，近年来非盟一直致力于建构非洲集体安全机制，提升非洲自主维持安全的能力。2002 年非盟第一次首脑会议上通过了《关于建立非洲联盟和平与安全理事会的议定书》。2004 年 5 月非盟和平与安全理事会在埃塞俄比亚首都亚的斯亚贝巴宣布成立。2004 年 2 月第二届非盟特别首脑会议《非洲共同安全与防务政策宣言》，2005 年非盟第四届首脑会议签署了《非盟互不侵犯和共同防御条约》。经过多年努力，非洲大陆正在逐步形成一个"非洲和平与安全架构"。② 这一架构由非盟和平与安全理事会、非洲大陆安全预警体系、非洲待命部队、智囊团、非洲和平基金等组成，从而提升了非洲自主维和能力的能力与意识。在非传统安全方面，首先，非盟对安全的界定包含了非传统安全因素。它认为"安全意味着保护个体，满足其基本的生活需求，包括创造生存所必需的社会、政治、经济、军事、环境、文化条件，包括保护个体基本自由，能够获得受教育与医疗保障，

---

① "Overcoming fragility in Africa: forging a new European approach", European Report on development, October, 2009, p. 164, http: //erd. eui. eu/media/fullreport/ERD%202009_EN_LowRes. pdf.

② African Union Commission, "Report on the Status of the Establishment of the Continental Peace and Security Architecture", 2008, available at: http: //www. africa-union. org/root/AU/AUC/Departments/PSC/PSC CD/4_Report%20of%20the%20Status. pdf.

确保每个个体有机会选择以实现个人的潜能。"[1] 在 2003 年马普托峰会上，非盟投票通过了将非洲艾滋病监控纳入非盟系统的动议，由非盟社会事务部分管，负责执行重大的艾滋病防治方案。非盟于 2003 年还重新修订了 1999 年制定的关于打击恐怖主义的协定，把打击恐怖主义视为非盟长期的艰巨任务。新协定指出，非盟成员国要加强反恐能力，分享情报资源，联合监控等。为了践行反恐的承诺，非盟还在阿尔及利亚成立了反恐中心。[2] 无论是应对传统的内部冲突与战争，还是治理各类非传统安全威胁，非盟都是协调统筹整个非洲大陆安全治理的最关键行为体。

三、非洲次地区组织作用日益明显

在非盟成立前，非洲安全领域最活跃的组织是次地区组织。它们不仅在非洲内部冲突管理，而且在一些非传统安全领域中都具有不可替代的作用。比较有影响力的次地区组织包括：南部非洲发展共同体（SADC）、西非国家经济共同体（ECOWAS）、东北非洲政府间发展共同体（IGAD）、阿拉伯马格里部联盟（UMA）、中非国家经济共同体（ECCAS），以及东南部非洲共同市场（COMESA）。这些地区经济共同体中，南部非洲发展共同体、西非国家经济共同体和政府间发展共同体在安全领域比较活跃。其中，西共体曾经参与干预了利比里亚与塞拉利昂的暴力冲突，政府间发展管理局成功地参与苏丹和索马里调解。由于非洲次地区组织对控制本地区冲突更具有敏感性与迫切性，而且往往对冲突发生的原因与背景更为熟悉，因此在冲突的预防与处理中具有自身独特的优势，未来非洲集体安全机制的发展成效将在相当大程度上取决于非洲次地区组织的发展及其对非盟及联合国行动的支持程度。目前正在成型的"非洲和平与安全架构"在结构上是一种金字塔式的分散化的多层分工与合作，其中次地区组织是大陆集体安全机制的基础与支柱。规模为 15 000~20 000 人的非洲待命部队的组建任务主要依靠 5 个次地区组织，每个组织负责组建一个 3 000~5 000 人的待命旅。如果这支常备部队组建成功，将大大增强非洲自主维和能力。

四、非政府组织的作用也日显重要

近年来，各种类型的非洲非政府组织、社会组织、国际非政府组织在非洲

---

[1] See Naka K. Poku, Neil Renwick and Joao Gomes Porto, "Human security and development in Africa", *International Affairs*, 83: 6 (2007), p.1158.
[2] 万玉兰编译：《非盟与非洲安全体系的建构》，载《西亚非洲》2007 年第 6 期，第 70~71 页。

安全治理中的作用逐渐增强。和平建设方面，非洲地区公民社会的创始者包括非洲内罗毕和平倡议、南部非洲冲突预防网络、西非和平建设网络以及西部非洲公民社会论坛。① 冷战结束后，非政府组织日益广泛地参与到非洲冲突管理与解决的各个环节，包括早期预警、冲突调解、人道主义援助、冲突后的重建、人权保护与良政等，成为继国家和国家间组织之后的"第三种力量"。② 与此同时，非盟和联合国等政府间组织日益认识到非政府组织在非洲冲突管理中"自下而上"的建设性作用，并开始创造条件与它们进行积极的协调与合作。早在1991年，尼日利亚总统奥巴桑乔与时任非统主席、乌干达总统穆斯维尼就提出了一个与公民社会接触的倡议，即非洲安全、稳定、发展与合作会议，其主要功能之一就是为监督与促进非盟决策的执行提供一个机制。2001年非洲统一组织秘书处宣称，它将与公民社会共同提供一个法律框架，在其基础上，它们将获得国家层次的合法性。公民社会反过来在向民众宣传大陆层次的决定时具有重要作用。③ 非盟还利用独立的非洲研究机构在安全方面的知识专长。总之，在各种和平进程中，将公民社会论坛纳入其中已经是常事，在联合国与非盟支持下，大湖地区国际会议推动了该地区的妇女、青年与非政府组织参与会议，就是一个例证。④

在非传统安全威胁应对方面，公民社会也是有力的参与者。以艾滋病治理为例，在非洲艾滋病防治工程中，成百上千的非政府组织工作于国际捐赠者资助的预防、支持和治疗项目中。它们或者单独活动，或者参与一些合作行动，这包括执行预防计划比如宣传以增加感性认识、发放安全套、制作海报、关心和支持艾滋病人群等。此外，非政府组织还常常组织小型的研讨会，在更大的社区范围内推进这些活动。有些还建立本土与地区网络来扩大工作与合作以增加影响。通过这些努力，非政府组织事实上构成了艾滋病治理结构中最大的政策执行者。⑤ 在政策议程设置及决策中，非政府组织也具有重要的咨询作用。

---

①③ Liisa Laakso, "Beyond the Notion of Security Community: What Role for the African Regional Organizations in Peace and Security?" *Round Table*, Vol. 94, No. 381, September 2005, pp. 489–502.

② 参见罗建波：《非政府组织在非洲冲突管理中的角色分析》，载《国际论坛》2008年第1期；胡志方：《非政府组织在解决非洲冲突中的作用与影响》，载《西亚非洲》2007年第5期。

④ AU, "Report of the Chairperson of the Commission on the Process of the International Conference on the Great Lakes Region", *presented at the Peace and Security Council 32nd meeting*, 17 June, Addis Ababa, 2005.

⑤ Hakan Seckinelgin, "A Global Disease and Its Governance: HIV/AIDS in Sub-Saharan Africa and the Agency of NGOs", *Global Governance*, 11 (2005), pp. 358–359.

五、非洲安全治理的私人化倾向值得关注

非洲安全私人化的重要表现是私营军事公司的大量涌现。它们主要参与非洲传统安全问题，介入非洲各类武装冲突，发挥着独特的作用。南非拥有非洲最大的私人安全部门，当前注册的私人安全公司有 4 898 家，安全工作者则达 307 343 人之多；肯尼亚大约有 2 000 家私人安全公司，雇用近 5 万人；尼日利亚私人安全公司在 1 500～2 000 家之间，雇用大约 10 万人。[1] 与政治、人道以及财政负担沉重的西方国家和国际组织相比，某些时候私营雇佣军在介入冲突时具有诸多优势。它们一般经验丰富、训练有素，能做到部署快速、行动统一、指挥通畅，且基本上没有任何政治负担。此外，与联合国维和行动相比，私营雇佣军的行动相当廉价。如联合国在塞拉利昂的维和行动每月需要花费约 4 700 万美元，而帮助塞拉利昂政府与反政府武装作战的私营雇佣军万能公司每月只需要 120 万美元。[2]

六、非洲国家在非洲安全治理中作用的分化弱化倾向

在非洲安全治理中，很多非洲弱国与其说是非洲安全治理的主体，不如说是非洲安全问题的一部分。因为大部分非洲弱国自身面临着国内合法性的深刻危机，它们沿袭着新世袭制度主义的政治文化，在内外政策的制定与执行中都遵循着个人生存的政治逻辑。[3] 但并非说所有非洲国家都难以担当非洲安全治理的主体角色，非洲的地区大国往往可以为非洲地区的和平与稳定提供某种公共物品。比如南非在南部非洲、尼日利亚在西部非洲都扮演了地区稳定的推动者的重要角色。正是由于南非与尼日利亚的大国影响力，在南部非洲与西部非洲形成了等级制的权力分配结构，大国有能力与权威主导地区安全合作，促进地区冲突的解决。东部非洲与中部非洲由于缺乏地区大国而导致无政府状态盛行，造成卢旺达与索马里维和行动的失败。[4]

---

[1] Rita Abrahamsen; Michael C. Williams, "Public/Private, Global/Local: The Changing Contours of Africa's Security Governance", *Review of African Political Economy*, No. 118, 2008, p. 543.

[2] 王秀梅：《雇佣军、私人军事公司与非洲》，载《理论观察》2009 年第 4 期。

[3] Christopher S. Clapham, *Africa and the international system: the politics of state survival*, Cambridge University Press, 1996, pp. 4–5.

[4] Stephen F. Burgess, "African Security in the Twenty-First Century: The Challenges of Indigenization and Multilateralism", *African Studies Review*, Volume 41, Number 2 (September 1998), pp. 37–61.

第二节　中国参与非洲安全事务的基本进程与举措

自2000年中非合作论坛成立以来，中非在和平与安全领域的合作一直是论坛框架下中非合作的重要领域之一。时至今日，随着中国在非利益不断拓展、中非发展领域合作关系日益深化，以及非洲对中国的安全诉求日益强烈，中非安全合作已经成为中非全面新型战略伙伴关系的重要内容。十多年来，中国对非洲和平与安全合作的态度日益积极，领域逐步扩展，进程日益深化，并对非洲政治经济社会的发展产生了重要影响。但对中国而言，也有一些需要反思的问题与挑战。本节将在概述总结中国参与非洲和平与安全的进程基础上，评估其影响、成效与问题，并进行相应的政策思考。

中国参与非洲和平与安全建设的步调和中国与国际体系关系的转变是一致的。以20世纪70年代末开始的改革开放为标志，中国开启了逐步融入国际社会的进程。在这一进程中，中国通过联合国、非盟等全球性与地区性机制，逐步加入到国际社会为实现非洲和平与安全的各种努力之中，并日益成为非洲和平与安全建设的重要力量。

一、参与联合国及非盟框架下的维和行动

中国参与非洲维和的努力首先表现在中国在非洲维和的行动次数与规模上。中国的维和之路始于非洲，1989年中国首次派出20名文职人员参加了"联合国过渡时期援助团"，帮助纳米比亚实现从南非独立的进程，这是中国第一次参与联合国维和行动。此后，中国政府又于1991年9月派遣军事观察员参加"联合国西撒哈拉公民投票特派团"。据统计，自1990年以来，中国已经参加联合国在非洲的17项维和行动，先后派出维和官兵1.5万余人次。目前，中国成建制的维和部队主要集中在非洲，中国已成为非洲维和机制中的主体力量之一。中国参与的维和行动遍及了非洲很多国家，包括莫桑比克、塞拉利昂、刚果（金）、利比里亚、科特迪瓦、布隆迪、苏丹、埃塞俄比亚与厄立特里亚等。截至2014年3月，中国正在参与的联合国在非洲的维和行动有7项，维和人员人数为1 953人（见表12-1）。

表 12-1　　　中国正在参与的非洲维和行动（截至 2014 年 3 月 31 日）

行动名称	军队	警察	军事观察员	总数
西撒特派团（MINURSO）			10	10
联合国马里多层面综合稳定特派团（MINUSMA）	402			402
联合国南苏丹派遣团（UNMISS）	340	13	3	356
联合国-科特迪瓦行动（UNOCI）			6	6
联合国-刚果稳定特派团（MONUSCO）	221		12	233
联合国-非盟达尔富尔混合行动（UNAMID）	233			233
联合国-利比里亚行动（UNMIL）	553	158	2	713
总人数	1 749	171	33	1 953

资料来源：根据联合国维和行动网站资料整理而成，http://www.un.org/en/peacekeeping/contributors/2014/mar14_5.pdf。

此外，中国还通过提供财政援助支持非洲的自主维和行动与能力。近年来，中国在联合国维和行动中捐款的数额呈稳步增长的趋势，捐款数额占总捐款的比重从 20 世纪 90 年代的 0.9% 左右上升到 2000 年 12 月的 1.5%，到 2008 年则已超过了 3%。[①] 目前，中国的联合国维和预算交费数额在美、日、英、德、法、意之后，排名第七。[②] 就非洲而言，自 2000 年起，中国每年向非盟提供 30 万美元的援助，用于组织构建。2005 年和 2006 年，中国为非盟分别提供了 40 万美元的特别捐赠，帮助其在达尔富尔执行维和行动。2008 年，中国向非盟索马里维和行动捐赠 30 万美元。2009 年 8 月，中国向非盟驻索特派团的两个主要出兵国乌干达和布隆迪分别提供了 500 万元人民币的后勤援助，并向非盟在索马里维和行动提供了 40 万美元的支票。这些财政与物质援助为推进非洲和平进程、提高非洲自主维和能力起到了积极作用。

二、支持和参与非洲反恐与索马里海盗的国际治理

中国一贯表示支持非洲国家所做的各项反恐努力。在 2006 年北京行动计划中中国表示，支持"非盟预防和打击恐怖主义公约以及非洲恐怖主义研究和调查中心成立，并将研究同非洲国家开展反恐合作的方式"。2009 年行动计划承诺，

[①] 国际危机组织：《中国的联合国维和贡献与日俱增》，2009 年 4 月 17 日，第 7 页。

[②] United Nations Department of Public Information (2009), "United Nations Peace Operations 2009, Top 10 Providers of Assessed Financial Contributions to UN Peacekeeping Operations", available at http://www.un.org/en/peacekeeping/documents/factsheet.pdf.

"双方将在反恐问题上加强合作,维护各自国家安全,并推动国际反恐合作不断取得新进展"。在具体行动上,中国主要通过为非洲地区性反恐机制提供物质与财政援助来参与非洲反恐。例如,为非盟驻索马里特派团打击"伊斯兰青年运动"等恐怖主义势力提供物质援助。

参与索马里海盗问题的国际治理是中国促进非洲安全的另一重要行动。2008年以来,索马里海盗活动频繁,已经对亚丁湾海域的公共安全构成了严重的影响。为保障海上公共通道及自身海运安全,中国政府于2008年12月26日首次派遣海军舰艇编队赴亚丁湾、索马里海域实施护航。主要任务是保护中国航经亚丁湾、索马里海域的船舶、人员安全,保护世界粮食计划署等国际组织运送人道主义物资船舶的安全,并尽可能为航经该海域的外国船舶提供安全掩护。截至2012年12月,共派出13批34艘次舰艇、28架次直升机、910名特战队员,完成532批4 984艘中外船舶护航任务。[①] 中国还积极参与或主持协调会议、加入多边机制、开展双边合作等治理索马里海盗的国际安全合作。2009年11月6日,中国在北京主持召开了防范和打击索马里海盗国际会议,协调国际力量共同打击索马里海盗,加入并认真履行有关防范和打击海盗的国际公约。中国先后加入了《制止危及海上航行安全非法行为公约》《国际船舶和港口设施保安规则》等国际公约。此外,中国还积极提出打击索马里海盗的政策倡议。2009年11月中国常驻联合国副代表刘振民,提出在亚丁湾海域由各国海军在统一组织下分区护航倡议这一重大、实质性的主张,得到国际社会有关各方的普遍赞誉。

三、积极防止各类武器在非洲扩散

早在1996年中国就签署了《非洲无核武器条约》,支持非洲地区无核化进程,并保障非洲免受核武器的威胁。在2006年北京行动计划中中国再次承诺:呼吁加强国际合作,推动核裁军和防止核武器扩散进程,支持非洲在自愿基础上实现无核武器区目标的努力。随着利比亚和南非放弃核武器追求,最终实现了非洲的无核化。

小武器扩散问题往往被视为刺激非洲冲突蔓延、导致人道主义灾难的重要助推剂。中国在态度与行动上都积极参与了防止轻小武器扩散的机制。2006年中国支持了联合国关于轻小武器非法交易的解决方案,并认真落实2002年签署的联合国轻小武器《行动纲领》与《识别和追查非法轻小武器国际文书》,制定实施了轻小武器标志细则。此外,值得一提的是,早在2002年,中国就参加了旨

---

① 中华人民共和国国务院新闻办公室:《2013年中国的国防》,第14页。

在阻止源于非洲的"冲突钻石"流动的"金伯利进程",对毛坯钻石进出口贸易实施有效监控,以遏止"冲突钻石"的非法交易,履行成员国的国际义务,维护非洲地区发展中国家的和平与稳定。尽管这些行动仍有许多不足,但却证明中国愿意为非洲的内部冲突有更多作为。

四、与非洲国家在军事领域的交流与合作

中国与非洲的军事关系由来已久,早在非洲民族独立运动时期,中国在物质与道义方面就给了非洲国家大量军事支持与援助。[①] 之后,中非一直保持着军事关系。在中非双边军事合作原则方面,中国政府承诺,坚持在和平共处五项原则基础上发展不结盟、不对抗、不针对第三方的军事合作关系。[②] 在具体实践中,中国与非洲军事合作的形式主要有四种,即军事互访、人员培训、援助与贷款、联合军事演习。

2000 年以来,中国军队领导人访问了阿尔及利亚、尼日利亚、埃及、南非、坦桑尼亚等许多非洲国家。几十个非洲国家高级军事代表团也来华访问。2010年 9 月,首次派"和平方舟"号医院船访问吉布提、肯尼亚、坦桑尼亚、塞舌尔等非洲国家,并开展人道主义医疗服务。[③] 与非洲国家军队的专业交流不断增多,内容涉及院校教育、军事训练、通信、后勤、装备技术等多个领域。2010 年 5 月,来自非洲 15 个国家的 15 名高级军官参加了由军事科学院与中国国防大学组织的为时 12 天的培训学习。还有一些定期训练,例如,每年都有 30 名安哥拉军事人员到中国接受培训。与此同时,我军向非洲国家派遣了大量军事专家,他们承担了院校教学、部队训练、装备维修、医疗卫生等任务。

五、积极参与非洲国家的战后重建

战后重建不仅对冲突后地区的民众民生问题十分必要,而且对非洲的长久和平与稳定具有十分关键的意义。因此,中国十分重视非洲国家的战后重建工作。2009 年中非合作论坛行动计划正式指出,中国将"加强与有关国家在联合国建设和平委员会的合作,支持有关国家战后重建进程"。事实上,中国已经开始参

[①] 徐伟忠:《中国参与非洲的安全合作及其发展趋势》,载《西亚非洲》2010 年第 11 期,第 11~12 页。
[②] 中华人民共和国国务院新闻办公室:《2008 年中国的国防》,第 68 页。
[③] 《2010 年中国的国防》白皮书,第 26 页。

与包括塞拉利昂、利比里亚、苏丹、安哥拉、刚果（金）等很多非洲国家的冲突后重建工作。中国政府、国家开发银行、大型国有企业和省属企业、各类民营企业等都积极参与其中，形成了一个全方位、多层次、多领域参与非洲重建的体系。参与非洲国家重建的主要途径包括：免除非洲国家债务、官方援助、贸易投资、政治参与等。①

第三节　中国参与非洲安全事务的成效与问题

一、中国参与非洲和平与安全建设的成效与意义

（一）进一步强化了中国负责任大国的形象

以 20 世纪 90 年代亚洲金融危机为起点，中国开始了在国际社会建构自身"负责任大国"形象的历程，时至今日，中国在国际金融合作、全球环境保护、地区和平与安全机制建设等诸多方面已经做出了重要贡献。中非关系的发展为中国强化与提升这一形象提供了重要契机。通过参与非洲维和、参与打击海盗及防止武器在非洲扩散等行动，不仅推进了非洲和平安全建设进程，而且更是"一场公共关系上的胜利"。② 在国内，参与维和与护航行动凸显出中国军队的光辉作用，在国际上则提高了国家形象。与此前西方媒体针对中国对非外交政策的长期负面评论形成鲜明对比，中国的维和努力获得赞誉无数。联合国秘书长潘基文和联合国副秘书长阿莎－罗丝·米吉罗均赞扬了中国对联合国全球维和做出的贡献。美国国务院指出中国的参与"对维和行动的成功至关重要"，利比里亚总统埃伦·约翰逊·瑟利夫也高度评价中国代表团的素质和专业精神。③ 与发展领域合作招致众多复杂反应相比，中国在参与维和及护航行动等安全领域的行动不仅有助于消弭国际上的负面形象，而且大大凸显和强化了中国的负责任大国形象。

---

① See "Saferworld: China's growing role in African peace and security", January 2011, pp. 85 – 86; Daniel Large, "China and Post-conflict Reconstruction in Africa: the Case of Sudan", SAIIA Policy Briefing on China in Africa project.
② 国际危机组织研究报告：《中国在联合国维和的贡献与日俱增》，第 10 页。
③ 同上，第 11 页。

（二）促进了中国进一步融入国际体系，外交政策更趋成熟务实

从参与非洲维和到参与防止武器在非洲扩散的国际机制，再到参与亚丁湾护航，中国在非洲问题上越来越倾向于采取一种合作性战略。通过融入与合作，一方面为地区与国际安全提供公共产品；另一方面更好地实现与保护日益拓展的国家利益。在融入国际社会的过程中，中国开始学习在坚持自身外交传统特色与吸纳新的国际规范之间保持平衡，灵活务实地应对在这一过程中出现的新问题。在主权问题上，中国坚持多边主义立场，适时地处理主权与不干涉内政原则，使之呈现出新的内涵与表现形式。对非洲维和行动中国并非一概参与，而是谨慎小心，区别对待，只参与联合国与非盟框架下的维和行动，不单独参与双边的维和行动。在维和中基本坚持三个具体原则："当事国同意、非自卫不使用武力、支持地区组织立场"。在具体维和行动中衡量这三个具体标准时，中国采取的是"具体问题具体分析"的务实态度。在对非安全合作中，中国开始把非洲次地区组织纳入中国对非洲合作的议程，促进非洲地区主义进程。[①]

（三）推动了非洲和平与安全架构的发展与非洲自主维和能力的提高

虽然非洲国家自身能力的不足导致形成了一种包括全球、非洲大陆、次地区、地方、公民社会等多层次的安全治理结构，但非洲本土的安全机制与能力建设无疑是非洲和平与安全进程得以真正推进的关键所在。自2002年非盟正式成立以来，安全考虑一直在非盟议程中占据着压倒性地位，而且经过多年努力，非洲大陆正在逐步形成一个包括非盟和平与安全理事会、非洲大陆早期预警体系、智囊团、特别基金及非洲待命部队在内的"非洲和平与安全架构"。这一架构预示着非洲安全自主能力正在进一步提升。中国一直赞赏"非洲问题非洲解决"的理念，在参与非洲和平与安全进程时一直秉承支持非洲自主能力的宗旨，支持非盟及非洲次地区组织在非洲和平进程中发挥关键作用。通过在安全事务中支持非盟的立场、向非盟提供财政援助、建立中国与非盟的战略对话机制、加强与非盟之下的次地区组织合作等方式，切实支持了"非洲和平与安全架构"的巩固与发展，非洲自主维和与安全能力得以进一步提升。

---

① 2005年中国任命了中国驻南部非洲发展共同体、西非国家共同体与东南部国家共同市场等次地区组织的大使，2008年中国向西非国家经济共同体捐赠了10万美元的和平基金。

（四）为缔造非洲国家发展建设所需的和平与稳定的社会环境做出了积极贡献

在非洲维和行动中，中国派出的大都是工程、医疗、运输等后勤保障分队，承担的主要职责集中于提供人道主义救援、帮助组织和监督选举、协助维持社会治安等。中国参与最多的是"综合性维和行动"，这类行动把停火与政治解决密切结合起来，有利于冲突的彻底解决。以 1993～1994 年中国参与的"联合国莫桑比克行动"为例，在这一行动的帮助下，莫桑比克的和平协议得以实施，国内秩序得到恢复，大选取得成功，难民问题也得到解决。此外，中国维和部队所做的很多民事工作对非洲冲突后重建奠定了物质基础。自参与联合国行动以来的 22 年间，共新建、修复道路 1 万多公里、桥梁 284 座，排除地雷和各类未爆物 9 000 多枚，运送物资 100 万吨，运输总里程 1 100 多万公里，接诊病人 12 万人次。① 其中大部分都发生在非洲。在军事交流与合作中，非洲国家军队的技术与能力都得到一定提升，强化了非洲国家军队的保卫国家安全、制止危机与冲突的能力。

（五）中国参与非洲战后重建工作，直接推动了非洲国家经济社会的发展

以安哥拉为例，2004 年，中安两国签订以主权担保、用石油偿还 20 亿美元基础设施贷款的巨额合同，到 2007 年底，中国工程公司基本上完成了该合同中的所有基础设施建设项目，安哥拉全国的几乎每个省份和城市都可以感觉到这种变化。2007 年 9 月，中安又签订了一笔 20 亿美元的贷款协议，中国的资金和工程技术人员源源不断地涌向安哥拉，把整个安哥拉由战场变成了大建筑工地。② 中国进出口银行同安哥拉的互惠贷款合作模式取得了巨大成功。据不完全统计，中国进出口银行先后提供贷款帮助安哥拉建立 56 所学校，帮助 15 万人就学；建立 24 所医院，改造城镇小区 360 个，95 万人受益；建立水处理厂 10 个，受益人口 102 万人；建立电视台 1 个，观众达 900 万人；农业灌溉项目 7 500 公顷，新建重建公路 830 公里，电信光缆 3 200 公里、变电站 14 座、输电线路 700 公里；帮安政府购置渔政船 44 艘，重型卡车 364 辆、火车机车 15 辆。③ 尽管近年受到

---

① 《2013 年中国的国防》白皮书，第 14 页。
② 刘海方：《安哥拉内战后的发展与中安合作反思》，载《外交评论》2011 年第 2 期，第 46 页。
③ "中国进出口银行将继续支持安哥拉战后重建进程"，参见新华新闻，http://news.xinhuanet.com/2010-11/20/c_12796734.htm。

金融危机冲击，但中国进出口银行却坚持进一步支持安哥拉的战后重建，正在同安哥拉政府积极商洽，筛选新的互惠贷款合作项目。

二、中国参与非洲安全事务面临的主要问题与挑战

（一）对非安全政策与发展政策、援助政策间缺乏战略协调，决策分散化

中国在非洲的发展政策和安全政策更多是一种相互独立或并行的关系，相互之间缺乏贯通性与战略协调。[①] 据统计，中国在非洲参加的维和行动中，有50%以上与中国能源安全并无直接关系。中国对非洲的投资也并不与能源或石油直接相关。即便是英国国际发展部也承认：尼日利亚、安哥拉和莫桑比克是中国投资的最大受益国，但据相关数据显示，非洲石油9%出口中国、36%出口欧盟、33%出口美国。尽管中国在非洲石油行业的投资增长迅速，但规模仍然相对较小。参与打击索马里海盗也属于撞击—反应型的安全行为。随着中非关系的日益发展，将发展政策与安全政策关联起来，积极做出前瞻性、整体性的通盘战略考虑才能更好地维护我国在非日益拓展的利益。另外，中国政府派遣维和人员的内部决策程序比较复杂，相关部门对维和的看法以及对参与维和的热情存在极大的差异。中国要想在维和事务中扮演更重要的角色，则有必要提高部门间的协作能力。

（二）对非安全合作的参与主体与层次结构相对单一

由于非洲多数国家的脆弱性以及安全治理自主权向非洲的回归与安全外部依赖性的并存，非洲形成了一种包括全球体系、非洲大陆、非洲次地区、非洲国家、非洲公民社会、私人行为体六个层次的多层安全治理体系。[②] 在这一多层次安全治理体系中，任何一个治理主体都不具有类似于国家政权那样的权威地位。虽然非盟努力在大陆层面形成了以非盟和平与安全理事会为核心的的非洲安全与和平架构，但它并没有垄断对非洲和平、安全与发展事务的决策权与执行权。非盟与联合国、非洲各次地区组织、国际与非洲本土的非政府组织、私人安全公司共同形成了一种非等级制的、分工协作的关系。它们之间通过正式或非正式的制度形成了一个安全治理网络。中国在对非洲的安全参与中主要关注的是联合国、

[①] 张春：《发展—安全关联：中美欧对非政策比较》，载《欧洲研究》2009年第3期，第86页。
[②] 王学军：《非洲多层安全治理论析》，载《国际论坛》2011年第1期。

非盟及非洲各国政府的意愿，往往忽视了在野党派、非政府组织与公民社会及私人行为体的影响力。这造成了中国在参与非洲安全进程中的一些问题，例如，如遇政权更迭，后续外交与安全合作则容易出现断裂，这就给可持续地维持与非洲国家关系带来了障碍。再如，忽视非政府组织与公民社会往往不利于中国在非洲负责任大国形象的塑造。

（三）非洲的非传统安全问题与传统安全问题相互交织，成为中国参与非洲和平安全建设必须面对的新问题

长期以来，由部族矛盾、权力争夺等引发的非洲国家内部的暴力冲突是很多非洲国家面临的主要安全威胁。但近年来非洲的暴力冲突有所下降。2006年7个国家发生冲突，相比而言，20世纪90年代末则是14个国家，[1] 可以说当前非洲总体安全形势趋向稳定。但另一方面，恐怖主义、海盗问题、粮食安全、轻小武器扩散、艾滋病问题、气候变化等非传统安全威胁不断涌现。这些很大程度上原本属于发展范畴的问题，近年来却成为威胁非洲民众，甚至引发动荡冲突的重要因素，并正在逐步被安全化。在很多非洲国家，环境气候变化、流行病等都被视为国家的关键安全利益。[2] 这些非传统安全挑战越来越影响着非洲的和平、发展与稳定，因而日益被非洲国家所重视，并被欧盟、美国等国家列入其对非洲战略的重要关切。中国如果在气候变化、艾滋病等非传统安全新议题中不能及时跟进，并提出自己的观点与政策，势必在非洲安全建设中处于被动的尴尬境地。

（四）中国与欧美等西方国家在非洲维和与国家重建等安全建设模式方面存在的竞争与冲突，将致使中国在未来的很长时间内继续受到西方在人权与透明度等方面的指责

尽管中国在非洲和平与安全领域的积极参与赢得了国际社会特别是非洲国家的普遍赞誉，但是事实上，欧美等西方对中国还是深怀戒心的。因为中国维和与建设和平的模式不同于西方。中国在参与非洲和平建设中坚持了两个基本原则，一是尊重非洲国家主权，二是坚持认为经济发展是和平与安全的前提条件，以发展促进实现可持续的和平与安全。西方在非洲的维和与建设和平的模式则倡导超越主权，合并主权，人权优先于主权。在和平实现条件方面，西方则认为，自由

---

[1] See "The African Development Report 2008/2009", by African development bank, 2008, p. vi.
[2] Helen E. Purkitt, *African environmental and human security in the 21st century*, Cambria Press, 2009.

民主是实现可持续和平的前提。① 也就是说，尽管中国与西方都在通过不同方式积极参与非洲的和平与安全建设，但其实政策理念存在着重大分歧。两种模式在非洲大陆存在着竞争，事实上，西方外部支持对非洲国家重建的作用十分有限，② 另一方面，中国的维和模式似乎更受非洲的欢迎。这就可能会致使西方利用其话语霸权在人权与透明度、不干涉内政原则方面不断向中国发难，迫使中国不得不经常面对被误解与指责的尴尬境地。

中国对非洲和平与安全建设的积极参与，反映了中非关系正在出现某种转型。中非关系已经发展到需要中国从战略的高度来考虑中国对非安全政策的新阶段。大国的责任需求、海外利益及公民安全的保护都使得中国不得不更多关注和参与非洲安全，将发展政策与安全政策做出通盘考虑以保持二者之间的协调与平衡。中国当前对非安全事务的参与反映了中国传统的主权观念与不干涉内政原则的内涵与表现形式也在悄然发生变化，中国外交政策日趋成熟务实。尽管在苏丹达尔富尔、津巴布韦、对非洲武器出口等问题上中国的政策还常常受到误解、质疑与指责，但不可否认的是，中国在非洲和平与安全建设进程中承担着越来越重要的责任，扮演着日益积极的角色。随着中非关系的进一步深化，中国在非洲利益的进一步拓展，以及西方、非洲、其他新兴大国与中国之间互动的进一步增强，中国在推进非洲和平与安全进程方面的作用会不断进步，中非关系也必将有新的发展。

---

① Daniela Sicurelli, "Competing Models of Peacekeeping: the Role of the EU and China in Africa", Paper Prepared for the Fifth Pan-European Conference on EU Politics, Porto, Portugal-23-26th June 2010.

② Pierre Englebert and Denis M. Tull, "Postconflict Reconstruction in Africa: Flawed Ideas about Failed States", *International Security*, Spring 2008, Vol. 32, No. 4, pp. 106–139.

第十三章

新时期中国不干涉内政原则的创造性发展

尽管近年来非洲的政治和安全局势基本能够保持总体稳定、局部动荡的局面，但面临的安全挑战日益严峻。北非国家自2010年以来的政治动荡，利比亚战争留下的安全真空，恐怖活动在非洲众多国家和地区的蔓延，这一切基本上反映出非洲当前安全形势的严峻现状与新特点。新时期的中非安全合作必须要从长远的战略高度来认识和应对，除继续积极和扩大参与联合国在非洲的维持和平和建设和平行动外，还需加强理论研究，特别是厘清"不干预内政"与"保护的责任"等概念的关联，为中国加强与非洲的安全合作奠定理论依据。本章通过对达尔富尔等问题的个案研究表明，中国除在多边层面积极参与联合国在非洲的维和行动外，在双边层面以及一些具体的非洲冲突案例中也开始采取建设性的参与并为冲突的解决发挥了积极作用。

第一节 非洲安全形势的变化及其特点

在2012年7月19日于北京举行的中非合作论坛第五届部长级会议开幕式上，时任中国国家主席胡锦涛代表中国政府宣布了未来三年中国对非合作在投融资、援助与民生、非洲一体化、中非民间交往和非洲和平安全五个领域的新举措。在中非安全合作方面，胡锦涛主席明确指出，促进非洲和平稳定、为非洲发展创造安全环境将是未来中非安全合作的重点。中国将发起"中非和平安全合作伙伴倡议",深化同非洲联盟和非洲国家在非洲和平安全领域的合作,为非盟在非开展维和行动、常备军建设等提供资金支持,增加为非盟培训和平安全事务官员及维和人员数量,等等。的确,没有和平安全保障的发展将是短命和脆弱的发展,经历过无数战争、内乱和冲突的非洲国家最明白这一点。2011年利比亚内战迫使中国3.5万名工人大撤离,南北苏丹冲突过程中的中国员工被绑架,甚至被杀,血的教训告诉我们,非洲的安全不仅关乎非洲的发展,也同样关乎中国在非洲企业及其员工的命运。帮助非洲发展创造一个和平安全的环境不仅有利于非洲,同样有利于中国,更有利于世界和平的维护。

近年来,非洲的政治和安全局势基本保持总体稳定、局部动荡的特点。从区域稳定和总体安全形势来看,非洲五个次区域(北非、东非、西非、中部非洲和南部非洲)的一些主要国家(如阿尔及利亚、尼日利亚、南非、肯尼亚、安哥拉、刚果等)均保持政局的总体稳定并顺利举行了议会或总统选举(一些小规模的冲突均得到有效控制)。但非洲一些局部地区的安全局势仍十分严峻甚至有所逆转,一些国家(包括北非重要国家埃及等)还出现了大规模的政治骚乱。归纳起来看,非洲某些国家基本平稳和顺利渡过2011年和2012年连续两年相对集中的"非洲大选年"考验,北非国家的政治动荡及利比亚战争留下的安全真空和恐怖活动的蔓延基本反映出非洲当前安全形势的现状与特点。

一、撒哈拉以南非洲国家的安全局势

(一)平稳度过"大选年"缘于非洲某些国家受北非政治动荡的影响低于中东国家

2011年和2012年均是非洲的"大选年",总共有40多个国家相继举行了总统选举或议会选举等各类多党民主选举。据非洲民主选举可持续研究所统计,仅在2011年这一年里,非洲举行选举的国家就有31个,各类选举50余次,其中共有17个国家原定要举行总统选举。[①] 在这17国中,除北非的埃及外,其余16个国家均为撒哈拉以南非洲国家。而且除马达加斯加的总统选举推迟至2012年外,其余15国的总统选举均已成功举行,可以说比较顺利地渡过了大选年。其中特别是2011年4月非洲第一人口和石油大国尼日利亚的总统和议会选举总体

---

① 这17个原定要举行总统选举的国家分别为中非共和国、尼日尔、乌干达、贝宁、吉布提、尼日利亚、乍得、塞舌尔、圣多美和普林西比、佛得角、赞比亚、喀麦隆、利比里亚、冈比亚、刚果(金)、马达加斯加和埃及。参见非洲可持续民主选举研究所网站:http://www.eisa.org.za/WEP/calendar.htm。African election calendar 2011, Electoral Institute for the Sustainability of Democracy in Africa。

上得以顺利举行，在很大程度上给非洲选举年的形势注入了不少乐观情绪，直至 10 月底刚果（金）总统和议会选举在争议中仍较平稳的落幕以及 11 月利比里亚的女总统瑟利夫再次成功赢得连任，人们对非洲大选年的担忧之心才得以释然。

之所以人们对非洲"大选年"能否顺利度过捏了一把汗，充满担忧，主要缘于 2011 年年初科特迪瓦大选引发的暴力冲突以及北非国家出现的剧烈政局动荡。科特迪瓦于 2010 年 11 月举行总统大选，大选的过程总体平和，但结果却引起了纷争与骚乱。科特迪瓦的两名总统候选人，时任总统、代表科特迪瓦人民阵线的洛朗·巴博和前总理、代表科特迪瓦共和联盟的阿拉萨尼·瓦塔拉均在 2010 年 12 月的大选后宣布自己获胜，并在 12 月 4 日同一天宣誓就职，声称自己是总统。尽管美、法等大国和非盟、联合国不断施压，要巴博退位，让瓦塔拉接班，但巴博毫不让步。被国际社会公认的"合法当选总统"瓦塔拉，只能暂时屈就于高尔夫酒店办公。联合国、欧洲联盟、非盟等国际组织承认瓦塔拉当选，敦促巴博承认败选，移交权力。但多次斡旋无果而终，巴博拒绝下台，科特迪瓦由此陷入内战。2011 年 3 月，瓦塔拉武装对巴博阵营发起总攻，并节节胜利，而巴博派则逐渐退守到了首都阿比让。2011 年 3 月底 4 月初，瓦塔拉武装攻入科特迪瓦经济首都阿比让，并将巴博包围在其总统官邸中，而藏身地堡的巴博一直拒绝投降。4 月 11 日，瓦塔拉的军队在联合国科特迪瓦特派团和法国军队的支持下，逮捕了前总统巴博。科特迪瓦政治危机正式结束。

在科特迪瓦危机及北非国家动荡的双重冲击下，之所以大多数非洲某些国家能够经受住考验，主要缘于北非阿拉伯国家的政治风暴此次更多呈现的是"横向东扩"（即向同为阿拉伯国家和信仰伊斯兰教的中东威权国家蔓延，如巴林和叙利亚），而不是"纵向南移"（即跨越撒哈拉沙漠冲击到南部的非洲某些国家）。究其原因，主要由于中东北非等地区的阿拉伯国家在政治治理结构（如强人的长期统治）以及面临的经济挑战（如高失业率和物价上涨）等方面都具有极大的同质性和相似性，突、埃等国发生的事态自然容易得到中东其他阿拉伯国家民众的高度关注甚至是效仿。但若把目光放到撒哈拉以南，虽然北非阿拉伯国家和非洲某些国家同处非洲大陆，但撒哈拉沙漠南北的非洲某些国家与阿拉伯国家无论在政治生态、宗教信仰、民族构成方面，还是经济结构和民众受教育程度等方面都有很大的区别。特别是和北非阿拉伯国家比较高的教育普及率和因特网使用率相比，非洲某些国家由于经济发展程度更低以及国家对教育的投入不足等各种原因，教育（特别是高等教育）的普及率并不高，网络通信技术也很不发达。而且，大多数非洲某些国家在冷战结束后已经陆续走上了民主化的道路，个人或家族的长期统治现象只在极少数国家存在。正因为有上述差异，虽然在乌干达、塞内加尔、安哥拉和津巴布韦等少数非洲某些国家也出现了一些要求领导人下台的抗议游行活动，但规模较小，持续时间也不长，并未对这些国家的政权构成严重冲击。

（二）非洲某些国家政治总体稳定的表象下隐含着动荡因素

虽然非洲某些地区受北非政治动荡的影响程度远低于中东地区，但并不说明非洲某些地区对此轮北非阿拉伯国家的政治动荡具有天然和完全的免疫能力。事实上，虽然非洲"大选年"总体表现平稳和顺利，但若剥开外表包裹的美丽糖衣，便不难品尝到不少国家与选举相伴的暴力和冲突所带来的苦涩。毫无疑问，这其中最苦涩和最血腥的非科特迪瓦莫属。科特迪瓦的危机始于2010年11月举行的总统大选，持续4个月之久的冲突造成科特迪瓦国内严重的人道主义危机，共导致3 000多人丧生和几十万人流离失所。虽然科特迪瓦危机的初始爆发与北非政治动荡并无直接联系，但科特迪瓦危机的深化以及其后法国军队直接卷入科特迪瓦内战，用武力直接把瓦塔拉送上总统宝座的过程则与法国领导北约等西方国家武力干涉利比亚有紧密的联系。而且，法国军队在科特迪瓦"牛刀小试"的成功也反过来更坚定了萨科齐武力推翻卡扎菲政权的决心。

在尼日利亚，大选后发生的暴力事件导致至少121人死亡。由于南方基督徒乔纳森当选总统打破了尼日利亚执政党内"南北轮任、各任两届"的惯例，尼日利亚的南北矛盾不断加剧。

二、利比亚战争及其留下的安全真空和恐怖活动蔓延

2011年3月19日，在法国的带头下，欧美发动了历时近7个月的利比亚战争，并最终以卡扎菲的死亡及其政权的覆灭宣告结束。利比亚战争是冷战后西方首次在非洲大陆发动的地区战争，开启了冷战后西方用直接的战争手段强力改变非洲国家政治进程的先河，这无疑对非洲的和平安全构成了新的冲击。如今，战争过去多年。战前对利比亚在"后卡扎菲时代"可能陷入部族冲突甚至分治和分裂的担忧，似乎不幸正在变成现实，而且利比亚战争对撒哈拉以南非洲产生的负面效应和影响也在逐步呈现，这场战争本身及其所留下的安全真空及恐怖活动的蔓延无疑对非洲的和平与安全构成了新的挑战和威胁。

历经近7个月的利比亚战争虽然以卡扎菲政权的垮台宣告落幕，但并未自动迎来一个崭新、民主和自由的利比亚，甚至并非意味着利比亚乱局的结束。自从卡扎菲政权倒台后，利比亚乱局从未停止；各地民兵武装并不理会利比亚"全国过渡委员会"（简称"过渡委"）的行政指令，执政当局对地方武装的整编也遭到强烈抵制。在武器泛滥、分裂危险、经济停滞、政治腐败中挣扎的不少利比亚

人,甚至开始怀念强人卡扎菲。更有甚者,战争之后的利比亚仿佛应验了此前悲观论者甚至是卡扎菲的预言(卡扎菲曾说过:"没有我的利比亚将走向分裂!"),开始出现了分裂和"索马里化"的苗头。

2012年3月6日,先是利比亚东部主要石油产区昔兰尼加地区的3 000多名部落、军事首领和政治代表举行人民大会宣布该地区自治,并呼吁利比亚恢复实行联邦制。根据设想,该东部自治区的管辖范围将从利比亚中部苏尔特往东直至埃及边境,南至乍得和苏丹的国土,基本与1911年意大利在北非建立的昔兰尼加殖民地的范围相当。很快,利比亚第三大城市米苏拉塔当局也跟进宣布即将自治。新选出的米苏拉塔市政府表示,他们的任务是保护城市,依靠曾对抗卡扎菲军队的地方武装维护当地的社会秩序,并禁止其他利比亚人进入。3月下旬,利比亚富产天然气的南部也传出想"独立建国"的消息。另据英国路透社报道,目前在利比亚不少地方,军阀割据的苗头已经显现,效忠各个部落的武装民兵纷纷设卡抽税,像意大利埃尼公司和利比亚国家石油公司合营的梅里塔油田和阿卡库斯油田都成了柏柏尔军团的"财政奶牛"。从某种程度上,"拥有军队,占领地盘,获得财源,扩大军队"的军阀割据方程式正在持续蔓延。① 虽然说利比亚"过渡委"声称不排除用武力来维护国家统一,但却因统一的利比亚军队迄今仍未建立,因此这一声明恐怕是"口头威胁"成分大于"实际效力",利比亚"过渡委"在反对分裂、维护国家统一方面明显是心有余而力不足。

建立在部落基础上的利比亚历史上曾由的黎波里塔尼亚(西部)、昔兰尼加(东部)和费赞(南部)三个地区合并而成。卡扎菲1969年政变上台后又执行的是偏袒西部及其老家拜尼沃利德和苏尔特的一些部落的"扶西贬东"政策。资源丰富、但却长期被卡扎菲政权边缘化的利比亚东部区域因此也是最早揭竿而起反对卡扎菲统治的。在卡扎菲倒台后,东部势力自觉劳苦功高,居功自傲,自认应得到更多政治和经济利益。在要求得不到满足后即打出了"分治"和恢复"联邦制"的大旗。

由140多个部族组成的利比亚在卡扎菲集权统治的42年里,国家政治生活中既没有宪法,也没有政党。在强人统治被推翻后,蛰伏已久的部族矛盾即浮出水面。3月末,利比亚南部小城塞卜哈地区持续3天的大规模部落冲突就导致超过70人死亡,150多人受伤。据报道,此次冲突的起因是一名塔布部落青年涉嫌谋杀,而塔布部落拒绝将这名嫌犯交给当地警察,这招致塞卜哈族的不满。事实上,该起因反映的是塞卜哈与塔布部落之间由来已久和根深蒂固的部落矛盾。特

---

① 转引自田剑威:《"地方自治"可能使利比亚走向分裂》,载《新民晚报》2012年3月22日;http://news.ifeng.com/gundong/detail_2012_03/22/13378500_0.shtml,2012年3月30日。

别是在推翻卡扎菲政权的运动中，塔布部落组成了"拯救利比亚塔布阵线"，在"倒卡"运动中扮演了重要角色。而塞卜哈人则一直是卡扎菲政权的坚定支持者。

不仅利比亚在卡扎菲之后呈现出一派乱象和可能的分裂趋势，其他经受洗礼的北非国家也同样在经历艰难的国家秩序重建和民主建设历程。原有威权的消失以及过去国家政权中一系列护法机构的瘫痪，使得这些国家的社会治安普遍出现下滑趋势。不仅犯罪分子有恃无恐，格外嚣张，甚至过去治安良好的一些国家的首都如开罗都出现了武装团伙在大白天拦路抢劫和绑架外国人质的恶性事件。

第二节　中国积极介入非洲安全建构：
　　　　以达尔富尔问题为例

一、中国加强对非洲和平与安全问题的关注

中国作为世界上最大的发展中国家和联合国安理会五个常任理事国之一，一直以来都高度关注非洲的和平和发展问题，重视与非洲国家开展在安全领域的合作，并在多边和双边层面积极参与非洲热点问题的调停、谈判，以及联合国开展的维和行动。

（一）在多边层面，积极参与联合国在非洲的维和行动

中国认为，联合国维和行动是联合国维护国际和平与安全的重要和有效的手段。联合国在非洲的维和行动在帮助解决非洲大陆一些长期的和平和安全挑战方面发挥了重要作用。如当前联合国 15 项维和行动中有 7 项是在非洲，联合国非洲维和人员达 7 000 人，占世界各地部署的联合国维和人员总数的 70% 。[①] 作为正在和平崛起的负责任的大国，中国一直坚持原则，积极推动联合国安理会做出符合非洲利益和尊重非洲意愿的维和决议，并按照自己的实际能力，逐步扩大分摊联合国维持和平费用的比例，积极参与非洲维和、打击海盗、防止武器扩散和参与冲突后重建等维持和平、建设和平的行动。

中国于 1988 年正式加入联合国维和委员会。1989 年，中国参与联合国纳米

[①] 蒋振西：《我国与非洲地区的联合国维和行动》，中非民间和平与发展论坛研讨会论文，北京，2010 年 6 月 2～4 日，第 2 页。

比亚维和行动，首次在联合国和平行动中部署民事观察员。1990 年，中国第一次向中东地区派遣了军事观察员，标志着中国人民解放军首次参与联合国维和行动。2002 年 12 月，中国首次成建制地派出了维和部队，前往刚果（金）执行联合国在那里开展的维和行动。2011～2012 年，中国的联合国维和经费分摊比例已经上升到维和总体费用的 3.93%，居世界第 7 位。[①] 从 1990 年至今，中国已先后向非洲派出维和人员 3 000 人次，先后共参与了 15 项联合国在非洲的维和行动（目前仍在非洲的 8 个维和任务区中执行任务），是联合国安理会五个常任理事国中为联合国维和行动出兵人数最多的国家。

随着索马里海盗活动的升级，根据联合国安理会的有关决议，中国政府在 2008 年底开始派遣海军舰艇赴亚丁湾、索马里海域执行护航任务，保护世界粮食计划署等世界组织运送人道主义物资船舶安全并参与反海盗的多国军事行动。截至 2011 年 2 月 28 日，中国海军共派出 8 批索马里护航编队，包括 20 艘舰艇、18 架次飞机、6 700 多名官兵执行护航任务。中国海军护航编队已完成 300 批共 3 454 艘中外船舶的护航任务，其中，外国商船 1 507 艘。自 2008 年 12 月 26 日以来，海军护航编队共为 3 400 余艘中外船舶实施了安全护航，22 次对海盗袭击的 33 艘中外船只实施了营救行动，对遭海盗袭击和劫持的 9 艘中外船只实施了护航行动，并多次圆满完成与外军联合护航和联合演习，以及友好访问等任务，充分展示了我国负责任大国和我军和平文明之师的良好形象，受到国际社会的广泛好评。[②]

另外，在多边层面，中国还已向非盟派出兼任大使，并与非盟在维护地区和平与稳定、制止地区动乱等方面开展了良好合作。为支持非盟自主解决危机的努力，中国一直把加强与非盟的关系视为建设中非新型战略伙伴关系中重要和必不可少的一环。近年来，除援建非盟会议中心外（该项目为中国政府继坦赞铁路后对非洲最大的援建项目，共投入 8 亿元人民币，约合 1.237 亿美元），2006 年中国还向非盟提供 100 万美元现汇用于支持非盟苏丹达尔富尔维和行动，2010 年向非盟在索马里维和行动提供物资援助，2011 年向非盟提供 90 万美元和 60 万美元现汇援助分别用于支持非盟能力建设和在索马里的维和行动，等等。2012 年 1 月底，时任中国全国政协主席贾庆林在埃塞俄比亚首都亚的斯亚贝巴出席非盟第 18 届首脑会议时还宣布了未来 3 年中国政府将向非盟提供 6 亿元人民币援助的新倡议。

---

① 联合国文件：《维持和平的经费筹措》。
② 《中国海军索马里护航行动》，http://baike.baidu.com/view/5322748.htm。

（二）在双边层面，中国对非洲和平与安全问题的关注度和参与度已日益提升

在 2006 年 1 月发布的《中国对非洲政策文件》中，中国政府对加强与非洲国家在和平与安全方面的合作有比较详细的说明。文件指出：（1）在军事合作方面，密切中非双方军队高层往来，积极开展军事专业技术交流与合作。中国将继续协助非洲国家培训军事人员，支持非洲国家加强国防和军队建设，维护自身安全；（2）在冲突解决及维和行动方面，支持非洲联盟等地区组织及相关国家为解决地区冲突所做的积极努力，并提供力所能及的援助。积极推动联合国安理会关注并帮助解决非洲地区冲突问题，继续支持并参与联合国在非洲的维和行动；（3）在司法和警务合作方面，促进双方司法、执法部门的交流与合作，在法制建设、司法改革方面相互借鉴。共同提高防范、侦查和打击犯罪能力，协同打击跨国有组织犯罪及腐败犯罪。加强双方在司法协助、引渡和遣返犯罪嫌疑人方面的合作。密切与非洲各国移民管理部门在惩治非法移民方面的交流与合作，加强移民管理信息的沟通，建立高效畅通的情报信息交流渠道；（4）在非传统安全方面，加强情报交流，探讨在打击恐怖主义、小武器走私、贩毒、跨国经济犯罪等非传统安全领域深化合作的有效途径和方式，共同提高应对非传统安全威胁的能力。

另外，为更好地发挥中国在非洲冲突中的调解和促和作用，2007 年 5 月 10 日，中国政府任命前驻南非的刘贵今大使为中国政府非洲事务特别代表。刘特使上任后，积极参与了苏丹达尔富尔问题、刚果（金）问题等一系列问题的国际调停和谈判，并奔走于欧美和阿拉伯等国家，为非洲冲突的和平解决贡献了中国智慧和力量。2012 年 2 月，刘贵今大使任满卸任后，由前驻南非大使钟建华接任中国政府的第二任非洲事务特别代表，继续为斡旋和调停非洲的冲突奔走于相关非洲国家之间。

二、达尔富尔问题之解决与中国的作用

始自 2003 年初的苏丹达尔富尔问题因西方媒体、人权组织以及一些政界人士的"特别关注"在 2008 年北京奥运会之前迅速上升为最炙手可热的国际热点问题。而且由于中国和苏丹有着传统友好的密切政治经济关系，达尔富尔地区的持续政治危机也引发了有关中国是否在"间接鼓励"苏丹政府在达尔富尔地区进行一场经久战争的争议。一些西方政府和人权组织不断声称，中国对"不干涉内

政"政策的严格恪守等于是和苏丹政府合谋,给达尔富尔危机火上浇油。① 达尔富尔问题也因此成为国际上一些组织和个人用来攻击中国的一个"借口",以及唱衰 2008 年北京奥运会的一个"杀手锏"。

(一) 达尔富尔冲突的根源是生态环境恶化

位于苏丹西部的达尔富尔地区由北达尔富尔州、西达尔富尔州和南达尔富尔州 3 个州组成。面积约 50 万平方公里,占苏丹全国总面积的约 1/5,毗邻利比亚、乍得及中非共和国。该地区是苏丹最贫困落后的地区之一,生活着约 80 个部落。历史上,阿拉伯牧民和农耕土著黑人原本相互通婚、相处融洽。农民一般来说欢迎牧民在他们的土地上放牧,与他们共享井水。即便各部落之间因争夺水源或土地偶有小的冲突,但基本上能相安无事。历史上该地区各部族还曾经在 20 世纪初团结战斗,共同抗击英国殖民主义的侵略。

达尔富尔过去曾经是雨水充沛、土地肥沃的地区。然而,自 20 世纪 70 年代末期以来,由于该地区遭受干旱和沙漠化的侵袭,导致农牧民和牲畜赖以为生的丰富水资源和良田出现了大幅度的退化。加之来自该地区北部甚至乍得、毛里塔尼亚等邻国的阿拉伯游牧部落大批迁徙到达尔富尔中部、南部寻找水源和草地,致使该地区人口过度膨胀,从 20 年前的 300 万人增加至目前的 600 万人。② 人口的过度膨胀,加上干旱和饥荒,导致当地生存环境恶化。农民们因担心放牧会毁坏土地,开始把地圈起来拒绝牧民进入。由于土地、食物和水日益成为稀缺资源,不同部落和村庄之间为了争夺这些稀缺资源而发生的摩擦和冲突明显增加。据当地学者统计,1968~1976 年发生 3 起冲突;1976~1980 年发生 5 起;而 1980~1998 年发生的冲突则多达 21 起。③ 为在冲突中获胜,一些大的部落开始发展起自己的民兵武装。2003 年 2 月,由达尔富尔地区黑人居民组成的"苏丹解放军"(the Sudan Liberation Army, SLA) 和"正义与公平运动"(the Justice for Equality Movement, JEM) 两支武装以政府未能保护他们免遭阿拉伯民兵袭击为由,展开反政府的武装活动,要求实行地区自治,武装冲突造成大量人员伤亡,达尔富尔问题也开始因此而浮出水面。

---

① Amnesty International (2006), *People's Republic of China: Sustaining Conflict and Human Rights Abuses*, (London: Amnesty International); International Crisis Group (2002), *God, Oil and Country: Changing the Logic of War in the Sudan*, (Brussels: International Crisis Group)。

② 余文胜:《苏丹达尔富尔危机的由来》,载《国际资料信息》2004 年第 9 期,第 39 页。

③ Yousef Takana, "Effects of Tribal Strife in Darfur", in Adam Al-Zein Mohamed and Al-Tayeb Al-Tayeb Ibrahim Weddai, eds., *Perspectives on Tribal Conflicts in Sudan*, in Arabic, Institute of Afro-Asian Studies, University of Khartoum, 1998, pp. 195 – 225. 转引自余文胜:《苏丹达尔富尔危机的由来》,载《国际资料信息》2004 年第 9 期,第 40 页。

关于达尔富尔问题的根源，现任联合国秘书长潘基文曾于 2008 年 6 月 16 日在美国《华盛顿邮报》上撰文指出，人类活动导致的全球气候变暖是达尔富尔问题背后的"黑手"。他说，苏丹南部降雨量在最近 20 年内减少了 40%。而这一现象的发生与印度洋地区气温升高同步，而印度洋气温的升高又直接扰乱了带来降雨的季风，从而形成了非洲撒哈拉以南地区的干旱。由于降雨减少，苏丹边远地区的生活物资开始变得匮乏，而达尔富尔地区的暴力冲突就是在旱灾之中爆发的。因此，潘基文认为，在达尔富尔地区建设持久和平必须从气候变化这一造成冲突的根本原因着手。如果对气候变暖听之任之，类似达尔富尔的问题还将在世界各地出现。[①]

苏丹政府在 2003 年达尔富尔危机爆发后专门成立的一个研究委员会在研究了危机的各个方面及其背景后，也最终认为达尔富尔问题的根源是过去 20 年内该地区由于干旱和沙漠化造成环境状况的恶化，致使一些部落的人背井离乡，从而引发了牧场、水资源竞争的加剧，进而发展为地区内各部落团体的武装对立。[②]

（二）达尔富尔问题及其与中国的"关联"

远在非洲苏丹西部的达尔富尔问题按理说与中国扯不上任何关系。正如中国非洲问题特别代表刘贵今大使所言，"达尔富尔并不是中国的达尔富尔，它首先是苏丹的达尔富尔，其次是非洲的达尔富尔……"[③] 然而，由于苏丹政府被西方广泛认为是纵容达尔富尔地区阿拉伯民兵袭击黑人的幕后支持者，中国与苏丹政府的传统友好关系和近十多年来的密切石油合作，以及我们一贯坚持的"不干涉别国内政"和"不附加任何条件的经济援助"亦被西方广泛理解为对达尔富尔地区人权的漠视，只重视自己的经济利益而不顾非洲人权和"良政"的进步。因此，国际上一些对中国抱有成见的组织和个人便利用这个机会，把中国与达尔富尔问题联系起来，莫须有地认为中国在苏丹投资和与苏丹现政府在政治、经济及军事方面的合作，就是客观上为达尔富尔地区冲突推波助澜，中方因此应该为达尔富尔的人道主义危机负责，云云。[④] 在政府层面，美国等西方国家也用"关注人权""孤立不尊重人权的专制政权"等为理由压中国对苏丹政府采取强硬立场，并发起从苏丹"撤资"的动议。2005 年 9 月，时任美国副国务卿的佐利克

---

① Ban Ki-moon, "A Climate Culprit In Darfur", *Washington Post*, Saturday, June 16, 2007; Page A15, http://www.washingtonpost.com/wp-dyn/content/article/2007/06/15/AR2007061501857.html.
② 苏丹驻华使馆 2004 年提供的资料：《为解决达尔富尔危机苏丹政府做出的努力》。
③ "Darfur issue unfairly played up: Envoy", *China Daily*, 27 July 2007.
④ See "Special Feature: Darfur and the Politics of Genocide", *Electronic Journal of Africa* (e-Africa), Volume 2, November 2004.

就曾将促进苏丹冲突的解决明确地列入希望看到中国负起国际责任的一项具体议程。

更有甚者,在2008年北京奥运会临近前,国际上一些对中国抱有成见的组织(如"拯救达尔富尔联盟"——the Save Darfur Coalition)和个人(还有不少是不了解中国达尔富尔政策和对非外交的人云亦云者)又将达尔富尔问题与中国2008年奥运会扯在了一起。他们声称,如中国继续对苏丹现政权采取"姑息"立场,将发起抵制2008年北京奥运会的行动。① 由于持这一论断者中不乏影视界和体育界的著名人士,如好莱坞著名演员乔治·克鲁尼(George Clooney)、米亚·法罗(Mia Farrow)及NBA著名球员纽伯(Newble)等,因此,这一危险和愚蠢的舆论误导在普通民众中产生非理性的扩散,对中国的国家形象以及2008年北京奥运会的舆论宣传都产生了相当负面的影响。② 在美国政界,也有国会议员和2008年美国民主党总统竞选人加入了抵制2008年北京奥运会的"合唱"。2008年5月初,美国108名众议员还联名给中国国家主席胡锦涛写信,警告说中国如果不能对达尔富尔的混乱局面采取措施,将对北京奥运会带来不利影响。③ 6月5日,美国国会众议院还通过了一项苏丹达尔富尔问题涉华决议案,继续无端指责中国(包括中国从苏丹进口石油和与苏丹开展的军售合作等),并将达尔富尔问题与北京奥运挂钩。④ 另外,杂音也从欧洲方面飘来。欧洲议会副议长斯考特公开呼吁,基于中国的人权,必须停止北京奥运。他甚至说,苏丹危机使中国陷入困境,由好莱坞和政界人物组成的联盟切中了中国的"要害"。⑤ 弥漫在苏丹达尔富尔地区上空的硝烟就这样人为地、莫名其妙地与中国,甚至与非政治化的体育赛事牵扯在了一起。

事实上,上述的达尔富尔问题与中国的所谓"关联"均忽视或无视中国近十多年来与苏丹开展石油和其他经贸合作以来苏丹政治经济形势所发生的巨大

---

① See "Activists press China with 'Genocide Olympics' label", http://www.csmonitor.com/2007/0626/p13s01-woaf.html? page=2; "Ad campaign seeks to shame China into loosening ties with Sudan", International Herald Tribune, Associated Press, May 29, 2007, http://www.iht.com/articles/ap/2007/05/29/america/NA-GEN-US-China-Sudan.php.

② "How Hollywood made America care abour Darfur", Guardian (UK), May 19, 2007, http://www.guardian.co.uk/sudan/story/0,,2083438,00.html.

③ "Beijing boycott hot topic on Capitol Hill", USA Today, http://www.usatoday.com/sports/olympics/2007-06-08-beijing-darfur-boycott_N.htm; "Richardson suggests U.S. boycott Olympics", Jun. 5, 2007, http://www.unionleader.com/article.aspx? headline=Richardson+suggests+U.S.+boycott+Olympics&articleId=2db3ef31-0de3-4b24-860f-b4ef6ea9695b.

④ 《美国会无端指责中国》,载《环球时报》2007年6月8日。

⑤ "Olympics are China's vulnerable spot when it comes to Darfur crisis", http://news.monstersandcritics.com/asiapacific/features/article_1307414.php/Olympics_are_Chinas_vulnerable_spot_when_it_comes_to_Darfur_crisis;以及《环球时报》2007年6月6日头版文章:《美不支持抵制北京奥运》。

积极变化，以及这种变化对维持苏丹南北和平协议及全国政局稳定的作用。苏丹经济的强劲复苏与中国的深度参与密不可分。中国与苏丹是传统的友好国家。自1959年2月中苏建立外交关系以来，两国友好关系不断发展，经贸往来发展顺利。1962年，两国签订了政府间第一个贸易协定。1993年4月，两国签订了新的经济贸易合作协定。我国先后援建了友谊厅、哈萨黑萨纺织厂、罕图布大桥、迈—格公路、辛加大桥、恩图曼友谊医院等多个援外项目并承建了港口、房建、水利、电力、道路和桥梁等工程劳务合作项目。在能源合作领域，中国石油公司自20世纪90年代中期开始参与苏丹的能源开发。截至2003年底，中国石油公司在苏丹共投入27亿美元，修建了1 506公里的输油管道，建成了一家250万吨/年原油加工厂和若干个加油站，不仅使苏丹从一个石油进口国变成了石油出口国，而且拥有了一个集勘探、生产、炼制、运输、销售于一体的完整的石油工业体系。① 除硬件能力的提高外，中国公司还注重提高当地员工的技术水平和素质培养等"软件"能力的建设。据中石油苏丹项目协调领导小组组长、中油国际（尼罗）公司总经理祝俊峰介绍，目前中石油在苏丹的各个项目中都大量使用本地员工，部分项目苏丹员工的比例达到了90%以上。他表示，通过对苏丹本地员工进行培训，不仅满足了项目对人才的需求，同时也为苏丹培养了大批石油行业的操作工人和经营管理人才。中苏合作是利益共享，互利共赢。② 另外，中国还投资了2000多万美元帮助苏丹建设学校、医院等生活配套设施。

近十年来，苏丹经济在"石油美元"强大引擎的带动下表现出强劲的复苏态势。不仅石油生产从1993年的日产2 000桶提高到目前的50万桶，2006年原油出口占总出口的比值达84%，③ 而且经济增长率近年来均保持在8% ~ 12%，在东北非国家中名列前茅。通货膨胀率也从20世纪90年代的135%下降到目前的5%左右。人均国民生产总值则从90年代末的280美元提高到目前的1 080美元。外汇收入也逐年增加，从90年代末期到2005年4月底，苏丹外汇储备就已达到14.4亿美元。苏丹因此有能力按期偿还了国际货币基金组织贷款，受到该组织好评，并于2000年恢复了其会员国的投票权。④

其次，"石油美元"带动下的强劲经济增长反过来为苏丹南北"全面和平协议"的顺利实施以及苏丹和平局面的巩固提供了经济基础和保障。2005年初签

---

① 《中国与苏丹的能源合作》，载《中国石油石化》2005年第16期，第40页。
② 《中非峰会共识在苏丹开花结果》，载《北京青年报》2007年7月16日。
③ 苏丹能源和矿产部副秘书长哈马德·厄尔尼尔·加迪尔（Hamad Elneel A. Gadir）在2007年7月26日于北京召开的"中国—苏丹关系"国际研讨会上的发言。
④ See EIU "Sudan: Country Profile" 2005, 2006.

订的苏丹南北"全面和平协议"中的一项重要内容便是苏丹南方自治政府与中央政府平分南部石油收入。据苏丹财政部的统计，南方自治政府在 2006 年前 5 个月里已经收到总计 4.73 亿美元的石油分成收入，而且其月均收入呈快速上涨趋势，从 2006 年 1 月的 7 200 万美元上涨到 5 月的 1.12 亿美元。① 稳定的石油收入和持续的经济增长不仅有效地缓解了苏丹南方自治政府，以及喀土穆中央政府的预算困境，提高了人民的生活水平，而且有力地促进了苏丹南北"全面和平协议"的顺利执行以及和平的巩固。用苏丹能源和矿产部副秘书长哈马德·厄尔尼尔·加迪尔（Hamad Elneel A. Gadir）先生的话来说，"石油已成为推动苏丹发展、和平与团结的重要因素。制裁苏丹的石油业，就等于是制裁苏丹的发展、和平和团结。"②

（三）中国在达尔富尔问题上的立场和作用

一些西方媒体和国际组织在达尔富尔问题上对中国的指责主要集中在两点：第一，在联合国安理会讨论达尔富尔问题时反对使用制裁手段；第二，与苏丹现政府合作，对其施加的压力不够。事实上，稍有常识的人都应该知道，主张通过谈判、对话等政治和外交手段解决国际及地区冲突是中国一贯的外交主张。不仅在苏丹达尔富尔问题上如此，就是在更加棘手的朝鲜和伊朗核问题上也是如此。因为，历史经验已经一再证明，制裁只会加剧贫困，而贫困则加深矛盾。深受制裁之苦的不是当事国的政权，而是人民。萨达姆时期的伊拉克就是最典型的一个例证。

总之，"破坏"比"建设"容易，"制裁"比"促和"容易，"破坏"和"制裁"就像西医一样解决的都是问题和"症结"的表象（有时连短期的表象问题也解决不了）。从长期和解决"病灶"的角度看，只有通过对话和平等协商，以及外交上充分的灵活性和促进当地的经济发展，才能更好地从根本上解决问题。"制裁"的剂量过猛，反而会产生适得其反的结果和严重的副作用。从达尔富尔问题产生的根源和矛盾的症结看，制裁和孤立苏丹现政权不仅无益于问题的解决，反而会造成更严重的对立。自从 1997 年美国实施对苏丹制裁后，苏丹部族冲突不仅没有停止，反而不断升级。2007 年 5 月 29 日，正当联合国、非洲联盟与苏丹政府就有关苏丹接受向达尔富尔地区部署联合国及非盟混合部队的"安南计划"第二阶段方案举行磋商并有望达成协议之际，在美国长期对苏丹实施经

---

① See EIU "Sudan: Country Report" September 2006, p. 24.
② 苏丹能源和矿产部副秘书长哈马德·厄尔尼尔·加迪尔在 2007 年 7 月 26 日于北京召开的"中国—苏丹关系"国际研讨会上的发言。

济制裁的情况下，美国总统布什又宣布了对苏丹实施新的、更为严厉的经济制裁措施，其中包括禁止美国公民和企业同苏丹政府控制的30家国营或合资公司及2名政府官员和1名反政府武装组织头目进行往来等。6月7日，布什在德国海利根达姆参加西方八国峰会时还说，他对达尔富尔问题迟迟得不到解决表示失望，如果联合国不能采取有效行动，美国将"自己采取行动"。①

在达尔富尔问题一段时期内已取得积极进展，苏丹政府与联合国、非盟就安南方案第二阶段计划也已基本达成一致的情况下，美国却又突然失去了耐心，再次向苏丹抡起了制裁大棒，这不仅令人费解而且更让人怀疑美国对政治解决苏丹达尔富尔问题的诚意。对此，中国外交部发言人姜瑜2007年5月31日在北京表示，在当前形势下对苏丹实行新的制裁只能使问题复杂化，无助于达尔富尔问题的解决。② 中国非洲事务特别代表刘贵今大使也表示，对苏丹进行制裁无益于解决达尔富尔问题。在解决问题中与苏丹政府保持合作很重要，制裁不会起任何作用。"有很多例证都说明，即使派很多部队到一个国家，如果没有这个国家内部的政治进程和当地政府的配合，问题依然无法得到解决。"③

"解铃还需系铃人"，由于达尔富尔问题的根源是生态环境恶化导致的贫困和落后，"实质上是发展的问题"，因此只有通过经济发展和合作才能从根本上解决问题。鉴于此，中国在达尔富尔问题上一直扮演着"劝和""促谈"的角色。主张要立足对话和谈判、发展与合作来解决冲突。应在推动达尔富尔有关各方政治进程的同时，改善当地人民生活条件。自达尔富尔问题出现以来，中方一直通过元首互访、派遣特使、通电话、互致信函以及在联合国等场合开展协调等各种途径与各方沟通，力争缩小各方立场分歧，推动平等对话。胡锦涛主席在2006年11月中非合作论坛北京峰会和次年2月初访问苏丹期间，均就达尔富尔问题与苏丹总统巴希尔会谈，并提出了中方对解决达尔富尔问题的四项原则主张，即：尊重苏丹的主权和领土完整；坚持对话和平等协商，以和平方式解决问题；非盟、联合国等应该在达尔富尔维和问题上发挥建设性作用；促进地区局势稳定，改善当地人民生活条件。为缓解达尔富尔地区的人道主义危机，中国政府迄今共向当地提供了8 000万元人民币的人道物资援助，并向非洲联盟在该地区执行维和任务的特派团捐款180万美元。

为推动达尔富尔问题的政治解决，中方积极推动有关各方进行政治对话以

---

① 新华网德国海利根达姆2007年6月7日电，"布什称美国可能在达尔富尔问题上采取单独行动"。
② 新华社2007年5月31日电，"外交部：对苏丹实行新制裁无助于解决达尔富尔问题"。
③ 新华网北京2007年5月29日电，"中国官员：施压制裁无利于解决达尔富尔问题"；Also see "Confrontation Over Darfur Will lead Us Nowhere", *China Daily*, 27 July 2007。

达成各方都能接受的政治解决方案。2006年11月,在联合国五个常任理事国、非盟以及苏丹和其他一些非洲国家代表在埃塞俄比亚首都亚的斯亚贝巴举行的会议上,时任联合国秘书长安南提出了联合国分三阶段向非盟驻达尔富尔部队提供支援的计划,即"安南计划":第一阶段,联合国向非盟部队提供价值2 100万美元的军事装备和物资,并派遣近200名军官、警官和文职官员,在非盟部队中担任参谋和顾问等职务;第二阶段,联合国支援非盟部队的人员和装备将达到一定规模;第三阶段,在达尔富尔完成部署联合国—非盟混合部队,这支部队将由1.7万名军人和3 000名警察组成,其指挥权将掌握在联合国手中。中方支持这一方案,认为该方案是现实可行的,满足了各方关切,也最接近苏丹方面的思路。希望苏丹与其他有关各方就细节问题进行平等磋商并尽快达成一致。

为实地了解情况,中国政府已向达尔富尔地区派遣了5个特使团。2007年,中国外交部部长助理翟隽两次访问苏丹,并在当年4月作为政府特使第二次访问苏丹期间前往达尔富尔地区实地考察当地形势,并提出解决达尔富尔问题应从三方面入手,即有关各方应推动达尔富尔政治进程,争取早日实现全面和平;向达尔富尔地区提供人道主义援助,减轻和化解人道主义危机;为该地区发展提供帮助,使达尔富尔地区人民摆脱贫困,消除冲突根源。2007年5月10日,中国政府又任命了前驻南非大使、资深外交官刘贵今大使为首任中国政府非洲事务特别代表,其近期工作将重点围绕达尔富尔问题展开。此为中国政府继设立中东问题特使和朝鲜半岛事务特使之后,第三次任命特使,清晰表明了中国政府对非洲事务,特别是近期对达尔富尔问题的高度重视。刘贵今大使上任后,即赴苏丹进行了为期5天的访问。访苏期间,他不仅赴达尔富尔地区进行了实地考察,还分别会见了苏丹副总统塔哈、总统顾问哈里发和外交事务国务部长萨马尼,希望和劝说苏方在落实"安南方案"问题上显示出更多的灵活性,以更大的力度加快推动达尔富尔地区政治进程,进一步改善达尔富尔地区人道和安全状况,使该问题早日得到解决。

在中方的努力下,苏丹政府2007年6月宣布无条件全面接受联合国和非盟在达尔富尔地区部署混合维和部队的行动方案,使得政治解决达尔富尔问题向前迈进了重要的一步。应当说,苏丹政府立场的转变,中国发挥的建设性作用是至关重要和有效的。为切实推动"安南计划"第二阶段方案的实行,中国政府应联合国有关方面的请求,还决定不久将向苏丹达尔富尔地区派遣275人组成的工兵分队。对中国在推动达尔富尔问题解决中所发挥的积极作用,也有西方媒体做出了肯定的评价,认为"中国的战略是进行人道主义和发展援助,施加影响但不进行干涉",并得出了"中国的达尔富尔政策眼光更长远"的结论。① 美国国务院发言人6月4日也首次就"抵制奥运"做出回应,称抵制北京奥运"并非美国政府的看法",也"并非我们所支持的行为"。美国奥委会则称"完全不同意"抵制北京奥运,"奥运会是体育,而不是政治"。②

第三节 新时期中国加强对非安全合作的理论思考

一、从战略高度认识和推进与非洲国家的安全合作

和平与发展是当今世界的两大主题,而非洲当前的和平安全问题又十分突出,特别是随着中非关系的不断深化发展以及赴非洲开展经贸合作的中国人越来越多(目前保守估计已有百万中国人在非洲),非洲的安全不仅关乎非洲的发展,也同样关乎中国在非洲企业及其员工的命运。帮助非洲发展创造一个和平安全的环境不仅有利于非洲,同样有利于中国,更有利于世界和平的维护。

另外,从安全和地缘战略的角度看,作为面积仅次于亚洲的世界第二大洲的非洲,其重要的地理战略位置(苏伊士运河和好望角航线扼东西交通要冲且毗邻重要的中东产油区)和丰富的资源(拥有发展工业所需的50多种矿产资源)曾是冷战时期超级大国最看重的筹码。"9·11"事件后,基于反恐和能源安全的需要,非洲在美国等西方大国外交政策中的地位进一步提升。

2011年爆发的利比亚战争的背后就反映出大国利益的新博弈。北约等西方国家虽表面打着"保护平民"、"人道主义干预"以及"支持利比亚人民反对独裁、争取民主"等漂亮的旗号进行干预,但其背后却隐含着夺取利比亚石油资源、扩大其在北非乃至非洲地区的影响,特别是借机挤压中国在非洲的生存空间和影响力的战略企图。对此,美国有高官甚至在公开讲话中已不加掩饰地挑明。如曾任里根政府财政部助理部长、现任美国乔治敦大学战略和国际研究政治经济中心教授的保罗·克雷格·罗伯茨(Paul Craig Roberts)在2011年4月16日接受伊朗英语电视频道"新闻电视台"(Press TV)采访时就直言不讳地承认,美

---

① 《中国在达尔富尔的微妙作用》,载美国《波士顿环球报》2007年7月23日。
② 《美不支持抵制北京奥运》,载《环球时报》2007年6月6日头版。

国中央情报局已经卷入了利比亚战争中（支持利反对派）。他认为，美国卷入利比亚战争有三个理由：第一个是因为中国在利比亚拥有广泛的能源投资和基建投资并已将非洲视为未来能源的来源地，因此美国此举实质上是想把中国踢出地中海；第二个是美国希望通过组建"美国非洲司令部"来与中国抗衡，但卡扎菲却拒绝加入，因此这次美国要借机把卡扎菲拉下马；第三个理由是利比亚控制着地中海部分海岸，但这些海岸并不受美国左右。①

在打击恐怖主义蔓延的旗号下，美国在利比亚战争之后还加大了在非洲的军事介入。美国自2007年建立美军非洲司令部以来，加强了在非洲收集情报、设立小型军事基地以及直接参与打击极端势力和恐怖主义的步伐。迄今，美军已经在位于非洲之角的埃塞俄比亚、非洲岛国塞舌尔以及位于红海与亚丁湾接点处的吉布提等非洲各国建立起一个由十余个小型空军基地组成的情报网和快速反应基地。美军在吉布提的空军基地还多次启动战机在索马里境内发动对伊斯兰青年党武装的空袭。2011年10月中旬，美国总统奥巴马又下令向乌干达、南苏丹、中非共和国和刚果（金）等非洲国家派遣约100名美国特种部队，协助上述国家打击乌干达反政府武装"圣灵抵抗军"。②

对西方借利比亚战争挤压中国在非洲的生存空间和影响力的动机我们不可不察。中国作为国际社会中的一支重要力量，可以也应该在包括利比亚战后重建等非洲的和平安全问题中发挥积极作用。

二、积极参与联合国的非洲维和与建设行动

坦率地说，与"维和"的概念相比，"建和"（建设和平）在中国还是一个比较新鲜并且不太为人所知的新事务。长期以来，中国政府因秉承"不干涉他国内政"的外交原则并且自身参与联合国维和的历史也并不长，再加上中国国内的非政府组织也几乎没有涉及国际事务的任何经验（和中国各类公司快速"走出去"的步伐相比，中国的非政府组织仍在发展的"襁褓"阶段，在国内社会发展的各领域仍未广泛参与），因此若要进一步推动中国在联合国"建和"方面也开始深度参与，须从普及"建和"的知识概念以及进行相关研究着手，然后可以选择联合国正在开展"建和"工作的某一个冲突国家开始在某一个领域的"试点"工作。通过"pilot project"（试验计划）来总结经验、评

---

① "美国高官直言不讳：利比亚战争是冲中国来的"，http://www.xilu.com/2011/0830/news_611_186537.html。
② 《奥巴马下令向中非地区派兵》，载《北京青年报》2011年10月16日。

估成效，为此后的深度参与打下基础。事实上，中国在非洲的基础设施建设、农村教育与医疗、警察和公务员培训等领域都具有相当丰富的经验和美誉。现在需要做的，则是把这些经验和资源如何整合到联合国维和与建和的框架之中。

事实上，参与利比亚的战后重建就可以成为这样的突破口。中国作为联合国安理会常任理事国，可以积极协助推动联合国主导的利比亚战后重建进程。联合国主导利比亚战后重建的原则已得到国际社会的一致认可。2011年9月16日，联合国安理会一致通过关于利比亚问题的第2009号决议，决定设立联合国利比亚支助特派团，支持利比亚战后的政治平稳过渡和重建进程，为期3个月。其主要任务包括帮助恢复公共安全和秩序，促进法治；开展包容各方的政治对话、促进民族和解；着手开展制宪和选举工作以及启动经济复苏；等等。目前，联合国秘书长新任命的利比亚问题特使已经率团抵达利比亚，联合国人道主义援助团队和工程技术人员也在利比亚积极开展人道主义救助工作。中国近年来积极参加联合国在非洲的维和行动，共派出3 000多名维和人员参加了12项维和行动，现仍有1 100多名官兵活跃在非洲8个维和区。中国维和官兵不仅在维持和平和冲突后重建中积累了丰富的实践经验，而且屡次获得联合国有关方面的最高褒奖。毫无疑问，这些宝贵的经验有助于中国积极参与联合国主导的利战后重建工作。

另外，中国还可拓展重建参与领域，尝试进入利比亚战后在安全、政治、金融以及教育等领域的重建工作。一方面，在公平、公开化和透明化的招投标过程中，中国公司以其在基础设施领域的经验、资金、人力资源等优势，可以在利战后的基础设施重建方面发挥关键作用（包括继续执行战前已有的合同和新增新的合同）；另一方面，在安全、政治、金融及教育领域，中国也可参与对利比亚军队、警察重建过程中的培训工作，公务员队伍建设过程中的培训、物质提供，未来宪法制定以及选举过程中的选举观察和国家治理经验交流，等等。利比亚"过渡委"最近提出对中国金融援助的期待，中资银行因此也可与利比亚银行讨论融资和参股方面的合作可能性。另外，后卡扎菲时代的利比亚教育领域正风风火火地制定新教材，为开学做准备，中方也可为其提供一些教具和文具，或者帮助其印制新教材。总之，后卡扎菲时代的利比亚不仅需要建立一个包容性的过渡政府来凝聚国内各派政治力量，实现国家的平稳转型与过渡，更需要一个包容和开放性的国际合作和外交政策，以尽快推进其战后重建进程，造福于人民。

三、打通缔造、维持与建设和平三者之间的有机统一和联系

在联合国和平建设的体系中，存在着从上游（缔造和平，peace making）到中游（维持和平，peace keeping）再到下游（建设和平，peace building）的一整套和平使命的链条。在过去，我国参与联合国的维和行动主要体现在参与"中游"这一段（也就是维持和平）。一般是某国的冲突业已尘埃落定，签署了相关的停火等和平协议，然后再依据联合国的相关决议派驻联合国维和部队进驻来监督和确保相关和平协议的实施。作为"中游"执行者的作用固然重要，但参与"上游"的和平协议制定以及"下游"的战后秩序和规范重建更能够体现出一国外交上的软实力，也更有利于参与国自身利益的输出和价值观的凸显。未来我国在联合国维和体系中的深度参与不仅有在"中游"层面上的继续扩展（2013年，我国首次派出具备安全警卫能力的安全部队参与联合国马里维和，扩展了中国军队参加联合国维和行动成建制部队的类型，提升了中国军队参加维和行动的层次和决心），而且更应该在我们长期缺位的"上游"和"下游"两方面做些功课，并致力于打通我们在参与缔造和平、维持和平与建设和平三者之间的有机统一和联系。

2013年岁末，当刚刚建立不到两年半、曾经充满希望的世界最年轻国家南苏丹爆发冲突后，作为在该国有巨大石油利益的投资国，中国政府并没有教条和僵化地理解传统的"不干涉内政"原则，更不是采取旁观和逃避责任的"不作为"政策。相反，中国政府在冲突爆发的第一时间即呼吁冲突双方保持冷静和克制，通过对话和谈判解决彼此间分歧。在积极支持非盟以及"东非政府间发展组织"（Intergovernmental Authority on Development，IGAD）开展调停斡旋工作的同时，中国政府还派出特使赴南苏丹及周边国家促和斡旋。中国外长王毅2014年1月在出访埃塞俄比亚时还专门分别与在埃塞俄比亚参与和谈的南苏丹冲突双方谈判代表会面，听取双方对当前情况的介绍并分别做促和工作。在联合国层面，中国还会同其他安理会成员国，在最短的时间内推动安理会通过了向南苏丹增派联合国维和部队的决议，将驻扎在南苏丹的联合国维和部队从现在的7 000人增加到12 500人，维和警察从900名增加到1 323名。另外，为帮助改善当前南苏丹面临的严峻人道主义危机，中国红十字会还通过红十字国际委员会向南苏丹提供了10万美元的紧急人道主义现汇援助。

总之，中国通过积极促和的"建设性干预"而不是拉一派打一派的"破坏性干涉"来发挥负责任大国的作用，目的是帮助南苏丹尽快恢复和平稳定，重新开始国家重建进程，避免坠入"失败国家"的深渊。

四、创新理论体系与概念工具，赋予不干涉原则以时代新意

面对变化着的非洲安全局势及中非合作关系，中国需要加强理论研究，从理论与政策层面上厘清"不干预内政"的清晰内涵与实际政策操作方式，从概念和话语形态上辨析"不干涉内政"与积极介入非洲安全和平建设的关系，梳理清楚并向世人清楚表达中国坚持的"不干涉原则""积极关注"概念及它与西方倡导的"保护的责任"的相异与相同，从而为中国加强与非洲的安全合作提供相应的理论依据。

自 1955 年在印度尼西亚万隆召开第一次亚非会议以来，"不干涉内政"原则就一直是指导中国外交政策的和平共处五项原则中的一项重要原则。而且这一原则也被联合国所接受并体现在联合国的宪章[①]及其他国际法律文件中。当中国在经济领域深化其市场经济改革的同时，在外交和政治领域仍坚持"不干涉内政"原则并且在许多重要的官方文件中（如 2006 年 1 月发布的《中国的非洲政策》白皮书）反复强调这一原则。中国确信，坚持"不干涉内政"原则和提供"不附加条件"的援助对于发展与非洲的长期友好关系十分重要。因此，中国非常小心翼翼地不干涉非洲国家的内部事务，充分尊重非洲国家独立处理自己内部事务的权力。对中国而言，强调这一原则并不仅仅停留在口头上和理论上。对这一原则的尊崇和坚持是源于中国自己的历史，特别是近现代以来中国所反复遭受的西方列强对中国内部事务的干涉。

就达尔富尔危机而言，中国对上述重要原则的尊崇受到了西方媒体以及美国布什政府的质疑，并且把中国的决策者置于一个相当被动的态势，即必须在坚持"不干涉内政"原则与国际社会要求放弃这一原则之间寻求某种平衡。正如比利时学者乔纳森·霍斯洛格（Jonathan Holslag）所指出的，"达尔富尔问题是对中国外交灵活性的一个紧迫考验。它促使北京在坚持原则和面对国际压力两者之间调整其方向，即一方面是对传统准则的遵守和对经济利益的诉求；另一方面则是应对国际压力和寻求该地区长期稳定的需要。"[②] 也有西方学者分析认为，中国外交官虽然一方面强调"不干涉内政"并不意味着不愿意提供"保护"；另一方面也迅速指出，所谓"保护的责任"原则实际上是美国及其盟友为使其干涉苏丹

[①] 在联合国宪章第 1 章（"宗旨及原则"）第 7 条中有这样的相关表述："本宪章不得认为授权联合国干涉在本质上属于任何国家国内管辖之事件，且并不要求会员国将该项事件依本宪章提请解决。"

[②] Jonathan Holsag (2007), "China's Diplomatic Victory in Darfur", BICCS Asia Paper Vol. 2 (4), 15 August 2007.

事务合法和合理化而特意制造出的词汇,其显而易见的目标就是在苏丹进行"政权更迭"并维持美国在该地区的霸权。[①] 另外,中国的政策决策者们还尖锐地指出了华盛顿的伪善道德说教,因为自20世纪80年代初期以来,美国及其西方伙伴国家事实上一直在以市场经济改革的名义,通过有条件的借贷和债务结构调整等方式干涉非洲国家的内部事务。其结果是,非洲发展的进程受阻,非洲国家在经济管理中的作用严重下降,非洲的贫困进一步加剧。而这相当于是对非洲的重新殖民化,而不是发展。这一切,都是中国外交的理论与实践工作者应该清楚把握并努力向世人解释和传递的。

---

① Alex De Waal (2007), "Darfur and the Failure of the Responsibility to Protect", *International Affairs*, Vol. 83, No. 6, pp. 1039 – 1054; Ademola Abbas (2007), *The United Nations, the Africa Union and the Darfur Crisis: of apology and utopia*, Netherlands International Law Review, pp. 415 – 440.

第五篇　新时期中非经济与发展合作关系研究

以共同发展为宗旨的新时期中非经济合作，将为新时期中非合作提供持久而巨大的动力与活力。随着中非双方各自经济社会环境的变化和中非合作关系的不断拓展，新时期中非经济合作所涉及的问题正日益复杂多样。在本篇的各章中，我们从经济合作层面对中非合作关系进行专门专题研究，研究内容涉及如下重点与难点问题，一是探讨在中国崛起成为世界经济大国背景下，中非经济合作对于非洲国家战胜贫困、实现减贫目标能否发挥某种特殊作用？在当代非洲经济发展进程中，中国扮演何种角色，发挥何种功能？中国发展经验对于非洲有何影响？非洲国家对中国的期待及中国满足非洲国家期待的范围和限度是什么？二是探讨新时期中国对非援助的目标调整、效益优化与政策完善问题，探讨中国如何更好地利用对非援助实现中非双方互利共赢，如何结合中国对非援助实践过程创新国际援助理论与政策。三是新时期中非经济合作具体领域的战略规划与政策研究，包括中非在资源、能源、投资、金融、贸易、物流、基础设施等领域的合作战略与政策选择。

第十四章

新时期中非经济发展合作的战略与政策

中非合作关系是一种旨在通过合作提升双方发展能力、实现共同发展目标的平等相待、互为机遇的关系。在促进双方经济与社会发展这个共同战略诉求方面，非洲需要中国，中国也需要非洲。近年来，中非新型战略伙伴关系广泛涉及双方在政治、经济和文化各方面的合作内容，但促进非洲和中国自身的经济社会发展，则是中非这一新型伙伴关系的关键要素与核心目标。在共同发展、互利发展的理念与原则指导下，中国尊重并倡导非洲国家自主选择发展的道路、发展的重点与发展的政策，支持非洲国家通过联合自强来提升集体发展能力，推动并积极参与国际社会促进非洲和平与发展的行动。在发展路径的选择上，中非双方通过建立优势互补、互利共赢的发展合作伙伴关系，相互学习、交流和借鉴发展经验，在"南南合作"的框架内实现共同发展。

第一节 非洲经济发展的现状与特点

自 20 世纪 90 年代中期以来，撒哈拉以南非洲国家的经济开始出现企稳向好的发展趋势，年均经济增长接近 6%，通货膨胀得到抑制，财政状况逐年改善。对非洲经济取得的可喜进步，就连十年前发表非洲悲观论文章的英国著名《经济学家》周刊也在 2011 年 12 月发表题为《非洲崛起》的封面文章，认为在过去10 年里，世界上发展最快的 10 个国家中，有 6 个是非洲国家。在过去 10 年中的

8年里，非洲的增长速度要快于东亚，包括日本。① 世界银行非洲地区首席经济学家尚塔亚南·德瓦拉詹2011年底在接受媒体采访时也表示，凭借农业、基础设施建设两大领域的强劲增长，以及海外资金持续加速流入，非洲经济有望迎来长达20年的增长期，上升态势堪比亚洲大国印度在过去20年里的表现。②

一、非洲经济一体化建设不断加快

（一）非洲次地区组织的成立和经济一体化的发展

联合自强，实现非洲一体化可以说是广大非洲国家和人民自独立以来就一直期盼实现的美好愿望和奋斗目标。由于非洲国家经济普遍具有经济规模和市场狭小、结构相似缺乏互补性（都是出口低附加值的农矿初级产品）以及严重依赖进口中间产品和制成品等三个方面的主要特征，因此，把市场做大做强，建立超国家的经济一体化组织才是打破这一经济结构"瓶颈"的唯一途径。

从发展过程看，非洲经济一体化进程可以粗略划分为两个阶段。20世纪60～80年代末期是非洲经济一体化的第一阶段。从六七十年代开始，非洲大陆众多的次地区经济一体化组织就开始纷纷出现。如非洲现有的14个区域性一体化组织大多是该时期建立并发展演变而来的。但因种种原因，该时期一体化的实质性进展相当缓慢。90年代后非洲一体化进程进入加快发展的第二阶段。冷战后，经济全球化、地区化浪潮席卷全球，欧洲统一大市场和北美自由贸易区的相继建立，亚太地区经济合作组织的日趋成熟，都客观上推动了非洲一体化的步伐。1991年6月，参加非洲统一组织第27届首脑会议的非洲国家领导人签署了《非洲经济共同体条约》（又称《阿布贾条约》），决定在以往基础上建立"非洲经济共同体"（AEC）。成员国共同努力先实现地区范围的贸易自由化，建立自由贸易区和关税同盟，最终建立非洲共同市场。整个过程将历时34年，分6个阶段进行，最终于2028年建成，最迟不超过2034年。

在《阿布贾条约》战略的引导以及非洲国家领导人的积极推动下，非洲经济一体化在这一时期有了比较长足的发展。如西非国家经济共同体（ECOWAS

---

① The Economist, "The hopeful continent: Africa rising"（希望的大陆：非洲在崛起），December 3 - 9, 2011. 而在2000年5月，该杂志的封面文章是《非洲：一个没有希望的大陆》（Africa the hopeless continent）。

② 新华网内罗毕2011年12月21日电（记者邵杰）：《世行经济学家：非洲经济将迎来20年稳定增长期》，http://www.tianjinwe.com/rollnews/cj/201012/t20101222_2927347.html。

（由西非 15 国组成，2 亿多人口）于 1997 年底正式推出共同体旅行支票，使成员国间的金融和贸易往来更为便利；2000 年底决定成立共同体法院、议会，启用统一护照。由肯尼亚、乌干达和坦桑尼亚 3 国于 1967 年组成的东非共同体在 1999 年初开始互免关税，实现了货币的自由兑换；2004 年 3 月又签署了《东非共同体关税同盟协议》，并计划于 2010 年 1 月启动共同市场，实现人员、商品、资本和服务在 5 国（布隆迪与卢旺达两国于 2007 年 6 月加入）间的自由流通。2008 年 8 月，南部非洲发展共同体（南共体）自由贸易区正式启动，按照既定一体化目标，自由贸易区建成后，南共体将分别于 2010 年实现关税同盟、2015 年建立共同市场、2016 年成立地区中央银行及实现货币联盟、2018 年统一货币。2008 年 10 月，东非共同体、东南非共同市场和南共体三方在乌干达首都坎帕拉举行首届历史性的三方首脑会议，决定尽快成立由三方成员国组成的自由贸易区，并最终建立单一关税同盟。

（二）非洲大陆经济一体化和联合的步伐近年来不断加快

近年来，在水涨船高的国际社会掀起的新一轮"非洲热"中，非洲国家以非盟为核心，不仅加快了经济一体化建设，而且以联合自强的姿态积极参与解决非洲的地区冲突，并以自主和多元外交为主导，积极参与国际对话和合作，以主动性的参与来实现国际合作中非洲利益的最大化。

一方面，非洲大陆联合的步伐近年来不断加快。非洲统一、建立一个统一的非洲合众国可以说是几代非洲民族主义者的理想和奋斗目标。早在 20 世纪 60 年代，在加纳举行的首届泛非首脑会议上，早期非洲独立运动领袖之一、当时的加纳总统恩克鲁玛就提出了建立"非洲合众国"的设想。但由于种种原因，"非洲合众国"再次成为非洲的热议话题则是近几年的事情。继 2007 年非盟第 9 届首脑会议将建立"非洲合众国"一事正式提上非盟议事日程以来，在 2008 年年初的非盟第 10 届首脑会议上，"非洲合众国"的理念继续引发与会各国首脑的热烈讨论，甚至传出多国争当"非洲合众国首都"的消息。[①] 当年 5 月，在坦桑尼亚举行的非盟小型首脑会议提出，采取逐渐推进的方式，实现建立"非洲合众国"的目标。6 月底 7 月初召开的非盟第 11 届首脑峰会虽然讨论主题为"实现水和卫生的千年发展目标"，但仍对 5 月非盟小型峰会达成的提议进行了审议，就非盟联合政府的权限范围、联合政府与各国政府之间的关系及其对各国主权的影响等问题深入交换了意见。2009 年 7 月在利比亚海滨城市苏尔特召开的非盟第 13 届首脑会议则通过了一项改革非盟常设执行机构的草案，决定将目前非盟常设机

---

① 《非盟峰会争议"非洲合众国"》，载《环球时报》2008 年 2 月 5 日。

构"非盟委员会"提升为"非盟权力机构",并赋予更大更广泛的权利,统一负责非盟的防务、外交和对外贸易谈判等重大问题。舆论认为,这实际上是部分行使非盟联合政府的职能。非盟轮值主席、本届会议东道主、利比亚领导人卡扎菲在闭幕式上说,本届苏尔特首脑会议取得了巨大成功,是非洲朝着团结统一的道路上迈出的重要一步。他指出,非洲的和平、稳定和复兴,是对全世界的重要贡献,非洲只有实现团结、共荣和强大,才能屹立于世界之林。非盟委员会主席让·平在闭幕后举行的记者会上也说,首脑会议决定将非盟委员会提升为非盟权力机构,是非洲一体化进程又向前迈出了重要一步。①

虽然围绕以何种速度推进建立"非洲合众国"问题,非洲各国仍存有一定分歧(如以利比亚为代表的"激进派"和以南非、尼日利亚为代表的"渐进派"),但建立"非洲合众国"这一目标本身在非洲国家中已形成广泛共识。而且,近年来如此密集地在非盟首脑会议上讨论建立"非洲合众国"的事宜,这在非盟及其前身"非洲统一组织"的历史上都实属罕见,这反映出以非洲统一和复兴为目标的泛非主义又重现活力,也表明非洲国家希望抓住新的历史机遇,在参与全球化的过程中实现非洲的一体化。

二、南非加入"金砖国家"与亚非新兴国家合作的新平台

2010年12月24日,中国外交部网站发布消息说,中国作为本年度"金砖四国"首脑峰会的轮值主席国,与俄罗斯、印度、巴西一致商定,吸收南非作为正式成员加入该合作机制。中国国家主席胡锦涛同时致信南非总统祖马,邀请他2011年到中国参加"金砖五国"峰会。此消息一经发布,可谓一石激起千层浪,欢呼者有之,警觉者有之,不以为然者亦有之。

感到警觉的自然是西方国家。作为现有国际政治经济秩序的主导者和主要获益方,西方国家对于以中国和印度为代表的发展中国家在近十多年来出现的群体性崛起以及新兴大国之间所表现出的新一轮重新接近与合作的趋势表现出一种其惯有的、天然的警惕和戒备。在西方国家看来,作为发展中国家群体性崛起的一种突出表现和象征符号,即由巴西、俄罗斯、印度和中国组成的"金砖四国"所体现出的一种世界经济(当然也或许包含国际政治)重心由西半球向东半球的转移,以及这种转移对西方国家长期拥有并早已习惯的主导地位的冲击在给西方国家带来失落感的同时,还有相当程度上的疑虑、焦灼和危机感。如今,非洲大陆

---

① 《第十三届非盟首脑会议闭幕,非洲一体化迈新步》,http://finance.sina.com.cn/j/20090704/23246440901.shtml。

的"超级大国"南非的加入不仅使"金砖四国"扩大了家庭成员的数目,更是使得"金砖国家"这一机制得以覆盖亚洲、非洲、欧洲、美洲四大洲,在地理范围、政治经济实力以及国际影响力等方面都有了显著的扩大和提升。这一改变自然使仍深陷金融危机泥淖中的西方国家感觉到不太舒服。

感到不以为然者主要是一些从纯粹的经济学指标来看待南非影响力或者"金砖资格"的学者、观察家和媒体。他们认为,作为非洲最大的经济体,虽然南非的 GDP 占非洲 GDP 总值的近 1/4,但其经济规模与"金砖四国"其他成员国相比还太小,甚至还赶不上以往在"金砖四国"中排名最后的俄罗斯的 1/4。诚然,如果从严格和纯经济的指标看,南非这块"金砖"的成色可能还够不上足够的纯度,但自 2001 年 11 月美国高盛公司经济学家奥尼尔提出"金砖四国"这一概念以来,伴随着近十年来发展中国家经济的快速发展及其在世界经济中所占权重的上升和"南南合作"趋势的加强,"金砖国家"的概念内涵已经开始逐渐超出其最初的狭义的经济范畴,向国际政治和地缘战略格局等更广阔的领域延伸,并初步显现出新兴发展中大国在各领域进行全面对话和合作平台的雏形。特别是在后金融危机时代世界格局出现大动荡和大调整的历史转折时期,面对全球货币管理体制、气候变化、新能源开发等一系列新课题和新挑战,新兴市场国家加强彼此间的团结和合作就更显得迫切和重要。

南非举国上下对于能够加入"金砖国家"机制感到欢欣鼓舞,南非外交部长甚至称之为南非在 2010 年岁末所收到的最好的"圣诞礼物"。南非舆论普遍认为,南非能够加入"金砖国家",表明南非的大国地位得到了其他新兴国家的认可,南非由此可正式从"非洲大国"步入"全球地区性大国"行列,成为新兴市场国家领军的第一梯队成员。南非总统祖马在访华时也曾明确说,"当今世界经济的权力中心,正在发生从西到东,从北到南的变化","我们确实想参与四个'金砖'国家的重要经济活动。加入'金砖'国家,能促进南非和非洲大陆经济的发展,帮助我们摆脱贫困。"

南非加入"金砖国家"合作机制无疑将进一步打通并加强"金砖国家"与整个非洲合作的重要通道,能够有力促进新兴市场国家之间的合作。南非的加入不仅意味着"金砖国家"从此成为覆盖亚洲、欧洲、美洲和非洲的一个跨越全球四大洲的"南南合作"机制,同时也意味着其他金砖国家对非洲近年来实力和地位上升以及该大陆发展潜力的认可。就连"金砖四国之父"吉姆·奥尼尔(Jim O'Neil)也认为,南非加入的主要意义在于它代表了整个非洲大陆。

第二节　中国对非洲经济发展的贡献率不断提升

随着近十多年来中非政治和经贸关系的快速发展，国际媒体、西方智库以及学术界有关中非关系的报道和讨论急剧升温，有关中国在非洲搞所谓"新殖民主义"的鼓噪也在泛滥。出现了所谓"中国重视发展对非关系完全是出于对石油等战略资源的争夺，中国以廉价商品占领非洲市场，向非洲国家推销中国经济发展模式，以及中国对非援助和提供贷款加重了非洲已有的债务危机，对于国际对非洲减债的努力构成了冲击"等指责。事实上，各取所需和互补性的中非经贸关系是建立在中非之间在资源、市场和资金、技术与经验间的取长补短、相互借鉴与合作基础之上的，对促进非洲国家经济发展，提高普通百姓的生活水平发挥了不可替代的作用；中国对非援助和贷款则帮助非洲国家建立了许多基础设施项目，并以其灵活和高效解决了许多非洲国家发展经济的燃眉之急。

一、旨在互利共赢的中非能源合作

近十多年来，随着中国在非洲能源开发工作的展开，西方一些媒体和学界（甚至包括政界人士）开始鼓噪"中国在非洲开展能源外交""中国对非洲资源的掠夺是一种'新殖民主义'"等。他们认为，中国对非洲的关注完全是基于对石油等战略原材料的需要。[①] 的确，随着中国经济的快速发展，中国早已于1993年从一个石油出口国转变为了石油进口国。如今，中国已成为仅次于美国的全球第二大石油消费国，而非洲也正在迅速成为世界重要的石油供应地。中国经济的高速发展及国内资源的相对不足，决定了中国对包括非洲在内的世界石油等战略原材料产地的持续关注。

事实上，到非洲去采油，与非洲国家开展资源开发合作本就无可厚非。非洲国家因自身缺乏资金和技术，也需要外来投资和合作。中非石油贸易虽然发展迅速，但从不遮遮掩掩，始终是公开、透明和互利的。中国石油公司参与非洲油气

[①] See Esther Pan (a staff writer for the US Council on Foreign Relations of website, cfr.org.), "Q&A: China, Africa, and Oil", January 18, 2006, http://www.nytimes.com/cfr/international/slot2_011806.html?pagewanted=print; Also see "Africa: China's great leap into the continent", "IRIN"〈IRIN@irinnews.org〉03/23/2006; see Alex Vines, "The Scramble for Resources: African Case Studies", *in South African Journal of International Affairs*, Vol. 13, Issue 1, Summer/Autumn 2006, pp. 63 – 75.

资源的开发有助于非洲产油国摆脱长期以来对西方石油公司的依赖，实现石油投资和开采技术的多元化，在石油工业决策中掌握更多的主动权。而且，更重要的是，中非能源合作与西方石油公司掠夺式的开采有着本质上的不同。在 2006 年初发布的《中国对非洲政策文件》中明确提到，中非资源合作是本着"互惠互利、共同发展的原则，采取形式多样的合作方式与非洲国家共同开发和合理利用资源，帮助非洲国家将资源优势转化为竞争优势，促进非洲国家和地区实现可持续发展"。① 对此，我们只要简单对比一下西方舆论热炒的中国与苏丹的能源合作和非洲头号石油生产国尼日利亚的石油生产状况就能一目了然。中国公司自 20 世纪 90 年代中期开始参与苏丹的能源开发。截至 2003 年底，中国石油公司在苏丹共投入 27 亿美元，修建了 1 506 公里的输油管道，建成了一家 250 万吨/年原油加工厂和若干个加油站，不仅使苏丹从一个石油进口国变成了石油出口国，而且拥有了一个集勘探、生产、炼制、运输、销售于一体的完整的石油工业体系。② 中国非洲事务特别代表刘贵今 2008 年 2 月在参观了中国援建的年产成品油能力达 500 万吨的喀土穆炼油厂后曾说，"这个炼油厂以事实证明，中国和苏丹开展石油合作不是只顾自己的利益，而是真心诚意地帮苏丹人民。如果只是为了自己的利益，完全可以从苏丹进口原油，再把成品油出口到苏丹。"③

除硬件能力的提高外，中国公司还注重提高当地员工的技术水平和素质培养等"软件"能力的建设。据中石油苏丹项目协调领导小组组长、中油国际（尼罗）公司总经理祝俊峰介绍，目前中石油在苏丹的各个项目中都大量使用本地员工，部分项目苏丹员工的比例达到了 90% 以上。他表示，通过对苏丹本地员工进行培训，不仅满足了项目对人才的需求，同时也为苏丹培养了大批石油行业的操作工人和经营管理人才。中苏合作是利益共享，互利共赢。④ 另外，截至 2006 年底，中石油先后在苏丹投入 3 287 万美元用于帮助苏丹建设学校、医院等生活配套设施，发展当地社会公益事业，受益人数超过 150 万人，在国际大企业中屈指可数。⑤

近十多年来，苏丹经济在"石油美元"强大引擎的带动下表现出强劲的复苏态势。不仅石油生产从 1993 年的日产 2 000 桶提高到目前的 50 万桶，2006 年原

---

① 参见中国外交部发布的《中国对非洲政策文件》白皮书，外交部网站：http://www.fmprc.gov.cn。
② 《中国与苏丹的能源合作》，载《中国石油石化》2005 年第 16 期，第 40 页。
③ 程刚：《中苏石油合作帮了苏丹百姓》，载《环球时报》2008 年 3 月 7 日。
④ 《中非峰会共识在苏丹开花结果》，载《北京青年报》2007 年 7 月 16 日。
⑤ 《中苏能源合作：非洲对外合作典范》，载《21 世纪经济报道》2007 年 2 月 5 日。

油出口占总出口的比值达84%，①而且经济增长率近年来均保持在8%～12%左右，在东北非国家中名列前茅。通货膨胀率也从20世纪90年代的135%下降到目前的5%左右。人均国民生产总值则从20世纪90年代末的280美元提高到目前的1080美元。外汇收入也逐年增加，从20世纪90年代末期到2005年4月底，苏丹外汇储备就已达到14.4亿美元。苏丹因此有能力按期偿还了国际货币基金组织贷款，受到该组织好评，并于2000年恢复其会员国的投票权。②

更需要强调的是，中苏石油合作还为苏丹带来了和平。"石油美元"带动下的强劲经济增长为苏丹南北"全面和平协议"的顺利实施以及苏丹和平局面的巩固提供了经济基础和保障。2005年初签订的苏丹南北"全面和平协议"中的一项重要内容便是苏丹南方自治政府与中央政府平分南部石油收入。据苏丹财政部的统计，南方自治政府在2006年前5个月里已经收到总计4.73亿美元的石油分成收入，而且其月均收入呈快速上涨趋势，从2006年1月的7 200万美元上涨到5月的1.12亿美元。③稳定的石油收入和持续的经济增长不仅有效地缓解了苏丹南方自治政府以及喀土穆中央政府的预算困境，提高了人民的生活水平，而且有力地促进了苏丹南北"全面和平协议"的顺利执行以及和平的巩固。

反观非洲石油大国尼日利亚，壳牌公司在尼已搞了50多年的石油开采，可尼日利亚至今还是出口原油，进口汽油，没有自己的石油生产和加工体系，实际上至今仍然是一个初级资源输出国。目前，几乎所有尼日利亚石油生产都被西方五大跨国公司控制。尼日利亚国际事务研究所高级研究员西里尔·奥毕在胡锦涛主席2006年4月访问尼日利亚前夕曾在接受中国记者专访时说，西方国家除了在有战略意义的石油领域投资外，对尼日利亚的制造业没有兴趣。更令人气愤的是，西方石油公司在开采石油过程中，不采取有效环境保护措施，致使采油区遭受严重污染，破坏了生态平衡，恶化了当地人民的生活居住条件。昔日清澈见底的河流，如今河面上漂浮着油花，鱼也不见了踪影，河水也不能饮用。特别是多年来因石油公司疏于对输油管道的更新和维修，管道漏油现象始终没有得到有效处理，原油渗透进土壤，使得昔日良田如今变得草木不生，一片萧条景象。④

而中国公司在与尼日利亚进行能源合作之外，还在农业、基础设施建设、电力、通信等领域与尼展开了全面合作。中国企业在尼办厂，教给当地人技术，生

---

① 苏丹能源和矿产部副秘书长哈马德·厄尔尼尔·加迪尔在2007年7月26日于北京召开的"中国—苏丹关系"国际研讨会上的发言。
② See EIU "Sudan: Country Profile" 2005, 2006.
③ See EIU "Sudan: Country Report" September 2006, p. 24.
④ 新华社驻拉各斯记者戴阿弟：《中国给非洲国家树立了榜样——专访尼日利亚国际事务研究所高级研究员西里尔·奥毕》，载《参考消息》2006年4月20日。

产当地市场需要的产品。2006年初,尼政府和中国广东新光国际集团签署了一项总值达20亿美元的改善尼铁路系统的协议。2005年,尼日利亚向中国的非石油产品出口为尼创汇5亿多美元。另外,就2006年4月胡锦涛主席出访尼日利亚期间与尼达成的石油开采协议来说,尼方向中石油集团提供4个区块的油田开采许可证,两处位于富产石油的尼日尔河三角洲,另两处则位于自然条件相对恶劣、尚未开发的乍得湖区域。在这些区块开采石油,不仅对欧美石油跨国公司在尼日利亚的石油利益不构成任何威胁,而且能通过资金和技术的输入,帮助尼日利亚勘探和开采未知的石油处女地,实现投资来源的多样化。不仅如此,中国还承诺投资40亿美元用于尼日利亚的相关基础设施建设,提供500万美元用于购买抗疟疾药物、帮助培训尼日利亚人控制疟疾和禽流感并在技术上进行合作。因此,尼日利亚、南非等非洲国家都非常欢迎并希望中国公司到非洲投资,反而是某些西方大国对中非关系的发展坐卧不安。

当西方指责中国掠夺非洲能源的时候,事实上正是西方及其跨国石油公司在加大对非洲能源领域的投资,扩大从非洲的石油进口。目前,美国16%的进口石油来自非洲。据美国国家安全委员会估计,到2015年这一数字将提高到25%。美国能源部仅2003年一年对非洲石油的投资就为100亿美元。美国谢夫隆石油公司近5年在非洲的投资为200亿美元。埃克森—美孚公司则正在铺设一条耗资37亿美元的输油管道,把乍得新的石油供应输往喀麦隆的大西洋海岸,该项目是撒哈拉以南非洲地区历史上基础设施方面最大的私人投资。另外,法国道达尔集团计划在近5年内向尼日利亚投资100亿美元、向安哥拉投资50亿美元用于油气开发。该公司近期还在苏丹南部拿到了一些石油项目。英国壳牌石油公司的一项报告则称,2002年该公司已拥有尼日利亚300亿桶石油储量的55%左右,并占尼220万桶日均产量的40%。[①]

其实,相对于西方国家和西方石油公司而言,非洲向中国出口的石油以及中国石油公司在非洲石油市场上所占的份额都还十分有限。2008年7月发布的世界银行的一份研究报告就客观指出,相对于西方许多跨国石油大公司,中国石油公司是非洲石油勘探和生产业的后来者,其在非洲石油业的投资还不足其他石油公司在该地区投资的十分之一。2006年,非洲生产石油的57%是输往欧美,仅16%输到中国。[②] 在非洲已探明油气储量中,中国仅占有不到2%。[③] 因此,那些

[①] Julio Godoy, "US and France Begin a Great Game in Africa", *Inter Press Service*, August 11, 2004; Also see "Oil Africa 2004, 1st sub-Saharan oil conference", www.chinaview.cn, 2004-03-08.

[②] 2008年7月11日世界银行发布的报告:《建设桥梁:中国在撒哈拉以南非洲基础设施建设融资中日益增长的作用》(Building bridges: China's growing role as infrastructure financier for Sub-Saharan Africa)。http://www.ppiaf.org/content/view/438/462/。

[③] 《中国低调的非洲行》,载英国《金融时报》2008年3月12日。

攻击中国"资源掠夺"的西方媒体和人士大可不必如此惊慌。

二、各取所需和互补性的中非经贸关系

在经贸领域，对中国在非洲搞所谓"新殖民主义"的指责主要集中在三个方面：一曰中国以廉价商品占领非洲市场，向非洲国家推销中国经济发展模式；二曰中非经贸关系是一种不平等的"南北经济关系"模式，即非洲主要出口原材料，进口中国的制成品；三曰中国企业只顾追求商业利益，不保护当地环境和劳工权益，不承担企业社会责任。[①]

的确，随着中非经贸合作规模的不断扩大，双方在贸易、投资等方面存在的矛盾也日益突出。中国在劳动力和资源成本上的超强竞争力，使一些非洲国家的纺织和轻工行业受损。尽管中非贸易额近十年来突飞猛进，但中国对非出口机电、轻工和纺织等制成品，从非洲进口石油、木材、矿产品等原料的贸易结构并没有多大改变。但这一现象的产生主要是由中、非双方的比较优势以及在经济全球化中的产业分工情况所决定的，基于"买与卖"的相互需要和经济全球化产业分工而形成的平等经贸关系与依靠坚船利炮、不平等条约瓜分和占领市场的"殖民主义"行为是有着本质不同的。

从本质上看，中非经济合作是一种优势互补、互利共赢的合作伙伴关系。非洲有五十多个国家和近9亿人口，自然和人力资源丰富，市场广阔，发展潜力巨大。但因长期的殖民掠夺和局部冲突动荡，经济仍比较落后，缺乏发展资金、技术和经验。中国经过三十多年的改革开放，经济规模和实力有了显著增长，拥有各个阶梯层次的适用技术和设备以及三十多年来改革开放、经济建设的成功经验（当然也包括一些教训），但同时也面临着资源短缺、国内市场竞争加剧等新的问题。因此，中非之间在资源、市场和资金、技术与经验间的取长补短、相互借鉴与合作完全是一种于双方都有利的互利共赢行为。

正是由于中非经贸关系的这种互补性，中非双边贸易近十年来才出现了快速发展。双边贸易额从20世纪50年代初的1 211万美元，发展到了2000年的105亿美元、2004年的294亿美元、2006年的554亿美元和2007年的730多亿美元。2008年中非贸易更是超过了千亿美元，提前两年完成了预定目标。而且仅仅3年之后，2011年中非贸易又一举突破2千亿美元大关。迄今为止，中国自2009年

---

① See Africa: China's great leap into the continent, IRIN < IRIN@ irinnews. org > 03/23/2006; "Chinese are far more ruthless than the Brits ever were", *Sunday Times* (UK), July 16, 2006; "The western view of China's economic forays into Africa has been overwhelmingly negative", *South China Morning Post*, September 20, 2006.

超越美国已连续 4 年成为非洲第一大贸易伙伴。

近年来，针对中非贸易间的不平衡问题，中国还着重加强了从非洲国家的进口，与非洲贸易出现并保持了逆差，使非洲国家获得了大量外汇收入。为进一步便利非洲商品进入中国市场，从 2005 年 1 月 1 日起，中国还对 28 个最不发达非洲国家的 190 个税目的输华商品（2006 年 11 月中非领导人峰会期间宣布扩大到 440 多种商品，2009 年 11 月的第四次中非合作论坛文件则进一步大幅将来自非洲的免税商品扩大到了 4 000 多种）实行免关税政策，使相关非洲国家受惠商品的对华出口额成倍增长。在 2005 年中非双边约 400 亿美元的贸易额中，非洲顺差 24 亿美元。

从中非经贸结构看，非洲出口原材料，进口制成品的贸易结构其实是长期殖民统治固化的单一畸形经济结构造成的，这一现状的改变需要非洲工业化进程、经济一体化进程以及多元化经济的发展，而这些进程的完成均需要时间，不可能一蹴而就。非洲制造业不发达，长期以来，大多数国家的工业制成品及日用消费品都依赖进口。以往来自欧美的商品因价格高昂，一般老百姓根本消费不起。中非贸易和物美价廉的中国日用工业品则为非洲人提供了买得起的商品，客观上提高了当地民众的购买力和生活水平。笔者认识的一位来华进修的尼日利亚军官曾激动地说，感谢中国，尼日利亚普通百姓现在不必再穿来自欧美的二手旧衣服，而买得起来自中国的新衣服了。穿新旧衣服的区别体现出的是一种期盼已久的自尊。[①] 另外，得益于与中国贸易的大幅增加，撒哈拉以南非洲国家近年来取得了近 6% 的年均经济增长，成为全世界经济增长速度最快的地区之一。当然，由于中国在纺织品生产和贸易方面的超强竞争力，一些非洲国家的纺织业发展受到了一定程度的冲击。对此，中方不仅表现出了强烈的关注，而且决心采取自我限制纺织品出口配额的措施来帮助有关非洲国家进行纺织品工业的结构调整，以提高其产品的竞争力。

至于指责中国输出发展模式，稍有常识的人都知道中国历来不干涉别国内政，尊重非洲国家自主选择适合自己的发展道路，从不寻求向非洲国家输出自己的价值观和发展模式。反观自殖民时期以来的西方对非洲政策，在"直接"或"间接"殖民之后，原殖民宗主国又通过英联邦、法非首脑会议等机制试图继续保持对非洲的控制。冷战后，通过实施将援助与是否实行西方式民主相挂钩的政策，以美国为主的西方大国通过“胡萝卜”（援助）与"大棒"（停止援助）交相结合的方式，强行向非洲国家推行西方式民主、自由和人权等政治价值观。无论是克林顿政府提出的《非洲增长与机会法案》（简称 AGOA，主要对非洲国家

---

① 2008 年 1 月 4 日笔者在中国国防大学与来华进修的尼日利亚学员、空军上校奥杜阿约的交谈。

出口美国的服装和纺织品实行配额和关税免除），还是布什政府首创的"千年挑战账户"（The Millennium Challenge Account），美国对其提供的每一笔发展援助都设立了严格的民主、自由、人权的条件和门槛，不达标的国家是无缘接受美国伸出的"橄榄枝"的。

近十多年来，特别是2000年中非合作论坛成立以来，中国企业到非洲投资的步伐大大加快。截至2006年底，中国累计对非各类投资达到117亿美元（其中对非直接投资额达66.4亿美元），在非洲兴办各类企业800多家，投资项目涉及贸易、生产加工、资源开发、交通运输、农业及农产品综合开发等多个领域。由于"走出去"的不少在非企业属中小型企业，缺乏海外经营经验和人才，在一些企业中的确在某种程度上存在不了解和不遵守当地法律，把国内经营恶习带到非洲的情况。但是，也应当看到，这些出现问题的企业在800多家企业中只是极少数，却成了西方媒体"描黑"整个中国在非企业的靶子。事实上，据中国学者赴非实际调研掌握的情况看，绝大多数在非洲经营的中国企业，特别是大中型国有企业在产生和经营过程中都能够严格遵守当地的法律法规，在环境、税收、劳工、安全生产等方面得到了非洲国家的认可。① 另外，退一步说，即使是那些少数违规的问题企业，其行为也与"新殖民主义"无关。用德国马歇尔基金会中国问题专家安德鲁·斯莫尔的话来说，这些企业在非洲采取的一些错误做法"不是因为殖民主义态度，而是由于中国自身的发展水平很低"，这些错误其实都可以在中国找到类似的例子。②

总体而言，中国对非投资促进了非洲国家经济的发展，增加了当地的就业和税收，带去了适合非洲国家的技术，培养了大批非洲人才，增强了非洲国家自主建设的能力，提高了人民的生活水平，受到非洲国家的普遍欢迎。世界银行负责非洲地区的副行长古宾得·南卡尼曾说，"中国对非洲的贸易与投资正在成为非洲国家经济增长的主要推动力"，在非洲所有的外来投资中，有1/10是来自中国的投资。南卡尼说，非洲国家正在从当地不断增长的中国投资中获益，尤其是越来越多的中国企业将先进的技术带入非洲。"过去二三十年，中国经济的快速发展得益于不断增长的海外投资，尤其是与美国大市场的贸易往来。现在，非洲正面临相同的机遇，与中国这个全球经济中增长最快的大市场的合作必将推动非洲

---

① 参见陈玉来："中国企业在非洲的经营情况——中国社会科学院西亚非洲所赴非考察团观感"，在"庆祝中国-南非建交十周年学术讨论会"上的发言，北京，2008年4月。笔者于2007年11月和2008年4月分别赴尼日利亚和肯尼亚，在与相关中国公司的座谈中，也得出了同样的看法。之所以有关中国公司的正面报道难于呈现报端，一方面是西方媒体对中国的成见很深和所谓"揭短"和"报忧不报喜"的新闻"潜规则"作祟；另一方面则是中国公司本身的自我宣传不够。

② 达纳·哈曼：《对比中国与欧洲殖民国家在非洲的表现》，载美国《基督教科学箴言报》2007年6月25日。

经济不断前进。"①

三、中国对非援助和贷款推动非洲经济发展

近年来，西方一些学术会议甚至一年一度的西方八国首脑会议在讨论对非援助和贷款问题时，又把批评的目光投向了中国。如在2007年西方八国首脑会议召开前的西方八国财长会议上，德国财长批评和警告中国的对非援助和贷款冲击了西方债权国近年来在非洲的减债努力，有可能引发新一轮非洲债务危机，中国对非援助和贷款"不负责任"等②。类似的指责还出现在各类研究报告和媒体报道之中，甚至还出现了所谓的"无赖贷款者"（rogue creditor）和"搭顺风车者"（free rider）的说法。③

仔细分析，这种针对中国对非援助和提供贷款的指责带有很大的主观臆断成分。姑且不论在总体规模上，和西方对非援助及贷款相比，中国的对非援助和贷款在总体数额和比例上都相对较小，对非洲总体债务危机的影响权重也较微弱这一基本事实，即使从非洲债务问题的形成、中国在促进非洲债务问题解决中所做出的努力、中国对非援助和贷款所产生的实际效果以及非洲国家对来自中国的投资与援助所持有的普遍欢迎态度等方面来综合评估，也很难得出中国援助非洲"不负责任"和可能引发新一轮非洲债务危机的结论。相反，正由于中国近年来加大了对非援助、投资和经贸合作的力度，"中国因素"对非洲经济近年来强劲反弹的贡献率至少在5%以上。中国对非援助、投资和经贸合作对推动非洲近十多年的经济发展发挥了积极作用。

非洲债务问题由来已久。近3 000亿美元的巨额外债成为制约非洲经济发展的一个重要瓶颈。事实上，对非洲巨额外债的形成，西方国家难脱其咎。20世纪六七十年代，大多数非洲国家在实现初期工业化过程中资金匮乏，便大量举借外债。然而，在过去20多年，随着国际市场初级产品价格下跌和西方国家设置贸易壁垒，非洲国家的出口条件明显恶化，导致其国际收支失衡，偿债能力下

---

① 2006年11月来华作为观察员参加第三次中非合作论坛的世界银行负责非洲地区的副行长古宾得·南卡尼在接受新华社记者采访时的谈话，新华社2006年11月3日电。
② "德财长妄评中国对非贷款政策"，法新社波茨坦2007年5月19日电。
③ Martine Dahle Huse & Stephen L. Muyakwa, *China in Africa: Lending, Policy Space and Governance*, published by Norwegian Campaign for Debt Cancellation and Norwegian Council for Africa, 2008; Helmut Reisen and Sokhna Ndoye, *Prudent versus Imprudent Lending to Africa: from Debt Relief to Emerging Lenders*, OECD Development Centre, working paper No. 268, January 2008; "Critics urge caution on African aid splurge", *South China Morning Post*, May 15, 2007; "G7 to discourage China from making usurious loans to African countries", *AFX News Limited*, September 14, 2006.

降,不得不借新债还旧债,加上高昂利息,外债规模如滚雪球般越滚越大。

和西方债权国及其他国际金融机构相比,尽管中国对非洲的债权数额和比例都不大,并且中国自身仍为背负债务的发展中国家,但为推动国际社会解决非洲严重的债务危机,中国政府在2000年10月首届"中非合作论坛"上庄严承诺在两年内免除有关非洲国家欠华到期债务156笔,总金额105亿元人民币。这一承诺事实证明得到了提前和超额的完成。在2006年11月召开的第三届"中非合作论坛"暨中非领导人峰会上,中国政府再次承诺免除同中国有外交关系的所有非洲重债穷国和最不发达国家截至2005年底到期的政府无息贷款债务,金额约100多亿元人民币。

中国对非洲的援助始于1956年。早在20世纪60年代初周恩来总理访非期间提出的"中国对外援助八项原则"中,中国政府就明确提出:中国政府在对外提供援助的时候,严格尊重受援国的主权,绝不附带任何条件,绝不要求任何特权;中国政府以无息或低息贷款的方式提供经济援助,在需要的时候延长还款期限,以尽量减少受援国的负担;中国政府对外提供援助的目的,不是造成受援国对中国的依赖,而是帮助受援国逐步走上自力更生、经济上独立发展的道路;中国政府对外提供任何一种技术援助的时候,保证做到使受援国的人员充分掌握这种技术;中国政府提供自己所能生产的、质量最好的设备和物资;中国援助专家同受援国自己的专家享受同样的物资待遇,不容许有任何特殊要求和享受。在这一贯彻至今的原则指导下,截至2006年5月底,中国共向非洲国家提供各方面援助444亿元人民币,已帮助非洲国家援建了包括纺织厂、水电站、体育场、医院、学校等在内的共800多个项目。著名的坦赞铁路就是中国在自身经济十分困难的情况下为非洲援建的。这条友谊之路全长1 860公里,中国曾先后有5万工程技术人员在坦赞苦战酷热和疾病,其中64人献出了宝贵的生命。

近年来,在"中非合作论坛"的机制框架内,中国进一步加大了对非援助和投资力度。特别是在2006年11月召开的中非峰会上,中国政府提出了对非援助的八项"一揽子"政策措施,从减债、提高援助、鼓励投资、向非洲产品开放中国市场到人力资源培训以及农业、医疗卫生合作等。另外,由于基础设施是支撑一国经济发展的基础,中国对非投资也主要集中在这一领域。2008年7月世界银行发布的一份名为《建设桥梁:中国在撒哈拉以南非洲基础设施建设融资中日益增长的作用》(Building bridges: China's growing role as infrastructure financier for Sub-Saharan Africa)的最新研究报告认为,中国在自然条件艰苦的撒哈拉以南非洲地区投资承建了大量桥梁、铁路和公路。投资总额从2004年以前的每年不超过10亿美元迅速提升至2006年的70多亿美元(2007年回落至45亿美元)。在诸多的基建领域中,水电站和铁路建设是中国投资的两大重点。中国目前已投资

33亿美元建设中的10个水电站项目可以为撒哈拉以南非洲地区新增6 000兆瓦电力供应，使该地区的电力供应状况提升30%。而中国正在改建的1 350公里铁路以及新建的1 600公里铁路将是对该地区现存5万公里铁路网的一个重要补充。从建设规模和资金总量上看，包括中国、印度和几个中东海湾石油富国在内的（中国为其中的领军者）新出现的融资方在非洲基础设施领域的投资已超过传统的经合组织（OECD）国家，体现出"南南合作"不断增长的新趋势。这些投资极大地改善了非洲的基础设施状况和整体投资环境，推动了非洲的经济发展。①

实事求是地说，中国对非援助、投资和经贸活动的加强不仅使非洲受援国实现了外援和外资来源的多元化，增强了非洲自主选择的能力和自主决定自身发展道路的自主性，提高了非洲国家的生产能力和人民的消费能力及实际生活水平，而且中国经济的快速发展客观上带动了国际市场初级产品价格的上扬，增加了非洲初级产品输出国的外汇收入，改善了其国际贸易环境，增强了其偿债能力。非洲经济近年来能连续保持年均5%~6%的经济增长，"中国因素"可以说是功不可没。举例来说，得益于中国在其基础建设等领域的援助和投资，饱经战乱27年之久的安哥拉近年来以两位数的经济增长率高速发展，2006年经济增长率更是高达17%，国民经济和人民生活均呈现欣欣向荣的喜人局面。中国的另一主要受援国苏丹近年来的变化更是让人吃惊。10年前，联合国的统计资料显示，苏丹是世界上最不发达的国家。而10年后的今天，苏丹人均国内生产总值已上升到1 080美元，并以8%以上的经济增长率稳居阿拉伯地区和非洲地区经济发展速度最快的国家前列。因此，有非洲学者认为，"迄今为止，西方援助没有发挥作用。非洲大陆经济经历了多年倒退，直到最近几年才取得了5%的增长率。这样的成就在很大程度上要归功于对华贸易。"② 塞内加尔总统瓦德2008年初也在英国《金融时报》撰文指出，"通过直接投资、贷款和各种公道合理的合同，中国已帮助非洲国家建立了许多基础设施项目，……提高了数百万非洲民众——而非少数精英分子——的生活水平。"他还说，"我们与世界银行签合同要花5年时间讨论，而我们与中国只需3个月。……比起西方批评者，中国人更有竞争力，较少官僚作风，更适合在非洲做生意。不仅非洲，就连西方都有很多东西可向中国学习。"③

毋庸置疑，避免非洲出现新一轮债务危机的办法不是停止对急需发展资金的

---

① 2008年7月11日世界银行发布的报告：《建设桥梁：中国在撒哈拉以南非洲基础设施建设融资中日益增长的作用》（Building bridges: China's growing role as infrastructure financier for Sub-Saharan Africa），http://www.ppiaf.org/content/view/438/462/。

② 保罗·莫尔克拉夫特：《为什么北京在非洲能赢？》载南非《商业日报》2007年2月5日。

③ 塞内加尔总统阿卜杜拉耶·瓦德：《现在该是西方照自己所宣扬的那样去做的时候了》，载英国《金融时报》2008年1月24日。

非洲国家提供援助和贷款,而是应着眼于提高援助和贷款的效应,使非洲国家通过经济发展增强自身的偿债能力,逐步走出"借新债还旧债"的怪圈,实现经济的自主和可持续发展。对此,非洲国家看得很明白。在2006年的西方八国峰会后,非洲各国财长会议曾明确表示,非洲迫切需要来自中国的贷款和投资。塞内加尔经济和财政国务部长阿卜杜拉耶·迪奥普说,"世界银行、国际货币基金组织和非洲开发基金等信贷机构向非洲提供的贷款流通太慢,而且附加了太多的条件"。而来自中国的援助和贷款没有任何先决条件,且流通快,效率高,非洲国家在得到贷款时不需要牺牲国家主权和民族尊严。[①] 正因如此,非洲国家普遍欢迎中国的援助和贷款,希望借此进一步带动非洲经济的发展。

第三节　推进新时期中非经济发展合作的政策选择

一、从"南南合作"的战略高度看待中非经济发展合作

首先,从战略全局和长远角度看,中非关系的加强对于发展中国家的团结合作以及世界格局走向多极化的进程将发挥积极作用。冷战结束后初期,尽管非洲的战略地位曾一度有所下降,但近年来非洲联合自强、以一个声音说话的势头增强,联合起来的非洲的力量不可小觑。作为发展中国家的主力,非洲有五十多个国家,约占不结盟国家的半数和联合国成员国的近1/3,是中国在国际事务中发挥大国作用、反对霸权主义和强权政治可借重的力量。中国不结盟的独立自主和平外交政策以及其社会主义的国家属性决定了它不管是过去、现在还是将来,都将坚定地和广大发展中国家站在一起。事实上,中国作为当今世界最大的发展中国家,与发展中国家最集中的非洲大陆之间建立合作共赢的新型战略伙伴关系的意义已经不仅局限于中非双边关系本身,而是具有更广阔的世界意义。

从"南南合作"的层面看,中非加强磋商和团结合作有利于提高发展中国家作为一个整体的国际影响力,增强发展中国家与发达国家对话的力量以及推动建立公正合理的国际政治经济新秩序。中国是最大的发展中国家,非洲是发展中国

---

① 《美财政部称中国给非洲贷款是"无赖贷款者"》,http://bbs.bv2008.cn/archiver/?tid-191623.html。

家最集中的大陆。第二次世界大战后,伴随着亚非会议的召开和不结盟运动的兴起,"南南合作"在政治领域取得了很大的进展。但在冷战结束后初期,由于经济发展的不平衡以及某些经济领域内的相互竞争,发展中国家内部曾一度出现了某种程度上的分化,在国际上的整体作用也有所减弱。近年来,随着发达国家贸易保护主义的抬头以及某些大国在国际关系中黩武主义倾向的滋长,发展中国家在反对霸权主义与强权政治、争取公平和公正的国际经济贸易规则方面的共同利益和纽带进一步增强,在国际事务中的影响力也进一步提高。

目前,发展中国家之间在经济领域的合作(包括相互投资与贸易,以及协调立场为发展中国家争取更有利的国际贸易条件等)和国际事务中的合作可以说是新型"南南关系"的主要特征。中国与非洲及其他发展中国家在联合国、世界贸易组织和其他国际机构中加强沟通和协作,提出建设性的动议,对旧有规则、标准的改革正在产生潜移默化的影响。如在世界贸易组织有关农业问题的谈判中,正是由于中国和非洲等广大发展中国家采取协调一致的立场集体维权,才迫使发达国家在最终取消农产品贸易补贴问题上做出了一定的让步和承诺。根据OECD的测算,美国每100美元的农产品产值中有20~30美元是政府补贴的,欧盟达到40~50美元,日本达到50~60美元。资料显示,发达国家每年对农业的补贴高达3 500多亿美元。这些巨额补贴造成农产品大量过剩,国际价格远低于生产成本,再加上发达国家还为其农产品设置了较高的关税和技术贸易壁垒,从而使发展中国家的农业受到了沉重的打击。[①] 因此,一直以来,在世贸组织举行的各类贸易谈判中,包括中、非在内的发展中国家及其利益代言人如20国集团强烈要求美、欧、日等发达国家降低直至最终取消其高昂的农业补贴。在压力之下,美欧近年均已表示将逐步降低其农业补贴。欧盟还承诺到2013年全面取消农业补贴。

从更广阔的人类发展大势和社会进步的视野看,在当今南北差距持续扩大、恐怖主义威胁阴霾不散的情况下,发展中国家的共同繁荣以及深度参与并分享经济全球化的成果对于推动世界的持久和平与和谐发展也具有深远的意义。非洲有54个国家和近10亿人口,中国有13亿多人口,两者相加共拥有世界人口的1/3。中非合作和共同发展不仅可为实现"联合国千年发展目标"做出贡献,而且更重要的还在于为大多数穷人实现最基本的人权——生存权和发展权——做出了贡献,为塑造一个更合理、更公正,能使世界上大多数人在发展中受益的新世界秩序做出了贡献。

[①] 转引自《星岛环球网专题——抢救多哈:难解农品补贴死结》,http://www.singtaonet.com/global/global_feature/t20051213_93993.html。

二、中非经济发展合作需着眼于优势互补并以互利共赢为原则

从现实以及中长远的经济利益看,中非经济合作是一种优势互补、互利共赢的合作伙伴关系。一方面,中非关系的加强可为中国经济的可持续发展提供原料、市场和投资场所的后续保证;另一方面,非洲也可通过大力发展中非关系得到发展资金、技术和经验,并使其原料出口多元化,同时在开发自有资源的过程中有了更多自主选择的权利,能够真正成为自己资源的主人。过去,由于原料的出口市场单一,以及资源开发的外来投资来源也主要是欧美国家,非洲对自己资源的控制和讨价还价能力受到了很大程度的限制。随着中国经济的快速发展以及中国对非洲能源开采业投资的增加,不仅国际市场上原材料的价格有了大幅上扬(这对非洲资源生产国当然是利好消息),而且非洲国家在自主决定其资源开采的国际合作伙伴方面有了更充裕的回旋余地和话语权。

非洲自然和人力资源丰富,市场广阔,发展潜力巨大。但因长期的殖民掠夺和局部冲突动荡,经济仍比较落后,缺乏发展资金、技术和经验。中国经过三十多年的改革开放,经济规模和实力有了显著增长,拥有各个阶梯层次的适用技术和设备以及三十多年来改革开放、经济建设的成功经验(当然也包括一些教训),但同时也面临着资源短缺、国内市场竞争加剧等新的问题。因此,中非之间在资源、市场和资金、技术与经验间的取长补短、相互借鉴与合作可以促进共同发展并极大地提高"南南合作"的水平。特别是近年来,中非间加大了人力资源开发合作的力度,通过人才培训和促进能力建设,为非洲的经济可持续发展增添了新的动力,同时也为"南南合作"开辟了一条新路。

三、着眼中非合作大局,尽量让利于非洲

中非发展合作虽然讲求互利共赢,但是由于大多数非洲国家总体上比中国落后,民生困苦,因而在合作中中国应树立大国风范,帮助有关非洲国家进行纺织品工业的结构调整,以提高其产品的竞争力,推动中非经贸合作的可持续发展。与非洲国家产生的贸易摩擦必须纳入中非"新型战略伙伴关系"的框架内来加以化解。毕竟,非洲是世界最不发达国家最集中的大陆,又是我们传统友好的外交基石,是我们在一系列重大国际政治经济事务中可以依靠的外交资源和力量。解决好双边经贸关系中出现的竞争和摩擦,就需要我们有超前和长远的眼光,要跳出市场竞争、"优胜劣汰"的自然法则,以有别于与发达国家的竞争方式,对非洲的纺织业等相关支柱产业采取一定的保护和让渡措施。另外,我国政府还应积

极引导我国具有比较优势产业的发展方向，推动其由粗放型向高附加值、高技术含量的效益型转变，走市场多元化的道路，给非洲国家的相关行业和产业的结构调整及竞争力提高留出足够的时间和空间，以达到共同发展的目的。而中非商品贸易结构的改变和贸易不平衡问题则需要中非双方在统筹协调未来经济发展战略的基础上，通过在非洲投资设厂、提高产品加工开发能力，使出口产品多样化来逐步解决。

在对非外交中要摆正"利"与"义"的关系，要持有正确的"义利观"是中国新一届领导集体大力主张和强调的重要对非外交方针。2013年3月，习近平主席在"两会"结束后首次出访就前往非洲，即体现出对非洲人民兄弟般的情谊。习主席访非演讲时用"真、实、亲、诚"四个字概括中国的对非政策，指出对待非洲朋友我们讲一个"真"字，开展对非合作我们讲一个"实"字，加强中非友好我们讲一个"亲"字，解决合作中的问题我们讲一个"诚"字，引起非洲领导人和民众的强烈共鸣。2014年1月，外交部部长王毅访问非洲时，再次强调"正确义利观是新时期中国外交的一面旗帜"。他在与塞内加尔外长恩迪亚耶会谈后共同会见记者时指出，"义"是指"道义"。中国在同非洲国家交往时应以道义为先，坚持与非洲兄弟平等相待，真诚友好，重诺守信，更要为维护非洲的正当权利和合理诉求仗义执言。"利"是指"互利"。中国在与非洲国家交往时绝不走殖民者的掠夺老路，绝不效仿资本家的唯利是图做法，也不会像有的国家只是为实现自己的一己私利，而是愿与非洲兄弟共同发展，共同繁荣。在此过程中，中方会更多考虑非洲国家的合理需求，力争通过合作让非洲早得利、多得利。在有需要的时候，我们还要重义让利，甚至舍利取义。当年的坦赞铁路是正确义利观的一个典范，今天屹立在亚的斯亚贝巴的非盟会议中心是另一个例证。①

四、注重社会效益、环境保护和当地民生改善

在中非能源开发过程中，要注重商业利益与社会利益的有效结合，重视资源产地的环境保护和民生问题。中非能源开发合作今后应更重视社会利益和民生问题，提高企业履行社会责任的意识。具体来说，一方面，中国企业在开发资源的过程中，要注重树立和保持良好的企业形象，把一部分利润用于当地的环保、教育、医院等民生工程，提高当地人民的生活水平；另一方面，还可考虑将我们传统的援外医疗队、打井、教育合作以及近几年推出的"志愿者"服务等与能源开

---

① 王毅：《正确义利观是中国外交的一面旗帜》，参见外交部网站，http://www.fmprc.gov.cn/mfa_chn/zyxw_602251/t1117851.shtml。

发工作结合起来，协助企业帮助解决非洲当地的民生问题。

同时，我国政府也应考虑草拟并在适当的时机推出"海外投资法"，通过法律和制定政策指导性文件的形式，强制性规定企业应拿出利润的适当比例用于改进和提高资源产地的民生。从大战略上看，在非洲进行资源开发不仅仅是企业或个人的行为，而且是关乎国家利益和外交的政府行为。

五、以提升非洲发展动力为目标加大对非援助力度

援助是非洲国家重要的关注点之一，中国应加大中国对非洲援助力度和加强对援外项目的监管，为非洲发展提供助力和动力。20世纪六七十年代，中国在自身经济相对困难的情况下，花费了巨大的人力和物力援建了坦赞铁路。迄今为止，中国向非洲提供了力所能及的大量援助，已帮助非洲国家援建了900个基础设施和社会公益项目。近二十多年来，随着中国经济的快速发展，非洲国家对我国援助的期望值也在提高，因此，我们也应在综合国力提高的基础上，适时适当地提高对非援助水平。

事实上，随着中国国力和国际影响力的提高，我们有这个义务也有这个能力做到这一点。2005年9月，在联合国成立60周年首脑会议上，胡锦涛主席代表中国政府就援助包括非洲国家在内的最不发达国家做出了五项庄严承诺，包括给予所有同中国建交的39个最不发达国家部分商品零关税待遇；免除所有同中国有外交关系的重债穷国的债务；向发展中国家提供100亿美元优惠贷款；增加对发展中国家特别是非洲国家的相关援助；为发展中国家培训各类人才等。这些承诺的提出，不仅是中国作为一个负责任大国的具体体现，也是进一步发展中非关系，加强中非"全方位合作"的重要保证。

另外，对现有的援助项目，我国相关部门要对援助资金的流向和项目进行情况加强监督和管理力度，防止资金被滥用和挪用。在援外项目的执行方面，可考虑将对外援助项目按金额大小加以分类。如上亿元以上的大项目，仍交由国有大型企业执行；千百万元的中型发展型项目可由国有企业和有资质的集体或私营企业投标竞争；而低于10万美元的小型项目则完全可以以招投标方式对民间企业开放。多元化参与对于提高我们外援项目的效率可能不失为一条新路。

另外，援助要与投资、贸易相结合，要立足长远、统筹兼顾。援助与投资、贸易本就应是三位一体的关系，不能彼此割裂、各自为政。援助的进行应着眼于为本国投资和贸易的开展打好基础。这方面美国和日本的经验值得借鉴。美国通过对非洲一些基础设施的建设、人力资源的培训等投资扩大在非洲的存在和影响，为未来美国主导该地区市场打下了基础。

日本在与非洲国家打交道时很精明，他们首先让非洲当地人接受"投资项目也是援助"的观点，然后从日本购买项目所需设备，最后再把产品运回日本销售，既满足了非洲对援助的渴求，又保证了日本设备制造商的利益，同时通过缩小贸易顺差"讨好"非洲，可以说是"一箭三雕"。① 日本对非洲国家援助的领域主要集中在与其长远经济目标相关的矿业和基础设施方面。以几内亚为例，日本提供的贷款和赠款主要用于改善电力供应、电信状况以及供水工程等方面。日本还要求受援国将经济发展同环境保护结合起来，作为日本提供援助的条件。显然，日本要通过援助为其创造良好的投资环境和准备工业品市场。正如西方媒体所指出的，日本对外援助的信条是："今天赠送给你，是为了明天能借给你和后天能卖给你。"②

比较而言，我国过去的许多对非援助项目未能起到为今天或明天的中国产品和中国资本进入非洲发挥一种铺垫作用。我国援助主要集中在体育馆等基础设施领域，工程一旦竣工，援助也就结束了，无法形成长效机制。虽然这与一定时期的政治气候和国际大环境有关，但我们主观思想上的不够重视和把握不准也是一个不容忽视的因素。

六、扩大非洲人就业规模以夯实中非合作民意基础

"关注民生""推动就业"可以说是2012年第五届中非合作论坛会议讨论以及成果文件中的两个关键词。胡锦涛主席宣布未来中非合作的五个重点领域时明确指出，"中国将继续扩大对非援助，让发展成果惠及非洲民众。"温家宝总理在中非企业家大会开幕式上的讲话中也强调，未来的中非经贸合作将更加注重改善民生和促进就业。商务部部长陈德铭也表示，要继续扩大中非投资合作，将中国具有比较优势的产业链向非洲转移，延长"非洲制造"的增值链，为非洲创造更多就业机会。

非洲被认为是一个"最年轻的大陆"，因为青年人占总人口的比例非常高。据联合国非洲经济委员会发布的《2011年非洲青年人报告》的数字，35%的非洲人口是15～35岁的青年人。非洲青年人的失业问题正成为困扰非洲经济腾飞的一大难题。据粗略统计，撒哈拉以南非洲地区年轻人的失业率为11%。在北非国家则接近24%。2011年初最先点燃"阿拉伯之春"火种的突尼斯则是15～

---

① 贺文萍：《发达国家对非经贸政策的经验/教训及启示》，载《中非经贸合作白皮书》2003年内部出版。
② 江翔：《日本与非洲某些关系初探》，载《西亚非洲》1995年第3期。

29 岁人群的失业率达到 30% 以上，大学毕业生的失业率更是高达 50%。青年人的高失业不仅成为经济发展的难题，更是构成了对社会和政治稳定的挑战。

帮助非洲人解决就业和关注非洲民生不仅是非洲国家的期盼，也是我国对非经贸工作近年来的调整重点。近三年来，中国对非援助总额增长近一倍，进一步向民生发展、减贫扶贫、防灾减灾和能力建设方面倾斜，为非洲新建了学校、医院、路桥、供水项目；派遣了大批农业技术专家和医疗队员，为非洲国家累计培训各类人员 2.1 万名。中国还多次向非洲之角等非洲地区饥荒受灾国提供紧急粮食援助，为非洲国家援助实施了一批农业示范中心项目和近百个清洁能源项目，为非洲应对粮食安全、气候变化等挑战发挥了积极作用。

总之，以关注和提高民生为导向和重点的中国对非援助，以及中非民间友好工作的开展不仅能够加强中非人民之间的沟通和了解，有力和有效地回应西方散布的所谓"中国新殖民主义论"和"掠夺非洲资源论"，而且通过非洲普通民众民生的改善和生活水平的提高，受惠于中非合作成果的人越多，中非共同发展的民意基础就越稳固。

七、抓住非洲"向东看"机会扩大中非发展经验交流

应借助非洲国家出现的"向东看"政策，加强与非洲的发展经验交流以及多渠道开展民间对话。为借助亚洲新兴国家的力量共同抗击金融危机对非洲经济的冲击，不少非洲国家实行了"向东看"政策，把加强与亚洲新兴国家的经贸联系、向亚洲国家学习和借鉴发展经验视为外交工作的新重心。南非《金融邮报》杂志在南非总统祖马 2010 年 8 月访华前曾发表评论说，中国企业投资南非的热潮正在到来，南非政府已经意识到世界经济重心开始向发展中国家转移，而中国是其中的领军者，因此采取了"向东看"政策。另外，成立于 2007 年、致力于向非洲各国政府提供政策建议、覆盖全非的研究智库"非洲经济转型研究中心"（The African Centre for Economic Transformation，ACET）也于 2009 年 10 月推出了上下两卷、题为《向东看：中国进入非洲带来的机遇与挑战》以及《向东看：非洲决策者们如何和中国打交道》大型研究报告，详尽分析了中国与非洲在开展投资、贸易和经济技术合作等方面给非洲带来的机遇和挑战，并针对不同非洲国家的资源禀赋和比较优势给出了不同的与中国打交道的政策建议。研究报告的主旨是，中国作为新兴的全球经济强国，正在成为广大亚非拉等发展中国家的重要经济伙伴。非洲国家采取"向东看"战略恰逢其时，但需认真制定这一战略的内容以确保双赢。

中国经济的迅速发展，是经济改革开放的结果，体现了中国特色社会主义道

路的成功探索，也给非洲国家带来了鼓舞和希望。一方面，中国在较短时间内实现了经济的跃升式发展，给非洲国家带来了巨大的精神鼓舞，使其降低了对发展的悲观情绪，感受到有可能在一代人之间实现显著的经济发展；另一方面，包括许多非洲裔人士在内的外国专家学者，对于借鉴中国经验，推动非洲发展也发生了浓厚兴趣。世界银行行长佐利克 2011 年在北京参加"第四届中非共享发展经验高级研讨会"的致辞中坦言，中国的发展为非洲发展提供了"知识资源"，中国的发展经验将为非洲实现减贫和经济增长提供重要参考。[①] 南非总统祖马则在 2011 年于南非举行的世界经济论坛非洲会议上建议非洲国家借鉴中国经验，加快发展步伐。[②]

另外，就民主问题的对话而言，在全球化和多元化的时代，历史发展和国情不同的国家出现政治和价值观认同上的差异实属正常。但这些差异需要通过定期和多层面的沟通和对话才能让双方互相理解，从而不对我们的总体外交造成负面影响。各级领导和社会各界在访问非洲和与非洲人士交流时，应多肯定非洲的民主进程，多解释中国"自下而上"的民主建设模式是国情使然，与非洲"自上而下"的做法殊途同归，以达到"攻心"的目的。

当前，从对话内容上看，可以侧重于发展经验（尤其是减贫经验和制造业发展经验）的交流以及执政理念和改革路径、模式的探索和交流。从对话机制上看，中非间除 2000 年建立起来的官方间的多边交流合作平台——"中非合作论坛"以外，似乎没有其他的机制化的多边或双边交流机制（比较而言，中美两国之间现存有 60 多个对话机制，这些多层面多渠道的对话机制有力地保证了中美双边关系的稳定和健康发展）；从对话主体看，除双边政府间的官方对话外，亟须开拓和发展商界、学术界、社团组织之间等各个层面的对话渠道。只有中非人民之间的充分沟通和相互了解才是中非关系未来和谐持续发展的有力保证。

[①] 中央政府门户网站：http://www.gov.cn，2011-09-06。
[②] 《综述：非洲发展将寻求中国良方》，新华网：http://news.xinhuanet.com/world/2011-05/06/c_121386269.htm，2011-05-06。

第十五章

新时期中非减贫合作的战略与政策

发展中国家是当今世界贫困尤其是绝对贫困的主要发生地。占世界总人口约13%的非洲大陆,是发展中国家最为集中、贫困发生率最高的地区;而世界上最大的发展中国家中国,经过数十年的发展,在减缓贫困方面取得了举世瞩目的佳绩。同为发展中世界的中非双方,在减贫领域的合作逐渐扩大,因此,对于中非减贫合作政策框架、制度设计、合作模式的分析,会丰富与发展国际减贫合作的理论与实践,而且对于探索提高贫困国家民众的福祉亦是有益的探索。

第一节 中非减贫合作的历史基础与现实条件

一、"千年发展目标"与国际发展合作

贫困,从古至今是人类的劲敌,是人类发展史上的一道深深的伤痕。因此,发展是人类面对的共同问题,也是全球化问题,减贫问题也始终是国家发展的重要目标。但长期以来,国际发展合作在相当一段历史时间内将促进伙伴国经济增长作为政策的核心。直到20世纪90年代,随着世界政治经济格局的调整与变化,帮助穷国减缓贫困越来越引起国际社会的高度关注。《1990年世界发展报

告》的出版，是国际社会发展思维出现这一重大转折的标志，[①] 也是国际发展合作目标聚焦于减贫的源发性政策报告。[②] 1995 年 3 月，联合国社会发展世界首脑会议于丹麦首都哥本哈根召开，确立了通过国际合作层面削减贫困的共识。国际合作的目标确定为削减贫困，世界各国尤其是发达国家纷纷调整对非援助政策，更加关注非洲的减贫与发展问题。

随着 20 世纪成为历史上的一页，致力于推动非洲等贫穷国家发展事业的人们日益认识到，若要实现减贫的国际发展目标，需要制定有时限、可定量的具体目标。2000 年 9 月，世界各国首脑齐聚联合国千年峰会，承诺为实现全球和平、人权、民主、治理、环境的可持续发展及消除贫困，加强国际协作，签署了以减贫为要义的《千年宣言》。为保障这些承诺的实现，制定了实现承诺的"路线图"，即"千年发展目标"（MDGs）。从"千年发展目标"的内容看，它包括 8 项大目标、19 个具体目标和 48 个指数。"千年发展目标"的核心理念和价值观在于，它以实现发展、和平和人权为标尺，体现的是自由、平等、团结、宽容、尊重自然、共担责任等一些基本价值观，亦与人类发展目标相一致，如追求健康长寿、受教育、体面的生活，以及享有参与社区生活的政治自由和公民自由；拥有人类发展的必需条件，如环境的可持续性、公平——特别是男女平等，以及保证全球经济环境。[③]

事实上，"千年发展目标"是 20 世纪 90 年代以来国际社会诸多国家、地区和国际协商的产物。它不仅为发达国家所认同，也被发展中国家所接受，成为迄今为止的有关减贫领域国际发展合作的依托与载体。无论是之后出现的"蒙特雷共识""非洲行动计划"（2002 年八国峰会提出）、"巴黎援助效益宣言""阿克拉行动议程"，还是发达国家的对非双边援助政策，抑或是发展中经济体之间民生领域的合作，均以"千年发展目标"为政策核心。"千年发展目标"是当今国际社会在发展领域最全面、最权威、最明确的发展目标，也是衡量国际发展合作的重要标尺。

---

① 在世界银行范围内，这项变化是由 1990 年出版的世界银行关于贫困的专题报告《1990 年世界发展报告》开创先河的，该报告中包括第一个做出了对全球穷困情况的标准化估计，即定义了"贫困"的概念。同时，自詹姆斯·沃尔芬森于 1995 年就任世界银行行长后，世行的工作重点也发生了明显的转变。

② 此后，在 20 世纪 90 年代中后期，由国际组织或发达国家宣示的诸多有关国际合作的政策文件，均将减贫置于核心的位置，如 1996 年由经合组织发展援助委员会制定的"国际发展目标"（International Development Targets），1997 年的英国国际发展合作白皮书，等等。See Robert Picciotto & Rachel Weaving edited, *Impact of Rich Countries' Policies on Poor Countries: Towards a Level Playing Field in Development Cooperation*, New Brunswick and London: Transaction Publishers, 2004, p. 25。

③ 联合国开发计划署：《2003 年人类发展报告——千年发展目标：消除人类贫困的全球公约》，中国财政经济出版社 2003 年版，第 26 页。

二、依然严峻的非洲国家贫困化态势

非洲是世界第二大洲,是人类文明的发祥地之一,拥有丰富的自然资源,但长期以来却为贫困所扰。如果将非洲大陆置于全球发展的视阈中,我们发现:在过去的 20 多年间,经过人们不懈的努力,全球减贫事业取得了相当大的进展。与此形成鲜明对照的是,至 2014 年,距"千年发展目标"实施进程已近尾声,非洲大陆(以撒哈拉以南非洲为例)减贫取得一定进展,但贫困人口规模依然庞大,且数量呈上升趋势。以日收入不足 1.25 美元的新国际贫困线来测度,撒哈拉以南非洲地区贫困人口数量由 1981 年的 1.57 亿增至 2005 年的 2.99 亿,2010 年又增至 4.14 亿。①

综观非洲大陆当下的贫困状况,其主要特点有:首先,贫困人口规模仍然庞大,贫困程度依然很深,国家内部贫富差距巨大。尽管非洲各国贫困化程度各不相同,但绝大多数仍属于中低收入国家,减贫对象规模不见明显缩小。而且,贫困家庭规模大、劳动力负担重且素质差、投资水平低,这些因素均为造成贫困现象依然严重的原因。其次,贫困人口地域化分布明显,高度集中在农村地区。② 这主要是由于与农村居民相比较,生活在城市的居民拥有更多的经济机会,享有更好的教育、医疗卫生、住房、交通运输等基础设施和社会服务。最后,失业与贫困相伴。由于产业发展、人口增长结构等诸多因素,非洲国家始终面临解决适龄人口的就业压力问题。2008 年全球金融危机爆发后,逐渐演变为全球经济和劳动力市场危机。企业减少了生产能力,迫使众多人口失去工作。如何创造就业机会,提高贫困人口的自身减贫能力,成为非洲各国政府面临的严峻挑战。③

三、中国的经济发展与减贫成就

新中国成立以来,中央政府致力于推动国民经济发展与改善人民生活水平。尤其是 1978 年改革开放以来,政府积极探索实现大规模减贫的新思路,开始了

---

① UN, *MDG Report 2013*: *Assessing Progress in Africa toward the Millennium Development Goals*, 2013, p.1.

② Iain Frame, *Africa South of the Sahara* 2009, London and New York: Routledge, Taylor & Francis, 2008, p.10.

③ Economic Commission for Africa & African Union, *Economic Report on Africa* 2010: *Promoting High-level Sustainable Growth to Reduce Unemployment in Africa*, Addis Ababa, 2010, p.13.

国家减贫政策的探索与调整。通过不断完善扶贫政策，坚持"政府主导、社会参与、自力更生、开发扶贫、全面发展"的减贫理念，中国的减贫事业取得了突出成绩。根据中国政府制定的贫困标准，中国农村贫困人口数量从 1978 年的 2.5 亿下降为 2012 年的 9 899 万人，贫困发生率下降到 10.2%。[1] 三十多年来，人们生活质量明显改善。城乡居民收入持续较快增长，人民生活从温饱不足发展到总体小康。1978 年到 2012 年，城镇居民家庭人均可支配收入由 343.4 元提高到 24 565 元，农村居民家庭人均纯收入由 133.6 元提高到 7 917 元。城乡居民家庭恩格尔系数分别从 1978 年的 57.5% 和 67.7% 下降到 2012 年的 36.2% 和 39.3%。[2] 这表明人们消费层次提升，生活水平得到很大改善。与此同时，中国的人类发展指数迅速提升，从 1980 年的 0.407 攀升至 2012 年的 0.699。[3]

因此，从全球视野看，中非减贫合作顺应了国际发展合作的总趋势，也具备了一定条件。首先，从全球减贫合作的总体状况看，帮助非洲国家实现"千年发展目标"渐已成为国际社会与非洲国家发展合作的主体内容。国际社会强烈的政治意愿，使中非减贫合作融入其中，符合国际合作的主流与趋势，因此中非减贫合作的外部国际环境良好。其次，中非减贫合作具有独特优势。中国与广大非洲国家同属于发展中世界和同一地理区位。相似的历史遭遇、实现国富民强的历史任务，使双方在彼此沟通、理解、合作方面具有比较优势。再次，非洲有五十多个国家，各国国情差异很大，但在贫困的特点方面也有一定共通之处，如农民是减贫的主要目标人群等。减贫特点的相似性，为中非双方减贫合作提供了前提条件。最后，中非减贫成效的迥异，使双方减贫经验互享成为可能。如前所述，与非洲国家相比，中国开始大规模、有组织的减贫行动起步要早。当前，从中非双方减贫发展演变的最终结果看，非洲大部分国家尚处于生存型贫困向温饱型贫困过渡阶段，而中国则步入由温饱型贫困迈向发展型贫困之路。中国各地区通过大量减贫实践，形成了日渐成熟且有成效的减贫做法，坚持政府主导及社会力量参与的方式、合理利用国际援助的经验[4]等，值得对方结合国情，进行有选择的借鉴。

---

[1] http://bbs.tianya.cn/post-free-3090534-1.shtml，2014-01-26。

[2] 参见中国国家统计局网站：http://www.stats.gov.cn/tjsj/tjgb/ndtjgb/qgndtjgb/201302/t20130221_30027.html，2014-01-26。

[3] UNDP，*Human Development Report* 2013：*The Rise of the South Human Progress in a Diverse World*，http://hdr.undp.org/en/content/human-development-report-2013，2014-01-26。

[4] 与非洲国家不同的是，国际社会对中国的减贫援助最主要的贡献不是提供资金，中方大多以国际援助项目为载体，引进国际机构丰富的发展经验和大量的扶贫方法，如参与贫困评估、减少贫困的性别层面以及贫困监测方面创新的方法，使其在实践中得到验证和推广，这些对中国扶贫开发的理论、政策、方法、制度建设等方面产生了积极影响。

第二节 中非减贫合作的战略与政策

一、非洲国家的减贫战略

非洲国家的减贫战略与政策是与当时的经济政策和社会发展目标相协调的。如果从减贫作为国家发展战略的明确目标、政府的反贫困政策体系,而且进行有组织的社会活动来界定,非洲国家的减贫战略与政策均表现出明显的阶段性特征。

20世纪60年代至90年代中期,大多数非洲国家处于广义减贫阶段,非洲国家并未制定明确的减贫战略,只是将其作为经济发展"溢出效应"的结果,改善民生内容被列入国家经济与社会发展战略的一部分。非洲国家在20世纪60年代相继独立后,纷纷步入摆脱贫困落后、寻求国富民强的发展之路。基于非洲特有的历史条件、社会经济基础、文化传统,以及当时所处的国际环境,大多数非洲国家在六七十年代选择了工业化发展战略。基于制度性缺陷,国家发展战略对穷人的利益关切不够。事实上,通过非洲国家的大量实践证明,广大民众的生活条件与生活水平虽得到一定程度的改善与提高,但非洲国家贫困落后的面貌并未发生根本性改观。

20世纪八九十年代,随着非洲大陆深陷非洲国家经济危机的泥潭,农业发展、对外贸易、外债规模、政府财政、经济增长均处于停滞甚至负增长态势,国家需要调整原有发展战略,摆脱经济危机的困扰。此时,以"华盛顿共识"为思想核心的《结构调整方案》被国际社会视作拯救贫困国家的灵丹妙药。该方案要求非洲国家在经济上实施以市场化、私有化为核心的结构调整和改革,反对政府干预,紧缩社会福利和各项公共开支。尤其在财政政策领域,国家实行了紧缩货币政策,世界银行和国际货币基金组织要求非洲国家平衡财政收支的一个重要措施就是削减公共福利(如免费医疗、免费教育、失业救济、价格补贴、住房补贴等)的支出,特别是要减少价格补贴,以减轻财政负担。[①] 该方案过分强调市场机制的作用,却无法很好地解决公平问题。《结构调整方案》本身的结构性缺陷

---

① 舒运国:《失败的改革——20世纪末撒哈拉以南非洲国家结构调整评述》,吉林人民出版社2004年版,第102页。

注定了贫困人口的宿命。

自20世纪90年代以来,随着国际社会由以经济增长为核心转变为以人为本发展观的变化,非洲国家政策决策层普遍认识到,减贫工作是发展经济、改善民生、维护社会稳定的关键。由此,决策层将减缓贫困、提高人们生活质量置于国家发展战略的核心。大多数非洲国家遂进入以制度变革推动大规模减贫阶段。在90年代后半期至21世纪初,非洲国家相继出台了国别减贫战略与政策,以机制化形式推进国家的减贫工作,其主要标志是国别减贫战略的制定与实施。

从地区层面看,2001年10月,《非洲发展新伙伴计划》的出台,标志着非洲国家拥有了通过联合自强与集体努力、促进国家可持续发展、地区统一的减贫制度化安排。该计划的宗旨就是解决非洲大陆面临的贫困加剧、经济落后和边缘化等问题,因此消除非洲贫困是该计划的核心议题之一。首先,《非洲发展新伙伴计划》提出非洲减贫与发展的具体目标:"今后15年内实现并保持国内生产总值年均增长率在7%以上;确保非洲大陆达到国际发展目标(IDGs),包括:到2005年,非洲的贫困人口数量减少一半。"[①] 其次,《非洲发展新伙伴计划》规定了落实行动计划的优先发展领域,分别是:基础设施,重点是信息和通信技术、能源、交通运输、饮用水及卫生部门;人力资源开发,重点是教育、技能开发、医疗保健;农业;环境保护;本土文化保护;科学技术更新。值得注意的是,减贫作为上述人力资源开发领域的一部分加以专述,特别提到"将减缓贫困视为本计划及国家宏观经济和部门发展政策的重中之重;给予妇女减贫以特别关注;确保穷人在制定和实施减贫战略中的参与权;支持现存的各层面减贫战略,如《重债穷国动议》《减贫战略报告》(PRSP)等"。[②] 再次,《非洲发展新伙伴计划》强调与发达国家、国际机构和其他发展中国家建立伙伴关系,共同推进该计划的实施。可以说,《非洲发展新伙伴计划》是非洲国家自主制定的全面规划非洲政治、经济和社会发展目标的蓝图,体现了非洲大陆的整体发展战略与政策。同时,该计划也引起国际社会的广泛关注,为非洲与外部国际社会减贫合作搭建了新平台。

从国别层面看,20世纪90年代下半叶以来,随着非洲大陆进入新的增长时期,国内生产总值以4%~6%的增速发展,各国陆续开始实施大规模的减贫行动。1999年9月,在世界银行和国际货币基金组织举行的年会上,做出了将减贫与减债相挂钩的决议,即拟从国际机构获得减债或贷款的重债穷国,需要提交国别《减贫战略报告》。由此,《减贫战略报告》国际组织提供债务减免等国际援助的前提条件,也是受援国与捐助方进行政策对话的工具。因此,在内外因素的

[①②] 参见《非洲发展新伙伴计划》原文,http://www.nepad.org/2005/files/documents/inbrief.pdf,2009-03-18。

共同促动下，导致非洲国家减贫行动发生制度性变迁。非洲国家相继通过设置专门的组织机构，从国家发展的战略高度制定减缓贫困的政策文件，充分调动各种财政资源、信贷资源和社会资源，建立了减贫工作制度与体系。从非洲各国的减贫战略主导力量看，可分为两种：一是未列入重债穷国名列的非洲国家，如南非，国家在制定减贫战略与政策——《南非迈向反贫困战略》时，由中央政府、议会或其他代表机构、公民社会、民间团体等社会各方力量共同参与。这类国家的减贫战略完全由本国自主制定，并自我拥有。二是归属重债穷国之列的非洲国家，由于国际组织掌控着《减贫战略报告》的审批权，国际组织也参与到穷国减贫战略的制定过程中，并提供"指导"，这使得受援国在实现政策自主权方面受到一定局限，这些国别减贫战略或政策由受援国和国际机构共同拥有。

从非洲各国实行的国家减贫与发展战略看，在减贫机制方面逐渐完整与系统，既有减贫的具体预期目标，又有详细而具有一定可操作性的实施安排，还有减贫效果的评估体系。而且，值得注意的是，上述战略中将财政资源支持作为其中的重要内容，这就为国家减贫战略的实施提供了有力保障。

二、中国对非洲政策中的减贫合作

中国的对非洲政策主要体现在政府宣示的文件中，但由于国家领导人的相关讲话、意见、观点等也指导着中国对非洲国家外交行动，因此上述两个视角均可以透视中国的对非洲政策。从新中国成立至今，根据中非减贫合作的方式和内容，我国的对非减贫合作政策大致可分成三个发展阶段。

20世纪50年代至70年代是中国对非减贫政策初创与奠定基础阶段。这一时期，中国对非减贫合作政策主要涵盖在中国对非援助政策体系中，主要特点有：首先，确立了平等互利的原则。1963年12月～1964年2月，周恩来总理在访问非洲十国时，代表中国政府提出了"中国对阿拉伯国家和非洲国家的五项原则"及"中国对外援助的八项原则"[1]，它标志着中国对非洲援助政策的正式形成。其次，倡导中国对非关系中发扬无私的国际主义精神。1963年，毛泽东在会见来访的非洲朋友[2]时，也明确指出："已经获得革命胜利的人民，应该援助正在

---

[1] 参见《对外经济技术援助的八项原则》，载中华人民共和国外交部、中共中央文献研究室编：《周恩来外交文选》，中央文献出版社1990年版，第388～389页。

[2] 毛泽东接见的非洲朋友有：以巴苏陀兰（今莱索托）大会党总书记古德弗利·科利桑为首的巴苏陀兰大会党代表团、科摩罗民族解放运动主席阿里·穆哈默德·沙米、以留法非洲某些学联外事书记达松社为首的留法非洲某些学生联合会代表团、南罗得西亚津巴布韦非洲人民联盟驻开罗代表特赖诺斯·马孔贝、怯尼亚（今肯尼亚）作家加亨格里。

争取解放的人民的斗争，这是我们的国际主义的义务。"① 1975 年 6 月，邓小平在会见巴实·干乍那越为团长的泰国国会议员访华团时指出，"亚洲各国的事情要由亚洲各国来管，非洲各国的事情要由非洲各国来管。尽管中国是不发达的，属于第三世界国家，但我们还是要尽我们的国际主义义务，在力所能及的范围内对第三世界的许多国家进行一点帮助。帮助虽然不大，但这是我们应尽的义务，而且是不附加任何政治条件的。这是我们的一个原则。"② 最后，强调根据自身国情、以自力更生为主体开展国际发展合作。1960 年 5 月 7 日，毛泽东在会见非洲 12 个国家及地区代表团时表示："大家要看一看中国的经验，我们很欢迎。有些经验也许可以作你们的参考，包括革命的经验和建设的经验。可是我要提醒朋友们，中国有中国的历史条件，你们有你们的历史条件，中国的经验只能作你们的参考。"③ 1975 年 8 月，邓小平在会见弗朗西斯·艾伯特·雷内率领的塞舌尔群岛人民联合党代表团时指出，塞舌尔在发展问题上，"关键是要立足国内，自力更生，解决人民的衣食住行问题，发展同第三世界的友好关系。"④ 这一时期，中非减贫合作最初归属于中国对非援助的框架之内。虽然，中国对非政策中没有出现"摆脱贫困""民生"等表述，但基于中非双方面临不同的国际环境和历史任务，中国对非援助政策突出帮助非洲国家巩固民族独立、发展中非国家友好关系的目标与时代特点，为非洲国家进而实现国富民强奠定政治基础和减贫的基础条件。需要注意的是，"中国对外援助的八项原则"的确立是中国对非关系中重要的政策宣示，为后来的中非减贫合作奠定了思想基础，其中所蕴含的平等互利、重在帮助受援国提高自身发展能力等要义一直延续至今。

20 世纪 80 年代至 90 年代，是中国对非减贫政策的改革调整阶段。在中非注重国家经济发展的情势下，中国对非减贫合作有以下特点：首先，中国对非政策在优先考虑非洲国家发展需要的同时，适度体现中国的发展议程。1983 年 1 月，赵紫阳总理在访问坦桑尼亚期间，宣布了中国与非洲国家开展经济技术合作的四项原则，即"平等互利，讲求实效，形式多样，共同发展"。这表明，中非国家在发展合作方面既坚持平等互利的原则，又注重合作的效果，还要寻求合作方式的多元化，其最终目的是使合作双方经济与社会共同发展。在 90 年代中央政府提出"市场多元化""两个市场、两种资源"和"走出去"

---

① 《接见非洲朋友时的谈话》，载中共中央文献研究室编：《建国以来毛泽东文稿》第 10 册，中央文献出版社 1996 年版，第 340 页。
② 中共中央文献研究室编：《邓小平年谱 1975～1997（上）》，中央文献出版社 2004 年版，第 58 页。
③ 《帝国主义是不可怕的》，载中华人民共和国外交部、中共中央文献研究室编：《毛泽东外交文选》，中共中央文献出版社、世界知识出版社 1994 年版，第 413 页。
④ 中共中央文献研究室编：《邓小平年谱 1975～1997（上）》，中央文献出版社 2004 年版，第 79 页。

战略方针的指导下,中国调整了对外援助方式,重点推行政府贴息优惠贷款的援助方式和援外项目实行合资合作方式。1996年5月,江泽民主席访问非洲期间在亚的斯亚贝巴非统总部发表演讲时,提出巩固和发展中非面向21世纪的长期稳定、全面合作的国家关系的"五点建议",其中强调互利互惠,谋求共同发展,"鼓励双方企业间的合作,特别要推动有一定实力的中国企业、公司到非洲开展不同规模、领域广泛、形式多样的互利合作。"① 其次,中国政府继续秉承真诚友好、尽力援助等合作理念。1986年6月,邓小平在会见马里总统穆萨·特拉奥雷时表示,到20世纪末,中国摆脱贫困、实现小康社会之时,"中国仍然属于第三世界,这是我国政策的基础。那时我们已经不在了,是我们的子孙后代来执行这个政策。要教育我们的子孙后代,即使发展起来了,还是要把自己看成是第三世界,不要忘记第三世界所有的穷朋友,要帮助第三世界穷朋友摆脱贫困。实现中等发达国家水平的中国,仍不忘帮助穷朋友,这才能真正体现出中国是在搞社会主义。"② 这一时期,中国对非政策的"变"与"不变",与双方社会发展的变化情势相契合。若聚焦于中国对非减贫政策这一点,以强有力的经济增长产生改善非洲民众生活质量的减贫直接或间接效应,是这一时期的合作支点。

进入21世纪以来,中国与非洲国家建立了战略伙伴关系,中国对非减贫政策亦进入深化拓展阶段。

首先,中国对非政策中频密提及减贫与发展问题,中非合作的重要历史文件及中国政要在国际场合均对非洲的贫困与中非减贫合作问题给予了极大关注。为加强中国与非洲的友好合作,共同应对挑战,促进共同发展,2000年中国政府在北京召开了中非合作论坛——北京2000年部长级会议,标志着中非国家间在平等互利基础上的集体对话机制正式建立。2003年、2006年、2009年和2012年,论坛第二届、第三届、第四届和第五届部长级会议分别在亚的斯亚贝巴、北京、沙姆沙伊赫和北京举行。在每届会议上,中非双方领导人在会议开幕式发表重要讲话,充分显示双方促进合作的政治意愿,而且会议的重要成果是以宣言或行动纲领形式发布三年期指导双方合作的政策与具体举措,其中也包括减贫合作的内容,这使中非减贫合作更具机制化、具象性。因此,减贫合作已成为中国对非政策中的要语之一。"减贫""千年发展目标""共同发展"等表述已明确成为中国对非政策的文件、中非合作的宣言,以及体现在中国领导人发表有关对非关系的重要讲话中,实施机制日益健全。由此可见减贫问题在中非合作中的地位提升。

---

① 江泽民:《为中非友好创立新的历史丰碑——在非洲统一组织的演讲》,载《江泽民文选》第1卷,人民出版社,第529页。

② 中共中央文献研究室编:《邓小平年谱1975~1997(下)》,中央文献出版社2004年版,第1124页。

其次，改善民生不仅是中国对非援助政策的重心，而且中国政府积极倡导对非减贫合作主体的多元化，减贫合作已超越原有援非行动框架。随着中国对非发展合作的深入发展，除了中国对非提供的官方发展援助，关注改善非洲民众生活的生产、生活条件外，政府还动员国内各界力量服务于非洲国家的减贫事业。2007年2月，胡锦涛主席在访问纳米比亚期间，出席了中国驻非洲国家中资企业代表座谈会，并对中资企业提出了三点希望，其中之一即是："要坚持促进和谐、造福民众。要从中非合作的长远发展出发，积极与当地社会和谐相处。特别是要主动承担社会责任，在促进就业、改善生活条件、兴建公益项目、培养建设人才、保护生态环境等方面多为当地排忧解难，在力所能及范围内多做深得民心的好事实事，扩大中国企业在非洲社会特别是广大非洲民众中的积极影响。"① 上述讲话内容中强调的企业社会责任中诸方面的内容，均与减缓当地民众的贫困状况紧密相连，这就意味着中国政府倡议在非从事商务活动的中国企业也参与到非洲减贫行动之中，中国减贫合作的主体外延已有所扩展。

最后，从中国政府发布的有关减贫内容的相关政策，折射出引导双方在更广阔、更深远的领域开展中非减贫合作，为中非减贫合作注入新内容。随着国际社会对贫困内涵认识的加深，以及中国减贫理念的明晰，中国对非减贫合作领域不断拓展，由基础设施、农业、医疗、生产性项目，扩大到减债、人力资源开发、环境等多维视域。这些变化可从近十年中国对非宣布的各类政策文件中体现出来。例如，2000年首届中非合作论坛通过的《中非经济和社会发展合作纲领》，就列举了中非双方在贸易和投资、基础设施、金融、减免债务、旅游业、农业、自然资源和能源开发利用、科技与文化、医疗卫生、教育和人力资源开发、环境管理和生物多样化等领域开展合作。在此之后举行的四届中非合作论坛对上述领域均有所深化。2012年7月，胡锦涛主席在第五届中非合作论坛部长级会议开幕式上，代表中国政府提出继续扩大对非援助等五个重点领域的双边合作，如适当增加援非农业技术示范中心、实施"非洲人才计划"、深化中非医疗卫生合作、继续对非援助打井供水项目等，② 突出了中非减贫合作"多元、创新、可持续"的特点。

从上所述我们可以看出，时间的推移、世事的变迁和中非双方国家的发展变化，中国对非政策中的减贫合作既有承继，又有丰富与发展，并可洞察出中国对

---

① 《胡锦涛在驻非洲国家中资企业代表座谈会上强调促进中非在更大范围更广领域更高层次上全面合作》，载《人民日报》2月7日，第1版。
② 胡锦涛：《开创中非新型战略伙伴关系新局面——在中非合作论坛第五届部长级会议开幕式上的讲话》，载中国外交部编：《中非合作论坛第五届部长级会议文件汇编》，世界知识出版社2012年版，第8页。

非政策中的连续性与时代特点。中国对非减贫因素在中国对非政策中愈加彰显，实施机制逐渐走向健全，与非洲国家形成减贫开发的合力。

综上所述，战略与政策是指导中非减贫合作的指南。无论从非洲国家本身的经济发展战略，还是从中国对非政策的发展，使非洲广大民众实现发展权，并免于饥饿和贫困，已成为中非双方的共同诉求。中非双方减贫合作政治意愿日益强烈，推动非洲实现"千年发展目标"、民生改善已提上双方合作的重要议程，责任感、急迫感渐增。与此相适应，中国对非减贫合作的政策能够急非洲国家所急，体现了尊重非洲国家在其中发挥主导作用的特点。中国对非政策中提到的"积极探索论坛与'非洲发展新伙伴计划'间加强合作的最佳方式和途径"[1]，以及中国国家领导人代表中国政府承诺，"作为非洲真诚可靠的朋友，中国对非洲面临的困难和挑战感同身受。……坚持落实'千年发展目标'的决心不动摇，措施不减弱，切实履行对非援助承诺。"[2] 中国在出台的政策文件中，关切非洲国家的发展需要，不把自己的理念强加于非洲国家，由此得到非洲国家的认同。另外，从历史发展看，中非减贫合作从实施主体、方式、领域均由浅至深、由单一到全方位方向发展，合作重点、举措更加明确。这些合作政策和规定，基本涵盖了非洲减贫的基本需求，可以有力地推动中非合作的可持续发展，提高非洲减贫的实效。

第三节　中非减贫合作的路径与成效

一、政府层面的中非减贫合作

如前所述，中国与非洲国家政府间减贫合作是在援助框架下进行的。中国对非洲国家的民生援助主要体现为以下几种形式。

首先，中国政府通过向非洲国家提供政府无息贷款或无偿援助援建成套项目，促进当地经济社会发展，增加税收和就业，改善当地人民的生活条件，提高自身发展能力。其一，为非洲国家积极援建各类公共福利设施，包括建设公路、

---

[1] 《中国对非洲政策文件》，载《人民日报》2006年1月13日，第3版。
[2] 《中非合作论坛沙姆沙伊赫宣言》，参见中非合作论坛网站，http://www.focac.org/chn/dsjbzjhy/bzhyhywj/t626386.htm, January 28, 2011。

铁路、桥梁（如尼日尔、多哥等国）、建造住房、打井供水、广播电视和通信设施等公共福利项目。据有关资料统计，截至 2009 年底，中国在非洲援建了 500 多个基础设施项目，其中铁路 2 233 公里、公路 2 291 公里、桥梁 11 座、体育场馆 78 万人座、民用建筑 104 个、剧场影院 10 个等。① 这些公共福利项目对提高当地人民生活水平发挥了积极作用。其二，坚持不懈地开展多种形式的农业合作。粮食安全是关乎满足贫困人口基本生存需要的要事，因此从 20 世纪 60 年代至今，中国政府就一直把农业合作作为中国对非援助的重要内容。中非农业合作的主要领域包括农业基础设施建设、粮食生产、养殖业、农业实用技术交流和转让、农产品加工和储运等。截至 2009 年底，中国共为非洲援建农业技术试验站、推广站、农场等农业项目 142 个，启动 14 个农业技术示范中心项目，并向非洲国家提供大批农用物资、农业设备。其三，通过援建医院、派遣医疗队、提供药品和医疗物资援助等方式，帮助非洲国家改善医疗卫生条件，做好疾病防控工作。截至 2009 年底，中国向 46 个非洲国家派出了 1.8 万人次援外医疗队员，累计治疗病患 2 亿多人次，在非洲援建了 54 所医院，设立 30 个疟疾防治中心，向 35 个非洲国家提供价值约 2 亿元人民币的抗疟药品。其四，开展人力资源培训与合作，帮助非洲国家提升人力资源水平，满足国家发展的需求。为非洲留学生提供政府奖学金、开展管理与各类技术培训、派遣志愿者、举办有关减贫与发展的研修班，是中国政府帮助非洲国家培养各类技术人才或提供相关服务的主要举措。截至 2009 年底，中国援助非洲国家建成了 107 所学校，向 29 465 人次非洲留学生提供了政府奖学金；向非洲派出青年志愿者 312 名，提供了汉语教学、医疗卫生、体育教学、计算机培训、国际救援等方面的志愿服务。截至 2010 年 6 月，中国为非洲国家培训了各类人员 3 万多人次，培训内容涵盖经济、公共行政管理、农林牧渔业、医疗卫生、科技、环保等 20 多个领域。此外，中国还在许多非洲国家开展了种植业、养殖业、渔业、编织、刺绣、皮革加工等实用技术培训。②

其次，减免非洲国家欠华债务，以实际行动推动国际社会对非减债进程。在 2000 年第一届中非合作论坛部长级会议上，中国政府宣布免除非洲重债穷国和最不发达国家 100 亿人民币对华政府债务。事实上，从 2000 年至 2009 年，中国已免除 35 个非洲国家的 312 笔债务，总计 189.6 亿元人民币。③ 这一举措不仅体现了中国帮助非洲国家实现减贫与发展的愿望和决心，也为非洲国

---

① 商务部国际贸易经济合作研究院编：《中国与非洲经贸关系报告 2010》2010 年内部出版，第 6 页。

②③ 参见《中国与非洲的经贸合作》白皮书（2010 年 12 月），http://www.chinanews.com/gn/2010/12-23/2742454.shtml，February 28，2011。

家切实减轻了对外债务负担,从而能将更多的资金用于本国经济建设与社会发展事业。

最后,开展减灾、救灾,为非洲国家提供力所能及的人道主义援助。"一方有难,八方支援"。当非洲国家遭受自然灾害、流行疾病与战乱之时,中国政府本着"以人为本"的人道主义精神,履行国际道义准则,积极参与紧急人道主义救援,提供紧急现汇或物资援助。2003年5月22日,阿尔及利亚北部发生6.9级强烈地震,造成严重人员伤亡和大量建筑物倒塌。次日,中国政府就向阿尔及利亚政府提供了一批帐篷、毛毯、药品等共计9吨367件紧急物资援助,并派遣国际救援队赴该国参加救援工作,救灾援助总计536万美元。① 此外,中国政府还向几内亚比绍蝗灾和霍乱、达尔富尔地区提供了物资或现汇紧急援助,并向尼日尔、布隆迪、莱索托、吉布提、赞比亚、莫桑比克提供了紧急粮食援助。这些雪中送炭的人道主义援助,有效帮助受援国减轻了灾害影响,有助于减少因灾致贫现象的发生。

政府项下对非洲国家提供的各类有效援助,有组织、有计划,力度大,能够结合非洲国家的实际需求和中方能力优势,有力配合了非洲国家的减贫行动,有助于帮助非洲国家改善民生和促进经济社会发展。

二、企业层面的中非减贫合作

在中国政府倡导"两种资源,两个市场""市场多元化"以及"走出去"战略的推动下,加之非洲市场机遇使企业产生自觉开拓非洲海外市场的双重合力作用下,20世纪80年代,中国企业开始在非洲实行具有小规模的投资行为。20世纪90年代以来,越来越多的中国企业(包括国有大中型企业、民营企业和个体从业者等)远赴非洲大陆,寻找商机,开展投资经营活动。据中国商务部统计,截至2012年底,中国对非直接投资存量已大幅增长到217.3亿美元。② 投资领域涉及采矿、金融、制造、建筑、旅游、农林牧渔业等。投资分布在南非、尼日利亚、赞比亚、苏丹、阿尔及利亚、埃及等50个非洲国家。③

毋庸讳言,企业对非投资的重要原始动因在于看好非洲市场的投资回报和经济效益,可以促进中国企业自身的发展。然而,企业的经营活动也会对投资所在地的居民、经济和环境产生影响。企业若想在非洲当地获得可持续的发展,需要

---

①③ 参见《中国与非洲的经贸合作》白皮书(2010年12月),http://www.chinanews.com/gn/2010/12-23/2742454.shtml,February 28, 2011。

② 商务部国际贸易经济合作研究院编:《中国与非洲经贸关系报告2013》,内部印刷,2013年,第4页。

实施负责任的商业行为，履行企业社会责任（corporate social responsibility）[①]，关照投资所在国的利益。正是基于上述日渐明晰的认知，世界各国政府、企业、国际机构，以及非政府组织共同参与，制定了一些倡导负责任企业行为的国际自愿性倡议，如"采掘业透明度倡议"（Extractive Industries Transparency Initiative）[②]、"联合国全球契约"（UN Global Compact）[③]、"赤道原则"（the Equator Principles）[④]等。在非洲，企业社会责任得到广泛推广，例如，肯尼亚、突尼斯、南非、尼日利亚、埃及、赞比亚、加纳、毛里求斯、摩洛哥、莫桑比克、坦桑尼亚、马拉维、喀麦隆、纳米比亚、马达加斯加、乌干达、塞内加尔、苏丹等国成为"联合国全球契约"签约国。还有一些国家，如肯尼亚、毛里求斯、摩洛哥、加纳、津巴布韦等国都设立了自己的国家标准机构，这些机构在制定社会责任标准（ISO26000 CSR Standard）方面起到了积极作用。由此可见，当前非洲国家政府正在越来越多地参与推动企业履行社会责任。

有鉴于此，中国政府与企业愈加重视企业在生产经营活动中履行社会责任问题。我国《公司法》第五条明确要求，"公司从事经营活动，必须遵守法律、行政法规，遵守社会公德、商业道德，诚实守信，接受政府和社会公众的监督，履行社会责任"。2007年12月，国资委下发了《关于中央企业履行社会责任的指导意见》。其内容包括四部分：充分认识中央企业履行社会责任的重要意义；中央企业履行社会责任的指导思想；中央企业履行社会责任的主要内容；中央企业履行社会责任的主要措施。[⑤] 文件中强调中央企业在要履行社会责任方面发挥表率作用。中国企业履行社会责任包括三方面：第一，法律规范的自觉遵守。包括环境保护、资源节约、安全生产、职工权益保障、消费者权益保护、市场经济秩

[①] 对于企业社会责任的定义，各界有不同的理解。中国政府提出："公司应当落实自己的社会责任，遵守相关的法律、法规和商业道德准则。在追求经济利益的同时，公司应对参股方、员工、消费者、供应商、社区以及其他相关利益方负责。公司有责任保护环境。"世界银行认为，"（企业社会责任）是企业为可持续经济发展做出贡献的承诺和义务，是企业与员工及其家庭、当地社区和广大社会共同协作、有利于企业自身和社会发展的承诺和义务。"商务社会责任国际协会认为，"（企业社会责任）是公司在满足或超越道德、法律、商业和社会对企业的公共预期基础上进行的企业经营活动。"尽管企业社会责任没有全球统一的定义，也没有罗列企业社会责任涉及的具体问题，但却已形成广泛的共识，即企业经营必须遵守法律、符合广大利益相关者的期望，为建设更好的社会做出贡献。参见2010年5月21~22日由中国社会科学院西亚非洲研究所主办的"企业社会责任与非洲发展国际研讨会"会议文件。

[②] "采掘业透明度倡议"由英国2002年发起，旨在促进采掘业收入的透明度、确保穷人从采掘业受益、减少环境与社会风险。

[③] "全球契约"是一个由联合国发起的倡议，目的是让企业与联合国的机构、劳工和公民社会组织支持普遍的社会与环境原则。

[④] "赤道原则"是由世界主要金融机构根据国际金融公司和世界银行的政策和指南建立的，旨在判断、评估和管理项目融资中的环境与社会风险的一个金融行业基准。

[⑤] http://baike.baidu.com/view/2579602.htm#2，March 5，2011。

序等法律规范。第二,企业价值的充分体现。包括对股东要给予回报,对消费者要提供优质的产品和服务,对职工要创造更好的劳动、生活和发展条件,对自然环境要给予更好的保护,对国家和社会要创造财富、提供就业岗位、缴纳税收,等等。第三,道德伦理的高尚追求。包括企业在遵守法律规范、体现企业价值的基础上,还应该对社会承担更大的义务,要有善心、有善意、有善举,热心参与社会公益事业。[1] 中国企业积极回应政府提出的上述倡议,并关切与加入全球关于企业社会责任的一些倡议中,尤其是在非经营的中国大企业关注:企业如何服务于投资所在国提升产业层次服务;如何培训和雇用当地员工;如何为当地社区发展做贡献;如何减少企业生产活动对环境的影响;等等。一些企业发布了责任社会责任报告,如中国石油天然气集团公司的《中国石油在苏丹》、中国钢铁工贸集团公司的《中钢集团可持续发展非洲报告》、中国有色集团的《2011赞比亚社会责任报告》等。

从中资在非企业经营行为看,通过以下方面为非洲国家的减贫事业做出了贡献。第一,中资企业通过投资,创造产值,增加当地税收,促进当地经济增长与增加政府财政收入,为非洲国家实施减贫行动提供资金。如中国石油天然气总公司在苏丹石油开发项目生产运营了约16年,苏丹政府通过股份分红取得经济收益,带动了苏丹国民经济的快速增长,而且通过双方合作,苏丹已建立起上下游一体化现代石油工业体系,推动了苏丹石油工业的可持续发展。第二,企业实行属地化经营模式,为当地人创造了就业机会,使他们参与经济活动而拓宽收入来源,有助于穷人减贫。例如,中国有色集团通过开发赞比亚铜矿资源以及建设赞中经贸合作区,为当地带来大量税收和就业岗位。截至2012年,该企业为当地缴纳税费逾1.1亿美元,聘用当地员工7 973人,员工本地化率为85.3%,[2] 使员工与企业共同分享发展的成果。第三,企业通过建立培训中心、在职培训、选派优秀员工赴华培训等方式,为所在国培训大批熟练技术人员,改善当地人力资源素质。例如,华立科泰医药有限公司设立了"华立科泰医药奖学金",资助非洲当地品学兼优但家境困难的肯尼亚医药专业学生完成学业,鼓励非洲学生努力学习,毕业后更好地服务于社会。截至2010年,肯尼亚内罗毕大学医学院和坦桑尼亚莫伊医学院共有200多名生活困难的学生得到了华立医药奖学金的资助。第四,企业在从事生产经营的同时,还通过捐资、修路、架桥、打水井、建医院、盖学校等形式,积极参与到当地社区发展的公益事业之中,从而惠及当地民众,促进当地民生的改善。截至2009年底,中石油通过各种方式向苏丹社会公益、

---

[1] 参见国资委研究室:《国资委负责人就〈关于中央企业履行社会责任的指导意见〉答记者问》,http://www.chinadaily.com.cn/hqcj/zxqxb/2010-11-17/content_1224178.html,March 5,2011。

[2] 中国有色集团编:《2012年社会责任报告》2013年内部印刷,第31页。

慈善事业团体、油区周边社区和百姓累计捐资超过5 000万美元，直接受益人群超过200万人。苏丹巴希尔总统和中国胡锦涛主席均将双方石油项目誉为"中苏合作的典范"。

三、非政府组织层面的中非减贫合作

纵观中国的非政府组织的发展历程，在改革开放以前，中国实行计划经济、政社合一，国内非政府组织数量有限、种类单一，且官方色彩浓厚，具有高度行政化的特点。[①] 1978年以后，中国的非政府组织逐渐发展壮大，非政府组织在种类上也发生了很大变化，其活动领域渗透到人们生活的各个方面，包括扶贫济困领域。1989年，中国青少年发展基金会与中国扶贫基金会成立，成为中国规模最大、实力最强的专职扶贫公益机构。1994年，中华慈善总会成立，这是中国第一个全国综合性的慈善机构。这些机构的服务对象以国内贫困人口为主，因为当时中国进入大规模扶贫发展阶段。2004年5月，全球扶贫大会在上海召开，这对中国参与非洲等贫困落后国家的减贫合作具有里程碑的意义，最明显的标志性事件是2005年6月中国国际扶贫中心成立。此后，中国又成立了直接或间接司职于非洲减贫与发展的一些非政府组织。

从当前中国非政府组织参与非洲国家减贫合作情况看，双方合作正处于起步阶段，并呈现以下特点：第一，减贫合作历史较短。2005年以前，中国非政府组织参与非洲国家的减贫合作事例较少，只有零星案例。例如，中国红十字会为2003年阿尔及利亚地震提供了5万美元赈灾款。[②] 2005年以后，随着中国国际扶贫中心等以国际合作为平台的有关促进减贫与发展的中国非政府组织的相继成立，以及一些扶贫组织向非洲大陆业务的拓展，中非双方合作逐渐进入机制化轨道。第二，减贫合作的内容主要以人力资源培训、具体项目运作和促进双方发展交流为主。例如，中国国际扶贫中心从2005年至2013年共参与举办了专门面对非洲国家的32期有关减贫的研修班。[③] 虽然中非减贫合作尚处于初始阶段，但双方合作起点较高，合作内容不仅有慈善、济困等具体实施项目，还有中国减贫发展经验的交流与分享。多年来，中国实现了大规模减贫，引起同为发展中世界非洲国家的关注，非洲国家希望探求中国减贫的理念与举措，为非洲国家提供相关经验。而中国非政府组织举办的各类研修班、高峰论坛以及实地考察活动，对非

---

① 李丹：《改革开放后中国非政府组织发展历程及趋势》，载《郑州航空工业管理学院学报》2009年第4期。
② http://www.southcn.com/news/international/zhuanti/al/cnresponse/200305260008.htm March 7, 2011.
③ 笔者根据中国国际扶贫中心网站的相关信息整理。

洲国家建构本国的减贫模式十分重要。第三，减贫合作的规模仍然很小。目前，中国对非减贫合作的非政府组织主要有：中国国际扶贫中心、中国民间组织国际交流促进会、中非民间商会、中国扶贫基金会、中国青少年基金会等。中国非政府组织由于自身力量有限，除举办中非减贫各类培训班较为频密以外，仅在部分非洲国家开展了专项减贫活动，双方合作规范与空间尚待扩大。

中国对非减贫合作无论是官方，还是民间；无论中央政府，还是企业，事实上，官方发展援助、企业、非政府组织形成了对非减贫合作的良好互动。从中国对非官方发展援助来看，帮助非洲国家解决民生问题日益成为援助的核心；从中资企业对非投资合作看，随着非洲国家对境外投资法制、法规、政策的完善，以及企业在非洲开展业务经验、教训的认知，中国企业通过主动履行社会责任成为大势所趋；从中国非政府组织参与非洲减贫行动的趋势看，这些非政府组织大多有官方背景，是自上而下成立的，其各项工作得到政府部门、国际组织等各方的支持。况且，随着中国社会经济的快速发展，有越来越多的企业家或普通民众具有国际视野，把扶贫济困对象由国内拓展至国外，源于非政府组织推动的中非减贫合作将有巨大的潜力与空间。从中非减贫合作实施的主体构成看，政府主导作用凸显。政府参与非洲减贫历史达数十年，贯穿中国与非洲国家建立外交关系以来的友好发展之始终，无论从双方减贫合作的领域、规模、强度，均体现引领地位。而企业与非政府组织也以其独特的方式，开展了一系列积极有效的行动，对中非减贫合作起到了有力的补充作用。基于对贫困与反贫困理论认知的提高，中非减贫合作从初始的慈善功能，向改善非洲贫困人口生产、生活条件，提高自我发展、自我减贫能力，乃至减贫发展经验的分享转变，双方合作层次越来越高。

第四节　中非减贫合作的重大意义

一、推动发展中国家减贫事业的发展

中国与非洲同属发展中国家。因此，中非减贫合作的成效关乎非洲大陆近4亿非洲人（以人均日收入不足1.25美元计算，当前非洲贫困人口数量为3.84亿）的生存和福祉，对全世界的反贫困进程也具有举足轻重的影响。正如联合国助理秘书长、联合国开发计划署助理署长兼亚太局主任阿贾伊·齐柏所言，中国是全球推进实现"千年发展目标"进程中的领军力量，不但成功大幅削减了本国

贫困人口数量,还依靠经济实力和扶贫经验帮助其他发展中国家实现减贫目标,在当今世界减贫事业中扮演着重要角色。

二、探索国际减贫合作的新思路、新路径

长期以来,发达国家以其较为快速的经济发展和占优势的教育、科技、文化水平,在对非减贫合作中占据主流。随着近些年非洲国家在改善民生方面出现的新问题,对国际减贫合作模式、内容、方式等也提出了新挑战。中国在与非洲国家减贫合作中所采用的加强基础设施建设、农业技术合作以及减贫人力资源培训(尤其是分享中国减贫的经验)等做法,丰富与发展了国际减贫合作的内容。国际减贫合作正从以"南北合作模式"为主向"南北合作模式"与"南南合作模式"双向度趋势发展。当然,发达国家作为"南北合作模式"的一方,是非洲国家减贫战略与实践的重要外部支撑,其提供的援助资金和实施援助项目对非洲国家的减贫事业有一定的推动作用。但是,基于发达国家的国际援助价值取向,国际援助中存在的附带条件性、履约的脆弱性、政治偏向性等缺陷,为非洲国家所诟病。[①] 而发展中经济体国家在对非援助体系中的出现,为非洲国家对外减贫合作注入了新的"血液",也为之提供了多元化的合作主体。由此,在减贫合作领域出现的"南北合作模式"和"南南合作模式"将在非洲形成减贫绩效的参照系。中国以创新发展理念参与其中,非洲国家可以选择更多的外部合作伙伴,支持本国的减贫战略与行动。

三、推动"南南合作",深化中非友谊

中非友谊源远流长,基础深厚。20世纪五六十年代以来,中非双方通过在政治、经济、文化等领域的真诚友好、平等互利的合作,使双方友谊更加坚实。中国几千年文明发展史,蕴藏着深厚的文化积淀,扶贫济困、守望相助是中华民族的传统美德。新中国成立60多年来,一直本着国际主义和人道主义精神,量力而行、尽力而为地向非洲国家提供形式多样、真诚无私的援助,体现了中方长期而坚实的国际主义情怀,促进了非洲国家的经济发展与民生改善。20世纪90年代以来,中国企业"走出去"步伐加快,顺应了发展"南南合作"的新思路和新政策,企业在当地发展中社会责任渐增,具有了一定的公民意识,把参与慈

[①] 关于发达国家对非援助的作用,参见安春英著:《非洲的贫困与反贫困问题研究》,中国社会科学出版社2010年版,第204~212页。

善事业作为一项有良好经济效益的企业社会投资，通过构建以人为本的企业文化及参与非洲当地的社区发展项目，以期树立企业的公益形象。而中国国内的有关减贫与发展的非政府组织，将其服务对象逐渐放宽，国际视野渐增，已陆续启动中非减贫合作项目，其中中国国际减贫中心与非洲国家在此领域的合作如火如荼，颇为引人注目。可以说，中非减贫合作内容的拓展，是双方深化务实合作特点的很好体现，切实回应了非洲国家当前的发展需求，加深了中国与非洲国家的友谊，树立了"南南合作"的典范。

因此，中非减贫合作的深入发展，是中国根据本国资源禀赋、经济与社会发展现状加强中非双方互利合作的创新，不仅为中国积累了积极的象征资本（善意、名誉、影响力等），而且为非洲国家实现社会进步和发展日益发挥了重要作用。实践证明，国际减贫合作具有多样性，只要合作对有关各方是积极的、有益的，就是一种成功的"南南合作"。可以说，中非减贫合作在一定程度上创新了国际减贫合作方式，扩大了国际减贫合作的内涵。

四、中非减贫合作需要更长远的战略谋划

无论是基于事实的判断，还是基于应然的考虑，中非减贫合作仍处于成长期，尚未形成稳定的模式。为此，我们需要纵向自我反思中非减贫合作的成效得失。中非减贫合作虽历史较长，但政府、企业、非政府组织三股力量在非洲国家减贫中所起到的作用并不均衡。政府作为对非减贫工作的主力军，需树立长远眼光，关切非洲国家的现实发展需求，认真听取非洲国家的意见，多向非洲国家急需、当地人欢迎、受惠面广的医院、学校、生活供水、清洁能源等民生项目倾斜。而且需要注意的是，非洲大陆有五十多个国家，各国之间的差异性较大。中方可根据不同国家的具体情况确定减贫项目的规模、种类和合作形式，充分利用受援国的优势资源，提高减贫资金的使用效率，对减贫项目应进行动态评估，关注减贫效果。而企业作为中国经贸、投资合作的主体，遵循市场规律进行商务活动，这种合作和政府的发展援助性质不同，需要通过行业协会提出相关倡议，引导在非经营企业投资关乎非洲民生、有带动民族工业发展的项目，创造就业岗位，促进技术转移，关注当地劳工待遇，保护生态环境，履行社会责任，与当地人民和睦相处，改善当地居民福祉，以期在中非减贫合作中发挥有力的辅助作用。对于中国的非政府组织而言，因具有深厚的官方背景，与政府紧密相连，其行为在一定程度上具有响应政府号召的特点，也会以运用行政与社会结合的方式工作。随着中非减贫合作的深入发展，需要他们以创新多元思维开展双方在此领域的合作。此外，鉴于中非减贫合作实施多年，我们在加大对项目经验总结的同

时，也要注重对实施项目整理与宣传工作，将相关资料编辑成册或发表在网络上，鼓励各合作利益攸关方参与评论、交流，为中非减贫合作建言献策，其社会效益也会出现倍增的效果。

我们必须将中国减贫合作的实践放到世界格局的大视野中去考察，研究英、法、德、美、日、印度等国在对非减贫合作中的做法与经验，要形成一个多元差异的参照系，总结可资借鉴的经验与需要吸取的教训，研究国际减贫理论与动态，从而为中非减贫合作逐渐定位。尽管中非减贫合作在非洲乃至国际社会产生了一些积极影响，但我们不能无视其他国家在非洲减贫中取得的成效，应采取客观理性的态度借鉴与吸收他国的成功之处，以补充与完善中非减贫合作。如英国在推动非政府组织在非洲开展减贫合作方面卓有成效。该组织在 15 个非洲国家设有办公室，开展各个项目服务。[①] 经过 50 多年的发展与运作，英国海外志愿服务社在管理制度、人员招聘、工作方式、项目运作等方面已形成了成熟的运作体系。而我国非政府组织对非减贫合作仍处于初创阶段，借鉴与学习是十分必要的。

当前情况下，虽然中非减贫合作作为"南南减贫合作"形式之一，得到国际社会与非洲国家的普遍关注，但它在实践上仍处于探索过程中，仍未达到进行理论提炼或理论自觉的发展阶段。

---

① http://www.vsojitolee.org/about/where-we-work，March 10，2011。

第十六章

非洲能源开发现状与中非能源合作

随着世界经济的发展,世界能源需求每年不断增长,能源短缺成为人类共同面对的突出问题。非洲是重要的能源聚集区之一,不但有储量颇丰的石油、天然气和煤等化石能源,而且拥有十分丰富的生物能、水能、太阳能和风能等可再生能源。非洲虽拥有丰富的能源资源,但其开发水平还相当低,目前得到较为广泛开发的能源主要是石油和天然气。本章的分析也主要针对石油与天然气。

第一节 非洲能源储藏与开发总体情况

非洲油气资源蕴藏十分丰富。截至2013年6月,非洲已探明石油储量为1 303亿桶,而世界已探明石油储量为16 689亿桶。[①] 而且,非洲石油产量占世界石油产量的比例正在稳步提升,预计到2020年,非洲的石油产量将占世界石油总产量的15%左右。届时非洲石油在世界上的地位将进一步上升。非洲的天然气产量在世界能源结构中亦占有重要地位。截至2013年6月,世界已探明天然气总储量约为1 873 000亿立方米,非洲储量为145 000亿立方米。[②]

[①] BP, *BP Statistical Review of World Energy*, June 2013, p. 6.
[②] Ibid. p. 20.

从地理上看，非洲的油气资源主要集中在三个区域，即北非撒哈拉地区、西非几内亚湾地区和苏伊士地区。非洲拥有油气资源的国家约20个，其中利比亚、尼日利亚、阿尔及利亚、安哥拉和苏丹等国为最重要的油气生产国，其产量占非洲总产量的绝大部分。本章重点分析这些国家的油气资源开发状况。

利比亚、利日利亚、阿尔及利亚、安哥拉和苏丹等国的石油储量非常可观（见表16-1），尼日利亚、阿尔及利亚和埃及的天然气储量分列世界第七位、第九位和第十八位。[①] 非洲地区不仅有丰富的、已发现尚未开采的油气资源，还具备发现世界级新油气田的巨大潜力。

表16-1　　　　　2013年非洲已探明石油储量位列前五名的
国家及其石油储量　　　　　　　　　　单位：亿桶

利比亚	尼日利亚	阿尔及利亚	安哥拉	埃及
480	372	122	127	43

资料来源：BP, *BP Statistical Review of World Energy*, June 2013, http://bp.com/statisticalreview.

国际社会越来越重视非洲丰富的油气资源。非洲石油大多开采成本低、投资回报率高，且其含硫量低、油质好，国际石油公司（IOCs）纷纷与非洲国家在石油天然气等领域密切合作，勘探和开采非洲海上及陆上油气资源。非洲国家本身也积极改善投资环境，吸引更多外资参与自身油气资源的开发。

欧美石油公司是非洲大陆油气资源开发的主力。国际石油公司与非洲本土石油公司在非洲东部、南部、内陆地区和非洲之角都加大了开发力度。在非洲国家积极招商引资、改善投资环境的形势下，国际石油公司开发非洲油气资源的热情会进一步增加。

中国是世界能源消费大国，但中国的能源消费结构并不合理，煤炭消费的比重过大，对中国的环境造成了巨大的压力。而且，中国正处于经济高速发展时期，对石油和天然气的需求迫切。西方国家已经在油气资源丰富的中东地区占据了有利位置，留给中国的空间不多。西方国家在非洲目前仍然占有优势，但非洲油气开发较晚，中国公司仍有活动的余地。因此，中国应该加强与非洲国家和西方国家的能源合作，加快对非洲油气资源的开发，以在缓解中国能源压力的同时，推进中非关系的发展。

---

① "Worldwide Look at Reserves and Production", *Oil & Gas Journal*, Vol. 105, No. 48, 2007, pp. 24 - 25.

第二节　阿拉伯非洲的油气资源开发

阿拉伯非洲大体指非洲大陆北部地区，与撒哈拉以南非洲相对应，一般包括苏丹热带草原以北的区域。阿拉伯非洲集中了非洲几个重要的油气资源大国，包括利比亚、阿尔及利亚、苏丹和埃及诸国。[①] 由于地缘和历史等原因，北非地区的油气资源开发水平走在非洲国家的前列，国际合作水平较高。但这些国家的油气资源仍然具有较大的开发潜力。

一、利比亚

利比亚是北非的重要产油国。1959 年，利比亚首次发现石油，1961 年开始生产石油和天然气，之后产量大幅度增加。2004 年，石油和天然气构成了利比亚国内能源消费的主体，其中石油占 70%、天然气占 29%。[②] 利比亚的经济增长主要靠烃工业来支持。由于联合国和美国分别于 2003 年和 2004 年解除了对利比亚的制裁，世界石油巨头开始加快在该国开采石油和天然气的步伐。

作为石油输出国组织（OPEC）成员国，利比亚是非洲国家中已探明石油储量最多的国家。截至 2013 年 6 月，利比亚石油剩余探明可采储量为 480 亿桶，居世界第 9 位和非洲第 1 位；[③] 天然气剩余探明可采储量为 15 000 亿立方米，居世界第 21 位。[④] 已探明石油储量的 80% 都位于苏尔特盆地（Sirte basin），利比亚 90% 的石油产品都来自这一地区。此外，利比亚石油具有油质好、含硫量低、开采成本低的特点。

利比亚国家石油公司（Libya National Oil Company，LNOC）于 2007 年 6 月初进行了一系列招标，签订了许多采购合同。为了更好地销售其油气产品，利比亚通过塔姆石油的海外公司进行形式多样的商业运作，在欧洲诸国经营利比亚的能源产品。2007 年 6 月，美国柯罗尼资本公司（Colony Capital）与利比亚达成一项

---

① 泛指撒哈拉沙漠中部以北的非洲，居民主要为阿拉伯人和柏柏尔人，通用阿拉伯语，信奉伊斯兰教，其文化与历史与撒哈拉以南地区迥然不同。
② EIA, *International Energy Annual* 2013. 受国内政治环境影响，利比亚近年数据出现了较大的变化。
③ BP, *Statistical Review of World Energy*, June 2013, p. 6.
④ Ibid. June 2012, p. 20.

协议，获得塔姆石油公司（Tamoil）65%的股份，而利比亚政府掌握35%的股份，① 但这一协议最后并未兑现。② 而塔姆石油非洲公司在非洲部分地区的业务仍由利比亚国家石油公司负责。

利比亚向欧洲市场出口的天然气量不断增长。西利比亚天然气项目（Western Libyan Gas Project，WLGP）的完成，改变了利比亚天然气客户只有西班牙伊纳燃气（Enagas）一家的局面，埃尼公司与利比亚国家石油公司合作，将利比亚的天然气出售到意大利和其他地区。目前，每年有80亿立方米的天然气从利比亚海岸的迈利泰赫输往西西里，然后转到意大利本土和欧洲其他地区。

1997年，利比亚和突尼斯达成协议成立一家合资公司，共建一条由利比亚的迈利泰赫到突尼斯南部城市加贝斯（Gabes）的天然气管道。在对利比亚的制裁解除后，许多公司又开始寻求在利比亚投资液化天然气（LNG）项目。总体而言，利比亚的天然气开发项目尚处起步阶段，还有相当大的发展空间。

利比亚结合自身的国情，制定出一系列有关油气开发的法规，并形成相应的开发模式。1955年利比亚颁布了首部《碳氢化合物法》（Hydrocarbon Law），下游基础设施投资以1997年《外国投资法》（Foreign Investment Law）为准。当前，利比亚石油工业对外合作采取直接协商的形式，根据石油勘探和产量分成协议（Exploration and Production Sharing Agreements，EPSA）与外国公司合作。利比亚并不满足于过去的合作框架，正试图谋求更多的股份。

利比亚通过招标的方式发放油气勘探和开采许可，但最终能否在招标中取胜，取决于参与竞标的公司能够向利比亚国家石油公司让渡多少收益。只有能够为国家石油公司提供最大的股份和收益的公司才能获胜。开发初期油田开发商必须全额承担开发油田所需资金，而利比亚国家石油公司保持对油田的所有权。

2002年在利比亚进行石油作业的外国公司共有18家，其中担任作业公司的有意大利阿吉普（Agip）、奥地利石油天然气集团（OMV）、加拿大石油公司（Petro-Canada）、西班牙雷普索尔公司（Repsol-YPF）、法国道达尔公司（Total）、土耳其国家石油公司（TPAO）和德国温特歇尔公司（Wintershall）。在利比亚投资的其他公司主要还有：美国的阿美拉达－赫斯（Amerada Hess）、谢夫隆公司、西方石油公司、康菲公司（Conoco Phillips）、中国石油天然气集团公司（CNPC，简称"中国石油"）等。随着利比亚外资政策的进一步完善，投资利比亚的国际

---

① *Colony Capital Acquires Libya's Tamoil*, Oil and Gas Insight, June 2007；*Colony Capital to buy Libya's Tamoil for USMYM5.4 billion*, Business Intelligence Middle East, June 6, 2007；*US firm buy Libya's Tamoil Company*, Egypt News, June 13, 2007.

② William Maclean, *Libya says Tamoil deal off*, Reuters, March 3, 2008.

公司将会越来越多。

二、阿尔及利亚

阿尔及利亚是北非重要的油气生产国家之一，也是石油输出国组织成员国，其经济倚重石油天然气工业。阿尔及利亚的油气工业产值占国内生产总值的40%以上，贡献了国家财政收入的大部分，占该国出口总额的90%以上。2012年，阿尔及利亚探明石油储量为122亿桶，是非洲的第三大石油国，仅次于利比亚和尼日利亚。阿尔及利亚的石油开采始于1956年，目前该国油气资源尚未完全开发。

阿尔及利亚还是重要的天然气和液化天然气生产国，天然气资源大多分布在南部或东南部。截至2013年6月，阿尔及利亚拥有45 000亿立方米天然气探明储量，在非洲居第二位（次于尼日利亚），是世界上第十大天然气储藏国。[①] 阿尔及利亚的天然气主要出口欧洲，也出口天然气和液化天然气到美国。2005年出口到欧洲经济合作与发展组织（OECD）国家的天然气占这些国家进口天然气总量的近1/4。

在过去的20年中，阿尔及利亚油气工业的重心已发生变化，由勘探逐渐转向油气产品的生产。诸多大型油气田项目已投产或即将投产，国际石油公司在阿尔及利亚油气工业部中的影响亦越来越大，因而油气产量明显增加。2006年，阿尔及利亚平均日产原油137万桶，凝析油和液化天然气每天产量分别达到44.5万桶和31万桶。[②] 在石油输出国组织多哈协定和阿布贾协定中，阿尔及利亚还同意减产。

阿尔及利亚的天然气开发也取得了重要的进展，最大的天然气田是哈西鲁迈勒（Hassi R'Mel）气田。该气由发现于1956年，拥有探明储量约24 000亿立方米。2003年阿尔及利亚国家石油公司在拉甘（Reggane）盆地发现了大型气田。为提高伴生天然气田产量，政府已下令在2010年以后禁止燃烧天然气。

目前，阿尔及利亚与欧洲之间有三条天然气管道：一条是跨地中海管道，从哈西鲁迈勒气田，经突尼斯和西西里再到意大利本土；另一条管道是马格里布－欧洲管道，从哈西鲁迈勒气田出发，经摩洛哥进入西班牙，最后延伸到欧洲其他地区；阿尔及利亚第三条通往欧洲的天然气管道，从贝尼萨夫（Beni Saf）至西班牙西班牙阿马利亚（Almeria）。

[①] BP, *Statistical Review of World Energy*, June 2013, p. 20.
[②] EIA, *Annual Energy Review* 2007, p. 127, 187ff.

阿尔及利亚油气勘探开发及储运的法律依据是1986年颁布的《油气法案》，2005年，阿尔及利亚议会通过了《油气改革法案》，鼓励国际石油公司投资阿尔及利亚的石油天气工业。① 2006年，新的油气法修订案则规定，当石油价格达到每桶30美元时，阿政府将对国际石油公司征收高额税费，这极大地打击了国际石油公司的投资热情。

国际石油公司广泛参与了阿尔及利亚油气资源的开发。美国阿纳达科石油公司（Anadarko Petroleum Corporation）是最大的石油生产商，其日产石油的能力为50万桶。2003年，阿尔及利亚国家石油天然气公司分别与巴西国家石油公司、中国石油签订了合作勘探石油协议。同年5月，中国海洋石油总公司（CNOOC，简称"中海油"）在阿尔及利亚获得一个综合性炼油加工项目。2006年7月，阿尔及利亚国家石油天然气公司与中国石油合作启动了一个炼油厂项目。

三、苏丹

苏丹已探明石油资源大多位于穆格莱德（Muglad）和迈卢特（Melut）盆地。苏丹西北地区、青尼罗河盆地（Blue Nile basin）和东部的红海地区也蕴藏着丰富的石油储量。② 由于国内政局不稳，苏丹的石油资源开发一直受到制约。自20世纪中期内部冲突以来，苏丹的基础设施一直难以改善，其石油工业发展面临很多困难。苏丹的税收绝大部分来自于石油出口。

苏丹的油气资源开发基本上都是由外国公司进行的。苏丹石油大多用于出口，其国内的消费量相对较小。2006年，苏丹的石油消费为每天9.4万桶，而出口原油则达到每天32万桶，其原油的出口市场主要在亚洲，对象国包括中国、韩国、印度尼西亚和印度等。

苏丹油气资源勘探与生产的法律依据是《石油资源法案（第59号）》。苏丹石油部门与国际石油公司合作的主要方式是较为流行的产量分成协议。也有在法律许可范围之内的其他合同形式。值得注意的是，即便有的合同条款与石油法规不符，仍以合同条款为据。苏丹油气资源相关法规的执行并不严格，涉及具体情况时，具有较大的谈判余地，主管官员的决定权至关重要。

苏丹石油勘探和生产等事宜多由苏丹国家石油公司负责。由于资金和技术的原因，苏丹国家石油公司无力独自开发其油气资源，因而常与外国公司组成合资

---

① 阿尔及利亚与外国公司的合作一般采用产量分成的方式，阿尔及利亚国家石油公司与其他石油公司签订有关合同，合同须经政府批准方才生效。
② 此处数据包括南苏丹，而且在南苏丹的已探明石油储量超过了苏丹。

公司共同开发其石油项目。近年来，亚洲石油公司与苏丹国家石油公司保持着良好的合作状态。在苏丹从事石油生产的外国公司基本上都是来自亚洲的公司，主要包括中国石油、印度石油天然气公司和马来西亚国家石油公司。

四、埃及

埃及的油气资源及其油气资源开发潜力逐步为世界所确认。埃及并非石油输出国组织成员国，但它正在成为重要的石油和天然气生产国。据英国石油公司统计数据，截至 2011 年底，埃及已探明石油储量为 43 亿桶，[①] 其天然气储量为 20 000 亿立方米。[②] 由于埃及是中东地区经济增长最快的国家之一，已有的资源尚不能完全满足其国内的需要，进一步勘探和开发其油气资源成为缓解其能源压力的重要方式。油气资源在埃及的国民经济中扮演着重要的角色，是埃及外汇收入的重要来源。埃及油气资源集中在苏伊士湾地区、西奈半岛和沙漠地带。

埃及是非洲国家中石油工业起步最早的国家。20 世纪 90 年代，埃及的石油生产达到峰值，之后其增长速度让位于天然气。目前，埃及以小油田居多，它们大多位于西部沙漠。参与公司包括埃及石油总公司、阿帕奇公司（Apache）、阿吉普公司和雷普索尔公司等。1999 年，英国石油公司和壳牌公司获得了开采埃及地中海深水区块的授权。苏伊士湾盆地的油气开采主要由苏伊士湾石油公司（Gupco）承担，该公司的油田大部分油井已服役半个世纪，近年来产量已不如从前。苏伊士湾石油公司试图增加投资以提高石油产量。

外国石油公司在尼罗河三角洲和西部沙漠地带发现了气田。尼罗河三角洲甚至被视为世界级的天然气盆地。开发中的气田包括富阿德港（Port Fuad）和瓦卡（Wakah）等。位于西部沙漠地区的欧拜伊气田亦是重要的气田。近年来，由于埃及热电厂增多，全国对天然气的需求亦开始增加。同时，天然气工业的勃兴为埃及天然气出口奠定了基础。

1953 年颁布的第 66 号法案和相关规定，是埃及油气资源勘探与开发的法律根据。埃及油气部门与外资公司的合作形式大多采用"产量分成协议"形式。埃及国家石油公司具体负责与国际公司的谈判，同时它还承担全国油气勘探与具体生产行为的监管职责。埃及主要的作业公司有：阿帕奇公司（Apache）、英国天然气公司、英国石油公司、埃及天然气控股公司（EGPC/EGAS）、埃及国际石油公司（IOEC/Eni）、德国石油供应公司（Deminex）、法国道达尔公司、美国埃克

---

① BP, *Statistical Review of World Energy Full Report* 2013, p. 6.
② BP, *Statistical Review of World Energy* 2013, p. 20.

森美孚公司、美国马拉松石油公司、挪威海德鲁公司、西班牙雷普索尔石油公司、韩国三星公司、美国谢夫隆公司和壳牌公司等。

第三节　撒哈拉以南非洲的油气资源开发

撒哈拉以南非洲地区是黑人的故乡，在历史与文化方面与北部阿拉伯非洲地区截然不同。然而撒哈拉以南非洲地区也拥有丰富的油气资源。撒哈拉以南地区的油气资源集中于几内亚湾，沿岸诸国大多具有油气资源开发潜力，尼日利亚、赤道几内亚和安哥拉等国已有较好的开发基础。

一、尼日利亚

尼日利亚拥有丰富的石油和天然气资源。尼日利亚是西非石油输出大国，其经济的增长主要来自石油部门的贡献。截至2013年6月，尼日利亚已探明石油储量为372亿桶，[1] 在非洲国家中名列前茅。尼日利亚不仅有丰富的石油资源，天然气储量也十分丰富。据统计，尼日利亚的天然气储量为52 000亿立方米，[2] 位居世界前列。

作为石油输出国组织成员国，尼日利亚是非洲最重要的石油生产国之一，也是世界上第十一大石油生产国。2011年，其石油产品平均日产量为245万桶，包括凝析油和液化天然气。[3] 政府特别鼓励国际石油公司竞标其海上油气作业区块，因为这或许可以在一定程度上规避武装冲突的风险。2005年和2007年，政府进行了两次油气开发许可和工程招标，涉及区块100多个，石油资源部为国际石油公司提供了更为优惠的条件。

尼日利亚是世界上重要的天然气生产国之一，其天然气资源主要在尼日尔河三角洲地区，但天然气开发落后于石油开发。由于生产天然气的基础设施不足，天然气资源并未得到充分的利用，大量天然气未经处理即直接燃烧掉。如何解决天然气资源的有效利用是政府需要考虑的重要问题。政府已有相关计划出台，希望可以尽快改变这种空放燃烧的状况。

---

[1] BP, *Statistical Review of World Energy* 2013, p.6.
[2] BP, *Statistical Review of World Energy Full Report* 2012, p.20.
[3] BP, *Statistical Review of World Energy* 2012, p.22.

管网工程是油气工业的重要组成部分，将成为尼日利亚石油和天然气的生命线。尼日利亚全国输油管道长约 5 000 公里，连接着尼境内各油井、炼油厂、油码头和油库。这些管道大多数是用来输送成品油的。由于国内反政府武装活动频繁，石油管线常常受到攻击和破坏，尼日尔三角洲解放运动组织就曾毁坏谢夫隆公司的主要石油管道，给该公司和尼日利亚石油生产造成重大损失。① 另外，盗油行为也严重影响了尼日利亚的社会安全和石油运输安全。为避免此类现象发生，政府加大了对输油管道的保护力度。

　　尼日利亚是世界上最重要的石油出口国之一。2008 年以来，尼日利亚日出口石油量在 200 万桶以上，其中 44% 的石油出口到美国。尼日利亚另一个重要的出口市场是欧洲，出口量占其出口总量的近 25%。② 尼日利亚供出口的石油以质优著称，其比重指数（API）③ 在 29～36 之间，适合生产高质量的汽油。

　　随着天然气资源的开发和利用，天然气大规模出口也列入了议事日程。天然气出口有两个基本方向：第一个方向是西非地区，这相对容易实现，已于 2007 年启动的西非天然气管道工程（WAGP）将承担这一使命。④ 该管线全长 680 公里，日输气能力可达 396.4 万立方米。建成投产后，尼日利亚的天然气就可以输送到加纳、贝宁和多哥等西非国家。⑤ 第二个方向是欧洲，通过修建一条穿过撒哈拉沙漠的管道，将天然气汇入阿尔及利亚的管道网，然后到达地中海沿岸的出口码头。

　　尼日利亚政府于 1969 年颁布了第 51 号法案，随后出台了修正案及相关的法规。这一系列规约成为其油气资源开发的基本法律依据。尼日利亚政府的油气资源开发模式通常有三种，除了通行的产量分成协议外，还包括合资经营和矿区税费制。产量分成合作模式的适用对象仅限于深水及超深水区的石油勘探和开发商，其法律依据为 1999 年版的《产量分成合同法》。

　　西部非洲国家中，科特迪瓦、尼日尔和毛里塔尼亚也有较为丰富的油气资源。科特迪瓦的石油工业虽然起步晚，但亦有一定投资前景。2008 年 1 月，科特迪瓦已探明原油储量为 1 亿桶，其天然气储量为 283 亿立方米。⑥ 科特迪瓦大部

---

① *Nigeria rebels destroy pipeline*，BBC，May 25，2009。
② EIA，*Country Analysis Briefs*，*Nigeria*，http：//www.eia.doe.gov/emeu/cabs/Nigeria/Full.html，最近一次访问 2009 - 12 - 1。
③ API 度是美国石油学会（简称 API）制定的用以表示石油及石油产品密度的一种量度。
④ EIA，"Nigeria Data, Statistical Analysis"，www.eia.doe.gov/emeu/cabs/Nigeria/pdf.pdf，最近一次访问 2009 - 12 - 1。
⑤ Taiwo Hassan，"WAGP project：Togo to start receiving natural gas from Nigeria in early 2010"，*Guardian*，June 3，2009。
⑥ EIA，*Cote d' Ivore Energy Data*，July 2008。

分石油分布在海边或者浅海区。目前，在科特迪瓦从事勘探和油气生产的主要是欧美石油公司，包括道达尔、壳牌、埃克森美孚和谢夫隆等公司；科特迪瓦的石油出口对象主要是欧洲和加拿大。

二、赤道几内亚

赤道几内亚的油气勘探始于 20 世纪 60 年代后期，80 年代之后，赤道几内亚的油气资源勘探重点已经转向海上；90 年代其海上天然气与石油资源相继有新的发现。近几年来，随着国际石油公司在几内亚湾的投资开发不断深入，赤道几内亚逐渐成为一个新兴的重要产油国。随着油气生产的不断加速，赤道几内亚建立了国家石油公司，代表政府对整个国家的石油勘探与开发等上游部门行使管理职能。

截至 2012 年 6 月，赤道几内亚已探明石油储量估计为 17 亿桶，[1] 这些石油资源大多位于几内亚湾沿岸。赤道几内亚也有相当大的天然气储量，2012 年已探明的储量就已超过 300 亿立方米，[2] 不过目前的开发利用率还不高。赤道几内亚政府 2005 年通过竞标的方式发放相应区块的开发许可授权。

赤道几内亚石油勘探与开发的法律依据为 1981 年制定的《石油法》及 1988 年该法的修正案。1998 年，政府修改了产量分成协议，提高了政府在分成协议中收益分享的比例。即便如此，按国际通行的比例，赤道几内亚政府的分成并不算高，在该国从事石油勘探与开发，利润空间比较大。

近几年来，随着油气工业在赤道几内亚国民经济中地位的不断提高，赤道几内亚政府通过新的立法，对本国公司参与合资公司的最低股权标准做了明确规定。凡是与赤道几内亚公司合资的企业，所占有的股份不得超过 65%。在油气部门的合资企业中，国家石油公司所占的股权比重不得低于 35%。这些新规定旨在提升国家石油公司在油气资源开发中的影响力。

目前，在赤道几内亚作业的主要国际公司包括：马拉松公司、道达尔公司、阿美拉达－赫斯公司、阿特拉斯石油公司（Atlas Petroleum）和埃克森美孚公司。来自亚洲的一些石油公司（如印度和菲律宾等国的石油企业）对赤道几内亚的油气资源开发也表现出了极大的兴趣。2006 年，中海油与赤道几内亚政府签订了一份产量分成协议，获得在近海相关区块的勘探与开发权。该协议有效期为 5 年，在合同期限内中海油与赤道几内亚国家石油公司有权对该区域进行勘探。

---

[1] BP, *Statistical Review of World Energy* 2013, p. 6.
[2] Ibid., p. 20.

中部非洲油气资源较为丰富的国家还有加蓬、刚果（布）和乍得等。加蓬是中部非洲重要的产油国。据统计，截至2011年底，加蓬已探明石油储量为32亿桶，①随着勘探工作的进一步深入，其储量增加的可能性依然存在。然而，近10年来，加蓬的石油工业发展并没有太大的改观，石油产量还有下降的趋势。在加蓬投资和作业的公司主要有：佩朗科石油公司（Perenco）、道达尔、壳牌、阿吉普、阿美拉达－赫斯、马拉松、安纳达科、必和必拓、萨索尔（SASOL）和全球钻井（Transworld Drilling Company）等公司。

刚果（布）也是中部非洲一个重要的油气资源国，已探明石油储量19亿桶，②20世纪60年代已开始生产石油，2008年石油产量达到历史最高峰后开始下降。目前在刚果（布）作业的主要公司包括：阿吉普、安纳达科、谢夫隆、非洲能源（Energy Africa）、埃克森美孚、美国德文能源（Devon Energy Corporation）、道达尔、佩朗科和刚果国家石油公司（SNPC）等。

作为一个新兴石油国家，乍得的石油勘探工作起步较晚，2003年才开始生产石油。乍得目前采取通常使用的产量分成合同与外国公司合作。目前在乍得作业的外国公司主要有埃索、谢夫隆、马来西亚国家石油公司、中国石油、瑞士克莱夫登（Cliveden）和加拿大能源（Encana）等。

三、安哥拉

安哥拉是"南部非洲发展共同体"（SADC）最重要的石油生产国，是撒哈拉以南非洲地区的第二大石油生产国，其石油产量居世界第17位。③2007年，安哥拉成为石油输出国组织成员国，获得相应的石油生产配额，其油气资源开发更趋规范化和国际化。油气工业是安哥拉经济发展的重要贡献力量，其海洋石油工业产值占安哥拉GDP的2/3以上。安哥拉原油质量较好，重度指数（API）为32~40，含硫量也在0.12%~0.14%之间。

安哥拉有相当大一部分石油资源分布在飞地卡宾达省（Cabinda Province）的海上地区，其海上平台原油产量占安哥拉总产量的29%，④索约市附近陆上、罗安达北部宽扎盆地和北部海岸上也有部分石油储量。随着海上石油勘探工作的进一步深入，安哥拉石油储量还有增长的可能。安哥拉的天然气资源并未被有效利用，绝大部分都被空放燃烧。尽管拥有丰富的油气资源，但其总体开发水平还不

---

①② BP, *Statistical Review of World Energy Full Report* 2013, p. 6.
③ Eni, *World Oil and Gas Review* 2013, pp. 6–8.
④ ［法］菲利普·赛比耶－洛佩兹：《石油地缘政治》，潘革平译，社会科学文献出版社2008年版，第137页。

高。由于经历了近 30 年的内战，国内许多基础设施遭到严重破坏，这成为资源开发利用的一个障碍。不过安哥拉用石油作保，得到了来自中国的数十亿美元贷款。而且，外国直接投资不断涌入油气部门，这给安哥拉的石油与天然气生产带来了新的希望。

安哥拉的石油工业始于 20 世纪 50 年代，是撒哈拉以南非洲地区最早生产石油的国家。20 世纪 80 年代以来，安哥拉石油勘探取得新的突破，先后发现了 17 个油气田。1996 年以来，随着深水油田的开发，安哥拉石油储量不断增长，石油日产量从 2006 年的 141 万桶增加到 2007 年的近 170 万桶，2013 年其日产量已超过 185 万桶，[1] 近年来还不断发现新的油田。

安哥拉的天然气储量也很丰富，但未得到较好的开发利用。一直都没有开发大型气田，伴生气一般都被空放，因而产量较低，没有形成较大的规模。政府已经开始意识到这一问题，出台相应的计划以加快液化天然气项目的建设。安哥拉国家石油公司（Sonangol）与谢夫隆-德士古公司合作在海上油田区域兴建液化天然气厂，产品主要针对国际市场。

安哥拉陆上石油勘探和生产活动主要集中在卡宾达省，安哥拉近一半的财政收入来自卡宾达地区，但当地人并没有享受到石油收益。[2] 因而卡宾达省地方势力一直要求分享石油收入，并参与当地石油政策的制定，但政府并不支持，由此引发当地势力与政府方面的武装冲突，给该省的安全局势蒙上了一层阴影，进而影响了石油资源的开发。

安哥拉国内的石油炼制工业不发达，其炼油厂的产能尚不能满足国内对石油产品的需求。安哥拉较为高级的石油产品须从国外进口，包括精炼燃料油、液化石油气和飞机燃油等。国际石油公司对安哥拉的炼油厂项目表示出极大兴趣。

天然气是安哥拉燃气的主要组成部分，目前安哥拉开始发展液化天然气。截至 2013 年，安哥拉的天然气储量为 2 690 亿立方米，然而这些天然气很多都被空放燃烧。[3] 政府试图将其丰富的天然气资源转化为液化天然气供出口，同时将部分天然气用于国内电力生产。

安哥拉油气勘探生产的基本法律依据是 1978 年颁布的《石油法》。2004 年，安哥拉政府对原有的《石油法》进行了一些修改。为适应本国石油工业的发展，政府已着手制定新的税法、外汇法和石油法规，并开始考虑石油工业"安哥拉化"、规范化和法制化等方面的问题，这意味着今后国际石油公司在安哥拉的处

---

[1] Eni, *World Oil and Gas Review* 2013, p. 12.
[2] ［法］菲利普·赛比耶－洛佩兹：《石油地缘政治》，潘革平译，社会科学文献出版社 2008 年版，第 137 页。
[3] 2013 年安哥拉的天然气产量为 7.3 亿立方米。参见 Eni, *World Oil and Gas Review* 2013, p. 52.

境将比过去艰难。

国际石油公司不仅参与油气资源的上游开发,而且在下游产业方面亦有相当深度的投资合作。谢夫隆公司、道达尔公司、英国石油公司、埃尼公司与安哥拉国家石油公司合作,拟在2010年前建设一个液化天然气厂,以提高安哥拉天然气资源的利用率。中国石油进入安哥拉的中国能源公司后,在安哥拉的影响越来越大,它在援助、贷款和贸易方面发挥的作用日益明显。

第四节 中非能源合作的机遇与挑战

丰富的油气资源让世界开始重新审视非洲,非洲的能源开发将成为非洲国家经济起飞的动力。这为非洲带来了新的发展机会,也为非洲能源开发的国际合作提供了契机。中国企业与非洲的合作已经展开,在未来还有较大的拓展空间。目前,非洲能源开发的主导力量基本是西方能源巨头,中国和其他发展中国家的能源公司在非洲能源领域所占的份额相当有限,中国与非洲的能源合作还将面临一系列重大挑战。

一、中非能源合作的广阔前景

随着非洲油气资源的开发潜力逐渐显现,非洲相关国家已经意识到能源开发在其国家发展中的意义。非洲国家为推进各自的经济发展,制定出相应的鼓励引进外资的政策。埃及在其颁布的《投资保障与鼓励法》(Law of Investment Guarantees and Incentives)中[1]就在减免矿区使用、油田服务等项目的费用方面做出了调整,赤道几内亚政府也在产量分成协议中向投资方做出了更多的让步。赤道几内亚政府规定,投资者可以获得新油田首先开采的一部分石油90%的分成,以后的分成按产量的增加递减。尼日利亚政府为鼓励国际资本进入其海上油气资源的开发,规定若国际石油公司在其境内开发1 000米以上的深海区块,可免矿区使用费。

与此同时,尼日利亚和安哥拉国家石油公司在与外国公司合作时,都比较注重保护本国的利益。尼日利亚政府充分利用其油气资源来加速该国国民经济建

---

[1] 埃及政府于1997年颁布《投资保障与鼓励法》,也称第8号法令,该法减少了对外国投资者的限制,简化了投资手续,增加了针对外商的投资优惠政策。

设，如以石油担保换取投资人在尼日利亚基础设施方面投入相应的资金，这一做法吸引了一些亚洲石油公司。印度国家石油天然气公司与韩国国家石油公司在尼日利亚展开竞争。喀麦隆重新修订的与外资公司联合开采石油的有关条文规定，允许外国投资者获得40%的石油产量收益。

非洲的海上油气资源的勘探与开发进入一个新的阶段。非洲的油气资源不仅存在于北非、西非几内亚湾地区，在东部非洲、南部非洲和非洲内陆也有石油储量潜力，留给国际石油公司的空间还比较大。目前，非洲有大批重要的勘探区块和油田都远离大陆架，这一点对在政治局势不够稳定的非洲国家作业的国际石油公司非常有利，因为这可以远离冲突中心，保证生产的安全进行。中国石油与赤道几内亚能源矿业部、赤道几内亚国家石油公司以及尼日利亚国内的一些石油公司签署了石油区块使用协议，该项目是中国石油在几内亚湾深海勘探的尝试。非洲油气资源的开发成本相对比较低，一般而言，每桶石油的价格不超过5美元，有的油田甚至每桶只有1美元，国际石油公司还有相当丰厚的利润回报。由于非洲石油开采成本相对较低，中国能源企业若能充分利用非洲国家较为优惠的政策，凭借中国企业成本控制的经验，应可在非洲能源开发收益中获得一定的成绩。

二、中国企业须应对国际能源公司的竞争

非洲油气资源的开发虽有广阔前景，但挑战依然存在。非洲油气资源丰富，对国际石油公司有着极大的吸引力，中国企业必须面对其他国际石油公司的竞争。整体而言，目前非洲油气资源领域是欧美石油公司的天下。壳牌、埃克森美孚、英国石油、道达尔、谢夫隆－德士古等石油巨头的触角几乎伸到了每一个非洲油气资源国，对非洲能源的勘探与开采有巨大的影响力。近年来，美国对非洲的能源越来越感兴趣，并以前所未有的速度在非洲能源领域扩张。众多美国能源公司开始在非洲相关国家活动，市场份额不断扩大。在尼日利亚和安哥拉作业的美国能源公司将其产量的绝大部分输往美国市场，使非洲能源在美国能源结构中所占的比例越来越高，2015年这一比例将达到25%。不仅如此，美国还向法国传统的"势力范围"法语非洲地区进军，并在某些地方取得了比较优势，如加蓬出产的石油近一半出口到了美国，而刚果（布）也成为美国的重要石油进口国之一。

欧美石油公司还在不断加大对非洲油气资源开发的投资力度。谢夫隆公司近十年对非洲油气部门的投资已逾百亿美元，今后还将不断追加；壳牌公司在未来几年内也会增加对非洲石油天然气领域的投资；埃克森美孚公司在非洲能源领域

的投资额也非常巨大。

亚洲、南美洲等地区参与非洲油气资源开发的公司也越来越多。韩国于2006年举行了韩国-非洲论坛,以加强与非洲国家在石油领域的合作。[①] 韩国国家石油公司在尼日利亚获得两个区块的勘探权;阿尔及利亚国家石油公司将储油能力达600万桶的储油设施建在了韩国,同时配有大型油轮,这些设施用于辐射亚太地区石油销售市场。印度也与非洲油气资源国频频接触,谋求更多非洲油气项目。马来西亚国家石油公司在摩洛哥地区进行深海作业。印度、印度尼西亚、越南及泰国等亚洲国家与非洲国家在能源研究领域的合作在不断加强。

在非洲投资的亚洲、非洲和欧美石油公司的合作有一些成功的例子,如谢夫隆公司与马来西亚石油公司就在乍得开展石油合作方面已经达成协议。加拿大石油公司与卢旺达政府签订产量分成合同,共同开发该国油气资源。亚洲石油公司和欧洲石油公司的合作也已取得新的进展。壳牌公司、道达尔公司与印度的石油公司合作,在尼日利亚共同开发相应的区块。但世界能源公司在非洲相关资源国的竞争相当激烈,某些公司之间的恶性竞争甚至扰乱了非洲能源开发市场的正常秩序,从而在一定程度上压缩了各国际能源公司的利润空间。欧美能源公司在非洲作业已经有较长的历史,在那里有较为深厚的基础,有丰富的实际运作经验,这对中国等亚洲新进入者是一个重大的挑战。

三、非洲能源开发的本土化趋势

随着国家在经济层面独立意识的增强,非洲油气资源国家已认识到能源对自身的重要意义,进而开始推进油气资源勘探与开发本土化战略。非洲油气资源国本土化战略包含两个基本层面:国内化和非洲化。国内化的主要内容是东道国控制和东道国资本参与。非洲油气资源国(如尼日利亚、安哥拉和利比亚等国)与国际能源公司的合作中都强调本国在合资公司中的股份。国家石油公司的持股比例多在50%以上,基本能够主导资源勘探与开发的方向。与此同时,非洲国家鼓励并支持本国投资人和地方政府积极参与相应地区的油气资源开发,从而在事实上扩大本国资本在合资公司中的比重,以实现对能源开发的控制。

非洲国家已经意识到拓展非洲国家之间的区域甚至跨区域合作的重要性,并在实践上强化非洲国家间的能源合作,此即所谓非洲化。非洲国家之间在油气资源领域的合作正在不断深化。突尼斯与利比亚为开发两国边境地区的油气资源,

---

① ADB, "Korea-Africa Cooperation Conference Opens", http://www.afdb.org/en/news-events/article/korea-africa-cooperation-conference-opens-2720, June 11, 2009.

展开深度合作。两国组建联合石油公司，并吸引附近地区的其他公司参与，共同开发当地油气资源。尼日利亚与圣多美和普林西比签订协议，划定海上联合开发区域，双方按一定比例分享石油收益。安哥拉与刚果（布）也建立了跨界联合开发区，双方分别与不同的国际公司合作，但平分开发收益。阿尔及利亚与安哥拉和尼日利亚的跨区域合作进程也在加速推进，随着技术和资金障碍的减少，这种合作必将继续深入。非洲油气资源国资源开发本土化的结果之一，是加大了国际公司进入非洲油气资源开发领域的难度。随着非洲油气资源国投资人不断参与，包括中国能源企业在内的国际能源公司在非洲油气行业传统的盈利模式将受到重大的挑战。

与此同时，非洲正处于一个转型的时代，诸多油气资源国的政局并不稳定，这给参与其油气资源开发的国际公司带来了极大的困难。在几内亚湾作业的一些国际石油公司不得不撤离陆上作业区块。政治不稳定也导致合同执行缺乏应有保障，增加了油气资源开发的成本，降低了国际石油公司的盈利能力。

第五节 新时期推进中非能源合作的建议

在国际能源结构中，非洲能源的地位日益重要，国际石油公司与非洲的能源合作愈加频繁。非洲国家已意识到能源开发将为非洲的发展提供新的动力。中国能源企业在非洲的存在已经引起世界的关注，但与欧美发达国家相比，甚至与某些发展中国家相比，中国在非洲的资源开发收益尚有差距，中国企业需要走的路还很长。对于未来的中国－非洲能源合作，这里提出几点建议。

（一）中国要在争取合作对象方面"继往开来"

中国企业要扩大其在非洲能源市场的份额，除了保持与安哥拉、苏丹、尼日利亚和阿尔及利亚等国的传统合作关系之外，还应不失时机地拓展新的市场。例如，对非洲内陆地区的乍得、几内亚湾的加蓬、赤道几内亚等新兴产油国予以必要的关注，尽早建立与东部非洲地区和南部非洲地区的合作关系。

（二）强化中资公司在非洲资源国能源产业链中的整体竞争能力

随着非洲资源国本土化战略的不断深化及国际公司之间竞争的日趋激烈，中国企业不应停留在能源产业链的低端，亦不应满足于产业链的局部收益。中资企业完全可以利用自身优势，争取在非洲能源的上游产业中占据优势的同时，介入下游产业，加强对非洲能源国家整个产业链的影响。

（三）加强中国能源企业之间的合作

目前，活跃在非洲的国际能源巨头大多拥有无可比拟的实力，在技术、资金、人才和经验方面都有较大的优势。中国能源公司要同它们竞争，必须联合起来组合出击，而不宜单兵作战。中国石油、中国石化及中海油等中资公司在某些项目上可以密切合作，共同分享更多的市场份额。

（四）利用援非优势，官民结合拓展新市场

中国企业可以继续发挥中国在对非援助方面的优势，强化与非洲官方和非官方的合作，努力开拓新市场，提升自己的管理经验，最终实现在非洲能源领域占据重要位置的目标。

第十七章

中非能源合作在苏丹的实践与挑战

尽管中非友好往来源远流长,中国与非洲国家之间的能源合作却只有十多年的历史。1995年9月26日,中石油获得苏丹穆格莱德盆地6区块石油开发权,拉开了中非能源合作的序幕。此后,以中石油为首的中国能源企业在非洲大陆展开了积极活动,并取得了较好的合作效果,为中国能源安全的维护以及中非友谊的巩固做出了巨大的贡献。本章系统回顾中国与苏丹能源合作的历程和所取得的成就,分析中苏能源合作面临的问题及可能的前景,并对未来中苏能源合作提出针对性建议。

第一节 中国与苏丹石油合作的历史与现状

一、苏丹石油开发历史及与西方的关系

苏丹地处非洲东北部,扼红海-地中海战略要冲,是自北进入非洲腹地的门户,也是重要的国际战略通道。20世纪50年代末期和60年代,意大利阿吉普公司、法国道达尔公司曾在苏丹北部进行过勘探。这些西方石油公司的勘探结论是苏丹的石油储量有限,开采难度大,因而不具有商业性。在1970年访华期间,

苏丹总统尼迈里邀请中国帮助开采苏丹石油，毛泽东主席建议苏丹求助美国，因为美国具有中国没有的技术和金融实力。[1]

1975年，美国雪弗龙石油公司进入苏丹，早期的勘探作业集中于红海沿岸地区，该公司于1976年在苏丹港附近苏瓦金（Suakin）发现天然气田。在苏丹南部本提乌和马拉卡勒附近（即1/2/4区）进行了长达10年的勘探开发后，雪弗龙发现了团结、哈季利季（Heglig）等大型油田，并在3区和6区发现了一些中小油田。1983年，雪弗龙公司与荷兰皇家壳牌公司、苏丹政府以及阿拉伯石油投资公司联合组建了白尼罗石油公司，计划修建从苏丹国内油田通往苏丹港的输油管道。不过，这个投资高达10亿美元的项目因1983年苏丹第二次内战的爆发而流产。1984年，由于3名雇员遭反政府游击队杀害，雪弗龙公司开始撤离苏丹，并最终于1992年放弃了开采权。随后，加拿大、瑞典、奥地利等西方国家的石油公司相继退出了苏丹。

二、中石油进入苏丹与中非油气合作的启动

由于在海湾战争中的立场，苏丹被欧美和一些阿拉伯国家孤立和制裁，因此转而求助于中国、马来西亚等亚洲国家。[2] 1995年9月，苏丹总统巴希尔访华时提出希望中国公司到苏丹勘探开发石油，帮助苏丹建立自己的石油工业。中国领导人指示中石油进行研究。中石油在对苏丹的投资环境和石油地质资料进行分析后认为，苏丹地质情况与中国渤海湾盆地极为相似，公司有勘探开发这类油田的成熟技术和成功经验。因此，中石油决定参与苏丹的石油开发，并申请以中国政府的援外优惠贷款作为启动资金。之后，中国政府与苏丹政府签订了中国向苏丹提供115亿元政府优惠贷款的框架协议，中石油与苏丹能源矿产部正式签署了共同勘探开发苏丹石油6区的产品分成协议，以及在石油勘探、冶炼和运输等领域的一系列合同，进行独资或合作经营。至此，中国的石油企业进入了苏丹石油市场。

1996年11月29日，中石油中标获得了苏丹穆格莱德盆地1/2/4区块的开发权，并负责组建了新的投资集团——大尼罗石油作业公司（GNPOC），其中中石油参股40%。中石油利用在国内勘探和开发的经验，连续几年进行大规模勘探和开发，使1/2/4区的储量从1997年初的不到4亿桶，迅速增

---

[1] Ali Abdalla Ali, EU, "China and Africa: The Sudanese Experience", *Sudan Tribune*, July 10, 2007.
[2] Ruchita Beri and Uttam Kumar Sinha (ed.), *Africa and Energy Security: Global Issues, Local Responses*, Academic Foundation, 2009, p. 96.

长到 2002 年的 10 亿桶，2006 年 7 月 31 日，年产原油 150 万吨的苏丹 1/2/4 区尼姆油田建成投产。1999 年 8 月，以中国投资为主的苏丹南部穆格莱德盆地黑格利格油田出油。8 月 30 日，搭载中石油苏丹项目石油的第一艘油轮驶出红海。2000 年中石油又获得尼罗河东部迈鲁特盆地即 3/7 区的开采权，2006 年 7 月 25 日，苏丹 3/7 区千万吨级大油田和从该油田到苏丹港的输油管线建成投产，8 月 30 日首船原油出海。2001 年以来中石油的科技人员先后发现了世界级的大油田——法鲁济油田，并陆续发现了摩里塔亿吨级储量油田和多个千万吨级储量油田。2000 年 5 月，完全采用中国装备和标准的喀土穆炼油厂建成，中石油和苏丹政府各占 50% 的股份。2002 年 3 月，喀土穆石油化工厂正式投产，中石油占股 95%，苏丹政府占股 5%，设计年产 1.5 万吨聚丙烯。

2009 年 8 月 13 日，中石油长城钻探苏丹项目部在苏丹 6 区 FN-29 井首次套管开窗侧钻作业取得成功，开创了苏丹六区开窗侧钻作业的先河。[1] FN-29 井开窗侧钻的成功具有重要意义，将会进一步推动长城钻探公司在苏丹项目以钻修井服务为基础，以井筒工程技术服务和增储上产措施服务为两翼的市场定位与发展。截至 2010 年，中国在两个苏丹共拥有 1/2/4 区、3/7 区、6 区、13 区、15 区 5 个上游投资项目。另外在苏丹还有喀土穆炼油、喀土穆化工、石化贸易 3 个下游投资项目。在投资项目的带动下，中国所属工程技术服务公司在苏丹快速发展，建立了集地面施工、物探、钻井、测井、管道建设、物资供应为一体的配套服务体系，并成为苏丹石油工程技术服务市场最有实力、不可或缺的重要力量。[2]

三、中国与苏丹油气开发合作成就及影响

无论从政府层面还是企业层面上看，苏丹在中国的全球石油战略中已占有极其重要的位置，已成为中国稳定的石油供应渠道之一。

从政府层面上看，中国与苏丹政府的合作形势也很好，苏丹已成为中国海外最大和最成熟的石油开采地，是中国海外石油战略的一个多元化的支撑点，是中国"走出去"战略中迈出的最为坚实的一步。从企业层面上看，苏丹已成为中石油在海外的主要产区，而且中石油不仅拥有开采权，还有炼油厂以及加油站，已在苏丹逐步形成集生产、精炼、运输、销售于一体的完整的石油工业

---

[1] 《中国石油长城钻探苏丹首次开窗侧钻井作业成功》，载人民网，2009 年 8 月 25 日。
[2] 邓向辉：《中国与苏丹石油合作面临的挑战及对策》，载《中国石油大学学报》（社会科学版）2010 年第 2 期，第 13 页。

产业链。

中苏石油合作，为苏丹经济发展做出了重大贡献。1999年9月，随着满载苏丹原油的第一条油轮驶离苏丹港，苏丹结束了石油进口的历史，政府不再每年花上亿美元巨资进口石油产品。外国投资开始流入苏丹，苏丹很快从石油进口国变成石油净出口国，在一片空白的基础上，建立了上下游一体化、技术先进、规模配套的石油工业体系。十多年来，石油勘探和出口极大地促进和提升了苏丹经济的发展，2008年GDP增长率达到8%，石油部门在公共预算中的份额占到了79%。[①] 苏丹政府将大部分石油收入直接用于发展国家的基础设施，如发电厂、公路、堤坝、铁路、港口、农业和农村项目，以及对学校和医院等公共设施的建立和恢复。

中石油的社会服务为当地苏丹社区居民的生活带来了显著而积极的变化，包括在苏丹各地，特别是苏丹南部和西部修路、建医院、建学校、挖水井和修发电厂等。截至2009年底，中国石油向苏丹当地慈善事业团体及油区周边社区捐资近5 000万美元，直接受益人数超过200万人。[②] 中国石油公司在为当地创造就业岗位方面也有不俗的表现：中石油在苏丹石油项目的员工苏丹化程度超过95%，石油工程建设和技术服务现场的员工苏丹化程度达到75%，累计为苏丹提供超过8万人次就业。[③] 正如巴希尔总统在2007年2月中国国家主席胡锦涛访苏期间举行的中苏石油合作10周年庆典上所言，"中国石油集团不仅给我们带来了石油，也带来了和平"，"中苏合作是'南南合作'的典范，是发展中国家自强联合的典范。"[④]

第二节　中国与苏丹石油合作的优势与特点

中国与苏丹的油气开发合作在短短十余年间取得了巨大成就，成为中非能源合作的成功典范。而这些成就的取得，与中苏油气合作的特殊环境、双方的共同努力与积极合作有着内在的关系。

[①]　"苏丹共和国驻中国大使米尔加尼·穆罕默德·萨利赫在中国石油2009年社会责任报告暨《中国石油在苏丹》发布会上的讲话"，载中国石油新闻中心，2010年5月18日。
[②][④]　《中国石油在苏丹：15载携手同发展》，载中国石油新闻中心，2010年5月18日。
[③]　《中石油驳斥"苏丹开采掠夺说"》，载《京华时报》2010年5月19日。

一、中国与苏丹石油合作的优势

(一) 苏丹石油资源丰富

得益于中国石油公司先进技术、不懈努力及惊人发现,苏丹的探明石油储量已从 1995 年中国进入之前的约 3 亿桶增长到 2010 年的 67 亿桶。[①] 在产量方面,苏丹国家石油公司总裁瓦赫比在 2010 年 7 月表示,由于采用先进的石油开采技术,3~4 年内苏丹石油日产量将增加 40 万桶。到 2012 年或 2013 年,苏丹石油日产量将从目前的 52.2 万桶提高到 92.2 万桶。如果实现这一目标,苏丹石油产量将接近阿尔及利亚或利比亚的石油产量。

(二) 中苏石油合作互补性强

中苏石油合作是一个新领域,苏丹石油资源丰富,但缺少资金和技术,需要外援。中国石油工业基础实力雄厚,拥有先进的勘探技术和设备,有一支经验丰富、技术作风过硬的石油专业队伍。巴希尔总统曾经对两国能源合作表示高度赞誉:"苏丹政府和人民非常感谢中国,非常感谢中国石油天然气集团公司。如果没有中国,没有中石油的真诚帮助,苏丹的石油工业就没有今天的规模。中石油不仅给我们带来了石油,也给我们带来了和平。"[②] 2012 年 1 月 13~15 日,时任中央政治局委员、中央书记处书记、中组部部长李源潮率领中国共产党代表团访问苏丹。访问期间,中国石油天然气集团公司与苏丹石油部签署两项协议,分别是《中苏石油勘探开发合作协议》和《中苏原油贸易预付款协议》。两项协议的签署,标志着中苏在石油领域里的合作将得到进一步加强。2012 年 2 月 28 日,苏丹外长卡尔提表示,中国是苏丹的重要经贸合作伙伴,希望中资公司进一步增加在苏丹油气领域的投资,以应对苏方原油份额下降的局面。他表示,苏丹能源部已制定新规划,将邀请包括中石油在内的各国石油公司参与新油田区块开发。

(三) 中国与南北苏丹关系良好

中苏石油合作关系的发展是中苏政治关系、经贸往来发展到一定阶段的必然

---

① "BP Statistical Review of World Energy",June 2006,p. 6 & June 2011,p. 6.
② 《苏丹总统巴希尔:中国带给我们石油与和平》,载人民网,2007 年 2 月 2 日。

产物。中苏两国人民有着深厚的传统友谊，苏丹是非洲最早与中国建交的国家之一。中苏两国都有着被殖民侵略的历史，有着相近的民族独立情感。两国在国际事务中相互支持、相互合作，是可以相互信赖的好兄弟、好朋友和好伙伴。1997年，两国建立了定期政治磋商机制，之后双方领导人在不同场合进行过多次会晤。2007年2月，胡锦涛对苏丹进行国事访问，双方就发展中苏友好关系交换了意见。2009年2月4日，国家主席胡锦涛与苏丹共和国总统巴希尔庆祝两国建交50周年的电文是对两国关系的最好总结。

2005年《全面和平协定》签订之前，中国无可厚非地与苏丹政府保持友好关系，未与当时的南方苏丹人民解放运动往来。2005年以后，中国共产党同苏丹人民解放运动一直保持着良好关系。南北分离后，中国明确表示愿在和平共处和互利共赢的原则下与南苏丹保持友好关系。2011年7月9日，南苏丹正式宣布独立建国当天，中国即予以承认，并同南苏丹建立外交关系，这是两国关系重要的起点。2012年4月23～28日，总统萨尔瓦·基尔应胡锦涛主席的邀请对中国进行了正式访问，双方签署了多项具有战略意义的合作协议和谅解备忘录，开创了两国关系及两国石油合作的美好前景。

二、中国与苏丹油气合作的特点

（一）由上游为主到上下游并重

自从进入非洲市场以来，我国石油企业在非洲的业务范围由注重并购上游资产到上下游并重。近年来，我国的石油公司力量日渐强大，资本越来越雄厚，驱使其建立全球产销网络，从较为单一的上游业务逐渐发展为上下游业务并重。在油气产业链条中，销售终端是利润最高的。纵览世界500强石油公司，其主要业务都是炼油和销售，而不是上游开采，因为勘探开发的附加值相对较低。中国的石油公司要成为全球化企业，必须在海外打造上下游一体化的发展模式。不过，我国油气企业尚处于这一业务转型过程的初级阶段。目前，中国在两个苏丹拥有1/2/4区、3/7区、6区、13区、15区5个上游投资项目和喀土穆炼油、喀土穆化工、石化贸易3个下游投资项目，并有上下游一体化的项目。

（二）由单兵作战到联合行动

石油行业具有"四高一长"的特点，即高投入、高收益、高技术、高风险和长周期。这些特点决定了联合收购是最好的选择。对于较小的项目来说，单个公司收购很正常，但涉及大金额、复杂的项目，一般应采取联合收购的方式，这也是国际石油公司通行的做法。遗憾的是，在"走出去"的过程中，我国石油企业在很长一段时间内并未与中国的或外国的石油公司采取"一致行动"。近年来，随着中国石油公司海外经验的不断增加和项目运作的日渐成熟，其战术也由先前的单兵作战逐步走向联合行动。尤其是我国的两大石油巨头中石油和中石化，在国家政策的协调下开始扩大海外联合作业的项目。这两大石油公司彼此配合，在联合竞标苏丹 3/7 区块中获得了很大成功。在与国际石油巨头合作方面，前些年我国石油企业少有机会。随着我国石油企业不断发展壮大，与跨国石油巨头的合作逐渐增加，其中的典型案例就是苏丹大尼罗石油作业公司。该公司是一个由 4 家公司组成的从事苏丹石油上游作业的集团企业，其中中石油拥有 40% 的股权，马来西亚国家石油公司拥有 30%，印度国有石油天然气公司持有 25% 权益，其余 5% 为苏丹国家石油公司所有。

（三）中国具有一流的勘探技术

与西方老牌石油公司的技术水平相比，中国的石油企业还有着较为明显的技术劣势。然而，在苏丹项目发展中，中石油充分展示了其独特的科技优势。在与国际石油公司联合成立的作业公司中，中方人员成功地引进和推广了中石油滚动勘探、开发的理念，发挥其技术优势，主导着重大技术方案的决策，为项目的增储上产、实现高效开发起到了十分关键的作用。中石油自 1996 年接手 1/2/4 区项目以来，已发现新油田或含油断块超过 50 个，是西方公司在该区 10 年勘探发现成果的 12 倍。苏丹 3/7 区项目是西方大石油公司因没有获得商业发现而放弃的项目，但在中石油接手后的 4 年内，通过运用快速高效的勘探技术，成功发现了世界级的法鲁济大油田，使 3/7 区地质储量每年以 10 亿桶的速度增长。

（四）中国企业积极承担企业的社会责任

中石油、中石化等中国石油企业，在非洲大陆取得勘探开发和工程建设成就的同时，也致力于为当地公益事业做贡献。西方一些学者认为中国石油企业因为"不成熟"而格外"慷慨"，但也有西方学者认为，这是中国石油企业非洲业务的一个重要特点。[1] 2010 年 5 月 18 日，中国石油天然气集团公司在北京正式发布《中国石油 2009 年度社会责任报告》暨国别报告《中国石油在苏丹》。中石油尊重苏丹的文化传统和风俗习惯，严格遵守苏丹劳动用工法律，公平公正对待

---

[1] Ruchita Beri and Uttam Kumar Sinha (ed.), *Africa and Energy Security: Global Issues, Local Responses*, Academic Foundation, 2009, p. 97.

不同性别、国籍、种族、宗教信仰和文化背景的员工,与苏丹人民和睦相处,努力创造就业机会,大量聘用苏丹员工,使员工的"苏丹化"程度达到95%,累计为苏丹提供了8万人次的就业机会。中石油还积极参与苏丹社会公益事业,15年来共捐款5 000万美元,为苏丹援助修建学校、医院、水井、道路及桥梁等,直接受益人数超过200万人。① 中国石油企业在开展苏丹项目时注重环保和营造和谐的外部环境,树立了国际大公司的良好形象,赢得了苏丹人民的肯定和尊重。

(五) 树立"南南合作"的典范

西方石油企业在非洲的总体形象较差,常常被非洲人视为"剥削者"。中国石油企业在非洲开展业务的良好发展,不仅为企业本身和中国能源安全做出了积极贡献,还使得相关石油合作项目成为"南南合作"的典范。苏丹1/2/4区项目投产前,苏丹石油消费全部依靠进口,经济发展受到严重制约。中石油从零起步,帮助苏丹从勘探开发到炼油化工,建立起完整的上下游一体化的现代石油工业体系。同时,苏丹项目为当地带来了大量的就业机会,并为苏丹培养了一大批石油方面的技术管理人才。石油勘探和出口极大地促进和提升了苏丹经济的发展,10年来的国内生产总值年平均增长率在8%左右,使苏丹成为非洲经济发展速度最快的国家之一。苏丹政府将大部分石油资源直接用于发展国家的基础设施,如发电厂、公路、堤坝、铁路、港口、农业和农村项目,以及对学校和医院等公共设施的建立和恢复。② 2005年4月,苏丹巴希尔总统在77国集团会议上指出:中苏合作是"南南合作"的典范,是发展中国家自强联合的典范。

第三节　中国与苏丹石油合作面临的问题与对策

一、南北苏丹局势动荡的风险

南北苏丹局势的持续动荡以及安全局势的长期恶化,对于中苏两国的能源合作造成了较大的干扰,我国在南北苏丹的重大利益遭遇严峻挑战。苏丹拥有几乎全部输油管道及炼油厂等石油基础设施,这使南北苏丹在石油财富分配、石油管

---

①② "中国石油企业社会责任报告发布实录",载新浪财经,2010年5月18日。

道使用费等问题上相互牵制，很难有大的让步空间。

二、技术风险巨大

中国石油企业非洲寻油的技术风险主要表现为油气资源勘探、开采、提炼三个方面。勘探是石油资源开发的第一个关键环节，它是石油开采工程的基础，其目的是为了寻找和查明石油资源，综合评价含石油开发远景。石油勘探的投入很大，打一口油井，少则几百万元、多则上千万元甚至上亿元的投入。所以，准确的预测判断油气层对石油勘探开采至关重要。实际上，中国目前在非洲的重点石油投资国苏丹的地质特征复杂，勘探风险巨大。此外，由于全球范围内陆上石油资源的不断减少，加上很多拉美和非洲国家将资源收回国有，下一步油气资源的勘探重点区域无疑将逐渐转移到海上（如红海）。2009年海洋石油产量已占全球石油总产量的33%，预计到2020年，这一比例将升至35%；海洋天然气产量占全球天然气总产量的31%，预计2020年，这一比例将升至41%。此外，海洋中还蕴藏极其丰富的可燃冰资源。深水油气勘探活动具有高成本、高技术、高风险和高回报的特点。

就可预期的未来而言，只要替代能源没有大的突破，深海采油将成为解决油气饥渴的必然选择。面对如此诱人的市场前景，欧美传统的海洋大国以及亚洲新兴海洋国家（如新加坡、韩国、中国等）都加大了对海洋工程装备的发展力度，从而形成了世界海洋工程装备制造的三大阵营：处于第一阵营的主要在欧美国家，它们以研发、建造深水、超深水高技术平台装备为核心，垄断着海洋工程装备研发、设计、工程总包及关键配套系统和设备的供货；第二阵营是韩国和新加坡，它们以建造技术较为成熟的中、浅水域平台为主，在平台总装建造中占据着领先地位；而我国目前只处于低端产品建造的第三阵营，不仅在装备设计方面与欧美等国差距明显，即使在总装建造方面，也落后于韩国和新加坡，国产化配套系统及设备等方面几乎处于空白状态，技术开发能力弱、产业链不完整是制约我国海洋工程装备发展的根本原因。

三、推进新时期中国与南北苏丹石油合作的建议

（一）积极推动南北苏丹和解

石油是南北苏丹经济的主要支柱，石油收入占北方财政收入的45%，而南

方政府 98% 的财政收入来自石油出口。苏丹分裂后，南苏丹控制大部分原油产地，北苏丹控制石油运输管道、冶炼设施。石油利益将敌对的南北苏丹紧紧捆绑在了一起。独立后，南苏丹开始炒作"南苏丹—肯尼亚"输油管道项目（有两种方案，方案一是拟连接南苏丹首都朱巴和肯尼亚拉穆港，共约 1 400 公里，同时可连接乌干达境内的大油田；方案二设计的新油管是从南苏丹油田到肯尼亚境内的基苏木与现有油管连接，通往蒙巴萨港，全长约 200 公里）。事实上，这两条输油管道方案早已出台，但从南苏丹到肯尼亚地势是不断上升的，修建油管的技术和资金要求都非常高，管道维护和运输成本高昂，管道成本回收期漫长。此外，南苏丹百废待兴，内部安全局势动荡，与肯尼亚之间还存在大段边界争端，新管道的安全性成为疑问。

可见，继续使用苏丹现有输油管道对于南苏丹来说才是最经济实惠的。不过，石油利益分配问题直接关系到北南双方的切实和根本利益，任何一方都不会轻易做出让步，因此双方的矛盾和分歧很难在短时间内彻底消除，甚至还有激化的可能。无论是对作为对外关系中少有的长期友好的北苏丹，还是对作为渴望我国继续进行大规模油气投资和基础设施建设投资的南苏丹，我国都应平衡展开外交攻势，利用自身的影响力化解南北苏丹之间的石油危机，为我国石油安全保障做出贡献，同时也为地区和平做出重大贡献。

（二）努力平衡两个苏丹关系

南苏丹独立后，南北苏丹的关系受到一系列重大因素的困扰，尤为突出的是石油利益分配问题、阿卜耶伊归属问题、南科尔多凡州和青尼罗河州问题、苏丹人民解放运动（北方局）问题、尼罗河水资源分配问题、达尔富尔问题等。纵使在非盟、中国等外部力量的斡旋之下，南北苏丹之间暂时就石油利益达成妥协，但其他诸种问题的长期存在，仍然会使两国长期对峙、冲突甚至走向战争。

作为利益攸关者，南北苏丹关系的恶化必将直接危及中国在两国的利益，尤其是石油利益和投资利益。在石油来源多元化战略和石油对外依存度不断攀升这两个前提之下，我国唯一的选择就是扮演两国关系的平衡器。作为平衡器，我国可动用的资源包括外交斡旋、油气投资、贷款提供、军事合作、贸易优惠、人道主义援助、援建、医疗支持、教育支持等。北苏丹地缘战略地位极为重要，巩固与该国的合作，将极大地有益于未来我国战略利益的维护。

（三）重新阐释不干涉政策的内涵和外延

一个日益严峻的事实是，中国外交的"不干涉内政"原则在非洲等局势动荡地区受到日益严重的挑战。一些中国问题专家认为，北京的方式跟其他国家追求自己利益的方式没有多大区别。中国的外交政策似乎随着它意识到保护经济利益的必要性而不断演变。克雷尼·阿布兰特（Stephanie Kleine-Ahlbrandt）和斯莫（Andrew Small）认为，中国不阻挠联合国安理会授权联合部队进驻达尔富尔的决议，并向喀土穆温和施压，显示中国意识到不干涉政策的局限性；当它发现把商业利益委托给压制政权存在危险性时，它就发现不干涉政策越来越没有用。①因此，"突出强调中国在非洲的能源利益有其充分和正当的理由，无需刻意淡化和掩饰，或受西方石油政治的影响。"②

对于中国来说，在非洲事务中坚持"不干涉"政策变得越来越困难，尤其是当中国在非洲的利益日益沦为非洲国家内部影响和挑战的对象之时。中国在非洲的利益与非洲本土政治、经济、社会环境之间的联系日益密切，中国被迫卷入非洲国家内部事务之中。因而，未来中国巩固与非洲关系中的最大挑战之一，就是如何应对这种日益复杂的局面。③

（四）切实维护我国在苏人员的安全

2010年，我国出境人员突破6 000万人次。目前，有1.6万多家中国企业在海外发展，在海外的中国留学生更是达到将近200万人。④ 目前，在苏丹和南苏丹工作的中国工人分别为约2.3万人和约0.2万人。2004年以来，中国工人在苏丹已经遭遇多次绑架事件，10余名人被杀害。从最近几年的情况来看，我国海外劳工频繁成为袭击和绑架目标，2012年1月即已发生两起。目前，上百万中国工人在动荡地区和国家居住和工作，使得保护他们的安全成为一项极为困难的任务，袭击和绑架事件的发生成为必然现象，甚至成为某种程度上的常态。

就国际惯例来看，海外人员安全的保护，主要有三种模式：（1）被动模式，即依赖东道国提供保护；（2）主动模式，即雇用私人安保人员进行保护；（3）应急模式，即安全问题爆发后通过本国特种部队进行海外营救。结合目前我国的外交政策和远程军事投放能力来看，我国对海外人员安全的保护应该由单纯依赖东道国的被动模式，向主动模式过渡。待时机成熟（关键是要具备强大的军事实力和远程军事投放能力），再进一步过渡到主动模式与应急模式并重。由被动模式

---

① Stephanie Kleine-Ahlbrandt and Andrew Small, *China's New Dictatorship Diplomacy: Is Beijing Parting With Pariahs?*, Vol. 87, No. 1, January/February 2008, p. 47.

② 吴磊、卢光盛：《关于中国—非洲能源关系发展问题的若干思考》，载《世界经济与政治》2008年第9期，第58页。

③ Yan Yu (ed.), *China-Europe-Africa Cooperation: Chances and Challenges*, Proceedings of the Sixth Shanghai Workshop on Global Governance, Friedrich-Ebert-Stiftung (FES), Shanghai Institutes for International Studies, March 14–15, 2008, p. 121.

④ 周人杰：《海外安保如何跟上走出去步伐》，载《京华时报》2012年2月11日。

过渡到主动模式的可行性是比较大的，理由有三：（1）我国规模较大的企业都设立有专门的保卫部门，而我国在海外施工的基本上都是实力雄厚的大型国有企业。（2）我国每年都有大批退役士兵，其中还包括特种部队士兵和军事专业及理论素质较高的中下级军官。他们基本上无需再进行军事训练即可投入工作。（3）我国工程项目所在的国家大多是安全局势动荡的国家，如南北苏丹、利比亚、伊拉克、阿富汗等国，非官方武装护卫基本上已经成为这些国家所积极接受的惯例，其他国家尤其是欧美国家的企业早已采用这种模式。

（五）预先做好投资风险评估

在 2008～2009 年间，大批中国企业形成了一股海外能源和资源投资的热潮。截至 2010 年底，我国三大石油公司（中石油、中石化和中海油）投资海外的油田及工程项目总计 144 个，投资金额累计更是高达近 700 亿美元。[①] 然而，随着时间的推移，昔日成功的并购项目，却因国际政治风险估计不足等因素的影响而面临巨大风险或惨重损失。目前，我国三大石油公司海外项目的亏损比例高达 2/3。

不过，"来自发达国家的经济竞争已经迫使中国到世界动荡地区寻找投资机遇，在撒哈拉以南非洲和南亚的石油勘探和协议劳务输出尤是如此。"[②] 如前所述，我国企业在"走出去"的过程中被迫将目光集中在中东、非洲、拉美等政治、安全、技术、运输风险较高的地区。中国石油企业苏丹寻油的技术风险主要表现为油气资源勘探、开采、提炼三个方面。油气勘探是油气开采的关键环节，所以准确预测判断油气层对石油勘探开采至关重要。实际上，中国目前在非洲的重点油气投资国如苏丹等国地质特征复杂，勘探风险巨大。

与基础设施薄弱、技术能力较低、运输风险较大等可望改善的不利因素相比，政治风险的排除和安全问题的改善往往受制于人且不是一朝一夕之功，而其后果则常常是难以承担的。2011 年 2 月以来，从突尼斯开始的西亚北非局势动荡席卷埃及、利比亚、也门、叙利亚等非洲国家。其中，仅在利比亚一国，中资公司的损失就高达 15 亿元人民币。2011 年 8 月 22 日，中石油相关人士表示，受当地政局动荡的影响，中国石油长城钻探工程分公司在中东和北非的 6 个海外项目合同中止，将影响公司全年营业收入约 12 亿元。[③] 这些中止的合同项目位于利比亚、尼日尔、叙利亚、阿尔及利亚等地，都是政治动荡地区。同时，我国企业尚

[①] "中化集团斥资 10 亿美元海外拿油田"，载《证券日报》2012 年 2 月 10 日。

[②] Jonathan Holslag, "Embracing Chinese Global Security Ambitions", *Washington Quarterly*, Vol. 32 (3), July 2009, p. 108.

[③] "中石油下属公司 6 个海外项目因当地动荡中止"，载《京华时报》2011 年 8 月 23 日。

未建立海外投资评估和管理的高端人才梯队,人力资源欠缺导致其海外投资的综合风险评估能力以及跨国管理能力落后于其实际扩张能力,对政治风险和安全问题的估计不足成为尤为突出的"短板",最终造成海外项目普遍亏损。从近中期来看,南苏丹所面临的国内和国际局势极为纷繁复杂,如有不慎,巨额投资将面临严重损失。

第十八章

新时期中非金融合作的进展、挑战及对策

当前,非洲大陆经济发展面临的最紧迫问题是如何把现有资源转化成有效投资,增强经济发展的内生动力。不言而喻,金融市场可发挥重要作用,尤其是中非金融合作的战略升级有助于双方互利共赢。中非金融合作尚处在起步阶段,合作潜力巨大。随着中非双方政治互信不断加强,非洲国家深刻反省自身发展路径且与中国合作愿望增强,金融合作空间广阔。双方应以多边开发金融为平台,继续深化金融业合作,不断完善中非经贸合作金融服务体系,形成多层次合作格局,为非洲发展发挥协同作用。

国际金融危机的爆发推动全球经济格局发生深刻变革。在此背景下,中非双方共同利益和诉求进一步增多,双方既面临复杂的全球性挑战,也面临加快发展的难得机遇。如何挖掘中非投融资领域合作潜能,把握彼此战略发展机遇,是双方面临的重大课题。当前,非洲大陆经济发展面临的最紧迫问题是如何把现有资源转化成有效投资,增强经济发展的内生动力。不言而喻,金融市场可发挥重要作用,尤其是中非金融合作的战略升级有助于双方互利共赢。伴随非洲国家金融业和对外经贸关系的不断发展,中非金融合作必将日益深化。

第一节 中非金融合作的进展

一、中非银行业合作情况

银行业合作方面,央行大力推进与非洲区域和次区域金融组织合作,积极

利用多边开发银行机制,深化与非洲区域、次区域金融组织及非洲主要国家银行合作;大型政策性银行和商业银行积极从事对非融资业务,合作内容涵盖贷款融资、现金管理、跨境人民币结算、银联卡及中间业务服务;合作方式多以捐资、参股、低息贷款和举行商机研讨会方式进行;合作覆盖区域集中在东南非及西非地区;合作领域涉及能源和矿产资源、基础设施、教育、农业、中小企业等领域。

中国与非洲次区域金融机构合作最早可追溯到 20 世纪 80 年代。中国于 1985 年加入非洲开发基金和非洲开发银行,[①] 是非洲开发银行、西非开发银行和东南非贸易与开发银行的成员国。自加入以来,中国已向非洲开发银行的软贷款窗口——非洲开发基金累计承诺捐资 6.15 亿美元,并参与了非洲开发基金多边减债行动,支持非洲减贫和区域一体化。[②] 目前中国人民银行、国家开发银行、中国进出口银行、中国银行、中国工商银行及中国交通银行 7 家银行均已与非洲银行业开展合作,中国人民银行代表中国政府与非洲区域和次区域金融组织开展合作,提供资金及技术援助。截至 2011 年末,中国进出口银行、国家开发银行、中国工商银行在非洲地区的贷款余额分别为 394 亿美元、94 亿美元、42 亿美元,中国进出口银行发放力度位居同业首位。[③]

二、中非保险业合作情况

保险业合作方面,非洲保险机构通过在中国设立代表处、收购股权等多种方式进入中国,开发中国保险市场;中国保险机构也积极寻求与非洲本地保险公司合作,为在非中资企业提供保险服务。

南非安博保险集团于 1996 年在北京设立代表处,最早进入中国市场;2010 年 8 月,平安保险集团和南非最大的健康险公司 Discovery 签署合作协议,购买平安健康险 20% 的股份,共同开发中国健康险市场。中国保险机构也积极寻求与非洲本地保险公司合作,为在非中资企业提供保险服务。2011 年 4 月,中银保险有限公司(中银保险)[④] 与非洲 NICO 保险公司和 SAVAN-

---

[①] 加入非洲开发基金是非本地区国家加入非行的先决条件。
[②] 国务院新闻办公室:《中国与非洲的经贸合作(2013)白皮书》,2013 年 8 月 29 日。
[③] 国家开发银行规划研究院:《非洲银行业发展报告(2012)》。
[④] 中银保险是中国银行下属全资机构。

NA 保险经纪公司合作，向赞比亚等非洲国家中资企业提供服务。① 伴随中非经贸的发展，中国出口信用保险公司将非洲市场作为其业务重点。数据显示，2012 年前 11 个月，该公司在非洲承保金额为 146.2 亿美元。② 非洲保险机构通过在中国设立代表处、收购股权等多种方式进入中国保险市场。

三、中非资本市场合作情况

双方资本市场合作发展较为缓慢，实质性合作较少；中国资金主要通过企业间参股、并购方式活跃于非洲资本市场；在资本市场合作方面，非洲国家显得更为积极活跃。

2000 年以来，中国证监会已先后与埃及、尼日利亚和南非签署了证券期货领域的跨境监管合作和信息互换的《证券期货监管合作谅解备忘录》，但实质性合作较少。与中国相比，非洲国家资本市场开放度较高。南非约翰内斯堡证券交易所（JSE）允许境外公司在该交易所上市。③ 香港成为非洲公司上市的选择。南非煤矿开采商 LontohCoal 和塞拉利昂钻石开采商 Koidu Holdings 已在香港上市，成为首批香港上市的非洲公司。2011 年 9 月，尼日利亚宣布将人民币纳入该国央行外汇储备之中，主要渠道就是直接向中国人民银行申请购买银行间债券。

综上，现阶段中非金融合作具有明显的双边特性、非制度性、松散性、单一功能性，缺乏统一、完善的组织架构和制度安排，合作方式表现为简单的信息交流、沟通、磋商，以及为促进贸易和经济发展建立支付清算体系和开放性金融机构等。这基本符合国际区域金融合作初级阶段的基本特点。由此，我们判定中非金融合作尚处在起步阶段，合作具有明显的"功能性"特点。所谓高层次货币金融合作应具备多边性、有制度和组织保障、汇率协调与联动机制等特征。当前，实现中非高层次货币金融合作的条件尚未成熟，但这是中非金融合作未来努力方向和发展趋势。随着中非双方政治互信不断加强，非洲国家深刻反省自身发展路径且与中国合作愿望增强，双方金融合作空间广阔，潜力巨大。

---

① 左头条：《中国银行扩大在非保险业务》，载《中国保险报》2011 年 4 月 24 日。
② "全球风险居高不下，中信保调降 17 个国家评级"，中国贸易金融网，2013 年 1 月 7 日，http://www.sinotf.com/GB/Risk/1132/2013-01-07/3OMDAwMDEzNjQ3OA.html。
③ "上交所否认近期推出国际板"，新浪财经，2011 年 12 月 1 日，http://finance.sina.com.cn/stock/marketresearch/20111201/025010912706.shtml。

第二节　中非金融合作的推进因素、挑战与对策

一、推进中非金融合作的中国因素与非洲因素

(一) 中国因素

中非友好，历久弥坚，这是中非金融合作顺利展开、不断深化的最先决条件。毋庸置疑，政治合作是经济合作和金融合作的坚强后盾。新时期国际形势发生深刻复杂的变化，中国政府积极推动新形势下与非洲国家建立新型战略伙伴关系。在对非合作方面，中国一直恪守平等互利、相互尊重以及不附加任何政治条件的原则。2000年"中非合作论坛"的创立及后续的机制化，充分显示了中国与非洲国家良好的政治关系。

在投融资政策层面，《中非合作论坛第五届部长会议——北京行动计划（2013~2015）》指出，中国将扩大同非洲在投资和融资领域的合作，为非洲可持续发展提供助力，将向非洲国家提供200亿美元贷款额度，重点支持非洲基础设施建设、农业、制造业和中小企业发展；截至2012年底，中国已与32个非洲国家签署双边投资保护协定，与45个国家建立经贸联委会机制，对非投资机制不断完善。在经贸政策层面，中国通过免关税、设立非洲产品展销中心等措施，积极扩大从非洲进口。自2012年1月起，与中国建交的30个非洲最不发达国家全部可以享受60%的输华商品零关税待遇措施。2011年5月，中国设立的非洲产品展销中心在浙江省义乌市正式开业。通过减免运营费用等扶持政策，展销中心已吸引非洲20多个国家的2 000余种商品入驻销售。[①] 这些旨在推进双边贸易与投融资合作的政策，在宏观和微观层面为推进中非金融合作创造了充分条件。

对非援助为中非金融合作提供助力。国内学者武晓芳认为，对非援助不仅产生了直接贸易效应，而且产生了贸易放大与倍增效应。直接贸易效应体现为通过对非一般物资援助、援非优惠贷款及项目合资合作直接带动了国内物资出口；而贸易放大与倍增效应体现为对非援助提高了国内产品的知名度与生产水平，优化

---

① 国务院新闻办公室：《中国与非洲的经贸合作（2013）白皮书》，2013年8月29日。

了出口商品结构，提升了非洲国家贸易能力，① 这为中国金融机构在非开展业务提供了助力。华盛顿全球发展中心和威廉玛丽学院的"援助数据"项目（Aid Data）统计报告显示，2000~2011 年，中国共为 51 个非洲国家援助 1 673 个项目，援助总额约 750 亿美元。② 中国对非援助几乎遍布非洲大陆，并且今后可能继续增长。南苏丹独立后，非洲共有 54 个国家，这意味着仅有 3 个非洲国家未接受中国援助。③ 客观上讲，对非援助树立了中国在非良好的国际形象，承担了国际责任，推动了对非投资和贸易的发展。

国际金融危机以来，中非贸易投资保持较快发展态势，客观上为中国金融机构扩大对非金融市场份额提供了有利机会，进一步夯实了中非金融合作基础。在贸易领域，自 2009 年起，中国连续 4 年成为非洲第一大贸易伙伴国。2012 年，中非贸易总额达 1 984.9 亿美元，同比增长 19.3%。其中，对非出口 853.19 亿美元，增长 16.7%；从非洲进口 1 131.71 亿美元，增长 21.4%。贸易总额、对非出口及自非洲进口均创历史新高。在贸易规模扩大的同时，贸易结构也逐步优化。对非出口产品技术含量明显增加。2012 年，机电产品占对非出口商品比重达 45.9%。2009 年以来非洲地区吸收外国直接投资连续下滑，但中国对非直接投资快速增加。继 2010 年非洲成为中国第四大投资目的地后，④ 中国已经成为非洲最大外资来源地。2009~2012 年，对非直接投资流量由 14.4 亿美元增至 25.2 亿美元，年均增长 20.5%，存量由 93.3 亿美元增至 212.3 亿美元，增长 1.3 倍。在投资总量扩大的同时，投资层次也不断提升。目前，有超过 2 000 家的中国企业在非洲 50 多个国家和地区投资，合作领域从传统的农业、采矿、建筑等，逐步拓展到资源产品深加工、工业制造、金融、商贸物流、地产等。⑤

2008 年金融危机彰显了中国在全球金融体系中的地位，主要表现在其规模庞大的外汇储备和日益增强的对外投资能力。⑥ 有数据显示，截至 2013 年 3 月，中国外汇储备高达 3.24 万亿美元，而其中的 70% 多投资于美国国债和美元资产。美元的不断贬值使得这些美元投资标的大幅缩水。而本轮国际金融危机以来，非洲大陆吸引外资呈下降趋势，使得非洲国家落实"千年发展目标"再次面临资金

---

① 武晓芳：《中国对非援助及其贸易效应研究》，天津财经大学论文，2011 年 5 月 28 日，第 1 页。
② 该数据与中国商务部的相关统计数据有很大出入。笔者认为，数据出入的主要原因是西方学者通常把中国对非援助和投资混淆在一起。
③ "中国援非 750 亿美元，美国对非援助总额约 900 亿美元"，中国资本证券网，2013 年 5 月 8 日。http：//www.ccstock.cn/shishiywen/2013 - 05 - 08/A1171623.html。
④ "2010 年中非贸易额达 1 269 亿美元"，凤凰网，2011 年 5 月 13 日。http：//finance.ifeng.com/roll/20110513/4015815.shtml。
⑤ 国务院新闻办公室：《中国与非洲的经贸合作（2013）白皮书》，2013 年 8 月 29 日。
⑥ Ken Miller, "Coping with China's financial power", *Foreign Affairs*, Vol. 89, No. 4（July/August 2010）, pp. 96 - 97.

窘境。中国对外投资的多元化趋势及非洲国家发展进程中的资金困境，无疑成为中非投融资合作最好的契合点，这为深化中非金融合作提供了强大的物质保障。

（二）非洲因素

金融危机爆发后，非洲国家对自身发展道路的反思和觉醒，中国经验对非洲吸引力的增强，为深化双边金融合作营造了良好的宏观政治环境。金融危机爆发后，非洲国家领导人和学者对危机根源、非洲受冲击原因进行了全面反思，并着眼长远改革，提出金融危机为非洲经济转型提供机遇。① 塞内加尔学者登巴·穆萨·德默勒（Demba Moussa Demele）认为，金融危机印证了完全依赖市场力量的新自由主义的失败；金融危机为非洲国家提供了摆脱新自由主义意识形态和国际金融机构控制的难得机会；非洲国家应探索一条"内源式"、以人为本的发展道路。② 金融危机爆发前，非洲国家就关注"中国模式"，危机爆发后，中国经验对非洲的吸引力进一步增强。联合国前秘书长安南 2009 年曾表示，中国的发展模式有别于西方，值得非洲大陆借鉴。南非经济发展部部长易普拉辛·帕特尔认为，中国政府制定政策的做法值得非洲借鉴。

非洲国家经济在国际金融危机中的抢眼表现及未来增长预期，为中非金融合作创造了良好的宏观经济环境。2012 年全球经济形势整体状况不佳，新兴经济体增长趋缓，但撒哈拉以南非洲地区经济表现抢眼。联合国《2013 年世界经济形势与展望报告》（WESP）预测，2013 年非洲经济将实现 4.8% 的增长，较 2012 年的 5.0% 增速略有下滑，但高于全球 2.4% 的增长。南非标准银行预测，到 2015 年，非洲国内生产总值将翻一番，从目前的 1.5 万亿美元上涨到约 3 万亿美元③。随着非洲呈现出更强的增长趋势，加之非洲很多国家的 GDP 被严重低估，非洲经济总量占世界总量的份额正在上升。世界银行非洲地区首席经济学家德瓦拉扬指出，如果非洲经济主导产业稳步发展、外来投资持续增加，非洲经济危机后有望迎来长达 20 年的增长期④。渣打银行预测，未来 20 年，非洲经济年均增长率将达到 7%，稍高于中国的增速。总体而言，非洲的经济增长预期依然看好。

非洲国家为吸引外国直接投资而采取的投资便利化措施，有利于中非金融机构间合作，共同拓展业务。近年来，非洲国家为吸引外资，制定了一系列优惠政

---

① 《第 19 届世界经济论坛非洲会议在南非开普敦举行》，新华网，2009 年 6 月 10 日，http://news.xinhuanet.Com/world/2009 - 06/10/content_11521553.html。

② Demba Moussa Dembele, "The global financial crisis: lessons and responses from Africa", *Pambazuka News*, 2009. 3. 19.

③ 竹子俊：《"雄狮"舞步：非洲经济稳步复苏》，载《中国对外贸易》2011 年第 4 期，第 63 页。

④ 《世行经济学家认为非洲经济将迎 20 年稳定增长期》，中国保险网，2010 年 12 月 23 日，http://www.china-insurance.com/news-center/newslist.asp?id=164231。

策。如取消准入限制、降低土地使用费等。例如，加纳、博茨瓦纳、贝宁、肯尼亚、坦桑尼亚等国纷纷建立起投资促进机构，向投资者提供"一站式"服务。2007 年，非洲有 10 个国家引入了新政策法规，其中多数措施有利于外资和跨国公司。如佛得角简化了绿地投资的批准程序，对外国直接投资开放所有部门等；肯尼亚出台了推动风险资本公司发展的条例，且放松了对包括外资银行在内的银行业的准入门槛；利比亚允许外国投资者汇回利润和向国外转让清算外汇结余，并为投资者提供长达 5 年的减税。

中非双向投资互动，为推进双方金融机构合作、创新金融产品提供了有利条件。值得一提的是，中国与非洲经贸合作从来不是单方面的，在中国企业加大对非投资的同时，非洲对华投资亦稳步增长。至 2011 年底，非洲国家累计对华直接投资达 129 亿美元，涉及石油化工、机械电子、交通通信等领域。

非洲国家推行的金融改革，为深化中非金融合作提供了难得的历史性机遇。从 20 世纪 80 年代末 90 年代初开始，非洲国家纷纷采取措施，对金融体制特别是银行体制进行大刀阔斧的改革，许多国家的金融体系在过去 10 多年里有了较大的发展。美国高盛银行曾预测，到 2025 年，全球金融业发展速度最快的将是非洲，其银行业收益将超过世界其他地区。伴随着非洲国家金融业和经贸关系的不断发展，中国与非洲的金融合作也日益深化。此外，中非同处于工业化、城市化进程中引致的强劲的市场需求提升了中非金融合作空间。

二、中非金融合作面临的挑战

首先，非洲政局局部动荡和社会不安定是中非金融合作的主要障碍。政治稳定和社会安定是推进金融合作的坚强后盾。在非洲大陆所面临的诸多挑战中，实现和平与安全无疑最为紧迫。中国社会科学院西亚非洲研究所副所长张宏明等认为，非洲大陆政局总体趋于稳定，但局部地区依然较为动荡，是未来若干年非洲大陆政局的基本发展态势，这成为中非金融合作面临的主要障碍。此外，社会不安定也是中非合作所面临主要障碍之一。南部非洲发展银行副主席泰得斯（Admassu Tadesse）认为，投资项目所在地失业问题和贫富差距都有可能引燃导火索，最终发展成阻碍投资的政治问题[1]。近年来，中国与撒哈拉以南非洲国家经济合作发展迅速，但该区域是全球社会治安最为动荡的地区之一，犯罪率长期居于全球前列，严重威胁我国投资者的人身和财产安全。

---

[1] 周馨怡等：《逐鹿非洲金融：欧美领跑 VS 中国迅猛》，载《21 世纪经济导报》2010 年 11 月 18 日。

其次，非洲国家金融基础设施落后，金融工具创新不足等问题制约了中非金融合作向纵深发展。非洲国家金融体系中，银行占主导地位，是储蓄和投资的最基本渠道。金融工具的欠多样化总体上削弱了金融中介的作用，制约了长期融资供给。非洲金融体系具有高垄断性特征，这使得银行享受高利率回报（平均利润率达6%，高于世界其他地区4%的水平）①，因此金融体系缺乏创新动力。非洲国家国内债券市场和资本账户交易监管一直以来都比较谨慎。一方面，谨慎的监管和金融体系的有限融入全球化，使得非洲金融市场规避了金融危机首轮的影响；另一方面，由于高利率，致使投机资本大规模流入其国内债券市场。非洲金融体系深度的不足也严重制约了其国内资源要素的流动。非洲大陆银行的平均储蓄率为29%，远低于其他国家65%的水平。尽管在保险储蓄流动方面取得了巨大进展，但也仅占GDP的0.03%。另外，非洲国家股票和债券市场的落后也制约了国内资源要素的流动。公共和私人债券资本化占GDP比重仅为42%，远低于其他国家76%的平均水平。②

最后，中非政府及金融机构间信息沟通没有机制化；中资银行海外并购审批流程效率较低，且监管严格；中资金融机构在与非洲金融机构合作过程中，产品和模式创新不足；本土化进程速度较为缓慢；有些金融机构忽视"企业社会责任"；特别是撒哈拉以南非洲银行网点较少；中非经贸合作金融服务体系不完善；对非洲国家国情，非洲区域组织、次区域组织及非政府组织的政策走向研究明显不足等。这些都是制约中非金融合作纵深发展的重要因素。

中非关系的强劲发展，不但带动了双方经济发展，而且对现存国际经济体系也带来冲击。欧美等非洲传统经贸合作伙伴对此感到不安甚至恐惧，导致一大批西方主流媒体以及某些政客对于中国在非洲的经贸活动横加指责，大肆宣扬所谓的"新殖民主义""掠夺资源"等论调，质疑中国在非洲的投资是否完全出于商业因素，甚至认为中国对非投资的不断扩张已经威胁了非洲社会的环境、经济和政治稳定③。事实上，中国不仅在资源富集国投资，还通过官方援助方式加强和资源匮乏小国的合作，中国甚至是第一个向中非提供金融或货币援助的国家；中国在非洲外来资本中只占很小的部分，绝大部分还是西方资本，而在资源富集国，西方企业的数量和规模是中国企业的数倍。

---

① Mobolaji Hakeem I., "Banking development, human capital and economic growth in Sub-Saharan Africa (SSA)", *Journal of Economics*, 2009.10.

② 数据转引自 Karim Dahou, Haibado Ismeal Omar, Mike Pfister: *Deepening financial markets for growth and investment*, OECD Africa Investment Initiative, 2009.11—12。

③ 冯兴艳：《境外经贸合作区与中非投资合作的战略选择》，载《国际经济合作》2011年第4期，第26页。

三、推进中非金融合作的建议

中非经济合作离不开金融的支持,金融支持的效率和深度则源于金融机构间密切合作。鉴于非洲整体经济发展水平和金融深度,中非金融合作总体上应定位于"功能性"合作。为更好地深化"功能性"金融合作,对策建议如下:

第一,未来 5~15 年,中非应进一步深化"功能性"金融合作,主要合作方式如银行证券保险合作、货币互换机制、参与区域债券市场建设和清算支付体系建设。

具体合作内容包括:继续强化中国与非洲主要经济组织和国家的政策对话;推动并参与非洲区域或地区债券市场发展,为减少非洲地区对美元的高度依赖,并积极扩大人民币在中非贸易投资,特别是在金融交易中的使用范围;大力开展中非货币金融合作,在条件成熟的时候,建议成立中非货币合作基金,深化双边经济、贸易领域的合作,渐进建立人民币与非洲区域货币的互换机制等;大力推进非洲区域经济一体化进程,特别是区域金融一体化进程,在双边投资和贸易活动中,推进以人民币为主导的清算体系的构建及推广。

第二,以多边开发金融为平台,继续深化与非洲区域、次区域金融组织及非洲主要国家的"功能性"合作,形成"以点带面,以面带点,点面互动"的多层次合作格局。为非洲发展发挥协同作用。

中非间多边开发金融平台机制日臻完善。中国目前已与非洲开发银行和开发基金、东南非贸易开发银行及西非开发银行签署合作协议,并成为上述区域性金融组织成员。未来中国应继续深化与非洲区域、次区域组织及非洲主要国家银行合作,具体做法是:其一,在战略上"先取两头,后取中间",即与南部非洲和北部非洲区域性金融机构深化合作,以此为"根据地",借用其本土网络的辐射功能,推进与中东非、西非区域性和次区域性金融组织合作。其缘由在于上述两个地区经济、金融业发展较非洲其他地区发达,营商环境较好,有利于开展深层次金融合作。其二,推动政策性及开发性金融机构对非开展多层次金融合作。支持利用进出口融资、援外优惠贷款和对外投资贷款等金融服务,促进事关非洲长远发展的基础产业和基础设施项目建设。支持把开发性金融业务延伸到非洲,推动其与非洲区域和次区域多边金融开发机构合作,在双赢和多赢的前提下建立融资新机制,开展出口信贷、项目融资、银团贷款等种类丰富的金融产品。充分发挥出口信用保险在推动中非经贸合作中具有的衔接保险、贸易、融资等多方面的优势,提供完善的风险保障机制。

第三,中非都是现行国际金融秩序的相对弱势一方,有着共同的关切。双方应本着"平等互利,合作共赢"的基本原则,紧紧把握新时期的共同发展机遇,积极稳妥地推进金融合作的多层次、全方位发展。特别是加快推进与西非经济货币联盟、南部非洲经济共同体和中非经济货币联盟本币互换和贸易计算支付体系进程。

目前,中国已成为非洲最大贸易伙伴,人民币在中非贸易结算中的作用加速发展。自 2009 年 7 月中国启动跨境贸易人民币结算试点以来,跨境人民币结算业务量增长迅速。正因看好人民币结算业务在非洲的发展潜力,众多非洲银行和国际性银行大力推动该项业务发展。南非标准银行已在非洲 16 个国家全面开展人民币账户和贸易结算等全套服务。渣打银行是首家为中国试点企业提供人民币跨境贸易结算服务的国际银行之一。目前,在渣打银行分布的 14 个非洲国家中,除安哥拉外,南非、肯尼亚、尼日利亚、津巴布韦等 13 个国家都能使用人民币结算。2011 年,尼日利亚将人民币列入可用于在国内外汇市场进行贸易结算的货币之列,并将人民币作为该国外汇储备的组成部分。随着中非贸易投资不断拓展,人民币跨境贸易结算将为非洲地区的金融机构提供更广泛的业务平台。据南非标准银行 2011 年公布的一份报告指出,到 2015 年,非洲以人民币结算的贸易额将超过 1 000 亿美元,占中非贸易的 40%,以人民币结算的投资额将超过 100 亿美元。[①]

第四,"量身定制"并不断完善中非经贸合作金融服务体系,使中非金融合作模式多样化,大力支持国有金融机构参与非洲本土金融机构的并购和重组,加速其开展对非合作进程。

在经济全球化与金融国际化的大背景下,中国金融机构跟随制造业而涉足海外,已成为一个必然的命题。从国家战略层面出发,响应"走出去"战略,契合中国加大海外投资和中资企业海外发展的机遇,取得双赢互惠发展可谓大势所趋。为深化中非金融合作,中非政府和金融监管机构应加强沟通,致力于建构长效对话机制;充分利用"金砖国家"平台,协助非洲国家制定贸易投资便利化措施,为中资金融机构在非拓展业务提供更多的政策支持;大力支持国有和民营金融机构在非洲主要国家设立分支机构。加快中资金融机构走入非洲有赖于监管层面的政策支持,中国金融监管机构应该不断完善监管政策,为中资金融加速"走出去"步伐创造良好条件;大力支持中国金融机构参与非洲本土金融机构的并购与重组:早期中资银行主要采用新建方式进行投资,首先设立代表处,然后增加分行,最后建立独资银行。2000 年以来,并购战略最终成为中资银行进入非洲

---

① 标准银行:《2015 年中非贸易四成将用人民币结算》,网易,2011 年 9 月 2 日,http://money.163.com/11/0902/04/7CU0B1LL00252G50.html。

国家的新方式。2008年3月中国工商银行并购南非标准银行则是典范案例。这起并购案不但是中国工商银行迄今为止进行的最大规模海外并购,① 也是有史以来中国对非投资额最大的金融类投资项目。此外,寻找非洲本地金融合作伙伴也成为中资银行未来进入非洲的重要方式。2007年10月,国家开发银行与尼日利亚的非洲联合银行缔结合作伙伴关系,该笔交易被境外媒体视为"中国进军非洲金融服务领域新的转折点"。② 2011年4月,中国银行和Ecobank开展战略合作,在Ecobank内部设立"中国业务柜台",通过直接派驻工作人员,利用当地代理行的全面银行牌照和广泛网络,满足中资企业的个性化需求,为中资企业提供方便、安全、高效的金融服务。③

第五,中非金融合作应持开放态度,在充分尊重非洲国家意愿的情况下,积极开展与国际组织及非洲国家政府的多边合作。2009年5月,中国工商银行与标准银行共同赢得博茨瓦纳莫鲁卜勒B发电站扩建项目的融资标的,融资总额为8.25亿美元。④ 该项目创立了一种新的商业模式,将政府财政、世界银行或开发性金融机构担保、中国大宗机电产品出口、商业银行融资等要素通过合理方式加以组合,成功地为博茨瓦纳赢得大型项目的融资。众所周知,非洲国家都面临基础设施建设的融资"瓶颈",此种模式对有效推进非洲国家基础设施建设具有一定的示范效应。

第六,不断加强双方在保险市场合作,大力推进双方在证券市场的合作。

非洲保险机构通过在中国设立代表处、收购股权等多种方式进入中国,开发中国保险市场,同时中国保险机构也积极寻求与非洲本地保险公司合作,为在非中资企业提供保险服务。资本市场上,中非双方合作发展较为缓慢,非洲国家显得更为活跃。随着外部环境的逐渐改善,21世纪以来非洲地区证券总市值大幅增值,市场投资回报率高居发展中地区之冠,吸引数十亿美元资金涌入资本市场,购买当地高利率债券产品。⑤ 在此方面中国基金尚未涉足,中国资金主要通过企业间参股、并购的方式活跃于非洲资本市场。

为推动中国资本市场的发展,进一步完善社会主义市场经济体系,我国于2005年2月颁布了《国际开发机构人民币发行管理暂行办法》,为境外机构在中国境内发行人民币债券提供了政策框架。目前一些国际多边金融机构如国际金融

---

① 詹向阳、邹新、马素红:《中国工商银行拓展非洲市场策略研究——兼谈后金融危机背景下的中非金融合作》,载《西亚非洲》2010年第11期,第26页。
② 华强:《携手非洲联合银行国开行商业化再下一单》,载《华夏时报》2007年11月3日。
③ 张朝辉:《中国银行在加纳推出"中国业务柜台"》,载《中国证券报》2011年4月12日。
④ 邱壑:《工行标准银行非洲融资首单落定》,载《第一财经日报》2009年5月3日。
⑤ 《非洲市场是否值得中国资本冒险》,新浪财经,2006年11月8日,http://finance.sina.com.cn/money/lczx/20061108/00003058614.shtml。

公司（IFC）和亚洲开发银行（ADB），以及一些外资银行相继获准在境内发行人民币债券。除了开辟在岸人民币债券市场外，香港离岸人民币债券市场是另一个重要的人民币债券市场。虽然人民币债券市场发展迅速，但是迄今为止非洲还没有一家金融机构或公司在中国境内或中国香港发行人民币债券。此外，目前也没有出现在非洲证券市场发行人民币计值的债券的情况。

　　当前，非洲大陆经济发展面临的最紧迫问题是如何把现有资源转化成有效投资，增强经济发展的内生动力。不言而喻，金融市场可发挥重要作用，尤其是中非金融合作的战略升级有助于双方互利共赢。尽管中非金融合作面临诸多问题，但非洲政局的趋稳、经济发展的良好态势、中非双方为推进经贸合作采取的各项便利化措施，都为开展金融合作创造了有利条件。鉴于非洲整体经济发展水平和金融深度，中非金融合作总体上应定位于"功能性"合作。未来5~15年，中非应进一步深化"功能性"金融合作，主要合作方式如银行证券保险合作、货币互换机制、参与区域债券市场建设和清算支付体系建设。中非应以多边开发金融为平台，继续深化与非洲区域、次区域金融组织及非洲主要国家的"功能性"合作，形成"以点带面，以面带点，点面互动"的多层次合作格局。

第十九章

新时期中非投资合作现状、问题与对策

近年来,随着中国经济的发展,政府的推动、多边合作机制的出现,中非投资合作的速度明显加快,"投资非洲"已经成为中国企业国际化的新热点。非洲已成为中国第二大原油进口来源地、第二大海外承包工程市场和第四大海外投资目的地,经济和政治地位日益彰显。另外,投资非洲正面临着前所未有的挑战。应对这些挑战,政府和企业显然都准备不足。因此,对中非之间的投资合作进行审视就显得非常必要,具有重要的理论与实践意义。

第一节 中国对非投资合作现状

一、投资总量尚小但增速加快

从全球范围来看,中国的对非投资规模尚比较小。以 2012 年为例,中国对非直接投资流量仅占非洲吸引外资(约 500 亿美元)的 5%。从发达国家来看,2012 年,美国对非洲的绿地投资为 48.3 亿美元,而中国为 17.6 亿美元。从新兴国家来看,马来西亚在非洲国家的直接投资也大于中国,2011 年存量已经达到 193 亿美元,占其全球总投资的 24%,而中国为 160 亿美元,还不到中国全球投资的3%。① 可以预见，中国企业对非洲投资仍有相当大的发展空间，一段时间内，将保持较快的增长。

同时，中国对非投资占中国海外投资的比重仍然较低。2012年中国对非洲直接投资额为25.17亿美元，仅占中国对外直接投资流量的2.9%（当年中国对外直接投资流量为878亿美元），远低于亚洲的73.8%，也低于拉丁美洲的7.0%，仅高于大洋洲（为2.7%）。在中国对外直接投资流量居前20名的国家（地区）中，非洲没有一个国家位列其中。从存量角度观察，截至2012年底，中国对非洲直接投资存量为217.3亿美元，对非投资存量占比也只有4.1%（当年中国对外直接投资存量为4 355亿美元）。② 在中国对外直接投资存量居前20名的国家（地区）中，仅有最大经济体南非位列其中，为47.75亿美元，居第12位，占0.9%，与位列第1的中国香港（3 063.72亿美元）相差悬殊。

2000年中非合作论坛成立以来，中国对非投资增长显著加快。特别是2009年以来，尽管非洲地区吸收外国直接投资连续下滑，但中国对非直接投资快速增加。根据商务部等的统计数据，2003~2012年间，我国对非直接投资存量在较小基数基础上持续上升，从不到4.7亿美元增长到217.3亿美元，年均增速50%，是2003年的30倍。③ 而根据国务院新闻办的数据，2009~2012年中国对非洲直接投资存量由93.3亿美元增至212.3亿美元，增长1.3倍。从投资流量来看，4年间，中国对非直接投资流量由14.4亿美元增至25.2亿美元，年均增长20.5%。④

二、国别分布集中但行业分布广泛

中国对非投资的投资覆盖率较高，达到85%（仅次于亚洲），遍布非洲50个国家，另外，国别分布较为集中。从2012年流量来看，主要分布在安哥拉、刚果（金）、尼日利亚、赞比亚、津巴布韦、阿尔及利亚、莫桑比克、加纳等。⑤ 2012年末，中国在非洲的FDI（外商直接投资）存量达到217.3亿美元，南非是接受中国FDI最多的国家，其余依次是苏丹、尼日利亚、赞比亚和阿尔及利亚。在少数最不发达国家，如苏丹和赞比亚，中国的投资处于最前列。⑥ 居于存量前

---

① UNCTAD, *World Investment Report* 2013, p. 68.
②⑤ Ibid., p. 11.
③ 中国商务部、国家统计局、国家外汇管理局：《2012年中国对外直接投资统计公报》，中国统计出版社2013年版。2003~2005年数据为中国非金融类对外直接投资数据，2006~2012年为全行业对外直接投资数据。
④ 国务院新闻办：《中国与非洲的经贸合作（2013）》白皮书，第4页。
⑥ 同④，第33页。

列的南非、尼日利亚、赞比亚、阿尔及利亚、尼日尔、刚果（金）、埃塞俄比亚、安哥拉、埃及、苏丹、津巴布韦、毛里求斯、坦桑尼亚、加纳、肯尼亚等，占中国对非投资的一半以上。另一方面，随着非洲各国经济实力的增强和中非关系的日益密切，非洲企业也积极对华投资。截至2012年，非洲国家对华直接投资达142.42亿美元，较2009年增长44%。投资来源国包括毛里求斯、塞舌尔、南非、尼日利亚等，涉及石油化工、加工制造、批发零售等行业。[1]

在投资总量扩大的同时，中国对非投资领域不断深化，从传统的农业、采矿、建筑等，逐步拓展到资源产品深加工、工业制造、金融、商贸物流、地产等。从2011年中国对非直接投资的行业分布来看，采矿业占30.6%，金融业占19.5%，建筑业占16.4%，制造业占15.3%，租赁和商务服务业占5%，科学研究和地质勘探业占4.1%，批发零售业占2.7%，农林牧副渔占2.5%，房地产业占1.1%。[2]

采矿业是中国对非投资的一个主要行业。不过，比起中国在其他地区采矿业投资的比例，这个比例并不大。例如，中国2012年在澳大利亚采矿业直接投资比例高达66.1%。[3] 制造业是中国对非投资的重点领域。2009~2012年，中国企业对非制造业直接投资额合计达13.3亿美元，2012年底，在非制造业投资存量达34.3亿美元。[4] 中国企业在非投资纺织、玻璃、皮革、胶囊等项目，创造了大量税收和就业，延长了"非洲制造"的增值链。基础设施是中国企业分布较多的另一个行业。中国企业的报价比起其他国家来说，常常更具竞争性，这其中最首要的原因是中国企业的期望利润率较低（西方常常为20%~30%，而中国仅为5%~10%），其次是因为中国企业的成本（如资金成本、劳动力成本、设计成本）相对更低。此外，具有无污染、低能耗特点的服务业，是近年来中非投资合作的新亮点。中国企业在金融、商贸、科技服务、电力供应等领域均进行了投资，呈现日益多样化的趋势。

三、投资效益较好但竞争激烈利润下降

根据笔者2011年12月至2012年8月对33家在非洲的尼日利亚、安哥拉、塞内加尔等国投资经营的中国企业的调查，发现有62%的被调查企业投资效益在良好以上，而投资效益不好的企业数量极少。这说明，非洲确实是一个值得去投资的地方，前景是光明的。当然，投资效益情况因行业不同而不同。制造业企

---

[1] 国务院新闻办：《中国与非洲的经贸合作（2013）》白皮书，第6页。
[2] 同[1]，第4页。
[3] 同[1]，第25页。
[4] 同[1]，第6页。

业均表示经营效益令人满意。批发零售企业总体状况还可以接受,一部分企业感到前途迷茫,另一部分则正在考虑转型。被调查华商反映,"过去的利润在100%~200%,现在只有15%~20%","这里的市场竞争越来越激烈,如果不能有效协调,再有3~5年,这块好的市场就很可能被毁掉。"①

四、本地化率较高但与当地社会融合度较低

在非中国企业的本地化率是国际社会关注的焦点。根据前述调查,中国在非企业员工的平均本地化率高于75%(其中民营企业为85%,国有企业为55%),而且,一般来说,企业进入非洲时间越久、规模越大,本地化比率越高,反之越低。如河南国际塞内加尔公司、中国水产塞内加尔代表处的平均本地化率达90%。不过,中国在非企业大多实行封闭式管理,员工生活、社交空间小,大多限于家和商场、市场,偶尔跟亲友去中餐厅聚餐,还有就是去赌场消磨时间,大多没有要在非洲长居的打算,赚的钱也不准备在当地买房子,而是准备回老家买。②

五、民营企业在非洲投资增长日益明显

过去,投资非洲以国家经济援助、大型企业承担为主。2000年以前,商务部在非投资统计数据里并不包括民营企业。2002年,在商务部登记的在非投资的18个项目中,仅有2个项目为民营企业。2005年以来,随着民营企业力量的增强及非洲的开发,民营企业开始纷纷进入非洲,已经占当年在非企业比例的35%。到2011年,在商务部登记的民营企业数量已经达到923家,占当年在非企业的55%。③

第二节 中国在非投资企业的特点

由于中国在非国有企业与民营企业存在较大的区别,下面分而述之。

---

①② 刘青海:《中国在非洲企业履行社会责任调查》,http://www.focac.org/chn/xsjl/xzhd_1/1/t1031605.htm,2013-4-16。

③ Xiaofang Shen: *Private Chinese Investment in Africa: Myths and Realities*, World Bank Policy Research Working Paper 6311, 2013, p.6.

一、在非中国国有企业的特点

从行业分布来看，中国在非国有企业以采矿业与建筑业为主。以2012年为例，其行业分布情况为：采矿业25%、建筑业35%、批发零售业9%、制造业6%、农业4%。[①] 近年来，在非洲投资能源和矿藏的企业大多是国有或半国有企业，比较突出的有中国石油天然气集团公司（中石油）、中国石油化工集团公司（中石化）、中国海洋石油总公司（中海油）、中国有色矿业集团公司（中有色）等。其中，中石油主要分布于苏丹、阿尔及利亚、乍得和尼日利亚，中石化则在苏丹、安哥拉和刚果（金），中海油在尼日利亚、赤道几内亚，中有色（非洲公司）在赞比亚等。

除了矿产行业以外，中国在非国有企业也较多地从事基础设施行业，中国路桥公司、中国铁路建设公司、中国三峡公司等都在非洲修建或修复了不少公路、铁路、水坝、体育馆、办公大楼等。

一个值得注意的现象是，影响中国国有企业在非分布的因素与人们通常所认为的很不相同。一般来讲，宏观经济不稳定、投资限制、腐败和政治不稳定是阻碍外国企业对非洲投资的主要原因，然而，中国国有企业却似乎相反：越是具有这些特征的国家似乎越能吸引中国国有企业。这可能有三个原因：首先，这种环境减少了其他国家投资者的竞争，中国企业能够占有更大的市场份额；其次，由于中国国内也存在腐败与黑箱操作现象，与西方竞争者相比，中国企业更能适应这种环境；最后，中国国有企业通常能够获得非商业风险（如战争）担保，因而对风险相对不那么敏感。

传统上，绿地投资是国有企业进入非洲的典型方式，不过，这种现象在最近有所改变，兼并与收购（M&A）越来越成为流行的方式。例如，中海油23亿美元买下尼日利亚 SA's Akpo 油田45%的股份（2006年）；中石化以73亿美元的惊人高价接管尼日利亚 Addax（2009）；中石油42.1亿美元收购意大利埃尼集团全资子公司埃尼东非公司28.57%的股权，从而间接获得东非莫桑比克4区块项目20%的权益（2013）。[②]

从生产模式来看，中国在非国有企业大多是垂直一体化的，从生产到品牌到销售的整条产业链均由企业自身掌控，或以较高的参与度完成，其原料供应主要来自于在中国的企业或从海外获取（上游垂直一体化），以及自己的分销渠道

---

① 国务院新闻办：《中国与非洲的经贸合作（2013）》白皮书，第7页。
② 汪珺：《中石油42亿美元获东非天然气项目》，载《中国证券报》2013年3月15日第A10版。

(下游垂直一体化)。例如，中石化在苏丹和安哥拉的兼并活动（上游一体化）；中海油除了石油冶炼外，还进入零售、石油化工和发电（下游垂直一体化）。不过，这也并非中国国有企业所独有的特征，因为几乎整个石油产业都是垂直一体化的。

从国有企业对非洲的影响来看，由于国有企业以基础设施建设与采矿业为主，基础设施投资如公路、铁路、港口、水坝和桥梁等（而这些是西方企业所不愿意做的，即便是为了矿产的运出它们也觉得代价太大），这对于完善东道国的投资环境、吸引其他国家的投资、改善人民生活水平、推动东道国经济的增长发挥了巨大的作用。采矿业投资与当地经济的前后向联系较弱，可能形成飞地型经济，不过可以给东道国带来巨额的矿产收入，使其潜在的资源价值得以实现。

二、在非中国私营企业的特点

近几年来，由于国内竞争日趋激烈、内需不足、生产能力过剩等因素，中国私营企业开始大举进入非洲市场，成为中国对非直接投资的一种新现象。2005年以来，中国私营企业开始日益取代国有企业，成为中非经济联系的引擎，被视为是中国企业进入非洲的第五波。

整体来看，中国私营企业基本都是中小型企业，规模比较小，华为技术公司、华立集团、中兴公司等是少数的例外。从行业分布来看，中国在非私营企业以制造业与批发零售业为主。以2012年为例，其行业分布情况为：制造业36%、批发零售业22%、采矿业16%、建筑业5%、农业6%。[1] 大体上，中国在非私营企业可以分为两种：在中国与非洲都有业务的企业和只在非洲有业务的企业，前者规模相对比较大，主要分布在制造业和服务业，其大部分资金来源都靠自筹，少数企业能从省级政府那里获得部分支持，而后者规模相对要小一些，主要从事小型制造业和服务业，它们也是自筹资金和独立的，基本没有政府部门的支持，业务来源主要依靠家族联系。

虽然有很多不同的地方，但根据调查，整体来看，中国在非私营企业也有不少共同的特征：[2] 第一，基本上都在"制度外"经营，即在中非政府签订的双边或多边协定之外，在中国政府的控制之外，在中国政府的融资支持之外。实际上，他们大多数都不熟悉政府的对非政策。第二，富于冒险精神和创新精神，甚

---

[1] Xiaofang Shen，*Private Chinese Investment in Africa*：*Myths and Realities*，World Bank Policy Research Working Paper 6311，2013，p.6.

[2] 刘青海：《中国在非洲企业履行社会责任调查》，http：//www.focac.org/chn/xsjl/xzhd_1/1/t1031605.htm，2013-4-16。

至把西方公司视为风险的情况看成是一种机会，正如一个投资者所说，"不要怕大风大浪，深海里才能捞到大鱼。"第三，能吃苦，愿意接受较低的利润和在基础设施较差的环境下经营，也知道适应当地条件的必要性。第四，一般首先开设一些商栈，从事商业活动，熟悉了当地环境的时候才开始做实业。以在尼日利亚的 Hazan 鞋厂为例，它刚开始的时候只有很少的生产设备，主要业务是组装从中国运来的半成品鞋子，直到 2007 年，它才投资兴建了一座大规模的工厂，其面积达到 40 000 平方米。又如安哥拉的 Liyango Comecial 公司，2006 年进入安哥拉时以贸易为主，随着中国商人和商品的逐年增多，利润空间逐年缩小，2007 年开始成立建筑公司，承接建筑业务，主要以建筑民房为主（安哥拉的大型国家级项目均由大型国有企业承接）。第五，逐步趋于理性经营。根据对中非商会的调查，私营企业过去常常是无序的、自发的，不过，最近两年来已慢慢趋向理性化，在正式投资之前会做更多的咨询调查等准备工作。第六，与在非国有企业相反，私营企业在经营活动中更多地依靠当地劳动力。一些企业的当地劳动力甚至达到了 90% 之多，而且，不少企业已经不仅仅局限于普通工人，管理阶层也逐步当地化，还是以安哥拉的 Liyango Comecial 建筑公司为例，企业共有员工 115 名，其中中国普通工人 50 名，管理人员 10 名，当地普通工人 50 名，当地管理人员 5 名，说明本地化程度正在逐步加深。第七，比起在非国有企业，私营企业常常面对更多的挑战。最首要的是，中国在非私营企业间的恶性竞争，利润空间逐渐减少，特别是鞋类、假发、布料、服装行业；其次是常常遭遇当地警察的敲诈勒索，特别是签证比较难办。以移民局签证为例，护照交进去有时候 6 个月甚至更长的时间也签不出来，在此期间便成了非法居留，就成为被敲诈或被送进警局的对象。

另外，对当地语言、文化、市场信息不够了解，以及缺乏足够的资金来拓展业务也是他们常常要面对的问题。

从对非洲的影响来看。第一，由于民营企业常常不是资源寻求型而是市场寻求型，与当地经济的前后向联系相对要强一些，不会形成飞地型经济，更不会加深其对单一资源的依赖；第二，由于中国私营企业比国有企业更深地融入了当地经济网络，员工本地化程度也相对要高一些，且技术差距与当地更小，更容易为当地所吸收，从而可能为当地带来更多的就业与学习机会；第三，中国在非私营企业主大都富于冒险精神和创新意识，进取心强，又大都吃苦耐劳，这对于相对容易安于现状的非洲人民来说，可以通过"示范作用"起到潜移默化的积极影响；第四，中国私营企业生产或销售的很多商品价廉物美，这对于减少当地老百姓的生活成本，丰富老百姓的日常生活，意义可能更大。然而，相对于国有企业，中国在非私营企业也有不少缺点，例如社会责任问题可能更加突出，环境保护意识更为薄弱，假冒伪劣产品问题突出，在一定程度上影响了其正面效应的发挥，也对国家的形象造成了一定的负面影响。

总体来说，中国对非洲直接投资是受到非洲国家和人民广泛欢迎的，因为中国投资不仅给当地带来经济的增长，更重要的是，为非洲的发展注入了新的动力，包括资源开发、基础设施建设和劳力资源培训。当然，正如任何一枚硬币都有正反两面一样，中国在非直接投资，也是既有正面效应，也有负面效应，同时也是动态的、发展变化的。展望未来，要使中国投资的正面效应更多，负面效应更少，则需要中非双方的共同努力。随着中国经济增长模式的转变、中非双方相关制度的日益完善和中非经济合作结构的提升，预计中国对非投资的负面效应会越来越小，而正面效应会越来越大。

三、中国对非投资合作面临的主要问题

在"十二五"规划中，中国政府明确强调"加快实施'走出去'战略"，然而"走出去"战略的实施仍然任重道远。以中非投资合作而言，仍然存在诸多问题，面临诸多挑战。

（一）政府有效监管能力不足

政府对企业海外投资进行监管，可以促进企业有序高效投资。然而，政府对监管程度的把握不当，使得"监管程序复杂，效率低"，成为了部分优秀企业"走出去"的"瓶颈"，而"该管的缺乏监管"使得部分中小企业缺乏海外投资引导，在海外自行其是，严重影响了中国企业海外投资形象。在缺乏政府监管和把关情况下，"走出去"的部分企业出现了不遵守当地的法律、不重视安全和产品质量、不与雇工签订劳动合同、随意解雇劳工、工资标准过低、非法滞留、行贿等问题，严重影响中国企业在当地的形象。近期出现的中国人在加纳非法淘金事件、纳米比亚中国商人被驱逐事件，以及稍远一点的赞比亚中国企业的枪击事件就是其中的反映。在国际行贿排行榜上，中国管理者们名列前茅。有评论家说，"中国在给非洲带去贸易、投资、工作和技能的同时也带去了不好的习惯"。部分非洲人民及西方媒体认为"中国促进了非洲的腐败，中国腐蚀了非洲"。这些严重影响了中国企业在非洲的形象，也在一定程度上危及中非合作的可持续发展。

（二）对非投资信息缺乏

单凭企业自身能力，很难全面、准确了解或把握非洲东道国的投资信息或面

临的风险，政府应是企业海外投资的首要把关者和宏观环境信息提供者。目前，为支持和促进企业境外投资，政府制定了一系列相关管理办法和投资指南鼓励，但是对于不断变换的非洲局势和当地国家或部族之间的纷争，现有办法和指南仍然不能对特定国家宏观投资环境进行及时跟踪和整体评估，为中国企业投资非洲提供的参考信息有限。中国缺乏专业机构对非洲的宏观政治、经济、文化和法律环境进行具体的实时动态分析评估，由此导致中国企业非洲投资信息缺乏，部分企业盲目投资一些饱和产业，因而造成同类企业间恶性竞争，互相压价情况屡见不鲜。

（三）在非企业管理层海外管理能力不足

中国企业走进非洲的一大障碍是缺乏熟悉非洲情况、懂当地语言与法律、具备海外管理能力的管理团队。由于非洲与中国距离遥远，中国缺少具有真正非洲文化知识或管理非洲员工经验的人才，在非中国企业难以深入了解当地情况，进行当地的市场开拓和属地化管理，相应的国际化很难深入开展，实现战略目标。例如，某央企尽管已经明确提出要真正实现国际化，管理职能需要前移，但这一策略却无法实施，根本原因在于：中国的管理人员主观上不愿常驻非洲，客观上因语言和管理思维等差异能力不足，对于聘请的当地管理人员，总部的管控能力明显不足。

（四）履行社会责任不尽如人意

目前，我国在非企业尚没有形成全面系统的企业社会责任意识，相当一部分企业把履行社会责任简单理解成公益、捐赠等，一部分企业甚至不知社会责任为何物，履行社会责任的主动性与积极性不足。例如，两家国有企业在回答"是否已经具备完善清晰的社会责任意识"时答为："因为我公司是国有企业，必须遵照指示办事。"不少企业对环保工作与员工培训不够重视，虽然很多中国企业都能够提供岗位培训，但多数企业还没有形成定期的培训制度，培训经费也难以保证，另外对中国员工还存在拖欠工资和较多的强制加班现象，与各利益相关方特别是社区的沟通和交流不足、灰色清关等也是较普遍的问题。[①]

（五）"新殖民主义"声音盛行带来不利影响

中国企业在非投资挤占了欧美等发达国家的市场份额，它们不甘心被赶出非

---

① 刘青海：《中国在非洲企业履行社会责任调查》，http：//www.focac.org/chn/xsjl/xzhd_1/1/t1031605.htm，2013-4-16。

洲，于是利用各种资源营造有利于自己的环境和氛围，大肆宣传中国实行所谓的"新殖民主义"，中国企业对非洲资源，尤其是石油资源的兴趣和投资被涂上了新殖民主义的色彩。另外，伴随与中国有着深厚情感的非洲老一代执政党或领导人下台，新的持中国"新殖民主义"思想的领导者上台或参与国家事务，中国与这些国家的友好关系将面临不确定性和极大的挑战。由于长期的殖民地历史，非洲人对殖民主义异常警觉。受"新殖民主义"思想影响，部分非洲国家政府出台政策，或严格限制中国在某些领域的投资比例，或没收中国企业在非资产，或对中国产品实施反倾销调查。一些非洲国家如非洲北部的突尼斯、摩洛哥、利比亚、阿尔及利亚，非洲南部的南非、博茨瓦纳、纳米比亚、安哥拉等，在办理中国侨民的居留签证、营业执照及工作许可证的发放和延长手续等方面都采取了较为严格的管理办法和控制措施。

第三节　推进中非投资合作的对策

为了中非投资合作的可持续发展，总的来看，中国政府与企业亟需从以下几个方面制定相关政策，构建相关能力。

一、政府层面的应对举措

（一）进一步推动国内经济增长模式的转变，建设民主法治社会

对于中国来说，中国在非企业存在的问题，如过于集中于资源产业的问题、环境问题、假冒伪劣产品问题、本地化问题、企业社会责任问题等其实与中国国内存在的问题密切相关。例如，过于集中于资源产业的问题、环境问题与我国粗放型经济增长模式密切相关，在非企业社会责任问题、假冒伪劣产品问题、本地化问题与国内社会责任问题、民众权利缺失、劳动者得不到应有的尊重和保护相辅相成。试想，一个企业在国内都不注意保护环境，不尊重劳工权益，在国外如果没有相应的监管，自然就会出现类似的问题。因此，国外问题还应首先在国内加以解决。然而，只靠行政命令是不能解决问题的，当务之急，中国应该进一步推动经济增长模式的转变，变"粗放型增长模式"为"内涵型增长模式"，变"政府主导型经济"为"市场主导型经济"，进一步完善市场体制，建设民主法治社会等。

（二）组建专门管理海外投资的常设机构，营造一个高效率和有力的政府监管体系

中非投资合作不少问题的原因在于现有监管体系缺乏效率，造成了"想'走出去'的企业无法走出去，不该'走出去'的企业，走了出去"的现象，既错失了不少投资机会，又给中国整体形象造成了不利影响。由此，中国政府应该营造一个高效有力的政府海外投资监管体系。1977年12月，韩国政府增设动力资源部，下设16人组成海外投资审议委员会，负责制定对外投资有关政策，统一掌管和协调对外投资业务，负责审批对外投资项目。美国1969年设立的"海外私人投资公司"也是具有类似职能的管理部门，提高了监管效率。借鉴发达国家经验，根据我国实际，政府可以在国务院直接领导下，由外经贸部、国家外汇管理局、国有资产管理局、国家计委、国家税务总局、财政部、中国人民银行、海关总署等部委共同派员组建一个统一的专门管理海外投资的常设机构，赋予其对海外投资的审批权、调查权、处罚权，以及相应的管理职能，统一制定海外投资的方针政策和战略规划，负责海外投资企业的审批和管理，监督投资额较大的海外投资项目，协调组成该机构的各部门的相关工作，由此简化审批程序，提高投资效率，加大对不良企业"走出去"的监管与限制，鼓励优秀企业走出去，促进中国企业海外形象建设，使得该出去的企业能出去，不该出去的则无法出去。

（三）建立专业研究机构进行宏观研究和风险预警

目前中国的专业研究机构，如社科院、国务院经济研究中心，其主要服务对象是政府机构，较少直接服务于企业。同时，由于这些研究机构学术性太强，研究理论短期内较难在实践中应用，无法直接为企业投资带来实质指导。与此相反，美国及其他许多国家的智库绝大多数是民间组织，接受企业委托，进行专项研究，研究结果能够贴近企业实际需求，并能根据企业特定投资需求进行针对性研究分析。如美国兰德研究公司一般与企业客户保持着3~5年或每年更新的服务合同，在合同所规定的范围内，客户或兰德研究员提出具体的项目建议，经双方沟通确认后，兰德公司为该企业做具有针对性的研究分析。

（四）建立中非企业之间的信息沟通平台，加强了解，促进合作

中非双方之间信息不对称的问题存在已久，虽然已经得到改进，但至今仍未得到根本解决。很多中国企业对非洲缺乏了解，对非洲的认识存在误区。例如，

很多非洲国家的产业链较短，许多项目所需原材料要依靠进口，这就造成了很多国内企业在招投标过程中对原材料价格的计算过于乐观，结果在实际操作中因进口材料价格高昂而使成本大幅增加。同时，非洲国家的主动宣传也不够，应当让更多的中国人了解现在的非洲。想去非洲投资的中国企业，也不知道如何与非洲企业建立联系。所以，我们应当建立中非企业之间的信息沟通平台，加强了解，促进合作。

（五）大力支持有实力的企业到境外建立经济贸易合作区

现代制造业需要交通、城建、水电、社会服务等必要的基础设施，然而大部分非洲国家并不具备。中国企业把生产转移到经贸合作区等基础设施相对完善的地方则可以一定程度上克服这些"瓶颈"，减少风险。目前，中国已建立了六个经贸合作区，但还是不够，可以继续支持有实力的企业到非洲建立经济贸易合作区。

（六）多搜集和宣传各种企业特别是中小企业履行社会责任的良好案例

由于在非中国企业以中小企业居多，政府应该改变那种宣传案例的主角通常是大企业的做法，加强对中小企业的宣传。不过，由于企业社会责任这一概念是针对大企业而提出的复杂概念，未必适合于中小企业，可参照欧盟的做法，将履行社会责任的标准适当降低，另外提出一个"负责任的企业家活动"概念，只要企业能够博得企业的员工及周围社区人们的好评就可以。与此同时，力求将中小企业企业家的活力及其思维方式同社会责任这一普遍的意识相互结合在一起，提高中小企业社会责任履行的主动性。

（七）加强企业员工普及教育

在非中国企业员工与当地民众的融合程度不高，这种情况大多是由于语言障碍及对当地风俗习惯缺乏了解。有鉴于此，中国政府在中国企业员工出国前应该加强移民普及教育，可以出一些小册子，对较大的投资目标国，针对民俗民风和文化习惯进行普及教育，驻外使领馆应积极为新来的员工提供各种服务，包括开设语言训练课和熟悉当地文化的讲座，从而促使他们更快地融入当地社会。

二、企业层面的应对措施

（一）做好投资前的前期准备，防止盲目投资

非洲各国在政治、经济、社会、文化等方面的发展状况千差万别，中国企业在做出投资非洲的决策之前，有必要对当地的政治环境、宏观经济形势、商业环境、外资政策、市场需求和潜力、劳动力成本、购买力、资源优势等诸因素进行综合分析和研究，并进行实地考察，真正掌握市场环境和消费者需求。为降低投资风险，建议国内企业可以选择一些投资环境相对较好、资源相对丰富的国家作为首选地，如南非、尼日利亚、埃及、加蓬等。特别是首先要熟悉这里的法律，避免因违犯法律造成被动与损失。以前述喀麦隆为例，该国虽然不发达，但仍沿袭着殖民者带来的法律，喀麦隆人办事一定要找出法律根据。例如，中国人如果要在喀麦隆开农场办企业要租用土地，土地许可证上引用的法律法规就有20来项；你要购买政府管制商品，许可证上第1页就列满了法律依据。所以，熟悉这里的法律等前期准备工作十分重要。

（二）结合当地现状和企业实际情况，制定非洲发展战略

制定一个符合企业自身情况并结合非洲当地发展现状的战略目标是企业在非洲投资成功的关键因素。企业可以通过设置时间表，对非洲投资分步走。首先，通过调研及评估，选择合适的方式进入非洲市场；其次，通过良好的产品质量、售后服务或者价格策略等，增大市场覆盖率；再次，重视当地文化及风俗，实施人才本土化战略，真正融入当地，与当地实现互生共赢；最后，企业可以通过企业责任的履行，在当地树立良好形象，增加与当地民众及企业和政府的互动，实现企业在当地的可持续发展。实际上，一些行为如破坏环境、生产劣质产品、不履行企业社会责任等问题常常与企业缺乏长期战略有关，如果没有长期战略，抱着捞一把就走的心态去非洲，势必会导致失败并给国家声誉造成不利影响。

（三）文化先行

由于双方文化的巨大差异性，投资非洲必须文化先行。企业必须充分了解非洲的人文背景、文化习俗，并掌握他们的经济贸易特点、法律、宗教等，防止因双方文化交流障碍或对当地投资政策、环境不熟悉，而导致投资失败。在当地要注意利用人脉，还要注意找有实力的代理商或合作伙伴，聘请当地的律师、会

计、驾驶员等,和当地的酋长、移民局、警察局联络好感情,还要了解当地的治安情况。

(四) 提高风险评估、风险防范和危机应对能力

近年来,北非等非洲国家经历的各种政治动荡对中国企业评估投资风险、建立预警机制提出了紧迫要求。企业应该非常重视风险防范,积极参与当地政府之间的沟通和协作,聘用专业机构、新闻外交人员,对政治、经济等宏观情况进行较深研究,并及时针对投资国外市场出现的新形势,做出迅速反应。还可以通过经验丰富的第三方机构组建非洲商业论坛,定期召开论坛会议,促进企业之间信息沟通,协调企业行为,防止企业间相互压价,恶性竞争。也可以邀请非洲当地的政府官员、企业家、国际政治经济和法律等专家教授组成专家委员会,定期召开非洲形势研讨会,总结中国企业在非洲投资情况、非洲投资最新宏观环境及其对中国企业投资影响和中国企业面临的挑战等。

(五) 积极履行社会责任

对于企业来说,仅仅在法律许可的范围内经营,对企业来说不一定是最好的选择,这对企业的可持续发展是不利的。从长远来看,社会准则、规范、法律都会发生变化,在情况相对更为复杂的非洲更是如此。如果缺乏社会责任意识,企业经营将会面临更多的风险,并连累到其他中国企业,最近频繁发生的中国在非企业员工遭遇绑架、抢劫等就是一个证明。因此,企业必须将企业社会责任意识及早融入到走进非洲的各个环节,积极履行社会责任。

(六) 依托中非经贸合作区进行投资

目前,中国政府批准在赞比亚、毛里求斯、尼日利亚和埃及建立的经济贸易合作区项目已经启动,中国企业可以依托中非经贸合作区对非洲国家进行直接投资,这样既可以一定程度上弥补非洲基础设施缺乏的不足,又可借助双方政府提供的优惠政策及合作区的集群效应,提高投资效益。实践证明,这种以集约化园区形式到境外进行投资开发的新方式可以有效提高中国企业在国外的影响力,促进当地经济的发展,有效规避投资风险。

(七) 借助商会、行业协会等机构,采取"抱团取暖"的方式

面对在非投资面临的诸多挑战,企业可采取"抱团取暖"的方式来共同面对,可借助商会、行业协会等机构,建立相关非洲投资基金,为企业提供财务或

债务担保等。例如，北京温州商会正在筹建一个"非洲风险发展投资基金"，以商会会员出资认股的方式，共同开发非洲市场，当会员企业在非洲市场扎稳脚跟后，该基金会慢慢退出市场。这种在资本结构上借力的方式，既方便企业融资，又可以增加安全性，减少风险。目前，该基金已有 10 多名会员报名参与，募集的资金已超过 1 亿元人民币。

三、政企合作层面的措施

应对挑战，政府与企业应该加强合作，良性互动。可以依托政府，建立自主管理的非洲商会或者行业协会。中国在非企业存在着恶意打压价格、自相残杀的现象，企业利益严重受损。相反，欧美国家一般通过在当地建立商会，制定行规，规范行业行为，协调同行价格争议，维护公平竞争，最终实现维护本国企业利益的目的，这是发达国家的企业能够取得海外投资成功的一大要素。我国在非企业可以借鉴这个经验，依托政府，建立自主管理的非洲商会或者行业协会，为同行业企业提供沟通协调的平台，加强中小企业强强联合，加强在非企业之间的协调和合作，促进企业间的良性竞争，提升企业形象、改善劳务质量，缓解中国企业在非洲相互恶意打压价格的情况，提高中国企业的竞争力，提升中国企业整体能力。

此外，企业还可以利用中国相关学者、留学生、非政府组织等在国际上的影响力，帮助自己走进非洲。此外，企业也应该重视开展对投资区域的调查，全面分析企业在非洲投资的社会、文化、法律等环境，同时还要积极参与社会责任国际标准指南的制定，提高企业在社会责任领域的国际话语权等。

第二十章

中非低碳发展领域的合作战略与对策

从人类文明和全球发展的进程来看，低碳发展有可能成为继农业革命、工业革命之后的第三次文明形态转换。目前，低碳发展转型正在全球范围内大规模展开，这一态势不仅深刻地影响着人们的思维方式、生活方式，而且将引发社会生产方式、全球竞争格局的重大变革。与此同时，低碳发展的全球合作与治理问题逐渐成为国家政府、政府间组织的重要议题。全球低碳发展合作与治理的框架机制主要由国际谈判与决策机制、国际碳排放权交易体系、国际低碳技术扩散系统三个方面构成，其实质是新技术革命背景下全球政治和经济利益的再分配，决定着未来全球经济、能源与环境可持续发展空间新体系的重新确立。[①] 因此，国际合作中的低碳发展合作，不仅是新型生产要素的优化组合、配置，更为重要的是，国际低碳合作包含着全球治理的规则和方向。

近年来，中非双方越来越重视低碳发展合作。第四届中非合作论坛倡议建立中非应对气候变化伙伴关系以来，中非双方加强在应对气候变化领域的政策对话与务实合作，并在非洲国家实施了百余个清洁能源项目，包括与突尼斯、几内亚、苏丹等国开展的沼气技术合作，为喀麦隆、布隆迪、几内亚等国援建的水力发电设施，与摩洛哥、埃塞俄比亚、南非等国开展的太阳能和风能发电合作，向尼日利亚、贝宁、马达加斯加等赠送节能灯、节能空调等应对气候变化的物资

[①] 倪外：《低碳经济发展的全球治理与合作研究》，载《世界经济研究》2012年第12期，第10~17页。

等，提高了非洲国家适应气候变化的能力。[①] 2012年第五届中非合作论坛发布的《中非合作论坛——北京行动计划（2013~2015年）》继续明确表示，双方积极响应关于建立中非应对气候变化伙伴关系的倡议，将根据互利互惠和可持续发展原则，积极推进清洁能源和可再生资源项目合作。[②] 总体上看，面对全球低碳发展的汹涌大潮，中非双方如何更好地携手应对，是一个重大的战略性议题。

第一节　中非低碳发展合作前景广阔

一、非洲拥有低碳发展的资源基础

非洲大陆在低碳领域具有较好的资源条件。幅员辽阔的非洲大陆，新能源资源品种齐全，蕴藏量大，开发度低，可以进行大规模开发，为新能源产业提供了广阔的发展空间。

非洲太阳能资源丰富且可用度高，80%的地表每年每平方米接收2 000千瓦时左右的太阳能。东非大裂谷地区蕴藏约1 000万千瓦的地热能，非洲腹地和西非的一些地区地热资源也十分丰富，如喀麦隆火山区、阿达马瓦地区、马里的法格里宾湖周围地区、乍得的提贝斯提地区等。非洲风能理论可开发量高达40万亿千瓦时/年，占全球风力发电潜能的20%，主要集中在沿海，如南非，几乎一半地区适合建立风能发电站，南非国家能源研究所2012年3月发布的研究报告估计，南非未来可开发的风能可达1 000万千瓦至1 500万千瓦，风力发电有望为南非提供35%的电力。非洲可开发的水能资源占全世界的10%（1.1万亿千瓦时/年），如世界罕见的利文斯敦瀑布群，在金沙萨至马塔迪之间200多公里河段上有32个瀑布和急流，总落差280米，全部开发后可装机4 000万千瓦。非洲土地资源潜力巨大，蕴藏着丰富的生物质能，绝大部分分布在撒哈拉以南地区。

但非洲新能源资源开发程度普遍较低。目前全世界1 500万千瓦的太阳能光伏装机总容量中，非洲有1.5万千瓦，仅占全球总量的千分之一。南非有太阳能

---

① 中华人民共和国国务院新闻办公室：《中国与非洲的经贸合作（2013）》（2013年8月）。
② 中华人民共和国外交部：《中非合作论坛第五届部长级会议文件汇编》，世界知识出版社2012年版，第260、264页。

模组制造工厂，但生产能力仅局限在几十兆瓦。非洲地热能主要利用国有布隆迪、刚果（金）、刚果（布）、埃及、肯尼亚、埃塞俄比亚、卢旺达、苏丹、厄立特里亚、埃塞俄比亚、卢旺达、坦桑尼亚、南非等，但仅肯尼亚和埃塞俄比亚是利用地热发电的国家，大约占东非4%的发电总量。非洲的风能开发刚起步，2012年以来，佛得角、肯尼亚、埃塞俄比亚、摩洛哥开始建设一些大型风电场。非洲的水能资源目前开发率不到10%。非洲铀矿资源丰富，但也是世界铀矿勘查程度最低的地区。①

从长远来看，非洲拥有丰富的新能源资源，不仅能够为非洲实现低碳发展提供良好的资源基础，而且随着石化能源走向枯竭并逐渐退出能源市场，非洲将有可能由于其得天独厚的资源条件而成为新能源时代的"中东"。②

二、非洲具备低碳发展的内在需求潜力

非洲基础设施建设缺口大、环境退化趋势严峻，大力发展新能源，可使非洲缓解路网、电网对发展的制约，减轻经济快速增长对环境造成的压力，同时，提高能源安全的水平，获取更多参与全球发展转型的主动性。这些根本性的需求，将给非洲低碳发展转型注入强劲的动力。③

（一）跨越路网、电网的制约

非洲人口居住分散，路网、电网建设又严重不足。非洲每1 000平方公里有204公里道路，远低于全球944公里的平均水平。90%人口无法接近电网，只能靠柴油机发电，成本高达每度1美元。④ 落后的路网、电网，严重制约非洲的经济发展，但由于基础设施建设投资巨大，在相当长的一段时期内，非洲很难摆脱这一束缚。因此，非洲发展小规模离网清洁能源，是跨越路网、电网障碍最经济，也最为现实的途径。据联合国环境规划署（UNEP）估计，小电网、离网可覆盖撒哈拉以南非洲66%的人口。⑤

---

① 张永宏：《非洲新能源发展的动力及制约因素》，载《西亚非洲》2013年第5期，第80~82页。
② 张永宏、梁益坚、王涛、杨广生：《中非新能源合作的前景、挑战及对策分析》，载《国际经济合作》2013年第2期，第14页。
③ 张永宏：《非洲新能源发展的动力及制约因素》，载《西亚非洲》2013年第5期，第74~78页。
④ African Development Bank Group, *Annual Development Effectiveness Review 2012*: *Growing African Economies Inclusively*.
⑤ UNEP, *Financing renewable energy in developing countries*: *Drivers and barriers for private finance in sub-Saharan Africa*. February 2012.

（二）破解环境保护与经济发展的矛盾

非洲拥有全球40%的生物多样性资源，20%的森林储量，超过50%的新能源潜能，但同时，非洲每公顷土地每年流失50吨土壤，非洲22%人口受到土地退化的威胁，3.19亿公顷土地面临沙漠化，西非部分地区沙漠推进速度达每年5公里。[1] 非洲是世界自然资源的主要持有者和看护者，在全球环境平衡中起着举足轻重的作用，同时，贫困的非洲仅仅依靠自然资源维系生计、获取发展条件，环境退化的趋势必然不断加剧。从能源利用的角度看，非洲电普及率为24%，但撒哈拉以南非洲乡村仅8%人口能用上电，85%以上人口靠传统生物质能维持生活、生产，造成乱砍滥伐、水土流失。[2] 长此以往，非洲最为突出的比较优势——自然资源优势将很快消失。如何依靠资源实现可持续发展，新能源之路为非洲带来了希望。非洲既希望用其丰富的自然资源来换取资本，但又不能以牺牲环境的可持续性为代价，发展新能源是必然的选择。

（三）保障非洲经济快速增长的能源消耗

1998～2008年，撒哈拉以南非洲电能产量增长70%，从730亿千瓦时到1 230亿千瓦时，平均年增长6%，与GDP增长率基本相当。但是，同期人口增长了30%，年人均电量增长仅折合3.1%。[3] 事实上，非洲维持经济高速增长的能源缺口在不断扩大，根据埃克森美孚公司发布的《2040年能源展望报告》关于非洲基础设施发展计划（PIDA）的预测，非洲能源需求将以每年8.9%的速度增长。[4] 2012年3月联合国环境规划署的一项研究表明，非洲大陆拥有丰富的可再生能源，完全可以为该地区提供所需的大部分新电能。[5] 目前，非洲新能源资源丰富但开发不足的现实，远远不能适应非洲能源需求的快速增长。有专家预测，电力问题如得到解决，非洲的经济发展水平将提高两到三个百分点。[6]

（四）提高能源安全的水平

新能源是自主资源，可控性高，不像化石能源存在价格风险和运输制约，可

---

[1] African Development Bank Group, *Annual Development Effectiveness Review* 2012：*Growing African Economies Inclusively*.

[2][3][5] UNEP, *Financing renewable energy in developing countries：Drivers and barriers for private finance in sub-Saharan Africa*, February 2012.

[4] Exxon Mobil Corporation. *The Outlook for Energy：A View to* 2040. 2011.

[6] 苑668荣、裴广江、韦冬泽：《非洲瞄准可再生能源问题仍多需要借助外部力量》，载《人民日报》2011年9月7日；人民网：http://energy.people.com.cn/BIG5/15607229.html（2012－09－14）。

有效降低进口依赖，提高能源安全水平。1998~2008 年间，撒哈拉以南非洲原油和石化产品进口是出口的 5 倍，且进口增速大于出口增速。这 10 年间非洲日出口原油从 22.3 万桶增至 36 万桶，增长 61%，进口则从 52.8 万桶增至 90.8 万桶，增长 72%，出不敷入。煤进口增长 3 倍，同期出口仅增长 35%。[①] 考虑到新能源生产成本呈降低趋势，中长期油价则呈上升趋势，新能源在非洲能源安全体系中的权重将会不断提高。

（五）分享全球发展转型的机遇

从里约热内卢峰会至今的 20 余年里，绿色经济、可持续发展已全面进入实践层面，特别是碳市场的逐步扩张和完善，为低碳转型创造了具有可操作性的机制，新能源产能不大、技术成本高、投资规模小的状况正在发生改变，给南北双方都带来了新的商机和就业、GDP 增长。总体上看，虽然起始条件不同，禀赋和效率差异较大，但是，北方的发展离不开南方的资源和市场，南方的发展离不开北方的技术和资金，南北双方正在步入互利共赢、共同发展的良性轨道。南北双方在新能源领域的同步发展格局，给广大发展中国家带来了机遇，非洲也不例外。2011 年以来，非洲积极参与全球发展转型，展示出非洲走低碳发展之路的决心，并采取措施在政策制定、清洁能源开发、城市化管理、气候智能型农业建设等方面努力推动低碳发展，开启了非洲良性再造的新步伐。[②]

三、中非低碳发展具有较强的互补性

从中国和非洲国家的低碳发展现状来看，中非双方存在较强的互补性：（1）基础条件不同，非方的资源、市场与中方的产业规模、技术互补；（2）发展程度不同，非方的发展不足与中方的结构性过剩互补；（3）外部压力不同，非方碳排放额度富余与中方减排任务极其繁重互补。利用好这些互补性，将为中非低碳发展合作创造广阔的空间。

如前所述，非洲低碳发展具有资源丰富、市场需求潜力巨大的优势，但产业发展缺乏资金和技术支撑。相对而言，中国是新能源增长速度最快的国家，低碳

[①] UNEP, *Financing renewable energy in developing countries: Drivers and barriers for private finance in sub-Saharan Africa*, February 2012.
[②] 张永宏：《低碳发展：非洲农业步入良性再造的新起点》，载《世界农业》2012 年第 11 期，第 30 页。

技术随之取得了明显的进步，特别是在无碳技术①方面的成就尤为显著，主要表现在清洁能源的开发和应用方面。目前，中国的水电装机容量、核电在建规模、太阳能热水器集热面积和光伏发电容量、风电装机容量均居世界第一位，是仅次于巴西和美国的全球第三大燃料乙醇生产国，并在太阳能、风能、地热能、水能等方面具有了一定的技术优势，如太阳能中高温利用技术、太阳能电池技术等已居世界领先水平。中国新能源产业的迅速成长，形成了结构性过剩。随着技术的进步，新能源价格将不断下降，应用的普及率会大幅提高，这种结构性过剩的格局将不断得到改善，但中国大量的新能源产品和技术必然要走向国际市场，这对非洲的低碳发展转型具有积极的意义。总体来看，非洲新能源市场正在形成，产业规模小且缺乏技术支撑，普遍面临设备成本高、技术门槛高、项目融资难、成本回收慢等因素的制约。中国新能源企业可以利用这种发展差距大做文章。另外，中国作为碳排放大国，刚性减排的责任既重大又艰巨，而非洲普遍没有减排负担，中非双方可谋求产业转移、碳交易的深度合作，在低碳发展转型进程中开创"南南合作"的新路径。

四、全球气候谈判与国际低碳合作机制为中非低碳发展合作提供了平台

应对气候变化、改善生存环境，已成为全人类的共同夙愿。目前国际上已经成立了应对气候变化的政府间组织，定期举办国际会议，并且签订了多个致力于各国合作解决相关气候问题的国际公约、议定书，中国和大多数非洲国家都是这些机制的成员或签约国，在这些框架下，中非开展了相应的低碳合作对话，以共同的声音应对谈判、表达利益。中非低碳发展合作的很多意向也是由此产生的。虽然，现有的国际机制、平台存在诸多问题，但毕竟是国际低碳合作赖以展开的基础。例如，清洁发展机制（CDM）实施以来，各种问题逐渐暴露出来，甚至存废未定，但作为《京都议定书》框架下的三种灵活履行机制之一，清洁发展机制与发展中国家的联系最为密切，它的确立一方面缓和了发达国家与发展中国家的矛盾；另一方面也给发展中国家创造了发展的机遇。② 在这一机制下，中国和非洲地区可以结合自身特点充分利用 CDM 项目，提高自身的技术水平。截至 2013 年 12 月 31 日，中国共有 3 775 个 CDM 项目成功注册，占东道国注册项目

---

① 低碳技术主要包括减碳技术、无碳技术和去碳技术三大类。
② 郑思海、胡继成、米亚星：《后哥本哈根时代中国 CDM 发展对策研究》，载《商业时代》2011 年第 6 期，第 121 页。

总数的半壁江山。① 非洲地区目前获得的 CDM 项目相对较少，但随着非洲经济的发展，CDM 项目会逐步增加。CDM 机制不仅给发展中国家提供了引进低碳技术的机制，也为中非共同争取更为合理的低碳利益提供了一个话语平台。在利用 CDM 项目中，中国和非洲地区不仅可在 CDM 项目前期考核、申请、审查、后期管理、运作等各个环节交流经验、开展合作，而且，更为重要的是，基于 CDM 机制等国际规制的合作，拓展携手参与全球低碳发展转型的广阔空间，维护中非双方的战略利益。因此，中非双方应抓住后金融危机时代低碳发展转型这一重大机遇，借助现有的国际平台，积极开创新的国际机制，推动中非合作关系跃上新台阶。

第二节　中非低碳发展合作面临诸多挑战

一、发达国家先行占据低碳技术和市场的制高点

从全球低碳发展转型的趋势来看，美国、欧盟、日本等主要发达国家加紧实施低碳经济战略，战略理念成熟、制度框架明确、政策措施具体、资本实力雄厚、技术水平先进、比较优势突出等，主导着世界新一轮产业和技术竞争的新格局，对发展中国家造成了巨大压力。在低碳发展的国际合作方面，一是发达国家间的合作内容丰富、技术成熟；二是发达国家占据主导地位，发展中国家处于被动、依附地位；三是发达国家凭借资金和技术优势，掌控规制话语权；四是发达国家进入非洲早，合作较为成熟，市场占有额大。这些因素一定程度上压缩了中国拓展对非低碳合作的空间。与发达国家相比，中国从国际话语权、资金规模、技术水平，到在非洲低碳市场的占有额，都处于相对劣势。在刚刚过去的一年里，日本、美国大举进入非洲新能源领域，斥资规模都在百亿美元之上。以美国为例，2013 年 6 月，奥巴马启动"电力非洲"（Power Africa）计划，美国政府将在未来 5 年内投资 70 亿美元，同时撬动美国私人公司投资 90 亿美元，合计 160 亿美元，在非洲形成大约 1 300 万千瓦清洁电力生产能力（相当于半个三峡电

---

① 国家发改委中国清洁发展机制网，http://cdm.ccchina.gov.cn/NewItemAll1.aspx（2014 - 02 - 05）。

站),解决2 000万户住户和企业的用电问题。[①] 该计划具有以下三个特点:一是政府主导、政府与企业联动。美国政府将动用政府工具提供长期的金融、技术支持,并与美国企业联手大举进入非洲能源领域。二是非发行积极配合。非发行拟配套投入30亿美元,带动私人资本投入120亿美元。三是对中国有一定的针对性。奥巴马曾发表评论认为,习主席2013年3月访问非洲提出向非提供200亿美元贷款,实质是让中国人去非洲挖资源,而美国的"电力非洲"计划将惠及撒哈拉以南非洲30%人口,其中近一半是乡村穷人。[②] 这对推进中非低碳发展合作构成了巨大的挑战。

二、中国与非洲低碳转型难度大

发展低碳经济的关键在于改变经济发展方式,降低经济增长对煤炭、石油、天然气等化石能源的依赖,摆脱工业化、城市化进程的高碳能源依赖,使经济发展转入既满足减排要求,又不妨碍经济增长的低碳轨道,使经济发展由"高碳经济"向"低碳经济"转轨。而中国和非洲国家目前仍处于传统发展模式框架下,低碳转型难度巨大。

(一) 中国和非洲要实现低碳发展并非短时间内可以完成

中国的产业结构仍然是以第二产业为主,相比而言,第三产业发展迟缓,对GDP的贡献度一直没超过30%。国际经验表明,在现代化建设初期,以第二产业为主的结构演进对国家能源消费需求的增长会产生明显的增速效应,这也正是中国单位GDP能耗和碳排放居高不下的根源。另外,"富煤、少气、缺油"的资源条件,决定了中国能源结构以煤为主。中国煤炭产量世界第一,煤炭在一次性能源消费总量中占比在70%左右。随着工业化和城镇化进程的加快,中国的交通能耗和建筑能耗依然很高。这些都成为制约中国低碳发展的因素,因而也就不可避免地制约着中非低碳合作的发展。

非洲的基础更为薄弱,全球最不发达国家和贫困人口的大部分都在非洲地区,有些地区甚至还处于食物搜寻阶段,追求工业化、城镇化是非洲国家社会经济发展的主要诉求,即使是非洲地区最为发达的国家南非,依然是以发展工业经济为主。非洲国家在吸引外资方面的主要优势,在于其丰富的自然资源,尤其是

[①] The White House, *FACT SHEET*: *Power Africa*, http://www.whitehouse.gov/the-press-office/2013/06/30/fact-sheet-power-africa. (2014-02-04).

[②] Michael Cassell, "Obama electrifies Africa", African Renewable Energy Review-September-October 2013.

石油资源，这也是非洲国家经济发展的基础。因此，非洲的低碳发展虽然取得一定成果，但其对经济的贡献微乎其微。

（二）中非经济合作尚处在低端合作阶段，双方在低碳领域的合作短时间内还难以达到很高的比例

中非合作论坛成立以来，中非关系取得迅猛发展，但是双方的经济合作主要集中在资源开发和消费品的贸易上。中国对非投资总量上升，但结构特别需要优化。中国对非洲资源性部门投资数量大幅上升，对于其他部门，特别是中国对非出口数量较大的机电产品和高新技术产品，投资数量却并没有明显增加。就双边贸易来讲，非洲国家对中国顺差的前十国中，安哥拉、苏丹、刚果（布）、利比亚、赤道几内亚和加蓬等都是非洲重要的产油国。非洲对中国逆差的前十国中，除尼日利亚、阿尔及利亚和埃及外，均为非石油输出国。以石油为主的资源和能源产品仍是非洲对外贸易中最具优势的产品，这些产品的出口在非洲的对外经济中仍然占据着比较重要的地位。[①]

此外，中国和非洲国家的人口问题也是制约低碳发展的一大障碍，中国和非洲的人口总量很大，而且增长速度快，这必然会带来经济、环境压力，直接增加碳排放，制约中非低碳发展合作。

（三）中国和非洲作为发展中国家，还受到"锁定效应"的掣肘

所谓"锁定效应"，是指基础设施、机器设备以及个人大件耐用消费品等，其使用年限都在15年乃至50年以上，其间不太可能轻易废弃，即技术与投资都会被"锁定"，被落后技术、过时设备锁定。例如，电厂的寿命一般在六七十年，不可能今天建，明天拆毁。但是OECD的国际能源机构估计，以目前生产技术条件测算，我国现有的电厂排放的二氧化碳可以影响到2060年左右。而今后15年，中国的燃煤电厂可以影响到2080年。届时，中国必然已正式承担减排义务，将相当被动。如何在发展过程中，超前运筹，避免锁定效应的束缚和后患，是一项紧迫而现实的挑战。目前，非洲国家的经济发展更容易受"锁定效应"的影响，非洲国家从世界引进的基础设备基本都属于技术与资金被锁定的产品，虽然推动了经济的发展，但非洲国家出于成本的考虑，不可能马上废弃这些设备，也就意味着它们不可能马上将高碳排放设备更改为低碳设备，这就埋下了长久的隐患。

---

① 梁明：《中非贸易：基于中国、非洲全球贸易视角的研究》，载《国际贸易》2011年第5期，第44页。

三、目前非洲更多的是把低碳发展视为国际竞合筹码而非战略需求

对于非洲国家而言,首要的任务是发展经济,改善民众生活水平。长期以来,非洲债务规模庞大,负担沉重,人口增速快,经济结构还处于前工业化向工业化过渡的时期,因此大多数非洲国家并没有把低碳发展列为国家发展的真正战略,更多情况下,非洲是被"裹挟"到全球低碳发展大潮之中的。非洲资金、技术匮乏,而实现低碳发展需要大量资金和技术的支撑保障,需要长期、持续的投入才可能获得回报,因此非洲国家更在意国际谈判中立场的协调、对发达国家的要求、非洲享有的"权利"等问题,关注"应对气候变化"方面的政治问题更甚于在"低碳发展"方面用力。总体而言,非洲多数国家还仅停留在"准备"应对气候变化这个层次,尚未上升至实现低碳发展这一战略高度去全盘统筹和规划未来的发展道路。

非洲这种偏重外部竞合的应对性状况,既是无奈,也是不得不接受的现实。这对于中非低碳发展合作构成了挑战。在这种情况下,中国难以跟非洲国家制定长久合作的低碳发展战略和机制,大部分低碳领域的合作主要是附着在其他领域之上,或以一些零散的项目呈现,一般作为中国对非援助的组成部分或部分企业个体经营活动,难以形成低碳发展合作的机制化。此外,中国作为碳排放大国,在国际气候谈判中,有时候与非洲国家难免存在一些利益分歧,这对于中非低碳合作也是一种挑战。

四、国际机制存在不平等性和失衡现象

从近年国际气候变化谈判的情况可以看出,虽然国际合作原则对全球气候治理而言具有十分重要的意义,但减缓气候变化却具有"全球公共物品"属性,具有消费的"非竞争性"与"非排他性"。各国出于自身利益的考虑,都有"搭便车"的倾向,即希望直接享受他国实施减排温室气体政策带来的积极效果,而国内不积极采取行动,甚至还可能加大温室气体排放。尤其是发达国家不仅不愿承担应有的义务,还更加强调发展中国家经济发展中的低碳要求。这一国际机制的不平衡性也是中非低碳合作中面临的一大挑战,这里包含两层含义:第一,中非低碳合作的发展会受制于国际合作机制的不平衡,不能按照双方的特点进行合作;第二,由于中国的经济高速发展,碳排放居世界前列,中国和非洲国家间有可能在现有机制下碳减排的分配上存在不同的利益诉求。

例如,基于《联合国气候变化框架公约》确定的三个灵活的市场减排机制:

清洁发展机制、联合履约（Joint Implementation）和排放贸易（Emission Trade），只有前一个适用于发达国家与发展中国家开展环境合作，[①]且实施过程中的问题越来越多。第一，发达国家转让意愿不足导致市场障碍。发达国家担心转让先进技术会影响其国内产业和产品的国际竞争力。第二，技术转让中出现资金障碍。目前《公约》与《京都议定书》框架下的国际资金机制主要包括全球环境基金、气候变化特别资金、最不发达国家基金和适应基金，从实际运行效果来看，这类基金在应对气候变化行动中发挥了重要作用，但相对于发展中国家引进低碳技术所形成的资金需求还有很大的缺口。[②]第三，技术引入效益存在非对等性。较易减排的低碳资源流失，导致大量低成本、低技术、高减排量的项目和领域被发达国家掌握和利用，一旦中国开始履行减排义务时，在自行减排方面就只剩那些高成本、高技术要求、低减排量的领域，造成减排的不经济，对经济社会的可持续发展将十分不利。第四，碳交易的价格在一级市场和二级市场的分离，使得包括中国在内的发展中国家不能完全享受CDM带来的巨大收益。中国CDM项目交易属于CDM项目开发运作的一级市场，实行双边机制，必须通过国际碳基金、西方交易机构等中间组织实现一二级市场的对接，缺乏市场话语权。[③]《京都议定书》的法律效力已于2012年结束，"后京都时期"的不确定性，使整个CDM行业蒙上阴影，作为最大的CDM一级市场出让国，中国CDM市场必然受到冲击。[④]非洲将面临同样的问题。

五、中非低碳合作的技术转移能力和市场运作能力较弱

从非洲低碳领域的国际合作现状来看，美国、欧盟、日本、巴西、印度、新加坡等国对非洲的低碳投资，尤其是清洁能源领域的合作日益增多，而且都拥有自身独特的优势。而非洲的水能、太阳能、风能、生物质能等清洁能源尚处于开发的初始阶段，潜力巨大，国际社会纷纷将目光投向非洲地区，对中国而言，如何发挥自身优势，抢占先机，将是一大挑战。

中国在中非低碳合作中，对非洲的了解还不够，技术转移能力和市场运作能力还需进一步提升。非洲大陆有十分丰富的资源，但中国公司对非洲资源状况知

[①] 王婉：《清洁发展机制的历史背景》，载《低碳世界》2011年第6期，第43页。
[②] 郑思海、王宪明：《CDM国际合作中的技术交流障碍与对策研究》，载《特区经济》2010年第2期，第235页。
[③] 陈小重、徐琳：《清洁发展机制（CDM）对中国低碳经济发展的影响——基于CDM效益对等性分析的横向比较》，载《云南财经大学学报》2010年第3期，第27~28页。
[④] 羊志洪：《清洁发展机制与中国碳排放交易市场的构建》，载《中国人口·资源与环境》2011年第8期，第120页。

之甚少，其主要原因是中方参与非洲各国资源调查、勘探和可行性研究工作少。这些工作大多是西方公司通过政府赠款或双边合作方式完成的，而西方公司提交给所在国政府的资料大多是有保留的，且所在国及政府对这方面的资料保管不重视，致使我们在资源和项目开发时了解到的资料既不完整、深度也远远不够，因此资源开发和项目开发效益性、可靠性较差。而且在项目融资方面，低碳项目开发周期较长，涉及融资保险方面的业务，而企业在融资保险安排上能力较弱，项目的推动往往在这方面形成"瓶颈"，有时容易走进死胡同，无果而终。这也是中国企业与西方跨国公司的一个差距，这对中非的低碳发展合作是一个压力。

第三节 推进中非低碳发展合作的策略分析

一、实施集群投资战略以控制短期内存在障碍和风险

从长期来看，虽然非洲作为一个落后地区目前获得外国直接投资不多，但非洲还是一个尚未全面开发的地区，在吸收外部直接投资方面具有很大的潜力和广阔的空间。根据国际直接投资的一般经验，人均 GDP 在 500 美元以下的国家或地区处于少量吸收外资阶段，只有少量外资流入；人均 GDP 在 500～1 500 美元的国家或地区处于大量吸收外资阶段，处于这一阶段的国家对外资的吸引力增强，外资的流入增加迅速。根据联合国的数据，2009 年非洲国内生产总值为 1.42 万亿美元，占世界经济总量的 2.45%，非洲人均国内生产总值为 1 413 美元，已经进入国际直接投资的第二阶段，吸收外资的能力将不断加强。2012 年非洲国家吸引外资总额达 1 863 亿美元，2013 年可能增至 2 039 亿美元，增幅将达 9.5%，主要流向撒哈拉以南非洲地区。在非洲国家 2012 年吸引外资构成中，证券组合投资占外资流入的 47%、外国直接投资（FDI）占 29%、现汇占 14%。其中，证券组合投资几乎完全针对南非市场。这表明，非洲吸引外资直接投资的能力在快速提高，资本的波动性及流向逆转的风险也将随之增加。[①]

但是，短期内中国对非投资占中国对外投资总额的比例难以有大幅度的提

[①] 中国驻尼日利亚经商参处：《2013 年非洲吸引外资总额预计将达 2 039 亿美元》，http://www.mofcom.gov.cn/article/i/jyjl/k/201308/20130800252038.shtml. (2014 - 02 - 05)。

升。中国 2009 年对非投资已突破 10 亿美元,但仅占非洲外国直接投资总额的 1.8%。① 中国作为非洲第一大贸易伙伴,占非洲外国直接投资的比例却不到 2%,这一数据足以说明目前中非之间的经贸合作主要是以商品贸易为主,还没有过渡到经贸合作的高层次阶段,还有很大的发展空间。中国国务院新闻办公室 2013 年 8 月发布《中国与非洲的经贸合作(2013)》白皮书显示,2009~2012 年中国对非洲直接投资存量由 93.3 亿美元增至 212.3 亿美元,增长 1.3 倍。② 但从短期来看,非洲产业配套能力的缺乏不仅是中国扩大对非传统投资,也是中国扩大对非低碳投资的主要障碍。产业配套能力是吸引外部投资的一个重要因素。非洲地区的产业结构不完整,调整也较为缓慢,没有形成较好的配套产业体系,与世界其他地区相比还存在很大差距。加之非洲大陆在地理上相对孤立,大陆内部的运输成本也较高,许多直接投资进入非洲,要从最基础的修路、发电开始,难度可想而知,这极大地增加了投资非洲的成本和风险。另外,新领域的开放,新的投资方式的采用及新的投资环境的改善,体制、政策的调整和市场的整合也需要一定的时间。

鉴于非洲地区的特殊情况,对非投资需要实施集群投资战略,以提升投资区域的产业配套能力为重点,降低单位成本,形成规模效应;如果是单一孤立地对非投资,则需要进行小规模投资试点,以规避投资风险。对非投资的区位选择首先应立足于有利于降低成本的区位,然后再向有利于获得战略性资源、提升中国在非核心竞争力的区位转变。其中产业配套能力层面的因素是中国公司选择投资区位时应主要考虑的因素之一,政府单纯采用优惠政策来吸引中国企业到非洲投资是很难取得明显效果的。如果继续陷入依靠传统因素(政策等)吸引中国企业到非洲投资的误区,那么将很难走出扩大对非投资的困境。

二、通过产业与技术转移推进中非低碳合作

中国可将一些不再具有比较优势的传统产业通过必要的减碳处理转移到非洲,推动非洲国家的工业化进程,促进中国的产业升级。

非洲作为欠发达地区,拥有较多的碳排放指标,还有较大的碳排放空间,根据国际能源署统计,2008 年非洲碳排放总量为 889.93 百万吨,仅为同期中国碳

---

① 根据联合国的统计,2008 年非洲 FDI 总额为 876 亿美元,2009 年受危机影响下降到 559 亿美元。
② 中华人民共和国国务院新闻办公室:《中国与非洲的经贸合作(2013)》,http://news.xinhuanet.com/fortune/2013-08/29/c_117140993.htm.(2014-02-05)。

排放总量的 1/7,[①] 且主要排放二氧化碳的产业是农业,[②] 增幅有限。而据复旦—丁铎尔中心的研究,2011 年中国占全球碳排放总量的 28%,高居世界榜首。[③] 中非之间可以通过产业转移来促进双方的经济发展。

非洲的工业尚未发展起来,只有像南非、埃及、摩洛哥及突尼斯这些国家工业发展稍有起色。1993~2008 年,撒哈拉以南非洲地区工业产值只占全球的 0.7%,如果不包括南非则仅为 0.5%。[④] 大部分非洲国家的经济结构非常单一,国民经济比较脆弱。据统计,目前非洲有 4 个国家一种商品的出口占出口总额的 95% 以上,它们是尼日利亚(石油)、乌干达(咖啡)、赞比亚(铜)和几内亚(铝土矿),另有 15 个国家 3 种主要商品的出口占出口总额的 2/3 左右。调整产业结构,实行经济多样化,保证社会经济的可持续发展,是非洲国家长期面临的艰巨任务。因此,非洲具有适当承接中国的产业转移的条件和需求。

同时,一些中国不再具有比较优势的传统产业转移到非洲,不仅可以推动非洲国家的工业化进程,也可以促进中国的产业升级。中国的工业经过近十几年的快速发展,产能过剩的问题较为突出。近年来,受国际金融危机的深层次影响,国际市场持续低迷,国内需求增速趋缓,中国部分产业供过于求矛盾更加凸显。2012 年底,中国钢铁、水泥、电解铝、平板玻璃、船舶产能利用率分别仅为 72%、73.7%、71.9%、73.1% 和 75%,明显低于国际通常水平。[⑤] 2013 年上半年,中国规模以上工业企业将近 22% 的产能闲置。[⑥] 目前,新能源产业也出现结构性过剩的趋势,"光伏帝国"无锡尚德轰然倒塌就是一个例子。

从全球产业结构看,发达国家的国际支付危机、全球生产和消费的失衡、全球产业增加值分配的不平衡,这些问题使得欧美发达国家和中国等新兴国家都必须调整产业结构,且焦点必然集中在对以新能源、新材料、现代生物技术、数据处理与信息技术、航天与海洋开发为代表的新兴产业的争夺上,以获得未来的竞争优势。国际产业结构变化的驱动力量将由发达国家主导的国际产业转移转变为

[①] International Energy Agency (IEA), "Selected 2008 Indicators for Africa", http://www.iea.org/stats/indicators.asp?COUNTRY_CODE=11. (2013-05-09).

[②] Economy Watch, *Africa Industry Sectors*, http://www.economywatch.com/world_economy/africa/industry-sector-industries.html. (2014-03-30).

[③] 新民晚报:《2012 全球碳计划报告:中国人均碳排放量远低于美国》,载中国新闻网,http://finance.chinanews.com/life/2012/12-03/4378114.shtml. (2014-02-05)。

[④] 张伟:《背景资料:亟待发展的非洲工业》,载新华网,http://news.xinhuanet.com/newscenter/2008-01/31/content_7535095.htm. (2011-11-20)。

[⑤] 国务院:《国务院关于化解产能严重过剩矛盾的指导意见》,载中央政府门户网站,http://www.gov.cn/zwgk/2013-10/15/content_2507143.htm. (2014-02-05)。

[⑥] 徐兴堂、郭信峰、程静:《中国化解产能过剩的可能选择》,载新华网,http://news.xinhuanet.com/fortune/2013-09/17/c_117404689.htm. (2014-02-05)。

发达国家和新兴国家在发展新兴产业上的竞争与合作,并由此推动国际分工格局达到新的平衡,进而实现生产和消费的平衡。这一背景,给中非间产业转移创造了机遇。一些中国不再具有比较优势的传统产业转移到非洲,可以推动非洲国家的工业化进程,也可以促进中国的产业升级,趋势是互利共赢的。

三、加大中国对非低碳适用技术和农业技术的援助力度

在"中非合作论坛"的框架下,中国对非援助有条不紊地展开,但也应看到,中国占非洲接受外国援助总额的比例并不高,中国对非援助关键是要发挥"四两拨千斤"的效用,对非低碳援助就是一个很好的新切入口。

到目前为止,中国对非援助大致有以下方式:无偿援助(包括人道主义援助)、援外项目合作合资方式、政府贴息优惠贷款和中非发展基金贷款、援非医疗队、人力资源开发和发展经验交流。[①] 从以往的实践来看,进一步加大中国对非低碳适用技术和农业技术的援助力度,使其成为中非低碳合作的亮点,有助于提高中国援助的效用和声望。

1. 进一步加大中国对非低碳适用技术的援助力度。目前,我国正与 11 个非洲国家合作积极推进清洁能源项目,以帮助非洲应对气候变化带来的多重影响。[②] 非洲作为一个发展中地区,在需要资金的同时,也特别需要适合非洲实际的适用技术。低碳适用技术的援助方式,应是一种包括技术、资本、管理和知识等的"一揽子"援助。

2. 进一步加大中国对非农业技术的援助力度。非洲是未来世界粮食生产潜力较大的地区,是粮食生产的主要增长点。由于非洲地处热带地区,拥有较好的土地和热量资源,但基础设施落后,特别是灌溉设施缺乏,农业生产技术研发、推广不足,农业商品化程度低,所以非洲的农业发展潜力较大,投资回报率较高。在非洲推广中国的农业实用技术,不仅有助于帮助非洲国家建立较成熟的农业技术体系,为中国农业技术"走出去"提供广阔的空间,[③] 而且,将中国的农业技术与非洲土地资源和热量资源优势相结合,既提高非洲农业生产率,也增加非洲国家的碳汇。

[①] 黄梅波、郎建燕:《中国的对非援助及其面临的挑战》,载《国际经济合作》2010 年第 6 期,第 37 页。

[②] 段菁菁、王文、许林贵:《中国积极推进 100 个援非清洁能源项目实施》,载新华网:http://news.xinhuanet.com/fortune/2011 - 10/29/c_111132968.htm (2011 - 11 - 20)。

[③] 参见刘晓燕:《论中非农业合作》,载《沧桑》2009 年第 5 期,第 40~41 页;余永定、郑秉文:《中国入世研究报告:进入 WTO 的中国产业》,社会科学文献出版社 2000 年版。

四、探索以技术换市场的方式深化中非低碳发展合作

对于一个地区的经济发展,技术能力获得一般有两个渠道:一是依靠自身的研究与开发系统提供技术;二是依靠外来技术,从技术引进、产业转移中获得。就目前非洲的人力资源和技术研发能力来看,第二种渠道可能更适合于非洲。

一般来说,产业技术有低技术、中技术和高技术之分。非洲目前还处于低技术能力阶段。处在低技术能力阶段的地区通常自然资源和劳动力具有比较优势,但资本尤其技术资源比较缺乏,产业技术水平低,不宜引进太先进的技术。此阶段引进低技术产业尤其是劳动力密集型的低技术产业比较适宜,尤其是合资企业方式更有利于加快技术的溢出效应。这种技术更多的是来自中等技术能力水平的地区。

由于非洲国家都是发展中国家,大多数国家的整体科技实力都不强,非洲在低碳领域的技术也还比较落后。除南非等个别国家拥有一些低碳技术以外,非洲其他国家几乎是空白,这与非洲国家目前的总体境况不无关系。因此,中非低碳合作的发展主要取决于中国的技术状况。中国有许多技术在实践中经受了检验,是相对成熟的技术,这些技术对非洲国家来说较为适合。尤其是中国中小型企业的发展,积累了丰富的技术经验,对非洲的经济发展具有参考价值。由于非洲还处于经济发展的初级增长阶段,欧美的先进技术,一方面引进成本比较高;另一方面非洲的消化吸收能力有限。中国则具有一定的优势,中国的技术更适合于非洲,这方面的合作有互利双赢的基础。

中非低碳技术的转移可以通过直接投资、商品贸易和技术贸易等多种方式进行。技术贸易是中非企业跨区域的技术外部化转移,这种只作为要素的技术转移实现条件比较容易。中国向非洲直接投资方式进行技术的内部化转移,则需要双方技术创新水平、能力结构和非洲技术本土化能力等的配合才能形成现实,其实现条件比较复杂,障碍比较多。仅从能力角度看,中国向非洲技术转移的障碍,主要是由于中非技术能力差距大,非洲对中国技术的利用、消化和吸收能力低。技术合作效果除了取决于技术差距外,还取决于参与国改变和适应这种差距的能力——吸收能力的大小(教育水平常被认为是测度吸收能力的一个指标),[①]以及技术的扩散距离(取决于地理距离以及由于文化、政策、基础设施等阻碍而造成的人为距离)的大小。此外,信息化程度低导致交易成本高,不确定因素大,

---

① Rod Falvey, Neil Foste, David Greenaway, *Relative backwardness*, *absorptive capacity and knowledge spillovers*, Economics Letters, 2007(7):230-234.

影响外国直接投资向非洲转移，也是中国适用技术向非洲转移的不利因素。就中方而言，如何在非洲建立低碳技术的比较优势，以赢得非洲市场，既是促进中非关系转型升级的关键一环，也是面向未来提升中非合作生命力的重要基础。

五、在国际气候变化谈判中建立中非统一阵营

国际事务最终的决定权是通过投票决定的，中非在应对气候变化的国际谈判中，应该立场一致、建立阵营，将手中的一票发挥到极致。西方国家虽然在国际气候变化谈判中占有先机，可以左右国际气候变化谈判进程，但是在国际谈判中，如果一个国际规则或制度长时间和大范围地遭到抵制，不管是强力反抗还是消极对待，它都难以普遍推广，即使强制实行也难以持久。[1] 中非可以联合起来否决不合理的国际气候变化协议，可以在碳交易定价权、碳市场和碳金融方面建立统一阵营。

中国是能源市场上的重量级买家，却未能掌握碳交易的定价权。非洲目前虽然只占全球 CDM 市场的一小部分，但非洲的 CDM 市场发展潜力巨大。为了避免中非在新一轮的国际经济浪潮中再次失声，谋取碳交易的定价权势在必行。

中非在国际碳贸易定价权中处于弱势状态的原因，主要由于发达国家在国际碳贸易中掌握着主动权。发达国家是国际碳市场的主导力量，中非缺少发言权。在《京都议定书》的三个机制中，发达国家之间的排放贸易和联合履行机制占据了主导地位，而且《京都议定书》规定，发展中国家不能直接将碳排放交易配额出售到欧洲市场，而企业卖出的排放权，主要由一些国际碳基金和公司通过世界银行等机构参与购买，再进入欧洲市场。[2] 这样对中国、非洲国家来说，没有真正地参与到国际碳贸易的核心部分，处于被动的配角地位。就 CDM 项目而言，碳贸易市场是买方市场，买方拥有资金实力和技术优势，能够按成本最小化原则选择和开发 CDM 项目，掌握实际的定价权。国际碳市场由欧美发达国家的气候交易所控制。美国芝加哥气候交易所掌握着 VER（企业自愿参与减排）的定价权，而 EUA 碳期货和碳现货的定价权，则分别被欧洲气候交易所和欧洲能源交易所控制。但同时应认识到，中非缺乏碳贸易市场和体系也是致命的因素。国际碳贸易有两级市场，一级市场是基于 CDM 项目开发运作的市场，二级市场是基于配额交易的市场，中非 CDM 项目属于一级市场，其交易需要中间组织实现两级市场的对接，中非没有自己与国际碳交易二级市场直接挂钩的市场主体和国内

---

[1] 王逸舟：《中国崛起与国际规则》，载《国际经济评论》1998 年 Z2 期，第 33 页。
[2] 马万河：《论碳市场交易定价权》，载《现代商贸工业》2009 年第 22 期，第 240 页。

交易平台，很难进入交易"主场"，国内企业没有参与议价的机会。① 就碳交易而言，目前全球还没有一个统一市场，这是中非参与国际碳市场构建的一个机遇。中非应把握这个机会，积极参与国际合作，参与制定碳交易市场规则，从而争取碳交易的定价权。② 因此，为了获得更多的话语权，中国与非洲需要系统规划、深入实施一系列相关的合作。

---

① 袁定喜：《我国碳贸易定价权缺失的原因与对策研究》，载《价格理论与实践》2010年第8期，第26~27页。

② 李增福、丘逸新：《我国谋求碳交易定价权的战略思考》，载《价格理论与实践》2010年第7期，第72页。

第二十一章

中国在非洲的利益与领事保护

近年来,由于中国与非洲国家的经济合作发展迅速,非洲成为中国企业"走出去"的重点地区,中国在非利益逐渐突显。保护中国在非利益引起人们的关注和思考。在非中国企业和公民是中国在非利益的载体。相对于世界其他地区而言,非洲的安全形势较为复杂,保护在非中国企业和公民安全的任务更为艰巨。如何加强对在非中国企业和公民的领事保护,成为一个有意义的研究课题。本章拟对此进行一些初步探讨。

第一节 概念界定和基本情况

一、中国在非利益的载体与涉非领事保护

中国在非利益是中国海外利益的重要组成部分。中国的海外利益是指在有效的中国主权管辖范围以外地域存在的中国利益。[①] 境外中国工作人员、侨民和相

[①] 陈伟恕:《中国海外利益研究的总体视野——一种以实践为主的研究纲要》,载《国际观察》2009年第2期,第8页。

关机构等是中国海外利益的载体。① 他们的生命和财产安全是中国海外利益的重要组成部分。在非中国公民和中资企业是中国在非利益的重要载体，他们的生命和财产安全是中国在非利益的重要组成部分。

领事保护是指"一国的领事机关或领事官员，根据派遣国的国家利益和对外政策，于国际法许可的限度内，在接受国保护派遣国及其国民的权利和利益的行为"。② 领事保护的内容包括："当本国公民、法人的合法权益在驻在国受到不法侵害时，中国驻外使、领馆依据公认的国际法原则、有关国际公约、双边条约或协定，以及中国和驻在国的有关法律，反映有关要求，敦促驻在国当局依法公正、友好、妥善地处理。领事保护还包括我国驻外使、领馆向中国公民或法人提供帮助或协助的行为，如提供国际旅行安全方面的信息、协助聘请律师和翻译、探视被羁押人员、协助撤离危险地区等。"③

涉非领事保护是中国领事保护工作的重要组成部分。涉非领事保护的主体主要为中国驻非使领馆、外交部和其他政府部门，客体是在非中资企业和中国公民。但由于在非中国公民群体主要以成建制派出的企业员工为主，中资企业在涉非领事保护机制中发挥着重要作用。

二、在非中资企业和中国公民的基本情况

截至2012年底，中国1.6万家境内投资者在国（境）外设立对外直接投资企业近2.2万家，分布在全球179个国家（地区），覆盖率达76.8%；其中非洲地区的境外企业覆盖率为85%，仅次于亚洲和欧洲地区。亚洲地区的境外企业覆盖率达95.7%，欧洲为85.7%。④

2012年8月，笔者曾对17个非洲国家的中资企业进行了问卷调查⑤，在接受调查的128家企业中，约一半（62家，占48%）所从事的行业为建筑承包；从事采矿和能源行业的有18家，占接受调查企业总数的14%；从事外贸行业的只有9家，占7%；从事其他行业的占26%；另外，还有约5%的企业未回答这

---

① 刀书林在《时事报告》杂志主办的笔谈会上的发言。见傅梦孜、刀书林、冯仲平：《中国的海外利益》，载《时事报告》2004年第6期，第19页。
② 钱其琛主编：《世界外交大辞典》，世界知识出版社2005年版，第1215～1216页。
③ 中华人民共和国外交部领事司：《中国领事保护和协助指南》（2010年插图版），http：//www.fmprc.gov.cn/chn/pds/fw/lsfw/lsbh/P020091221621946131093.pdf，第20页，2010 - 2 - 1。
④ 商务部国家统计局国家外汇管理局联合发布《2012年度中国对外直接投资统计公报》，http：//hzs.mofcom.gov.cn/article/date/201309/20130900295526.shtml。
⑤ 这17个国家分别为多哥、毛里塔尼亚、乍得、加纳、刚果（布）、刚果（金）、喀麦隆、科特迪瓦、马里、尼日尔、中非、贝宁、几内亚、尼日利亚、塞内加尔、赞比亚和纳米比亚。

个问题。

至今在非洲国家究竟有多少中国公民，没有一个权威的官方统计数字。据国务院侨办的资料，至20世纪末，在非洲56个国家和地区中，40多个国家和地区有华侨华人，共24.3863万人，占全球华侨华人总数的0.61%。① 据外交部网站资料，从进入21世纪以来，有50多万中国人移居到非洲。② 有媒体报道，至2012年初，约有100万中国公民在非洲从事各种经营活动。③

关于在非洲具体国家的中国公民人数，也未曾有明确的统计。光明网曾报道，在2007年，约有2万名华侨和中资公司员工生活在尼日利亚，他们主要从事个体经营、电信、工程承包和加工业。④ 暂且不论具体人数，在非中国公民群体有个突出的特点：以成建制派出的中国工人为主。例如，中国从利比亚撤离的3万多名中国公民中，绝大部分为成建制派出的中资企业员工。中国驻马里大使告诉记者，中资机构和公司派出人员占旅居马里的中国公民的一半以上。⑤ 另外，据《环球时报》报道，截至2012年2月，在安哥拉的中国企业员工已经有10万人，仅中信建设公司就有1.2万中国工人。⑥

第二节　中国在非利益所面临的安全风险

一、在非中资企业和中国公民所面临的安全风险程度

笔者对外交部网站"海外安全"栏目自2006年6月27日至2013年6月30日间发布的海外安全信息进行了统计。⑦ 统计结果表明相对于世界其他地区而言，在非中国公民和中资企业面临的安全风险较高。从表21-1中可以看出，在这7

---

① 国务院侨办侨务干部学校编著：《华侨华人概述》，北京九州出版社2005年版，第3页。
② 《在非洲的中国人》，http：//www.fmprc.gov.cn/zflt/chn/zfgx/zfgxrwjl/t883665.htm，2011年11月2日。
③ 《专家称我公民在外遭绑架增多因中国影响力大》，http：//news.sina.com.cn/c/2012-02-02/040323868772.shtml，2012年2月8日。
④ 《中国人质确切下落仍不明》，光明网：http：//www.gmw.cn/content/2007-01/08/content_532952.htm。
⑤ 《驻马里大使曹忠明就对在马里中国人的领事保护工作接受新华社记者专访》，http：//cs.mfa.gov.cn/lsxw/t934952.htm，2012年5月23日。
⑥ 裴广江、黄培昭等：《海外中企受困"安全雷区"》，载《环球时报》2012年2月29日第7版。
⑦ 外交部网站当今所能查阅的最早的海外安全信息为2006年6月27日发布的。

年外交部网站所发布的安全信息中,关于非洲大陆的有 362 条,占总数的 31.5%。

表 21-1　　　　外交部网站海外安全提醒信息区域分布表

各地区	安全信息数量（条）	各地区	安全信息数量（条）
非洲	362	北美洲	44
亚洲	365	拉美及加勒比	59
欧洲	225	大洋洲	83
其他（针对所有海外公民）		12	
总计		1 150	

笔者所进行的问卷调查也表明,接受调查的 128 家在非中资企业中,只有 5 家认为所在国非常安全。这 5 家公司分散在 4 个非洲国家,分别为毛里塔尼亚、加纳、塞内加尔和赞比亚;约 60% 的企业（77 家）认为所在国比较安全,日常工作和生活基本上没什么问题;约 30%（39 家）的企业认为所在国安全状况一般,外出需谨慎;7%（7 家）的企业认为所在国非常不安全,时刻需要小心。

二、在非中资企业和中国公民所面临的安全风险类别

从调查问卷的情况看,关于在非中资企业所面临的安全风险,笔者在问卷中给出了 7 个选项,分别为:A. 政治因素如因选举、领导人更替所带来的不确定性因素;B. 治安不佳,抢劫、盗窃等比较严重;C. 当地部族、宗派复杂,难以相处;D. 与当地居民沟通困难,难以融入;E. 不熟悉当地的法律法规;F. 签证难办;G. 其他等。允许多选。在 128 份答卷中,选 A 的约占总数的 81%;选 E 的占 61%;选 B 的占 56%;其次分别为:F,26.5%;D,20%;G,15.6%;C,10%。选择 G 的企业特别标明了一些其他情况,如原材料供应不能确保;工会势力强大;疟疾等流行性疾病;交通安全;非洲合作伙伴不诚信;中国公司面临双重税收的风险等。1/3（约 36.7%）的企业认为,政治风险是他们在非经营面临的最大风险。中国工人在日常生活中面临的最大的三种风险分别为治安不佳（42.9%）、不熟悉当地法律法规（19.5%）和政局动荡（17.1%）。

从外交部发布的海外安全提醒信息的主要内容来看,中国公民在非洲面临的主要安全风险可分为九类（见表 21-2 和图 21-1）,包括政治风险、治安问题、公民自身违法违规行为所带来的风险、疾病威胁、恐怖袭击等。政治风险位列第

表 21-2　　　　　　　在非安全风险分类一览表

风险类别	安全提醒（条）
因大选、政变等导致的局势紧张	98
抢劫、盗窃等治安问题	85
因中国公民自身违法违规行为导致的安全风险	56
流行性疾病	43
恐怖袭击	36
海盗袭击	15
交通、军火库爆炸等意外事故	10
因驻在国经济诈骗犯罪而遭遇的安全风险	5
洪涝等自然灾害	6
其他	8
总计	362

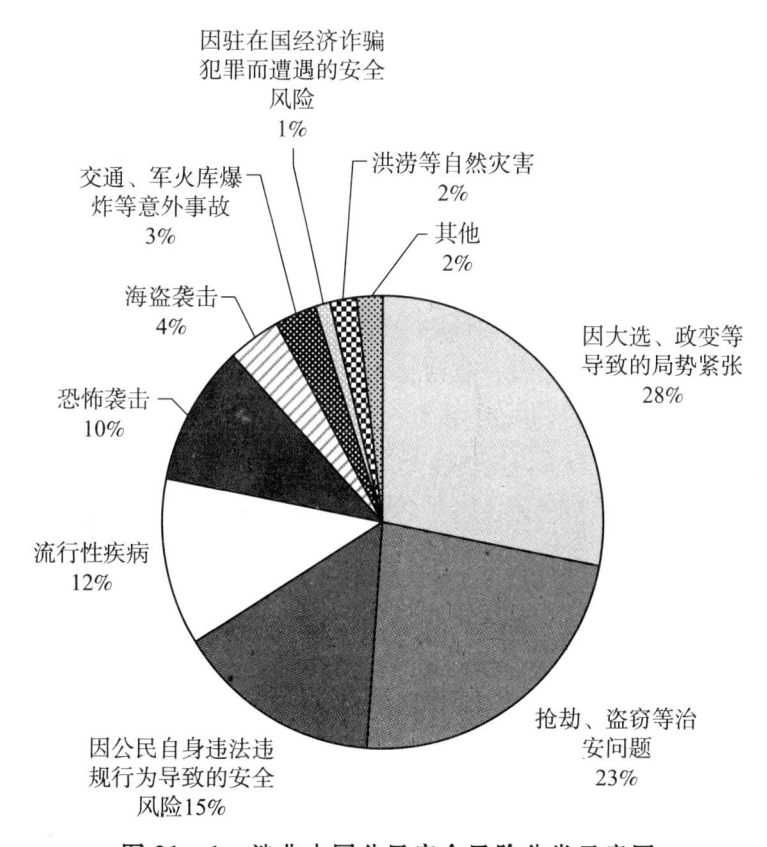

图 21-1　涉非中国公民安全风险分类示意图

- 因驻在国经济诈骗犯罪而遭遇的安全风险 1%
- 洪涝等自然灾害 2%
- 交通、军火库爆炸等意外事故 3%
- 其他 2%
- 海盗袭击 4%
- 因大选、政变等导致的局势紧张 28%
- 恐怖袭击 10%
- 流行性疾病 12%
- 因公民自身违法违规行为导致的安全风险 15%
- 抢劫、盗窃等治安问题 23%

一，政治风险是指因为所在国大选、政变等因素所导致的局势紧张。此类安全提醒有98条，占总数的28%；其次为抢劫、盗窃等治安问题，此类安全提醒85条，占总数的23%；位于第三位的是由于中国公民自身违法违规行为所带来的安全风险，有56条，占15%；第四为关于流行性疾病的安全提醒，43条，占12%；关于恐怖袭击的安全提示数量紧随其后，排列第五位，36条，约占10%。

第一，因大选、政变等因素而引起的局势紧张和社会动荡是对在非中国公民安全的最大威胁。关于局势动荡的安全提示涉及埃及、布基纳法索、布隆迪、刚果（金）、吉布提、几内亚、几内亚比绍、加蓬、喀麦隆、科摩罗、科特迪瓦、肯尼亚、莱索托、利比亚、马达加斯加、马里、莫桑比克、南非、尼日尔、尼日利亚、塞内加尔、苏丹、南苏丹、突尼斯、乌干达、赞比亚、乍得、中非28个非洲国家，占非洲国家总数的一半多。

非洲国家的局势动荡大致分为以下几种情况：（1）民主制度的不成熟导致大选前后局势动荡。除"逢选易乱"外，由于非洲政治体制的脆弱性，选举以外的其他原因，如领导人突然病逝，也可能引发局势动荡。尤其值得注意的是，在全球化迅猛发展的大背景下，一国局势动荡所产生的"外溢"效应变得特别明显。自2011年初开始的所谓"阿拉伯之春"是一个很好的例子。2011年上半年，突尼斯、埃及、利比亚等这些原先局势比较稳定的北非国家先后出现局势突变；受此影响，其他一些非洲国家也出现了局势动荡，如马里和布基纳法索这两个一向被视为局势比较稳定的非洲国家也出现了军人哗变。这些都对当地中国公民的安全造成了严重影响。例如，在马里军人发动政变后，当地华侨华人经营的酒吧遭到政变军人的抢砸。两辆载有七八名军人的皮卡停在中国使馆门口，并与使馆警卫发生冲突。军人开枪威慑，并将警卫带走。[①]（2）武装力量分裂割据加剧了局势的不稳定性。（3）边界争端也是局势紧张的导火索。例如，2012年4月，由于苏丹与南苏丹在边界地区哈季利季发生冲突，中国公司与公民不得不撤离该地区。（4）非洲国家的工会势力比较强大，工会组织大规模的罢工常常使社会陷入瘫痪。例如，2012年新年伊始，因尼日利亚联邦政府宣布取消成品油补贴，尼工会组织了声势浩大的罢工，在首都阿布贾和拉各斯等地爆发示威民众与军警冲突事件，交通陷入瘫痪，武装匪徒在公路上公然拦截抢劫，社会秩序一片混乱。

第二，治安不佳一直是影响在非中国企业和公民安全的重要因素。关于此类问题的安全提醒共涉及20个非洲国家，占非洲国家总数的37%。治安问题中最为突出的是抢劫和绑架等恶性案件，对人民的生命财产安全造成了极大的威胁。在南非、尼日利亚、安哥拉、刚果（布）等国家，每逢节假日或重大活动时期，

---

① 马宁、屈畅：《马里政变军人宣布"夺权"》，载《北京青年报》2012年3月23日第A18版。

抢劫盗窃等现象就更为严重。值得注意的是，受北非政局动荡的影响，一些原来治安形势不错的非洲国家也开始出现问题。例如，埃及和突尼斯这两个国家受到政局突变的影响，国内武装抢劫和偷盗等犯罪现象增多。2012年3月，在埃及首都开罗还发生了两名中国工人遭武装分子绑架的事件。据一位埃及安全部队官员称，这是他记忆中在开罗发生的首起绑架外国人并索要赎金的事件。[①]

第三，因中国公民自身违法违规行为所带来的安全风险也比较突出。外交部领事司曾进行过统计，在海外中国公民遇到的安全问题中，一半事件由中方人员的不当行为引起。[②] 外交部网站发布的安全提醒信息的内容也在不同程度上反映了这一点，在非中国公民违法违规行为主要包括以下8类：（1）违反当地就业和经营规定；（2）出入境时携带象牙、色情制品等违禁品或超过规定额度的现金；（3）持用假签证、所持签证种类与入境停留目的不符或出入境时文件准备不全；（4）随便拍照；（5）在飞机上吸烟；（6）涉嫌向警察行贿；（7）非法饮酒；（8）未遵守当地其他法律法规，如尼日利亚的"清洁日"规定；等等。

第四，流行性疾病。关于流行性疾病的安全提示涉及22个非洲国家，占非洲国家总数的约41%。病种主要包括"埃博拉""切昆贡亚热""霍乱"等10种。其中，爆发面积最广的，最频发的是霍乱。具体情况如表21-3所示。

表21-3 非洲国家流行性疾病暴发情况

国家（地区）	霍乱	甲型H1N1	切昆贡热	骨髓灰质炎	登革热	炭疽热	裂谷热	麻疹	H5N1	埃博拉	黄热病
埃及									2007.1		
阿尔及利亚		2009.11									
安哥拉	2011.12										
贝宁								2013.3			
布隆迪		2009.11									
刚果（布）	2007.2		2011.6	2010.11							
刚果（金）	2011.8										
几内亚比绍	2008.8										
加纳	2009.2	2009.11									

---

① 刘一、屈畅：《两名中国工人埃及遭绑架后获释》，载《北京青年报》2012年3月2日，第A19版。
② 见外交部领事司司长魏苇在2008年8月5日举行的《世界知识》论坛上的发言，论坛主题为"企业和个人，海外遇事怎么办"，http://news.xinhuanet.com/overseas/2008-08/31/content_9743308.htm。

续表

国家（地区）	霍乱	甲型H1N1	切昆贡热	骨髓灰质炎	登革热	炭疽热	裂谷热	麻疹	H5N1	埃博拉	黄热病
津巴布韦	2008.12										
肯尼亚							2006.12				
莱索托						2008.3					
卢旺达		2009.10									
马拉维	2009.1										
毛里求斯					2009.6						
莫桑比克	2009.1	2009.8									
尼日利亚	2010.8										
塞拉利昂	2012.3 2012.7										
坦桑尼亚	2009.11						2007.2				
乌干达										2011.5	2010.2
中非	2011.10										
苏丹											2012.11

第五，恐怖活动。此类安全提醒信息共涉及利比亚、尼日利亚、尼日尔、肯尼亚、马里、卢旺达、塞内加尔、毛里塔尼亚、阿尔及利亚、摩洛哥、埃及、坦桑尼亚12个国家。在非中国企业和公民直接受到恐怖活动的影响。2007年1月，5名中国工程人员在尼日利亚河流州被不明身份武装分子劫持，这是在该地区发生的第一起绑架中国工人的事件；同年4月，一中资石油公司项目组在埃塞俄比亚索马里州遭武装分子袭击，中方9人死亡，7人被绑架；7月，一家中国公司在尼日尔工地的负责人被"尼日尔人争取正义运动"组织绑架，2008年10月，该组织宣称，计划袭击在尼中资机构和人员；2010年6月，阿尔及利亚布伊拉省一军警检查站遭自杀式汽车炸弹袭击，一中资公司人员驾车经过，不幸遇难；2012年1月28日，中水电集团公司在苏丹南科尔多凡州的公路项目遭到反政府武装"苏丹人民解放运动"（北方局）的袭击，29名中国工人被劫持，一名员工不幸中弹身亡。

第六，海盗袭击。索马里自1991年以来一直战乱不断，沿海地区海盗活动猖獗，被国际海事局列为世界上最危险的海域之一。2008年下半年，外国船员、船只在索马里附近海域被袭击或劫持事件频繁发生。中国政府明令禁止本国船员、船只进入索马里附近海域。2009年4月，随着各国军舰加强在亚丁湾及附近海域护航，索马里海盗活动范围逐渐东扩并南下，扩大到索马里海域以东 600 海里、塞舌尔以北海域，劫持行动更趋猖獗，多国多艘船只被索马里海盗劫持。涉及中国船只和中国船员的海盗袭击事件时有发生。

第七，交通、军火库爆炸等意外事故。2012 年 2 月，在尼日利亚连续发生三起涉中国公民恶性交通事故。比较罕见的是，在这段时间还发生了两起军火库爆炸事件，造成在附近施工的中国工人伤亡。

第八，经济诈骗。关于此类风险的安全提示信息主要涉及尼日利亚、利比里亚和贝宁三个国家。2009 年，在利比里亚和贝宁先后发生了多起劳务被骗案件。2011 年 11 月和 12 月，中国驻拉各斯总领事馆连续发出两则提示，提醒中国公民注意尼日利亚的经济诈骗活动。2013 年，在塞内加尔又出现了网络诈骗活动。

第九，自然灾害。坦桑尼亚和尼日利亚曾发生严重洪涝灾害，给当地居民及相关中方机构和人员的生活、工作造成较大损失和严重影响。

第三节　涉非领事保护机制的现状

一、中国领事保护机制的总体情况

自进入 21 世纪以来，中国政府对领事保护工作的重视程度达到了前所未有的高度。外交部提出"外交为民"的理念，认为领事保护是外交工作落实"以人为本""执政为民"思想的具体体现，事关党和政府形象及执政能力建设。[①] 在此背景下，以预防机制和应急协调机制为主要内容的中国领事保护机制逐步建立起来。

（一）领事保护预防机制

领事保护预防机制指外交部在商务部、公安部等其他部门的配合下，通过发布旅行预警信息，加强对出国人员的宣传教育，普及国际旅行知识，强化派出机构安全防范工作等手段，以避免或尽可能减少危及海外中国公民人身和法人财产安全案件发生的制度化体系。由于海外公民背景多样化，中国领事保护预防机制

---

① 《外交部领事保护中心在北京正式成立　杨洁篪讲话》，参见中国外交部网站：http://www.gov.cn/jrzg/2007-08/23/content_725761.htm，2007 年 8 月 25 日。

可以大致分为两个层次，一是针对所有海外公民的普适性预防机制；二是针对专门人群的特殊预防机制。

第一层次预防机制的主要内容包括外交部、商务部等中央政府部门和中国驻外使领馆通过官方网站发布海外安全预警信息，提醒海外公民和企业注意安全；外交部发行书面宣传材料（如《中国领事保护和协助指南》《海外中国公民文明行为指南》《中国企业海外安全风险防范指南》）并通过举行大规模宣传活动（如"树立海外中国公民文明形象宣传月"活动）来增强公民在海外的安全防范意识等。

第二层次预防机制的内容因保护对象不同和涉及的部门不同而有所区别。海外中资企业和员工有关的预防机制主要涉及商务部、发改委、国资委等部门。此类预防机制又因企业和员工所在地的风险级别不同大致分为两种：一是关于在非高风险国家运营的中资企业和员工的预防机制；二是关于在高风险国家运营的中资企业和员工的预防机制。

这两种预防机制都遵循政府指导、企业管理的基本原则。在政府方面，商务部会同外交部、发改委和公安部等建立对外投资合作境外安全风险监测和预警机制，定期向对外投资合作企业通报境外安全信息，及时发布安全预警；地方相关主管部门负责对本地区企业境外安全管理制度进行指导并监督检查；各驻外使领馆负责对驻在国安全信息的收集、评估和预警，在企业上报信息的基础上建立驻在国或地区对外投资合作企业在外人员相关信息备案数据库，详细掌握在当地从事对外投资合作的中方各类人员相关信息，负责对驻在国中资企业的一线指导、管理、巡查。企业方面本着"谁派出，谁负责"的原则，对派出人员在出国前开展境外安全教育和培训；制定境外安全管理制度，建立境外安全突发事件应急处置机制，指导派出机构制订安全防范措施和应急预案；将在外人员相关信息报送驻在国或地区使领馆；通过环境保护、解决当地就业、积极参与公益事业等活动为开展对外投资合作营造良好外部环境。

除了遵循在非高风险国家预防机制的各项规定外，各地商务和发展改革部门应履行审核职责，严格审查赴高风险地区运营的中资企业；公安部门履行对人员的安全提醒职责；企业在开展海外业务之前，须聘请专业机构进行安全风险评估，细化境外安保方案，保障境外安全投入，降低境外安全风险；在开展海外业务时，建立完整的境外安全管理制度，并根据当地安全形势雇用保安或武装警察，以增强安全防护能力，提高安全防护水平；企业应及时到驻外使领馆报到登记，并接受驻外使领馆的指导和管理。当然，其前提是由外交部会同商务部、公安部等有关部门确定高风险国家名单。①

(二) 领事保护应急协调机制

如同预防机制因保护对象不同而涉及不同部门一样，因出国人群多元化，对他们的应急管理涉及国内各个不同的部门，一个由外交部、商务部、公安部、国有资产监督管理委员会等中央国家机关、各级地方政府、企业、侨团等多元参与的应急协调机制因此应运而生。

1. 应急机制的法律法规建设。《中华人民共和国突发事件应对法》自 2007 年 11 月开始实施。在该法框架下，各级政府机构都建立了相应的应急预案。在涉外领域，国务院制订了《国家涉外突发事件应急预案》，各级政府部门也随即制订了相应的涉外应急预案。保护海外中国公民和法人的安全成为各类涉外突发事件应急预案的重要内容。领事保护应急机制建设因此具备了相应的法律基础。

2. 各层面的应急机制建设。在中央政府层面，境外中国公民和机构安全保护工作部际联席会议负责统一指挥、协调境外涉中国公民和企业的重大领事保护事件的处置工作，以加快重大危机事件的外交解决程序，提高工作效率。该机制的成员包括 26 个国务院机构和军方有关部门。② 一旦发生涉及海外中国公民安全的大规模突发事件，部际联席会议制度就会启动，就各部门协调处理此类案件做出紧急部署。③

在外交部和驻外使领馆方面，领事保护中心负责处理和协调有关各方参与领事保护工作。所有驻外使领馆实行中国公民自愿登记制度，以便紧急状况下取得联系。外交部办公厅值班室 24 小时值班，接听来电。对于涉及海外中国公民安全问题的电话，值班人员必须第一时间上报并立即与外交部领事保护中心的负责官员联系。如发生涉及中国公民或法人重大人员伤亡或财产损失的领事保护案件，即启动应急机制。应急机制的主要内容是：组成应急小组，制订工作计划；确定联络方案，保障信息畅通；开设热线电话，收集各方资讯；协调国内外有关

---

① 参见如下文件：《商务部等部门关于加强境外中资企业机构与人员安全保护工作意见的通知》(2005 年 9 月 28 日)，《对外承包工程管理条例》(2008 年 7 月 22 日)，商务部、外交部、发改委、公安部、国资委、安全监管总局和全国工商联等七个部门联合印发的《境外中资企业机构和人员安全管理规定》(2010 年 8 月 13 日)，商务部《对外投资合作境外安全风险预警和信息通报制度》(2010 年 8 月 26 日)，商务部、外交部联合印发的《对外投资合作企业在外人员相关信息备案制度》(2010 年 12 月 7 日)。文件内容见"走出去"服务专网：http://zcq.mofcom.gov.cn，2011 年 4 月 1 日。

② 笔者 2008 年 7 月 11 日对外交部领事司的书面采访。

③ 《领事保护工作：彰显中国外交"以人为本"的理念》，中央政府网站：http://www.gov.cn/jrzg/2007-08/31/content_733895.htm，2007 年 9 月 2 日。

单位共同展开工作。① 启动应急机制，外交部首先要迅速将案情上报中央，同时和使馆保持联系，及时掌握最新情况，并把信息尽快传达给派出单位的主管部门。②

在地方政府层面，各级地方政府也建立了相应的应急协调机制，有的省份，如广东、福建等省的外办新设立了"涉外安全处"，专门负责协助外交部处理涉及海外本省居民的领事保护案件。③

在企业层面，一些大型企业内部也建立了一整套应急和协调机制。例如，中国建筑股份有限公司的高层管理人员把在海外经营的安全区域划分为四类：一类是高危险地区，这类地区公司绝对不进入；另一类是一般危险地区，公司要经过认真的风险评估，确定是否有条件进入；还有两类就是安全区和绝对安全区。公司员工出国之前要进行包括海外安全注意事项在内的出国前教育。对于涉及公司员工的海外安全事件，公司备有应急预案并可随时启动。如果发生此类事件，公司驻外机构第一责任人第一时间赶到现场，成立应急领导小组予以处理。公司总部和海外事业部当即组成领导小组，由主管领导带队，赶赴前方进行现场指挥，处理相关的善后事宜。在处理这些事情的同时，公司也要第一时间报告驻外使领馆商务处，并保持及时的沟通和联系。④

总之，在我国现有法律框架内，中央、地方、驻外使领馆和企业"四位一体"的海外公民和企业安全保护联动应急机制已基本建立起来。⑤

二、中国涉非领事保护机制的特点

（一）领事保护预防工作形式多样

由于非洲政局易变和治安形势不佳，中国驻非使领馆重视以多种方式开展领事保护预防工作。

---

① 2004年4月，外交部领事司司长罗田广接受媒体采访时的谈话，人民网：http://www.people.com.cn/GB/shizheng/1026/2454084.html，2004年12月15日。

② 2004年7月，外交部领事司司长罗田广接受记者采访时的谈话，新浪网：http://news.sina.com.cn/c/2004-07-21/07033156146s.shtml，2004年8月1日。

③ 可参见广东省外办涉外安全处的职能介绍，http://www.gdfao.gd.gov.cn/wsjg/zncs/200704100003.htm；福建省外办涉外安全处的职能介绍，http://www.fjfao.gov.cn/html/2007/09/24/119059880064879.shtml，2007年9月30日。

④ 中建股份海外事业部劳务管理部副总经理周庆在2008年8月5日举行的《世界知识》论坛上的发言，论坛主题为"企业和个人，海外遇事怎么办"，http://news.xinhuanet.com/overseas/2008-08/31/content_9743308.htm，2008年9月1日。

⑤ 《中国已基本建立"四位一体"的境外安全保护工作联动机制》，新华网：http://news.xinhuanet.com/politics/2011-05/26/c_121463287.htm，2011年5月28日。

1. 针对非洲国家"逢选易乱"的特点，中国驻非使领馆在大选前召开与中资企业的会议，就局势发展可能带来的乱局提醒中资公司。

2010年4月，苏丹全国大选临近。驻朱巴总领馆采取措施提醒当地中资企业和华侨进一步提高安全防范意识，彼此间及时交流相关信息，团结互助，同时与总领馆保持密切联系。

在2012年马里"3.22"军事政变前，中国使馆多次提醒各有关企业预先采取防范措施。政变以后，使馆先后三次召开中资机构和企业负责人会议，通报马里最新政治安全形势，指导企业根据项目施工情况有序减少不必要人员，采取一切可能措施保障施工人员人身安全。

2. 在政局发生突变的国家，注意就保护中资企业财产安全和中国公民安全问题与新政权保持及时联系。

在利比亚局势尘埃初定之后，2011年9月12日，中国政府宣布承认利比亚"全国过渡委员会"为利比亚执政当局和利比亚人民的代表，希望中利双方此前签署的各项条约及协议继续有效并得到认真执行。[①]

在马里政变后，使馆多次做马军方和过渡政府领导人工作，要求其采取切实措施，维护我方企业和人员人身财产安全，得到对方的积极回应。[②]

3. 根据非洲政治发展的特点，中国驻非使领馆和在非中资企业重视与当地有势力集团的接触。

2011年3月，中国驻埃塞俄比亚大使顾小杰率使馆外交官等驱车来到海拔3 200多米的多多拉（Dodola）项目主营地，与项目所在地行政官员和部族长老等进行会谈，并认真听取他们的意见。[③]

中土集团是进入尼日利亚的10多家中国工程承包公司之一，也是较早进入尼日利亚的中国企业，刚到尼日利亚的时候也发生过人质劫持事件和抢劫事件。后来公司定下规则：公司进入非洲后，每到一个新地方，开展新业务，必须主动拜访当地有影响力的人和当地青年组织，或有影响力的团体组织，以及要和当地的政府警察局要建立良好的关系。[④]

---

① 《中方宣布承认利比亚"全国过渡委员会"》，http：//news.xinhuanet.com/world/2011-09/12/c_122022307.htm，2011年9月12日。

② 《驻马里大使曹忠明会见马过渡政府总理迪亚拉》，http：//cs.mfa.gov.cn/lsxw/t925568.htm，2012年4月25日。

③ 《驻埃塞俄比亚大使顾小杰出席领保工作座谈会并考察中资企业》，http：//cs.mfa.gov.cn/lsxw/t806421.htm，2011年3月15日。

④ 2007年1月24日，中国土木工程集团公司董事陈晓星在接受中央电视台记者采访时的谈话，见"中国驻非洲机构应加强自我保护"，http：//news.cctv.com/world/20070124/108131.shtml，2008年2月5日。

在利比亚的中资企业在日常经营中，注意发展与当地部族长老和实力派之间的联系，与当地民众关系相处比较融洽，积累了较好的人脉关系。这些资源在撤离的关键时刻发挥了无可替代的作用。例如在撤离行动中，几大央企牵头，分区协助政府完成撤离任务。中交集团就曾因我方租用邮轮无法靠岸，主动联系当地实力派人物，成功打通撤离的"海上生命线"。

4. 针对非洲国家治安状况不佳的特点，中国驻非使领馆重视与驻在国的司法部、内政部和警方保持联系，在一些国家成立了中非警民联防机制或安全联席会议机制，而且出现了中国警方与驻在国警方联合打击侵害中国公民权益的犯罪行动的创举。

早在 2004 年 3 月，在中国驻南非使领馆的大力支持下，南非华人警民合作中心正式开始运作。警民合作中心是个非营利性组织，由华侨华人共同筹划。警民合作中心负责接听华侨华人求助电话，帮助他们处理因为语言障碍、法律生疏等问题而面临的难题。警民合作中心与当地警政单位建立业务联系，熟悉警方工作程序，构筑华侨华人与警政单位互动的渠道，让警方更多地了解华侨华人社区面临的困难，同时尽全力协助警方工作。

2011 年，中国驻莫桑比克大使馆和莫桑比克警方建立了"中莫警民联防机制"。在此机制框架内，莫警方为改善华侨华人居住区和商业经营场所，以及在莫中资机构住地的治安状况做出了很大努力。[①] 中国驻莱索托使馆与莱索托外交部、内政部等有关部门一起建立了安全联席会议机制。[②] 2011 年 10 月，驻安哥拉使馆领事官员与警察局和华商代表举行治安联席会议，共同商讨打击恶性犯罪措施。[③]

5. 中国驻非使领馆官员举行和出席各种与中国公民和中资企业代表的座谈会，与他们就驻在国的安全形势进行沟通，向其介绍领事保护工作，提醒公民注意安全，敦促企业履行社会责任，积极融入社会，为企业的长远发展和公民的安全保护奠定良好的基础。

2011 年 1 月，中国驻马拉维使馆举行侨民安全形势吹风会。使馆外交官向与会者介绍了中马关系、马拉维安全形势及注意事项、使馆领侨工作，并传达了国

---

① 《驻莫桑比克大使黄松甫会见"中莫警民联防机制"莫方总协调人》，http：//cs.mfa.gov.cn/lsxw/t906360.htm，2012 年 2 月 19 日。

② 《驻莱索托使馆临时代办赖波会见莱助理内政大臣》，http：//cs.mfa.gov.cn/lsxw/t918749.htm，2012 年 3 月 29 日。

③ 《驻安哥拉使馆与安警方、华商代表举行治安联席会议》，http：//cs.mfa.gov.cn/lsxw/t872004.htm，2011 年 10 月 31 日。

内关于打击对非洲出口假冒伪劣和侵犯知识产权商品专项治理的文件精神。① 10月，驻肯尼亚使馆举行在肯中资企业座谈会，就中肯经贸合作、在肯中资企业如何履行社会责任等进行交流。② 2012年3月，驻拉各斯总领馆出席了尼日利亚拉各斯民营企业座谈会，与领区20多家民营企业负责人沟通交流。③ 4月，驻博茨瓦纳使馆召集当地中资企业协会会长、孔子学院中方院长、华商会会长、和统会会长、妇女协会会长、弗朗西华商会会长等各界代表举行领事保护座谈会，听取他们对领事保护工作的意见和建议。④

6. 中国驻非使领馆与驻在国有关部门一起召集当地华侨社团和中资企业代表开会，向中国公民介绍驻在国的政策法规，提醒中国公民和企业遵纪守法，减少因此而带来的安全隐患。

2011年11月，中国驻博茨瓦纳使馆与博茨瓦纳反腐败与经济犯罪调查局联合举办研讨会，由博反腐败和经济犯罪局负责人向旅博华侨华人、中资机构宣讲该局和博工商人力资源联合会联合制定发布的博茨瓦纳私有企业《行为准则》。⑤

2012年2月，中国驻赞比亚使馆邀请赞比亚雇主协会为在赞主要中资企业和中华商会负责人做关于赞劳工政策问题的专题讲座。⑥ 4月，驻多哥使馆组织举行多哥签证与居留证政策介绍会，多移民局主管负责人应邀来馆，向与会的中国公民介绍了多哥移民政策、工作签证及申请长期居留证的规定和要求。⑦ 6月，驻拉各斯总领馆举办"总领馆大讲堂"系列活动，面向领区中方人员、机构，举办有关当地法律法规、风俗习惯、行业规则、风险防控等方面的讲座和见面会。

7. 中国驻非洲国家的大使亲自视察当地中资公司，考察安全工作情况。

2011年3月，中国驻埃塞俄比亚大使顾小杰前往中资企业相对集中的奥罗莫

---

① 《驻马拉维使馆举行侨民安全形势吹风会》，http：//cs.mfa.gov.cn/lsxw/t786053.htm，2011年1月14日。
② 《驻肯尼亚使馆举行在肯中资企业座谈会》，http：//cs.mfa.gov.cn/lsxw/t868096.htm，2011年10月17日。
③ 《驻拉各斯总领事刘显法出席拉各斯民营企业座谈会》，http：//cs.mfa.gov.cn/lsxw/t916517.htm，2012年3月19日。
④ 《驻博茨瓦纳使馆举行领事保护座谈会》，http：//cs.mfa.gov.cn/lsxw/t927375.htm，2012年4月27日。
⑤ 《驻博茨瓦纳使馆举办预防腐败和经济犯罪研讨会》，http：//cs.mfa.gov.cn/lsxw/t877912.htm，2011年11月16日。
⑥ 《驻赞比亚大使周欲晓出席赞雇主协会专题讲座》，http：//cs.mfa.gov.cn/lsxw/t909701.htm，2012年3月1日。
⑦ 《驻多哥使馆组织举行多哥签证与居留证政策介绍会》，http：//cs.mfa.gov.cn/lsxw/t925547.htm，2012年4月20日。

州首府阿达玛市,与企业代表举行领保工作座谈会。① 11月,驻尼日利亚大使邓波清视察中兴、华为两家公司在尼首都阿布贾的办事处,强调各在尼中资公司要在思想上高度重视安保工作,及时建立健全相关安全制度,制定和完善应急预案,努力确保我国在尼人员和机构的安全。②

8. 创制华侨领事保护卡和建立领保联络员制度。为帮助侨胞准确及时地向使馆反映情况,寻求领事保护,中国驻博茨瓦纳使馆特制定了《在博华侨领保卡》,供广大侨胞在需要时根据卡片指示向领事官员报案,以便使馆及时、高效地开展领保工作。③ 此外,中国驻博茨瓦纳使馆还要求各侨团选派外语好、责任心强的侨胞作为领保联络员,就本社团内的领保情况与使馆保持有效沟通。使馆领事部定期召开领保联络员会议。④ 中国驻苏丹大使馆也建立了安全联络员制度,与在苏中方人员和机构建立起广泛的沟通联系网络,覆盖在使馆登记备案的所有中资机构和人员。⑤

9. 使馆与在非中资企业通过不定期会议和网络等方式保持联系。笔者所进行的问卷调查结果显示,58.9%的受访企业表示使馆会召集当地中资企业不定期开会,遇有紧急情况,使馆会立刻告知;32.3%的企业表示,中国使馆会定期召集当地中资企业开会,讨论当地安全形势。笔者从对中国驻非使馆经商处官员的采访中也得知,使馆经商处不定期召开安全会议,大部分中资企业都会派代表参加。经商处还可以通过网站,包括使馆网站、QQ群、微信、华人网站等发布安全通知。⑥

10. 在非大型中资企业安全风险防范意识较强,采取了多项措施。2012年5月,中国水电建设集团国际工程有限公司驻埃塞俄比亚总代表告诉笔者,其所在的公司为了保护员工安全采取了多项措施。首先,在出国之前对工人进行培训,但培训的主要内容是承包工程管理条例规定的安全内容,如注意施工现场安全;其次,在工人到达埃塞俄比亚后,代表处聘请一些专家给工人做讲座,内容包括简单的宗教知识、埃塞俄比亚南北方的差异、中国人和非洲人思维习惯差异等,以增加中国人对非洲人的了解,避免误会和冲突;最后也是最重要的,在危险地区,公司花钱请当地的警察,聘请当地的安保公司保护工地和工人的营地,不上

---

① 《驻埃塞俄比亚大使顾小杰出席领保工作座谈会并考察中资企业》,http://cs.mfa.gov.cn/lsxw/t806421.htm,2011年3月15日。
② 《驻尼日利亚大使邓波清慰问在尼中资企业》,http://cs.mfa.gov.cn/lsxw/t875508.htm,2011年11月9日。
③④ 《驻博茨瓦纳使馆举行领事保护座谈会》,http://cs.mfa.gov.cn/lsxw/t927375.htm,2012年4月27日。
⑤ 牟宗琮、黄培昭:《中国企业在海外如何确保员工安全》,载《人民日报》2012年2月2日。
⑥ 2012年5月24日笔者在亚的斯亚贝巴对中国驻埃塞俄比亚大使馆经商处官员的采访。

夜班，加高工地围栏等，财务人员去银行领取现金都聘请当地持枪保安护卫。此外，中国驻埃塞俄比亚的商会也不定期组织一些培训，例如，关于当地的司法、劳务税务制度等，请律师来现场讲解。中国公司之间也相互交流经验。驻埃塞俄比亚的中资公司代表之间建有QQ群，可以在网上就设备资源、人员管理、财务事宜等进行经验交流。[①]

中兴通讯股份有限公司（以下简称中兴公司）非常重视驻南非员工的安全，在当地采取了一整套保卫措施。中兴公司在每个业务区配备专门的安全监控人员，负责本地区员工外出、度假等安全防卫，为其提供当地最近的医院、警察局和保安公司的电话。该公司还将南非各地区的安全形势分成不同的层级，依据所在地安全级别的高低，为外出员工配备相应数量的持枪保安。例如，在南非，在治安状况一般的东伦敦，外出工作的员工要配备一名持枪保安；在治安状况较差的约翰内斯堡，外出员工要配备两名持枪保安。中方员工集体出行时由公司派出车队，一般由本地员工陪伴。此外，在与安保有关的服务方面，做到周密细致。中兴公司给外派员工办理工作签证，保证其身份的合法性；在分发给派驻南非的员工的入境须知上介绍安全常识；为中方员工购买包括人身安全保险在内的多种社会保险；为每个常驻当地员工办理银行卡，避免员工使用现金，防止抢劫事件；每逢节假日或发生重大事件时向员工发布安全通报。[②]

（二）涉非领事保护应急机制较为完备

在领事保护的应急处理方面，准备充分，应急机制启动及时顺畅。

1. 中国驻非使馆要求驻在国的大型国有企业准备应急预案并上报，并建有多种渠道发送紧急信息。

例如，中国驻埃塞俄比亚使馆经商处要求在埃塞俄比亚的中国国企和大型民企上报应急预案。对没有上报预案的企业，使馆经商处予以通报。使馆要求预案内容包括紧急情况下的撤离路线，并指定专门负责人，各企业要将部门负责人的联系电话张贴在办公场所的墙上。使馆还专门为此到各企业进行检查，要求企业当场拿出应急预案，并查看消防通道、安全警示等。使馆本部与经商处都有应急预案。应急预案将可能出现的紧急情况分成几级，不同的情况会有不同的颜色标示。使馆领事部对于领事保护的应急处理也有相关文件。经商处依靠商会向中资企业发通知，商会与中资企业之间建有QQ群。遇有情况，经商处通知商会会长

[①] 2012年5月22日笔者在亚的斯亚贝巴对中国水电建设集团国际工程有限公司埃塞俄比亚代表处总代表刘海林先生的采访。

[②] 以上见牟宗琮、黄培昭：《中国企业在海外如何确保员工安全》，载《人民日报》2012年2月3日，第3版。

和两位秘书（分别负责在埃塞俄比亚的承包企业和投资企业），然后由他们通知企业代表。①

2. 在处理在非中国公民安全突发事件方面，领事保护应急机制"四位一体"的特点得到了充分的体现。

中国领事保护应急机制在近些年的发展过程中，逐步形成了中央、地方、企业和驻外使领馆"四位一体"的特点。② 2011 年的利比亚撤离最明显地体现了这一特点。在此次撤离行动中，中央、地方、企业和驻外使领馆协调一致，高效地完成了撤离任务，得到了中外媒体的一致称赞。③

如果说在利比亚撤离中还是中央政府起主导作用，在 2012 年 3 月的刚果（布）弹药库爆炸事故中，则由地方政府牵头组织了工作组前去协助使馆处理。2012 年 3 月 4 日，刚果（布）首都布拉柴维尔一弹药库发生爆炸事故，爆炸波及附近的北京建工集团项目工地，造成中国员工 6 人不幸遇难，45 人不同程度受伤。中国驻刚果（布）大使在第一时间赶赴现场，协调营救并指导有关企业开展善后。5 日，外交部副部长约见刚果（布）驻华使馆临时代办做工作。6 日，中国政府紧急派出由北京市政府牵头、外交部等部门参加的联合工作组赴刚果（布）开展工作。北京市政府派出 5 人医疗专家组赶赴前方，有关企业也派员赶赴当地。④

3. 外交部、驻外使领馆和在非企业重视利用微博、QQ 等新通信手段及时了解信息，提供紧急救助。

在撤离中国在利比亚人员的行动中，中国外交部领事保护中心除了通过两部热线电话和传真等传统方式了解公民求助信息，还高度重视中国在利公民和机构通过网络和微博发出的信息，及时协调驻外使领馆和前方工作组联系核实，为他们提供帮助。例如，有网民反映黎波里地区中国通信服务公司 80 余人请求协助，领保中心立即要求驻利比亚使馆联系核实。还有网民通过微博反映，利比亚米苏拉塔地区有 800 余名人员请求协助，领保中心指示前方工作组提供帮助。还有 48 名中国在利公民通过微博发出救助请求，领保中心即要求驻利使馆和前方工作组

---

① 2012 年 5 月 24 日笔者在亚的斯亚贝巴对中国驻埃塞俄比亚大使馆经商处官员的采访。
② 具体可参见 2012 年 3 月 11 日，新华社记者对外交部主管领事工作的副部长谢杭生的独家专访：《领事官员每人"保护"14 万人》，http：//www.people.com.cn/h/2012/0312/c25408 - 3342200168.html，2012 年 3 月 12 日。
③ 具体可见，中新网北京 3 月 6 日电：《各国媒体高度评价中国撤离在利比亚公民行动》，http：//news.ifeng.com/mil/4/detail_2011_03/07/5014688_0.shtml，撤离的具体过程可参见夏莉萍：《从利比亚撤离透视中国领事保护机制建设》，载《西亚非洲》2011 年第 9 期。
④ 《在刚果（布）爆炸事件中受伤的中国工人返抵北京》，http：//cs.mfa.gov.cn/lsxw/t913035.htm，2012 年 3 月 12 日。

核实。① 2012年3月，刚果（布）发生军火库爆炸事件后，不少网友都在微博上发布信息。中国外交部非洲司官方微博"直通阿非利加"播报了多条相关此事件的信息，对不幸遇难的中国同胞表示哀悼，对遇难者家属及伤者和北京建工全体员工表示慰问，向刚果（布）驻华使馆表达了慰问。中国驻马里使馆也创新工作方式，利用QQ群主动向华侨华人发布消息，增进交流，了解大家的实际需要。②

总之，针对非洲国家安全形势复杂的特点，中国驻非使领馆与在非中资企业积极配合，在保护在非中资企业和中国公民方面，建立了多样化的预防机制和有效的应急反应机制。

第四节 涉非领事保护机制的不足及改进建议

一、加强政府部门和企业之间的海外安全信息交流和共享机制建设

目前中国企业面临着"走出去"发展的任务。企业要走出国门，离不开政府机构的支持，尤其是驻外使领馆的支持。目前外交部与企业有松散的接触，但没有形成机制。外交部每年都举行相关的研讨会，探讨外交部如何为中国企业"走出去"服务。外交部领事司的护照处、签证处等也时常到大型企业举办讲座、座谈，探讨中国的领事证件制度如何更好地为中国企业走出国门提供方便。③ 商务部自2004年起每年主办中国企业"走出去"论坛活动，根据中国企业"走出去"的发展趋势，每年选择不同的主题，为中外企业交流搭建平台。④ 但是，中国目前仍然没有建立起像主要发达国家那样的政府部门与企业之间的信息共享机制和海外安全协商机制。

在这方面，主要发达国家的经验值得借鉴。主要发达国家都建立了政府部门和企业之间双向交流信息的海外安全协调机制，例如美国国务院的海外安全咨询

---

① 《外交部重视中国公民微博求助》，http://cs.mfa.gov.cn/lsxw/t802626.htm，2011年2月27日。
② 《驻马里大使曹忠明就对在马里中国人的领事保护工作接受新华社记者专访》，http://cs.mfa.gov.cn/lsxw/t934952.htm，2012年5月23日。
③ 2008年2月10日对中国外交部领事司官员的采访。
④ 《中国企业走出去国际论坛2006在北京召开》，http://mnc.people.com.cn/GB/54849/62628/62630/4337125.html，2006年4月27日。

委员会、英国的海外企业安全信息服务机构、日本的海外安全公私合作理事会和定期召开的由日本侨民参加的安全咨询和联络会议等。

非洲国家政局不稳,局势易变,这就要求中国驻非使领馆和在非中资企业格外关注所在国的局势变化情况。目前,在一些非洲国家,中国驻非使馆与驻在国的中资企业举行定期或不定期的会议讨论安全形势,但是还没有形成一个像美、英、日等发达国家那样的合作机制。由于我国政治体制的特点,在目前中国使馆和企业的联系机制中,使馆往往是占据领导位置的,企业是听从使馆领导的,企业的积极主动性没有得到充分的发挥。

笔者曾经对利比亚撤离做过细致的案例研究。通过研究,笔者发现在利比亚的中资企业和驻利比亚使馆对利比亚局势变化的反应相差较大,在一些企业内部已经启动预防机制的情况下,驻外使馆的网站却没有显示任何有关局势变化的预警提示信息。企业和使馆之间关于安全形势的沟通机制还需要加强。在利比亚局势突变的情况下,企业的反应更为敏锐。这可能是因为企业分布广泛,与当地民众的接触更为频繁,对局势变化细节的感受要敏感于位于首都大使馆内的外交官们。但是企业对局势的反应并未通过有效机制及时反映给有关政府部门,并通过政府机构的平台在更广范围内发布,引起更多在利中国企业和公民的关注。[①]

因此,如果能够建立一个类似发达国家官民合作机制之类的联系中国企业和有关政府部门的海外安全协商机制,必定能够更好地保护海外中资机构和人员的安全。

二、增加企业在涉非领事保护决策机制中的代表性

为了加强保护海外中国公民安全行动中的统筹协调,我国于2004年起成立境外中国公民和机构安全保护工作部际联席会议机制。但是,在这个机制中并没有企业的代表。中国在非公民的群体特点就是以成建制派出的员工为主,应该说,企业对员工的安全负有第一位的责任。因此,在涉非领事保护机制决策时,应有企业的代表参与。

三、尽可能利用商业途径降低风险损失

对于到国外旅行的公民来说,一定要购买相应的保险。非洲国家安全风险种类繁多,对于到非洲工作或旅行的中国人来说,更应该购买保险。否则,政府和

---

① 夏莉萍:《从利比亚撤离透视中国领事保护机制建设》,载《西亚非洲》2011年第9期。

企业都无法长期承担风险所带来的全部责任。

英国和澳大利亚等国为此曾和本国国内旅行社等相关机构发起过大规模的宣传运动，提醒公民在出国旅行之前购买旅行保险，以规避、转移风险。

近几年，中资公司为赴海外工作人员购买保险的行为得到了很大改善（问卷调查的结果表明91.4%的受访企业为员工购买了人身伤害保险或其他保险），但赴海外运营的公司购买投资风险保险还不够普遍。在接受调查的128家企业（绝大部分为大型国企）中，只有27.3%回答购买了投资风险保险，35.2%没有购买此类保险，其余的37.5%表示不清楚。因此，我国政府或可学习英澳做法，加大和有关机构的合作，提高企业购买保险的意识。

四、加强非洲法律法规研究并做好普及工作

笔者所进行的调查和外交部网站所发布的安全提示的内容都显示，不熟悉非洲当地的法律法规是在非中国企业和公民所面临的主要安全风险之一。一方面，需要加强对企业和公民的守法意识教育；另一方面，需要加大对非洲当地法律法规的研究并做好相关的知识普及工作。这样，才能减少涉非领事保护事件的发生。

五、确保企业海外风险防范机制得到有效落实

中国在非企业数量多，资质参差不齐。在企业自身预防机制建设方面，不均衡性表现较为明显。前文所述表明，大型国有企业能够做到向所在国的中国使领馆登记，并较好地完成安全防范准备等工作。2011年4月，领事保护中心官员在接受笔者采访时表示，从企业对利比亚局势突变的预防工作来看，部分企业的预防机制运行情况良好，较好地履行了商务部、外交部等部门联合发文中的规定。但也有部分企业自保能力不强，轻安全，重收益，安全预防观念淡薄，应急预案建设也很薄弱。[1]

笔者通过访谈获得的信息表明，不少企业的安全防范工作只是停留在纸面上，并未予以真正有效的落实。很多文件在制订完了之后，束之高阁，等上级来检查时才拿出来，普通员工根本无从知晓。笔者曾经对中国驻赞比亚、埃塞俄比亚、加纳、纳米比亚等国家的中资企业做过调查，不少接受问卷调查的人表示不知道公司的安全防范规定。

---

[1] 2011年4月2日笔者对外交部领事保护中心官员的采访。

因此，有关部门非常有必要定期检查各项预防和应急方案的落实情况。

六、加强在非公民登记系统建设

完善的公民登记系统十分重要，它不仅可以使公民接收到政府部门所发布的各种安全提示信息，也可以在关键时刻帮助驻外使领馆联系到公民，帮助其脱离险境。鉴于非洲国家通讯基础设施比较落后的情况，美国和加拿大等国所实行的民防队员体系十分值得借鉴。让人高兴的是，在一些非洲国家，如上文提到的博茨瓦纳和苏丹等国，中国使馆已经建立了领事保护联络员制度。这种制度与民防队员体系有点相似，值得推广。通过领事保护联络员制度推进在非中国公民登记系统的完善。

七、强化公民和企业的守法意识，不对违法者进行"过度"保护

统计资料表明，在非中国公民所遇到的很多安全问题中，不少都是由于自身原因引起的。中国公民在非的八类违法违规行为中，绝大部分是可以避免的。这其中涉及公民素质问题，需要长期的努力。为此，首先，考虑到在非公民成建制派出的特点，在派出之前对其进行针对性的培训，最好是以案例的形式对其进行告诫，应是有效的办法。[①] 其次，扩大发放领事保护宣传材料的范围。例如，领事保护手册应该在机场发放，人手一册。公民在领取护照时也可以附送一些宣传领事保护信息的资料。

对于违法违规者，不进行"过度"保护。接受笔者采访的中国驻非使馆经商处官员告诉笔者，中国目前对领事保护的重视程度不亚于发达国家，有些已经超越了正常的领事保护的职责范围。例如中国人违法问题。曾经有中资公司用假发票逃税，数额巨大，被驻在国警方逮捕。使馆知道情况后，立即派人前往交涉。从 2011 年年初至 2012 年 5 月，在埃塞俄比亚发生了 280 余起涉嫌携带象牙制品出境或象牙交易的案件。现在中国驻埃塞俄比亚使馆已经形成处理此类问题的机制。凡是有中国人因为此类问题被埃方抓扣后，由埃方通知翻译（当地人），翻

[①] 笔者曾几次在飞往非洲国家的航班上碰到赴非洲工作的中国工人团组。经过交谈发现，他们其中很少有人了解目的地国家，只是知道条件不好，有一定的危险，但是具体情况就不清楚了。带队的公司管理人员告诉笔者，等到了非洲国家以后，慢慢他们自己就明白了。出国之前如果跟他们说清楚有多危险，很多人就不愿意去了。实际上不少公司在工人到达非洲国家后也并未组织培训。工人们对于驻在国安全风险的认识都是从与同事的交流中点点滴滴积攒起来的。

译代表中国使馆前去帮助录口供、摁手印,然后安排住在招待所。第二天开庭,上交罚金,获释。而在埃塞俄比亚的韩国人因为同样的问题被抓,因为得不到类似的"帮助",会被关押很长时间。①

对于违法违规人员的过度保护,表面看好像充分体现了"外交为民",但是,从长远看,只会使企业和公民守法意识更为淡薄,因公民自身违法违规而带来的保护事件层出不穷,中国领事保护工作难以负重,也对中国国家形象造成了非常不利的影响。

八、增加专业领事保护人员

2012年4月25日外交部领事司副司长、领事保护中心主任郭少春在广州举行的"海外安全文明"的专题讲座上指出,驻外领事干部编制自1994年以来就再没有增加。与此同时,中国内地公民出境人次则增长了10多倍,领事保护案件增长了70多倍。大约600名驻外领事官员,平均每名领事官员要负责处理大概13万名在外中国公民的领事保护事务。②

笔者通过对商务部官员的采访获知,关于对外投资、劳务、工程承包、企业"走出去"、安全保护等事务都由商务部国际合作司管理。该司人手非常紧张,有些处只有1~2人,好多事情根本没有时间细管。笔者去过一些中国驻非使馆,凡是笔者接触到的外交官,无论其在哪个部门,都十分繁忙。每个使馆实际负责领事工作的也不过1~3人,他们还要负责护照、签证、公证认证等事务,实际从事领事保护的人手十分有限。大部分领事官员没有接受过系统的培训,使馆内部轮岗的情况也很普遍。领事保护是一个专业性岗位,需要具有一定的法律知识基础和外交实践经验。③

九、规范军方和警方对于安全保护工作的参与,形成相关机制

自2008年起,中国派军队去亚丁湾海域护航。2011年,中国军方也第一次派军机参与了利比亚大撤离。2012年中国警方和安哥拉警方合作打击侵害中国公民犯罪团伙的"5.11"专项行动为保护在非中国公民安全进行中非合作开创了

---

①③ 2012年5月24日笔者在亚的斯亚贝巴对中国驻埃塞俄比亚大使馆经商处官员的采访。
② 《外交部领事司:海外公民企业面临安全风险上升》,http://news.sina.com.cn/c/2012-04-25/084124326398.shtml,2012年5月1日。

良好先例。从主要发达国家的经验看，军方和警方参与海外公民安全保护机制建设已常态化。我国应出台法规，将中国军方和警方参与海外公民安全保护工作，尤其是参与紧急事件的处理程序规范化，这样才有利于海外企业和公民安全保护制度的进一步完善。

结 语

随着中非关系的深入发展，中国在非利益凸显。在非中资企业和中国公民是中国在非利益的载体。相对于世界其他地区而言，非洲国家的政局更为动荡，治安形势不佳，恐怖活动时有发生，海盗袭击不断，这些都对在非中资企业和中国公民的安全带来了威胁。如何做好在非中资企业和中国公民的保护工作，从而从整体上维护我国在非利益是一个值得长期关注和研究的课题，还需要我们付出更多的努力。

第六篇　新时期中非人文合作的战略与政策

人文交流正成为新时期推进中非合作可持续发展的第三种战略力量。

中非合作应该说从一开始就大体上包含了政治、经济、人文三个方面的内容。不过，这三个方面合作内容的战略指向及其三者间的相互关系，在不同时期是有所不同的。大致上我们可以这样说，在中非合作关系建立的前30年，即20世纪50~70年代，中非合作关系总是一种以政治交往为核心内容的关系，随后的30年，即20世纪80年代迄今，中非合作关系变成了一种以经济为主导、发展为指向的关系。而在今后的30年，人文交流或许将走到前台，文化交往、民间交往、社会互动将日显重要。

20世纪50~70年代，受时代因素与中非双方内在追求的双重引导，政治关系成为当时中非关系的核心内容，虽然当时也有经济合作、人文交流，但经济与人文合作是从属于政治合作、服务于政治合作的。从20世纪80年代起，中非合作关系日益向经济与发展领域推进，经济合作的地位日显重要。这个阶段上，政治与人文更多的是为经济开道，为经济服务的。这样一种以经济发展为主导的中非务实合作关系，迄今已经推进了约30年，取得了举世关注的成果，也成为中非合作关系得以快速推进的巨大动力。

然而，近年来随着中非经济合作关系的快速推进，中非关系对中非双方普通百姓的关涉日益明显，越来越多的中非普通民众参与到中非交往进程中来，我们可以称之为"中非关系民间化"或"草根化"新趋势。中非合作关系或许正在进入"第三个三十年"。在今后的日子里，中非双方在人文社会领域的关系会越来越复杂。在这个阶段上，中非的政治合作与经济合作依然重要，但人文合作已经不再是从属于、服务于政治、经济的工具，它本身有存在的价值与追求的目标，它会从后台走到前台，会从边缘位移到中心。

从长远来看，中非关系的维持与提升，其实取决于中非在人文交流、民间交往、文化合作、社会互动领域的走向与成效。2006年中非合作论坛北京峰会上首次提出的"政治上平等互信、经济上合作共赢、文化上交流互鉴"的中非合作关系三足鼎立的结构，不能只是一种口号上的宣示，而必须是一个需要真正落实与推进的进程。

本篇各章，从不同的角度和层面上探讨了新时期中非人文交流的核心内容、战略取向、面临问题与政策选择。

第二十二章

新时期中非人文领域合作的战略与政策

进入21世纪,中非友好合作关系在原有基础上获得性质上的显著提升和内容上的极大拓展,中非关系跃升为"政治上平等互信、经济上合作共赢、文化上交流互鉴"的"中非新型战略伙伴关系",中非文化交流以及更为宽泛意义上的人文领域合作被提高到新的战略高度。在现有的西方强势话语难以平等对待各种非西方文明,难以有效解决发展中国家面临的发展问题时,中国与非洲国家基于自主而平等的基础上开展人文合作与经验交流,势必有助于在西方话语体系之外探索出一条更具本土意义的发展道路,共同探索解决现代化进程面临的发展难题进而推动发展中世界的整体复兴。在21世纪亚非各国追求发展与复兴的进程中,中非关系必将因为新的发展基础、目标和动力而取得更大的发展,中国与非洲的国家关系也将迎来新的历史纪元。

第一节 人文交流成为推进新时期中非合作的第三大力量

一、中非关系的历史性变迁与结构性调整

中国与绝大多数非洲国家一样,是伴随着西方的侵略而步入近代历史的。如何摆脱外来殖民压迫从而实现民族独立,并在这一进程中完成现代民族国家构建

及国家的近现代化进程，是亚非各民族各国家面临的有着内在关联的两大历史任务。亚非人民从 15 世纪以来便不同程度地卷入这一历史主题之中，而其高潮则到来于 20 世纪尤其是 20 世纪中叶。正如著名的美国黑人领袖、"泛非主义之父"杜波依斯在 1900 年卓越地预言道："20 世纪的问题，就是肤色界限的问题——即亚洲、非洲、美洲和大洋洲诸岛上深色皮肤和浅色皮肤人种之间的关系。"[①]亚非拉各民族以不同形式共同反抗西方白人对他们的统治，这是人类历史上的第一次，它对世界历史进程以及亚非民族自身发展所带来的影响是不可估量的。

打碎西方殖民枷锁以寻求民族独立，就成为当代中非合作的历史起点。新中国成立前夕，虽然做出了向以苏联为首的社会主义阵营"一边倒"的政治选择，但中国始终认为自己同时属于被压迫民族和新兴民族独立国家的一员，誓言联合亚非各被压迫民族共同反对帝国主义侵略。[②] 1955 年 4 月，周恩来总理率团参加了在印尼万隆举行的第一次亚非会议，与其他亚非国家一道推动会议达成了以团结一致、共同反帝反殖为核心内容的政治主张，史称"万隆精神"。如果说新中国成立初期的外交任务主要在于打破西方国家的政治和军事封锁，维护国家的主权独立和民族尊严，那么这一历史任务在随后的六七十年代变得更加紧迫和突出。在中国遭到美苏两个超级大国封锁孤立的时期，中国执行了最广泛的反帝反霸外交路线，以非洲国家为主要力量的发展中国家成为中国国际统一战线的重要组成部分。1974 年 2 月，毛泽东主席提出"三个世界"的划分，主要依据世界各国在国际体系中的实力、地位及外交倾向的不同而非传统的意识形态分歧来进行敌友的分类，从战略高度上把中国与广大亚非拉发展中国家拉到了一起。"三个世界"理论成为当时中国对外政策的基石，也是那一时期中国发展与非洲国家关系的指导方针。

当时非洲民族独立国家也十分珍视来自中国的政治支持和经济援助。对这些正在追求政治独立或亟需巩固国家独立主权的新兴民族国家而言，如何通过"南南合作"以团结更为广泛的反帝反殖力量，是它们最为主要的政治和外交任务。当时非洲国家一方面在非洲大陆层面开展政治团结，以非统组织为舞台展开外交斗争，同时也注重发展同其他民族独立国家包括中国的外交关系。当坦桑尼亚总统尼雷尔频频访问中国后，他告诉他的同胞，非洲大陆仅有自己内部的团结还不

---

① ［英］杰弗里·巴勒克拉夫：《当代史导论》，张广勇等译，上海社会科学院出版社 1996 年版，第 149 页。
② 1949 年 9 月中国人民政治协商会议通过了具有临时宪法作用的"共同纲领"，规定了处理对外事务的政策和基本原则："中华人民共和国联合世界上一切爱好和平、自由的国家和人民，首先是联合苏联、各人民民主国家和各被压迫民族，站在国际和平民主阵营共同反对帝国主义侵略，以保障世界的持久和平。"（第 11 条），参见谢益显主编：《中国外交史（中华人民共和国时期 1949 – 1979）》，河南人民出版社 1988 年版，第 11 页。

够，非洲必须同中国进行广泛的合作。① 中国同其他亚非第三世界国家和人民，因为共同的反帝、反殖和反霸需要而坚定地走到了一起。

中非合作在20世纪六七十年代逐步取得了巨大的历史成就：一大批非洲民族国家相继获得独立，非洲民族解放的历史使命和政治任务逐步得到解决；中国也获得了绝大多数非洲国家的外交承认，在1971年最终被非洲朋友"抬进"了联合国。在那特定的年代，"南南合作"使中国赢得了应有的国际尊重和尊严，中国借助第三世界的整体力量彰显了自己的国际地位与影响；而中国国际地位的提高反过来又加强了第三世界在国际斗争中的整体力量，让西方世界不得不重新思考它们与亚非世界的关系。这是"南南合作"之于中国和第三世界的重要历史贡献。

二、人文交流开始上升至中非合作的战略层面

进入20世纪七八十年代，中非合作的历史主题发生了显著变化，亚非复兴进程由此进入新的历史阶段。中国于1978年启动了改革开放进程，国家战略重心开始转移到经济建设上来，由此推动外交大变局时代的来临。中国外交逐步放弃过去曾有过的激情与冒进，中华民族的务实理性得到应有回归，对外诉求也由过去主要着眼于国际政治斗争的需要，逐步转向于强调服务于经济发展而不是其他理想化的国际主义目标。1982年，中国政府总理在访问非洲国家时宣布了中国对非经济技术合作的"四项原则"，即"平等互利、讲求实效、形式多样、共同发展"，成为指导新时期中国与非洲国家开展经贸合作的基本原则。这表明中国将在互惠合作、互利双赢的前提下，在兼顾自身利益需要和发展中国家共同发展的基础上，务实地推动与非洲国家的"南南合作"。已独立的非洲国家为了摆脱经济发展的相对滞后，为了解决在经济全球化进程中日益边缘化的危险，也开始把经济和社会发展确定为国家的优先发展目标。源于国际政治经济格局的变迁，以及伴随这一进程中国对自身利益与身份的重新认识，中国与非洲国家开展"南南合作"的战略基础逐步由反帝反殖反霸斗争中的相互支持转向了对和平与发展事业的共同追求。② 这一历史转型奠定了新时期中非关系深入发展的基础，开启了中国与发展中国家关系的新时代。

---

① 刘鸿武：《中非关系30年：撬动中国与外部世界关系结构的支点》，载《世界经济与政治》2008年第11期，第80~88页。
② 罗建波：《通向复兴之路：非盟与非洲一体化研究》，中国社会科学出版社2010年版，第186~211页。

这一进程发展到 21 世纪初，中国与非洲国家关系得到全面提升与拓展。中国同非洲国家创建了中非合作论坛机制，双方致力于建立"政治上平等互信、经济上合作共赢、文化上交流互鉴"的"中非新型战略伙伴关系"。这既是对过去几十年中非友好合作关系的历史总结与提升，也是对未来中非关系发展的规划与展望。中非关系的合作领域与内容也迅速得到拓展，由此前主要集中在政治互助、经贸合作发展到全方位、多领域的合作。虽然此前中非在教育、文化领域的交流与合作已开展多年，但在 2006 年初发布的《中国对非洲政策文件》中，中国第一次正式把"文化上交流互鉴"提高到中非关系的全新战略高度，这一战略定位在同年召开的中非合作论坛北京峰会上得到中非双方的一致认同，中非关系由此获得了新的内容与发展动力。

三、新时期推进中非人文领域合作的特殊意义

在现有的西方强势话语难以平等对待各种非西方文明，难以有效解决发展中国家面临的发展问题时，中国与非洲国家在自主而平等的基础上开展人文合作与经验交流，势必有助于在西方话语体系之外探索出一条更为本土意义的发展道路，共同探索解决现代化进程面临的发展难题进而推动发展中世界的整体复兴。而从国际关系的角度来看，这种人文领域的交流互鉴也有助于拓展新时期"南南合作"的内涵与形式，巩固新时期中国与非洲国家的战略合作水平。

第一，推进中非民间相互理解以夯实中非合作民意基础。中非人文领域合作有助于推动双方民众间的相互理解与认知，夯实中非关系发展的情感纽带和民众基础。文化交流与人文合作是心灵的对话、感情的沟通和友谊的纽带，国家与国家之间开展文化交流无疑有助于增进相互了解和促进互利合作。周恩来总理曾经形象地将外交、经济和文化比喻为一架飞机，外交如同机身，经济和文化如同飞机的两翼。[①] 这充分说明文化交流与合作在国家总体外交活动中具有不可替代的作用。

历史上，相较于伊斯兰文化和西方基督教文化在非洲的广泛传播，中国与非洲的文化往来和民间交往都十分有限，中非双方的相互了解并不深入。与中非双方的政治合作与日益深化的经济合作相比，中非文化交流与人文合作仍显滞后，相关进程还亟待推进。未来中非关系的长远发展，将是建立在政治、经济与人文三大领域的平衡发展与相互促进的基础上。

---

① 《中非文化交流回顾》，载《人民日报》2006 年 8 月 8 日，http：//www.fmprc.gov.cn/ce/cebw/chn/xnyfgk/t266657.htm。

第二,推进"南南合作"和发展中国家的整体性复兴。人文领域合作有助于拓展新时期"南南合作"的内涵,推动发展中国家的整体发展与复兴。从总体上讲,过去60多年中国与非洲国家关系呈现出一种前后相续且具阶段性演变的特征。20世纪50~70年代,中非关系的历史主题是政治性的,其历史任务是共同反抗西方殖民主义、帝国主义的侵略以赢得民族解放和政治独立。20世纪80年代后,随着亚非国家的相继独立,"南南合作"的主题开始从以政治合作为主转向以发展合作为主,中非关系也开始更多地由理想主义的政治主导型关系,转向政治、经济、文化全方位合作且更为务实更为理性的关系。这一进程发展到21世纪,中国与非洲国家关系出现了内容上的显著拓展与层次上的快速提升。其重要方面之一便是中非人文领域合作的不断发展,治国理政经验交流开始日益深入地纳入了"南南合作"的议程。这一主要由中国推动的"南南合作"新浪潮,超越了此前的政治与经济合作而与各发展中国家的文化发展和民族复兴相联系,因而从一开始便获得了一种真正来自南方世界各大文明内部变革力量的有力推动。正是这种不断拓展的人文交流与经验互鉴,从根本上拓展了当代中国与非洲国家的合作空间,提升了双方合作的战略平台。

全球化是思考中非人文合作及其历史必要性的重要背景。当前世界体系及国际格局在某种程度上是过去不平等体系的延续,南北双方在文化发展上具有的不对称关系仍然十分明显,集中表现在"数字鸿沟"的不断拉大,以及部分北方国家对南方国家在文化发展、政治制度和价值观念等方面的人为改造。因此,21世纪正在提升的亚非复兴进程,就不仅仅是亚非国家在政治上的更为自主和经济上的发展,也包括文化、文明的发展与繁荣,其中后者对亚非各国各民族的长远发展更具基础性、决定性的作用。当前由中国引领、众多非洲国家携手并进的"南南合作"新浪潮,就自然应当以文化和人文领域的合作为重要基础,以文化、文明的繁荣与复兴为重要目标,这是新时期"南南合作"最为显著的时代内涵与特征。

第三,提升中国软实力和国际话语权。中非人文领域合作将有助于增加非洲民众对当代中国发展的全面认知,提升中国的软实力与国际话语权。当前中非人文领域合作应重在向非洲国家介绍中国的当前发展与时代创新。这是因为,非洲国家对中国感兴趣的地方,不仅仅在于民族文化的鲜明个性,而更多地在于当下中国的发展及其快速提升的国际影响力。事实上,面对当前中国的快速发展,许多非洲国家都在追问:作为一个曾经的后发国家,中国何以能够与众不同地保持经济的长期快速发展?作为一个经济社会转型国家,中国如何在实现经济发展的同时保持社会政治的稳定?中国经济发展成就、政治改革经验、社会治理模式开始受到非洲国家前所未有的重视,中非人文交流、人力资源发展合作及治国理政经验交流正是在这一背景下得到快速发展。如果中国能够向世界呈现一种实现现代化的全新实践，并由此纠正西方模式在"指导"非西方发展时存在的种种"偏差"和"误解"，必将极大提升中国在世界的感召力、亲和力和影响力，提升中国外交的国际形象和道德高度。

第四，推进和谐世界建立与多元文明平衡发展。

第二节 新时期中非人文合作的内容与形式

实际上，中非文化上的交流互鉴是一种更为"人文"意义的概念，不仅包括传统意义上的教育、文化与科技合作，也包括更为广泛意义上的治国理政与发展经验交流、人力资源开发合作、中国与非洲国家的民间交往关系及双方友好情感的培育。当代中非人文领域合作的形式与具体内容主要有以下几种。

一、中非治国理政与发展经验交流

在获得政治独立后，中国与非洲国家在民族一体化建设、推动政治现代化，以及实现社会发展的公平与公正等方面进行了不懈的探索，其间经历了许多坎坷与曲折，也取得了不少成就与宝贵经验。中非双方完全可以在西方强势话语之外开展自主而平等的交流，相互借鉴对方政治发展的长处与经验，从而更好地去探索适合自身历史传统和现实国情的政治发展道路。近年来，在中国政府设立的"非洲人力资源开发基金"的总体框架下，中国加大了对非洲人才的培养和培训工作，其中重要内容就是中非治国理政与发展经验的交流与互鉴。中国的不少高等院校、中央与国家部委都举办了多种形式的对非洲研讨班和培训班，与非洲国家相关人员一道探讨国家治理能力建设、民族一体化构建、政党政治发展等内容。例如，中央党校于2008年9月与莫桑比克解放阵线的中央党校签署了两个党校间的学术交流合作备忘录，此后双方实现了定期的互访和学术交流。浙江师范大学还专门为非洲国家的智库开设了"中非治国理政经验研讨班"，为中非双方的智库共同探讨治国理政与发展经验提供了重要平台。

二、中非教育和文化交流

中非教育、文化交流是中非人文领域合作的重要内容，是当今世界不同文化、文明间平等对话与共同发展的重要体现。中国与非洲国家都有悠久的历史和各具特色的民族文化，互相学习对方的优秀文化成果，可以促进各自民族文化的发展与繁荣。而教育交流与合作从根本上讲也是文化上的互动，通过对对方历史、文化、语言、科技的学习和掌握，可以直接推动双方民众间的相互认知与理解。半个世纪以来，中非教育、文化交流的内容与形式不断得到拓展，不仅包括代表团的互访、互派留学生和进修人员、向非洲派遣教师与专家，还包括近年来快速发展的中非人力资源开发合作、通过对非洲援助来开展的中非教育、文化项目合作，其中包括帮助非洲国家援建学校、实验室及文化艺术设施。特别是中非人力资源开发合作日益成为中非人文领域合作的新亮点，成为中国帮助非洲国家实现共同发展的重要体现。

三、中非科学与技术合作

从总体上讲，中国的科学与技术发展水平比非洲国家要高，中非科技合作在过去很长时期里是中国对非洲经济技术援助和人力资源开发的重要内容。不过，非洲部分国家在某些科技领域也有自己的优势与长处，如南非在选矿、矿山安全等技术上有较大技术优势，在信息、空间与生物技术等方面也有较高的发展水平，而更多的非洲国家则在自然资源、地理地质上拥有从事科学研究与技术创新的场所，因此，中非科技合作也是一种对等的相互学习、相互为用。不仅如此，中非双方都有丰富的本土知识和技术，这些技术很多都适合中国与非洲国家各自的自然条件和民众生活，中非在科技领域的合作自然也有助于实现中非本土知识的保护与利用，在相互学习与借鉴中实现本土知识的传承与发展。

四、中非民间外交与公共外交

民间往来一直是中非关系的重要内容，民间交往曾为新中国打开对非洲外交局面发挥过重要作用。不过，进入20世纪90年代，伴随非洲国家民主化进程的推进，非洲公民社会得到迅速发展，各种非政府组织和民间机构相继诞生。这些公民社会组织以监督政府和关心弱势群体为己任，具有较强的参政议政意识。它们积极关注中非关系的发展，特别是关注中国对非洲援助、贸易和投资对非洲发展和民众生活的影响。一些非洲非政府组织及其人员对中国的发展和中非关系缺乏真正了解，长期受到西方舆论和观念的影响，对中国外交的认知存在一些偏见和误解。这些负面认知极大地影响着中国的国际舆论环境，影响着非洲民众对中国的看法和认知。部分西方人士出于既有的对华偏见或狭隘的利益，试图利用非洲公民组组作为工具，煽动并传播非洲人士批评中国的"原生态"声音，以丑化中国国家形象，离间中非友好合作。"台独"势力、"藏独"势力等也在寻求同非洲非政府组织的接触，试图借此对非洲国家进行政治渗透。因此，非洲公民社会组织日益深入地卷入中非关系领域，成为影响中非关系发展甚至整个中国对外关系的重要因素。虽然历史上中非民间友好关系的基础较为深厚，部分非洲人士对历史上中国对非洲国家的帮助仍然记忆犹新，但就现实的情况而言，当前中国的民间外交、公共外交还跟不上非洲社会变迁步伐，还远未深入到非洲国家的公民社会中去，还未能深入接触到拥有较大舆论影响力的非洲非政府组织。因此，着眼于中非关系的长远发展，需要全面总结中国民间外交长期积累的丰富经验，加快制定中国特色的公共外交战略。近年来，中国相关部门通过人力资源发展合作的方式把非洲非政府组织与民间人士"请进来"，让他们亲身感受中国的快速发展和中非友好合作关系，同时鼓励和引导中国的非政府组织、学者和民间人士"走出去"，增进中国同非洲相关方面的直接往来。这种"二轨外交"的辅助作用正在逐步显现。

第三节　新时期中非人文合作的基本原则

一、秉持"南南合作"的平等精神

中非人文领域合作应当遵循平等、自主和相互学习的原则。一般来讲，世界各种文明、文化发展总是体现了某种动态的不平衡，近代以来西方文明因其科技的突飞猛进及政治上的现代变迁而走在了世界的前列。这种文化上的相对优势使西方人自认为是世界历史的中心，并以此种历史偏见和错误认知来看待世界其他地区的文明与文化，因而对后者总是表现出一种明显的轻视甚至忽视。事实上，亚非各民族在历史上创造过辉煌的文明形态，对世界历史的发展曾做出过重大贡献，且当前这些文明形态又正在经历某种现代变迁与历史转型，其复兴进程及对世界的贡献正在逐步显现。因此，世界不同文明与文化间本应平等相待，而不应有高下之别和贵贱之分。作为发展中世界的两种不同文明形态，中国与非洲应当本着"南南合作"的精神，平等而自主地开展文化与人文交流，通过相互间的学习与借鉴来推动亚非文明复兴与现代发展，从而真正实现世界文明的平衡发展。

作为文化平等交流的体现，中国一直反对西方国家对外输出文化价值观念和发展模式，当然更无意对外输出自身的文化价值观和政治制度。这种政治立场体现了中国一贯倡导的"主权平等""不干涉内政"的原则，也是中国吸取国内外历史教训的结果。冷战时期，苏联曾竭力在第三世界推广其政治制度和意识形态，结果拖垮了自身的经济发展而最终走向失败。美国一直以来也在世界广泛传播其价值观念和政治模式，不仅未能解决世界发展问题，反而在发展中世界引发了广泛的反美情绪。在 20 世纪六七十年代，中国也曾因"左倾"错误思想的主导，在亚非国家大搞"革命输出"，一度破坏了同部分亚非国家的友好关系，使中国的对外关系出现了不应有的曲折。历史已经证明，试图扮演某种世界性的"精神导师"或"教师爷"形象是注定难以成功的。

二、坚持相互学习交流互鉴原则

中国与非洲国家共同倡导的人文合作与经验交流就应当是基于中非间完全自主而平等基础上的相互学习，是一种不附带任何政治条件的真诚对话与平等合作。特别是在发展经验交流上，中国政府从未对外宣称已经拥有一套"中国模式"，更没有所谓的"北京共识"，而是倾向于使用中国"发展道路"或"发展经验"。正如温家宝总理于 2011 年 3 月 14 日在十一届全国人大四次会议答记者问时所说："我们的改革和建设还在探索当中，我们从来不认为自己的发展是一种模式。"① 在本质上，这种经验交流是中国与非洲国家不同文明、文化间的交流，而非纯粹政治意义上或是意识形态意义上的。当前中国倡导多元共存及世界和谐，其实质正是主张国际社会的多元化和多样化，主张不同的社会制度、价值观念、发展模式和生活方式都应当和谐相处。和而不同、求同存异才是通向未来和谐世界的必由之路。

---

① 《十一届全国人大四次会议记者会温家宝答记者问》，中国政府网，2011 年 3 月 15 日，http://www.gov.cn/2011lh/content_1824958.htm。

第二十三章

新时期推进中国对非公共外交的理念与政策

新时期中国外交方向与机制创新中所出现最大变化之一,就是公共外交的兴起,尤其体现在中国公共外交机制化建设的启动与搭建。这一点,尤其反映在中国对非公共外交上。本章在公共外交框架下,结合中非关系的现状与潜在问题来探讨新时期中国对非公共外交的机制构建与政策理念,并以具体案例来剖析中国对非公共外交所取得的成就及所面临的困境,进而就中国对非公共外交未来方向提出建议。

第一节 中国语境下的公共外交

在中国,公共外交(public diplomacy)是个舶来词。在学术界,公共外交本身是一个充满争议的概念,其内涵和具体指涉并没有统一的标准。按照塔奇(H. N. Tuch)的定义,公共外交指的是"政府与外国公众之间的交流"。[1] 默罗(Edward R. Murrow)认为,公共外交不仅仅是一国对外国政府的外交,还包括一国与他国非政府性质的个人与组织的交流。[2] 塔奇排除了默罗的定义中的政府间

---

[1] H. N. Tuch, *Communicating with the world: U.S. public diplomacy overseas*, New York: St. Martin's, p. 3。其实这个定义是在美国著名广播员爱德华·R. 默罗在1963年对公共外交所下的定义基础上修订而来的。

[2] Mark Leonard, *Public diplomacy*, London: Foreign Policy Centre, 2002, p. 23.

外交，而只包括政府与外国公众之间的交流。这样做的目的似乎是为了将政府间外交、政府对非政府性质的公众与组织之间的外交加以区分，但都侧重于政府与公众间的互动。赵启正的观点认为，跨国交流中的两个主体只要有一个主体是民众方就算是公共外交。[①] 按照这个定义，"民间外交"[②] 也被纳入到公共外交中来。俞新天认为中国公共外交是为了实现中国国家利益与对外战略，提升中国的软实力，国家政府官员或者委托国内外非政府行为体，对国外社会公众开展工作，努力形成客观友善的舆论环境，增进外部世界对中国的实际情况、内外政策和价值观念的认识、理解和接受，改善中国的国际形象。[③]

与其过多地纠缠于公共外交概念本身的学理探讨，倒不如从中国公共外交的机构设置与职责范围、活动领域与目标设定来界定中国外交话语体系中的公共外交，即中国语境下的公共外交。

一、中国公共外交的机构设置与职责范围

第一，中国公共外交机构的设置。在中国外交部组织机构中，现在专职负责中国公共外交的机构为外交部新闻司下设的公共外交办公室。公共外交办公室的前身最早可以追溯到 1999 年 6 月外交部新闻司所设立的因特网主页管理处；2004 年，外交部在因特网主页管理处的基础上成立了公众外交处；2008 年，公众外交处更名为公共外交处；2009 年，公共外交处升格为公共外交办公室。也就是说，专职负责中国公共外交的机构一直隶属于外交部新闻司。在外交部系统之外，中国政府于 20 世纪 50 年代曾成立了中央国际活动指导委员会，1980 年成立了中央对外宣传领导小组，1991 年成立了国务院新闻办公室。

第二，职责范围。外交部于 1999 年成立的因特网主页管理处，其主要职责为负责外交部和驻外使领馆网站工作；2004 年公众外交处的主要职责为外交部及其相关附属机构的网站维护与管理与公众外交的协调；2008 年成立的公共外交处、2009 年升格的公共外交办公室，其主要职责范围为外交部、驻外使领馆公共外交工作的统筹规划与综合协调。外交部系统之外的其他行政机构也承担了中国公共外交的职责，尤其体现在国务院新闻办公室所发布的白皮书等方面。

---

① 参见赵启正在《公共外交："舆论时代"的外交战略》一书的中文版序。[日]金子将史、北野充主编，《公共外交》翻译组译：《公共外交："舆论时代"的外交战略》，外语教学与研究出版社 2010 年版。

② 笔者认为，尽管带有强烈的官方性质，"民间外交"可以称之为公共外交，其主体主要是非政府的民间组织或个人。不带官方色彩的互动，称之为民间交流则更为恰当。当然，民间交流与外交有着紧密的关系，但就外交特质来说，民间交流只不过是外交信息的输入方式之一而已。

③ 俞新天：《中国公共外交与软实力建设》，载《国际展望》2009 年第 3 期。

中国公共外交专职管理机构从无到有，其职责从分散到集中、明确，是新时期中国外交转型的体现，也是中国外交根据变化了的国际形势与面临的新挑战而做出的调整与反应。在世界越来越"平"，国家间互相依存日益密切的大背景下，相对于传统政府外交而言的公共外交，已成为各国政府提升软实力、扩大影响力的"主战场"。①

二、活动领域与目标设定

根据公共外交办公室所发布的《中国公共外交》手册，中国"公共外交是由政府主导、社会各界普遍参与，借助传播和交流等手段，向国外公众介绍本国国情和政策理念，向国内公众接受中国外交方针政策和相关举措，旨在促进国内外公众的理解和认同，展现国家和政府的良好形象，提升国家软权力，维护和促进国家根本利益"。②

也就是说，中国公共外交的对象包括两个方面：一是国外公众，而非他国政府；二是国内公众。公共外交的行为主体为政府，主要体现在外交部和各驻外使馆。参与者则是多元的。具体活动领域包括：外交部举办蓝厅论坛、中外记者背景吹风会、公众开放日、开通"外交小灵通"、外交服务站等；各驻外使领馆举办展览、与学界及智库研讨交流、媒体座谈会、进入驻在国校园与青年交流等。与此同时，现阶段中国公共外交的主要手段为强化政策宣示。中国公共外交的总目标为四个方面：第一，促进国内外公众的理解和认同；第二，展现国家和政府的良好形象；第三，提升国家软权力；第四，维护和促进国家根本利益。

世界各国的公共外交实践有着很大的差异，因此公共外交的框架也就有所不同。西方国家侧重于媒体攻势，主要的缘由不难猜测，就是因为西方媒体的跨境实力与活动，其目的主要是文化上的吸引力与价值观的输出。就中国来说，中国公共外交往往与中国的对外宣传或外宣相对应，而中国对外宣传与外宣主要侧重于国内成就的介绍与国际形象的提升。③ 从这个意义上说，中国公共外交与中国的对外宣传在目标上有着交叉。同时，这也意味着中国公共外交并不完全是中国外交执行部门（即外交部、中联部）的事务，中宣部、政协等国家机构也涵盖在内。因此，中国公共外交的主体就成为中国政府多个平行机构，以及在这些机构支持下的非政府行为体。

---

① 杨士龙：《开拓公共外交新局面》，载《瞭望新闻周刊》2010 年第 22 期。
② 公共外交办公室：《中国公共外交》，参见 http://news.sohu.com/20120711/n347909016.shtml。
③ Yiwei Wang, "Public Diplomacy and the Rise of Chinese Soft Power", The ANNALS of the American Academy of Political and Social Science, March, 2008, p. 259.

一般来说，公共外交有三个维度：（1）日常对话，包括国家内外政策制定背景的解释；（2）战略沟通，即设置一组共同探讨的议题；（3）长时段内重要个体之间的互动，这种互动包括学者交流、留学生项目、研讨会、正式会议及媒体交流。[①] 就中国来说，目前中国公共外交具体内容主要有：（1）领导人访问过程中对他国社会公众的演讲、与国外民众间的直接交流；外交官员就具体事件发布的信息与解释；（2）政府支持下的学术机构之间的项目交流、研讨会，以及学者交流、媒体交流；（3）海外华侨华人是中国公共外交的一个重要的参与者，他们所展开的公共外交是中国公共外交活动的重要组成部分；（4）教育援助（尤其留学生、交换生项目）与孔子学院的汉语教学及中华文化的传播。

领导人及外交官员与他国公众的互动主要侧重于国内外政策的解释与说明，具有及时性与较强的针对性；国内学术机构与他国公众（尤其是他国学术机构）的互动、对外经济援助往往带有短期、中长期目标，共同探讨的议题往往是热点问题，旨在加强两国间公民社会间的理解与交流，有力地补充政府间外交的不足，通常所取得的效果是减少误解、扩大共识；海外华侨华人由于其特殊身份与便利条件，往往在某些特殊场合中发挥着政府难以或不便于推行公共外交的作用；对外教育援助与孔子学院则是从长远的角度，既是中国公共外交的重要组成部分，又是中国公共外交成败的关键，或许在短期内难以展现其积极的效果，但会积极地推动中国公共外交目标的实现，即了解中国、理解中国与认同中国。

现有的中国公共外交实践与研究往往过于侧重整体性，尤其体现在学术界的研究上。中国公共外交的研究很少涉及区域或国别研究，尤其是对非公共外交研究。中国公共外交的总目标是为了提升国家软权力、国家形象和维护国家利益。在这一总目标下，鉴于中国开展公共外交的针对区域和国家的政治、经济和文化背景有着很大的不同，落实到中国公共外交的具体实践就需要选择不同方式、方法和路径。只有这样，才能让公共外交的开展更具有针对性，也会提升公共外交的绩效。公共外交的区域化因此也就势在必行。以中国对非公共外交为例，非洲各国国情差异较大，政治、经济、文化、民族等生态复杂多样。与此同时，非洲各国公众对华认知、立场和态度也各有差异。就一般情况而言，相当一部分非洲民众对中国的认知依然停留在毛泽东时代的中国印象，对现时段的中国国情、社会发展变迁所知甚少。中国与非洲各国间的关系所遇到的矛盾和问题也不同，只有在调研的基础上分析出主次矛盾，才能确立中国对非公共外交的突破口和战略目标上的轻重缓急。

---

① 这里借用了约瑟夫·S. 奈的概括。参见 Joseph S. Nye, Jr., *Public Diplomacy and Soft Power*, The ANNALS of the American Academy of Political and Social Science, March, 2008, pp. 101 – 102。

第二节 中国对非公共外交：动因与机制构建

一、简短的历史回顾

新中国成立后，中非关系的发展与中国自身的历史进程有着紧密的关联。新中国成立后不久，非洲迎来了反殖民主义的浪潮。中国在力所能及的条件下，对非洲反殖民主义、争取国家独立的斗争给予了物质与道义上的有力支持。这种立场一方面是由现实的威胁所决定的，即以美国为首的西方世界对中国政治上的压制、经济上的封锁与军事上的围堵；另一方面也是由意识形态所影响，摆脱帝国主义的殖民统治，建立一个独立的、在国际社会中平等的中国成为中国政府国内合法性的重要依据。从现实的战略考虑出发，毛泽东提出了"三个世界"理论，第三世界成为中国对外政策中的重要战略回旋地，非洲自然也是第三世界的重要组成部分。[①] 第三世界中国家数量最多的地区就是非洲大陆，而中国在国际社会中的承认问题，尤其是对抗西方大国不承认中国问题，需要新独立的、众多非洲国家的支持。非洲国家独立后，中国在非洲国家建设与发展上又给予了大量的经济援助，其中最为著名的援非项目（对外援助项目是公共外交的主要形态之一）即为坦赞铁路项目。

1964年，周恩来总理访问非洲，广泛接触非洲社会民众，介绍新中国的国内经济建设成就和中国对外政策，并公开发表了中国对外援助的八项原则。20世纪60年代中后期至70年代大部分时间内，中国自身的国内政治进程决定了中国对外政策的主轴，驻外机构的活动受到国内政治斗争的干扰。[②] 在非公共外交的主要形态为向非洲国家宣传革命，而这一做法在现实中的效果往往起到相反的

[①] 中国领导人及政府在第三世界划分中所依据的标准为：（1）历史，即西方帝国主义的受害者；（2）文化，即具有非西方性；（3）种族，即非白人；（4）经济，即总体上欠发达。参见 Peter Van Ness, "China and the Third World: Patterns of Engagement and Indifference", in Samuel S. Kim, ed., *China and the World*, 4th edition, Westview Press, 1998, p.154。

[②] 以驻非使馆及大使为例，到1967年，中国驻非大使只有黄华一人；1969年之后，在周恩来的催促下，各驻外大使、参赞陆续返回工作岗位，但直到20世纪70年代末，各驻外使节与机构依然受到国内政治进程的较大影响。参见黄华著：《亲历与见闻：黄华回忆录》，世界知识出版社2007年版，第137页。

作用。①

20世纪八九十年代，中非关系的发展已经从以政治为主导转变为以经济合作为主导，当然政治依然是主要维度。需要说明的是，从20世纪60年代到90年代，中非关系以政府为主导，参与主体较为单一，公共外交活动②主要是通过驻非使馆展开的。

新中国成立至20世纪80年代，中国对非公共外交可以称之为追求国际承认的公共外交；20世纪八九十年代的对非公共外交开始转向"经济合作"的公共外交；21世纪至今的对非公共外交可以称之为中非关系的可持续性发展与提升中国在非软权力的公共外交。概括来说，新中国成立至20世纪90年代中期，中国对非公共外交主要体现在三个方面：一是驻外使馆加强与在非华侨华人的联系，由华侨华人向所在非洲国家的社会公众介绍与宣传新中国；③二是对非援助，无论是大型工程修建队，还是援非教育工作者、医疗队、农业专家、飞行专家等与非洲国家民众、技术受训人员间的交往；三是文化与艺术交流。以肯尼亚为例，中国帮助肯尼亚培训的杂技团至今依然在演出，深受肯尼亚及周边国家民众的喜爱，对巩固与促进中肯关系发挥了重要的作用。④在喀麦隆的情况也与肯尼亚的情况类似，中国杂技团、武术队、电影对喀麦隆民众了解中国文化、传播中国文化、提升中国软权力产生了传统政府间外交难以实现的效应。⑤

二、新时期中国对非公共外交的动因

进入21世纪，中非关系超越了单纯的政治、经济维度，迈入到带有综合属性的战略高度，尤其体现在2000年中非合作论坛的创建。⑥在新时期中非关系迅速发展的背景下，特别是随着中非外交中参与主体的多元化发展，中非合作关系中也确实存在一些问题，如在非洲的中国企业与当地国家的工会组织之间的矛盾、部分突发事件等在不断削弱中非友好关系的基础。如果我们能对这些问题、事件加以科学调研、深入思考、合理建议，则在一定程度上会减少新时期中非合作关系中的负面因素，从而更好地实现和维护中国的在非利益。在中非合作关系

---

① 刘鸿武教授2011年1月在北京对刘贵今大使的访谈中，刘贵今大使提到那一时期中国外交官曾在肯尼亚宣传毛泽东文选（红宝书），遭到肯尼亚的反感与反对。
② 在此期间，中国政府并没有使用公共外交一词，通常的说法是人民外交与民间交流。
③ 黄华著：《亲历与见闻：黄华回忆录》，世界知识出版社2007年版，第116页。
④ 刘鸿武教授2011年1月在北京对刘贵今大使的访谈。
⑤ 参见牛长松、周海金、刘青海、赵俊、Bitjja Kody完成的2010年"20+20中非高校合作计划"项目的调研报告《新时期中喀教育文化与经济技术合作》中对这一时期中喀合作的相关评述。
⑥ 笔者2010年11月对许孟水大使的访谈。

的可持续性发展问题上，中国要依据非洲国家与中国互相间的认知与期待，调适对非外交的运行模式与策略，加强中国对非公共外交就是迫在眉睫的任务之一。

结合中非关系现实中存在的某些负面影响因素，尤其是新时期中非关系中所潜在的一些问题来分析的话，新时期中国对非公共外交的动因主要有以下几个方面。

第一，克服西方政要、媒体在中非关系上片面或歪曲的立场所带来的不利。自20世纪90年代中期以来，中非关系的快速发展给西方以巨大刺激，西方政要、媒体的各种误解与批判应运而生，主要体现在如下几个负面论调——"新殖民主义论""掠夺能源论""漠视人权论""援助方式危害论""破坏环境论"等。①

第二，应对非洲自身的民主化进程中反对党竞选中可能出现的排华宣传。冷战后，非洲多数国家实行多党制，且民主化进程也在不断加快。部分非洲国家一些党派在政党政治的背景下，由于自身并没有太多赢取民众支持的政策，且受到外部力量的怂恿，在竞选中打出"反华"牌。"反华"牌能取得成功，仅有的可能基础就是捕捉中非关系中所出现的某些问题，如中国在非企业与所在国劳工组织、当地工人之间的一些矛盾、突发事件、中国商品质量问题等。虽然这些问题是国家间经贸合作可能会出现的常态问题，但由于非洲普通民众在这些问题上有着切身的体验，如果缺乏信息上的沟通与公共外交框架下的解释，往往让这些打着"反华"牌的政党会取得一定数量的民意基础。赞比亚爱国阵线（Patriotic Front）领导人萨塔（Michael Sata）长期以来不断提出激烈的反华言论。这些反华言论的主要根据是中国部分企业不善待当地员工，为中国设立经济区会点燃政治与种族关系的火药桶。这些反华言论的背后得到了一些其他国际势力的支持，尤其是在发生某些突发事件的时候会被扩大成为某种意义的反华言论的依据。②

第三，中非关系中某些突发事件要通过公共外交来消解，积极引导。2009年7月一些在广州的非洲裔商人冲击我国广东某派出所和2010年10月赞比亚枪击案，曾一度成为国际、非洲媒体的热点，也成为影响中非关系的负面事件。③突发事件出现的主要原因是中非交往过程参与主体的多元化，给中非双方在社会管理上造成极大的挑战。尤其是中非公民在双方文化理解、宗教认识、法律规范上的了解与认知程度的不够，极容易造成双方公民在社会融合过程中的矛盾进而有可能发生突发事件。

新时期中国对非公共外交的主要战略目标是为中国在非洲的存在塑造更有利的国际环境，具体来说主要有：第一是加强中非关系中良好的民意、舆论基础；

---

① 李安山：《为中国正名：中国的非洲战略与国家形象》，载《世界经济与政治》2008年第4期。
② http://content.time.com/time/world/article/0,8599,2093381,00.html.
③ http://www.irinnews.org/report/98771/analysis-untangling-china-s-aid-to-africa.

第二是提升中国在非洲的软权力；第三是服务于中国外交整体战略需要。这三个主要动因成为新时期中国对非公共外交要实现的第一个战略目标。应该说，分析新时期中国对非公共外交的动因主要是为了确定对非公共外交战略目标的排序。要实现新时期中国对非公共外交的第二、第三战略目标需要更大投入，也需要更长的时间跨度。与此同时，第一目标的实现会为第二、第三目标的实现奠定基础。当然，这三大目标互相间是不可分割的，要实现这些目标更是需要中国不断地依据中非关系发展的新趋势、新形势与新问题来整合现有的对非公共外交渠道，优化现有对非公共外交资源的配置，完善对非公共外交机制。

三、新时期中国对非公共外交的机制构建

新时期中国对非公共外交参与主体有着不同的侧重点，依据公共外交的三个维度与具体内容，我们对中国对非公共外交的现有渠道及其主要内容进行了分类。

第一，日常对话与战略沟通：领导人访问非洲国家期间在当地大学发表演讲、出席研讨会或与当地民众直接交流，由中国驻非使馆或外交部新闻司官员就相关事宜发布信息与做出解释。

第二，中长期的重要机构与个体之间互动：（1）政府支持下的学术机构之间的项目合作、文化与媒体交流等。学术机构之间项目合作主要体现在 2010 年 3 月 20 日正式启动的"中非联合研究交流计划"[①] 上，在组织机构上依托于中非合作论坛后续行动委员会，具体由外交部非洲司与财政部统筹，国内主要非洲研究机构参与。"中非联合研究交流计划"是中非合作论坛第四届部长级会议对非合作新八项举措的一项重要内容，主要支持有关中非关系与非洲发展问题的学术研究、交流活动，包括学术交流考察互访、开展专题与联合课题研究、举办研讨会、出版研究成果。此项工作目前主要由外交部非洲司负责。（2）非洲华侨华人在公共外交上的参与。非洲华侨华人既是中国对非公共外交的受众，又是中国对非公共外交的直接参与者。非洲华侨华人在非洲国家的活动、表现及其与中国所存在的特殊情结、特殊联系会给中国外交带来可能是政府渠道不易控制或是忽视的沟通途径。非洲华侨华人在所在国的经济、政治、文化诸多领域里的参与已经成为中非交往过程中一个不可忽视的力量，不但体现在非洲华侨华人本身在所在国的发展、地位的提升，而且已经影响了中国对非经贸、政治、军事等领域的外交方向。加强与非洲华侨华人的联系、交流及其涉及的公共外交的开展主要由各驻非使领馆、国务院侨务办公室负责。（3）教育援助，包括非洲留学生、交换生

---

① 具体信息参见 http://www.focac.org/chn/xsjl/。

项目与孔子学院的汉语教学与中华文化的传播。目前，中国在非洲 17 个国家共建立了 22 所孔子学院及 4 所孔子课堂，[①] 而在 2006 年中国在非洲所设立的孔子学院只有 6 所，从国家汉办在非洲成立孔子学院的增长速度就可以看出中国近几年来在对非公共外交、提升国家在非软权力的重视。此项工作主要由教育部（国家汉办）负责。（4）中非媒体交流。主要包括：①媒体跨国股份。中国媒体以优厚的条件向非洲媒体供稿与提供节目，拓展中非在新闻产品制作、传播与营销方面的合作领域与渠道。②增进中非民间友好。为中非共同发展奠定坚实民意基础，中国倡议开展"中非民间友好行动"，支持和促进双方民间团体、妇女、青少年等开展交流合作。③在华设立"中非新闻交流中心"。鼓励中非双方新闻媒体人员交流互访，支持双方新闻机构互派记者。[②] ④举办新闻研讨班。国务院新闻办公室连续举办 8 届非洲国家政府官员新闻研修班。虽然这种研修班在很大程度上属于政府间外交，但非洲国家政府官员新闻研修班中的成员除了非洲国家新闻官员外，还包括非洲国家主流媒体的负责人，尤其是通过研修班让非洲国家新闻官员与主流媒体负责人更为准确地了解与认识中国，从而间接地让非洲各国公众准确地了解与认识中国，部分起到对非公共外交的作用。

　　从中国现有的对非公共外交的制度安排上看，主导中国对非公共外交机构相对分散，系统性不强，尤其是缺乏核心的领导机构。外交部新闻司下设的公共外交办公室是目前唯一单独为公共外交而设立国家职能机构，虽负责外交部部署机构的公共外交事务（自然也包含对非公共外交事务）及部委间的有关公共外交的协调工作，但机构级别依然显得过低。就新时期中国对非公共外交事务来说，现有的整合框架主要是中非合作论坛，但平行参与机构的协调工作依然不够充分。

　　在参与主体上，新时期中国对非公共外交依然以政府为主，而非政府组织、人民团体，以及非洲华侨华人的主动性、参与度及统筹安排依然不足。在战略目标上，以及对非公共外交要实现的目标的轻重缓急上并不明确。

　　应该说中国公共外交体系及机制建设仍然处在探索阶段，对非公共外交机制构建也仍然处在整合与优化的关键时期。结合现有的中国对非公共外交机构与渠道，新时期中国对非公共外交应积极发挥中非合作论坛的统筹作用，各国家职能部门平行参与且以外交部为主要协调者，同时积极鼓励地方政府、学术机构，以及在非华侨华人的参与。这样，从中央政府到地方政府再到其他参与主体可形成相对较为系统的中国对非公共外交机构框架，也可让现有的对非公共外交构建中的机制更为完善。这里，值得一提的是，地方政府、学术机构在未来的中国对非

---

① 参见网络孔子学院网站：http：//www.chinese.cn/，访问日期为 2014 年 4 月 2 日。
② 中华人民共和国国务院新闻办公室：《中国与非洲的经贸合作（2013）白皮书》，参见 http：//www.scio.gov.cn/zfbps/wjbps/2013/Document/1344836/1344836.htm。

公共外交中会起到更为积极的作用。目前中非关系中的一些突发性事件、累积起来的一些矛盾主要是中国在非机构、公民与非洲当地相关机构、公民之间的融合与协调出现脱节或困难造成的。以浙江为例，浙江省金华市贸促会曾组织金华（包括义乌）一些涉非企业参加浙江师范大学中非国际商学院的培训班，培训内容涉及非洲政治、经济、文化、法规等诸多方面。目前，这一培训项目处于试运行阶段，效果有待检验，但对于一些对非洲缺乏深入了解的涉非民营企业与赴非工作人员来说，无疑将起到认识非洲、了解非洲的积极作用，从而也成为新时期中国对非公共外交的一项重要内容。

第三节 案例分析：非洲华侨华人与媒体的公共外交参与

目前，非洲华侨华人总数在 100 万人左右。[1] 非洲华侨华人广泛参与到非洲国家经济、政治、文化诸多领域，已经成为中非交往过程中一个不可忽视的力量，不但体现在非洲华侨华人本身在所在国的发展、地位的提升，而且已经影响了中国对非经贸、政治、军事、外交等领域。

一、非洲华侨华人在公共外交上的参与：以博茨瓦纳侨领南庚戌为例[2]

南庚戌 20 世纪 90 年代末来到博茨瓦纳，投资兴办企业，涉足空调制冷行

---

[1] 其中，华侨华人超过10万人以上的非洲国家为南非、安哥拉和尼日利亚，分别为28万人、26万人和18万人左右。安哥拉与尼日利亚是近几年来华侨华人增长速度最多的两个非洲国家。华侨华人人数超过5万人的非洲国家有苏丹、津巴布韦和马达加斯加，华侨华人人数超过1万人的有：毛里求斯（4万人）、阿尔及利亚（4万人）、肯尼亚（3万人）、留尼旺（3万人）、刚果（金）（2万人）、坦桑尼亚（2万人）、埃及（1万人）和莱索托（1万人）。非洲华侨华人人数在5 000~10 000人的非洲国家有埃塞俄比亚（7 000人）、乌干达（6 000人）、赞比亚（8 000人）、莫桑比克（5 000人）、马里（6 000人）、喀麦隆（7 000人）等。加纳、科特迪瓦、贝宁、多哥的华侨华人估计均超过5 000人，但具体人数无法估算。纳米比亚、刚果（布）、利比里亚、几内亚、塞内加尔、加蓬等国的华侨华人不到5 000人，其他非洲国家的华侨华人人数在数百到一两千人不等。非洲华侨华人的准确数据很难统计，这里所列的数据主要来自于笔者通过访问中国驻非大使、在非企业家、侨领，以及通过间接资料所获得大概数值。在此感谢中国驻马里大使曹忠明、博茨瓦纳侨领南庚戌等人。另可参见李新烽：《试论非洲华侨华人数量》，http://iwaas.cass.cn/dtxw/fzdt/2013-02-05/2513.shtml。

[2] 该案例主要资料来源为笔者对南庚戌先生的访谈及南庚戌先生给笔者所提供的相关资料，并参考了部分媒体对南庚戌先生的新闻采访报道。

业和国际贸易,承接建筑机电设备工程等,在非 20 余年,现为博茨瓦纳中国和平统一促进会会长、博茨瓦纳劳动营协会首位华人主席、博茨瓦纳华人企业里程集团董事长。2002 年,南庚戌资助了博茨瓦纳一个非商业运作的青少年足球队;2009 年,南庚戌下决心成立"非洲华文传媒集团"(后更名为"非洲国际文化传媒集团"),并在当地注册创办了华文报纸《非洲华侨周报》,第二年又成立了非洲首份华人创办的英文报纸《环球邮报》(Global Post),且聘请的员工都是博茨瓦纳人。南庚戌热衷于在博茨瓦纳从事当地社会的公益事业。2012 年,博茨瓦纳中国和平统一促进会(南庚戌为会长)成立了华人慈善基金会。该慈善基金会旨在鼓励华人参与当地的慈善及社会活动,促进华人在当地社会的融入,提升华人形象。该基金会给博茨瓦纳的贫困社区、诊所等提供资助,诸多善举得到了博茨瓦纳官方的积极评价,博茨瓦纳的媒体也给予了积极的报道。

南庚戌把个人事业与支持非洲当地公益结合了起来,客观上成为中国对非公共外交的积极参与者。我们从他的身上可以充分验证非洲华侨华人在中国对非公共外交中的积极作用,其实践经验也值得关注。

第一,将参加非洲当地社团作为突破口。作为一名华商,南庚戌将自身事业的经营与非洲当地公益事业很好地结合在一起,因而也保证了积极投身非洲公益事业的可持续性。更重要的是,南庚戌本人也有公共外交的意识,无论在主观上还是客观上都充当着中国对非公共外交的参与者角色。正如南庚戌在接受记者采访时所言,"我觉得,要融入当地社会,可以从参与当地社团开始。我们到海外,刚开始,资历、财力、人脉都不行,慢慢熟悉以后,就可以深入当地社会了,这也是公共外交的第一步。"①

第二,强调媒体的作用。南庚戌在博茨瓦纳先后创办了《非洲华侨周报》和《环球邮报》。《非洲华侨周报》是一份华人报纸,创办的动机主要是因为南庚戌看到博茨瓦纳的华人存在语言障碍,对博茨瓦纳当地的新闻和法律法规都不熟悉,因此读者对象是在博茨瓦纳甚至包括南部非洲其他国家的在非华人。这份报纸(包括其前身)对当地华人熟悉所在国的国情有着重要的促进作用,客观上也成为华侨华人和博茨瓦纳人民沟通和交流的平台,成为华侨华人了解当地和两国关系的重要桥梁。《环球邮报》则是一份英文报纸,主要是为了让非洲当地人更好地了解中国,主要的读者对象为当地的非洲人。正如南庚戌所言,"报纸的影响是无法用金钱的得失来衡量的","这份报纸应当以真实和公正的立场宣传中国,把中国对世界、对非洲的贡献以恰当的方式传达出

---

① 参见 http://news.xinhuanet.com/overseas/2012 - 04/27/c_123047107_2.htm。

去。""其实我们踏足传媒业无非是想更好地传播祖国文化,提升祖国软实力传播。当然,另一个最主要原因是当地80%或以上的华人不懂英文,这样我们的报纸就为大家提供一个了解当地的窗口,我们报道华人社区,更报道当地社会。因为华侨到了一个国家,你首先需要了解这个国家。"[1] 从事媒体行业,一方面能促进华侨华人事业发展;另一方面提供精神食粮,拉近侨胞对祖国的心理距离,提高认同感,增进华人社区的凝聚力。而由华人投资的英文报纸则能更直接地传递华人社区声音,与西方媒体争夺话语权。从两份报纸的创办动机与时间次序上来看,也反映出侨务公共外交从"消极应对"到"积极出击"这一质的转变。

第三,积极投身公益事业。由于在非华侨华人的主要活动领域为经贸,因此被称为"只顾埋头赚钱"。南庚戌想要改变当地人对华侨华人的看法,积极投身博茨瓦纳当地的公益事业,包括援助当地贫困家庭、资助非商业性的青少年足球队等。投身公益事业的善举也取得了积极的效果,博茨瓦纳民众及官方都给予了积极的评价。南庚戌还担任着博茨瓦纳当地一些社团的工作,如博茨瓦纳中国友好协会及博茨瓦纳劳动营(志愿者)协会,这两个协会均是当地组织。以博茨瓦纳劳动营(志愿者)协会为例,该组织的活动面广,工作深入,通过日常的工作和交流,南庚戌与当地政府官员和民众及来自世界各地的志愿者结交朋友,这对于当地了解中国人、了解中国的志愿者服务起到了推动作用。中国面孔积极参与到当地的慈善公益活动,无疑会改善当地人对中国人群体的了解和认知度。值得一提的是,南庚戌在非公益事业的开展,并仅仅局限于食品和物资的捐助上。2012年6月,南庚戌的里程集团公司与博茨瓦纳警察局联合召开了"打击犯罪促社会和谐"的研讨会。南庚戌认为,这将提升在博华人形象,改善在博工作和生活环境。公益事业的开展,有助于非洲人对华侨华人"过客""候鸟"形象认识的改变,华侨华人不仅仅只是在非洲的"淘金者",也是非洲当地社会的一部分。公益事业不但拉近了与非洲民众的距离,也在客观上提升了在非华侨华人的印象,展示了在非华侨华人企业的社会责任履行,也为在非华侨华人企业与华侨华人塑造了良好的环境,成为中国对非公共外交的一部分。

第四,侨领的统筹协调作用。我们在其他非洲国家也可以看到诸如南庚戌这样的侨领在公共外交中所发挥的作用。在非华侨华人约百万人的规模,从事行业较多,居住范围也较广。无论是主观还是客观上,非洲华侨华人在公共外交的参与程度上也存在天壤之别。通过在非侨领所创立的基金、举办

---

[1] 笔者对南庚戌先生的邮件采访及南庚戌先生惠寄给笔者的资料。

的活动，最大范围地吸纳当地华侨华人的参与，将在客观上推动中国对非公共外交的开展。而这所有的一切，侨领的统筹协调作用是极其重要的，他们是最直接的组织者、参与者和调动者。就非洲华侨华人行业领域、居住范围、参与度等而言，发挥侨领的统筹协调作用也是开展公共外交最具可行性的方式之一。

由此可见，非洲华侨华人在中国对非公共外交中的主要作用有以下几个方面：非洲华侨华人是中国非洲新移民在非洲国家文化、法律、习俗、宗教等方面的启蒙者与传播者；非洲华侨华人是中国文化、中国国情在非洲的传播者；非洲华侨华人主办的报纸等媒体可以发挥信息沟通、展示中国对非援助绩效等方面的功能；非洲华侨华人是培育非洲国家对华友好舆论与民众基础的有力推动者。与此同时，非洲华侨华人参与公共外交的制约因素也较为明显：（1）国际舆论环境。近年来，西方国家政要、媒体或误解或歪曲中非间的合作关系。更为重要的是，非洲媒体无论是在运作模式还是在新闻信息分享上，都与西方媒体相近、趋同或有着严重的依赖。对西方媒体某些歪曲的报道，虽然中国政府、学者等完全有可能加以驳斥甚或驳倒，但其先前所带来的负面影响还是有可能由于非洲民众没有听到中国方面的声音而得以继续残存下来，非洲华侨华人在参与公共外交上的努力与成效因此而有可能会大打折扣。（2）国内舆论环境与民众对非认知。这一制约因素通常会被忽视，但它却是一种客观的存在。一方面，公共外交以客观、真实为主要原则，公共外交的开展也需要国内舆论环境的支持，对非公共外交理所当然地需要国内民众对非认知的深入与全面；另一方面，在华非洲人在中国所能体验到国内民众对非洲人的态度与立场，会通过他们传播到非洲本土。（3）少数在非华人企业/投资者的不当行为、华人企业间的恶性竞争与在非华人的暴力犯罪行为。

二、媒体在公共外交上的参与：以中国援助非盟会议中心相关报道为例

作为继坦赞铁路之后最大的中国援非项目，非盟会议中心项目引起了国际媒体的广泛关注。在相关报道中，西方媒体、非洲媒体和中国媒体围绕数据事实、议题呈现出不同的价值取向，更体现出媒体在公共外交上的参与和所发挥的作用。

（一）数值与事实

1. 中国工人数①。西方媒体的报道情况如下：全球邮报网报道，非盟总部的建筑材料主要来自中国，中国人担任项目经理，工程建设则主要是埃塞俄比亚工人。② 美国之音则提供了完全相反的数据，认为非盟总部的建筑工人大部分是来自中国。③ 英国广播公司报道，总共有 1 200 名工人，既有中国工人也有埃塞俄比亚工人。④ 荷兰在线报道说，项目建设过程中有 1 200 个中国和埃塞俄比亚工人参与。⑤ 中国媒体关于工人数及比例的情况报道如下：人民网报道说该项目由 1 200 名中国和埃塞俄比亚工人共同建造；⑥ 这一数据很可能是从西方媒体报道中直接援引过来，且没有参照中国媒体的早前报道内容。新华网报道则较为具体：新华社 2010 年 7 月的报道，非盟会议中心工地上有近 200 名埃塞俄比亚工人和 200 多名中国工人；⑦ 2011 年 12 月报道，非盟会议中心项目在建设高峰期共有 900 名工人，并采用"中国工人 1∶1 带当地工人的方式培训了大量埃塞俄比亚工人"。⑧ 新华网的两次报道不但给出了当时或高峰期的工人数，而且还给出了工人国籍的具体比例。

2. 投资总额。荷兰在线、美国之音和英国广播公司均报道该项目总投资总额为 2 亿美元；路透社报道，该项目的总投资总额为 1.4 亿欧元（约 1.54 亿美元）；非洲媒体在该项目的投资总额上有两个数值：第一个数值是 1.24 亿美元；第二个数值是 2 亿美元，绝大部分非洲媒体援引的都是该数值。西方、非洲媒体均没有提供这一数据的来源。中国的新华网、人民网均报道是 2 亿美元。从新闻报道发表的时间推测，中国媒体可能援引的是西方媒体的数据。值得注意的是，中青在线（www.cyol.net）在 2012 年 4 月 11 日的报道中首次质疑了这一数据，并提供了准确的信息来源，即非盟会议中心设计师任力之。据任力之透露，该大

---

① 在不同的时期，非盟会议中心的建筑工人人数有变化，准确的统计也比较困难。但是，除了新华社 2010 年 7 月的报道外，其他媒体报道时间基本上都是在非盟会议中心落成典礼之后，因此它们的报道能反映出其所关切的议题或价值取向。笔者在此感谢中国社会科学院西亚非洲所李智彪研究员、《人民日报》国际部副主任刘水明的提醒和评论。

② http：//www.globalpost.com/dispatch/news/regions/africa/120128/new-chinese-built-african-union-au-headquarters-opens-addis-ababa-ethiopia.

③ http：//www.voanews.com/english/news/africa/Chinese-President-to-Inaugurate-New-African-Union-Headquarters-137374063.html.

④ http：//www.bbc.co.uk/news/world-africa-16770932.

⑤ http：//allafrica.com/stories/201201271596.html.

⑥ http：//world.people.com.cn/GB/157278/16970842.html.

⑦ http：//news.xinhuanet.com/world/2010-07/19/c_12347704_3.htm.

⑧ http：//news.xinhuanet.com/photo/2011-12/15/c_122429741.htm.

楼的总造价被控制在 8 亿元人民币之内，约相当于 1.27 亿美元。就在非盟会议中心落成当天，中国政府宣布将向非盟提供 6 亿元人民币，约相当于 0.95 亿美元的无偿援助，并将派出中国技术人员负责大楼维护工作。[①]

3. 背景信息。在搜集到的西方媒体报道中，只有一篇涉及了中国援建非盟会议中心的背景介绍。其核心内容为中国援建非盟会议中心是应埃塞俄比亚总理梅莱斯·泽纳维（Meles Zenawi）的请求且于 2006 年纳入到了中国对非援助新八项举措中。在此之前，利比亚前领导人卡扎菲要在利比亚筹建非盟总部。梅莱斯和非盟部分领导人在向加蓬和安哥拉请求资金援助未果后，正式向中国请求援建非盟会议中心。[②] 从这个角度上来说，有的非洲媒体就关于中国援建非盟会议中心报道发表评论指出，非盟领导人应拒绝中国的这份捐献，这显然是在没有掌握历史背景的基础上所做出的。在中国援建非盟会议中心的背景介绍上，中国媒体所提及的主要是项目的历史进展，并没有涉及上述历史背景的介绍。

（二）基于数据与事实所引发的议题

通过比较，我们发现三方媒体在数据、事实上的表述有很大的出入，也能在一定程度上反映出西方国家、非洲国家与中国在中非关系上的不同关切。

1. 援助方式。就中国援建非盟会议中心相关报道而言，西方媒体在报道中普遍涉及中国对非援助方式中的两个方面：第一，援助不附加任何条件，损害了非洲增进民主和人权的努力；第二，在援助项目中，中国企业只用或主要用自身带来的中国工人，并没有给援助对象国传授技能和带来就业机会。关于第一方面，有些西方政要、媒体或学者曾提出了"援助方式危害论"。其主要的理由为：中国不附加任何条件的援助可能会严重干扰西方社会在促进非洲民主、反腐败、人权改善上的努力，也不利于非洲的可持续性发展。[③] 对此，正如非洲学者丹比萨·莫约（Dambisa Moyo）所指出的那样，正是"在西方援助的支持下"，非洲最臭名昭著的暴君和专制统治者才得以维系政权。[④] 前中国政府非洲事务特别代表刘贵今对此曾回应道，"我们并不附加条件。我们知道政治和经济环境并不理想，但我们没有必要等到事事如意或人权完美无缺"。此外，根据黛博拉·布罗蒂格的分析，世界银行和国际货币基金组织在冷战后确实开始附加了治理条件，

---

① http://qnck.cyol.com/html/2012-04/11/nw.D110000qnck_20120411_1-08.htm.
② 2012 年 5 月 9 日，前中国政府非洲事务特别代表刘贵今在"国际传媒对中非关系报道视角及对中非关系影响"国际研讨会上做了类似的解释；笔者也曾就此咨询了中国国际问题研究基金会非洲研究中心执行主任许孟水大使。两位大使的解释也印证了此说法。
③ Firoze Manji & Stephen Marks, eds., *African Perspectives on China in Africa*, Oxford：Fahamu, 2007, pp. 25-35.
④ ［赞比亚］丹比萨·莫约著：《援助的死亡》，王涛等译，世界知识出版社 2010 年版，第 77 页。

但只限于腐败，而非民主或人权。① 关于第二方面，西方媒体错误地引用了中非建筑工人的国籍比例，其潜台词为一种对中国援助方式的抨击，既没有增加非洲国家民众的就业，也没有向非洲工人传授技能。非洲媒体对援助方式并不太关注，包括工人国籍比例。这种情况主要在于非洲各国情况不同，有些非洲国家由于熟练技术工人缺乏，并不排斥中国技术工人的到来。由于语言、管理、生活习惯、技术熟练程度等因素，中国企业，尤其是一些刚进入非洲的企业，在初期确实更愿意招募国内的务工人员。随着中国企业在非洲业务的拓展，更多的中国企业越来越具有员工本土化的意识。西方媒体在这一方面对中国对非援助方式的指责，明显是将商业问题政治化。

2. 援助目的。在中国、非洲和西方媒体的相关报道中，最为关注援助目的的是西方媒体。英国广播公司的报道认为，中国感兴趣于非洲的自然资源，作为回报，中国在非洲的基础设施上有着大量投入。② 路透社的报道称，中国援建非盟会议中心标志着这个亚洲巨人在非洲的稳步推进，也意味着它更有可能去获取非洲大陆的资源。③ 最有意思的是外交杂志网站，在中国援建非盟会议中心信息中，还列出了一个副问题，即"中国为什么会花费2亿美元来援建非盟会议中心？"不过，该信息中并没有给出答案。④ 在我们所选择的8篇西方媒体报道中，至少有4篇报道提及中国援建非盟会议中心的目的，即中国是出于获得非洲的自然资源。非洲媒体的报道认为，中国对非援助确实有着对非洲自然资源的考虑，但与西方国家相比，中国则是一个更好的选择。⑤ 非洲媒体的观点与非洲学者的认识基本保持了一致。有非洲学者指出，"西方媒体在渲染中国的石油需求……体现的是双重标准，这是在自扇耳光。"⑥ 事实上，美国对非直接投资总额中有3/4是在石油上，而在1979～2000年，中国对非直接投资总额中有69%是用在制造业上，只有28%是用在自然资源上。⑦ 中国媒体在相关报道中，很少提及援助目的，报道主要是援建与落成典礼情况介绍。宽泛地谈及援助目的的表述为"中非关系中又一历史性项目，被誉为中非传统友谊和新时期合作的里程碑"。

---

① ［美］黛博拉·布罗蒂格格著：《龙的礼物：中国在非洲的真实故事》，沈晓雷、高明秀译，社会科学文献出版社2012年版，第269～271页。
② http：//www.bbc.co.uk/news/world-africa-16770932.
③ http：//www.reuters.com/article/2012/01/29/ozatp-africa-china-idAFJOE80S00K20120129.
④ http：//www.foreignpolicy.com/articles/2012/03/19/african_union_addis_ababa.
⑤ http：//www.pambazuka.org/en/category/features/79584.
⑥ Wanyeki L. Muthoni, *Oil Wars are coming to Africa*, East African, 28 February, 2006.
⑦ Barry Sautman and Yan HaiRong, *Friends and Interests：China's Distinctive Links with Africa*, in Dorothy-Grace Guerrero and Firoze Manji, eds. China's New Role in Africa and the South：A search for a new Perspective, Fahamu, 2008, p. 95.

对比三方媒体的报道，我们发现西方和非洲媒体对援助目的体现出较大兴趣，其表述至少从表面上看是基于功利化的理性推断。就与西方媒体之间的差异而言，非洲媒体是基于中国与西方国家之间进行对比后得出的判断，即中国要比西方国家仁慈得多。应该说，西方媒体，包括深受西方媒体影响的非洲媒体的报道，均折射出西方援助理论的背景。在现实主义看来，对外援助只是实现国家利益的一种手段，无论何种形式的援助，本质上都是政治性的，主要目标都是为了促进和维护国家利益。①

3. 安全问题。这里的安全问题指的是非盟会议中心的信息安全问题，而非建筑本身的安全问题。这一点颇为令人意外，且主要反映在非洲媒体上。在我们所选择的10篇非洲媒体报道中，有3篇报道涉及此问题。最初提出非盟会议中心安全隐患的是契卡·厄曾娅的一篇评论性报道，随后尼日利亚《信报》的评论性报道也做出类似的评述，即中国援建非盟会议中心是一个特洛伊木马，非洲已经成为世界大国的角逐场，由中国援建如何能确保非盟会议的信息安全和机密。② 显然，在全球化和国际合作发展到今天的世界，部分非洲媒体所谓的安全问题显得过于狭隘了。信息安全问题更多的是技术性的问题，如果按照这一逻辑，我们很难想象国际合作项目的开展。非盟会议中心是中国援建，但整个工程并非是中国一家，非盟及埃塞俄比亚在项目施工过程和协调过程中均有参与。至于非洲媒体所说的"非洲领导人如何能在中国人捐赠的总部里做出反对中国的决定"问题，显然也是过分夸大了对外援助在外交关系中的作用。

不容置疑，中国媒体在相关报道中体现出强烈的公共外交参与意识，尤其体现在中青在线的报道上。然而，总的来说，中国媒体的独白式"友谊说"依然占据主导地位，交互性不强。严格说来，中国对非援助，无论是20世纪五六十年代还是20世纪90年代后的对非援助，无论是无偿援助、低息贷款还是"一揽子工程"，"友谊说"的解释力正在变得越来越小，这里并非是说"友谊说"没有解释力，而是说"友谊说"的解释力已经不足以解释中国对非援助的动机。但是，中国对非援助也绝非只适用于西方援助理论的逻辑，意识形态、历史境遇、中非领导人的情感、经济收益等众多因素掺杂在一起，单个的因素均无法解释中

---

① Hans Morgenthau, "A Political Theory of Foreign Aid", *American Political Science Review*, Vol. 56, No. 1, 1962, pp. 301–309；[美] 斯蒂芬·沃尔特著：《联盟的起源》，周丕启译，北京大学出版社2007年版，第38~40页。当然，西方援助理论范式并非只有现实主义，关于帝国主义和依附关系的理论均有对援助的不同论述，参见 Ashok Kumar Pankaj, "Revisiting Foreign Aid Theories", *International Studies*, Vol. 42, No. 2, 2005, pp. 103–131。

② http://www.dailytrust.com.ng/index.php?option=com_content&view=article&id=154915：chinas-african-union-secretariat-gift&catid=17：editorial&Itemid=9.

国对非援助的动机。中国媒体的"友谊说"也反映出中国外交中的话语困境，即"中国的文化缺少对于世界的描述，只是不断地叙述自己，而缺少一个交互的关系……缺少一套关于自己行动的叙述"。① 就中国媒体关于中国援建非盟会议中心的相关报道而言，也并不能说只是不断地叙述自己。相关报道也援引了西方、非洲媒体的评论，只是选择标准过于单一，过滤了批评声音，更缺乏对批评声音展开回应、澄清事实的自觉和意识。

值得一提的是，中国媒体在关于中非合作上的独白式"友谊说"正在悄然发生变化。中青在线在"建成非盟总部大楼的中国人"访谈中，明显展现出对西方和非洲媒体一些不实指责的潜在回应：建筑材料原本设想使用埃塞俄比亚当地石材，但当地加工水平不足以满足设计师的要求；建筑设计过程中，充分考虑到非洲人的审美观；兑现中非建立双赢合作伙伴关系的承诺。② 近来，中国媒体关于广西"上林帮"在加纳的淘金、中国在非企业社会责任履行情况等也给予了关注和报道，充分展现出从独白到对话和合作的演进。③

结论

中国对非公共外交是确保中非合作关系可持续性发展的重要保障之一；未来的中非合作关系充满着较多的不确定因素，积极开展对非公共外交，扩大中非文化上的理解与交流，克服"过热"的激情式认知，以不同于西方傲慢姿态的真正平等、尊重的原则提升中国在非洲的软权力，既是现实的需要，又是战略上的需求。作为新兴大国，中国在对非公共外交上的所作所为不仅仅是涉及国家形象、提升中国软权力的问题，而且关系到在新的历史阶段中"南南合作"新形态的构建，进而涉及中国在国际战略上的定位。

与此同时，我们更应该考虑到，新时期中国对非公共外交是中国公共外交的重要组成部分，但非洲地区的特有政治、经济与文化生态不同于欧美与其他国家、地区，结合非洲地区独有特征来确定中国对非公共外交是应有之义。甚至即使是非洲地区本身，国家间的区别也是非常大的。非洲种族、民族繁多，以伊斯兰教、基督教、非洲本土宗教为基础的多样文化，各国政治制度的差异、经济发展水平的差异等都是确定对具体非洲国家公共外交内容与方式的必

---

① 汪晖：《中国文化应该与世界加强交互关系》，参见 http://world.huanqiu.com/exclusive/2012-12/3407773.html。
② http://qnck.cyol.com/html/2012-04/11/nw.D110000qnck_20120411_1-08.htm。
③ Geoffrey Cowan and Amelia Arsenault, "Moving from Monologue to Dialogue to Collaboration: The Three Layers of Public Diplomacy", *The Annals of the American Academy of Political and Social Science*, Vol. 616, No. 1.

要考量因素。另外,新时期中国对非公共外交也需要对非洲各国舆情的跟踪与深入调查,中国非常有必要做这项具体的工作。这项工作不仅可以成为新时期中国对非公共外交工作绩效考察依据,同时也是不断根据具体的情势调适对非公共外交的重要依托。

第二十四章

中国在非企业履行社会责任的理论与实践

近年来，中非经贸关系发展迅速。中非贸易额已经由 2000 年的 106 亿美元上升到 2011 年的 1 068 亿美元。受金融危机的影响，中非贸易额在 2009 年降至 910.66 亿美元，但是总体增长的势头并没有改变，由于其他国家和地区对非贸易的下降，中国这一年一跃成为非洲的最大贸易伙伴国。2011 年，中非贸易额强势上扬，更是超过了 1 600 亿美元。同年，中国对非各类投资累计超过 400 亿美元，其中直接投资 147 亿美元。在非投资的中国企业已超过 2 000 家。① 日益增长的贸易关系为中国企业走进非洲，进行直接的投融资活动提供了有利的条件，中国企业在能源和矿产开发、农业、基础设施建设和加工制造等行业日益活跃。中国与非洲经贸投资关系的快速发展，一方面符合中国经济"走出去"的基本战略；另一方面也为非洲国家实现"内源式"的经济增长带来了动力。②

然而，在走进非洲的过程中，中国企业若要实现可持续发展，必须在经营管理方面更好地适应所在国特有的自然、经济、社会和文化环境，着力改善和加强企业与当地百姓的关系，重视履行企业社会责任，努力实现企业的属地化经营，让企业在非洲大陆生根落地，获得当地民众的认可。③ 而这对于刚刚走出国门，进入陌生非洲大陆的许多中国企业来说，并非一件容易的事情，甚至不是一件许多企业主动意识到或愿意去履行的义务。但这一步，从长远来看却是中国企业必

---

① 中国商务部，2012 年 2 月 1 日。
② "Africa and corporate social responsibility", New African, May 2009.
③ 商务部、外交部、国资委、全国工商联：《境外中资企业（机构）员工管理指引》，2011 年 3 月 25 日。

须迈出的，它也许会从根本上决定中国企业在非洲大陆可以走多远，可以做多大的事业。因而，在保持当前中非经贸关系良好发展势头的同时，如何改善和推进企业社会责任，打造适合非洲发展和中国企业自身特点的企业社会责任话语体系和管理机制，将是深化、提升中非关系过程不可回避且须认真应对的重要议题。

总体上看，目前中国企业对社会责任问题的本质及其实现方式的认知，与西方国家甚至与一些非洲国家都存在一定的区别。西方国家及其媒体多偏于理想化，调门较高，而且往往别有用心，可谓是"醉翁之意不在酒"，他们并非真的是为非洲人着想，要中国企业履行他们认为的社会责任，而是借此给中国在非企业套上一个"紧箍咒"，念一念，就可让中国企业在非发展进程有很大阻遏。非洲国家则较注重实用性，看重实利，希望通过谈论企业社会责任问题，让中国企业更多地让利于非洲国家和民众。近年来，在非洲的中国企业日益重视环境保护、劳工协调和服务非洲，做了许多公益事业。但不少中国在非企业在履行企业社会责任问题上还是处于被动应对的状态中，方式较简单，缺乏更主动自愿的精神，而这与一些中国企业缺乏在非洲长远抱负与志向有很大关系，由此也影响到中国在非洲的总体形象。近年来，随着中国赴非投资、经商和务工人员的增多以及中国企业在非洲雇用当地员工规模的扩大，由跨文化差异及劳资纠纷而引发的中非民间冲突有逐渐扩大和蔓延之势，这需要引起中国政府、企业、知识界和公众的高度重视。

第一节 多元话语体系中的企业社会责任解读

总体上说，作为现代话语环境下的"企业社会责任"概念，是一个源自现代西方国家的理念与行为规范，其宗旨是规范企业的经营管理，并保证利益相关方的基本权益。虽然这一理念已经成为用以判定或衡量现代企业好坏与否的一个重要标准，但由于文化上的差异与经济发展阶段之不同，世界各国、各阶层、各种利益集团间，对于所谓企业社会责任的内在构成要素及其价值取向，却有很大的分歧与争论。

一、西方话语体系下的企业社会责任

目前，西方企业社会责任理论主要关注利润、利益相关方和环境三个要素有机统一的关系。企业在创造利润的同时，要照顾利益相关方的切身利益，并保护

人类赖以生存的自然环境。关于如何实现企业社会责任，一直存在两个比较大的理论派别。一部分学者认为，企业社会责任的主要内容是通过推广"优秀的从业实践"，证明"企业照常营业"（business as usual）转向"企业公民"（corporate citizenship）的时代已经到来，强调在实践中学习，争取双赢，并通过利益相关方之间的对话和公众监督最终实现企业的社会责任。但是在大多数情况下，企业的正常运转被看成是解决问题的最终办法，而政府的监督和约束则被置于极不重要的位置。① 另一部分学者则认为，企业社会责任只是企业打着环保的名义进行"漂绿"（greenwash）和粉饰门面的行为，其目的是为了转移公众的注意力，抵制监督管理，从而得以"照常营业"。因此，加强监管并对大型企业不断施以社会责任方面的压力被看作是促使企业履行责任的最好办法。②

一种综合以上两种学说，注重历史条件和理论构建相互融通，承认政治现实和企业社会责任客观局限的新观点也已形成。企业述责（corporate accountability）——而不仅仅是简单的履责——被提到更加重要的位置。这种企业社会责任的理念强调机制的作用，企业在经营管理过程中必须对利益相关方述责，做到信息透明。在这种机制下，权利受到企业侵犯的相关方可以通过合法途径申诉，维护自身权益，并对违反规定的企业进行惩罚。③ 这种新型的企业社会责任观在当代企业社会责任理论中占据主导地位，对非洲国家影响甚大。

二、非洲国家对企业社会责任问题的关切

近年来，非洲经济发展表现抢眼。2009年世界金融危机最严重的时候，发达国家经济总量萎缩了3.5%，而大部分非洲国家的经济实现了正增长：埃塞俄比亚和刚果共和国的经济增长超过7%，另外有5个国家经济增长5%~7%，17个国家经济增长3%~5%，29个非洲国家经济增长低于3%。④ 虽然低增长（小于3%）的非洲国家数量在2009年大幅增加（2007年和2008年分别是11个和16个），但是在全球经济恢复尚未完成的情况下，这种情况已经让人对非洲经济发展颇感振奋。

非洲经济的增长得益于外来资金的支持和外国企业的进入。丰富的资源、欠

---

① Peter Utting & Jose Carlos Marques, "The Intellectual Crisis of CSR", in Peter Utting & Jose Carlos Marques (eds.), *Corporate Social Responsibility and Regulatory Governance: Toward Inclusive Development*? New York: Palgrave Macmillan, 2010, p. 4.

② Ibid. pp. 4 – 5.

③ Ibid. p. 5.

④ United Nations Economic Commission for Africa, *Economic report on Africa* 2010: *promoting high-level sustainable growth to reduce unemployment in Africa*, Addis Ababa, 2010, p. 52.

发达的基础设施、潜力巨大的农业以及尚处起步阶段的加工制造业吸引了来自世界各地的"掘金者"。2005 年,非洲吸收了 310 亿美元的外国直接投资,首次超过其得到的官方发展援助。外国直接投资在国内生产总值中所占比例上升到 28%,超过了南亚、东亚和东南亚的 26%。[①]

随着外国直接投资和外国企业的大量涌入,摆在非洲各国政府、公民社会和其他利益相关者面前的问题是,如何发挥外来投融资的积极作用,提高国内生产力,创造就业机会,改善人民生活水平,促进社会公平和公正,同时避免企业违法经营,避免对利益相关方利益的损害和对环境的破坏。[②]

总体上看,目前在非洲话语系统中谈论的社会责任问题,主要包括以下几个方面的内容。

首先,希望企业能更多地创造就业机会,促进国家经济发展。联合国非洲经济委员会的数据显示,得到固定报酬的非洲人口仅占全非人口的 20%,大部分人的就业岗位是临时性的,就算加上这些临时性的就业人口,撒哈拉以南非洲的就业率也仅为 77%。[③] 为了发展国家经济,提高就业水平,各个非洲国家都出台了大量的优惠政策,吸引外国投资,鼓励外国公司到非洲开办企业。也正是在这一点上,外国企业的"逐利"和非洲国家的"投资饥渴症"找到了结合点。因此,从政府的视角看,企业能不能为政府带来更多的财政税收,创造更多的就业机会,从而促进作为民族国家统一体的国家发展,被大多数非洲国家看作是企业应尽的最重要的社会责任。

其次,希望能促进本地企业发展,加强对非洲本地员工的职业培训。建立在国际援助基础上的结构调整计划(structural adjustment programs),至今未能将非洲带上稳定和发展的康庄大道。相反,一大批国际媒体、学者甚至于某些国际救援组织,都开始怀疑外援的效力,希望找到增强非洲自身发展能力的路径。[④] 一

---

① UNCTAD, *Asian foreign direct investment in Africa: towards a new era of cooperation among ceveloping countries*, New York: United Nations, 2007, pp. 12 – 13; Africa Partnership Forum Support Unit, *Investment: unlocking Africa's potential*, Policy brief paper, September, 2007.

② Theodore H. Moran, *Enhancing the contribution of foreign direct investment to development: a new agenda for the corporate social responsibility community, international labor and civil society, aid donors and multi-lateral financial institutions*, 2010, http://www.wto.org/english/res_e/publications_e/wtr10_moran_e.pdf, 2010 年 5 月 5 日。

③ UNECA & AU Commission, *Promoting high-level sustainable growth to reduce unemployment in Africa*, Meeting of the Committee of Experts of the 3rd Joint Annual Meetings of the AU Conference of Ministers of Economy and Finance and the ECA Conference of African Ministers of Finance, Planning and Economic Development, Lilongwe, Malawi, March 25 – 28, 2010.

④ 在 1970~2002 年间,布基纳法索、卢旺达、索马里、马里、乍得、毛里塔尼亚和塞拉利昂的政府开支有超过 70% 来自国际社会捐助。See Dambisa Moyo, *Why foreign aid is hurting Africa?*, The Wall Street Journa, May 21, 2009.

些评论家坚持认为西方援助机构的官僚主义作风不利于援助发挥积极作用,相反还使得许多腐败无能的非洲政府得以维持统治,而本国人民的贫穷状况旷日持久。① 非洲国家要想实现"内源式"的发展,逐步减少对外来援助的依赖,就应该培植本土企业,提高劳动者的技术水平,在世界产业结构调整的过程中受益。② 中国与非洲在全球产业链中最为接近,产能过剩的中国行业开始向世界其他地区转移,给非洲国家带了投资和就业机会。与此同时,大部分中国企业雇用数量庞大的低端中国技术工人,对当地员工职业培训并不重视,引起了人们的批评。③

最后,希望企业注重环境保护,维护当地原住族群的利益。许多非洲国家资源丰富,且开发程度较低,这为国际资源供应多元化提供了可能性,资源开发成为许多非洲国家的支柱产业。但是国内外企业在大肆进入非洲采掘业的过程中,多是与东道国政府打交道,合同的签订、利税的缴付以及项目的评估都由东道国相关主管部门处理。对于项目地的拆迁、财税收入的再分配等问题,外国企业并无干涉的权利。而在工业区的居民和少数族群看来,他们丧失祖传土地、另谋生路的直接原因是外国投资,这就造成了当地民众与外国企业(最近尤其是中国企业)关系的紧张。因此每当发生企业社会责任事故时,国际舆论界往往把中国,而不是个别的中国企业和商人,当作在非进行不道德企业行为的"替罪羊"。④

三、中国在非企业的快速发展及其对社会责任的认知

与大多数将中国看作"新来者"的新闻报道不同的是,中国与非洲国家的经贸关系有着悠久的历史。中华人民共和国建立以来,中国一直试图加强与非洲国家的关系,政治上讲究平等互信,经济上合作共赢,文化上交流互鉴,已经成为中非关系的主要特点。2000 年中非合作论坛第一届部长级会议之后,尤其是 2006 年论坛北京峰会以来,中非经贸关系的发展进入了快车道。非洲已成为中

---

① Graham Hancock, *Lords of Poverty*, Nairobi: Camerapix Publishers International, 2007;[赞比亚]丹比萨·莫约:《援助的死亡》,云南大学出版社 2010 年版。

② Benn Eifert & Vijaya Ramachandran, *Competitiveness and private sector development in Africa: cross country evidence from the World Bank's investment climate data*, Asia-Africa Trade and Investment Conference, Tokyo, November 1–2, 2004.

③ 在非洲民众中流行这样的谣言:中国企业将中国的囚犯送到非洲,集体管制,连手推车的活都由中国人来干。而笔者在埃塞俄比亚和赞比亚的调研表明,通常被误认为囚犯的人其实是中国的技术工人(电工、水泥工和木工),出于语言、生活习惯、安全和日常开销的考虑,他们一般生活在工地,与当地社会交流甚少。有些国家的反对党便以此攻击政府,声称政府与中国合谋,出卖本国利益。这在笔者对赞比亚现任总统迈克尔·萨塔(Michael Sata)的访谈(2010 年 9 月 3 日)中得到印证。

④ Ian Taylor & Xiao Yuhua, "A case of mistaken identity:'China Inc.' and its 'imperialism' in Sub-Saharan Africa", *Asian Politics and Policy*, Vol. 1, No. 4, 2009.

国海外工程承包业务的第二大市场。截至 2008 年底，中国在非累计签订承包工程合同额 1 263 亿美元，完成营业额 681 亿美元。2009 年 1~9 月，中国对非承包工程业务完成营业额 178.4 亿美元，同比增长 41.2%。[1] 世界金融危机后，中国对非洲基础设施建设的融资支持并没有放缓脚步。

但是与经贸合作取得的显著成绩形成鲜明对比的是，中国企业对社会责任的认知与国际上的主流社会责任观，以及非洲国家的期待存在较大差距，并因此给中国企业和国家形象造成负面影响。活跃在非洲能源、矿产、基础设施建设、制造和贸易等领域的中国企业不仅给非洲带来了投资、技术、较高的工作效率和就业机会，同时也带来了中国的人员、经营管理模式和企业文化，包括一些违背企业社会责任的不良做法。[2]

比较普遍的情况是，中国在非企业对企业社会责任的理解比较片面，常常将"做善事""搞捐助"和配合政府工作看作是企业社会责任的主要内容，而忽视了环境保护、改善工作条件、融入当地社区和信息透明的重要性，从而造成劳资纠纷等问题。[3] 另一方面，中国在非企业普遍缺少专门处理公共关系的部门，缺少对自身企业社会责任事务的统计和宣传，使得许多误会和猜疑得以长期存在。

这种情况与中国国内的企业社会责任发展现状是息息相关的。中国企业经营管理的不良之处在非洲国家逐渐暴露出来，与非洲国家政府和普通民众对中国作为世界第二大经济体的期待存在差距，也与中国政府努力构建的中国在非国家形象矛盾重重。[4]

西方、非洲和中国拘于不同的历史条件和发展经验，对企业社会责任的认知存在一定的差异。西方社会对企业责任的认知趋于理想化；非洲国家则更多关注企业对国家经济发展的贡献，体现了实用主义的特点；而中国在非企业，由于缺乏必要的组织和经验，往往将企业社会责任简单化，其企业文化保留了许多中国化的特征。这种认知上的不同，导致来自于各个国家、各个部门的企业在履行社会责任时做法不一致，效果也千差万别。这往往成为世界舆论和评论家争论的焦点问题。

---

[1] 《面对金融危机挑战，中国对非投资合作力度不减》，http：//www.gov.cn/gzdt/2009/10/27/content_1449970.htm，2010 年 4 月 4 日。

[2] 韩秀申：《中国企业在非洲的发展及其社会责任》，载《国际经济合作》2007 年第 7 期。

[3] Hannah Armstrong, "China Mining Company Causes Unrest in Niger", *Christian Science Monitor*, March 29, 2010. Akwe Amosu, "China in Africa: It's still the governance, Stupid!", *Foreign Policy in Focus*, March 9, 2007.

[4] Liwen Lin, "Corporate social responsibility in China: window-dressing or structural change?", *Berkeley Journal of International Law*, Vol. 28: 1.

因此，建构一种适应非洲大陆复杂的政治、经济、民族和文化环境，又吸引外国资本和技术，具有非洲"主事权"（ownership）的新型企业社会责任观，对于非洲国家来说，就显得至关重要。① 在非洲国家探寻属于非洲的企业社会责任理念和制度过程中，中国在非企业有许多需要改进的地方，但也可以贡献自身的智慧，促成企业在非洲大陆的可持续发展。这种建设性的参与，对于中非治理理念的交流互鉴，以及中国在非国家形象的构建，具有重要的战略性意义。

第二节 中国在非企业履行社会责任的实践

中国企业在非洲的经营和发展，不仅给所在国的经济、政治和社会生活带来了新的内容，同时还对在非洲有着传统利益的西方国家、企业和非政府组织产生了震动性的影响。② 忧心忡忡的媒体尤其关注中国企业在非洲能源、矿产等采掘业中的投资，认为中国对非洲来说是一个消极因素，从而出现了"新殖民主义论""掠夺能源论""漠视人权论""援助方式危害论""破坏环境论"等批评。③ 然而，中国在非企业的经营实践却与这种甚嚣一时的评价有着相当大的出入，全盘否定中国的论调甚至引起了大多数非洲民众的反感。④

一、中国与非洲资源富集型与资源贫瘠型国家的两种模式

非洲大陆是一块资源丰富的大陆，在矿产资源及其生成条件方面称得上是世界上最富饶的地区。2009 年，非洲原油日产量达到 1 000 多万桶，占世界原油日

---

① Neil Ford, "Why CSR Matters More and More in Africa", *New African*, August/September, 2010.
② *Economic diversification in Africa: a review of selected countries*, the United Nations Office of the Special Adviser on Africa and the NEPAD-OECD Africa Investment Initiative, 2011; Djeri-wake Nabine, *The impact of Chinese investment and trade on Nigeria economic devleopment*, United Nations Economic Commission for Africa; Jolly Kamwanga & Grayson Koyi, *Impact of China-Africa investment relations: the case of Zambia*, working draft submitted to the African Economic Research Consortium, November 2009.
③ 李安山：《为中国正名：中国的非洲战略与国家形象》，载《世界经济与政治》2008 年第 4 期。
④ 一位名为马克·琼斯（Mark T. Jones）的自由撰稿人在索马里兰新闻社（Somaliland Press）网站发表题为《中国与非洲：无责任的殖民主义》一文，引来跟帖绝大多数非洲网民的强烈批判，See Mike T. Johns, *China and Africa: imperialism without responsibilities*, Somaliland Press, March 20, 2011.

产总量的12%左右。① 除了石油之外，各种矿产和农业生产资源也相当丰富。②

与资源总体储量丰富相对的是，各种资源的地区分布很不均衡。安哥拉、南非、尼日利亚、苏丹、赞比亚等国，储有大量的稀缺矿产资源，属于资源富集型国家；而埃塞俄比亚、肯尼亚和坦桑尼亚等国，探明的自然资源，尤其是能源储量很少，属于资源贫瘠型国家。中国在与非洲国家合作的过程中，也就相应地出现了"安哥拉模式"和"埃塞俄比亚模式"。

"安哥拉模式"的主要特点是资源换贷款。③ 一方面，资源富集型的非洲国家坐拥在国际市场上走俏的矿物和能源储量，却又限于资金不足、技术不足和基础设施落后等不利条件，在资源勘探、开发、加工和运输方面存在困难，不能将自然资源转化成国家发展的经济增长点；另一方面，长期的"资源诅咒"困扰着多数资源大国的经济、社会和政治发展。④ 在这种情况下，中国金融机构和企业的投融资显得格外重要。在取得发展资金的同时，资源型国家将用石油收益还款，实现"双赢"。非洲国家取得资金，改善基础设施，开发资源，增加就业机会，提高税收；中国取得国内经济发展急需的矿产和能源资源。⑤ 也有学者认为，中国等亚洲国家在给非洲国家带来机遇的同时，也将对一些国家的制造业造成冲击。⑥

中国企业对安哥拉基础设施的融资为战后安哥拉的国家重建提供了重要支持。经过1975～2002年的长期内战，安哥拉的基础设施破坏殆尽，在国际货币基金组织和世界银行的支持下，国内经济历经改革，但是该国国内和解和自主发展的能力仍旧不容乐观。2004～2010年间，中国先后向安哥拉提供了75亿美元的贷款，⑦ 用于安哥拉国内的基础设施建设，改善经济发展的条件。经过双方磋商，协议规定30%的工程量承包给安哥拉当地建筑企业。中国5年内给安哥拉提

---

① The Africa Development Bank Group-Chief Economic Complex, "Crude oil and natural gas production in Africa and the global market situation", *Commodities Brief*, Vol. 1, Issue 4, October 8, 2010.

② Neil Crawder, "Capturing Africa's agricultural potential", *This is Africa*, January 11, 2011; Ann-Christin Gerlach & Pascal Liu, "Resource-seeking foreign direct investment in African agriculture: a review of country case studies", FAO Commodity and Trade Policy Research working paper, September, 2010.

③ Indira Campos & Alex Vines, "Angola and China: a strategic partnership", working paper presented at a CSIS conference "Prospects for Improving US-China-Africa Cooperation", December 5, 2007.

④ Michael L. Ross, "The political Economy of the Resource Curse", *World Politics*, 51, January 1999.

⑤ Indira Campos & Alex Vines, "Angola and China: a pragmatic partnership", working paper presented at the CSIS conference "Prospects for Improving US-China-Africa Cooperation", December 5, 2007.

⑥ Raphael Kaplinsky & Mike Morris, "The Asian drivers and SSA, MFA quota removal and the portents for African Industrialization?", papers prepared for Conference on Asian and Other Drivers of Change, St. Petersburg, January 18 – 19, 2006.

⑦ Lucy Corkin, "Dedifining foreign policy impulses toward Africa: The roles of the MFA, the MOFCOM and China Exim Bank", *Journal of Current Chinese Affairs*, 4, 2011.

供的贷款,超过了所有发展援助委员会(Development Assistance Council)国家提供的贷款总和。此后,类似贷款制度设计都被称为"安哥拉模式"。安哥拉模式的好处是,中国在给非洲国家提供大笔援助的同时,又保证了援助资金主要掌握在中国企业手中,较大程度地避免了腐败和低效,产生了良好的效果。与此同时,中国取得开发当地资源的优先权,有利于本国的能源安全,保障了中国经济的可持续发展。自中国进出口银行向安哥拉提供贷款后,中安合作进入快速发展期。中国石油化工股份有限公司(简称中石化)与安哥拉国家石油公司(Sonangol)在能源和资源开发方面开展了多种形式的业务合作。[1]

除了在安哥拉取得成功外,"安哥拉模式"在苏丹、尼日利亚和其他资源富集型国家也在慢慢拓展。不过,"安哥拉模式"也引来了与企业社会责任相关的一些问题。首先,能源和资源经常集中在东道国的一定区域,甚至跨越两国边界。由于相邻国家的领土主权之争(如南北苏丹)和资源所在地族群的利益诉求(如尼日尔河三角洲),外国企业(包括中国企业)不得不谨慎处理争议或冲突各方的立场和关切。近些年来发生在利比亚、南北苏丹边境、埃塞俄比亚索马里州、尼日利亚尼日尔河三角洲地区和安哥拉卡宾达地区的攻击中国公司的事件,既给中国公司的安全生产作业提出了挑战,也迫使中国公司采取实际行动建立良好的社会责任制度,提高公司经营的透明度,为企业在冲突地区的经营创造有利的外部环境,摆脱"资源诅咒"的怪圈。[2]

以埃塞俄比亚为代表的资源贫瘠型非洲国家同样吸引了大量的中国企业和投融资支持。在中国无偿援助和优惠贷款的支持下,中国建筑企业在埃塞俄比亚基础设施行业发展迅速,涉及市政公用设施、路桥、体育馆、水(风)电站、输变电和电信网络等多个领域。[3] 中国企业在此类非洲国家的发展得益于中非合作论坛框架下中国对非洲国家的援助和优惠贷款。虽然在投资建厂的过程中困难重重甚至损失重大,但是越来越多的中国企业开始向非洲国家转移玻璃制造、纺织、建材和药品加工等当地稀缺的产业。[4]

无可否认,经济利益一直是中非关系中最为主要的因素。但相对而言,中国企业在资源贫瘠的非洲国家的发展更多地反映了中非关系的延续性,中国与非洲

---

[1] 刘青建:《中国与安哥拉经济合作特点探析》,载《现代国际关系》2011 年第 7 期。

[2] Johanna Jasson, Christopher Burke & Wenran Jiang, "Chines Companies in the Extractive Industries of Gabon and the DRC: Perceptions of Transparency", Center for Chinese Studies, University of Stellenbosch, August, 2009.

[3] Vivien Foster et al., *Building bridges*: "China's Role as Infrastructure Financier for Africa", the World Bank, 2008.

[4] Ding Qingfen, "Ethiopia Seeks More Investment", *China Daily*, May 5, 2011; "Chinese Glass Factory Halts Production in Ethiopia", *Ezega*, May 11, 2010.

国家历史时期结成的友谊和互相帮扶的精神得到了充分的体现。埃塞俄比亚总理梅莱斯甚至称中国在非洲基础设施建设中有着"根本性的、变革性的影响"。[1] 而在资源富集型国家,中国企业在资源开采和基础设施建设方面的发展更多地体现了现代国际经济合作的新趋势,互利共赢、平等互利成为双方合作的主要特点。

2011年12月埃塞俄比亚副总理兼外长海尔马里亚姆·德萨林（Hailemariam Desalegn）在给人民代表院（House of People's Representative）的报告中指出,中国在该年的前五个月（2011年7~11月）已经给埃塞俄比亚提供了6.12亿美元的贷款,占到埃塞俄比亚同期收到的贷款和援助的60%。同期,世界银行、国际农业发展基金（International Fund for Agricultural Development）、美国、沙特阿拉伯、捷克和瑞士提供的贷款和赠款分别为2.1亿美元、1亿美元、5 200万美元、2 500万美元、170万美元和140万美元。[2] 虽然中国所提供的贷款总额与提供给资源富集型非洲国家的贷款相比不算很大,但是中国在资源相对贫瘠的埃塞俄比亚成了最大的发展伙伴,说明了中国与非洲国家发展关系并不仅仅是为了获得非洲的资源。

目前,中国给埃塞俄比亚提供的贷款主要用于支持埃塞俄比亚国家发展战略规划——《增长与转型计划（The Growth and Transformation Plan）》,该计划在基础设施方面目标远大,需要大量的外国投资和融资。该计划的前身是《加速可持续发展消除贫困计划》（Plan for Accelerated and Sustained Development to End Poverty）,其发展重点也是基础设施和人力资源。

《增长与转型计划》面临着巨大的挑战。首先,埃塞俄比亚的储蓄率低,国际借贷和援助将是其重要的出路。不管是通过增加税率或利率来增加国内收入,还是通过争取国外合作方的借款或援款,政府的压力都是巨大的。农业经济依然是埃塞俄比亚的基础产业,超过80%的人口是农业人口,如何让农业和农民在《增长与转型计划》中获利,不仅是埃塞俄比亚政府的责任,也是外来投资者、融资者和经营者必须面对的问题。埃塞俄比亚的执政党埃塞俄比亚人民民主革命阵线（Ethiopian People's Revolutionary Democratic Front,简称"埃革阵"）掌控国家政局,反对党力量弱小。但是,由于中国与埃塞俄比亚政府的紧密合作关系,中国（包括中国政府、中国企业和中国人）容易成为被指责和攻击的对象。埃塞俄比亚人民代表院反对党的唯一代表格尔马·塞弗（Germa Seifu）批评政府如此大规模地从中国借款,认为政府"色盲"、"左倾",没法满足西方的借款要求才向中国借贷。[3]

---

[1] Fei Liena & Xiong Sihao, "Interview with Meles Zenawi", Xinhua, January 1, 2009.
[2] "Ethiopia borrows over 1 billion dollars", The Reporter, December 29, 2011.
[3] Kirubel Tadesse, "China loans 600 Million Dollars to Ethiopia Over Five Months", Capital, 02 January, 2012.

中国企业必须正视这一现实。国家出台的各项鼓励政策和埃塞俄比亚等国经济发展的机会，给大批中国企业创造了有利的"走出去"的条件，中国的公司、人员、技术标准和价值理念都逐渐地深入到非洲的经济和社会生活，走出去的中国企业收获了中非关系全面提升的政策红利。① 不过在资源贫瘠的非洲国家，中国企业也面临潜在的危机。不同政治派别、族群和社会阶层对中国企业都有着自己的期待，企业必须制定相应的对策，构建与当地社会的和谐关系。

埃塞俄比亚的水电站建设就是很好的例子。奥莫河全程在埃塞俄比亚，流入埃塞俄比亚和肯尼亚边境的图尔卡那湖（Lake Turkana）。正在该河流上建设的吉尔格尔·吉贝三期（Gilgel Gibe Ⅲ）水电站项目引起国际非政府组织的激烈批评，这些组织认为埃塞俄比亚在此项目启动前没有做好社会经济和环境影响评估，这将使图尔卡那湖水位大幅降低，从而给周围的生态安全带来巨大的危害，并激化由资源争夺而引发的族群冲突。② 不仅如此，国际非政府组织还强烈批评中国工商银行对该项目的贷款支持。③

"安哥拉模式"和"埃塞俄比亚模式"是在中国对非合作中涌现出来的比较有特点的两种模式。虽然这两种模式并无明确的排他性，甚至在很多方面有重合之处，但是，由于东道国的具体国情（资源现状和政治发展）和中国在这些国家的不同利益，导致这两种模式在贷款的偿付方式和期限以及重点支持的领域等方面有所差别。

不管哪种合作模式，中国在非企业社会责任最核心的内容是，中国的投融资和技术，与非洲国家追求的"内源式"发展目标是一致的，有利于非洲国家将自身的资源优势转化为发展优势，从而促进国家的发展。这种"变革驱动者"的角色④构成了中国在非企业社会责任甚至中国在非洲的角色的主要内容。

随着中国企业在非业务向更广领域和更高层次发展，非洲的利益相关方对企业社会责任的期待势必会突破目前这种"逐利"的框架，而更多关注环境保护、

---

① Eunsuk Hong & Laixiang Sun, "Dynamics of Internationalization and Outward Investment: Chinese Corporations' Strategies", *China Quarterly*, 2006.

② *Request for CRMU compliance review and investigation of the Bank's Gibe Ⅲ dam project (Ethiopia)*, joint letter of NGOs to the director of the Compliance Review and Mediation Unit (CRMU) of the African Development Bank, April 22, 2009.

③ Toh Han Shih, "ICBC Quiet Over Controversial Dam Project", *International Rivers*, June 2, 2011.

④ 有关"变革驱动者"的论述，请参见："Drivers of Change", Drivers of Change public informations note, DFID, September 2004; David Booth et al., "Drivers of Change and Development in Malawi", Overseas Development Institute, January 2006; Adrian Leftwich, "From Drivers of Change to the Politics of Development: Redefining the Analytical Framework to Understand the Politics of the Places Where We Work".

劳工权利和社区关系等问题。① 中国已经成为非洲最大的贸易伙伴国，中国政府、企业和从业人员必须对非洲社会的企业责任期待有切实的回应，认识到这对于企业可持续发展的重要作用。

二、中国在非企业履行社会责任的内容与存在的问题

在资源贫瘠的非洲国家，中国企业较少涉及能源和矿产行业。以埃塞俄比亚为例，除了水利资源之外，② 该国尚未发现可供中国公司大规模开采利用的矿物和能源资源。目前埃塞俄比亚出口的矿产主要是黄金，而中国至今没有进入这一领域。2007年4月，中原油田埃塞俄比亚工地遭袭，9名中国人丧命，许多评论家由此认为中国在埃塞俄比亚危险地区开采石油。而事实上，中原油田只是为西南能源公司（Southwest Energy）做地质勘探，属于分包商。③

但是，这并没有阻止各类中国企业进入埃塞俄比亚市场。近年来，中国企业在该国基础设施建设、农业、园艺和加工制造等行业表现卓著，与时下流行的中国在非洲"掠夺能源"，推行"新殖民主义"等论点形成鲜明的反差。中国企业进入埃塞俄比亚后，迅速地转变角色，并开始在履行社会责任方面有所作为，这主要体现在以下几个方面。

（一）注重效率，工作中保持务实作风

大多数在埃塞俄比亚的中国企业受到当地政府部门和普通老百姓的好评，这一方面是因为中国企业在埃塞俄比亚开展工程承包项目或是创办企业，比较守信用，一般能够保质保量地完成工程建设。亚的斯亚贝巴的环城路和普希金广场的建设项目原本是承包给别国公司的，但是由于工期一再延误，业主不得不终止合同。借助中国的融资，中国路桥接手这些项目，并马上开始建设。④ 中国公司的高效率，给业主和当地老百姓留下了深刻的印象。2009年，中国与埃塞俄比亚签订合同，中国提供3.49亿美元贷款，帮助修建从亚的斯亚贝巴到埃塞俄比亚

---

① Peter Bosshard, "China's Environmental Footprint in Africa", *Pambazuka News*, May 29, 2008; Human Rights Watch, *You'll be fired if you refuse: labor abuses in Zambia's Chinese state-owned coppers mines*, 2011; Matthew Plowright, "China & Africa: Law of the Land", *Emerging Markets*, June 9, 2011.

② Seleshi Bekele et. al., *Water resources and irrigation development in Ethiopia*, Colombo, Sri Lanka: International Water Management Institute, 2007.

③ "Ethiopia: police Detains Suspects in Ogaden Attack", The Reporter, April 28, 2007.

④ 对中国驻埃塞俄比亚前大使蒋正云的访谈，2011年11月23日。

第二大城市阿达玛（Adama）的高速公路。① 2012年1月，笔者到该项目地考察，发现中国的建筑公司和监理公司高度重视，都将该项目作为建立企业良好形象的重要工程，在质量、安全和工期进度方面严格把关。作为第一家进入埃塞俄比亚基建行业的中国工程监理公司，北京市高速公路监理有限公司尤其重视这一项目，公司负责人向笔者表示，该公司希望把这个项目做成招牌，在埃塞俄比亚和非洲地区开展业务。

在员工配备方面，中国公司逐渐意识到聘请当地员工的重要性，利用当地员工在语言、文化和社会关系方面的优势，促进公司属地外经营。当地老百姓对中国人最多的评价就是"勤劳""效率高"和"工作快"。当然，这并不是说中国企业从来不延误工期。由于一些国家缺少外汇，建材供应不足，或者手续问题，一些中国公司承包的项目也出现了延期的现象。总的说来，随着交往程度的加深，中国企业和非洲当地业主和员工对彼此的认识逐渐走出了"神话"（过度美化）和"谣言"（无根据指责）的初级阶段，中国企业的效率和工作方法逐渐得到认可。②

（二）支持社会公益事业，注重回馈社会

在多数中国企业的眼里，捐资建学校、医院和赞助公益活动是履行社会责任的主要内容。中国各驻非使馆不断鼓励中国企业积极参与当地各种社会公益事业，树立中资企业"重信誉、负责任"的形象，推动企业与当地社会搞好关系，以创造良好的企业经营环境。③ 在埃塞俄比亚，中国路桥多次给施工地区的小学捐助学习用品，努力培养良好的企业—社区关系，并组织环城路接力赛，支持各种社会活动；葛洲坝集团公司在芬查（Fincha）和特克泽（Tekeze）等地修建水电站的时候，也多次捐资修建学校和体育中心，并为地方政府修建水利设施提供财力和物力上的帮助。在洪水灾害导致当地人流离失所之时，葛洲坝集团积极捐款，帮助灾民安顿生活。④ 2012年3月，中兴通讯乌干达公司向达基鲁胡拉区的老师和学生赠送文具和手机；中国有色在赞比亚的公司非洲有色金属公司也向赞比亚捐助公共汽车站车棚。类似小规模的捐助，中国企业在非洲做得很多，收到了较好的效果。多数情况下，中国公司的捐助集中在教育、医疗和公用设施等领域。

在回馈社会方面，中国公司的具体表现与公司的大小和业务规模是有关系的。较大的国有企业，以及已经站稳脚跟的民企，在回馈社会方面要积极得多。

---

① *China grants MYM349 for Ethiopia's road construction*, Sudan Tribune, 11 November, 2009.
② David Alexander Robinson, "Hearts, Minds and Wallets: Lessons from China's Growing Relationship with Africa", *Journal of Alternative Perspectives in the Social Sciences*, Vol. 1, No. 3, 2009.
③ 钱兆刚的讲话："在埃中资企业机构安全风险管理工作会议"，2012年2月15日。
④ 对葛洲坝集团国际公司埃塞俄比亚分公司总经理王臣利的访谈，2009年10月22日。

中国石油、中国石化、中国有色、中国交通建设集团、葛洲坝、中国水电和中地海外等大型企业，项目规模大，在当地社会影响大，公司经常进行较多的社会回馈活动。据在赞比亚工作已近 10 年的中国有色集团副总经理陶星虎介绍，在赞比亚—中国经贸合作区的建设过程中，他们高度关注环境保护、安全生产。中国有色还投入大量资金资助艾滋病、疟疾和小儿麻痹症等慈善项目，为当地妇女就业、市政建设、教科文卫事业积极捐款捐物。合作区内的中赞友谊医院是非洲大陆唯一一家由中国人自主经营的医院，已发展成赞比亚第二大医院。中国有色集团组织、合作区协办的"2011 中国赞比亚光明行"活动就在中赞友谊医院举办，该活动为 109 名赞比亚贫困白内障患者实施了复明手术。① 除了大型国企之外，一些民营企业也开始回馈社会。2011 年，华坚集团负责人到埃塞俄比亚商务考察，适逢非洲之角旱灾，华坚集团当时就捐助了 10 万美元购买救灾粮食。②

捐助成为中国企业回馈社会最常见的一种方式。在笔者对多家中国企业主的采访中，他们对企业社会责任的最直接认识也是将利润的一部分用来救济穷人或改善当地生活设施。

（三）遵守当地法律法规，努力与当地族群和谐相处

埃塞俄比亚的中国公司非常重视当地的法律法规，这一方面是为了避免法律诉讼，以免影响企业正常的生产经营；另一方面也是为了更好地融入当地社会。虽然中国的技术工人一般不会和当地民工一起居住和吃饭，但是工作场所上的交流已经越来越多。参加东方工业园建设的中方管理人员与一些老百姓成了很好的朋友。中国路桥亚的斯亚贝巴工程公司强调文明施工的重要性，指出修路过程中不能影响当地老百姓的正常出行，并要做好交通导流。在做了这些工作之后，路虽然会拥挤一点，但当地老百姓能够理解公司的难处。③

对于非洲当地的法律法规，中国公司处在不断学习的过程之中。在笔者接触过的小企业主中，不乏有"打擦边球"的想法和行为，希望通过贿赂和隐瞒的办法，在企业注册、利税申报和招工用工方面暗箱操作，以图加快进度，追求利润的最大化。但是在经过初期的摸索阶段后，多数企业已经意识到，非洲国家对法律法规的执行比较严格，要想实现企业的可持续发展，按法律规章办事是最好的途径。比较有代表性的是赞比亚。一些中国企业在赞比亚雇用了大批当地员工，

---

① 《我国在非洲设立的首个境外经贸合作区——赞比亚中国经贸合作成立 5 周年》，载《工人日报》2012 年 2 月 3 日。
② 何伊凡：《埃塞俄比亚招工记》，中国企业家网，2012 年 3 月 5 日。
③ 《中国企业在海外：细致体贴入微的中国路桥公司》，中国国际广播电台国际在线，2009 年 1 月 17 日。

但是部分现场管理人员态度粗暴,打骂的现象比较多。加上工作条件和待遇方面也存在一些漏洞,引起了当地员工的强烈不满。"眼镜蛇王"总统迈克尔·萨塔(Michael Sata)上台之后,多次表示赞比亚欢迎中国的投资,但是前提是中国人必须遵守赞比亚的法律,善待赞比亚人,并雇用更多的赞比亚劳动力。①

通过以上的分析,我们可以看出,目前中国在非企业的社会责任意识还停留在比较初级的阶段,这与中国企业"走出去"的发展阶段是紧密相关的。工作效率、社会回馈(主要是捐助的方式)和遵纪守法,构成当今中国在非企业社会责任的核心内容。但是,面对当前非洲资源分布不均、政治竞争频繁、族群矛盾普遍和生态环境恶化的现实挑战,中国在非企业必须尽早实现企业的制度化、属地化和可持续化经营。

三、中国在非企业履行社会责任方面存在的问题

虽然近年中国在非企业做了许多公益事业,积极履行社会责任,但也还存在许多不足。

(一) 环保意识不强,劳资待遇偏低

进入非洲的中国企业,不仅有大型国企,也有规模不一、"出生"不同的民营企业。在业务上,中国企业内部既存在千丝万缕的合作关系,也面临着激烈的市场竞争。由于很多中国企业都是在改革开放后才发展起来的,现代企业制度不完善,管理理念、工作条件和待遇都与许多在非洲有着较长经营历史的西方公司存在一定的差距。更有许多企业的部分中国员工,缺少对当地文化习俗的尊重,辱骂甚至体罚当地员工,频繁引起劳资纠纷,甚至于大范围的反华潮。② 在环境保护反面,有些中国企业不仅将其国内的不良做法带了过去,甚至认为在非洲的环保标准更低,漠视当地社区的关切,成为舆论诟病的对象。

(二) 社会融入度不高

在非洲的中国企业,尤其是大量的建筑公司,一般都给中方技术人员提供食宿条件。这种做法节省了员工分别租房的成本,解决了饮食习惯的问题,有效避免了个别员工与当地民众出现争端。不过反过来,这种管理模式不利于企业实现

---

① Mary Kay Magistad, "China's Investment in Zambia", *PRI's The World*, September 28, 2011.
② 2010年8~9月笔者在赞比亚做实地调研时发现,在中国援建项目的工地上,部分中国工人辱骂甚至击打当地工人,引起普遍反感。同年10月,科蓝煤矿枪击案发生,引起赞比亚的反华游行。

属地化经营，从而在当地人心里种下不信任的种子。一部分人认为，中国人容易与当地人融合，因为在工作场所，中国工人不仅技术娴熟，带领当地生手工作，而且比当地人更加吃苦耐劳，这改变了"外国人高高在上"的成见；但另一部分人（包括一部分西方人）则认为，中国人在埃塞俄比亚建立自己的"飞地"，没有充分地与当地社会融入。由于语言、工资待遇和生活习惯方面的客观因素，这种情况很难在短期内改变。

（三）履行社会责任形式较单一

这与企业对社会责任认识上的误区是有关系的。大部分中国企业乐意提供零星的捐助，而往往没有把更多的利益相关方放入企业社会责任考虑的范围之内。企业社会责任理念的设计和具体的执行，还没有上升到企业经营管理的高度。涉及经济、社会和环境影响评估和劳资待遇问题，中国企业一般采取被动应对的策略。

（四）企业信息公开度不够

客观地说，信息公开度的缺失是包括西方公司在内的国际公司普遍存在的问题，单方面地要求中国企业公开信息是不现实的。[1] 但是，与其他国际公司相比，在非洲的中国企业一般没有专业的公共关系部门和法律顾问，面对来自媒体、学术界和公民社会的质询，经常不能很好地应对。为了避免商业机密的泄露，一些公司开始与员工签订保密合同。这种做法虽然在企业内部管理上是必要的，但是对于化解外界的猜疑却无济于事。许多在非中国企业高管已经开始意识到建立公共关系部门、实行信息分级制度的重要性，但是要真正实现这一目标，要做的工作还有很多。

第三节　推进中国企业积极履行社会责任以塑造良好形象

一、企业在非行为关乎国家形象与利益

中非新型战略伙伴关系的发展，在世界范围内引起了震动性的影响，也成为

---

[1] Deborah Brautigam, *The Dragon's Gift: the Real Story of China in Africa*, New York: Oxford University Press, 2009, p. 310.

塑造新时期中国在非国家形象的直接因素。① 一些学者提出，作为国家利益的重要内容，中国在非国家形象屡遭西方大国及媒体的误读、曲解和攻击，国家形象的塑造需要政府和公民的努力。②

英国前外交大臣杰克·斯特劳（Jack Straw）在2006年访问尼日利亚时表示："中国今天在非洲所做的，多数是150年前我们在非洲所做的。"③ 2011年美国国务卿希拉里访问赞比亚、坦桑尼亚和埃塞俄比亚三国。在卢萨卡，她含沙射影地告诫非洲国家："我们不想在非洲看到一种新的殖民主义……我们不想他们破坏非洲的良治。"④ 此种针对中国的指责，主要是认为中国只是为了获取非洲的自然资源，而对非洲的人权、治理和和平安全问题漠不关心。⑤ 南非前总统姆贝基（Thabo Mbeki）在2006年的一次采访中指出："潜在的威胁……是出现不平等关系，就是类似过去非洲殖民地和西方殖民者之间存在的那种关系。中国不能挖了原材料就走，然后向我们卖制成品。"⑥

与此类因嫉妒或担忧产生的负面评价相反，一些学者认为中非关系的快速提升既给非洲带来挑战，也创造了前所未有的机遇。学术界开始摆脱意识形态的束缚和价值取向的偏见，对中国在非角色的实证性探讨多了起来。⑦ 有些学者质疑甚至全盘否定西方的援助，批判西方给非洲开出的发展药方，认为这是制约非洲发展的主要障碍。⑧

一味丑化或美化中国在非洲发展中的角色都是没有益处的。中非关系在政治、经贸、农业、文化、科技和教育等各方面快速发展的时代背景下，搞清参与

---

① 刘鸿武：《中非关系30年：撬动中国与外部世界关系结构的支点》，载《世界经济与政治》2008年第11期；罗建波、姜恒昆：《达尔富尔危机的和解进程与中国国家形象塑造》，载《外交评论》2008年第3期。

② 李安山：《为中国正名：中国的非洲战略与国家形象》，载《世界经济与政治》2008年第4期。

③ Tom Stevenson, "Chinese Moves Spawn a New Order", *The Telegraph*, August 23, 2006; Barry Sautman & Yan Hairong, *East mountain tiger, west mountain tiger: China, the West and "colonialism" in Africa*, Maryland Series in Contemporary Asian Studies, No. 3, 2006.

④ See Issac Odoom, "Africa: Contextualize Hillary Clinton's 'New Colonialism' Remark", *Pambazuka News*, June 23, 2011; Flavia Krause-Jackson, "Clinton Chastises China on Internet, African 'New Colonialism'", *Bloomberg*, June 11, 2011.

⑤ Kehbuma Langmia, "The Secret Weapon of Globalization: China's Activities in Sub-Saharan Africa", *Journal of Third World Studies*, Vol. 28, No. 2, 2011.

⑥ See "Mbeki Warns of China-Africa Ties", *Business Day*, January 6, 2007, p. 4.

⑦ See Ian Taylor, *China's New Role in Africa*, Lynne Rienner Publishers, 2008; Deborah Brautigam, *The Dragon's Gift: The Real Story of China in Africa*, Oxford University Press, 2009.

⑧ See Dambisa Moyo, *Dead Aid: Why Aid Is Not Working and How There Is a Better Way for Africa*, Farrar, Straus and Giroux, 2009.

此关系的各种行为体（不管是民间的还是官方的），及其内部的关系和权力结构，[1] 才能把握当代中非关系的本质，为中国改善在非国家形象提供思想和智力上的支持。笔者认为，中国在非企业和人员在非洲的经营和生产生活，是非洲人认识中国，形成"中国印象"的主要媒介和手段。因此，现代意义上的企业社会责任的建立和良性运行，将是构建中国国家形象的关键因素。

二、企业责任与国家形象互动关系辨析

改革开放后，中国在非国家形象悄然发生了变化。此种变化与中国对非政策的指导思想、双边关系的交往途径以及具体内容的变迁是一致的。[2] 中国对非战略从1970年的"输出意识形态"战略转变为"对非交往的收缩期"，强调中国的"非西方性"（non-westernness）。[3] 但是由于历史时期中国对非交往中的意识形态特征和国家角色的凸显，致使许多心态复杂的政治家和评论家将任何中国行为体的活动都视作"中国"的政策和行为，混淆企业行为和国家形象。

然而事实上，当代中国企业进入非洲，并不是"殖民化"或"新殖民化"的过程，而是全球化的组成部分。[4] 改革开放后，中国引入市场机制，释放了中国经济的活力，其加入全球化的程度加深，各种所有制的企业和不同背景的人员涉入中非经贸关系和合作交流，其途径和内容都与冷战思维下的国家战略有着根本的区别。

国际社会和学术界对中国在非角色的负面评价，一方面是由于他们错误地以为中国的外交政策可以控制活跃在中非关系中的各个行为体，甚至怀疑中国在输出自己的发展模式。[5] 中国在非石油利益以及近年来中国国有石油公司在非洲的快速发展被认为是中非关系的主要内容和唯一合作模式。[6] 但是，中国国有公司之间的竞争及其与中国国家利益的冲突已经并不新鲜，中国国内的管理机构并不能有效地监管活跃在非洲大陆的中国企业。中国政府努力推行的加强对海外中国

---

[1] Lucy Corkin, "Dedifining Foreign Policy Impulses Toward Africa: The Roles of the MFA, the MOFCOM and China Exim Bank", *Journal of Current Chinese Affairs*, 4/2011.

[2] Li Anshan, "Transformation of China's Policy Towards Africa", paper presented at the international conference "China-Africa Links", November 10 – 11, 2006.

[3] Scarlett Cornelisson and Ian Taylor, "The Political Economy of China and Japan's Relationship with Africa: A Comparative Perspective", *Pacific Review*, Vol. 13, No. 4, 2000, p. 615.

[4] Ian Taylor, "Beyond the 'Two Whateverisms': China's Ties in Africa", *China aktuell: Journal of Current Chinese Studies*, 3, 2008.

[5] Martyn Davies, "China's Rising Influence in Africa", *Leading Perspectives*, 2007, pp. 11 – 12.

[6] See Shelly Zhao, "The Geopolitics of the China-African Oil", *China Briefing*, April 13, 2011; Cindy Hurst, "China's Oil Rush in Africa", *Energy Security*, July 2006.

企业和人员管理的举措很难在当地付诸实施。① 除了国有企业外，越来越多的省属企业、民营企业和个体商家也开始在非洲拓展业务，他们亦合作亦竞争的关系更与所谓的"一致的中国战略"（China Inc.）不合拍。

中国在非企业社会责任方面出现的问题给中国在非形象造成了严重的负面影响。2005 年，赞比亚一家中国炸药厂发生爆炸，造成 46 名赞比亚工人死亡；2010 年 10 月 25 日，一家中国煤矿的中方人员开枪射击抗议员工，导致多人受伤。② 这两次事件都一度引发赞比亚的"反华潮"，认为这是中国——而不仅仅是中国企业——罔顾赞比亚人权和劳工利益的表现。赞比亚前贸工部部长迪帕克·帕特尔（Dipak Patel）将中国企业和中国政府的形象混为一谈："在赞比亚我们应该非常注意新一轮的瓜分非洲，当前的情况是，中国恣意妄为并有（针对非洲的）战略计划。"③ 但实际情况是，经历了三十多年市场经济改革的多数中国企业还没有建立起完善的现代企业制度，许多中国企业将其在国内的不良做法移植到非洲国家。企业社会责任问题的出现，其实是中国国内企业经营现状的反映。虽然有商务部、外交部、质检部门和海关等部门的三令五申，但是形形色色的中国在非企业和人员并不总是受制于中国的法律规章，这跟英美国家的企业和人员在非洲的情况是一样的。④

但是企业在社会责任方面出现问题，对各国国家形象造成影响的程度却并不一样。当前中国政府面临的问题是：中国与外部世界的交往程度不断加深，企业和公民的生产生活实际情况——包括不良的做法——逐渐显现，这与宣传部门努力宣扬的"负责任大国"形象出现了诸多不一致。学者和评论家很容易找出中国在非的具体案例与政府官僚化的宣传话语相矛盾的地方，而这种矛盾又被用来攻击中国的国家形象。世界媒体对西方公司违法活动的批判通常停留在公司层面，而对中国企业和人员（不管是国有的还是民营的）违法活动的指责则被有意上升到中国对非政策的高度，并进而丑化中国和中国人的一切行为。⑤ 这种联系一定程度上是因为国有企业被认为是中国国家利益的代表，所以国家应该承担相应的责任。但是这些国有企业与中国国内政府各部门之间，国企总部与驻外分支和人

---

① Bates Gill & James Reilly, "The Tenuous Hold of China Inc. in Africa", *Washington Quarterly*, Summer 2007, p. 49.
② "Blast at Zambian Copper Mine Kills 46", The New Zealand Herald, April 21, 2005；陈竹、张伯玲：《赞比亚科蓝煤矿枪击事件》，载《新世纪》2010 年第 42 期。
③ Chris Mcgreal, "Thanks China, Now Go Home: Buy-up of Zambia Revives Colonial Fears", *The Guardian*, February 5, 2007.
④ Ian Taylor and Yuhua Xiao, "A Case of Mistaken Identity: 'China Inc.' and Its 'Imperialism' in Sub-Saharan Africa", *Asian Politics and Policy*, Vol. 1, No. 4, 2009, p. 717.
⑤ Ibid., p. 718.

员之间，甚至各个不同的国企之间，存在错综复杂的关系结构，它们之间的矛盾和竞争使中国对非关系中出现越来越多的"多面性"和"矛盾性"。这种趋势将随着中国加入全球化步伐的加快而更为明显。

一些中国援建大型项目就出现了企业社会责任和国家形象矛盾的情况。作为中国全额援助的项目，赞比亚的恩多拉体育场将为当地提供可以举办大型国际赛事的现代化多功能体育场馆。2010年8月笔者到赞比亚做调研，受访者都表示该体育馆是中国送给赞比亚人的礼物，体现了中国人对赞比亚人民的友谊。但是，在体育场修建过程中，中国建筑企业只给当地劳工微薄的工资（每小时1500科瓦查，相当于0.3美元），而且不提供午餐和交通补助。数百名当地建筑工人将饭盒架在石块上生火做当地食物西麻（Shima），场景令人痛心。许多劳工抱怨，一些中国技工经常打骂当地工人，态度粗暴。此种企业责任的缺失最终导致建筑工人于2011年4月举行罢工。[1] 企业的不道德行为与中国政府力图塑造的正面形象以及赞比亚人民的期待大相径庭，舆论和学术界越来越陷入中国和中国企业比他国和他国企业更坏的话语环境之中。

三、谁在制造中国在非洲的国家形象

企业社会责任成为影响当代中国在非国家形象的关键因素，是有其时代背景的。

长期以来，非洲陷入内部发展动力严重不足、西方不断开出甚至强加发展"药方"的困难局面。[2] 自非洲殖民地实现政治独立以来，西方世界也没有放开非洲国家的手脚。后殖民时代，西方国家加强了国际发展援助，"援助"与西方设定的"发展目标"被紧紧捆绑起来。以人权、良治、去中央化（decentralization）、私有化和市场机制为依归的价值观攻势，成为当代西方拓展在非利益的重要手段。[3] 对西方来说，中国等新兴国家在非洲资源、能源、基础设施建设和制造业等各个领域的快速发展带来两个严重的后果：一方面，重要的战略资源和经济资源越来越流向曾经的落后国家，打破了西方国家对非资源的垄断和主导地位；另一方面，非洲国家的主体意识（self-assertiveness）不断觉醒，在发展路径

---

[1] Abigail Chaponda, "Ndola Stadium Workers Strike", *The Pose*, April 19, 2011.

[2] See Ayele Solomon, "The Consequence of Structural Adjustment and Debt for Desertification and Food Security in Africa-a Literature Review and Siscussion", *International Journal of Economic Development*, 3 & 4, 2001.

[3] See Roberts Kabeba Muriisa, "Decentralization in Uganda: Prospects for Improved Service Deliveray", *African Development*, Vol. 33, No. 4, 2008; John-Mary Kauzya, "Political Decentralization in Africa: Experiences of Uganda, Rwanda and South Africa", *Discussion Paper*, UN, December 2007.

选择和处理内部事务时,不再以西方的价值观为依归,导致西方对非控制力的下降。在观念上,西方世界仍旧将非洲看作外部力量可以随意拿取、控制的无反应能力的"无助者",企图从战略上遏制中国在非洲的影响力。① 基于这样一种认识和动机,西方媒体和学术界经常出现的"新殖民主义论""掠夺资源论"和种种将中国描述成"黄祸"的偏激论断就不足为奇了。

非洲国家主体意识的觉醒是 21 世纪非洲发展的重要动向。2012 年 3 月 26 日,埃塞俄比亚总理梅莱斯在非盟总部向参会的非洲财长们表示,新自由主义意识形态业已破产,非洲各国政府应该在市场出现问题、经济发展减速的时候有效地、选择性地干预经济。② 此种宣示与世界银行和国际货币基金组织积极推动的自由经济政策形成了巨大的反差。西方发展"药方"的收效甚微和中国等新兴国家的成功经验是促使这种转向的重要原因。卢旺达总统卡加梅(Paul Kagame)在采访中表示:"我更希望西方世界到非洲投资而不是施舍发展援助……中国给非洲公司和基础设施的巨大投资正在帮助非洲发展。"③ 中国投融资的支持,既促进了非洲国家的经济发展,也增强了相关国家的行动能力。即使是在选举过程中打"反华牌"的反对党,也会在登位后争取更多的中国投资。中国在促进非洲发展中的"催化剂"作用和中国投融资对非洲工业化进程的"下渗效应",逐渐得到承认和接受。

世界主流媒体在塑造中国国家形象方面起到了主要作用。深受"自由民主论"影响的西方媒体,将报道重点放在非洲的人权、民主和治理等领域,甚至将非洲与外部世界经贸关系也置于"自由民主论"的框架内进行评价。此种错位经常导致正常的经贸关系被冠以"支持独裁""践踏人权"等罪名。2008 年奥运会前,中国与苏丹的石油合作遭到了多种势力的"绑架",对企业责任的批评完全让位于政治与外交上的较量。④ "自由民主论"成为西方媒体的有色眼镜,中非关系的多面性和企业社会责任的普遍性问题被有意地边缘化了。

然而,中国媒体和文化在非洲的影响力与中非经贸关系的发展现状却极不对称。面对非洲的政治、文化和社会环境,有关部门在宣传国家形象方面仍旧采取国内的办法,采取官方口径,走上层路线,与普通民众的接触少,因而收效甚

---

① See Andrew Malon, "How China's Taking over Africa, and Why the West Should be Very Worried", *Daily Mail*, July 18, 2008.

② "Friendship Forever?", *Addis Fortune*, April 1, 2012.

③ Konye Obaji Ori, "Africa: Rwanda President Defends China, Scorns Western Relations with Africa", *Afrik News*, October 12, 2009.

④ Mahmood Mamdani, *The Politics of Naming*: *Genocide, Civil War and Insurgency*, London Review of Books, Vol. 29, No. 5, March 8, 2007; "The Western Media is lying about Darfur", Interview with Osman Yusuf Kibr (governor of the State of Northern Darfur), *EIR*, May 8, 2009.

微。中非历史时期的友谊，中国援助非洲的大型项目，成为中国媒体使用的主要素材，① 媒体极少关注中国企业在非洲遇到的困难、存在的问题和在非人员的生存状况。

从长远看来，"神化中国"和"妖魔化中国"的做法都会逐渐失去市场，活跃在非洲的中国企业和人员的行为，才是塑造中国国家形象的主体。

四、推进中国企业积极履行社会责任的几点思考与建议

中非合作关系要可持续发展，需要高度重视中国在非国家形象的建设，采取综合措施推进相关工作。而塑造积极正面的国家形象，不仅仅只是政府和媒体的任务，也不能仅仅依靠"文化工程"（如孔子学院、文化展演等），而必须精心了解当地社会文化、民心、习俗与传统，将工作做到民间和社会底层。

中国企业需要认真熟习当地的政治、社会、法律和文化环境，促进在非人员与当地社会的彼此尊重和了解。目前中国在非企业社会责任建设在制度和实践方面都存在困难。在制度建构层面，当代企业社会责任的理念和制度主要源于西方，中国企业对企业社会责任还处在学习和被动应对的阶段。国际上主要的企业社会责任管理机制，如全球倡议（Global Compact）、采掘业透明倡议（Extractive Industry Transparency Initiative）、赤道原则（Equator Principles）、建筑业透明倡议（Construction Sector Transparency Initiative）以及可持续森林业倡议（Sustainable Forestry Initiative）等，都较少有中国企业的参与。而且，这些倡议在设计过程中，也较少考虑中国企业的现实情况。以赤道原则为例，兴业银行是唯一加入该原则的中国金融机构。中国企业对上述"游戏规则"缺少了解，参与程度低，使其在国际上开展业务经常碰壁。虽然中国公司在非洲基础设施行业发展迅速，但是工程承包主要限于土建领域。在工程设计和监理方面，中国企业才刚刚起步。非洲的建筑业一般采用西方标准，许多中国公司在施工过程中不合规范，经常被西方监理公司要求返工。②

在实践操作层面，中国企业改善社会责任的努力也受到现实条件的制约。中国企业"走出去"的程度与企业员工的国际化水平存在较大的差距。在笔者的访谈中，多数企业管理人员对国际上已有企业社会责任规范一无所知，认为只要多做"善事"就尽到了企业责任，而对环境和社会经济影响、劳工权利以及"属

---

① *Top Chinese political advisor's visit helps promote friendship, cooperation with AU*, Ethiopia, Xinhua, January 29, 2012; *A long-term stable China-Africa relationship of all-around cooperation*, CCTV, September 11, 2009.

② 对某中国建筑公司经理的访谈，亚的斯亚贝巴，2009年10月26日。

地化经营"等理念所知甚少。许多企业中国员工所占比例较大（有些企业中国员工比例高达50%），实行两套制度、两种待遇管理员工，造成当地员工的不满。①出于语言障碍、生活习惯、确保安全和节省成本的考虑，中国企业一般采取集中居住的管理方式，很少与当地社会进行交往。这种"飞地"式的工作和生活方式，使在非中国人员与当地社会融入度低，误解、猜疑甚至嫉恨的情绪比较常见。②

中国在非国家形象建设，必须正视企业经营管理中存在的问题，从价值理念、制度管理和人员培训等方面与国际接轨，主动适应并积极改善企业社会责任，推动中国企业在非洲实现可持续发展，构建务实、坦诚的中国国家形象。

中国在非企业对企业社会责任的认知，与西方和非洲话语体系中的企业社会责任理念存在一定差别，这主要是由于侧重点不同：西方发达经济体注重利润、利益相关方和环境可持续性的有机统一，并积极在世界范围内推动这一理念；非洲国家出于发展的考虑，注重非洲在发展中的权利，认为企业应该给当地经济和就业带来积极影响；而中国企业在效率优先的前提下，注重回馈社会的捐助行为，缺少透明度，把企业社会责任过于简单化。

中国企业既在资源富集的非洲国家大举投资，也在资源贫瘠的非洲国家大规模进入，是中非关系多样化的具体体现。中国的投融资活动增强了非洲国家"内源式"的发展能力，促进了非洲国家主体意识（assertiveness）的觉醒，增强了非洲在发展道路上的主事权（ownership）。在履行社会责任方面，中国在非企业积极响应，但是由于认识上的不足，企业在环境保护、员工待遇、信息透明度和社会融入等方面还有许多需要改进的地方。

中国在非企业应该看到企业社会责任不仅仅是一种责任，更是树立企业形象、打造企业核心竞争力的重要内容。中国企业能不能在非洲实现可持续发展，以及新时期中国国家形象的成功塑造，在很大程度上有赖于中国在非企业社会责任的改善。中国企业应该积极参与国际上企业社会责任的构建过程，提升中国在非企业的国际化水平，实现企业利润、社会责任与国家形象的有机结合。

---

① 对某中国建筑公司当地员工的访谈，恩多拉，2010年9月1日。
② Tesse Thornilley, "Chines Entrepreneurs in Africa, Land of a Billion Customers", *Danwei*, August 2, 2010.

第二十五章

新时期推进中非教育交流合作的战略与政策

中国对非教育援助旨在促进非洲社会和教育的发展,增强非洲的自主发展能力,减少外部依赖。三十多年来中国社会改革开放积累了丰富的经验,如扫除文盲、教育扶贫、普及义务教育等教育改革的成功经验对后发的非洲国家有很强的借鉴意义与示范作用。由于教育的非营利性、公共属性和长期性,对非教育援助可以惠及非洲普通民众和广大草根阶层,可以培养了解中国、热爱中国的非洲知识精英,借此提升中国国家形象和文化软实力,消融软阻力,对中非关系产生长期而深远的影响。在高等教育国际化的背景下,中国与非洲的教育交流与合作可以提高中国高校的国际化程度,推动大学的学科建设,有利于优势和特色学科的培育和发展,促进大学能力建设。教育承载着文明,是民族文化的传承者。中非教育交流与合作可以增进对彼此文化的认识和理解,特别是对不同民族文化的认识和理解,维护文化的多样性,推进亚非两大洲文明之间的和平共处和平等对话。[①]

[①] 本文是笔者 2009~2011 年间多次前往喀麦隆、肯尼亚、坦桑尼亚、津巴布韦非洲国家实地调研以及对中国教育部、部分高校调研访谈和大量文献研究基础上形成的。部分内容参见牛长松《中国与非洲教育合作的新范式》(载《比较教育研究》2010 年第 4 期),牛长松《基于教育援助有效性视角的中非教育交流与合作评估——喀麦隆的个案》(载《比较教育研究》2011 年第 12 期)。

第一节 中非教育合作的基本进程与特殊意义

一、中非教育合作六十年历史进程及其阶段性

20世纪50年代至今，中非教育合作与交流的发展，与中非关系五十多年的发展演变密切相关。随着中国对非战略的调整，中非教育合作在内容与形式上也呈现出阶段性的特征，从最初的互派留学生单一形式和领域发展成多层次、多领域、多形式的国际教育合作关系。中非教育交流与合作可以划分为三个不同发展阶段。

（一）中非教育交流合作的开启（从20世纪50年代到1977年）

中国与非洲的教育交流由来已久。早在1841年，中国清代经学大师、伊斯兰学者马复初就曾远赴埃及爱兹哈尔大学学习。新中国成立前，中国先后派出5批、20余人赴埃留学。[①] 其间，埃及也有数名学者来华讲学。20世纪50年代到改革开放前，中非教育交流与合作的主要形式为学生的双向交流、双方教育代表团的互访，以及中国向非洲国家派遣从事汉语和基础教育的数、理、化学科任课教师。[②] 1956年1月，根据中国—埃及文化合作协议，4名埃及留学生来到中国学习美术、哲学和农业。整个20世纪50年代，只有来自埃及、喀麦隆、肯尼亚、乌干达和马拉维的共24名非洲学生在中国学习，3名中国教师在非洲任教。[③] 到20世纪70年代，中国与25个非洲国家建立了外交关系，来自这25个非洲国家的648名非洲学生在中国学习，同期有115名中国教师在非洲执教。[④]

（二）中非教育交流合作的推进（从1978年到1999年）

改革开放后，中国更加重视与非洲国家的教育合作。到20世纪80年代末，

[①] 王有勇：《中阿教育合作的现状与未来——从中埃教育合作谈起》，载《阿拉伯世界研究》2006年第1期，第55～60页。

[②] 《中非教育合作与交流》编写组编著：《中国与非洲国家教育交流与合作》，北京大学出版社2005年版，第3页。

[③④] 贺文萍：《中非教育交流与合作概述——发展阶段及未来挑战》，载《西亚非洲》2007年第3期，第13～18页。

已有43个非洲国家向中国派遣了留学生，在中国学习的非洲留学生已达2 245人。① 此外，中国还加大对非洲国家的教育物资的援赠力度。

进入20世纪90年代后，中国与非洲国家之间领导人互访日益频繁。中非友好合作关系在原有的基础上进一步巩固和发展。随着中非友好关系的进一步发展，中国与非洲国家的教育合作与交流也得到了深入而广泛的发展。高校间的校际交流与科研合作成为这个阶段中非教育交流与合作的一个重要形式，中国高校还开始为非洲国家举办各类专业研修班。应非洲国家的要求，中国有选择地帮助部分非洲国家的高等院校进行学科建设和实验室建设，并派遣专业教师前往任教。② 截至2003年底，中国相继在非洲21个国家实施了43期高等教育与科研合作项目，在生物及微生物、计算机、物理、分析化学、食品保鲜加工、材料、园艺、土木工程与测量、汉语教学等专业，建立了23个较为先进的实验室。③ 其中比较突出的有喀麦隆雅温得第一大学微生物实验室、肯尼亚埃格顿大学生物技术实验室和园艺生产技术合作中心、科特迪瓦博瓦尼大学食品加工与保鲜中心等项目。④

（三）中非教育交流合作进入快速发展时期（2000年至今）

2000年10月，中非合作论坛第一次部长级会议在北京召开，中非教育交流与合作进入第三个阶段。从2000年到2009年举办了四届部长级会议，并作为"中非合作论坛"重要后续行动之一，于2005年举办了"中非教育部长论坛"。中非合作论坛已成为中国同非洲国家开展集体对话、交流治国理政经验、增进相互信任、进行务实合作的重要平台和有效机制。中非合作论坛及其所发布的政策文件成为推动中非全方位和各领域友好合作的重要指南。

在中非合作论坛框架下，中非教育交流与合作呈现出多主体、多层次、多领域、多形式的特征。中国与非洲国家教育领域的高层互访频繁，并形成了高层磋商机制。中国政府为非洲国家提供的政府奖学金名额不断增加。中非双方学者和学生的交流规模迅速扩大，也加快了高校间教学和科研合作的开展。在"非洲人力资源开发基金"资助下，职业教育培训、汉语教学以及其他培训项目不断出现。

---

① 《中非教育合作与交流》编写组编著：《中国与非洲国家教育交流与合作》，北京大学出版社2005年版，第4页。
② 同上，第5页。
③ 同上，第29页。
④ 张秀琴、薛彦青、强亚平、罗建波：《中国和非洲国家的教育交流与合作》，载《西亚非洲》2004年第3期，第24~28页。

二、新时期推进中非教育合作的特殊意义

(一) 教育合作促进中非相互理解和提升双方软实力

西方文化与西方语言在非洲有着根深蒂固的影响力,英语和法语是非洲两大官方语言,也是非洲大学的教学媒介。相对于西方文化与非洲文化长期以来的紧密关系,中华文化在非洲大陆显然处于弱势。[①] 中非两种文化之间既有共通性也有差异性,通过教育人文交流与合作,在相互尊重的基础上,中非文化就能在求同存异的道路上交流互鉴,并找到共同的利益点。[②] 孔子学院开设了中国文化课程,并举办各种学术活动、学术讲座和汉语演讲比赛等,以及"感受中国""中国文化周"等文化宣传活动,为当地人民提供了零距离接触中国文化的好机会。孔子学院的建立将消解西方在非洲的语言和文化霸权,促进中国文化的优秀品质在非洲大陆的有效传播,增进中非不同文化的理解、交流和借鉴。

教育交流与合作对提升国家软实力发挥着积极作用。[③] 教育文化交流已成了政治外交、经济外交之外的重要补充形式,并发挥着政治、经贸手段难以达到的作用,具有独特的价值。"通过教育交流,能够扩展自己的软实力,因为教育交流本身就是知识、思想、文化乃至制度影响力传播的一个重要途径。"[④] 第二次世界大战后,旧的殖民体系被打破,西方主要大国纷纷走上国际教育文化传播之路,将教育文化交流看作"外交的第四维度"或"第三根支柱",纳入国家外交政策之中。美国富布赖特项目是世界史上影响最大、最为成功的国际文化教育交流项目;[⑤] 英国的英国文化委员会 (British Council)、法国的法语联盟 (Alliance Francaise)、德国的歌德学院 (Goethe Institute) 都是这些国家的对外语言文化推广机构。中国对国际学生不断提升的吸引力、海外孔子学院的扩展也都可以看作中国软实力提升的表现。孔子学院发挥了海外汉语推广、中华文化传播的重要作用,其软实力功能在海内外尚存很多争议和存疑,[⑥] 然而,孔子学院在全球,包

---

①② 周海金、刘鸿武:《论文化的互通性与差异性对中非关系的影响》,载《浙江社会科学》2011年第6期,第41~47页。

③ Joseph Nye. (2005). *Soft Power and Higher Education. Forum for the Future of Higher Education.* http://www.Educause.edu/Resources/Soft Power and Higher Education/158676.

④ 韩震:《教育交流与国家软实力的提升》,载《教育研究》2008年第11期,第51~56页。

⑤ 胡文涛:《美国文化外交及其在中国的运用》,世界知识出版社2008年版,第186页。

⑥ James F, Paradise. "China and International Harmony: The Role of Confucius Institutes in Bolstering Beijing's Soft Power", *Asian Survey*, 2009, 49 (4), pp. 647–669.

括非洲国家的迅速发展,符合需求驱动模式。作为从事汉语教学和文化交流的机构,其传达的是中国建设和谐社会、维护世界和平的国家姿态、负责任的大国形象以及优秀的传统中华文化。

(二) 对非教育合作有助提升中国高校在非洲影响力

中国综合国力的提升与教育发展必然加快中国教育的国际化进程,中国教育经历了前期借鉴和模仿的输入阶段,开始需要将"中国经验"输出到世界其他地区。[①] 中非教育交流与合作可以推动中国高校自身质量提升和能力建设,促进中国教育走向世界,扩大教育对外开放。中非高校之间合作、学者交流、学生流动、对非人力资源培训、汉语国际推广、非洲研究的开展都将持续提升中国高校的质量与竞争力。然而,中非教育合作为中国教育提供"走出去"战略机遇的同时,也带来了前所未有的挑战。如何通过教育交流与合作将中国发展经验为非洲民众了解和认知,如何培养参与国际发展合作的外向型专业人才,如何有效地为非洲国家培养所需的人力资源,这些问题需纳入高等教育国际化的全面战略规划中加以解决。

第二节 新时期中非教育合作的主要内容

一、加大对非洲人力资源培训

对非人力资源培训是提升非洲国家自主发展能力、促进中非友好关系的重要举措。论坛创办以来,教育部先后建设了10个教育援外基地。[②] 教育援外基地的设立是我国援外工作的一次成功尝试,以教育援外基地为依托,教育部各援外项目得到了及时、高效的落实。同时,教育援外基地根据自身学科发展的特色和优势,建立了相应的研究机构,加强了学术队伍建设,学科建设、学术研究和援外工作形成了交叉互补的态势。

[①] Rui Yang (2010), "Soft Power and Higher Education: An Examination of China's Confucius Institutes, Globalization", *Societies and Education*, 8 (2), pp. 235–245.

[②] 天津职业技术师范大学 (2003)、浙江师范大学 (2004)、东北师范大学 (2004)、吉林大学 (2004)、南京农业大学 (2008)、天津中医药大学 (2008)、云南大学 (2008)、琼州学院 (2008)、贵州大学 (2008)、南方医科大学 (2008)。

中国对非洲人力资源短期培训根据培训目标，大致可以分为两种类型，一类研修班侧重介绍中国改革开放以来各领域所取得的成就、发展经验和基本国情，旨在增进相互了解和信任，促进中国和非洲国家更好地开展合作。研修班主要采取专题讲座、交流、互动、实地考察等形式。另一类是实用技术培训班，侧重为非洲国家培训急需的实用技术人员，强调实用技术的输出，所涉及的主题非常广泛，例如，小水电技术、干旱地区节水灌溉、菌草技术、农业生物技术、儿童病防治、通信技术等。

商务部、教育部以及其他参与人力资源培训的部委委托援外基地、项目院校、科研机构，以及一些专业协会根据各自专业优势开展对非人力资源短期培训，培训内容涉及教育、计算机、医疗卫生、药用植物、经济、农业、外交、新闻、公共政策、能源和环保等20多个领域。自2000年以来，教育部委托举办的研修班共78期，有1 443名来自非洲国家的中高级教育官员、校长、学者和专业技术人员参加了学习。截至2010年6月，中国通过各种形式为非洲国家培训各类人员近3万多人次。①

为推进人力资源培训项目成果，教育部委托高校举办境外培训班。2008年南京农业大学在非洲肯尼亚举办了一期援外培训班，覆盖整个东非，收效很好。境外办班既是国内办班的延伸，又与国内办班形成互补，特别是有利于相关专业教师实地考察和了解非洲国家当地实际情况，从而设计更有针对性的教案和教法。同时还节约了培训开支，降低了办班成本，使有限的经费发挥出最大效益。2009年，教育部继续委托南京农业大学和天津中医药大学在肯尼亚举办援外培训班。天津中医药大学利用中医药优势学科，在肯尼亚举办"药用植物培训班"，学员来自埃塞俄比亚、加纳、喀麦隆、肯尼亚、坦桑尼亚、尼日利亚等国，覆盖东部、中部非洲，培训内容包括"植物新药研制与开发的基本思路""中药活性评价""质量控制"等专题讲座，以及研究讨论和实地考察。

二、留学生的双向流动逐年增长

20世纪50年代，非洲国家通过民族解放运动纷纷获得独立，与中国建立外交关系，并要求向中国派遣留学生。自新中国成立至2009年底，中国已向非洲50个国家提供政府奖学金29 465多人次（见图25-1）②。目前，中国每年向非

---

① 中华人民共和国国务院新闻办公室：《中国与非洲的经贸合作》，2010年12月。
② 中华人民共和国国务院新闻办公室：《中国与非洲的经贸合作》，2010年12月；中非合作论坛后续委员会：《中非合作论坛第四届部长级会议后续行动落实情况》，2012年7月。

洲国家提供的奖学金名额已达 5 000 人次。2005～2006 学年度共有 46 个非洲国家的 1 981 名学生享受中国政府奖学金，接受学历教育，学习电子、通信、计算机、物理、医学、纺织、农学、法学、汉语、管理、艺术和体育等专业。① 2008 年，来自非洲的政府奖学金人数达到 3 700 人，占中国政府奖学金总数的 27.6%。② 除中国政府奖学金外，北京、上海、重庆、浙江等地先后设立地方政府奖学金，各有关高校也设立了校内奖学金，华为公司、国家开发银行等企业也设立了来华留学企业奖学金。

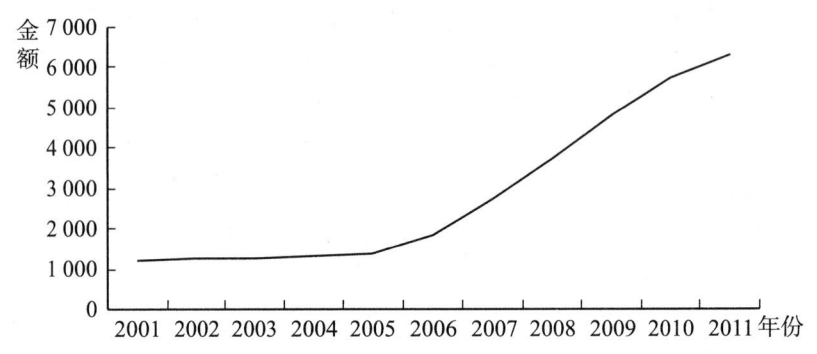

图 25-1　2000～2011 年向非洲国家提供的中国政府奖学金增长图

中国还为非洲国家培养了一定数量的自费留学生。自 1995 年至 2004 年底，来自尼日利亚、利比亚、埃塞俄比亚、苏丹、南非、肯尼亚、毛里求斯、坦桑尼亚、埃及等非洲国家 869 名学生自费来华学习，这些学生有普通进修生、短期进修生，也有本科生，主要学习汉语、医学、管理、计算机和电子通信等专业。③ 2011 年，在华学习的非洲自费留学生总数达到 14 428 人。④ 卢旺达、坦桑尼亚等国政府还通过提供全额奖学金等形式支持本国学生到中国留学。

近年来，根据非洲学生的实际需求和中国高校的特点，中国和非洲国家逐步调整了来华留学生的学历层次和培养方式，适当增加了研究生招生比例。例如，2005 年的 2 757 人次的非洲留学生中，本科生占 823 人、硕士生占 697 人、博士生占 314 人。2007 年获奖学金的留学生中，攻读硕士和博士学位已占 57.3%。⑤ 2010 年，享受中国政府奖学金的 5 710 名非洲留学生中硕士研究生 2 334 名，占 40.8%；博士研究生 850 名，占 14.9%（见图 25-2）。此外，非洲有 42 名

---

①③　中非教育部长论坛文集编辑组：《中非教育部长论坛文集》，北京大学出版社 2006 年版，第 197 页。

②⑤　牛长松：《中国与非洲教育合作的新范式》，载《比较教育研究》2010 年第 4 期，第 22～27 页。

④　教育部国际合作与交流司亚洲与非洲事务处：《新世纪中国与非洲教育交流与合作的回顾与展望》，载张宏明主编：《非洲发展报告 No.14（2011～2012）》，社会科学文献出版社 2012 年版，第 72 页。

博士后来华深造，中方为多位完成合作研究任务归国的非洲科研人员捐赠科研设备。①

博士生
850名
14.9%

高级进修生
37名
0.6%

普通进修生
123名
2.3%

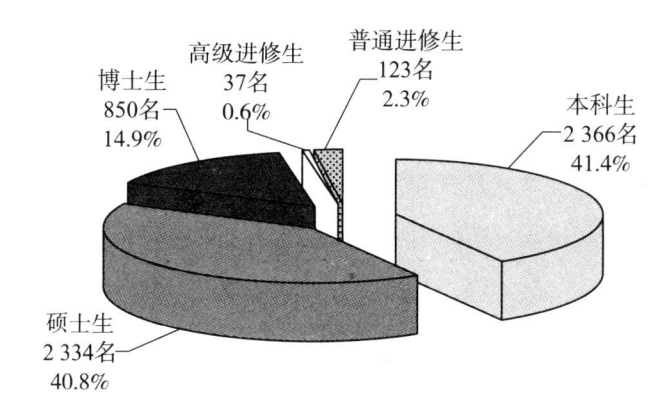

本科生
2 366名
41.4%

硕士生
2 334名
40.8%

图 25 - 2　2010 年中国政府奖学金非洲来华留学生类别构成

有条件的高校开始推行用英语或法语为留学生授课。2008 年，北京大学、清华大学开设了"为发展中国家培养硕士人才项目（MPA）"，该项目是全英文授课的一年制硕士项目，旨在为非洲国家培养高层次精英人才。2011 年，教育部、商务部决定增加"发展中国家国际关系硕士项目"和"发展中国家国际传播硕士项目"，承办高校由原来的 2 所增加至 6 所，以满足发展中国家在人力资源培训方面的多样需求。②

与此相比，中国向非洲派遣的留学生数量较少。截至 2002 年，非洲国家共接收中国留学生 270 余人次。③ 2000 年以来，中国学生自费赴非洲国家学习的人数逐年增加，甚至兴起了赴南非等国留学热潮。截至 2010 年，在非洲国家留学的中国学生约 3 100 多人次。

三、对非汉语推广规模不断扩大

汉语教学是弘扬中华文化的重要方式，是中国与世界其他国家和民族友好合作关系的重要途径之一。自 20 世纪 50 年代以来，非洲国家的汉语教学与研究从

---

① 中非合作论坛后续委员会：《中非合作论坛第四届部长级会议后续行动落实情况》，2012 年 7 月。
② 新增英文授课硕士项目为：华东师范大学"发展中国家教育硕士项目"、中山大学"发展中国家公共管理硕士项目"、中国传媒大学"发展中国家国际传播硕士项目"、外交学院"发展中国家国际关系硕士项目"。
③ 《中非教育合作与交流》编写组编著：《中国与非洲国家教育交流与合作》，北京大学出版社 2005 年版，第 23 页。

无到有，至今已发展到一定的规模。随着中非关系的迅速提升，非洲的汉语热已经势不可当，越来越多的非洲人希望学习汉语，了解中华文化。孔子学院成为中华文化"走出去"的重要平台和世界文化交流的"中国样本"。自非洲大陆第一所孔子学院——内罗毕大学孔子学院2005年成立以来，目前非洲共有26个国家（地区）建设了31所孔子学院或孔子课堂。非洲孔子学院为其所在院校的师生提供汉语教学，开设汉语必修或选修课，已有17所非洲孔子学院将汉语教学纳入所在大学学分教育体系。部分孔子学院开设了商务汉语、导游汉语等特色课程，满足了非洲民众不同层次、不同类型的汉语学习者的需求。很多孔子学院以所在大学为基地，采取"一院多点"的教学模式，将汉语教学辐射到整个社会，包括其他院校、中小学校、私营部门及政府机构，汉语教学的受众群体覆盖广泛。

非洲各孔子学院积极举办各类文化交流活动，以当地受众喜闻乐见的文化表现形式，展现了中华文化的独特魅力。2012年，孔子学院共组织各类文化活动近600场，参加者约40万人次。非洲各地孔子学院相继开设中华文化才艺班。中国武术、书法、剪纸、国画、电影鉴赏、地方戏曲等成为各孔子学院的常设课程。孔子学院举办的中国春节、元宵、端午、中秋等传统节日活动丰富多彩，深受当地市民的欢迎，为非洲各国民众提供了零距离接触中国文化的机会。

国家汉办每年向非洲孔子学院选派大批的中方教师和志愿者。为加大本土教师的培养，孔子学院总部向非洲学生提供奖学金，资助他们到中国深造，期望他们学成后回国担任中文教师。2010年，中国向非洲提供孔子学院奖学金名额151名，2011年，非洲孔子学院奖学金名额增至177名。截至目前，中国共向非洲提供奖学金名额近600人次。[1]

四、中非高校合作日趋密切

中非高校合作可以划分为两个时期。20世纪90年代开展的"中非高等教育与科研项目"已基本完成。该项目帮助非洲高校建立和完善了学科体系，扶植数、理、化等基础学科以及工程、土木、建筑、机械、食品开发和计算机等应用学科；向非洲国家的高等院校援赠一定数量的教学和科研仪器设备，帮助他们建立部分学科建设急需的实验室；在这一时期，中国向非洲国家派出专业教师和科研人员160人次，从事教学和合作研究。

---

[1] 《孔子学院在部分发展中国家的情况介绍》，国家汉办/孔子学院总部在教育部第九次对发展中国家教育援外会上的汇报，天津，2011年6月11日。

2000 年中非合作论坛后，开始新一轮合作项目。2009 年 11 月在埃及沙姆沙伊赫召开了中非合作论坛第四届部长级会议，会议通过的成果性文件《沙姆沙伊赫行动计划（2010~2012 年）》中，中国政府明确将加大与非洲教育合作力度，其中一个重点项目是"中非大学 20+20 合作计划"。根据该合作计划，中国选择本国的 20 所重点大学（或职业教育学院）与非洲 20 所大学（或职业教育学院）作为中非大学间合作的重点伙伴开展长期合作。通过实施"中非大学 20+20 合作计划"，鼓励双方建立长期稳定的合作关系，在各自的优势学科、特色学科领域进行有实质性的合作与交流，包括联合开展科学研究、教师培训、学术访问、师生互访，共同开发课程，联合培养研究生等，从而逐渐形成中非大学"一对一"校际合作新模式。2010 年 6 月，在第八次对发展中国家教育援外工作会议上正式启动"中非高校 20+20 合作计划"。20 所中方院校分别与非方合作院校制定了未来三年合作规划和合作项目。

上海师范大学与博茨瓦纳大学作为"20+20"合作院校，开展了三方面合作：第一，合作研究。博茨瓦纳大学历史系教授来华讲授"非洲经济史"和"南部非洲史"课程。上海师范大学派两名博士生和三名硕士生赴博茨瓦纳大学进修学习并开展合作研究。双方院校联合举办"城市化进程与中非都市文化"研讨会。第二，教师培训。博茨瓦纳大学数学教育专业学生来上海师大接受职前培训。第三，文化交流。上海师大武术教授赴博短期讲学并教授武术。2010 年底，上海师范大学还派学生代表团赴博演出交流。

五、在非援建学校落成招生

根据 2003 年我国与埃塞俄比亚的政府协议，我国商务部在埃塞俄比亚首都援建了埃塞俄比亚-中国职业技术学院。这是中国政府迄今对外援建最大的教育项目，投资近 9 000 万元人民币，其中设备价值 700 万元。学院坐落在埃塞俄比亚首都亚的斯亚贝巴耶卡区，是亚的斯亚贝巴高校集中区。学院占地 11.4 万平方米，建筑面积 2.3 万平方米，容纳学生数 3 000 人，包括 1 栋综合办公楼、5 栋教学楼、1 个多功能厅、2 栋学生公寓，共有教室 53 间、实验室实训车间 53 间、机房 5 间，各类办公室 50 余间。商务部一期提供主要涉及机械、汽修、电气、电子、纺织、服装和计算机等专业设备。

学校建成后，应埃塞俄比亚方要求，教育部承担了从聘请校长、管理人员到师资建设的全部办学任务。2008 年埃塞俄比亚与中国两国教育部正式签署埃塞俄比亚—中国职业技术学院合作办学项目协议。天津职业技术师范大学在教育部委派下，承担援建职业技术学院的后续办学事宜，全程参与后续援建工作，派出中方校长、主管教学的副校长以及 10 名教师和管理人员,以中国高等职业教育办学模式启动该校办学工作。该校 2009 年 9 月 28 日正式开学,首批招生 370 人,并在学院内成立埃塞俄比亚第一所孔子学院,汉语成为学校学生的必修课。学院现设有机械技术、汽车应用技术、电气自动化技术、电子技术、现代纺织技术、服装设计与制作技术、计算机应用技术 7 个专业。2011 年 5 月 20 日,第二批援外教师赴埃上任,完成援外教师第一次轮换。[①]

2006 年北京峰会,中国政府承诺为非洲国家援建 100 所农村小学;截至 2009 年底,中国在非洲建成 107 所学校,这些学校基本呈均态分布,每个非洲国家 2~3 所,并为 30 所学校提供了教学设备。2009 年沙姆莎伊赫行动计划中,中国政府决定为非洲再建 50 所中非友好学校。这 50 所中非友好学校,包括小学、中学、职业技术学校等,实际已安排 60 所,包括新建 54 所学校和为 6 所学校提供设备。学校建在首都或中心城市,统一命名为"中非友好学校",学校档次略高于当地水平。[②]

第三节 中非教育合作的成效、问题与建议

一、中非教育合作的成效与影响评估

教育援助的有效性分析必须从中非合作的基本原则与立场,在中非合作论坛的综合框架内思考援助对中非双边所产生的影响和效益。教育援助与经济等领域援助不同,其效益非短期可见,教育合作的效果是隐性而长期的,而影响却是深远的。中国与非洲国家的国际教育合作具有学术、政治、文化、经济等多重效益。

(一) 中国对教育援助满足非洲实际需求程度

中非教育合作是建立在中非双边磋商和平等对话的基础之上,符合非洲的意

[①] 以上数据均来自天津职业技术师范大学援建埃塞俄比亚-中国职业技术学院项目情况介绍,http://gjjlc.tute.edu.cn/text.jsp?wbtreeid=1024. 2012. 3. 8。

[②] 《中非论坛第四届部长级会议经贸举措将如期落实》,载《国际商报(中非经贸合作特刊)》2012 年 1 月。

愿和教育发展需要，与非洲国家教育发展目标保持一致。中非教育合作与西方的部门援助模式不同，有更大的灵活性。西方很多国家为帮助非洲实现"千年发展目标"和全民教育目标，将援助重点放在基础教育，如经合组织59%的教育援助用于基础教育层次，相反，对非洲高等教育的投入一直较少。而中国在埃塞俄比亚投资建的埃塞俄比亚—中国职业技术学院、在马拉维建的马拉维科技大学都是高等教育领域比较大的合作项目。但是，中国对非教育援助较多局限在合作论坛所提出的对非八项举措范围之内，对非方提出的其他合作要求缺乏回应。从另一角度来说，中非合作论坛所提出的对非承诺并非完全符合非洲国家的实际需求。例如，非洲国家普遍中学师资缺乏，尤其是中学数学和科学教师，很多国家都向中方提出派遣中学教师的要求，但是中方却鲜少回应。从中国教育发展来看，基础教育质量较高，学生数学、科学基础较为扎实，但是能够用英语讲授数学和科学课程的师资极大缺乏，由此也就限制了中国教育的国际交流和国际影响力。那么，如何处理这些超出合作论坛举措之外的合作意愿，或扩大中非教育合作领域是教育援非中必须面对与解决的问题。

（二）中国在非援建学校的社会影响力

中国在非洲援建的107所农村小学基本于2009年前竣工并移交给非洲政府，中国使馆、承建中国公司或在非企业大都向学校赠送了课桌椅、办公桌、电脑、电视等教学设备。与当地的学校相比，中国援建小学基础设施较好，缓解了当地学校短缺的情况，解决了儿童入学难问题，帮助当地改善农村地区办学条件，促进了当地社区的入学率和识字率，有利于全民教育目标的实现。非洲国家对中国援建学校评价非常高，主要原因在于：第一，中国援助项目从不附加政治条件，符合政府的需要；第二，中国援助效率极高，满足非洲急于解决学生就学难和加速发展的需要；第三，中国将资金直接用于学校建设，防止非洲官员腐败。

然而，同日本相比，中国援建小学数量少，至2008年，日本在塞内加尔一个国家援建的学校数已达到535所。[①] 中国有的援建学校选址存在问题，位置偏远，非洲民众对此知之不多。没有充分考虑每个非洲国家的不同需求，援建学校的规模较小，只有7~8间教室。当然，有的学校在建造之初，非洲国家就提出了扩建的要求。与援建学校的后续合作比较缺乏，因为根据中非合作论坛举措，中国在非洲基础教育领域的援助主要集中在援建学校及中小学校长研修班。因此，很多援建学校的校长希望能与中方建立更多的联系和合作，尤其希望中方派

---

① JICA，"JICA Basic Education Cooperation in Africa"，Japan International Cooperation Agency，2010.6.

教师帮助他们开设汉语课。

（三）非洲来华留学生的社会经济效益

中非贸易发展为非洲来华留学生拓展了就业空间，很多留学生选择留在中国，从事与中非贸易或双边合作相关的职业。那些学成回国的学生利用从中国学到的知识和经验，协助政府设计前瞻性战略，成为推动本国经济中的拉动因素，[①]还有一些学生在非洲的中国公司找到工作。调研期间一位中国国企的高层管理者说："只要会汉语的非洲人，我们公司都愿意接受。"在非华为公司负责人在访谈中也提到，华为公司重点培养那些了解和认同中国文化、精通汉语的本土员工，并送这些本土优秀员工到中国华为总部接受培训。有研究证明，[②] 中国政府奖学金来华留学生对中国留学经历比较满意，[③] 并认为资助国际学生来华留学对中国与留学生来源国的关系有着积极的影响。

然而，非洲学生来华留学也为中国高校带来了挑战。一些留学生来华前没有汉语基础，一年的预科汉语学习不能满足他们学习专业知识的需要；有些院校留学生可利用的教育资源不足，缺少英文和法文文献资料；有些院校在留学生服务管理上还有待提高。学历互认也是中非教育合作中必须解决的一个问题。[④]

（四）汉语学习增进对中国文化的了解

从中国取得大学学位、掌握流利中文的非洲学生，无论留在中国或返回非洲，都成为推动中非友好关系的重要力量，他们跨越了语言和文化障碍为中非政治、经济、文化、教育各领域合作做出贡献。中国文化的吸引力、中国经济发展的成就以及中非全方位合作使非洲的汉语热不断升温。孔子学院社会短期培训班的学员来自社会各行各业，有商人、学生、政府官员、无职业者等，这些人对中国及中国文化怀有浓厚兴趣。在孔子学院学习汉语的利奥波德是一名电子工程师。他说："在我所从事的这个行业，中国可能提供的商机和发展机会不容置疑，

---

① 斯坦陵布什大学中国研究中心：《评估中国中非合作论坛承诺在非洲的实施并规划未来》，2010年1月。

② Lili DONG and David W. Chapman (2008), "The Chinese Government Scholarship Program: An Effective Form of Foreign Assistance", *International Review of Education*, pp. 155 – 173.

③ Kenneth King (2010), "China's Cooperation in Education and Training with Kenya: A Different Model?", *International Journal of Educational Development*. Vol. 30, pp. 488 – 496.

④ Kalsoom BeBe (2012), "Foreign Affairs of China in Higher Education and Issues of International Students in China", *Journal of Studies in Education*. Vol. 2 (1), pp. 114 – 130.

所以我必须学习汉语。但除此以外,我还想通过学习中国人的语言,了解中国人怎么就能在短短几十年时间里使经济如此发展,同时又保留住自己的特色。"

(五)教育援助促进高校能力建设

中非教育合作带动了中国和非洲高校的能力建设和国际化水平。非洲是世界上高等教育最不发达的地区、长期的经济和社会危机、殖民主义遗留的影响、人才外流、基础设施匮乏等因素都制约着非洲高等教育的发展。在高等教育全球化和国际化背景下,非洲高校正努力寻求本土化发展路径。中非教育合作为非洲高等教育带来了新的发展机遇,中非院校合作及参加教育研修班等活动为非洲院校能力提升创造了条件和机会。非洲高校可以借鉴中国高等教育发展经验,利用合作资金改善实验室等教学条件,提高院校管理能力和人才培养质量。从中非教育合作来看,中国高校提供知识和技能的能力直接影响教育合作的效果,智力援非与高校能力建设二者相互影响、相互促进。

浙江师范大学自 20 世纪 90 年代开始参与教育援非,现已形成非洲研究、汉语国际推广、对非人力资源培训、人才培养、政策咨询为一体的教育援非网络,成为服务国家对非战略、服务地方经济发展的重要学术机构。通过与雅温得第二大学共建孔子学院,与雅温得第一大学发展为"中非高校 20 + 20 合作项目"伙伴院校,以及与非洲其他著名大学建立学术联系,该校的国际化程度明显提升,非洲问题研究的学科优势与特色日益凸显,政策咨询的智库作用充分发挥。

二、中非教育合作存在的主要障碍与挑战

(一)中非民间缺乏相互了解与认知

中非民间交流与了解仍很欠缺,非洲普通民众对中国的了解不够全面。西方在非洲的影响根深蒂固,在语言、文化、教育、宗教信仰、意识形态、思维观念等方面都深刻地影响了非洲。非洲人了解中国的主要途径是西方媒介,而西方媒体对中国的评价往往存在偏颇,很多判断不够客观,同时,语言障碍在某种程度上限制了中非之间的民间交往。大多数在非中资企业基本上与相关政府部门或生意伙伴联系交往较多,与非洲社会缺乏融合互动。很多中资公司反映,本土文化与中国企业文化存在碰撞,比如,中资公司需要员工加班,而非洲员工对此很难理解,他们基本不会加班。在非洲,工会的力量比较强大,本土员工经常通过工

会组织或非政府组织提出增加工资、改善工作条件等要求,中资企业这方面的应对能力不足。有些当地员工有小偷小摸的行为,中资公司或是无能为力或是简单地采取责骂方式进行管理。因此,中非民间交流,特别是人文交流应该成为长期的战略,并服务于中非政治、经济等领域的合作。

(二) 对非汉语推广亟待加强

调研发现,非洲孔子学院发展势头良好,非洲学生学习汉语愿望强烈,学习汉语的人数不断增加。例如,内罗毕大学选学汉语的学生人数远远超过选学其他语种的学生数。非洲有的大学已经开设了汉语专业,可以培养本土汉语教师。肯尼亚孔子学院中方院长介绍,具备汉语语言技能的学生在劳动力市场更具竞争力,可以到中资企业或政府部门任职。但是,整个非洲大陆孔子学院的数量还极为有限,有些非洲国家境内没有一所孔子学院。塞内加尔一所高校由于汉语师资短缺,对学习汉语的人数加以限制,要求只有大学三年级以上的学生才可选学汉语。

(三) 人力资源培训管理有待提高

短期人力资源培训项目效果明显,参加过培训的人员对中国都有深厚的感情,但后续跟踪机制不完善,没有对培训人员的长期跟踪访谈,这些资源尚未得到充分利用。[①] 此外,人力资源培训的实用价值还有待提高,人力资源培训中实训内容和技术成果推广成分低,实用性不强。教育人力资源培训没能与农业示范中心建设、工业园区建设等项目有效结合。

(四) 中非教育合作中互派留学生的不平衡现象仍旧突出

非洲来华学生人数远远多于中国留非学生人数。[②] 中国与非洲国家在学历、学位互认方面的工作进展缓慢。中国提供给非洲学生的奖学金数额较小,总量也不多,不利于吸引更高层次的非洲青年来华学习。

三、促进中非教育合作可持续发展的政策建议

(一) 加大对非教育援助规模

教育在国家发展中发挥着关键作用,教育是减少贫困、促进经济发展、稳

[①②] Kenneth King (2010), "China's Cooperation in Education and Training with Kenya: A Different Model?", *International Journal of Educational Development*, Vol. 30, pp. 488–496.

定社会和谐的重要驱动力量。因此，各国均将教育放在优先发展目标上。投资教育、发展知识经济正成为非洲国家发展的主要方向。联合国教科文组织最新研究报告表明，[①] 过去10年来，撒哈拉以南非洲国家的教育投入在财政公共支出中所占比例从1999年3.5%上升到2008年的4.0%，与之对应的是各国入学比例的大幅增长。然而，非洲国家教育发展仍然面临很多问题与挑战。例如，在撒哈拉以南非洲，仍有3 200万适龄儿童无法进入小学课堂；1/3的国家初等教育辍学率在50%以上。国际社会一直重视对非洲的教育援助，教育在发展援助中有着很高的地位，在援助总额中所占份额一直保持相对不变，维持在9%左右。[②]

因此，中国在对非援助中应提高战略意识，使得对非洲的教育援助规划既符合我国塑造负责任大国形象，宣传和谐世界理念与中国传统文化需求的政治、经济利益需求，也实现了对非洲削减贫困、实现可持续发展的教育需求，并依此配置了人力、财力和物力。为此，我国对非洲教育援助必须统筹全局，全方位进行规划，并依此稳步推进。要把它作为国家的重要外交战略和进行经济开发的一种发展手段，舍得投入财力，增加教育援助在中国援助总额中的比例，愿意付出人力资源。

（二）制定教育援非的中长期规划

日本的教育援非之所以收到较好效果，受到国际社会和非洲国家的好评，一是因为其长期坚持，从20世纪80年代开始，援建学校数量已经达到2 610多所，其中小学2 480所，中学130所。[③] 二是因为日本国际协力机构（JICA）制定了综合的教育援助规划，包括援建学校、教师培训（尤其是科学和数学教师培训）、派遣志愿者和建立学校-社区管理制度，在提高教育质量上下了很多工夫。虽然中国援助主要通过中非合作论坛平台，每三年出台新的举措，但从长远来讲，应该制定教育援非中长期规划。制定长期规划首先要了解非洲实际需求；其次是选择中方优先援助项目；再次是各类项目之间应相互协调配合；最后是为保障合作效果，必须建立合作评估体系。

（三）建立多方参与的教育合作机制

中非合作应改变合作只局限在政府间的局面，建议提高各方在合作项目中的

[①] UNESCO, *EFA Global Monitoring Report* 2011, Regional Overview: Sub-Saharan Africa, Paris, 2011.

[②] Fredriksen, B, *The Evolving Allocative Efficiency of Education Aid: A Reflection on Changes in Aid Priorities to Enhance Aid Effectiveness*, World Bank, 2008.

[③] JICA, "JICA Basic Education Cooperation in Africa", Japan International Cooperation Agency, 2010.6.

参与度。在教育人文交流中,应该与非洲国家地方政府、社团、非政府组织、宗教团体、社区等机构合作,扩大合作范围,非方广泛参与的项目既可以扩大中非合作项目的影响力,为非洲培养本土人才,加强非方能力建设,又能提高非方对项目的责任和自主意识。同时,也应鼓励在非中国企业、个人参与中非教育人文交流,借由支持非洲教育发展履行其在非社会责任,加强与非洲社会的交流与互动。此外,在不存在很大利益冲突的教育人文合作领域,完全可以考虑与国际社会及其他援助国合作,探讨三方及多方合作模式。中国可以与世界银行、联合国教科文组织、联合国儿童基金会等国际机构,以及一些西方发达国家在教育领域开展多边合作,既有利于提升中国在国际社会的影响力,树立良好的国家形象,又可提高中国教育机构的国际化程度。

(四) 加强国内高校自身能力建设

有效地为非洲国家提供教育援助,实际上是对中国教育的一大挑战,也是中国高校加强自身能力建设的重要契机。中国高校应成立"教育开发国际合作研究院",开设有关中国教育发展、国际教育合作、推广教师培训经验等课程,使用英文授课,培养参与国际教育合作的人才,招收发展中国家学生攻读硕士和博士,从事教育发展问题研究。各援非院校应将教育援非纳入院校的长期发展战略之中,在援非过程中,增强学校自身能力建设,提高参与国际合作能力。

附录1   "中非高校20+20合作计划"入选院校名单

中方院校	非方院校
北京大学	埃及开罗大学
北京语言大学	埃及苏伊士运河大学
湖南大学	南非斯坦陵布什大学
东北师范大学	南非比勒陀尼亚大学
南京农业大学	肯尼亚埃格顿大学
东华大学	肯尼亚莫伊大学
中国农业大学	几内亚法拉那高等农艺兽医学院
上海师范大学	博茨瓦纳大学
天津职业技术师范大学	埃塞俄比亚—中国职业技术学院

续表

中方院校	非方院校
浙江师范大学	喀麦隆雅温得第一大学
华东师范大学	坦桑尼亚达累斯萨拉姆大学
对外经贸大学	突尼斯大学
东南大学	赞比亚大学
天津中医药大学	加纳大学
吉林大学	津巴布韦大学
北京第二外国语学院	摩洛哥穆罕默德五世大学
中国地质大学	纳米比亚大学
扬州大学	苏丹喀土穆大学
湘潭大学	乌干达马凯大学
苏州大学	尼日利亚拉各斯大学

附录2　　非洲地区孔子学院或孔子课堂

序号	国别	城市	孔子学院（课堂）	中方承办院校或机构
1	埃及	开罗	开罗大学孔子学院	北京大学
2	埃及	伊斯梅利亚	苏伊士运河大学孔子学院	华北电力大学
3	博茨瓦纳	哈博罗内	博茨瓦纳大学孔子学院	上海师范大学
4	津巴布韦	哈拉雷	津巴布韦大学孔子学院	中国人民大学
5	喀麦隆	雅温得	雅温得第二大学孔子学院	浙江师范大学
6	肯尼亚	内罗毕	内罗毕大学孔子学院	天津师范大学
7	肯尼亚	内罗毕	肯雅塔大学孔子学院	山东师范大学
8	肯尼亚	内罗毕	内罗毕广播孔子课堂	国际台
9	卢旺达	基加利	基加利教育学院孔子学院	重庆师范大学
10	利比里亚	蒙罗维亚	利比里亚大学孔子学院	长沙理工大学
11	马达加斯加	塔那那利佛	塔那那利佛大学孔子学院	江西师范大学
12	南非	斯坦陵布什	斯坦陵布什大学孔子学院	厦门大学
13	南非	比勒陀利亚	茨瓦尼理工大学孔子学院	长安大学
14	南非	开普敦	开普敦大学孔子学院	中山大学
15	南非	格雷翰斯顿	罗德斯大学孔子学院	暨南大学

续表

序号	国别	城市	孔子学院（课堂）	中方承办院校或机构
16	南非	西开普敦省	开普数学科技学院孔子课堂	淄博实验中学
17	尼日利亚	拉各斯	拉各斯大学孔子学院	北京理工大学
18	尼日利亚	奥卡	纳姆迪·阿齐克韦大学孔子学院	厦门大学
19	苏丹	喀土穆	喀土穆大学孔子学院	西北师范大学
20	摩洛哥	拉巴特	穆罕默德五世大学孔子学院	北京第二外国语学院
21	马里	巴马科	阿斯基亚中学孔子课堂	西南林学院
22	多哥	洛美	洛美大学孔子学院	四川外语学院
23	贝宁	波多诺伏	阿波美卡拉维大学孔子学院	重庆交通大学
24	埃塞俄比亚	亚的斯亚贝巴	亚的斯亚贝巴孔子学院	天津职业技术师范大学
25	突尼斯	斯法克斯	斯法克斯广播孔子课堂	国际台
26	坦桑尼亚	桑给巴尔	桑给巴尔电台广播孔子课堂	国际台
27	莫桑比克	马普托	蒙德拉内大学孔子学院	浙江师范大学
28	赞比亚	卢萨卡	赞比亚大学孔子学院	河北经贸大学
29	塞内加尔	达喀尔	达喀尔大学孔子学院	辽宁大学
30	坦桑尼亚	达累斯萨拉姆	达累斯萨拉姆大学孔子学院	浙江师范大学
31	坦桑尼亚	多多马	多多马大学孔子学院	郑州航空工业管理学院

第二十六章

新时期中非文化交流合作的机遇与问题

2006年,中非合作论坛北京峰会提出中非战略合作的重要内容之一是"文化上的交流互鉴",这是中非双方首次将文化合作提升到与政治合作、经济合作同等重要的位置上来,表明中非合作关系正在向更广阔的领域拓展。6年来,在中非双方文化主管部门的高度重视和通力协作下,中非已成功举办5届"中非文化聚焦"系列文化活动、3届"非洲文化人士访问计划"和2届"中非文化人士互访计划";安排文化高层互访共计43起;新签署36个双边政府间文化协定及执行计划;开展近70个共计1 600余人的中非艺术团互访演出,涉及非洲近160国(次),参加了非洲国家举办的约30个艺术节;举办中非展览互访30多起;开展治国理政、造型艺术、大型庆典、手工艺、编舞、杂技等多个门类的中非人力资源培训合作20多项,互访人员共160余位。[1] 6年来,中非文化的交流合作在过去传统模式的基础上,增加了更丰富的时代内容与形式。

在未来的中非合作关系中,人文与社会发展领域的合作将越来越受到中国政府的重视。我们认为,中非文化交流合作不仅可以更好地推进中非合作关系的发展,也有利于促进世界各种文明间的交流与融合,有利于建构和谐、平等、宽容的新世界体系。尽管中非文化的相互理解与认知要经历一个相当长的过程,并且势必遭遇各类挑战,但是在中国与非洲政府和人民的努力下,中非文化的交流与合作将日益朝着理想的方向发展。

---

[1] 《"中非合作论坛——文化部长论坛"在京举行》,http://www.ccdy.cn/wenhuabao/yb/201206/t20120619_312174.htm,2012年9月25日。

本章从中非战略合作的角度，回顾总结当代中非文化交流合作的整体状况，对其成效和存在的问题进行分析评估，同时结合法国文化在非洲影响的比较，对中非文化交流的思路与政策提出若干建议。

第一节　当代中非文化交流进程及特点

一、当代中非文化交流合作总体状况

中国和非洲都是人类古老文明的发源地，都有着悠久的历史、灿烂的文明和丰富的遗产。早在一千多年前，中非之间已经有了文化交流。在西安出土的中国唐代墓葬中，就曾出土过黑人雕像。中国的瓷器、丝绸、钱币，在一千多年前的非洲东海岸已经十分流行。15世纪初，中国航海家郑和航行非洲，大大推进了中非人民的相互了解。当代中非文化交流与合作始于20世纪50年代，经过五十多年的发展，尤其是随着改革开放中国经济实力大增后，中非文化交流合作进入了历史上最活跃的时期。

当代中非文化交流与合作大致可分为三个阶段：第一阶段（20世纪50年代中期~1977年）。1955年5月，中国同埃及在北京签署了新中国与非洲国家之间的第一个文化协定，与此同时，非洲国家也开始向中国介绍非洲的文化艺术，先后有埃塞俄比亚、苏丹等非洲国家歌舞团来中国演出。这一时期，中非关系以政治为主，文化的交流亦服从政治需要，且处于起步阶段。第二阶段（1978~1999年）1978年中国实行改革开放后，中非文化艺术交流继续发展，中国与许多非洲国家签订了文化艺术交流协定。1988年，中国文化部派出艺术教育团赴非洲多国考察。第三阶段（2000年至今）。这一时期，中非文化交流的广度和深度都有了进一步的拓展，呈现出活动丰富多彩、形式更加多样、高层往来频繁、合作更加深化等特点，是中非文化交流史上最活跃的时期。

2000年中非合作论坛的建立，使中非文化交流合作提升到新的水平。近年来，中非文化交流日益活跃，举办了各种形式的"文化交流周"和"文化交流年"。2004年，中国政府决定举办"非洲主题年"活动，这是新中国成立以来中国在非洲举行的规模最大的文化交流活动。"2008非洲文化聚焦"大型中非文化交流活动在中国深圳市举行。"2010非洲文化聚焦"活动在北京开幕，与2008年的"聚焦"相比，当年的"聚焦"在组织上、时间上、空间上都有很大延伸。

2012年，第二届"非洲文化聚焦"活动在北京、天津、上海、南京、银川、河南等多个城市举办。2012年6月18日，"中非合作论坛——文化部长论坛"在北京举行，为新时期中非文化交流与合作指明了方向，为新形势下中非文化关系的长远发展规划了蓝图。

与中非官方热烈的文化交流相对应的是，近年来，中非民间和商业性文化交流与合作也日渐频繁。据不完全统计，2007~2009年，中非双方间共开展33次民间和商业性文化交流活动，内容涉及广泛。

此外，非洲文化艺术也开始在中国大学受到重视，研究工作开始起步。2008年11月，浙江师范大学成立了非洲艺术研究中心。2010年10月，浙江师范大学非洲博物馆隆重开馆，这是中国高校首家公益性的非洲博物馆，旨在向中国大学生和社会各阶层展示非洲文化艺术的神秘与魅力。2011年，作为中非民间文化和学术交流的重大事件，由浙江师范大学举办的中非智库论坛第一届会议在浙江杭州举行。目前，中非智库论坛已被外交部纳入中非合作论坛框架，并作为中非民间对话的固定机制，每年在中国和非洲各举行一次。

二、当代中非文化交流合作的特点及成效

第一，中非双方领导人都十分尊重对方的文化与艺术，高度重视和支持，并以国家的力量积极推进中非文化交流与合作。五十多年来，中非互派了许多高级别的文化访问团和知名人士。中国还与数十个非洲国家签订了文化协议，形成了以政府间交流为主渠道的中非文化交流与合作模式。

第二，中非双方的地方政府、民间艺术团体的交流合作日趋活跃，表演艺术团不断增多。在过去的数十年间，中非之间的表演艺术团互访达数百起，参与者达数千人次。

第三，双边艺术展览的规模不断扩大，内容更加丰富多彩，平台建设更加完善。多年来，中国同非洲国家互办各种类型和规模的艺术展览达百余次，获得了良好的社会效益，近年来举办的"中非文化聚焦"活动更是中非文化交流合作的亮点与品牌。

第四，中国艺术家对非人力资源培训工作取得可喜成果。在喀麦隆，中国舞蹈家让沉寂了20多年的国家舞蹈团重焕活力；在厄立特里亚，中国艺术家培养出众多专业人才；中国还为苏丹和坦桑尼亚等非洲国家培训过杂技演员；此外，中国也派教师赴非任教或派人去学习非洲的文化艺术等。

第五，更加注重思想上的交流与文化上的互鉴。突出表现为中非高校、学者和智库更积极频繁地参与到文化交流活动中来，同时双方都更加注重文化上的互

鉴，而不是单方面的传播与接受，非洲的文化艺术越来越频繁地呈现在中国人的视野，中国也正成为非洲艺术家向往的国度。

第六，更加注重文化合作惠及非洲民生。近年来，中非文化合作非常注重非洲民生的改善，中国在很多对非文化合作项目中，如文化艺术中心的设立、体育场的修建等无不将民生放在首位。

第七，企业的积极加入和商业模式试验是近年来的亮点。2011年6月，浙江出版联合集团出行非洲，为当地带去了优秀浙版图书，并与内罗毕大学合建了中国出版界在非洲的第一个出版中心。此外，中国残疾人艺术团在非洲的交流活动采取了多种运作模式，除交流演出、义演外，还进行了首次商业演出，对中非文化交流合作的新途径进行了探索与尝试。

当代中非文化交流合作在中国对非外交战略地位中的增强，使得文化交流活动不仅注重政治上、文化上的效益，而且关注经济利益。在政治利益和经济因素的促进下，中非文化交流合作从中央走上地方，从官方走向民间，由点到线到面逐步铺开，随着双方多边合作的深入发展，中非文化交流的载体会日益增多，彼此间的认识和了解也会进一步加深，不仅促进了文化交流，还稳固了双方政治互信。但是客观而言，中非彼此之间的相互了解还远远不够。

第二节　中非文化相互影响力及相互认知现状

一、非洲文化在华影响力及中国人对非洲的认知

由于当代中非关系的持续深入发展，双方在政治、经济和文化上的交流日益频繁。随着越来越多非洲艺术文化展在中国的举办，以及越来越多非洲留学生的来华，再加上书籍和网络的介绍，当代中国人比以往任何时代的人们有更多的机会和渠道来了解和认知非洲，尽管如此，中国人对非洲的了解还非常有限，甚至在诸多领域存在偏见与误解。

第一，经济方面。一提到非洲，中国人就会立刻想到几个词，诸如贫穷、落后、饥饿。确实，就整体的经济状况而言，非洲是目前世界上经济最贫穷、最落后的大陆，解决基本的温饱问题依然是很多国家目前面临的一大重要任务。但这些饥荒大部分是由于战乱和人为的失误引起。非洲农业发展条件虽不如欧洲得天独厚，但因地广人稀，潜力依然很大。而且纵观非洲各国经济发展史，我们可以

发现，非洲的经济发展并不是铁板一块。20世纪80年代，一些非洲国家在经济发展方面取得了巨大的成就，甚至成为经济强国。例如，1985年加蓬的人均国民生产总值达到3 177美元，同年利比亚居然达到5 000美元，当时居世界第28位。后来一段时间由于非洲国内出现的贪污腐败、地区冲突和政策失误等种种问题，以及美元贬值等诸多外部因素，一些国家经济开始衰退。从20世纪90年代开始，非洲丰富的矿产资源和巨大的市场空间使西方看到了非洲蕴藏的无限商机，非洲重新受到重视。美国、法国、德国等大国纷纷调整对非政策，新非洲政策从过去的以政治为中心转为以经济为主导，强调重点同非洲加强经贸关系合作。[①]

当前，非洲发展问题已日益纳入全球化。近年来印度、巴西、俄罗斯等新兴大国纷纷将目光投向非洲，就当前的形势来说，非洲经济发展可谓有着前所未有的机遇和良好的国际环境，在非洲各国自身的努力和国际社会的支持下，非洲经济势必走出困境，快步迎来蓬勃发展的春天。

第二，气候方面。很多中国人对非洲的气候存在误解，认为非洲是热带气候，温度很高，非常炎热，不适合人类居住。事实上，非洲大陆并不是高温大陆，撒哈拉沙漠以南包括赤道线上的大多数非洲国家常年都保持在20℃到30℃之间。例如，肯尼亚全年最低气温在10℃到14℃，最高气温22℃到26℃、乌干达的年平均气温在22℃左右、刚果（金）年平均气温在27℃。大部分非洲国家天气凉爽，四季如春，再加上自然风光秀丽，实在是人们居家旅游的好地方。

二、中国文化在非影响力及非洲民众对中国的认知

非洲人对中国的了解大多集中在政府和文化精英阶层，知识分子对中国文化或许有一些了解，但普通老百姓知之甚少。非洲人对中国的认知大多通过以下渠道：第一，通过中国驻非洲国家的使馆及相关部门的对外宣传；第二，到中国访问，或接待中国的各类代表团和代表组，或是通过与身边中国人的接触；第三，西方媒体。

随着越来越多的中国企业、商品和中国人进入非洲，非洲人对中国和中国人有了越来越多的了解，一方面，他们对中国经济的快速发展充满了钦佩与期待，期待非洲能从中国的社会经济发展模式中找到新的启发与动力，他们欣赏中国人的勤劳、友善；另一方面，中国在非洲的动机遭到质疑，部分中国人表现出来的

---

① 王莺莺、孙巧成：《大国开始重新认识非洲》，载《国际问题研究》1996年第3期，第26~29页。

封闭、法律意识不强,以及宗教信仰缺失使得一些非洲人对中国人的看法显得消极,甚至充满偏见和排斥。

大多数非洲人对中国的第一印象是中国是一个制造大国。非洲是中国最大的出口市场之一,在过去的 20 年中,中非合作突飞猛进,从 1980 年到 2007 年,中非贸易额翻了 50 倍。中国向非洲出口的工业制成品越来越多,但是出于对非洲购买力的考虑,中国出口到非洲的商品多为廉价商品。对此,非洲人褒贬不一,有的非洲人认为中国产品不但质量差,不能很好地服务消费者,而且还导致了非洲制造业的衰退。这当中有事实的影子,但是不宜夸大解读。① 事实上,非洲的经济问题由来已久,不应该完全怪罪在中国头上。中国廉价商品进入非洲市场利大于弊,不但创造了更多的就业机会,从商业角度看,中国走进非洲也带来了更多的竞争。② 而且,中国向非洲出口的产品也不全是技术含量低、质量相对一般的日用品,电子、机械等高科技产品占有很大的份额,而且未来比重会越来越高。

当代中国留给大多数非洲人的另一印象是中国已是一个富裕的经济强国。改革开放,尤其是 21 世纪以来,中国经济得到了突飞猛进的发展,中国经济的发展模式为非洲国家带来了希望和勇气,大多数非洲人对中国的到来持欢迎态度,认为中国给非洲经济腾飞提供了新的动力,是非洲实现发展的真正机遇所在。③ 尽管部分非洲人怀疑中国企业在非洲的动机,抱怨中国企业种种问题。但大部分非洲人还是能理性地看待中非关系和在非中国企业,能以比较的视野给中国的非洲行为一个公平公正的评价。沙伯力和严海蓉教授在非洲九国④的调研也确证了这一点,尽管非洲人认为中非双方在某些领域存在冲突,但是大多数受访者对中非关系和中国持乐观积极的态度,整体上仍倾向于支持中非关系。⑤

同非洲人对中国的看法一样,非洲人对中国人的认知也存在着正反两面:一方面,非洲人对中国人的勤劳深表钦佩;另一方面对他们淡漠的法律意识和宗教信仰表示不理解。

勤劳是中国人留给非洲人的一个非常深刻的印象。这一点在中国学者就"非洲人对中国人有什么样的印象?"这一问题进行问卷调查时得到了确认,受访国

---

① 沙伯力、严海蓉:《"中国在非洲"的三重误读》,载《南风窗》2010 年第 5 期,第 30 页。
② [中非] 蒂埃里·班吉:《中国,非洲新的发展伙伴——欧洲特权在黑色大陆上趋于终结?》,肖晗等译,世界知识出版社 2011 年版,第 69~70 页。
③ 同上,第 9 页。
④ 这九个国家是:博茨瓦纳、埃及、埃塞俄比亚、加纳、肯尼亚、尼日利亚、南非、苏丹和赞比亚。调研的主题是"非洲人对中非关系的看法"。
⑤ 沙伯力、严海蓉:《非洲人对于中非关系的认知(下)》,载《西亚非洲》2010 年第 11 期,第 52 页。

家的大多数人都对中国人的勤奋刻苦印象深刻。大多数非洲人对中国人的勤劳持赞赏态度，埃塞俄比亚 North Wollo 省 Woldiya 市的政府主席巴莱（Balay）先生就说："你们中国人工作很努力，这是你们国家很快富裕起来的主要原因，我们埃塞俄比亚人缺乏的就是这种精神。"

法律意识淡漠是中国人留给非洲人的另一强烈印象。几千年人治的封建社会给中国人带来的一个弊端就是契约和法律意识的淡漠与缺乏。在中国，人与人之间，企业和员工习惯了口头承诺，不订立契约，不给员工购买保险，随意解雇员工，这都是很平常的事情。一些中国企业的老板将这种习惯带到非洲。他们一方面不了解当地法律及当地人的法律观念；另一方面也没有遵守当地法律法规的意识。而非洲虽然经济落后，但是受西方殖民者多年的教化与影响，法律和劳工保护意识很强，因此常有中国企业与当地雇员发生冲突，这也是影响当前中国人和中国在非形象的一个重要因素。

非洲人对中国人的第三个印象就是中国人没有宗教信仰。宗教信仰是非洲传统文化的核心，从一定程度上来说，不了解非洲的宗教就不可能真正了解非洲的文化和非洲人的生活。宗教在非洲人的社会生活中占据着非常重要的地位，传统宗教信仰者的生活中始终贯彻着传统的信条和仪式；基督徒和穆斯林则会分别遵守本教派的各项教条教规，定期去教堂或清真寺做礼拜。而有宗教信仰的中国人很少，来非洲的中国人大多没宗教信仰。按照宗教习俗，星期天是上帝规定的休息日，非洲人在那一天都会停止工作休息，而很多中国人则认为那些宗教仪式和宗教习俗是愚昧可笑的，他们宁愿加班也不休息，更是从不去教堂。非洲人对此非常不能理解和认同。

第三节　推进中非文化交流合作的思路与对策

一、充分认识推进中非文化合作关系的重要意义

文化领域的合作是新时期中非合作新的亮点和重点，潜力巨大，但如何推进中非文化领域的合作，目前既缺乏战略层面的整体研究，也缺乏具体政策与措施的深入调研与探讨。

文化对经济和社会发展的影响现在已经被很多人所认识并重视。不同的经济和社会发展背后有着不同的文化，不同的文化也会呈现不一样的社会发展。当代

非洲的发展问题其实本质上就是一个文化问题。从一定意义上来说，非洲文化的特殊性与多样性，文化因素在非洲经济社会发展中特殊的重要性，一方面促使人们在认识非洲发展时更加关注文化与文明的作用与影响；另一方面，非洲的发展实践也启发国际社会更多地重视文化因素和文明差异在人类交往与发展中的普遍意义，这是非洲发展进程及实践努力对当代人类发展及人类的自我认识做出的一个突出的贡献。①

中国作为四大文明古国唯一存留的国家，其文化的深厚程度不言而喻，中国文化历经五千年的发展历程，先代留下的传统文化对中国社会的发展起到了重要的推动作用。中国传统文化所包含的天人合一、阴阳互补的世界观；人性本善的德行观；自强不息、厚德载物的人格观，以及内圣外王的德治观，囊括了中国人如何看待世界、人性、理想人格和施政的问题。传统文化尽管存在某些方面的弊端，但是站在今天的时代维度上看，仍然有其巨大的价值：一方面，它对于中国的现代化语境有着补偏救弊的作用；另一方面，传统文化中所蕴含的某些超时代的前瞻性和普世价值也为中国社会发展提供了某些历史机缘。

作为两种古老的文化体系，中非文化在新时期的相互认知、合作与融合至少具有以下三个方面的特殊意义。

第一，中非文化的交流合作有助于突破西方文化中心论的藩篱。长期以来，西方国家在全世界范围里强力推行其意识形态和文化体系。这些带有明显西方偏见与特征的思想和观念，有力地维持着西方世界对全球事务之支配与干涉，并筑成一堵无形而巨大的话语高墙，将是种种阻碍非西方世界完成复兴和崛起的最后一幅大幕，最后一道高墙。② 新时期中非文化深入的交流与合作关系有助于打破西方文化对亚非国家的束缚，从而在非西方世界构建自己的思想原创能力和话语权建构方面做出自己的努力与贡献。

第二，中非思想文化体系的相互认知与合作有利于在国际文明体系中彰显出中非文明的知识和智慧。无论是几千年的中华文化，还是古老的非洲文明，都是中非人民在漫长的历史发展过程中经验和智慧的积累与提炼，都形成了形态各异的文明体系，并且在不同的历史时期深刻地影响了西方文明的发展历程。随着亚非国家越来越多地参与国际事务，以及西方文化中心论的被质疑和逐渐被打破，亚非文化所蕴含的丰富的知识和智慧正在世界范围内凸显。从而也能有效促进亚非世界与西方进行平等对话和有效沟通的系统全面的现代人文科学与社会科学理

---

① 刘鸿武、罗建波：《中非发展合作：理论、战略与政策研究》，中国社会科学出版社 2011 年版，第 59 页，第 111 页。

② 刘鸿武：《越过西方思想的遏阻之坎——关于当代非西方世界话语体系建构的若干问题》，"非洲发展趋势与中非关系前景高端研讨会"会议论文，2011 年。

论的产生与传播。①

第三，在新的历史时期，社会发展背后的文化在政治、经济发展及国际外交间所彰显出来的巨大作用是史无前例的。21世纪，中非在政治、经贸等各个方面都进入了一个新的历史时期。中非全面交流的持续深入发展需要中国人和非洲人对对方的行为习惯、思维方式和国民文化有更多的了解。惟其如此，才能在面对问题和困难的时候，找出解决的办法，才能在制定对非外交战略中提出切实可行、有的放矢的方针政策。

二、发掘把握和利用中非文化交流合作的有利基础

新时期构建和谐的中非文化合作关系有着两方面的有利基础：一方面是新时期中非政治、经济和外交关系的深层次全面发展；另一方面是中非文化所存在的诸多共通性。

中非友好关系历史悠久，源远流长，中国一向重视非洲。进入21世纪，中非关系更是被中国政府提高到了战略的高度。自2000年以来，中非关系以中非合作论坛为平台，历时十多年的发展，在政治、经济、教育、科技与卫生合作等方面取得了瞩目的成绩。

除了中非政治、经济友好合作奠定的有利条件，中非传统文化在思想和观念上存在的诸多的共通性也是构建和谐中非文化合作关系的坚实基础。

首先，中非传统文化都注重人与自然的和谐相处。追求人与自然的和谐相处，是中国几千年传统文化的主流。而非洲人对自然的热爱和环保意识也由来已久。非洲古老的习惯认为，自然资源属于部落种族共有，因此，管理者要对保护环境负责，并对环境的使用权加以限制。这充分表现了自然资源共同拥有、持续利用自然资源的基本理念。②

其次，相对于西方文化重理性、重法律的特点，中非文化都重视情谊，看重人与人之间的温情。中国文化重视和谐的人际关系，讲究道德伦理。而非洲的人际关系受部族经济模式的影响很大，同一部落的人要齐心协力，共同斗争，才能抗击贫困，有效对抗自然灾害。因此如同中国一样，在非洲，和谐友爱的人际关系是家庭和睦、社会安定的基础。

再次，中非文化都有浓郁的集体主义观念和家族观念。《礼记·礼运》中的

---

① 刘鸿武：《西方政治经济理论反思与"亚非知识"话语权重建》，载《西亚非洲》2011年第1期，第15页。

② 引自2010年6月6日，中国社科院西亚非洲所李新烽研究院在第149讲首都科学讲堂的科普报告。

"大道之行也，天下为公"从价值的角度强调伦理主体应该在社会群体中安身立命。中国古人普遍认为个体不能脱离群体而独立存在，个体只有在群体中才能真正安身。① 非洲人也有很强的集体意识，他们同样认为，人只有生活在集体中，生活才更有意义。"传统的非洲社会是集体的，和西方的相比，个人的需要和成就与多数人的相比是第二位的。"②

最后，中非都经历过贫穷落后的历史时期，都受到过外敌的入侵，因此自尊心都很敏感，希望获得尊重，表现在文化上就是都特别反对外部的干预。在近代历史上，非洲和中国都受到过西方列强的入侵。在中国，西方殖民统治想尽办法阻止那些原本自由的文化活动，并严格限制学校授课的课程。而在非洲，1984~1985年的柏林大会，西方列强在不考虑非洲种族、文化、宗教、语言的具体情况下，将非洲人为划分边界，因而打断了非洲文化的正常发展轨迹。③ 另一方面，西方文化的强行推行和拓展也大大挤压了非洲传统文化的发展空间。④ 长期的殖民奴役，造成了中非人民自尊心的敏感，渴望尊重、渴望自由，反对来自外部力量的干预。

正是这种较为成功的中非政治经贸合作关系，以及中非传统文化间所存在的互通性与相似性，为新时期中非和谐文化合作关系的建构奠定了有利的基础。一方面，继续发展中非关系，深入挖掘中非两种文化之间的相通性与相似性，增强相互间的文化认知与认同，有利于中非文化合作关系在新时期的建构；另一方面，和谐文化合作关系的建构又会反过来密切中非政治经贸关系的发展。

三、以包容心态和平等观念理性对待中非文化的差异性

由于曾经是西方国家的殖民地，非洲国家在语言、文化等方面受西方，尤其是英法国家的影响非常深远，即使是后殖民时代，这种影响依然没有消失。除了西方文化对非洲人的深刻影响，当代非洲国家落后的媒体和舆论建构，也使得西方传媒和舆论对非洲人思想和观念的左右仍然深刻并随处可见。在 2006 年 5~6

---

① 张玉存：《中国古代"为公"思想与马克思主义集体观之比较》，载《理论学刊》2002 年第 6 期，第 114 页。另可参见韩政：《中国古代哲学与传统文化》，北京图书馆出版社 2007 年版；谭德贵、李纪岩：《中国古代的"为公"思想》，载《理论学习》2002 年第 10 期。

② [美] 耶鲁·瑞奇蒙德、菲莉斯·耶斯特林：《解读非洲人》，桑雷译，中国水利水电出版社 2004 年版，第 5~6 页。

③ A. Adu Boahen, *African Perspectives on Colonialism*, Baltimore: Johns Hopkins University Press, 1987, p. 126.

④ Blaine Harden, ed. *Africa: Dispatches from a Fragile Continent*, Boston: Houghton Mifflin, 1990, p. 69.

月，加纳最大的两家报社发表的 543 篇文章中，有 64% 的文章来自于英国广播公司（BBC），只有 13% 的文章来自加纳新闻机构，剩余的 23% 来自其他机构。① 由于中国与西方国家存在意识形态的差异及一定程度的利益冲突，为此，一些西方媒体利用他们的舆论力量在非洲散布不利中国的谣言。歪曲中国为没有民主的强权专制国家，污蔑中国是非洲的新殖民者，是非洲资源的掠夺者等。在中国与非洲思想文化以及媒体交流不多，不深刻，信息来源单一的情况下，非洲人对中国的印象容易形成误解和偏见。

此外，中非文化明显的差异性也是新时期建构中非和谐文化合作关系的重大屏障，需要我们努力去了解、沟通和认同。

第一，性格与气质不同，中国人内敛、含蓄、保守；而非洲人则外向、开朗、张扬。儒家文化对个人修身养性、明心见性的强调造就了中国人内敛、含蓄和保守的性格特征。而非洲人在性格方面与中国人迥然不同，他们更多地表现为外向、开朗和张扬。"非洲人生性乐观、憨厚、淳朴，不知忧愁为何物，爱好舞蹈和音乐。"②

第二，传统农业发展程度的差异导致行为方式与金钱观的不同。中国传统农业发达，因此小农经济和小农意识数千年来塑造了中国人的行为方式，比如注重节俭、储蓄及为子孙后代着想。而非洲由于传统农业不发达，他们对金钱和财富的态度也与中国人不同。尽管许多非洲人的生活并不富裕，但他们对金钱和财富的观念相对淡薄。③ 大多数非洲人是今天有钱今天潇洒，明天的日子怎么过明天再说。

第三，中国几千年的中央集权制度推崇国家的权威和观念，齐家、治国、平天下；非洲没有中央集权的传统，他们有家、家族、族群观念，但是国家观念和情感很薄弱。西方殖民者人为划分殖民地在肢解原有民族文化共同体时，并没有培育非洲人的国家情怀，国家的观念对他们来说远没有家庭、部族观念来得重要。④ 因此当代非洲政治的一个重要任务就是如何整合国家内部分割严重、破碎的传统部族和部族组织，从而推进其国家一体化进程。⑤

第四，中非政治文化不同，中国经过几十年的社会主义发展，已经形成了自

---

① "Ghana to Host Media Summit to Re-brand Africa for a Brighter Future", Ghana News Agency, 3 August 2006. 转自沙伯力、严海蓉：《非洲人对于中非关系的认知（下）》，载《西亚非洲》2010 年第 11 期，第 57 页。
② 无端：《中国·非洲：两种文明的对话》，载《民族论坛》2007 年第 1 期，第 7 页。
③ R. Olaniyan, ed, *African History and Culture*, Longman Nigeria Ltd, Lagos, 1982, p. 136.
④ 参见刘鸿武：《从部族社会到民族国家：尼日利亚国家发展史纲》，云南大学出版社 2000 年版。
⑤ S. N. Eisenstadt, ed, *Building States and Nations: Models, Analyses and Data across Three World*, Beverly Hills, 1973, p. 186.

己独特的政治文化及核心内容、价值理念和构建模式；而非洲大多数国家长期以来没有自己成熟的政治体系。尽管目前多党民主政体已经确立，但那只是一种表象，非洲多党民主政体与西方原生型的民主政体有很大差距，事实是一党主政、多党参与的模式已成为目前非洲多数国家民主政体的主要特征。①

第五，中非历史文化和历史进程差异很大。中国经过几千年的发展，形成了系统化、体制化的精英文化，也就是中国的"国学"；非洲没有国学，有的是部族文化和乡土文化，精英文化欠缺。非洲是一块有着众多国家的大陆，历史、文化和语言的多样性是其最显著的特征，也是非洲无以构建其所谓国学的主要原因之一。自非洲独立后，大多数国家意识到构建统一国民文化体系对于国家民族一体化和民族团结的重要性，因而都加强了对自己历史文化的研究和对部族文化的整合与融汇。② 只是时至今日，依然任重道远。

此外，中非在文化上还有一个很大的差异是中国文献文化发达，而非洲主要是口传文化，但是形象符号发达。大约在 3 500 多年前的商朝，我国就有了刻在龟甲和兽骨上的文字，后来造纸技术和活字印刷术的发明更是为中国的文献记载提供了极大的便利，中国传统文化中的儒释道都有着丰富的文献典藏。而非洲传统文化的一个主要特征就是口传文化，非洲大多数部族到 19 世纪仍未创造本族文字。语言成为传统社会传播信息和分享文化的主要的或唯一的媒介。非洲历史上只有少数几种语言有相应的文字，但其使用区域非常有限，根本不足以改变整个非洲文化整体上的非文字特征和口传特征。非洲传统文化的遗产主要还是由人们口耳相传、口授心记而保留和继承下来的。③ 文字记载的缺失一定程度上促成了非洲形象符号的发展，非洲的音乐舞蹈内容丰富、形式多样，是世界艺术文化中一朵耀眼的奇葩。

西方因素、文化的差异性、双方对文化的不够重视构成了新时期中非文化合作关系的主要障碍。只有加强中国文化在非洲的传播，树立中国良好的国家形象，构建中国的话语权，同时加强中非双方在文化上的交流，了解文化间的差异，消除文化上的隔阂，并认识到文化在双方关系中的重要作用，这样才能做到双方文化间的相互认知与了解，并真正实现文化上的交流与互鉴。

---

① 张宏明：《多维视野下的非洲政治发展》，社会科学文献出版社 2007 年版，第 1~2 页。
② 刘鸿武：《从部族社会到民族国家：尼日利亚国家发展史纲》，云南大学出版社 2000 年版，第 203~204 页；参见刘鸿武：《非洲某些文化的现代复兴与统一民族国家文化重构》，载《历史教学》1993 年第 10 期。
③ Asebisi Afolayan, *African Languages and literature in Today's World*, Lagos, 1982, p. 162.

四、努力挖掘中非文化交流合作的巨大潜力

尽管新时期中非文化交流合作还存在着一些问题,面临着一系列挑战,但总体而言,中非文化合作前景美好,发展空间巨大。

首先,中非双方政府都有合作的愿望与积极的举措。中国政府对中非文化合作一向非常重视,近年来有了更深刻的认识,2006年,中国政府明确提出,将对非文化合作提升到与政治经济合作同等重要的位置,2009年,沙姆沙伊赫行动计划再次重申了文化合作的重要性和实施方案。2012年中非合作论坛第五届部长级会议更是将双方的人文交流合作提到了前所未有的高度。

中非文化交流五十多年来,中国政府与非洲各国签署了多个文化协议,为非洲国家培养了大批文化艺术人才。随着新时期中非关系的深入发展,中国政府对中非文化交流的期待将越来越高,领域越来越多,途径也越来越宽。非洲各国政府尽管由于其经济和文化设施的落后,资金的缺乏等原因导致其用于对外文化交流的资金非常有限,但是他们也对中非文化合作持欢迎和支持的态度,并能在力所能及的范围内进行。

其次,除了中国政府的重视以外,中国民间机构对非洲文化的热爱也日益升温。浙江师范大学非洲研究院成立了中国高校首家非洲博物馆,旨在向中国高校学生和普通民众介绍非洲的艺术文化,同时定期不定期地邀请非洲本土的学者或是西方的非洲研究学者给老师和同学进行非洲艺术文化方面的讲座。随着新时期中非关系的发展,学术界对非洲文化的研究也日益重视,浙师大非洲研究院专门设立了非洲历史文化研究所,有专门从事非洲文化艺术研究的团队,其他非洲研究机构也加重了非洲研究的力度。

五、仔细辨析阻碍中非文化交流合作的障碍所在

文化交流是中非友好合作关系中的重要组成部分。近年来,由于中国与非洲各国政府和领导人的大力倡导与推动,以及中非民间团体的推动,中非文化交流发展快速、良好。但相对于外交、政治和经济方面日渐紧密的交往,文化交流显然又处于一个滞后的状况。本小节以喀麦隆为例,在总结中喀三十多年来文化交流合作的基础上,结合在喀麦隆实地调研取得的一手资料[1],分析现阶段中非文

---

[1] 有关中喀文化交流合作面临的问题与挑战,大部分是根据笔者2010年及2012年两次赴喀麦隆调研期间与中国驻喀麦隆使馆相关工作人员座谈内容整理而来,并感谢他们提出的诸多宝贵意见。

化交流合作中存在的问题与挑战,并努力提出一些具体的政策建议。目前中非文化交流合作面临的问题主要有以下8个方面。

1. 中非文化交流合作主要以政府间交流为主,地方政府、民间组织、专业团体的交流不够。以喀麦隆为例,自2000~2010年,来华的喀麦隆艺术家和团体相对而言有所增加,但是中国去喀麦隆采风、摄影、创作的艺术家和团体却是少之又少。

2. 中方在中非文化艺术交流合作中缺乏积极主动的倡导和计划。在中喀文化艺术交流活动中,一些切实可行的计划和主意太多由喀方提出,中方加以回应和配合,但很少积极主动地提出或制订这些计划。如2005年中方给喀麦隆国家艺术舞团派遣舞蹈老师,以及往喀派出乒乓球教练,这些项目都是喀方主动提出。

3. 对非洲文化艺术的研究还很不够,懂得非洲文化艺术的中国专家学者太少,了解中国文化艺术的非洲专家学者更稀缺。由于对对方文化艺术不了解,一些到非洲从事经商贸易和工程的中国公民,可能出现不尊重非洲文化与习俗的行为,造成一些文化冲突,这对中非经济合作产生不利影响。

4. 资金短缺、行政管理水平相对低下,以及接待能力的有限,使得中非文化协定中由非洲国家承担的责任和承诺往往很难兑现,这也导致计划的搁浅。有的中国学者被邀请过去,但是到了非洲以后却得不到对方的招待。如中国向喀麦隆派舞蹈老师,根据协议,喀方应向中方老师提供交通费等其他一些费用,但最后很多都没有兑现。资金不足影响中非文化交流的深入发展。

5. 现有的文化合作过于强调为国家政治和外交服务。服务政治和国家外交是国家文化交流合作的重要使命之一,但是文化交流合作的出发点更应该是为双方主体呈现文化的多样性和差异性,从而提高双方的人文素质,加强两国人民心灵的沟通和对话,而客观上,传统友谊的巩固与提高自然会强化两国间的政治和经济关系。

6. 中非文化合作协定由于缺乏具体可行的后续计划,很难落实。以喀麦隆为例,中国与喀麦隆自1984年起已签订多个文化合作协定,这些文化合作协定在内容上都非常全面具体。双方不但制定了访问、演出、展览等文化艺术交流合作的形式,并就教育、医药、体育、新闻、影视、图书馆交流合作等制订了交流方案。① 但是总体来看,能得到很好落实的却不多,文化协定因为缺乏后续的执行计划往往很难推进。

7. 尽管文化交流合作的重要性已经被中非双方高瞻远瞩地意识到,但实际的

---

① 有关中喀最早签署的文化合作协议之详细内容,请参照《中华人民共和国政府与喀麦隆共和国政府文化协定》,http://www.law-lib.com/lawhtm/1984/76220.htm。

配套政策和文化资源还远远跟不上现实的需要。此外，文化交流合作需要投入很多，较之政治和经济，又往往很难在短期看到收益，因此推进的速度也很缓慢。

8. 中非文化交流还没有形成产业化，此外，文化立法，健全文化交流与文化产业开发的法律法规、税收制度等都亟需制定完善。

六、推进新时期中非文化交流合作的重点举措建议

中非文化合作关系的建构在新时期面临着各种挑战，但是在当今竞争日益激烈的国际关系和国际外交中，政治与经济的交流合作比以往任何时代更需要文化和智力的支撑。文化的交流合作对国际政治和经济关系所带来的重大影响已经被世界各国越来越清晰地认识到。中非关系是中国外交关系的重点，中国应进一步从战略高度认识文化交流在对外交往中所起的重要作用，加强采取相应措施，使中非文化交流合作迈上新台阶。

1. 积极推动中非民间及地方文化交流合作，开辟多渠道、宽领域的合作模式。在加强政府间交流的同时，更积极地推动中非民间文化艺术交流，鼓励中国与非洲的商业性艺术团体，按照自己的需要进行形式更多样化的交流与演出。同时推进更多的中国与非洲城市建立文化友好城市，开展系列专题活动，为非洲人们了解中国文化打开更多的窗口。

2. 中国文化部门宜采取更积极主动的姿态，改变"非方提议，中方回应"的被动局面。中国有很多的文化资源和相对强势的文化产业，这些资源对非洲来说非常珍贵。中方可基于自身的优势积极策划一些针对性强的文化交流项目；也可就非方的强项，引进对方的文化资源，如足球文化。同时加强对文化交流合作的资金投入，完善实际的配套政策，加强文化资源的及时跟进。制订切实可行的文化执行计划，确保两国文化交流合作项目顺利推进。

3. 在更多的非洲国家创建中国文化中心。西方国家也是以文化中心为平台在非洲传播本国的文化艺术，以增加其语言文化的影响力，并培养非洲人对其文化的认同与理解。以喀麦隆为例，目前在喀设立的外国文化中心有法国、德国和美国三家，活动十分活跃。[①] 非洲有很多丰厚历史文化底蕴的国家，人民对文化艺术和精神生活有一定的追求，但这些国家的文化产品和文化场所远不能满足人民的需求。中国文化中心的建立将为中国文化在非传播发展提供方便的平台，也为非洲民众提供了一个集娱乐、休闲和阅读的好去处，为非洲本土音乐、电影和

---

① 笔者 2010 年 11 月赴喀麦隆调研，重点考察了法国文化中心，法国文化中心成功的运作模式和管理体制可予中国文化中心的设立和运作提供诸多的信息和很好的参考。

绘画提供了另一个展示的舞台。

4. 学术界应在增进中非文化交流与相互理解方面担当重任。据喀麦隆孔子学院汉语教师2008年的调查报告显示，有65%的喀麦隆人对中国了解很少，甚至有16%的人对中国一无所知。[①] 在非洲其他很多国家，情况可能更糟。在中国情况亦然如此，很多人根本不了解非洲大陆，甚至有些非洲国家中国人听都不曾听过。基于这种情况，针对社会普通民众的有关双方历史文化的宣传还任重道远，还需要双方专家学者共同努力。

5. 加强与非洲媒体间的合作，增强中国在非洲的话语主动权。当前，中非关系的发展已经成为非洲媒体报道的重要议题，其中一些国家的媒体对中非关系的负面报道很多，这些负面报道形成了非洲民众对中国认识的固有思维，并且强化了民众对中国的负面影响，为煽动仇华情绪提供了平台。[②] 中国的非洲研究学界及政策制定部门应重视媒体在影响非洲民众对华认识上的作用，加强中非间媒体的合作。

6. 以孔子学院为依托，培养一批非洲本土的汉学家。近年来，随着中国与非洲国家友好交往的日益频繁，非洲对汉语和中国文化感兴趣者日增，汉语热不断升温。孔子学院在为学生提供多样化、高质量教学的同时，还举办丰富多彩的活动。中非文化交流可以孔子学院为依托，在传播中国语言文化的同时培养一批非洲本土的汉学家，以使他们在以下方面发挥积极作用：（1）向社会各个阶层介绍中国历史文化，使非洲更全面深入地了解中国；（2）用非洲本土的语言创作描述中国文学与历史的作品；（3）将中国传统思想（如儒、道、释）逐步引入非洲，在中国学者的帮助下完成对中国经典的阐释和翻译。

总之，五十多年来，在中非政府和人民的共同努力下，文化交流合作取得了很好的成绩。通过各种形式的文化交流与互动，越来越多的非洲人钟情于丰富而灿烂的中华文化，并对中国赋予了他们友好的情感；另外，中国人通过对非洲音乐、舞蹈等艺术形式的直接观赏，对其文化也有了全新的认识和兴趣。两种异质文化的相互交流、借鉴和融合，巩固了中非人民的友谊，增强了中非人们间的感情。但是，由于中非文化存在的巨大差异，以及非洲文化长期受西方语言、文化的影响，相比之下，中非文化要做到深入人心的交流还需要假以时日。除此以外，在当前的中非文化交流合作中，还存在一个尚待纠正的偏差，那就是将中非文化交流视为向非洲介绍、传播中国的文化，没有本着平等、谦逊的态度去对待和引进非洲艺术文化，对对方的交流意愿也关注不够。这需要我们在今后的文化交流合作中谦虚谨慎，学会取长补短，学习非洲文化。

---

① 刘岩：《喀麦隆汉语推广调查研究》，载《浙江师范大学学报》2008年第5期，第32页。
② 周玉渊：《非洲媒体对中非关系的报道：影响与反思》，载《中非智库论坛第一届会议论文集》，2011年10月。

第二十七章

中国与非洲少数民族治理问题合作研究

当前来看,民族问题是世界上最为敏感的社会问题和政治问题之一,也是学术界关注的热点。由于每个国家或地区的民族问题特点不一,民族关系的演变存在着不尽相同的主导因素和各种变量,民族政策的施行也各有千秋,因此只有在大量个案研究基础上,民族问题研究的宏观理论和一般性理论才可能被建构和完善起来。基于这种考虑,多样性的比较研究具有重要的理论意义。

毫无疑问,中国与非洲大多数国家都是多民族国家,且国内都存在着民族问题。某种程度上来说,较之中国,非洲国家的民族问题更为尖锐,从独立时代以来,一直为实现国内一体化、民族国家的建构而挣扎,民族问题就像一个巨大的泥潭,这些国家身陷其中,难以自拔,急需外界的援手。那么中国是否存在可供中非民族政策交流的经验和教训,这种交流与合作是否有理论依据,是否有价值?答案是肯定的。

第一节 新时期中非民族治理的交流与合作

一、作为治国理念的民族治理

在当前的情况下,民族国家处理民族问题的模式各具特色,但就其合法性而言，更多的是在依赖良治能力。良好的公共治理是政府负责任的体现，是对纳税人的回馈，其基本的原则是"透明"和"公正"，将人们间的利益冲突尽量化解到极低的对抗水平，而且要将整个过程纳入合法、有效的协商和调整的架构中，要对话而非对抗。在任何一个国家，现行的政治体制存在着或大或小的问题，国家治理就是要尽可能弥补这些缺陷所带来的消极因素，保证国家运行的通畅。

在绝大多数现代民族国家，民族关系都表现得极为复杂和敏感。也有许多国家因为民族问题的激化而导致内部分裂，甚至国家的崩溃。在多民族国家，民族冲突的诱导因素多种多样，一旦爆发，如果国家处理不当，很容易造成一系列连锁反应，导致不可收拾的局面。无数的经验证明，改善治理环境和结构是消解民族冲突的利器，促使一个多民族国家由共同体走向多元的共同体，由"统治型"走向"良治型"道路。

当然，国家治理水平的提升与社会共识的建设都不是一朝一夕的事情，它与国家的发展阶段、开放水平等诸多要素相互依托。在当前的民族冲突问题中，公共性问题被政治性利用或公共性问题向政治性问题的转化都是一个普遍的趋势。民族问题带有公共性并不意味着它完全等同于一般的公共性问题。民族之间在文化、宗教、社会结构、生活习惯上的差异性会掺杂到公共元素当中，不同民族对现代化、国际化和全球化的适应能力也有所差别，这使与民族关系相关联的公共性问题在处理方式、化解途径等方面都带有了鲜明的特殊性，这些特殊性如果处理不当很容易被少数分离分子利用，转化为政治性的问题。可以说，由公共性向政治性的转化是民族冲突与矛盾面临的最主要风险。①

在人类历史的发展进程中，民族与国家在不同的时空结合、互动，形成不同的组合形式。从民族的视角来看，有的单一原生民族经历发展，成为单一的民族国家；有的多个民族经过历史整合，共同形成一个多民族国家。有的国家形成后，通过国族塑造，一味追求国民的同质性，不承认少数民族的存在；有的多民族国家，对国内少数民族实施特殊的优惠照顾，施以文化多元主义的政策；有的国家虽承认少数民族，但并不以之为民族政策的焦点，而是建构更为笼统的行政单位替代民族类别，希冀于更广泛的"公正"弥补民族间的鸿沟。这是由于每个国家不同的历史经历、不同的地域传统与不同的民族事象，决定了民族问题与民族治理、民族政策的差异性。

对多民族国家而言，应在国家主权得到尊重和维护的前提下，尊重不同民族（包括多数民族和少数民族）正当的权益，理顺民族关系，化解民族冲突。妥善

---

① 于海洋：《良性治理：维护民族国家体制和化解民族冲突的前提》，载《中国民族报》2012年1月6日。

处理国内民族问题，施以合理治理，促进国内各民族的发展，是主权国家应以担当的责任。反过来，民族问题处理得当、国内政局稳定、国内民族关系和谐又会使国家主权存续从内部得到支持，从外部得到尊重，保障国家的长治久安。国家主权赋予了一个国家独立自主处置自身内外事务的资格和权力，赋予了多民族国家在其内部实施民族政策，进行民族治理所凭借的权威、资源和合法性。判别一个国家民族治理的合理性，最为基本的就是从该国的实际出发，从民族事象和民族发展的具体国情出发。① 在现代民族国家的形成过程中，民族和国家组合方式依据不同的国情各异，只有通过将民族治理上升到治国理念层面之上，分析不同的民族治理范式，对于理解当今世界各国民族发展的趋势才能大有裨益。

二、中非民族治理交流合作的理论基础与现实可能

剔除微观的具体差异，依据现代民族国家具体形成的实际情况，民族与国家的结构关系大体分为四个类型：第一类，准同质性民族国家。这一类型的代表是刚刚成为民族国家时的荷兰、法国、德国、意大利等欧洲国家和亚洲的日本。第二类，移民国家。这一类型的代表是美国、加拿大、澳大利亚，移民的来源复杂，民族多元。第三类，传统帝国转型国家。这一类型的代表有中国、俄罗斯、印度等国家。这些国家历史久远，主体文化深厚，地域广泛，族裔和文化成分多样，基本上都存在一个在人口或发展程度上处于比较强势的民族，封建专制体制成熟运行时间长，社会结构基本是族裔群体与传统居住地附着型。民族成员具有浓厚的乡土意识、本位意识，不同民族成员之间的跨民族、跨居住地流动很少。主体民族自身整合程度较高，但部分边疆少数民族社会结构闭合发展，在族裔民主主义外溢发展的动员下，会容易产生民族分离主义。第四类，部落或民族整合型国家。这一类型又可以细分为三种小类型：传统部落整合型、民族单元整合型和民族融合型。

总而言之，现代民族国家的民族结构具有很大的差异性，这是内部传统社会自然发展和外来殖民、侵略力量综合作用的结果。不同的民族国家建国史，不同的民族成分构成，不同的国体、政体选择，综合决定了各自内部民族治理的模式和话语体系。部落和民族整合型国家的民族问题及其治理方式之间也存在较大的差异。对于非洲和亚洲、中东的部落整合型国家而言，大多部落和民族之间处于相互分离、自成系统的状态，国家的治理模式一般是间接的地区部落和民族首领或酋长委任制。民族认同和一致性是这些国家的显著特征，地方性民族的忠诚影

---

① 杨龙：《多民族国家治理的复杂性》，载《社会科学研究》2010年第2期。

响到了国家的国民一致性，君主制和军人专制在这些国家发挥着重大影响。①

就非洲而言，此地区是世界上多民族并存最为突出的大陆，多数国家由超过一个以上的民族组成。自20世纪中期独立浪潮涌起至今，非洲建国的五十多个国家，大多面临着严峻的民族问题，国家一体化进展缓慢、地区冲突和战乱都与之息息相关，严重制约了非洲的发展。非洲大陆20世纪中期如火如荼的反殖斗争，在某种程度上超越了民族、宗教、文化的界限，几十甚至数百个民族或主动或被动汇聚在一面以"某某国家"命名的旗帜下，为独立而奋斗。取得阶段性胜利，即国家独立后，境内民族语言、文化、宗教等结构性差异与政治、经济的非均衡性日益凸显，反殖的凝聚力迅速消解，转化为对国家权力、资源争夺的矛盾。争夺的结果是形成种种支配与被支配的关系，如民族支配、阶层支配等，民族问题实际上就是对民族支配的一种回应。

从非洲大陆历史发展的特点来看，几千年来，诸多民族的社会与文化在不同文明的影响下，多次处于断裂、涵化和濡化的态势，累积了民族关系的多层级变迁力量。西方殖民之前，许多地区未曾发展出囊括全境的国家性组织架构。随着殖民化的深入，国家雏形才逐渐显现，但建立在殖民者对该地区民族关系的无序整合之上，为国家的未来发展留下了隐患。20世纪60年代独立浪潮后，往往几十、几百个没有共同历史文化经历的民族，根据殖民主义时代的行政体系统合到一个政治共同体中，在前所未有的政治场景中相互发生新的联系。前殖民时期民族互动的历史积淀、殖民时期的恩怨以及现实的利益纠葛，各种因素交织一起，让这些新兴国家的民族关系错综复杂，并造成了内部的紧张和冲突，国家建构之路举步维艰。面对这种结构性困境，如何从制度安排上调节民族关系、化解民族冲突、平衡利益分配，成为历届政府的必修课题，民族治理之路漫长而坎坷。

典型者如尼日利亚，在这个多民族国家中，如今有将近两亿的人口，分属250多个民族。自1960年建国以来，尼日利亚的国内局势风云变幻，尤以一波三折的国家发展历程最为惊心动魄。在独立后的50年间，尼日利亚遭遇过大规模内战，发生过7次成功的军事政变，多次未遂政变，经历了8届军政府的统治，无一不与民族问题息息相关，给人民带来了灾难性的影响。尽管如今尼日利亚已经从军政府过渡到文官政府，但民族利益的纠葛始终交织于政治、经济、社会与文化之网中，民族间的暴力冲突时有发生，民族国家的建构、社会发展的道路仍面临着不可预测的风险。②

传统帝国转型国家由于一般都经历了长期的封建割据，加之国土辽阔，生态

---

① 严庆：《从民族、国家结构类型看民族问题与民族治理的差异性》，载《黑龙江民族丛刊》2009年第3期。
② 蒋俊：《论尼日利亚的族群问题与国家建构》，载《西南民族大学学报》2010年第5期。

环境差异大，因而形成了民族群体地域附着型结构，即存在明显的民族聚居情况，并伴之以一定的民族杂居现象。传统帝国利用集权系统将广阔国土内的各民族社会单元连缀成一体，通过分封或册封制度又使民族各社会单元各自相安为政。尽管历经历史上的分分合合，却都在向现代国家的转型过程中形成了主权统一的多民族国家。中央集权中心区往往是一个人口数量多、社会发育程度较高的民族，比如我国的汉族和俄罗斯帝国的俄罗斯族。在这类国家，一方面，要防范大民族主义的发生（大俄罗斯主义、大汉族主义和印度教民族主义都曾经存在或依然存在）；另一方面，要防止地方民族主义的发生。[①]

我国正处在向现代多民族国家转型的过程中，而且民族关系极为复杂，民族治理的道路异常艰巨。由于多民族国家对民族认同与国家认同的整合并不存在放之四海而皆准的普遍模式，我国一直根据所处的具体情况来探索当前边疆治理中民族认同与国家认同整合的有效路径。具体而言，我国边疆治理中的认同整合努力协调好民族认同与国家认同之间的关系，维持和巩固一个国家认同优先于民族认同的认同结构，在实践中走出一条"文化多元"与"政治一体"的道路。因此新中国成立后，特别是改革开放以来，我国在解决少数民族问题方面，特别是在边疆少数民族的治理、经济开发、社会发展与扶贫方面，虽存在一些问题，但总体而言朝着良性的方向发展，所积累了的经验和做法有待于与非洲其他国家交流与分享，对非洲国家起着积极的借鉴作用。

下文就非洲最具典型性的多民族国家——尼日利亚为案例，与中国进行比较分析，将根据构成少数民族政策的核心要素，即"民族自治"以及"民族优惠政策"等维度展开探讨，介绍两国民族政策的差异性，而这种差异性正是需要双方沟通和了解之处，总结成功的经验和失败的教训。在此基础上就中非在新时期开展民族治理的合作与交流提供框架性意见以及具体的对策建议。

第二节 中国与尼日利亚少数民族政策的比较

一、中国的民族区域自治与尼日利亚的联邦体制

民族自治在多民族国家中通常被视为根本性的政治调解政策之一，对于民族语

[①] 严庆：《从民族、国家结构类型看民族问题与民族治理的差异性》，载《黑龙江民族丛刊》2009年第3期。

言、文化、宗教的保护，消除歧视现象以及资源、权利的分配意义重大。从理论上来说，这种制度安排的前提假设是复杂而实用的，一方面以保证国家主权完整为要旨；另一方面则力图为少数民族提供一定程度的政治和法律空间，使之能够管理和控制涉及自身利益的事物。中国是这一制度坚定的践行者，体现了执政者对于国家民族格局历史演变脉络的把握，以及对少数民族社会公平、正义的追求。

（一）中国的民族区域自治

1938年前后，中共开始确立民族自治的政策，并首先在所辖的陕甘宁根据地一处蒙古族聚居区和一处回族聚居区进行实践。当时中共已经意识到，中国主体的汉民族与少数民族"我中有你，你中有我"的状况，决定了中国必须以与其他国家不同的方式来处理自身的少数民族问题。于是，有关民族自治的口号又进一步细化成为"民族区域自治"（ethnic district autonomy）。并在中华人民共和国成立之前的1947年5月成立内蒙古自治区。[1] 新中国成立后，随着民族识别工作的开展，民族区域自治在全国铺开。截至目前，中国共建立了155个民族自治地方，其中省级少数民族自治区5个、自治州30个、自治县（旗）120个。在全国55个少数民族中，有44个民族建立了自治地方。实行自治的少数民族人口占少数民族人口总数的75%，民族自治地方行政区域的面积占全国总面积的64%。[2] 自治地方的数量和布局，与中国的民族分布和构成基本上相适应。

中国的民族区域自治，是指"在少数民族聚居区实行区域自治，建立自治机关，行使自治权"。在中国民族区域自治制度的概念体系中，民族区域不是民族领土的概念，而是指少数民族成分占有一定比例的各民族杂居地区；自治既不是民族领土单位的自治，也不是民族社会组织的自治，而是行政地方自治，主要是指对各个行政地方自治；自治主要指对该自治地方事物包括其民族关系事物的管理。[3] 在具体的自治权规定上，民族自治地方的立法机构有权制定本地区的《自治条例》；使用本民族语言的权利；培养民族干部的权利；组建公安部队的权利；以及自主管理经济发展、贸易、财政及文化教育的权利。但所有的这些权利并非不受限制，而是要在某种程度体现"国家意志"，不能违背国家宏观的指导性框架。

从实践的情况来看，中国的民族区域自治制度取得了较为显著的成效。这一制度将民族与地域正式挂起钩来，使各个少数民族获得了某种独立的政治身份、政治权力和"自治地域"，确保了"少数民族在自己的自治地区内当家做主"，

---

[1] 范可：《他者的再现与国家政治》，载《开放时代》2008年第6期。
[2] 中国国务院新闻办公厅：《中国的少数民族政策及其实践白皮书》，1999年。
[3] 王建娥、陈建樾等：《族际政治与现代民族国家》，社会科学文献出版社2004年版，第309页。

并且在行政体制、干部任命、财政管理、经济发展、文化教育事业等各个方面获取中央政府的大力支持和优惠政策，得以较快发展。① 总体而言，中国是世界上民族关系较为和睦的国家，与多年来推行民族区域自治政策密不可分。但同时也面临着许多问题和挑战，需要应对外部势力借民族问题干预中国内政的企图，以及国内一小撮地方民族分裂主义的破坏活动。以此为着眼点，调整和完善民族区域自治制度的工作刻不容缓。

（二）尼日利亚联邦体制下的"自治"

尼日利亚是一个实行联邦体制的国家，这一方针从独立前的殖民政府即已开始。20 世纪 40 年代后期，尼日利亚实行以地区为单位的联邦制，整块殖民地分割为三大地区，即北区、西区和东区，三区处于高度的自治状态。1960 年国家独立之后，地区制的联邦体制延续下来，直到 1967 年的扩州行动，即从以"区"为单位的联邦制，到以"州"为单位的联邦制。

1967 年 5 月，东区的多数民族伊博人欲图独立，内战一触即发，于是联邦政府撤销了 4 个区的行政建制②，代之以 12 个州的架构，并将其中 6 个给了长期争取建州的少数民族。在东区设置 3 个州，将伊博人与少数民族分割开来，伊博人主要集中在中央州，而东南州和里弗斯州则被少数民族据有，伊博人在东区的支配地位不复存在。应该说戈翁将军的建州计划具有战略性的意义，对联邦政府最终战胜分裂势力起到了十分重要的作用，而且也迎合了部分少数民族"自治"的需求。

1967 年后州的数量不断增加，1976 年、1987 年、1991 年、1996 年分别增加到 19 个、21 个、30 个和 36 个。③ 从这一时段的历史环境来看，尼日利亚大多数时间都处于政治高压的军政府统治时期，因此州的数量尽管在增长，但畸形的中央集权严重削弱了州的自治能力和效果。而且 1976 年开始的扩州行动在政策上已经推翻了 1967 年"关照少数民族"的原则。当年召开了伊利科菲建州会议（Irikefe Panel on States Creation），使得联邦框架和州的角色都发生了根本性转变。会议确立了高度集中的"军事联邦制"，否定了以"生存"原则作为建州的基础，该原则要求所建之州在财政上具有一定的自足性。为了对这样一种观点予以强调，会议坚定地指出，建州不应再以解决少数民族问题为目的，而主要是为了确保联邦的稳定和公正，促进各地区均衡发展。其后几次扩州行动都没有脱离这

---

① 马戎：《理解民族关系的新思路——少数族群问题的"去政治化"》，载《北京大学学报》2004 年第 6 期。
② 1963 年从西区分出中西区。
③ Abdul Raufu Mustapha, "Ethnic Minority Groups in Nigeria: Current Situation and Major Problems", Sub-Commission on Promotion and Protection of Human Rights Working Group on Minorities, Ninth session, 2003.

样的论调。1976 年的重组将 12 个州分配给多数民族,将 7 个州分给少数民族。[①] 几个少数民族占优势的地区要求成立新十字河州、哈克特港州和新卡杜拉州,但被 1976 年的执政者忽略了,而一些同质性很高的多数民族州却被裂分为 2～3 个州,继续巩固多数民族在资源分配中的优势。因为在尼日利亚,"州"所具有的实质性"自治"功能,只体现在负责分配联邦政府划拨的资金上,占据的州越多,享受的好处也就越多。

如此来看,扩州行动也非如少数民族所愿,帮助实现自治。一方面,如果说建立新州是为平衡多数民族与少数民族的地位,少数民族作为弱势一方理应得到特别的优惠待遇,但建州的实践却偏离了这一方针,多数民族在国家财政、资源的分配上继续占有绝对优势,总体不平衡的结构没有发生太大的变化;另一方面,州的"自治权"实在有限,已建州少数民族"当家作主"的愿望也无异于画饼充饥。

二、中国与尼日利亚的民族优惠政策

在现代民族国家,民族间的结构性差异所造成的不平等现象普遍存在,相对于多数民族而言,少数民族处于劣势的状况在短时期内难以改变。基于这样一种非均衡的民族结构,许多国家在民族自治的基础上,针对少数民族在政治、经济、文化等方面采取特殊的倾斜性优惠政策,以弥补他们可能因民族歧视和边缘化而遭受到的损害,从而缓解民族冲突,维护社会稳定。不过落实到具体的政策层面,各个国家采取的方式往往不尽相同。有些政策涉及国家全面的运作机制,政治、经济和文化都涵盖其中;有些政策局限在特定的范围内,如文化或教育部门;有些政策是清晰而明确的,有些政策的表述则是隐晦而模糊的。采取何种政策与国家的国情和执政者的理念相关。

(一) 中国的少数民族优惠政策

中国目前实施的少数民族优惠政策涉及面十分广泛,涵盖政治、经济和文化的方方面面,在干部任命、财政、教育、就业、计划生育等都有具体的优待措施。国家明文规定:"根据民族自治地方的特点和需要,支持和帮助民族自治地方加强基础设施建设、人力资源开发,扩大对外开放,调整、优化经济结构,合理利用自然资源,加强生态建设和环境保护,加速发展经济、教育、科技、文化

[①] [尼] 埃格萨·奥萨加伊:《尼日利亚:国家与民族自治》,载王铁志、沙伯力:《国际视野中的民族区域自治》,民族出版社 2002 年版,第 415～416 页。

等各项事业，实现全面、协调、可持续发展。"①

在推行的过程中，这些少数民族优惠政策不仅深入到少数民族的意识，也为广大的汉族人民所耳熟能详，对中国社会产生极为深远的影响。几十年的实践证明，我国的少数民族优惠政策产生了积极的意义：从民族关系来看，有利于民族团结、国家统一、社会稳定；从经济上看，通过有意识的资源再分配，缩小民族间的结构性差异，促进少数民族地区的经济和社会发展；从文化方面看，有助于少数民族的文化认同和文化自觉，维持社会文化的多样性。

但我们也要认识到，民族优惠政策是一柄"双刃剑"，施行政策的动机与结果往往存在着某种悖论。许多时候优惠政策未能给少数民族带来自尊和自立，反而产生疏离感或排斥感。由于优惠政策的享受是以民族身份为依据的，必然会强化民族间区别和界限，造成所谓"承认的困境"。另外从机会均等的角度思考，民族优惠政策不是一种普遍平等的政策，它所带来的不平等既表现在民族之间，也表现在各民族体内部。② 如何将这些消极影响减少到最低程度，也是当前民族工作者的重大课题。

（二）尼日利亚的"联邦特征原则"

尼日利亚是一个联邦制国家，在这种体制内自然也能够制定针对性的政策，以促进政治、经济和文化等领域内资源的再分配向某些特殊的群体倾斜。新中国成立初期，确实也是这么做的，但在地区自治的背景下，国家军队军官的招募、高等教育奖学金等利益的分配都实行地区配额。比夫拉内战改变了联邦体制的格局，强化了反对地区歧视的力量。这种变化突出反映在 1979 年第二共和国宪法的出台，倡导所谓"联邦特征原则"（the federal character principle）。即联邦政府或次级机构应该贯彻这样的方针：对国家忠诚，维护国家的统一，并防止国家事务被一个或几个民族所主导。③ 宪法规定的联邦特征原则，在行政实践中得到实施，在大学学习机会、奖学金和工作空缺等方面均使用国家配额政策。例如，1981 年教育方面的国家政策规定，在所有的公立大学中学额必须根据配额体系来分享：40% 根据成绩、30% 来自大学所在地的申请者，20% 为教育欠发达的州，10% 根据不同机构管理者的意见而定。相似地，各政党党内职位和官员选举都由不同的地区——族裔选区通过"分区"和"轮换"来分配。相应的法律还规定，仅

---

① 《中华人民共和国国务院令》（第 435 号），2005 年。
② 菅志翔：《民族优惠政策与民族意识——以保安族为例》，载《中南民族大学学报》2008 年第 1 期。
③ Rotimi T. Suberu. *Federalism and ethnic conflict in Nigeria*, United States Institute of Peace, 2001, p. 111.

限于一个地理区域活动的政治组织是被禁止的，联邦内阁也必须通过每个州选出一个部长的形式来满足国家平等原则，"均衡性"成为政治的标准原则。①

从某种程度上来说，上述措施对于寻求解决尼日利亚尖锐民族问题是可取的。但联邦特征原则作为一种普遍性的原则，以追求一般性发展、平衡和平等为目标，掩盖了少数民族在国家序列中被整体边缘化和支配的问题。这是因为尼日利亚大多数的州在财政上完全不能支撑自身运转，而依靠中央的资金存活，各种资源——补贴、工作机会、奖学金、社会基础设施、公共投资等——都由联邦政府以州为单位进行分配。正如前述，多数民族在分配单位上占有绝对优势，因而继续享受着更大份额的资源，体现不出对少数民族的特殊优待和关照。

三、对中国与尼日利亚民族政策的基本评价

当前关于民族政策分类的理论有许多种，但大致都可以归纳到荷兰学者弗兰克·德·兹瓦特（Frank de Zwart）划分的三种类型：协调、拒绝与替代。所谓协调即文化多元主义，按照业已确立的群体身份，指定再分配的受益者；拒绝的意思是，尽管社会群体间确实存在不平等，但再分配政策坚持不予任何特定群体以优待；替代乃是协调和拒绝两者的折中，政府建构范围更为宽泛的名目取代业已存在的类别（比如民族）进行再分配。② 根据这一认识，我们将之与中国及尼日利亚的实践结合起来。"协调"很恰当地诠释了中国的少数民族政策；而尼日利亚的少数民族政策则可用"替代"进行表述。

（一）中国的"协调"政策

一般认为，少数民族拥有三种基本权利：存在的权利（right to existence）、识别的权利（right to identity）及不被歧视的权利（right of indiscrimination），将前两项权利与其文化的存续相结合便是不接受同化（assimilation）的权利。少数民族不但有不被同化的权利，而且要在受到尊重、不被歧视的原则下，自主地去发展自己的经济与文化。多元文化主义的兴起正是对西方传统文化的一种反思和超越，通过对群体权利的强调，实现少数人民族与多数人民族的平等，使其利益得到国家的承认和保护。③ 实际上，这样的理念正是多民族国家所需吸纳的，以

---

① Abdul Raufu Mustapha, "Ethnic Minority Groups in Nigeria: Current Situation and Major Problems", Sub-Commission on Promotion and Protection of Human Rights Working Group on Minorities, Ninth session, 2003.
② ［荷］弗兰克·德·兹瓦特：《文化多元社会中的定向政策：协调、拒绝与替代》，风兮译，载《国际社会科学杂志》2006年第1期。
③ 乔健：《民族多元与多元文化》，载《广西民族学院学报》1999年第4期。

期制定更能保障少数民族利益的政策。

中国数千年的历史发展形成"大杂居,小聚居"的民族格局,一方面"你中有我,我中有你",难以分割;另一方面,各民族文化多样性的情形也清晰可见,不容忽视。中国共产党正确把握了中国民族格局的历史脉络与现实状况,实行协调即文化多元主义的民族政策,符合当时代之潮流,意义深远。早在新中国成立初期的《共同纲领》中就以国家根本大法的形式明确提出纲领性的原则:"各少数民族均有发展其语言、文字、保持或改革其风俗习惯及宗教信仰的自由。人民政府应帮助各少数民族的人民大众发展其政治、经济、文化、教育的建设事业。"① 通过这种宣示,确定了少数民族政策的基调与方向,之后的民族识别、民族区域自治,以及设计的各种优惠政策皆有所出。中国的民族政策,一直把民族视为一个整体,针对民族的集体诉求而非个人的个体诉求制定出相应的制度安排。

中国作为一个多民族国家,各民族在历史交往的过程中,既有团结和睦的一面,也有龃龉仇怨的一面。纵观新中国所实施的少数民族政策,尽管并非完美无缺,仍有许多需要改善的地方,但在维护国家统一和民族团结等方面取得的成绩有目共睹。

(二)尼日利亚的"替代"政策

为防止凸显民族群体的界限,加大群体之间的裂痕,尼日利亚设计成为联邦体制的国家。并首先使用"地区"范畴,进而使用"州"的范畴,以地域空间替代业已存在的民族类别。尽管 1967 年有过以民族为标准,保护少数民族的短暂建州过渡期。但 1976 年穆罕默德(Mohammed)将军在扩州行动中恢复了替代政策,否定了以民族为建州的根据。由于替代的类别只能含糊其辞——只谈群体间的差异,而不明确指出有关的群体为何;再分配按照地理和人口情况以及发展水平等标准来区分。这样一来,替代类别就许可形形色色的人根据经济、人口或发展情况等要求受到照顾,② 而不顾及某些群体受到整体性的歧视与边缘化。尼日利亚国内民族数以百计,情况极为复杂,替代政策失之精确,难以满足人们关于群体间不平等以及再分配的想法。

尼日利亚奉行替代政策,与其受到西方强调个体权利的"自由主义"思想影响有关。自威林克委员会递交报告以来,"人权"理论就成为尼日利亚民族政策最重要的因素。在独立后历次出台的宪法(1967 年、1979 年、1989 年)中,都

---

① 中共中央统战部:《民族问题文献汇编》,中共中央党校出版社 1991 年版,第 1290 页。
② [荷]弗兰克·德·兹瓦特:《文化多元社会中的定向政策:协调、拒绝与替代》,凤兮译,载《国际社会科学杂志》2006 年第 1 期。

凸显了"权利法案"（Bill of Rights）。① 从某种程度上来说，个体的权利极为重要，利用宪法加以保护，最为正常不过。但少数民族还存在着群体的权益需要考虑，他们或许正遭受歧视与支配、其语言和文化有被同化的危险、自治权利得不到法律的保护等。

20世纪60年代，北区的少数民族蒂夫人不断以暴动的形式对抗政府；尼日尔河三角洲少数民族也曾爆发过短暂脱离国家的分离运动，都与失败的民族政策有关。80年代和90年代少数民族的骚乱和暴力活动大量爆发，很大程度是因为青年一代强化了民族的自我认同，以追求群体权利为重要目标。许多青年组织宣称其民族有自决，甚至分离国家的权力。②

根据这种状况，尼日利亚知名学者埃格萨·奥萨加伊（Eghosa E. Osaghae）认为，尼日利亚的经验显示，如果不将少数民族看作是处于劣势的类别，在某些方面加以特殊对待和保护，他们的问题就不可能有效地解决。该国失误的地方在于，将少数民族的困境看作是一个逐渐逝去的政治问题，将会消除在民族—国家建构过程中。事实证明这种想法是天真的，目前为止民族问题依然是这个国家最敏感的话题。从这一角度来说，制定宪法条款，保障少数民族群体权益，也就势在必行。③ 但从目前的情况来看，尼日利亚实行"替代"政策的方向没有松动的迹象，在对待少数民族问题上基本是弱化和模糊的，其思路值得商榷和反思。

今天的世界已不再彼此隔绝、相互封闭，每个国家都需要关注和研究其他国家的民族治理以及由此而产生的民族理论与民族政策，理解其背后的历史文化传统和政治理念，以相互学习、相互交流分享的积极态度来开展跨文化对话。分析不同国家民族治理的内容和效果、经验和教训，实施"协调""替代"的政策也好，"拒绝"的政策也罢，都为我们提供了参照和反观的机会，不仅能给多民族国家的民族政策实践贡献学术上的洞见，也可在一定程度上拓宽民族问题研究的理论视野。

---

① Eghosa E. Osaghae, "Managing Multiple Minority Problems in a Divided Society: The Nigerian Experience", *Journal of Modern African Studies*, Vol. 36, No. 1, 1998.

② 比如尼日尔河三角洲奥戈尼人青年组织"奥戈尼生存运动"（MOSOP），向政府提交的《奥戈尼人权法案》（Ogoni Bill of Rights）包含大量要求自治和各种群体权益的条款。Adefemi Isumonah, *The Making of the Ogoni Ethnic Group*, Journal of the International African Institute, Vol. 74, No. 3, 2004.

③ Eghosa E. Osaghae, "Managing Multiple Minority Problems in a Divided Society: The Nigerian Experience", *Journal of Modern African Studies*, Vol. 36, No. 1, 1998.

第三节　推进新时期中非民族治理交流合作的建议

一、民族治理是中非治国理政经验交流的重要领域

在社会科学研究领域，中国国内问题研究与非洲问题研究一直以来都是两条平行线，几乎没有任何交集。尽管有关中非关系、中非合作的研究是当前的热点和焦点，研究成果汗牛充栋，但还存在着诸多的问题，比如讨论中非合作时，集中讨论中非间的政治、经济合作，基本没有涉及思想层面的交流；在探讨中国援非的理论与方式时，人们较多关注物质层面的援助，而忽略非物质层面的援助，特别是国家治理的经验，帮助非洲国家从根本上解决发展困境的经验与教训。另外，如果中非交往重物质、轻思想的情况持续存在，就不能体现中国的软实力，难以扩大中国在非洲的影响力，中非交往的质量和远景也将受到影响，更无法与价值观输出为重点的欧美国家竞争和抗衡。正如刘鸿武教授所言："在思想与学术展开全球竞争的今天，中国无法回避西方出自意识形态的竞争与挑战，必须主动采取一系列切实有效的举措，破解和跨越这一西方思想围堵的高墙。针对西方的'民主援助'战略，我国需从顶层设计的高度，对我国传统援外方式做出重大战略性调整，规划一个具有长远目标的'当代中国国家思想复兴与走出去战略'，不仅对发展中国家进行'经济援助'，同时也要开展'思想援助'或'学术援助'，将我国援外经费的一部分用于支持发展中国家的学术团体、民间智库、非政府组织、网络媒体。通过与发展中国家的学术思想界开展更有效的平等对话与合作，共同维护发展中国家的'思想与话语发展权'，提升'中国文化''中国思想''中国智慧'在发展中国家的影响力。"[①]

中国经过改革开放三十多年后从第三世界国家中脱颖而出，取得令世界震惊的成就，其经验的理论总结极具价值。实际上，中国改革开放之所以能进展顺利，很重要一个方面是因为国家有一个稳定局势，而稳定的关键则是民族的稳定，民族结构的稳定，从而也足以说明中国民族治理的工作是富有成效的。反观非洲，几十年来民族问题一直是最为棘手的问题之一，尽管已纷纷"民主化"，

---

① 刘鸿武：《关于实施对发展中国家"软实力援外"举措努力破解西方意识形态阻遏高墙的报告》，2011年6月20日，该报告得到商务部领导批示。

但依然如此，若不能有效解决，国家的一体化、经济的发展、社会稳定也就无从说起。通过对中国与尼日利亚少数民族政策具体案例的比较分析，所揭示的中国民族现状与尼日利亚民族现状更能说明问题。当然也有部分非洲国家政局稳定、民族和谐，这些国家的成功经验需要总结和研究，值得借鉴之处宜可作为完善我国民族治理的理论和经验素材。从这一意义上来说，开展中非民族治理经验的交流与合作应该提上正式日程。

二、推进中非民族治理交流合作的具体举措

第一，当前西方国家对中国民族政策批评的声音不绝于耳，甚至采取夸大、污蔑的手段，达到不可告人之目的。许多非洲国家的资讯渠道主要取自西方，造成不了解实情、人云亦云的现象，严重影响了中国的国际形象。因此，我们应该采取"用事实说话"的方式，邀请非洲国家相关领导人、政策制定者，非政府组织以及少数民族传统领导和酋长参观我国少数民族地区，向他们介绍中国民族区域自治、民族优惠政策的成果，让其真实感受到中国几十年民族治理给民族地区带来的巨大变化和影响，也可以消弭因西方国家恶意中伤中国少数民族政策造成的伤害，改变他们对中国的刻板印象。

第二，由中国出资在中国相关高校举办有关"中国民族治理思想与实践"等为主题的高级培训班，邀请非洲国家的中层和基层官员参加，相互研讨交流中非民族治理、区域自治、民族优惠政策等方面的实践和经验。

第三，中国可以考虑在有条件的非洲国家大学成立"中国民族问题研究中心"等机构，推进中非相关领域的学者互访和合作研究，促进中非民族治理经验交流，联合召开民族问题研讨会，在国际学术舞台发出中非双方的声音。

第四，中国民族问题研究相对成熟，成果也较丰富，可挑选部分成果翻译出版，向非洲人民介绍中国在民族治理方面情况，也可以将中国少数民族的历史、现状、愿景以及民族政策作为通俗读物翻译出版，供非洲读者大众阅读。

第五，建议中国的民族院校提供一定民族治理相关的硕博学位的名额，以提供奖学金的方式，由非洲高等学校学生申请攻读这些学位，培养更多了解中国，并在学术上有所造诣，通过所学能够造福非洲人民的知识精英。

参 考 文 献

外文书籍

1. Adu Boahen, *African Perspectives on Colonialism*, Baltimore: Johns Hopkins University Press, 1987.

2. Abdul Raufu Mustapha, *Ethnic Minority Groups in Nigeria: Current Situation and Major Problems*, Sub-Commission on Promotion and Protection of Human Rights Working Group on Minorities, Ninth session, 2003.

3. Adam Al-Zein Mohamed and Al-Tayeb Al-Tayeb Ibrahim Weddai, eds., *Perspectives on Tribal Conflicts in Sudan*, in Arabic, Institute of Afro-Asian Studies, University of Khartoum, 1998.

4. Adefemi Isumonah, *The Making of the Ogoni Ethnic Group*, Journal of the International African Institute, Vol. 74, No. 3, 2004.

5. Ademola Azeez, *Ethnicity, Party Politics and Democracy in Nigeria: Peoples Democratic Party (PDP) as Agent of Consolidation?*, Stud Tribes Tribals, 7 (1), 2009.

6. Alberto Alesina & Beatrice Weder, *Do Corrupt Governments Receive Less Foreign Aid?* American Economic Review, Vol. 92, No. 4, 2002.

7. Alden, Chris. *China in Africa*, Gutenberg Press Ltd, London, 2007.

8. Anika Becher & Matthias Basedau, *Promoting Peace and Democracy through Party Regulation? Ethnic Party Bans in Africa*, Hamburg: GIGA German Institute of Global and Area Studies, 2008.

9. Ban Ki-moon, *A Climate Culprit In Darfur*, The Washington Post, Saturday, June 16, 2007.

10. Benedikt Franke, *Security Cooperation in Africa*. Boulder, CO: Lynne Rienner, 2009.

11. Blaine Harden, ed. *Africa: Dispatches from a Fragile Continent*, Boston:

Houghton Mifflin, 1990.

12. Bruce D. Larkin: *China and Africa*, 1949 – 1970, *The foreign Policy of The People's Republic of China*, University of California Press, 1971.

13. C Alden, D Large, *China Returns to Africa: A rising Power and a Continent Embrace*, Columbia University Press.

14. Chris Alden, *China in Africa*, London: Gutenberg Press Ltd. , 2007.

15. Christopher S. Clapham, *Africa and the international system: the politics of state survival*, Cambridge University Press, 1996.

16. Cigdem Akin and M. Ayhan Kose, *Changing Nature of North-South Linkages: Stylized Facts and Explanations*, IMF, December 2007.

17. Clarence J. Bouchat, *Security and Stability in Africa: A development Approach*, Carlisle PA: Strategic Studies Institute, U. S. Army War College, 2010.

18. Commission for Africa, *Our Common Interest*, London: Penguin, 2005.

19. Craig Burnside & David Dollar, *Aid, Policies and Growth*, American Economic Review, Vol. 90, No. 4, 2000.

20. D. Dollar & L. Pritchett, *Assessing Aid: What Works, What Doesn't, and Why*, New York: Oxford University Press, 1998.

21. Dambisa Moyo, *Dead Aid: Why Aid Is Not Working and How There Is a Better Way for Africa*, Farrar, Straus and Giroux, 2009.

22. Daniela Sicurelli, *Competing models of peacekeeping: the role of the EU and China in Africa*, Paper prepared for the Fifth Pan-European Conference on EU Politics, Porto, Portugal-23-26th June 2010.

23. David Lumsdaine, *Moral Vision in International Politics: The Foreign Aid Regime*, 1949 – 1989, Princeton, NJ: Princeton University Press, 1993.

24. Deborah Brautigam, *Chinese Aid and African Development*, New York: ST Martin's Press, 1998.

25. Deborah Brautigam, Odd-Helge Fjeldstad & Mick Moore (eds), *Taxation and State Building in Developing Countries*, Cambridge Universtiy Press, 2008.

26. Deborah Brautigam, *The Dragon's Gift: The Real Story of China in Africa*, Oxford University Press, 2009.

27. Dorothy-Grace Guerrero and Firoze Manji, eds. *China's New Role in Africa and the South: A search for a new Perspective*, Fahamu, 2008.

28. E. O. Ayisi, *An Intruction to the Study of African Culture*, Heinemann Educational Books Ltd, Ibadan, Nigeria, 1972.

29. Eghosa E. Osaghae, *Managing Multiple Minority Problems in a Divided Society*: *The Nigerian Experience*, The Journal of Modern African Studies, Vol. 36, No. 1, 1998.

30. Firoze Manji and Stephen Marks (eds), *African Perspectives on China in Africa*, Fahamu, Oxford, 2007.

31. G. Price. *India's official humanitarian aid programme*, Humanitarian Policy Group background paper. London: Overseas Development Institute, 2005.

32. Giovanni Grevi, Daniel Keohane & Damien Helly (eds.) *European Security and Defense Policy*: *The First 10 Years (1999–2009)*, Paris: European Union Institute for Security Studies, 2009.

33. Graham Hancock, *Lords of Poverty*, Nairobi: Camerapix Publishers International, 2007.

34. Helen E. Purkitt, *African environmental and human security in the 21st century*, Cambria Press, 2009.

35. Iain Frame, *Africa South of the Sahara* 2009, London and New York: Routledge, Taylor & Francis, 2008.

36. Ian Taylor, *China's New Role in Africa*, Lynne Rienner Publishers, 2008.

37. Ian Taylor, *NEPAD: Toward Africa's Development or Another False Start?* Lynne Rienner Publishers, Boulder, 2006.

38. Joan M. Nelson & Stephanie J. Eglinton, *Encouraging Democracy*: *What Role for Conditioned aid? Policy Essay No. 4*, Washington, D.C.: Overseas Development Council, 1992.

39. John N. Paden, *The African Experience*: *Bibliography*, Evanston, 1970.

40. Joshua Cooper Ramo, *The Beijing Consensus*: *Notes in the New Physics of Chinese Power*, The Foreign Policy Center, 2004.

41. Joshua Kurlantzick, *Beijing's Safari*: *China Move into Africa and Its Implications for Aid, Development, and Governance*, Carnegie Endowment for International Peace, November, 2006.

42. Kenneth Waltz, *Theory of International Politics*, Addison-Wasley Publisher Corporation, 1979.

43. Kidane Mengisteab & Cyril Daddieh (eds), *State Building and Democratization in Africa*, Westport: Praeger Publishers, 1999.

44. Kinfe Abraham (ed.), *China Comes to Africa*: *The political economy and diplomatic history of China's relation with Africa*, Ethiopian International Institute for

Peace and Development, Addis Ababa, 2005.

45. Larry Diamond & Mare F. Plattner, *Democratization in Africa: Progress and Retreat*, Baltimore: the Johns Hopkins University Press, 2010.

46. Larry Diamond, *Promoting Democracy in Africa*, *Africa in World Politics*, Boulder, CO: Westview Press, 1995.

47. M. Mamdani, *Citizen and Subjects: Contemporary Africa and the Theory of Late Colonialism*, Oxford: James Curry, 1996.

48. Mark Peceny, *Democracy at the Point of Bayonets*, University Park, PA: Pennsylvania State University Press, 1999.

49. Michael Bratton and Nicolas Van de Walle, *Democratic Experiments in Africa: Regime Transitions in Comparative Perspective*, Cambridge: Cambridge University Press, 1997.

50. Nicolas Van de Walle, *African Economies and the Politics of Permanent Crisis, 1979–1999*, Cambridge: Cambridge University Press, 2001.

51. Olav Stokke, *Western Middle Powers And Global Poverty: The Determinants of the Aid Policies of Canada, Denmark, the Netherlands, Norway and Sweden*, The Nordic Africa Institute, 1989.

52. R. Olaniyan, ed. *African History and Culture*, Longman Nigeria Ltd, Lagos, 1982.

53. Robert Jay Lifton, *Thought Reform and the Psychology of Totalism: a Study of "Brainwashing" in China*, Chapel Hill: University of North Carolina Press, 1989.

54. Robert Picciotto & Rachel Weaving edited, *Impact of Rich Countries' Policies on Poor Countries: Towards a Level Playing Field in Development Cooperation*, New Brunswick and London: Transaction Publishers, 2004.

55. Rotimi T. Suberu. *Federalism and ethnic conflict in Nigeria*, United States Institute of Peace, 2001.

56. Ruchita Beri and Uttam Kumar Sinha (ed.), *Africa and Energy Security: Global Issues, Local Responses*, Academic Foundation, 2009.

57. S. N. Eisenstadt, ed. *Building States and Nations: Models, Analyses and Data across Three World*, Beverly Hills, 1973.

58. Sarah Raine, *China's African Challenges*, The International Institute for Strategic Studies (IISS), London, 2009.

59. Stockholm International Peace Research Institute, *SIPRI Yearbook* 2011: *Armaments, Disarmament and International Security*, Oxford University Press, 2012.

60. Susan L. Shirk, *Fragile Superpower*, New York: Oxford University Press, 2007.

61. The World Bank, *Sub-Saharan Africa: From Crisis to Sustainable Growth*, Washington, D. C., 1989.

62. UNCTAD: *The Least Developed Countries Report 2007: Knowledge, Technology Learning and Innovation for Development*, New York & Geneva, 2007.

63. World Bank Group Africa Region, *Patterns of Asia-Africa Trade & Investment: Potential for Ownership and Partnership*, Tokyo, 2004.

64. World Bank, World Development Report: *The State in a Changing World*, New York: Oxford University Press, 1997.

65. Yan Yu (ed.), *China-Europe-Africa Cooperation: Chances and Challenges*, Proceedings of the Sixth Shanghai Workshop on Global Governance, Friedrich-Ebert-Stiftung (FES), Shanghai Institutes for International Studies, March 14–15, 2008.

外文论文

1. B. Zack-Williams, "No Democracy, No Development: Reflections in Democracy & Development in Africa", *Review of African Political Economy*, Vol. 28, No. 88, 2001.

2. Abdoulaye Wade, "Time for the West to Practice What is Preaches", *Financial Times*, January 24, 2008.

3. Abigail Chaponda, "Ndola stadium workers strike", *The Pose*, April 19, 2011.

4. Ademola Abbas, "The United Nations, the Africa Union and the Darfur Crisis: of apology and utopia", *Netherlands International Law Review*, 2007.

5. Alem Hailu, "the State in Historical and Comparative Perspective: State Weakness and the Specter of Terrorism in Africa", in John Davis (ed.), *Terrorism in Africa: the Evolving Front in the War on Terror*, Lanham & New York: Lexington Books, 2010.

6. Alex De Waal, "Darfur and the Failure of the Responsibility to Protect", *International Affairs*, 2007.

7. Alex Vines, "The Scramble for Resources: African Case Studies", in *South African Journal of International Affairs*, Vol. 13, Issue 1, Summer/Autumn 2006.

8. Alexander Keese, "Introduction", in Alexander Keese (ed.), *Ethnicity and the Long-term Perspective: the African Experience*, Bern: Peter Lang AG., 2010.

9. Ali Abdalla Ali, "EU, China and Africa: The Sudanese Experience", *Sudan Tribune*, July 10, 2007.

10. Andrew Malon, "How China's taking over Africa, and why the West should be very worried", *Daily Mail*, July 18, 2008.

11. Arthur Goldsmith, "Foreign Aid and Statehood in Africa", *International Organization*, Vol. 55, No. 1, 2001.

12. Ashok Kumar Pankaj, "Revisiting Foreign Aid Theories", *International Studies*, Vol. 42, No. 2, 2005.

13. Ayele Solomon, "The consequence of structural adjustment and debt for desertification and food security in Africa-a literature review and discussion", *International Journal of Economic Development*, 3 & 4, 2001.

14. Salawu & A. O. Hassan, "Ethnic Politics and its Implications for the Survival of Democracy in Nigeria", *Journal of Public Administration and Policy Research*, Vol. 3 (2), February 2011.

15. Barry Sautman & Yan Hairong, "East mountain tiger, west mountain tiger: China, the West and 'colonialism' in Africa", *Maryland Series in Contemporary Asian Studies*, No. 3, 2006.

16. Barry Sautman and Yan Hairong, "Friends and Interests: China's Distinctive Links with Africa", *African Studies Review* 50, 3 (December 2007).

17. Barry Sautman and Yan Hairong, "Forest for the Trees: Trade, Investment and the China-in-Africa Discourse", *Pacific Affairs* 81, 1 (Spring 2008).

18. Chris Mcgreal, "Thanks China, now go home: buy-up of Zambia revives colonial fears", *The Guardian*, February 5, 2007.

19. Cindy Hurst, "China's oil rush in Africa", *Energy Security*, July 2006.

20. Cotula, L., Vermeulen, S., Leonard, R. and Keeley, J., "Land Grab or Development Opportunity?" Agricultural Investment and International Land Deals in Africa. FAO/IIED/IFAD. London/Rome. 2009.

21. Cyril I. Obi, "Economic Community of West African States on the Ground: Comparing Peacekeeping in Liberia, Sierra Leone, Guinean Bissau, and C? te D' Ivoire", *African Security*, Vol. 2, No. 2, 2009.

22. David A. Lake, "Powerful Pacifist: Democratic States and War", *American Political Science Review*, Vol. 86. No. 1, 1992.

23. David Alexander Robinson, "Hearts, minds and wallets: lessons from China's growing relationship with Africa", *Journal of Alternative Perspectives in the Social Sciences*, Vol. 1, No. 3, 2009.

24. David Wessel, "The Rise Of South-South Trade", in *The Wall Street Jour-*

nal, January 3, 2008.

25. Drew Thompson, "China's Soft Power in Africa: From the 'Beijing Consensus' to Health Diplomacy", in *China Brief*, Volume V, Issue 21, October 13, 2005.

26. Erica S. Downs, "The Chinese energy security debate", *The China Quarterly*, 177 (2004).

27. Erica S. Downs, "The fact and fiction of Sino-African energy relations", *China Security* 3, 3 (2007).

28. Femi Akomolafe, "No One Is Laughing at the Asians Anymore", *New African*, No. 452, June 2006.

29. Fisher Max., "In Zimbabwe, Chinese Investment with Hints of Colonialism", *The Atlantic*, (Jun 24 2011).

30. Garth Shelton, "China: the transport network partner for African Regional Integration?" *The China Monitor*, March 2010.

31. Geoffrey Cowan and Amelia Arsenault, "Moving from Monologue to Dialogue to Collaboration: The Three Layers of Public Diplomacy", *The Annals of the American Academy of Political and Social Science*, Vol. 616, No. 1.

32. Gordon Bell, "Deals see Wen turn on charm in Africa", *The Standard*, June 23, 2006.

33. Hakan Seckinelgin, "A Global Disease and Its Governance: HIV/AIDS in Sub-Saharan Africa and the Agency of NGOs", *Global Governance* 11 (2005).

34. Hans Morgenthau, "A Political Theory of Foreign Aid", *American Political Science Review*, Vol. 56, No. 2, 1962.

35. Ian Taylor & Xiao Yuhua, "A case of mistaken identity: 'China Inc.' and its 'imperialism' in Sub-Saharan Africa", *Asian Politics and Policy*, Vol. 1, No. 4, 2009.

36. Ian Taylor, "China's oil diplomacy in Africa", *International Affairs* 82, 5 (2006).

37. Iden Wetherell, "SADC Security Split Threatens", *Mail &Guardian*, 17 - 23 July 1998.

38. Issaka K. Souaré, "The African Union as a norm entrepreneur on military coups d'état in Africa (1952 - 2012): an empirical assessment", *The Journal of Modern African Studies*, 52, (2014).

39. James F. Paradise, "China and International Harmony: The Role of Confu-

cius Institutes in Bolstering Beijing's Soft Power", *Asian Survey*, 2009.

40. Jonathan Holslag, "China's new mercantilism in central Africa", *African and Asian Studies* 5, 2 (2006).

41. Jonathan Holslag, "Embracing Chinese Global Security Ambitions", *The Washington Quarterly*, Vol. 32 (3), July 2009.

42. Joseph Ngwawi, "Africa: Economic, Political and Cultural Cooperation to Dominate Africa-China Summit", *Southern Africa News Features*, October 31, 2006.

43. Joseph S. Nye, Jr., "Public Diplomacy and Soft Power", *The ANNALS of the American Academy of Political and Social Science*, March, 2008.

44. Joshua Kurlantzick, "Beijing's Safari: China Move into Africa and Its Implications for Aid, Development, and Governance", *Carnegie Endowment for International Peace*, Nov. 2006.

45. Kehbuma Langmia, "The secret weapon of globalization: China's activities in sub-Saharan Africa", *Journal of Third World Studies*, Vol. 28, No. 2, 2011.

46. Konye Obaji Ori, "Africa: Rwanda President defends China, scorns western relations with Africa", *Afrik News*, October 12, 2009.

47. Kragelund. Peter, "The Return of Non-DAC Donors to Africa: New Prospects for African Development"? *Development Policy Review*, 2008.

48. Liisa Laakso, "Beyond the Notion of Security Community: What Role for the African Regional Organizations in Peace and Security?" *The Round Table*, Vol. 94, No. 381, September 2005.

49. Linda Jakobson and Zha Daojiong, "China and the worldwide search for oil security", *Asia-Pacific Review* 13, 2 (2006).

50. Linda Weiss, "Development States in Transition: Adapting, Dismantling, Innovating, not 'Normalizing'", *The Pacific Review*, 2000.

51. Liu Hongwu, "China-Africa Development Cooperation and Reshaping of Modern Human Civilization", *China International Studies*, No. 5, 2010.

52. Liwen Lin, "Corporate social responsibility in China: window-dressing or structural change?", *Berkeley Journal of International Law*, Vol. 28: 1.

53. Lucy Corkin, "Dedifining foreign policy impulses toward Africa: The roles of the MFA, the MOFCOM and China Exim Bank", *Journal of Current Chinese Affairs*, 4/2011.

54. Mahmood Mamdani, "The politics of naming: genocide, civil war and insurgency", *London Review of Books*, Vol. 29, No. 5, March 8, 2007.

55. Margaret Lee, "The 21st Century Scramble for Africa", *The Journal of Contemporary African Studies*, 24, 3 (2006).

56. Martyn Davies, "China's rising influence in Africa", *Leading Perspectives*, 2007.

57. Max Everest-Phillips, "Business Tax as State-building in Developing Countries: Applying Governance Principles in Private Sector Development", in *Inernational Journal of Regulation and Governance*, 8 (2), 2008.

58. Michael Klareand Daniel Volman, "The African 'Oil Rush' and US National Security", *ThirdWorld Quarterly* 27, 4 (2006).

59. Michael L. Ross, "The political Economy of the Resource Curse", *World Politics*, 51, January 1999.

60. Mikkal E. Herberg and David Zweig, "China's 'Energy Rise', The U. S., and The New Geopolitics of Energy", Pacific Council on International Policy, Los Angeles, April 2010.

61. Mobolaji Hakeem I., "Banking development, human capital and economic growth in Sub-Saharan Africa (SSA)", *Journal of Economics*, 2009.

62. Naka K. Poku, Neil Renwick and Joao Gomes Porto, "Human security and development in Africa", *International Affairs*, 83: 6 (2007).

63. Neil Ford, Why CSR Matters More and More in Africa, *New African*, August/September, 2010.

64. Osita C. Eze, "Africa's Perspectives on China-Africa Relations and Forum on China-Africa Cooperation (FOCAC)", *Global Review*, Vol. 2, No. 2, 2009.

65. P. Collier, "The Failure of Conditionality", in C. Gwin and J. M. Nelson eds., *Perspectives on Aid and Development*, Washington, D. C.: Overseas Development Council, 1997.

66. Peluola Adewale, "China: A new partner for Africa's development?" *Pambazuka News*, March 21, 2007.

67. Peter Lewis, "China in Africa", *The Bretton Woods Committee Quarterly News*, Spring 2007.

68. Peter Utting & Jose Carlos Marques, "The intellectual crisis of CSR", in Peter Utting & Jose Carlos Marques (eds.), *Corporate Social Responsibility and Regulatory Governance: Toward Inclusive Development?* New York: Palgrave Macmillan, 2010.

69. Peter Van Ham, "China's Rise and Europe's Fall: time to start worrying",

European View, Centre for European Studies, 4 June 2011.

70. Pierre Englebert and Denis M. Tull, "Postconflict Reconstruction in Africa: Flawed Ideas about Failed States", *International Security*, Spring 2008.

71. Rita Abrahamsen; Michael C. Williams, "Public/Private, Global/Local: The Changing Contours of Africa's Security Governance", *Review of African Political Economy*, No. 118, 2008.

72. Robert D. Kaplan, "The Coming Anarchy", *Atlantic Monthly*, February, 1994.

73. Roberts Kabeba Muriisa, "Decentralization in Uganda: prospects for improved service deliveray", *African Development*, Vol. 33, No. 4, 2008.

74. Ruchita Beri and Uttam Kumar Sinha (ed.), "Africa and Energy Security: Global Issues, Local Responses", *Academic Foundation*, 2009.

75. Rui Yang, "Soft Power and Higher Education: An Examination of China's Confucius Institutes", *Globalization, Societies and Education*.

76. Santosh C. Saha, "Ethnicity and Sociopolitical Change in Africa and Other Developing Countries: a Constructive Discourse in State Building", Lanham, Md.: Lexington Books, 2008.

77. See Lucy Corkin, "Dedifining foreign policy impulses toward Africa: The roles of the MFA, the MOFCOM and China Exim Bank", *Journal of Current Chinese Affairs*, 4/2011.

78. Shahar Hameiri, "Regulating Statehood: State Building and the Transformation of the Global Order", New York: Palgrave Macmillan, 2010.

79. Shelly Zhao, "The geopolitics of the China-African oil", *China Briefing*, April 13, 2011.

80. Stephen F. Burgess, "African Security in the Twenty-First Century: The Challenges of Indigenization and Multilateralism", *African Studies Review*, Volume 41, Number 2 (September 1998).

81. Stephen Knack, "Does Foreign Aid Promote Democracy", *International Studies Quarterly*, Vol. 48, No. 1, 2004.

82. Taiwo Hassan, "WAGP project: Togo to start receiving natural gas from Nigeria in early 2010", *The Guardian*, June 3, 2009.

83. The Africa Development Bank Group-Chief Economic Complex, "Crude oil and natural gas production in Africa and the global market situation", *Commodities Brief*, Vol. 1, Issue 4, October 8, 2010.

84. Timothy Murithi, "The African Union: Pan-Africanism, Peacebuilding and Development", *Ashgate Publishing Limited*, 2005.

85. Tom Stevenson, "Chinese moves spawn a new order", *The Telegraph*, August 23, 2006.

86. Tomohisa Hattori, The Moral Political of Foreign Aid, *Review of International Studies*, 29, 2003.

87. Tony Chafer, "The AU: a new arena for Anglo-French cooperation in Africa?" *Journal of Modern African Studies*, Vol. 49, No. 1, 2011.

88. Tull. D., "China's engagement in Africa: Scope, significance, and consequences", *Journal of Modern Africa Studies* 2006.

89. Udo W. Froese, "The Chinese are in Africa-This Time to Stay!", *New Era* (*Windhoek*), 13 Mar 2006.

90. Uwe Wissenbach, "Partners in Competition? The EU, Africa and China", Conference Summary Proceedings, European Union, June 28, 2007.

91. Victor Nee, Sonja Opper & Sonia M. L. Wong, "Developmental State and Corporate Governance in China", *Management and Organization Review*, Vol. 3, No. 1, March 2007.

92. Wanjohi Kabukuru, "Kenya: Look East My Son", in *New African*, Jul 2006.

93. Wanyeki L. Muthoni, "Oil Wars are coming to Africa", *East African*, 28 February, 2006.

94. Wenran Jiang, "China's booming energy ties with Africa", Geopolitics of Energy 28, 7 (2006).

95. William Maclean, "Libya says Tamoil deal off", *Reuters*, March 3, 2008.

96. Yash Tandon, "Reclaiming Africa's Agenda: Good Governance and the Role of the NGOs in the African Contest", *Australian Journal of International Affairs*, Vol. 50, No. 3, 1996.

97. Zafar. A., "The growing relationship between China and Sub-Saharan Africa: Macroeconomic, trade, investment, and aid links", *The World Bank Research Observer*, 2007.

外文报告

1. "China's Role in The World: Is China A Responsible Stakeholder?", Hearing before the U. S. -China Economic and Security Review Commission, Washington, D. C., August 3-4, 2006.

2. AU, *Report of the Chairperson of the Commission on the Process of the International Conference on the Great Lakes Region*, presented at the Peace and Security Council 32nd meeting, 17 June, Addis Ababa, 2005.

3. Bates Gill, Chin-hao Huang, J. Stephen Morrison, "China's Expanding Role in Africa: Implications for the United States", CSIS Report, January, 2007.

4. BP, *BP Statistical Review of World Energy*, June 2013.

5. BP, *Statistical Review of World Energy Full Report* 2012.

6. BP, *Statistical Review of World Energy*, June 2012.

7. Economic Commission for Africa & African Union, *Economic Report on Africa 2010: Promoting High-level Sustainable Growth to Reduce Unemployment in Africa*, Addis Ababa, 2010.

8. EIA, *Annual Energy Review* 2007.

9. EIA, *Cote d'Ivore Energy Data*, July 2008.

10. Eni, *World Oil and Gas Review* 2013.

11. Garth le Pere and Garth Shelton, China, Africa and South Africa, Institute for Global Dialogue, Midrand, 2007.

12. Harry G Broadman, *Africa's Silk Road: China and India's New Economic Frontier*, Washington, D. C.: The World Bank, 2007.

13. Raphael Kaplinsky and Dirk Messner, "The Impact of Asian Drivers on the Developing World", *World Development*, Vol. 36, No. 2, 2008.

14. Rod Falvey, Neil Foste, David Greenaway. "Relative backwardness, absorptive capacity and knowledge spillovers". *Economics Letters*, 2007 (7).

15. Sanusha Naidu, "The Forum on China-Africa Cooperation (FOCAC): What Does the Future Hold?" *China Report*, Vol. 43, No. 3, 2007.

16. Spring, Anita, Chinese Development Aid and Agribusiness in Africa. Proceedings of the 10th Annual Conference on the International Academy of African Business & Development. 2011.

17. Stephanie Kleine-Ahlbrandt and Andrew Small, "China's New Dictatorship Diplomacy: Is Beijing Parting With Pariahs?", Vol. 87, No. 1, January/February 2008.

18. *The African Development Report* 2008/2009, by African development bank, 2008.

19. UN, *MDG Report* 2013: *Assessing Progress in Africa toward the Millennium Development Goals*, 2013.

20. Vivien Foster etc, *Building Bridges*：*China's Growing Role as Infrastructure Financier for Africa*, World Bank, 2009.

21. Wenping He, "China-Africa Relations Moving into an Era of Rapid Development", in Bimonthly Newsletter of the Africa Institute of South Africa, No. 3/4, 2006.

外文报纸

1. "Oil burns both Sudanese State", Al Jazeera Center for Studies, *Position Paper*, 29 April 2012.

2. Bates Gill, Chinhao Huang, and J. Stephen Morrison, 'China's expanding role in Africa：implications for the United States', discussion paper, Center for Strategic and International Studies, Washington, DC, 2007.

3. Bräutigam. Deborah A. and Tang Xiaoyang., China's Engagement in African Agriculture："Down to the Countryside". The China Quarterly. September 2009.

4. Burall Simon et al., Reforming the international aid architecture：Options and ways forward, London：Overseas Development Institute, 2006 Working Paper.

5. Deborah A. Br？utigam and Tang Xiaoyang., China's Engagement in African Agriculture："Down to the Countryside" The China Quarterly. September 2009.

6. Demba Moussa Dembele, "*The global financial crisis：lessons and responses from Africa*", Pambazuka News, 2009.

7. Elling Tjonneland et al., 'China in Africa：implications for Norwegian foreign and development policies', Discussion Paper, Chr. Michelsen Institute, 2006.

8. He Wenping, "China's Unceasing Efforts to Resolve Darfur Issue", *China Daily*, 3 January 2008.

中文书籍

1. ［美］黛博拉·布罗蒂格著：《龙的礼物：中国在非洲的真实故事》，沈晓雷、高明秀译，社会科学文献出版社 2012 年版。

2. ［美］菲利克斯·格罗斯著，王建娥等译：《公民与国家——民族、部族和族属身份》，新华出版社 2003 年版。

3. ［美］弗朗西斯·福山著，黄胜强等译：《国家构建：21 世纪的国家治理与世界秩序》，中国社会科学出版社 2007 年版。

4. ［美］霍华德·威亚尔达主编，董正华等译：《非西方发展理论——地区模式与全球趋势》，北京大学出版社 2006 年版。

5. ［美］塞缪尔·亨廷顿著，刘军宁译：《第三波——20 世纪后期民主化浪潮》，上海三联书店 1998 年版。

6. ［美］斯蒂芬·沃尔特著，周丕启译：《联盟的起源》，北京大学出版社

2007年版。

7. [美]耶鲁·瑞奇蒙德、菲莉斯·耶斯特林：《解读非洲人》，桑雷译，中国水利水电出版社2004年版。

8. [意]阿尔贝托·麦克里尼著，李福胜译：《非洲的民主与发展面临的挑战——尼日利亚总统奥卢塞贡·奥巴桑乔访谈录》，中国人民大学出版社2007年版。

9. [英]杰弗里·巴勒克拉夫著，张广勇等译：《当代史导论》，上海社会科学院出版社1996年版。

10. [赞比亚]丹比萨·莫约著，王涛等译：《援助的死亡》，世界知识出版社2010年版。

11. [中非]蒂埃里·班吉著，肖晗等译：《中国，非洲新的发展伙伴——欧洲特权在黑色大陆上趋于终结?》，世界知识出版社2011年版。

12. 《中非教育合作与交流》编写组编著：《中国与非洲国家教育交流与合作》，北京大学出版社2005年版。

13. 艾周昌、沐涛：《中非关系史》，华东师范人学出版社1996年版。

14. 安春英著：《非洲的贫困与反贫困问题研究》，中国社会科学出版社2010年版。

15. 丹比萨·莫约，王涛、杨惠等译：《援助的死亡》，世界知识出版社2010年版。

16. 国务院侨办侨务干部学校编著：《华侨华人概述》，九州出版社2005年版。

17. 贺文萍：《非洲国家民主化进程研究》，时事出版社2005年版。

18. 胡鞍钢、王绍光、周建明主编：《第二次转型：国家制度建设》，清华大学出版社2003年版。

19. 胡文涛：《美国文化外交及其在中国的运用》，世界知识出版社2008年版。

20. 黄华：《亲历与见闻——黄华回忆录》，世界知识出版社2007年版。

21. 黄平、崔之元主编：《中国与全球化：华盛顿共识还是北京共识》，社会科学文献出版社2005年版。

22. 江泽民：《江泽民文选》第1卷，人民出版社2006年版。

23. 黎家松主编：《中华人民共和国外交大事记》，世界知识出版社2001年版。

24. 联合国教科文组织：《非洲通史》，中国对外翻译出版公司，1984年中译本，第1卷。

25. 刘鸿武、罗建波：《中非发展合作：理论、战略与政策研究》，中国社会科学出版社2011年版。

26. 刘鸿武、姜恒昆编著：《列国志·苏丹》，社会科学文献出版社 2008 年版。

27. 刘鸿武：《从部族政治到民族国家》，云南大学出版社 2000 年版。

28. 刘鸿武：《故乡回归之路——大学人文科学教程》，清华大学出版社 2004 年第 1 版。

29. 刘鸿武：《黑非洲文化研究》，华东师范大学出版社 1997 年版。

30. 刘鸿武：《蔚蓝色的非洲——东非斯瓦希里文化研究》，云南大学出版社 2008 年版。

31. 罗建波：《通向复兴之路：非盟与非洲一体化研究》，中国社会科学出版社 2010 年版。

32. 钱其琛主编：《世界外交大辞典》，世界知识出版社 2005 年版。

33. 塞缪尔·P·亨廷顿著，王冠华等译：《变化社会中的政治秩序》，三联书店 1989 年版。

34. 商务部国际贸易经济合作研究院编：《中国与非洲经贸关系报告 2010》，内部出版，2010 年。

35. 石林主编：《当代中国的对外经济合作》，中国社会科学出版社 1989 年版。

36. 舒运国：《失败的改革——20 世纪末撒哈拉以南非洲国家结构调整评述》，吉林人民出版社 2004 年版。

37. 斯德哥尔摩国际和平研究所编：《SIPRI 年鉴 2007：军备、裁军和国际安全》，中国军控与裁军协会译，世界知识出版社 2008 年版。

38. 王建娥、陈建樾等：《族际政治与现代民族国家》，社会科学文献出版社 2004 年版。

39. 王泰平：《中华人民共和国外交史（1957－1969）》（第二卷），世界知识出版社 1998 年版。

40. 王铁志、沙伯力：《国际视野中的民族区域自治》，民族出版社 2002 年版。

41. 王逸舟著：《中国外交新高地》，中国社会科学出版社 2008 年版。

42. 谢庆奎、佟福玲主编：《政治改革与政府转型》，社会科学文献出版社 2009 年版。

43. 谢益显主编：《中国外交史（中华人民共和国时期 1949－1979）》，河南人民出版社 1988 年版。

44. 亚历克斯·E·费尔南德斯·希尔贝尔托、安德烈·莫门主编，陈江生译：《发展中国家的自由化——亚洲、拉丁美洲和非洲的制度和经济变迁》，经济科学出版社 2000 年版。

45. 张宏明：《多维视野下的非洲政治发展》，社会科学文献出版社 2007 年版。

46. 张宏明：《中国和世界主要经济体与非洲经贸合作研究》，世界知识出版社 2012 年版。

47. 张宏明主编：《非洲发展报告 No. 14（2011 - 2012）》，社会科学文献出版社 2012 年版。

48. 张忠祥：《中非合作论坛研究》，世界知识出版社 2012 年版。

49. 郑永年：《中国模式——经验与困局》，浙江人民出版社 2010 年版。

50. 中非教育部长论坛文集编辑组：《中非教育部长论坛文集》，北京大学出版社 2006 年版。

51. 中共中央统战部：《民族问题文献汇编》，中共中央党校出版社 1991 年版。

52. 中共中央文献研究室编：《邓小平年谱 1975 - 1997（上）》，中央文献出版社 2004 年版。

53. 中华人民共和国外交部、中共中央文献研究室编：《毛泽东外交文选》，中共中央文献出版社、世界知识出版社 1994 年版。

54. 《中非教育合作与交流》编写组编著：《中国与非洲国家教育交流与合作》，北京大学出版社 2005 年版。

55. 中共中央文献研究室编：《建国以来毛泽东文稿》（第 10 册），中央文献出版社 1996 年版。

56. 中国国防部：《2010 年中国国防白皮书》，2011 年。

57. 中国社会科学院西亚非洲研究所编：《中国的中东非洲研究 1949 - 2010》，社会科学文献出版社 2011 年版。

58. 中国外交部、中共中央文献研究室编：《毛泽东外交文献》，中央文献出版社、世界知识出版社 1994 年版。

59. 中国外交部编：《中非合作论坛第五届部长级会议文件汇编》，世界知识出版社 2012 年版。

60. 中国有色集团编：《2012 年社会责任报告》，内部印刷，2013 年。

61. 中华人民共和国国务院新闻办公室：《中国的对外援助（2011 年 4 月）》，人民出版社 2011 年版。

62. 中华人民共和国国务院新闻办公室：《中国与非洲的经贸合作（2010 年 12 月）》，人民出版社 2010 年版。

63. 中华人民共和国外交部：《中非合作论坛第五届部长级会议文件汇编》，世界知识出版社 2012 年版。

64. 周弘主编：《对外援助与国际关系》，中国社会科学出版社 2002 年版。

中文论文

1. ［荷］弗兰克·德·兹瓦特：《文化多元社会中的定向政策：协调、拒绝与替代》，凤兮译，载《国际社会科学杂志》2006 年第 1 期。

2. ［南非］马丁·戴维斯：《中国对非洲的援助政策及评价》，载《世界经济与政治》2008 年第 9 期。

3. 白小川：《欧盟对中国非洲政策的回应——合作谋求可持续发展与共赢》，载《世界经济与政治》2009 年第 4 期。

4. 查道炯：《中国在非洲的石油利益：国际政治课题》，载《国际政治研究》2006 年第 4 期。

5. 陈伟恕：《中国海外利益研究的总体视野——一种以实践为主的研究纲要》，载《国际观察》2009 年第 2 期。

6. 邓向辉：《中国与苏丹石油合作面临的挑战及对策》，载《中国石油大学学报（社会科学版）》，2010 年第 2 期。

7. 丁韶彬：《国际援助制度与发展治理》，载《国际观察》2008 年第 2 期。

8. 冯兴艳：《境外经贸合作区与中非投资合作的战略选择》，载《国际经济合作》2011 年第 4 期。

9. 傅政罗：《略论中国同西亚非洲的经贸合作》，载《西亚非洲》2003 年第 6 期。

10. 韩秀申：《中国企业在非洲的发展及其社会责任》，载《国际经济合作》2007 年第 7 期。

11. 韩震：《教育交流与国家软实力的提升》，载《教育研究》2008 年第 11 期。

12. 贺鉴、肖洋：《论 21 世纪中国与北非经济合作》，载《阿拉伯世界研究》2006 年第 3 期。

13. 贺文萍：《中国对非政策：驱动力与特点》，载《亚非纵横》2007 年第 5 期。

14. 贺文萍：《中非教育交流与合作概述——发展阶段及未来挑战》，载《西亚非洲》2007 年第 3 期。

15. 贺文萍：《中国援助非洲：发展特点、作用及面临的挑战》，载《西亚非洲》2010 年第 7 期。

16. 胡志方：《非政府组织在解决非洲冲突中的作用与影响》，载《西亚非洲》2007 年第 5 期。

17. 黄梅波、郎建燕：《中国的对非援助及其面临的挑战》，载《国际经济合作》2010 年第 6 期。

18. 菅志翔：《民族优惠政策与民族意识——以保安族为例》，载《中南民族大学学报》2008年第1期。

19. 江翔：《日本与黑非洲关系初探》，载《西亚非洲》1995年第3期。

20. 姜恒昆：《达尔富尔问题政治解决进程及对中国外交的启示》，载《西亚非洲》2008年第3期。

21. 蒋俊：《论尼日利亚的族群问题与国家建构》，载《西南民族大学学报》2010年第5期。

22. 金健能：《中国与非洲的人力资源合作》，载《西亚非洲》2007年第3期。

23. 金玲：《欧盟对非洲制度机制调整及其对中国的影响》，载《欧洲研究》2010年第5期。

24. 李安山：《20世纪中国的非洲研究》，载《国际政治研究》2006年第4期。

25. 李安山：《论中国对非洲政策的调适与转变》，载《西亚非洲》2006年第8期。

26. 李安山：《论中国崛起语境中的中非关系——兼评国外的三种观点》，载《世界经济与政治》2006年第11期。

27. 李安山：《为中国正名：中国的非洲战略与国家形象》，载《世界经济与政治》2008年第4期。

28. 李安山：《中非关系研究三十年概论》，载《西亚非洲》2009年第4期。

29. 李丹：《改革开放后中国非政府组织发展历程及趋势》，载《郑州航空工业管理学院学报》2009年第4期。

30. 李鹏涛：《论南部非洲地区合作中的"南共体方式"》，载《国际论坛》201年第5期。

31. 李若谷：《西方对中非合作的歪曲及其证伪》，载《世界经济与政治》2009年第4期。

32. 李慎明：《中非携手：加强第三世界国家的团结与合作》，载《西亚非洲》2007年第3期。

33. 金健能：《中国与非洲的人力资源合作》，载《西亚非洲》2007年第3期。

34. 李智彪：《非盟影响力与中国—非盟关系分析》，载《西亚非洲》2010年第3期。

35. 梁明：《中非贸易：基于中国、非洲全球贸易视角的研究》，载《国际贸易》2011年第5期。

36. 林尚立：《政党、政党制度与现代国家——对中国政党制度的理论反思》，载《中国延安干部学院学报》2009年第9期。

37. 刘海方：《安哥拉内战后的发展与中安合作反思》，载《外交评论》2011年第2期。

38. 刘鸿武、王涛：《中国私营企业投资非洲现状与趋势分析》，载《浙江师范大学学报》2008年第5期。

39. 刘鸿武：《20世纪非洲国际关系理论之研究论纲》，载《世界经济与政治》2007年第1期。

40. 刘鸿武：《当代中非关系与亚非文明复兴——当代中非关系特殊性质及意义的若干问题》，载《世界经济与政治》2008年第9期。

41. 刘鸿武：《当代中非关系与亚非文明复兴浪潮——关于当代中非关系特殊性质及世界意义的若干问题》，载《世界经济与政治》2008年第9期。

42. 刘鸿武：《国际思想竞争与非洲研究的中国学派》，载《国际政治研究》2011年第4期。

43. 刘鸿武：《黑非洲文化的现代复兴与统一民族国家文化重构》，载《历史教学》1993年第10期。

44. 刘鸿武：《跨越大洋的遥远呼应——中非两大文明的历史认知与现实合作》，载《国际政治研究》2006年第4期。

45. 刘鸿武：《论中非新型战略伙伴关系的时代价值与世界意义》，载《外交评论》2007年第1期。

46. 刘鸿武：《西方政治经济理论反思与"亚非知识"话语权重建》，载《西亚非洲》2011年第1期。

47. 刘鸿武：《中非关系：非洲与世界的机会》，载《人民日报》2007年1月15日第七版。

48. 刘鸿武：《中非关系：文明史的意义》，载《西亚非洲》2007年第1期。

49. 刘鸿武：《中非关系30年：撬动中国与外部世界关系结构的支点》，载《世界经济与政治》2008年第11期。

50. 刘鸿武：《中非关系30年的经验累积与理论回应》，载《西亚非洲》2008年第11期。

51. 刘鸿武：《中非互视，应摆脱西方》，载《环球时报》2012年7月16日。

52. 刘鸿武：《中非交往：文明史的意义》，载《西亚非洲》2007年第1期。

53. 刘鸿武：《中国式价值在非洲》，载《社会观察》2011年第8期。

54. 刘青建：《中国与安哥拉经济合作特点探析》，载《现代国际关系》2011年第7期。

55. 刘少鲁：《中非农业合作的探索与思考》，载《农业经济》2007年第10期。

56. 刘晓燕：《论中非农业合作》，载《沧桑》2009 年第 5 期。

57. 刘岩：《喀麦隆汉语推广调查研究》，载《浙江师范大学学报》2008 年第 5 期。

58. 吕正操：《我国援建坦赞铁路的背景》，载《纵横》1998 年第 1 期，第 19 页。

59. 罗建波、姜恒昆：《达尔富尔危机的和解进程与中国国家形象塑造》，载《外交评论》2008 年第 3 期。

60. 罗建波、刘鸿武：《论中国对非洲援助的阶段性演变及意义》，载《西亚非洲》2007 年第 11 期。

61. 罗建波：《非政府组织在非洲冲突管理中的角色分析》，载《国际论坛》2008 年第 1 期。

62. 罗建波：《中国对非洲视野中的国家形象塑造》，载《现代国际关系》2007 年第 7 期；《优化中国在非洲的软实力》，载《亚非纵横》2007 年第 6 期。

63. 马丁·戴维斯：《中国对非洲的援助政策及评价》，载《世界经济与政治》2008 年第 9 期。

64. 梅新林：《构建"非洲学"新兴学科的学术路径》，载《中国社会科学报》第 232 期。

65. 梅新林：《走特色化的中非教育合作交流之路》，载《西亚非洲》2007 年第 8 期。

66. 莫里斯：《中非发展合作：关于非洲新受援单位的思考》，载《西亚非洲》2009 年第 5 期。

67. 牛长松：《基于教育援助有效性视角的中非教育交流与合作评估——喀麦隆的个案》，载《比较教育研究》2011 年第 12 期。

68. 牛长松：《中国与非洲教育合作的新范式》，载《比较教育研究》2010 年第 4 期。

69. 齐顾波、罗江月：《中国与非洲国家农业合作的历史与启示》，载《中国农业大学学报（哲学社会科学版）》2011 年第 4 期。

70. 秦亚青：《关于构建中国特色外交理论的若干思考》，载《外交评论》2008 年第 2 期。

71. 秦亚青：《国际关系理论中国学派生成的可能与必然》，载《世界经济与政治》2006 年第 3 期。

72. 沙伯力、严海蓉：《非洲人对于中非关系的认知（下）》，载《西亚非洲》2010 年第 11 期。

73. 苏长河：《中国模式与世界秩序》，载《外交评论》2009 年第 4 期。

74. 唐正平：《前景广阔的中非农业合作》，载《西亚非洲》2002 年第 6 期。
75. 万玉兰：《非盟与非洲安全体系的建构》，载《西亚非洲》2007 年第 6 期。
76. 王婉：《清洁发展机制的历史背景》，载《低碳世界》2011 年第 6 期。
77. 王学军：《非洲多层安全治理论析》，载《国际论坛》2011 年第 1 期。
78. 王逸舟：《中国崛起与国际规则》，载《国际经济评论》1998 年 Z2 期。
79. 王逸舟：《中国外交十特色——兼论对外交研究的启示》，载《世界经济与政治》2008 年第 5 期。
80. 王莺莺、孙巧成：《大国开始重新认识非洲》，载《国际问题研究》1996 年第 3 期。
81. 王嵎生：《发展中国家的迅速兴起及其影响》，载《亚非纵横》2008 年第 2 期。
82. 吴磊、卢光盛：《关于中国—非洲能源关系发展问题的若干思考》，载《世界经济与政治》2008 年第 9 期。
83. 吴妙发：《非洲国家支持中国恢复联合国合法权益始末》，载《纵横》2006 年第 11 期。
84. 夏莉萍：《从利比亚撤离透视中国领事保护机制建设》，载《西亚非洲》2011 年第 9 期。
85. 徐鸣：《基于"资本三要素"视角的中非农业合作分析》，载《国际经贸探索》2010 年第 9 期。
86. 徐伟忠：《携手合作共迎新世纪——中非关系回顾与展望》，载《现代国际关系》2000 年第 11 期。
87. 徐伟忠：《中国参与非洲的安全合作及其发展趋势》，载《西亚非洲》2010 年第 11 期。
88. 徐秀丽、徐莉莉：《国际发展话语的重塑——中国与非洲国家农业合作的方式与反思》，载《中国农业大学学报（哲学社会科学版）》2011 年第 4 期。
89. 严庆：《从民族、国家结构类型看民族问题与民族治理的差异性》，载《黑龙江民族丛刊》2009 年第 3 期。
90. 杨宝荣：《试析中非合作关系中的"债务问题"》，载《西亚非洲》2008 年第 3 期。
91. 杨立华：《中国与非洲：建设可持续的战略伙伴关系》，载《西亚非洲》2008 年第 9 期。
92. 杨龙：《多民族国家治理的复杂性》，载《社会科学研究》2010 年第 2 期。
93. 姚匡乙：《阿拉伯国家的变革与中阿关系的发展》，载《国际问题研究》2005 年第 3 期。

94. 姚洋：《中国经济成就的根源与前景》，载《文化纵横》2010 年第 4 期。

95. 余文胜：《苏丹达尔富尔危机的由来》，载《国际资料信息》2004 年第 9 期。

96. 陨文聚：《中非合作开发农业的战略选择》，载《中国软科学》1998 年第 12 期。

97. 张春：《发展—安全关联：中美欧对非政策比较》，载《欧洲研究》2009 年第 3 期。

98. 张宏：《阿拉伯对华政策与中阿关系》，载《阿拉伯世界研究》2000 年第 1 期。

99. 张宏明：《中国的非洲研究发展述要》，载《西亚非洲》2011 年第 5 期。

100. 张宏明：《中国对非援助政策的沿革及其在中非关系中的作用》，载《亚非纵横》2006 年第 4 期。

101. 张秀琴、薛彦青、强亚平、罗建波：《中国和非洲国家的教育交流与合作》，载《西亚非洲》2004 年第 3 期。

102. 张永宏：《非洲新能源发展的动力及制约因素》，载《西亚非洲》2013 年第 5 期。

103. 张永蓬：《中非国际合作的历史发展及其特点》，载《西亚非洲》2007 年第 11 期。

104. 赵穗生：《中国模式探讨：能否取代西方的现代化模式？》，载《绿叶》2009 年第 3 期。

105. 赵绪生：《试析民主援助》，载《现代国际关系》2008 年第 3 期。

106. 周海金、刘鸿武：《论文化的互通性与差异性对中非关系的影响》，载《浙江社会科学》2011 年第 6 期。

107. 周人杰：《海外安保如何跟上走出去步伐》，载《京华时报》2012 年。

108. 周术情：《中国在非洲的国家利益及其维护战略》，载《国际观察》2009 年第 4 期。

109. 周玉渊、刘鸿武：《论国际多边对非合作框架下的中国对非战略》，载《太平洋学报》2010 年第 7 期。

教育部哲学社会科学研究重大课题攻关项目成果出版列表

书　名	首席专家
《马克思主义基础理论若干重大问题研究》	陈先达
《马克思主义理论学科体系建构与建设研究》	张雷声
《马克思主义整体性研究》	逄锦聚
《改革开放以来马克思主义在中国的发展》	顾钰民
《新时期　新探索　新征程 ——当代资本主义国家共产党的理论与实践研究》	聂运麟
《坚持马克思主义在意识形态领域指导地位研究》	陈先达
《当代中国人精神生活研究》	童世骏
《弘扬与培育民族精神研究》	杨叔子
《当代科学哲学的发展趋势》	郭贵春
《服务型政府建设规律研究》	朱光磊
《地方政府改革与深化行政管理体制改革研究》	沈荣华
《面向知识表示与推理的自然语言逻辑》	鞠实儿
《当代宗教冲突与对话研究》	张志刚
《马克思主义文艺理论中国化研究》	朱立元
《历史题材文学创作重大问题研究》	童庆炳
《现代中西高校公共艺术教育比较研究》	曾繁仁
《西方文论中国化与中国文论建设》	王一川
《中华民族音乐文化的国际传播与推广》	王耀华
《楚地出土戰國簡册〔十四種〕》	陳　偉
《近代中国的知识与制度转型》	桑　兵
《中国抗战在世界反法西斯战争中的历史地位》	胡德坤
《近代以来日本对华认识及其行动选择研究》	杨栋梁
《京津冀都市圈的崛起与中国经济发展》	周立群
《金融市场全球化下的中国监管体系研究》	曹凤岐
《中国市场经济发展研究》	刘　伟
《全球经济调整中的中国经济增长与宏观调控体系研究》	黄　达
《中国特大都市圈与世界制造业中心研究》	李廉水
《中国产业竞争力研究》	赵彦云

书　名	首席专家
《东北老工业基地资源型城市发展可持续产业问题研究》	宋冬林
《转型时期消费需求升级与产业发展研究》	臧旭恒
《中国金融国际化中的风险防范与金融安全研究》	刘锡良
《全球新型金融危机与中国的外汇储备战略》	陈雨露
《中国民营经济制度创新与发展》	李维安
《中国现代服务经济理论与发展战略研究》	陈　宪
《中国转型期的社会风险及公共危机管理研究》	丁烈云
《人文社会科学研究成果评价体系研究》	刘大椿
《中国工业化、城镇化进程中的农村土地问题研究》	曲福田
《东北老工业基地改造与振兴研究》	程　伟
《全面建设小康社会进程中的我国就业发展战略研究》	曾湘泉
《自主创新战略与国际竞争力研究》	吴贵生
《转轨经济中的反行政性垄断与促进竞争政策研究》	于良春
《面向公共服务的电子政务管理体系研究》	孙宝文
《产权理论比较与中国产权制度变革》	黄少安
《中国企业集团成长与重组研究》	蓝海林
《我国资源、环境、人口与经济承载能力研究》	邱　东
《"病有所医"——目标、路径与战略选择》	高建民
《税收对国民收入分配调控作用研究》	郭庆旺
《多党合作与中国共产党执政能力建设研究》	周淑真
《规范收入分配秩序研究》	杨灿明
《中国社会转型中的政府治理模式研究》	娄成武
《中国加入区域经济一体化研究》	黄卫平
《金融体制改革和货币问题研究》	王广谦
《人民币均衡汇率问题研究》	姜波克
《我国土地制度与社会经济协调发展研究》	黄祖辉
《南水北调工程与中部地区经济社会可持续发展研究》	杨云彦
《产业集聚与区域经济协调发展研究》	王　珺
《我国货币政策体系与传导机制研究》	刘　伟
《我国民法典体系问题研究》	王利明
《中国司法制度的基础理论问题研究》	陈光中
《多元化纠纷解决机制与和谐社会的构建》	范　愉
《中国和平发展的重大前沿国际法律问题研究》	曾令良
《中国法制现代化的理论与实践》	徐显明
《农村土地问题立法研究》	陈小君

书　名	首席专家
《知识产权制度变革与发展研究》	吴汉东
《中国能源安全若干法律与政策问题研究》	黄　进
《城乡统筹视角下我国城乡双向商贸流通体系研究》	任保平
《产权强度、土地流转与农民权益保护》	罗必良
《矿产资源有偿使用制度与生态补偿机制》	李国平
《巨灾风险管理制度创新研究》	卓　志
《国有资产法律保护机制研究》	李曙光
《中国与全球油气资源重点区域合作研究》	王　震
《可持续发展的中国新型农村社会养老保险制度研究》	邓大松
《农民工权益保护理论与实践研究》	刘林平
《大学生就业创业教育研究》	杨晓慧
《新能源与可再生能源法律与政策研究》	李艳芳
《中国海外投资的风险防范与管控体系研究》	陈菲琼
《生活质量的指标构建与现状评价》	周长城
《中国公民人文素质研究》	石亚军
《城市化进程中的重大社会问题及其对策研究》	李　强
《中国农村与农民问题前沿研究》	徐　勇
《西部开发中的人口流动与族际交往研究》	马　戎
《现代农业发展战略研究》	周应恒
《综合交通运输体系研究——认知与建构》	荣朝和
《中国独生子女问题研究》	风笑天
《我国粮食安全保障体系研究》	胡小平
《城市新移民问题及其对策研究》	周大鸣
《新农村建设与城镇化推进中农村教育布局调整研究》	史宁中
《农村公共产品供给与农村和谐社会建设》	王国华
《中国大城市户籍制度改革研究》	彭希哲
《国家惠农政策的成效评价与完善研究》	邓大才
《以民主促进和谐——和谐社会构建中的基层民主政治建设研究》	徐　勇
《城市文化与国家治理——当代中国城市建设理论内涵与发展模式建构》	皇甫晓涛
《中国边疆治理研究》	周　平
《边疆多民族地区构建社会主义和谐社会研究》	张先亮
《新疆民族文化、民族心理与社会长治久安》	高静文
《中国大众媒介的传播效果与公信力研究》	喻国明
《媒介素养：理念、认知、参与》	陆　晔
《创新型国家的知识信息服务体系研究》	胡昌平
《数字信息资源规划、管理与利用研究》	马费成

书 名	首席专家
《新闻传媒发展与建构和谐社会关系研究》	罗以澄
《数字传播技术与媒体产业发展研究》	黄升民
《互联网等新媒体对社会舆论影响与利用研究》	谢新洲
《网络舆论监测与安全研究》	黄永林
《中国文化产业发展战略论》	胡惠林
《20世纪中国古代文化经典在域外的传播与影响研究》	张西平
《教育投入、资源配置与人力资本收益》	闵维方
《创新人才与教育创新研究》	林崇德
《中国农村教育发展指标体系研究》	袁桂林
《高校思想政治理论课程建设研究》	顾海良
《网络思想政治教育研究》	张再兴
《高校招生考试制度改革研究》	刘海峰
《基础教育改革与中国教育学理论重建研究》	叶 澜
《我国研究生教育结构调整问题研究》	袁本涛 王传毅
《公共财政框架下公共教育财政制度研究》	王善迈
《农民工子女问题研究》	袁振国
《当代大学生诚信制度建设及加强大学生思想政治工作研究》	黄蓉生
《从失衡走向平衡：素质教育课程评价体系研究》	钟启泉 崔允漷
《构建城乡一体化的教育体制机制研究》	李 玲
《高校思想政治理论课教育教学质量监测体系研究》	张耀灿
《处境不利儿童的心理发展现状与教育对策研究》	申继亮
《学习过程与机制研究》	莫 雷
《青少年心理健康素质调查研究》	沈德立
《灾后中小学生心理疏导研究》	林崇德
《民族地区教育优先发展研究》	张诗亚
《WTO主要成员贸易政策体系与对策研究》	张汉林
《中国和平发展的国际环境分析》	叶自成
《冷战时期美国重大外交政策案例研究》	沈志华
《新时期中非合作关系研究》	刘鸿武
《我国的地缘政治及其战略研究》	倪世雄
《中国海洋发展战略研究》	徐祥民
*《中国政治文明与宪法建设》	谢庆奎
*《非传统安全合作与中俄关系》	冯绍雷
*《中国的中亚区域经济与能源合作战略研究》	安尼瓦尔·阿木提
……	

*为即将出版图书